루이비통이 된 푸코?

French Theory
Foucault, Derrida, Deleuze & Cie et les mutations de la vie intellectuelle aux États-Unis
François Cusset

Copyright © Éditions La Découverte s.a. (Paris) 2003, 2005
Korean translation copyright © Nanjang Publishing House 2012
All Rights Reserved

This Korean translation are published by arrangement with
Éditions La Découverte s.a. (Paris) through Bestun Korea Agency Co., Seoul

이 책의 한국어판 저작권은 베스툰코리아에이전시를 통한
저작권자와의 독점계약으로 도서출판 난장에 있습니다.
저작권법에 의해 한국 내에서 보호를 받는 저작물이므로
무단전재와 무단복제를 금합니다.

루이비통이 된 푸코?
위기의 미국 대학, 프랑스 이론을 발명하다

프랑수아 퀴세 지음 | 문강형준·박소영·유충현 옮김

일러두기

1. 한국어판의 번역대본으로 사용한 프랑스어판, 각주를 첨부하거나 교열하는 과정에서 참조한 영어판은 순서대로 아래와 같다.
   - *French Theory: Foucault, Derrida, Deleuze & Cie et les mutations de la vie intellectuelle aux États-Unis*, Paris: Éditions La Découverte, 2005[2003].
   - *French Theory: How Foucault, Derrida, Deleuze & Co. Transformed the Intellectual Life of the United States*, trans. Jeff Fort, Minneapolis: University of Minnesota Press, 2008.

2. 지은이가 이탤릭체로 강조한 대목은 모두 고딕체로 표기했다.

3. 각주에는 '지은이 주'와 '옮긴이 주'가 있다. 지은이 주는 1), 2), 3)……으로 표시했으며 모두 후주로 돌렸다. 옮긴이 주는 *, **, ***……으로 표시했으며, 본문의 해당 부분 아래에 삽입했다. 옮긴이 주에는 본문의 내용을 이해하는 데 필요한 배경지식이나 자세한 서지사항 등을 소개해놓았다.

4. 본문과 후주의 '[ ]' 안에 들어 있는 내용은 별다른 언급이 없는 한 한국어판 옮긴이가 읽는이들의 이해를 돕기 위해 덧붙인 것이다.

5. 지은이가 외국 문헌에서 인용한 구절의 경우 해당 문헌의 한국어판이 있으면 그것의 번역을 따랐다. 단, 해당 구절의 원문과 뉘앙스에서 차이가 있다거나, 기타 번역상의 문제를 안고 있다고 판단된 경우에는 옮긴이가 부분적으로 수정했다.

5. 단행본·전집·정기간행물·팸플릿·영상물·음반물·공연물에는 겹낫표(『 』)를, 그리고 논문·논설·기고문·단편·미술 등에는 홑낫표(「 」)를 사용했다.

차 례

한국의 독자들에게 11
들어가는 글: 이른바 '소칼 효과' 17

1부. 이론체의 발명

1. 전사(前史) 41
   망명에서 수출로 42 | 대서양 양쪽의 선례 49 | 1966년, 포스트구조주의 발명되다 58

2. 고립된 대학 65
   동떨어진 세계 66 | 신사와 학자 74 | 우수성과 시장 81 | 신비평과 문학에서의 모더니즘 85

3. 1970년대의 소용돌이 95
   투쟁에서 실존으로 95 | 각양각색의 잡지들 103 | 반문화: 어긋난 만남? 112 | 『세미오텍스트』의 모험 122

4. 문학과 이론 133
   분과학문간의 충돌: 서사의 승리 136 | 왜곡된 인용 149 | 저항: 역사에서 철학으로 160 | 비판적 교육으로서의 '이론' 168

5. 해체의 작업장 181
   읽기: 데리다식의 내기/유희 182 | 예일의 4인방 191 | 회피와 술책 200 | 대리보충: 데리다 효과 206

※ 배경사진: 기자들에 둘러쌓여 인터뷰에 응하고 있는 자크 데리다(1982년 1월 4일)

2부. 이론의 활용

6. 정체성의 정치 219
'컬트 스터즈'의 발흥 221 | 종족성, 탈식민성, 하위주체성 229 | 젠더 문제: 프랑스 이론과의 애매한 조우 240 | 이론의 정치, 불편한 연합 255 | 신역사주의: 타협의 한계 266

7. 이데올로기적 반격 271
정전 논쟁 272 | '정치적 올바름'의 착각 278 | 국가적 논쟁 285 | 신보수주의의 십자군 295 | 탈정치적 좌파를 향하여? 302

8. 캠퍼스의 스타들 311
주디스 버틀러와 수행(성) 315 | 가야트리 스피박과 비총체성 319 | 스탠리 피시와 제도 326 | 에드워드 사이드와 비평 331 | 리처드 로티와 대화 337 | 프레드릭 제임슨과 포스트모던의 문제 342

9. 학생과 사용자 351
병렬이라는 놀이 353 | '교양으로서의 이론' 대 정당한 읽기 358 | 확장되는 세계, 사유화되는 지식 363

10. 예술의 실천 369
예술작품에서 예술시장으로 371 | 시뮬라시옹주의자들의 오해 378 | 비물질적 건축 388

11. 이론적 계책 397
임시 자율지대: 사이버공동체의 실험 399 | 사이보그, 디제이, 발견된 오브제 406 | 팝: 우발적 유통 414

3부. 다시 프랑스로

12. 규범으로서의 이론: 지속되는 영향 423
쇠락을 말하는 상투어구 427 | 문화주의자들의 끈질김 435 | 푸코에서 바르트까지: 역설의 스펙트럼 442

13. 세계로서의 이론: 세계적 유산 457
미국과 그 타자들 459 | 광범위한 영향, 즉각적인 효과 471 | 독일이라는 출처 484

14. 그동안 프랑스에서는…… 491
인간주의의 복귀 혹은 진부한 개념의 귀환 493 | 억압된 것의 점진적인 회귀 505 | 순수과학과 국가이성 515

에필로그: 차이와 긍정 521

후기(2005년 포켓북판): 다시 문제는 실천적 활용이다 537

감사의 말 543

후주 545

옮긴이 후기: 여행하는 이론을 어떻게 맞이할 것인가? 599

찾아보기 609

※ 배경사진: 등록금 인하와 학내 민주화를 요구하는 미국 캘리포니아대학교 버클리 캠퍼스 학생들에게 연대와 지지를 표명하며 시위대에게 미셸 푸코에 대한 강의를 하고 있는 사회학과 교수 마이클 부라보이(2011년 3월 3일)

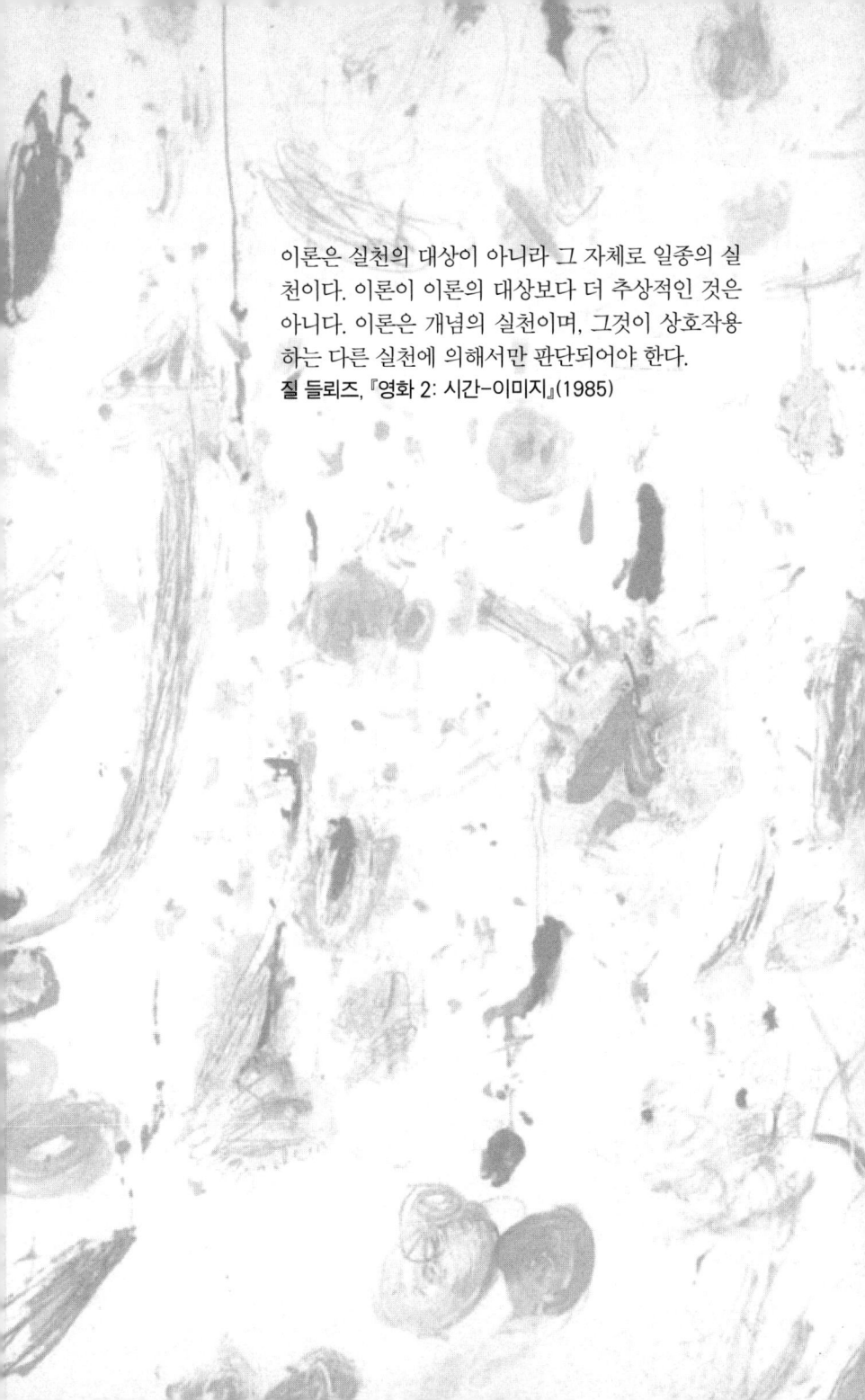

이론은 실천의 대상이 아니라 그 자체로 일종의 실천이다. 이론이 이론의 대상보다 더 추상적인 것은 아니다. 이론은 개념의 실천이며, 그것이 상호작용하는 다른 실천에 의해서만 판단되어야 한다.
질 들뢰즈, 『영화 2: 시간-이미지』(1985)

한국의 독자들에게

이 책이 들려주는 이야기는 끝이 없는 이야기, 그도 아니라면 아직 끝나지 않은 이야기입니다. 시작과 끝, 원인과 결과, 각종 자료와 논평, 텍스트와 행위, 개념과 지각이 영원히 뒤섞일 뿐만 아니라 그 분명한 경계선을 정확하게 그을 수 없는 그런 이야기이죠. 1960~70년대 프랑스에서 나온 이론 텍스트들은 대부분 독일 철학을 대담하게 재해석해 씌어진 것들입니다. 1980~90년대의 북아메리카는 당대의 맥락에서, 그러니까 정체성의 정치나 문화전쟁의 맥락에서 이런 텍스트들을 수입하고 번역하고 재전유했습니다. 다른 나라들, 특히 일본이나 한국 같은 극동에서 새로운 맥락 아래 이 텍스트들이 활용되고 이해되기 전에 말입니다. 프랑스의 이론 텍스트들은 극동의 여러 나라에 미국의 지식산업을 통해 당도하긴 했지만 이와 동시에 미국의 전 세계적 헤게모니를 반대하고 비판하는 도구로 쓰이기도 했습니다. 이처럼 이 이야기는 너무나 많은 우여곡절과 너무나 많은 나라들이 연계되어 있는 탓에 꽤 복잡해집니다.

따라서 우리는 국가라는 딱지를 잊어버려야 할지도 모릅니다. 국가라는 딱지는 이 텍스트들에 대한 정치적·인식론적 해석, 활용, 더 나아가 확산과 관련된 이해관계에 비하면 그리 중요하지 않습니다.

요컨대 우리는 '프랑스 이론'에서 '프랑스'를, '미국의 재해석'에서 '미국'을 신경 쓰지 않을 수도 있습니다. 심지어 '한국에서의 수용과 활용'에서 '한국'이라는 맥락에 신경 쓰지 않아도 될 수 있을 것입니다. 왜냐하면 여기서 중요한 것은 국적이 아니기 때문입니다. 오히려 핵심 쟁점이 되어야 할 것은 미셸 푸코나 자크 데리다나 질 들뢰즈의 텍스트들을 누가 읽었는가, 이 텍스트들이 각국 독자들의 삶과 집합적 행위에 어떤 영향을 끼쳤는가, 이 텍스트들이 지배적인 규범과 지적 순응주의에 맞서는 데 어떻게 활용됐는가입니다. 이 모든 것은 이 나라냐 저 나라냐의 문제라기보다는 자율성과 저항의 문제이자 발명과 주체화의 문제입니다. 간단히 말해서 프랑스의 이론 텍스트들은 서울부터 부에노스아이레스에서까지, 베를린부터 케이프타운에서까지 똑같은 방식으로 활용되고 수용되어왔다고 할 수도 있을 것입니다. 한 나라 내부에서 다양한 공동체가 그 텍스트들을 서로 완전히 다르게, 눈에 띌 만큼 대조적으로 활용하고 수용했다고 할지라도 말입니다. 실제로 이 거대한 나라[미국]에서는 제가 들려주려 한 이야기가 철학 텍스트들이 지닌 해방의 힘에 관한 이야기나 특정 사상을 둘러싼 탈맥락화와 오해가 낳은 아름다운 우화로 읽히기도 했고, 또 이 똑같은 이야기가 20세기 말의 프랑스 철학이 지닌 퇴폐주의나 참을 수 없는 미국 문화와 지식계의 헤게모니를 보여주는 최종 증거로 읽히기도 했습니다. 그렇지만 적어도 이들이 이 이야기를 일종의 도구상자처럼 받아들인다면, 즉 이 이야기를 통해 자기 자신을 다시 생각해보고, 각자가 마주한 지배문화에 맞서고, 자국의 제국주의에 저항하는 데 유용한 도구를 찾아낸다면, 이 이야기가 전혀 쓸모없지는 않을 것입니다. 게다가 이 이야기가 드러내 보여주는 극도의 혼종성, 다시 말해서 동시대의 전 세계적 문화가 가닿은 개념과 용법, 텍스트와 독자, 복제와 원본의 놀라운 뒤섞임, 현기증이 날 만큼 아찔한 그 뒤섞임은 우리에게 몇 가지 유용한 교훈을 줄 수도 있습니다. 특히 근대성과 전통, 고유의 정체성과 미국의 영향이 서로 갈등을 빚고 있는 동시에 친밀할 만큼 서로 뒤섞여 있는 한국 같은 나라에서는 더욱더 그럴 것입니다.

마지막으로 중요한 것이 하나 더 있습니다. 동시대의 지성사를 담고 있는 이 책의 이야기는 지식의 '수행성'이라는 쟁점을 제기하고 있습니다. 텍스트와 개념이 이 세상을, 그도 아니라면 우리의 삶을 바꿀 수 있을까요? 혹은 우리가 이런 수행력을 믿는다면 (그것이 프랑스에서 나온 것이든 다른 어떤 곳에서 나온 것이든) 어떤 텍스트와 개념이 오늘날의 슬픈 상황 중 무엇인가를 실제로 바꿔낼 수 있을까요? 오늘날 우리는 그 어느 때보다도 정신없이 빠른 시대를 살아가고 있습니다. 역사적 변화의 시대, 권력이동의 시대, 철학자들이 틀렸음이 밝혀지고 그들의 사유와 사색이 유례없이 하찮은 취급을 받는 시대를 말입니다. 물론 북한이 문호를 개방하고, 사하라 사막 이남의 아프리카에서 강대국들이 철수하고, 세계 곳곳에서 은행가들과 자본가들에게 효과적으로 저항하는 일 등은 영원히 일어나지 않을 것처럼 보입니다. 그러나 이처럼 있을 법하지 않은 변화들을 감안하더라도 다른 한쪽에서는 인민들이 아랍 여러 나라들에서 혁명을 일으키고 있고, 라틴아메리카에서는 사회적 실험이 진행되고 있습니다. 일대 장관을 이루며 일어나고 있는 이런 사건들과 변화들은 이 책의 이야기, 20세기 말의 지적 교류와 텍스트에 근거한 정치 관련 이야기를 왜소해 보이게 만들 것입니다. 그러나 어쩌면 상황은 정반대일지도 모릅니다. 왜냐하면 오늘날 일어나고 있거나 일어나려고 하는 모든 일에는 현실에 대한 회피가 아니라 현실에 맞서서 현실을 바꿔나가려는 이론의 비판적 인식, 비판적 거리, 비판적 활용이 필요하기 때문입니다. 미국의 몇몇 학자들이 데리다와 푸코, 혹은 장-프랑수아 리오타르, 자크 라캉 등의 어려운 텍스트를 발견한 뒤부터 품어왔던 꿈, 기존과는 다른 방식으로 생각하고 새로운 방식으로 사람들 사이의 유대관계를 만들어가려 했던 꿈이 바로 이것입니다. 지금처럼 급변하는 시대에는 바로 이와 같은 꿈이 절실히 필요합니다. 제 경험에 기대어 말씀드려보면 오늘날에는 물밀듯이 우리에게 닥쳐오는 냉소주의, 오락거리, 갖가지 기술장치보다 더 오래 살아남을 꿈, 텍스트와 개념을 꾸준히 읽고 가르치고 활용하고 해석하는 꿈, 즉 우리 각자의 현실뿐만 아니라 모두의 현실을 계속 깨우쳐 나가려는 꿈이 절실히 필요합니다. 우리에게는 스티븐 잡스가 필요합니다. 그러나 질 들뢰즈도 필요합니다. 우리에게는 보노[아일랜드의 록밴드 U2의 리드보컬] 같은 참여적 연예인이 필요합니다. 그러나 데리다 역시 필요합니다. 우리에게는 유엔이나 NGO 등이 필요합니다. 그러나 프랑스 이론을 다양하게 해석해 젠더 이론과 탈식민주의 이론을 유행시킨 미국인들, 이런 이론들을 각자의 예술적 창조물과 활동계획에 통합시킨 미국인들 역시 필요합니다. 물론 그렇다고 우리에게 바로 이 책이 필요하다는 뜻은 아닙니다. 허세를 부리고 싶지는 않습니다. 다만 이 책이 변해가는 우리 모두의 지적 맥락에서 대단치는 않더라도 뭔가 특정한 역할을 할 수 있기를 바랄 뿐입니다.

제 책이 한국어로 번역되어 한국의 독자들에게 읽히고 평가받게 된다니 제게는 무척 영광스러운 일입니다. 아직 제 책이 한국의 독자들에게 선보인 것도 아닌데, 게다가 한국의 독자들이 제 책에 관심을 가질지 안 가질지조차 모르는데 제 스스로 우쭐해질 정도입니다. 다른 한편으로 제 책이 한국에 소개되어 프랑스와 한국 양국 문화의 간격이 메워지고, 새로운 문화적 대화가 이뤄지고, 우리 모두 동일한 주파수를 갖게 된다니 제게는 이보다 더 큰 낙이 없습니다. 적어도 우리는 동일한 상상의 나라를 공유할 수 있을 것입니다. 삶과 사유, 독서와 노동이 양립할 수 있을 뿐만 아니라 서로에게 완벽히 필수불가결한 것이 될 그런 나라 말입니다.

제 책을 출판해준 도서출판 난장 관계자 여러분의 호의와 관심에 따뜻한 감사의 마음을 보냅니다. 그리고 여러분이 읽게 될 이 책이 출판되는 멋진 나라에 저를 초대해주신 주한 프랑스 대사관의 이은정 씨에게도 감사의 마음을 전합니다.

2011년 10월
캘리포니아 주 로스앤젤레스에서
프랑수아 퀴세

들어가는 글
이른바 '소칼 효과'

20세기의 마지막 30년 동안 미국에서는 이전까지 미국 신화 속의 영웅들이나 '쇼비즈니스'의 명망가들이 독차지하다시피 하던 아우라가 프랑스 사상가들의 이름에 부여됐다. 혹자는 할리우드 서부극을 통해 미국 지식계에서의 배역을 정하는 게임을 해볼 수도 있을 텐데, 정작 프랑스에서는 대개 주변화됐던 이 프랑스 사상가들이 [미국에서는] 분명 주연을 맡게 될 것이다. 자크 데리다는 당당한 정복자 풍모로 도전받지 않는 권위를 즐기는 고독한 개척자 역에 곧잘 캐스팅되던 클린트 이스트우드가 될 것이다. 장 보드리야르는 쾌활함과 어두운 냉담함이 섞여 있는, 늘 예상치 못한 곳에 출현하는 습성을 빼놓을 수 없는 그레고리 펙 역할이 거의 적합하겠다. 자크 라캉은 성격이 불같은 로버트 미첨 역할일 텐데, 두 사람 모두 위험한 기운이나 규정되지 않는 아이러니에 매력을 느낀다는 점에서 그렇다. 질 들뢰즈와 펠릭스 가타리는 테렌스 힐과 버드 스펜서의 스파게티 웨스턴물보다는 폴 뉴먼과 로버트 레드포드가 『내일을 향해 쏴라』에서 연기했던 텁수룩한 모양새의 숨막히면서도 장엄한 2인조를 연상시킬 것이다. 미셸 푸코에게는 감옥을 잘 알고 불안한 웃음을 터트리며 홀로 배회하는 명사수로, 이 서부극의 그 어떤 배우보다 높은 곳에 위치할 대중의 연인이자 종잡을 수 없는 스티브 맥퀸 역할을 맡기는 게 어떨까? 장-프랑수아 리오타르는 억센 심장을 가진 잭 팰런스, 루이 알튀세르는 우울한 모습의 제임스 스튜어트, 여배우로는 줄리아 크리스테바가 용맹한 어머니이자 추방된 여인들의 자매인 메릴 스트립, 엘렌 식수가 어떤 틀에서도 자유로운 여성인 페이 더너웨이 역할을 맡는 게 딱이라는 점도 빼놓을 수 없다. 배경이 인물이 되고, 번쩍이는 기병대가 화면에 등장하기만을 기다렸으나 간교한 인디언들이 승리를 거두는 있을 법하지 않은 서부극.

사실 1980년대 초를 전후로 전자음악에서 인터넷, 개념예술에서 주류 영화, [특히] 학문영역에서 문화와 정치에 대한 토론에 이르기까지 미국 문화 전반에 걸쳐 이 프랑스 저술가들은 자신이 속한 나라에서는 결코 얻지 못한 공적인 악명과 비주류적 영향력을 누리는 수준에 이르렀다. 점점 미국화되어가고 자신들의 프랑스 억양이 사라짐에 따라 이들의 이름은 심하게 과잉코드화됐다. 스크린 속의 그 어떤 우상도 그렇지는 못했다. 이들의 이름은 대서양을 가로지르는 필수적인 참조점이 됐지만, 그들의 본거지에서는 이처럼 광범위한 현상이 결코 제대로 평가된 적이 없었다. 몇 년 전 어느 가을, 오래가지는 못했던 논쟁 하나가 등장하기 전까지는 말이다.

1997년 10월 초, 프랑스는 세계 언론의 중심에 있었다. 몇 주 전에는 사랑받던 영국 공주[다이애나 황태자비]가 그곳에서 자동차 사고로 죽었다. 몇 달 뒤에는 모든 준비를 다 끝낸 20세기의 마지막 월드컵 예선경기가 열릴 참이었다. 그 와중에 이번에는 논평자들을 갈라놓기 일쑤였던 지적 논쟁 중 하나가 모든 신문의 1면에서 터져 나

단 한 권의 공저 『지적 사기』를 통해 대서양 양편의 지성계를 발칵 뒤집어놓은 뉴욕대학교 물리학과 교수 소칼(오른쪽)과 벨기에 루뱅대학교 물리학과 교수 브리크몽(왼쪽).

왔다. 이 논쟁은 프랑스 언론계·학계에 모종의 균열(그동안 거의 잊혀 쓰이지 않는 듯했던 단어)을 일으켰다. 화제가 된 것은 미국인 앨런 소칼과 벨기에인 장 브리크몽이라는 두 명의 물리학자가 쓰고 오딜야콥 출판사가 출간한 책, 『지적 사기』였다.[1] 두 명의 저자는 자신들이 "전문용어의 남발," "턱없이 강한 자신감," "의미에 대해서는 철저히 무관심하면서 단어에만 외곬으로 빠져드는 심각한 중독증세"라고 부른 것, "편의상"(프랑스어판의 표현으로는 "간단히 말해") '포스트모더니즘'이라고 표현한 지적 조류 중 일부에서 드러나는 "사실과 논리에 대한 경멸"을 해부했다.[2] 이 조류의 특징은 "계몽주의 시대 이후의 합리주의 전통을 거의 노골적으로 부정"하고 "과학을 수많은 '이야기'나 '신화' 또는 사회적 구성물 가운데 하나로 간주하는 인식론적·문화적 상대주의"이다. 이 책이 겨냥한 대상은 "질 들뢰즈, 자크 데리다, 펠릭스 가타리, 뤼스 이리가레, 자크 라캉, 브뤼노 라투르, 장-프랑수아 리오타르, 미셸 세르와 폴 비릴리오"처럼 거의 모두 프랑스인이었는데, 소칼과 브리크몽은 자신들의 논지를 펼치며 여기에 장 보드리야르, 줄리아 크리스테바, 미셸 푸코를 추가한다.3) 소칼과 브리크몽은 때때로 "전혀 어울리지 않는 과학 용어를 동원하는 **엉뚱함**" 탓에 이 저술가들이 "지적 남용"과 "비합리주의나 허무주의"로 치닫는다고 비난한다. 따라서 조금은 피상적으로 삽입된 문구로 진술된 바, 두 저자의 의도는 "모든 학문에 공통된[혹은 공통되어야 하는] 합리성과 지적 정직성의 규범을 수호"하는 데 있다.4) 흔들리지 않는 자기 확신 아래 이 두 저자는 (자신들이 즐겨 쓰는 표현 그대로) "왕이 벌거벗었다"는 것을 보여주려고 했다. "새로운 종교"가 된 라캉의 수학부터 보드리야르의 "복수複數의 굴절력을 가진 초공간"에 이르기까지 "어떤 텍스트가 난해하게 다가온다면 그것은 그 텍스트가 아무것도 뜻하는 바가 없다고 하는 너무나 자명한 이유 때문"이라고 소칼과 브리크몽은 명쾌하게 판정했다.5)

이런 도전에 대해 학자들과 주류 신문들은 전투적으로 반응했다. 『르몽드』에서는 마리온 반 렌테르겜이 그런 식의 "과학만능주의를 행사하는 낡은 틀"6)을 비판한 데 이어 크리스테바까지 나섰다. 크리스테바에 따르면 이 '반反프랑스적 지식장사'는 대서양을 가로질러 간 해당 사상가들의 '아우라'가 불러일으킨 '프랑스혐오증'을 무심결에 드러낸 사건이었다. 이들을 따라 로제-폴 드루아는 '과학적 올바름'*이라는 표현으로 소칼과 브리크몽을 조롱했고, 『리베라시옹』에서는 로베르 마조리가 소칼과 브리크몽을 일종의 초현실주의자라고 지칭했다. "지구에 대해 '오렌지처럼 푸르다'라고 말하는 것이 과학적으로 합당하느냐는 질문"7)을 받을까봐 잔뜩 긴장하고 있는 초현실주의자. 그런가 하면 장-프랑수아 칸은 두 입장, 즉 "과학만능주의의 오만함"과 "과학 전문용어들 이면의 완전한 공허를 가리는 지식인들의 다변증多辯症"을 한데 묶은 뒤 "1968년 이전과 이후의 이데올로기"(칸은 문제가 된 사상가들을 이렇게 구분했다)**는 적어도 자신의 "양심을 점검"해보는 데 동의하라고 요청했다.8) 장-마리 루아르는 "장황함의 수사" 위로 "신선한 공기가 활기차게 내뿜어져 나오는" 상황을 칭찬하는가 하면,9) 활력 넘치는 표현으로 유명한 안젤로 리날디는 "몰리에르풍 박사들"인 유명 프랑스 사상가들이 "좀도둑질을 하다가 현행범으로 붙잡혔다"며 이들을 조롱했다.10) 장-프랑수아 르벨은 "프랑스 이론이라 불리는 어리석음"으로 드러난 "포스트모더니즘의 오만," 즉 "궤변을 체계의 수준으로 올려놓은 반동주의자들"의 오만을 공격하기 위해 소칼과 브리크몽이 바랐던 것보다 더 신랄하게 그 나름대로 특별한 유형의 독설을 퍼부었다. 자신이 데리다의 소행이라고 비판했던 "진실과 허구, 선과 악의" 차이를 지우는 일은 "나치식 발상으로 후퇴하는 것이자 …… 지난 세기 동안 진

---

* '과학적 올바름'(scientifiquement correct)이란 1980년대 미국에서 유행한 '정치적 올바름'(politiquement correct)을 풍자한 표현이다. 이에 대해서는 본서의 7장 중 "'정치적 올바름'의 착각" 부분을 참조할 것.
** '1968년 이전'의 이데올로기는 소칼과 브리크몽의 과학주의를, '1968년 이후'의 이데올로기는 이 두 저자가 비판한 프랑스 이론을 지칭한다.

정한 좌파가 이뤄낸 모든 승리에 등돌리는 일"11)과 다르지 않다고 말이다. 이런 주장은 장-자크 살로몽 같은 인물이 『르몽드』를 통해 브뤼노 라투르의 이론을 베니토 무솔리니의 이론과 비교한 악독한 공격 방식과 동일했다. 『누벨옵세르바퇴르』에서는 좀 더 온화한 목소리가 흘러나왔는데, 여기에서는 모두가 문제를 정리하고 자신들의 성역을 지키기 위해 이 '추문'을 이용했다. 가령 파스칼 브뤼크네르는 장 보드리야르에게서 두드러진 프랑스식 에세이풍 글쓰기가 "전문용어를 남발하는 구조주의 잡상인들"의 글쓰기보다 뛰어나다고 찬양했고, 디디에 에리봉은 푸코 같은 사상가들에게서 유래한 '구성주의'를 몇몇 모방자들의 "비합리주의적" 짝퉁과 혼동하지 말라고 주문했다.12) 이 모든 소란 속에서 두 종류의 언급이 간과됐다. 『르 카나르 앙셰네』는 여느 때처럼 풍자적인 음색으로 미국인들은 소칼과 브리크몽이 겨냥한 저술가들을 "문방구에서 파는 포스트-잇의 철학적 등가물로서 아무데나 다 갖다붙였다"13)고 표현했다. 이는 인용의 유행과 텍스트 페어맞추기라는 미국식 글쓰기 장치 전체에 대한 보기 드문 비유였다. 뜻 깊기는 했으나 거의 진통제 같은 방식을 취한 언급도 있었다. 자주는 아니지만, 문제의 저작들이 프랑스에서는 이미 죽어서 묻혔다는 고백이 흘러나온 것이다. 『마리안느』는 "위대한 전후 논쟁은 모두 끝났다"고 선언했으며,14) 『르몽드』는 "이곳에서는 더 이상 일어나지 않는 철학적 기행奇行을 비난하는 책이 …… 왜 프랑스에서 출판되는지" 의문을 던졌다.15)

 이 논쟁은 프랑스 잡지들이 "수출상품인 프랑스 지성"16)이라는 투의 주제 아래 종종 다루곤 하는 어떤 프랑스 사상 조류가 대서양 저편에서 행운을 누리고 있다는 점 말고도, 프랑스와 미국 사이에서 돌연히 발생한 이중의 분할을 드러냈다. 첫째는 지성사 차원의 분할이다. 1970년대 프랑스에서 벌어진 이론적 전투는 오래 전에 잦아든 데 반해(승리한 쪽은 '반전체주의적 인간주의'였다) 미국 대학에서는 여전히 불붙은 채로 지금까지 20년 이상 지속되고 있다. 또 다른 분할은 첫 번째 분할의 결과로 등장했다. 그것은 두 나라 지식계에 발생한 균열로, 이 균열은 왜 그토록 많은 프랑스 쪽 논평자들이 소칼과 브리크몽의 프로젝트를 낡은 대서양간 프리즘에 근거해 위대한 사상가들에게 던진 선전포고로 잘못 해석했는지 설명해준다. 프랑스 쪽 논평자들은 이 프로젝트를 지난 20년간 미국에서 벌어진 지적 논쟁으로 읽어낼 수 없었다. 왜냐하면 관련 사상가들을 끌어들인 소칼과 브리크몽이 진짜로 겨냥했던 것은 결국 자신들이 공격한 프랑스 사상가들이라기보다는 캐나다의 미셸 피어센스가 언급했다시피[17] 정체성과 상대주의라는 이중의 보수적 '회귀'를 부추긴 미국 대학이었기 때문이다. 프랑스 독자들은 기껏해야 오직 이 '추문' 뒤편에서 어렴풋이 나타난 용어들, 즉 문화연구, 구성주의, 탈인간주의, 다문화주의, 정전 논쟁, 해체, '정치적 올바름'에서 간접적이거나 피상적으로 울려퍼지는 메아리만을 들을 수 있었다. 그런 탓에 이 용어들의 함의 전부를 해독해낼 수 없었다. 이 용어들은 그 속에 담긴 친근한 울림과는 달리 인문학 분야만이 아니라 미국 대학 전체에서 지난 30년간 벌어진 격변과 얽혀 있다. 더 나아가 이 용어들은 지식 분야와 정치 영역, 담론과 전복[행위], 민족과 그 다양한 정체성 사이에서 여러 위기와 논쟁을 거치며 차츰 형태를 갖춘 문제적 표현들이다. 어쨌든 이 커다란 진화과정은 오늘날에도 전 세계적으로 벌어지는 지적 논쟁에서 결정적 역할을 하고 있으며, 간접적으로는 2001년의 9·11사건 이후 신제국주의·신보수주의 질서의 부상과 이에 반대하는 좌파 세력 전반의 무기력 모두를 설명해준다. '프랑스 이론'이라는 오묘한 범주와 연관된 것은 바로 이 영역이며, 이 책은 바로 이 사안을 다룬다. 즉, 프랑스의 텍스트와 미국의 독자 사이에 발생한 창조적 오해의 정치적·지성적 계보, 그런 오해의 과정이 오늘날 우리에게 끼친 효과를 탐구한다. 그 오해가 정확히 구조적인 산물로서, 그저 잘못된 해석만이 아니라 프랑스와 미국의 지적 영역 내부에 가로놓인 차이와 관련이 있다는 점에서 그렇다. 따라서 우리는 이 오해를 텍스트의 '진리'라는 관점에서 판단하길 경계할 것이며, 그보다는 이 수상스러운 견해를 상호교차하는 목적이 낳은 풍부함과 편향된 독서가 낳은 예기치 못한 방향전환으로, 그도 아니라면 전혀 다른 문화적 맥락이지만 일본인들이 '기능적 아름다움'이라고 일컫는 어떤 것으로 다룰 것이다. 그러나 이 일탈과 거기서 파생된 창조적 역할을 이해하기 위해서는 '소칼 사건'이 터지기 전에 같은 이름으로 알려진 '속임수'가 이미 저질러졌고, (비록 프랑스에서보다는 훨씬 경미한 혼란을 불렀지만) 그 사건이 미국에서의 정치적 쟁점을 훨씬 더 뚜렷이 만천하에 드러냈다는 사실을 먼저 기억해야 한다.

1996년 소칼은 저명한 문화연구 저널 『소셜 텍스트』의 편집진에게 「경계의 침범: 양자중력의 변형해석학을 위하여」라는 제목의 긴 논문을 투고했다.[18] 이 논문은 사이비 과학의 공식과 '포스트모더니즘'이라고 한데 묶여 불리던 (사실은 데리다에서 크리스테바에 이르기까지 대부분 프랑스인들이던) 저술가들의 글에서 따온 인용을 뒤섞어 만든 글로, 물리적 세계의 현실과 과학 원리에 의문을 던지는 것처럼 꾸민 패러디였다. 권위에 기반을 둔 주장 뒤로 숨은 패러디였던 이

이른바 '소칼 논쟁'의 진원지가 된 1996년의 『소셜 텍스트』(봄·여름/46·47호)의 속표지(왼쪽)와 『지적 사기』의 영어판인 『유행하는 난센스: 포스트모던 지식인들의 과학 남용』의 표지(오른쪽).

논문은 미국에서 오랫동안 유명세를 타온 저자들과 개념들에 바탕을 두고 있다는 점에서 더욱더 분란을 불렀다. 더군다나 소칼이 그 논문에 채워넣은, 과학에 어긋난 사실들을 분간해낼 수 없었던 저널 편집진이 ('과학 전쟁'을 다룬 특집호에) 이 논문의 게재를 승인했다는 사실 때문에도 논란거리가 됐다. '프랑스 이론'에서 비롯된 '인지적 상대주의'의 참상이라고 스스로 믿는 바를 논증하기 위해 소칼은 집합론과 급진페미니즘에 등장하는 '평등,' 라캉의 무의식과 양자물리학에 등장하는 '전치,' 아인슈타인과 데리다에 공히 등장하는 '일반상대성' 같은 용어를 동일한 수준에서 병렬하는 방법을 밀어붙였지만, 『소셜 텍스트』의 독자들뿐만 아니라 편집위원인 앤드류 로스마저 그 속에서 반대할 만한 점을 찾아내지 못했다. 논문이 출간되고 한 달 뒤 소칼은 『링구아 프랑카』에 자신의 속임수를 밝혔다. 자기 논문이

「포스트모던의 엄숙함, 장난스럽게 해체되다」("Postmodern Gravity Deconstructed, Slyly")라는 제목으로 『뉴욕타임스』(1996년 5월 18일자) 1면에 실린 소칼의 속임수.

26 루이비통이 된 푸코?

"[대문자] 이론, 즉 포스트모던한 **문학적** 이론의 지적 교만함"을 드러내고 "자칭 좌파들에게서 흘러나오는 …… 바보스러움"을 폭로하기 위해 만들어진 혼성모방물에 불과하다는 것이었다.[19] 학계의 분란은 말할 것도 없고 지적 논쟁 역시 거의 언론의 관심 밖인 미국에서도 이 논란은 재빨리 주류 언론에 보도됐다.『뉴욕타임스』는 소칼이 공격한 포스트모던의 전문용어들, 가령 '헤게모니적,' '인식론적' 같은 단어들까지 별스럽게 거론하며 이 소동을 1면 기사로 다뤘다.[20] 이후『보스턴글로브』에서『로스앤젤레스타임스』에 이르기까지 주요 일간 신문들이 관련 기사들을 쏟아냈다. 대다수는 대중에 영합하면서도 폭력적인 반지성주의의 경향을 띤 것으로, 일군의 학문적 사기꾼들이 자신의 무지를 가리기 위해 써먹는 "야단스러운 어리석음"과 "방언," "가짜 좌파"이면서도 비평 자격을 얻고 "허세로 벌거벗은 몸을 가린 채 …… 유행을 이끄는 학계의 이론가들"이 "부정하는 명백한 현실," 몇몇 프랑스 문헌을 과도하게 인용하는 학계의 저작들에서 보이는 "명확한 생각과 명확한 언어의 부패"를 공격하는 내용이었다.[21]『뉴욕포스트』처럼 훨씬 보수적인 타블로이드 신문들은 "아프리카중심주의를 표방하는 정전들에 담긴 의문스러운 허위사실"에서 가장 잘 드러나는 "사이비 학자들" 전체를 문제삼으며, 학생들의 "소중한 대학시절을 망가뜨리면서" 학생들을 그릇된 길로 이끄는 주범이 이들이라고 몰아붙였다.[22]

특히 의미심장한 것은 이런 소칼 **효과**의 명확한 미국적 측면 두 가지였다. 한편으로, 문제가 된 미국 대학 쪽의 반응은 드물었다. 이런 논쟁이 주류 언론의 저속한 언어로 번역된다는 데 대학들이 무척 당황한 것처럼 보일 정도였다. 유일한 예외는 유명한 이론가 스탠리 피시가 과학 법칙과 야구 규칙을 비교하는 글을 『뉴욕타임스』에 실어 도발적으로 개입한 일이었다.23) 다른 한편 맑스주의 지식인들과 저널들은 포스트모더니즘에 특별히 공격적인 자세를 취했다. 이들은 소칼이 산디니스타 정권의 니카라과에서 수학을 가르쳤던 사실을 상기시키며 그의 정치적 혈통을 방어했고, 문화연구나 해체론의 저명한 사제들이 스스로를 '좌파'라고 부를 어떤 권리도 (그들이 좌파임을 자임하기보다는 우파들이 그들을 치장할 때 훨씬 더 자주 '좌파'라는 꼬리표를 쓴다는 이유로) 부정했다. 브라질에서 이탈리아까지, 일본에서 『르몽드』의 칼럼들까지 전 세계 언론들은 곧바로 이 사건에 쓰인 용어들을 되풀이하기 시작했다. 대부분은 소칼의 '과학주의'를 반대하면서도 학계의 과도한 '파벌'은 비판했는데, (프랑스를 빼고) 거의 모든 나라에 있는 이 '파벌'의 지부들이 미국화된 문화연구나 '구성주의'를 수입해왔다는 것이다. 라투르는 이제는 유명해진 비유를 들어, 소칼이 프랑스를 "또 하나의 콜롬비아"로 생각하고 있음을 환기시켰다. 요컨대 소칼이 생각하는 프랑스는 [마약의 일종인] 크랙만큼이나 중독성이 지독한 ("데리다제^{derridium}와 라캉제^{lacanium}" 같은) '마약'으로 대학생들에게 캠퍼스 생활의 '향락'을 선사해 이들이 과거에 매일 "분석철학 한 첩씩" 복용했음을 잊어버리게 만듦으로써 미국 대학을 위협하는 마약상인들이 판치는 곳이라는 말이었다.24)

이렇게 프랑스의 많은 이들은 새로운 사실을 발견했다. 한 해 전에 있었던 일을 비롯해 [『경계의 침범』과 관련된 소동] 미국의 지성계에 프랑스 사상가들이 그렇게나 파고들어가 있다는 점, 혹은 '좌파'라는 용어의 상징적 독점을 둘러싸고 그런 전투가 벌어졌다는 점은 지난 25년 동안 미국에서 '인문주의자들'이 '의심의 대가들'에 맞서,

혹은 '보수주의자들'이 '다문화주의자들'에 맞서 대학을 비롯해 미국 사회의 몇몇 분야에서 치렀던 충돌에 더해진 (비록 이전의 여타 충돌보다 훨씬 더 대대적으로 언론에 보도됐지만) 또 하나의 에피소드에 불과하다는 사실을 말이다. 한마디로 이 사건은 프랑스에서는 찾아볼 수 없지만 미국의 지성계에는 완연히 스며든 이데올로기적 극단화와 관련해 부수적으로 나타난 징후였던 것이다. 이 극단화의 계보를 구성하려면 우리는 문제가 된 프랑스 저술가들을 독해하는 일종의 미국적 방식을 되짚어 봐야 한다. 이 저술가들을 탈맥락적으로 수용함으로써 이들의 텍스트가 당대 미국 문화의 사회적·정치적 토론에서 종종 중요한 역할을 할 수 있게 만든 독해의 방식을 말이다. 따라서 피에르 부르디외의 용어를 빌리면, 일부 미국 학자들이 (여기에는 출세를 위한 동기가 없지는 않은데) 이 저술가들에게서 1980년대의 슬로건들을 끌어낼 수 있었던 "선택과정 …… 이름붙이기와 분류과정"[25)]을 파악해볼 수도 있을 것이다. 덧붙여 이 '과정'을 통해 이 미국 학자들은 지원군을 동원할 수 있었고 [지원군에 속한] 일반 독자들은 새로운 적들, 즉 '저자'의 생산물이자 '의미'가 담긴 '텍스트,' '제국주의적 이성'의 허구적 중립성, 서구의 무기인 '보편주의,' 혹은 문학적 식민주의 형태로서의 '정전'을 향해 덤벼들 준비가 되어 있었다. 어떤 면에서 이 용어들은 학문 담론의 정치적 급진화를 강조하는 역할도 했다. 프랑스 저술가들, 적어도 이런 정치적 급진화를 인지하고 있던 이들조차 이런 방식에 자신들이 한몫하고 있다는 점을 분명히 인식하지는 못했다. 따라서 이 프랑스 텍스트들을 토대로 새로운 정치적 담론을 생산하기 위해서는 그 둘을 매개하는 몇 가지 작업이 이뤄져야 했다. 경험적으로 가장 파악하기 힘든 첫 번째 작업은 관련 저술가들이 동질화된 집단, 즉 진정 자연화된 하나의 몸통corpus이자 이 몸통을 활용하는 이들 사이에서 벌어진 공모의 원천으로 차차 묶일 수 있게 하는 일이다. 남은 일이라곤 그렇게 분류된 최종 패키지에 (1970년대 말에 등장한 호칭을 따라) '프랑스 이론'이라거나, (지성사적 맥락에서) '포스트구조주의'[26]라거나, 이 조류의 비판자들이 가장 즐겨 쓴 용어처럼 '프랑스 포스트모더니즘'이라고 이름붙이는 것뿐이었다. 프랑스에서는 "프랑스 대학의 고상한 사제들"[27]에 대한 숭배열기가 순간적으로 뜨거워졌다 급격히 사그라들어서 이들이 하나의 범주로 묶이는 일은 생기지 않았다는 점도 주목할 만하다(어떻게 보면 이 사상가들은 서로에게 특색 있는 명칭을 붙이기에는 너무 가까웠다). 오직 이 사상가들에 대한 거부나 직접적 반대의 표현 속에서만 이들은 하나의 이름으로 불릴 수 있었다. 폴 리쾨르가 『해석에 관하여』의 서두에서 저 유명한 '의심의 해석학'이라는 질문을 던졌을 때가 좋은 예이다.* 아니면 1968년 5월의 전투적 급진주의자들이 들뢰즈, 푸코, 데리다보다는 헤르베르트 마르쿠제, 앙리 르페브르, 심지어 기 드보르를 훨씬 더 많이 참조했다는 사실에도 불구하고 이들[들뢰즈, 푸코, 데리다]의 '반인간주의'와 '비합리주의'를 비판하려고 뤽 페리와 알랭 르노가 한데 뭉뚱그림으로써 동질적이고 지역화됐을 뿐만 아니라 훨씬 논쟁적이고 대중화된 표현, 즉 '68사상'이라는 신화를 제기했을 때도 마찬가지였다.[28]

---

* 리쾨르는 『해석에 관하여』(1965)에서 칼 맑스, 프리드리히 니체, 지그문트 프로이트를 '의심의 대가'(les maîtres du soupçon)로 한데 묶은 바 있다. 나중에는 데리다와 마르틴 하이데거를 '의심의 해석학'(l'herméneutique du soupçon)의 대가로 묶기도 했다. Paul Ricœur, *La métaphore vive*, Paris: Seuil, 1975, p.363.

이렇듯 미국의 숭배자들과 프랑스의 반대자들이 하나의 학파나 단일한 운동으로 묶는 경향이 있는 이 10~12명의 다소 동시대적인 사상가·저술가들은 매우 논란의 여지가 있는 친선관계를 맺고서야 그 대가로 결합될 수 있다. 당시 반복적으로 쓰이던 몇몇 어휘를 참조해 이 사상가들 사이에서 다른 집단을 소극적으로 만들어낼 수도 있다. 주체·재현·역사적 연속성에 대한 삼중의 비판, 프로이트·니체·하이데거에 대한 독해, '비판' 자체의 비판 등이 그런 어휘인데, 이런 작업을 수행한 사상가들은 모두 각자의 방식으로 독일 철학의 전통을 따지고 들었으니 말이다. 이렇게 보면 가장 기초적인 내용을 제외하더라도 푸코가 말한 '권력의 미시물리학,' 데리다가 말한 흔적의 '산포,' 들뢰즈가 말한 내재성의 평면 위에서 이뤄지는 '흐름'과 '결합,' 보드리야르가 말한 시뮬라시옹의 '과잉실재 공간'을 동시에 불러모으기가 무척 힘들어진다. 왜냐하면 칸트적이든 변증법적이든 현상학적이든 간에, 앞선 철학자들과 연결되는 이들의 공통된 친자관계를 발견할 수 없기 때문이다. 학문적으로뿐만 아니라 정치적으로도 수많은 불일치들이 이들을 수년 동안 갈라놓았다는 사실은 말할 것도 없다. 르네 데카르트가 말한 광기와 이성에 대해 벌인 논쟁에서 데리다가 푸코의 '구조주의적 전체주의'를 비판하자 푸코가 데리다의 '텍스트화'라는 '좁은 의미의 교습법'을 비판하는 것으로 맞받아쳤던 사건만을 일례로 들어도 충분할 것이다.29) 이와 유사하게 종종 비판받던 데리다식 해체의 '텍스트주의'에 반대해 들뢰즈는 이렇게 선언하기도 했다. "내게 텍스트란 텍스트 외부에 존재하는 기계의 작은 톱니바퀴에 불과하다."30) 1977년 『푸코를 잊자』라는 에세이를 발표한 보드리야르의 경고['잊으라']에 대해 당사자인 푸코가 "내가 보드리야르를 기억하고 있다면 내게 문제가 있는 것이다"고 되받아 쳤던 일을 떠올릴 수도 있을 것이다.31) 또는 ('사회적인 것의 종말'이 라는 보드리야르의 테제를 리오타르가 맹공하자) "오직 자본만이 유일 하게 즐긴다"라는 리오타르의 생각을 비웃으면서 이와 동시에 "들뢰 즈에게서 나타나는 욕망의 깜짝 놀랄 만한 변덕"을 비판한 보드리야 르의 논쟁적 발언을 떠올려 볼 수도 있을 것이다.32)

텍스트의 '블랙박스'를 무리하게 열어제끼기보다 프랑스 이론을 두고 펼쳐진 미국적 모험을 살펴보는 이 책은 기호의 사회적 순환, 인용의 정치적 활용, 개념의 문화적 생산을 그려보는 접근법을 취한 다. 그러나 이런 범주[프랑스 이론]가 생기려면 저자들 사이의 분명한 차이뿐만 아니라 저작들의 특이성도 무시하는 일종의 분류학적 폭력 을 상정해야만 하는 것도 사실이다. 따라서 이 책에서 인용부호 없이 쓰이는 프랑스 이론이라는 용어는 이런 집단적 호칭이 가질지 모를 지적 타당성보다는 1970년대 말 이래로 미국 대학에서 이 두 조합된 단어가 분류를 위한 축약기호, 입장을 나타내는 문장紋章, 제대로 규 명되지 않은 담론의 대상이자 수천 명의 논평자들이 일제히 사용하 는 기호로서 지니게 된 온전한 편재성을 가리킨다. 무엇보다 이 용어 자체가 이런 현상을 인정하고 거론하는 방식의 하나이다.

이 저술가들을 한데 모은 뒤에는 브랜드화marquage, 개념의 재구 성, 실천 영역에서의 재분배가 이어졌다. 이런 작업의 대담함과 독창 성 역시 두루 살펴봐야 한다. 프랑스 이론의 텍스트들에 유달리 미국 적인 정치적 사용가치가 부여되고, 프랑스에서는 신문 논평이나 출 판사라는 구속복 속에 갇혀 있던 작품들이 (비평적 다시 읽기나 생산 적 오독의 변덕에 따라) 이따금 재발견된 것도 바로 이런 작업 때문이었다. 이런 작업은 프랑스 밖에서 더 널리 읽힐 만한 기미가 전혀 보이지 않던 작품들조차 수용되는 원형적 공간을 미국 영토 안에 만들어냈다. 그런데 정말로 일이 벌어지고야 말았으니, 전자음악에서 할리우드식 과학소설에 이르기까지, 팝아트에서 사이버펑크 소설에 이르기까지, 이 프랑스 작가들은 지배적 문화산업의 가장 예기치 못한 후미진 곳까지 자신들의 흔적을 스며들게 할 정도였던 것이다. 이 저술가들이나 이들의 사유에서 나온 갖가지 비유는 개인별로 독특하게 활용되거나 특정한 계층의 특유한 대화코드에 섞여들어갔고, 시장원리에 완전히 종속되어 있는 변화무쌍하고 과정지향적인 다양한 문화 집단에 점진적으로 퍼져나갔다.

미국 대학이 처한 특정한 조건 아래에서 일어난 지식의 이전과정을 하나의 학문적 현상으로 분석한다고 해서 뉴욕 소재 화랑의 주인들, 캘리포니아[즉, 할리우드]의 각본가들, 실화 소설의 등장인물들 중에서 이런 이전과정을 보여주는 신기한 화신을 찾을 수 없는 것은 아니다. 예컨대 1997년에 저 전지전능한 마이클 크라이튼은 "영혼을 해체하는 환영"이자 "우리의 인간성을 갉아먹는 거짓된 약속을 남발하는 테크놀로지"라고 인터넷을 비판하면서 보드리야르와 비릴리오를 막연하고 뜬금없이 인용했다.[33] 어느 언론인은 이런 "프랑스인들의 침공"을 "앞서 10년 전 팝음악계를 강타한 영국인들의 침공"에 빗대어 말할 정도였는데,[34] 우리는 이런 일화들을 넘어서 때때로 접근하기 매우 어려운 이 강력한 텍스트들이 어떻게 미국의 문화적·지적 구조 안으로 그렇게 깊숙이 파고들 수 있었는지 질문할 것이다. 이에 대한 답은 2000년대의 처음 몇 년 동안 상대적으로 역동적이었던 전지구적·문화적 맥락 속에서 영향력을 가졌던 일련의 주제와

들어가는 글 33

맞닿아 있다. 이런 주제가 프랑스에는 거의 알려지지 않았다는 사실과는 상관없이 말이다. 미국 대학의 최근 역사와 위기, 미국 문화산업의 모든 자원**뿐만 아니라** 정체성 문제와도 관련된 한계, 프랑스의 엘리트주의가 오랫동안 경멸해온 텍스트 화용론의 독창성(모든 문화적 산물과 마찬가지로 텍스트를 활용하고 다루는 능력), 지배의 틈 내부에서(그리고 파리에서 멀리 떨어진 곳에서) 펼쳐지고 있는 미시정치적 저항과 하위주체성에 관한 새로운 전지구적 담론(프랑스의 좌파 인문주의자들이 호언장담하는 '반세계화'의 물결과 꼭 관련된 것도 아니고, 섬세하게 '텍스트주의적'이거나 극히 드물게 전투적인 담론인 것도 아니지만 몇몇 새로운 아이디어를 끌어낼 수 있는 담론) 등.

결국 이것은 탈맥락화라는 미덕, 혹은 부르디외가 텍스트의 '탈국가화/민족화'라고 불렀던 것에 대한 질문이다. 만약 텍스트들이 탄생한 국가를 넘어섬으로써 그 텍스트를 탄생시킨 정치적 힘의 일부를 잃게 된다면, (에드워드 사이드의 표현처럼) 이 '여행하는 이론들'은 새로운 장소에 도착함으로써 새로운 힘을 얻을 수도 있을 것이다. 이 힘은 이론의 재구성으로 가능해지는 돌파, 빼닮은 데라곤 거의 없는 기원의 장소와 수용의 장소 사이에서 이뤄지는 풍성한 제도적 분화라는 수수께끼와 관련이 있다. 프랑스 철학자들이 미국의 문학 관련 저자들과 학자들에게 수입됐다는 사실, 혁명이라는 질문이 미국에서는 소수집단에 관한 질문으로 울려퍼졌다는 사실, 갈리마르와 미뉘 같은 출판사에서 출판된 저자들의 저작이 미국에서는 대학출판부와 소규모 대안 출판사에서 출판됐다는 사실 등 이 모든 변수가 엄청나게 창조적인 비대칭을 만들어낸 것이다. G. W. F. 헤겔과 에드문트 후설을 프랑스에 수입한 이들(가령 엠마누엘 레비나스, 베르나르 그뢰

튀쟁, 장 발, 알렉상드르 코제브)이 헤겔로부터는 논리와 자연철학보다 실존과 역사의 측면을 특권화하고, 후설로부터는 선험적 환원의 방법보다 감정과 상상력에 대한 질문(혹은 사물에 열려 있는 의식에 대한 질문)을 특권화함으로써 결국 당시에는 엄청나게 혁신적이었던 프랑스적 현상학, 실존주의, 전후 프랑스에 카페 웨이터와 재즈 뮤지션 같은 새로운 '철학적 대상'을 탄생시켰던 것도 [미국 학계가 프랑스 이론을 재해석한 과정처럼] 담론을 그 기원의 맥락에서 송두리째 뽑아내버리는 데서 형성된 것과 같은 힘이었다. 분명 이런 창조성은 그 순진함과 함께 그릇된 효과를 만들어내기도 하지만, 프랑스 이론의 미국적 전유라는 사례를 탐구하는 데 무엇보다 유용한 참조점이 될 것이다. 왜냐하면 이것이야말로 프랑스와 미국 사이에 벌어진 문화적 교착상태의 핵심으로 우리를 이끌어주기 때문이다. 푸코, 리오타르, 데리다가 미국 대학 어디에나 등장하기 시작했던 동시에 그들의 이름이 프랑스에서는 체계적으로 사라졌던 것 같은 [교착] 사례가 있는 것이다. 프랑스 공화주의자들이 공동체라는 '겉치레'와 주체의 '분쇄'라는 결과를 피하려고 의도했던 [자국의 비판적 이론가들에 대한] 이데올로기적인 무시는, 20년 이상의 세월이 흐른 뒤에 프랑스의 훌륭한 '보편주의'가 종종 일종의 지적 지역주의라는 빈곤함을 가리는 가면 정도로 기능하게 됐던 사실과 동떨어져 있지 않다. 1979년 베르나르-앙리 레비는 새로운 프랑스의 '반공동체주의' 기획이 등장해 음울한 권력이양 현상이 일어나고 있다고 명확히 선언했다. 레비는 2년 전[『인간의 얼굴을 한 야만』을 발표한 1977년] 자신의 적으로 "기술, 욕망, 사회주의"를 분명히 열거한 뒤 (별다른 순서 없이) 기 오캉갬과 신페미니즘을 예로 들면서 "차이의 우월함을 바탕으로 하는 모든 정치는 필연적으로 파시스트적"이라고 외쳤고,35) 그런 이유로 "유물론, 오직 유물론에 대한 반항"의 길로 나아갈 필요성을 역설했다.36) 이로부터 몇 달 뒤 『데바』의 창간호 특집기사에서 피에르 노라는 더 이상 "의심의 대가들의 노예"가 되지 않도록 이 잡지가 그리고 있던 새로운 도덕적·이데올로기적 규범, 즉 "지적 민주주의 체제"라는 규범을 밝혔다.37) 그로부터 5년 뒤, 이런 종류의 비난이 흔한 일이 되기 전에는 매우 논쟁적이었던 어느 에세이에서 페리와 르노는 '차이의 철학'과 그것의 '테러리즘적' 방법론뿐만 아니라 이후 등장할 소칼의 불만을 예견케 하는 형식으로 이 '철학적 소피스트들'의 해독불가능한 '부조리'를 공격했다.38)

시대는 변했다. 이 변화는 프랑스 이론과 맞물린 미국의 모험 속에서 우리가 미래에 대한 어떤 관점을 끌어낼 수 있도록 이 과정에 대한 재점검을 요구하고 있다. 미국이라는 잘못된 장소를, 캠퍼스의 밀수업자들과 번역자들이 걸어온 자질구레한 역사를 살펴보는 이 우회로는 미국의 사회학자들과 언론인들이 오늘날 프랑스인들에게 황량해진 벌판이라고 묘사하는 풍경, 이미 소화불량인 출판사들을 살찌우면서도 우리에게는 그 쓸쓸한 풍경에 대해 아무것도 설명해주지 않는 바로 저 '프랑스 지식계의 풍경'을 거꾸로 보여주기 때문이다. 요컨대 살아 숨쉬는 미국인들과 이제껏 간과된 [프랑스 이론의] 중개자들을 따라가는 길, 진정한 지적 **전용***을 수행한 이름없는 수입

---

* Détournement. 특정한 요소를 원래의 맥락에서 분리해 다른 맥락에 놓음으로써 새로운 의미를 창출하는 기법. 드보르(Guy Debord, 1931~1994) 등의 상황주의자들이 고급/대중문화에서 소비재에 이르기까지 상품화에 의해 물화된 사물의 특정한 가치·의미·해석을 교란하기 위해 이 기법을 활용했다.

상들의 삶에 관한 미시서사, 여기에서 파생된 모든 축복할 만한 배신 속에서 우리는 아마도 학문적 제의나 이전과정의 아이러니보다는 프랑스인들 자신의 모습을 되짚어보게 될 것이다. 그리고 이런 작업은 우리 모두에게 30년 전의 저 밝은 섬광을 다시 한 번 마주보라고 일깨워줄지 모른다. 이제는 지성사라는 딱지가 붙거나 지배적 사고방식에 의해 중화되지 않았으면, 지나간 세상의 마지막 아방가르드를 보여주는 박물관용 전시물로 소리 없이 변해버린 저 섬광을. 우리는 한 시대의 등장을 목격한 이들로서 저 섬광을 만들어낸 사람들이야말로 무엇이 현재를, 우리의 현재를, 현재가 마주한 새로운 위험을 만들어내는지, 다시 말해 삶을 짓누르는 권력, 주체를 지워버린 부족, 얼굴 없는 테러, 제국화된 네트워크와 그 책략, 반동의 칼날[테러리즘], 자폐화한 교회뿐만 아니라 미시적 저항의 세력관계와 이로부터 생기는 잘 보이지 않는 틈새까지 이미 정확하게 묘파한 바 있음을 깨달아야 한다. 그렇다면 **프랑스 이론**의 발명은 **미국적 경험**을 통해 우리가 얻게 될, 설사 늦었더라도 아예 안 하는 것보다는 훨씬 더 나은 몇 가지 교훈을 남긴 셈일지도 모르겠다.

1부
이론체의 발명

L'invention d'un corpus

1 전사(前史)
Préhistoire

우리 문화가 중국 문화와 전혀 다르다는 견지에서 볼 때,
우리 것과는 전혀 다른 미국 문화는
명약관화하게 유럽의 발명품이다.
앙드레 말로, 『정복자들』(1928)

프랑스 이론과 더불어 미국에서 펼쳐진 모험 자체는 단지 몇 쪽으로 그 윤곽을 그리기에는 무척 오래됐고 혼돈스러우며 다양하다. 지성사와 흥미로운 관련을 맺고 있는 정치사, 망명자들의 기억처럼 깨지기 쉽고 불확실하며 더 광범위한 역사 서사의 다른 부분에 적용되는 인과성과는 매우 다른 모든 맥락적 변수 등까지 철저히 다루자면 더욱더 그렇다. 그러니 불확실한 첫 장면의 분위기가 되살아나도록, 확실한 경로를 짚고 몇몇 이정표를 설정하는 것으로 상황을 한정해보자. 좀 더 구체적으로는 프랑스와 미국의 지적 전통, 기고만장한 이 두 문화 사이의 위계적 상호관계가 뒤바뀌고 있던 20세기 중엽의 바로 앞 시기(1930년대~50년대)에 양국이 주고받은 교류와 영향을 보여주는 몇몇 사례를 집중적으로 다뤄보도록 하자.

짧게라도 환기해봐야 할 세 개의 역사가 있다. 첫째는 1940~45년 동안 미국에 있던 프랑스 예술가들과 지식인 망명자들의 역사인데 이들은 기원보다는 원형을 구성하고 있다. 둘째는 제2차 세계대전

직후 등장한 프랑스의 위대한 세 가지 지식 수출품(초현실주의, 장-폴 사르트르의 실존주의, 아날학파의 전체사)의 역사이다. 셋째는 지금에 와서 돌이켜보면 일종의 토대를 마련한 사건이자 시발점인데, 1966년 10월 미국의 존스홉킨스대학교에서 열린 국제학술대회의 역사이다. 이 마지막 세 번째 사건은 1960년대 들어 위기를 겪기 시작했던 광범위한 미국 패러다임의 일부를 되짚어볼 기회를 제공해줄 것이다. 프랑스 저술가들에 대한 독해가 어떻게 저항적 접근과 미래에 대한 믿음을 통합시키고, 자유라는 미국적 전통과의 연결고리를 재확립하는 대안을 만들어낼 유일한 수단으로 표상됐는지 알 수 있도록 말이다. 뱅상 데콩브가 말한 바 있듯이, 어떤 점에서 "우리가 사랑에 빠지는 텍스트는 우리가 이미 알고 있던 것을 끊임없이 다시 깨닫게 되는 텍스트"이기 때문이다.[1]

망명에서 수출로

1941년 12월 일본의 진주만 공격이 벌어질 때까지 미국은 난민과 쿠데타로 가득한 유럽에서 빠져나가 피난을 갈 수 있는 유일한 땅을 대표했다. 확실히 대서양 정반대편의 촌구석이라고는 해도 미국은 유럽과 비교해보면 평화와 번영의 엘도라도였다. 실제로 나치즘이 발흥했던 10년 동안 미국은 점차 유럽 예술가들과 문인들의 도피처가 되어갔다. 미국의 문화적 고립주의가 실질적으로 끝났음을 알린 [유럽 예술가들과 문인들의] 미국으로의 이 망명 시절은 많은 면에서 결정적이었다. 첫째, 이 행로를 밟은 망명자들은 당시를 회상한 적은 좀체 드물었지만 자신의 가장 중요한 작업을 미국에서 산출했다. 둘째, 일군의 미국 예술가들이 유럽 아방가르드의 요소를 직접 흡수할 수 있었던 것도 이 행로를 통해서였다. 마지막으로 이 시기는 예술과 문화의 역사적 헤게모니가 이동한 시기, 즉 그 중심지가 파리에서 뉴욕으로 이동한 시기였다. 세르주 길보의 논쟁적 주장처럼 설사 뉴욕이 유럽에서 만들어진 "현대 예술이라는 아이디어를 훔친 것"이었더라도, 이 헤게모니의 이동은 (클레멘트 그린버그와 해럴드 로젠버그의 비평이 애초 반反데카당트를 지향하다가 곧 반공주의의 열정으로 기울었지만*) 주도면밀한 총체적 전략의 결과라기보다는 예상치 못한 역사적 우연의 산물이었다. 회화 분야만이 문제인 것은 아니다. 모든 영역에서, 많은 경우 양차 세계대전 사이에 유럽을 방문한 미국 개혁가들과 이 망명한 '천국의 이방인들' 사이의 불가피하고 다소간은 절묘했던 접촉은 드러나지 않은 영향과 비판적 경쟁이 뒤섞여 전후 서구 문화에서 거스를 수 없는 몇몇 경향의 향방을 결정지었다. 미국 사회과학과 망명한 프랑크푸르트학파 사상가들의 짧았던 공동연구 이후 폴 라자스펠트에서 해럴드 라스웰에 이르는 미국인들의 기능주의적 접근법(뒤이은 인공두뇌학적 접근법)과 독일의 비판적 패러다임은 점진적으로 분리됐다. 미국으로 이주해온 독일어권 학자들과 관련을 맺은 채 다분히 고립되어 있던 전전戰前의 '논리실증주의' 학파의 사상은 냉전을 거치면서 '분석'철학과 '대륙'철학으로 갈라졌는데, 이 새로운 대립구도는 계속 유지될 것이었다. 독일 표현주의는 시나리오로 생계를 유지했던 소설가들과 더불어 1940년대 할리우

---

* 그린버그(Clement Greenberg, 1909~1994)와 로젠버그(Harold Rosenberg, 1906~1978)는 전후의 미국 평단을 좌우지한 뉴욕의 지성인들로서 모두 트로츠키주의에 심취했다가 스탈린주의에 반발해 반공주의로 전향했다. 둘 다 잭슨 폴록으로 대표되는 미국 추상표현주의의 옹호자로도 유명하다.

드의 영화 제작에 영향을 미쳤다. 물론 망명한 초현실주의자들이 진보적인 미국 청년 예술가들에게 끼친 영향도 있었다(비록 양측 모두 부인하지만 말이다). 이렇듯 너무나 많은 교차로와 건널목이 있기 때문에 단 몇 줄로 이 접촉을 설명하기란 불가능하지만 이에 대한 생생한, 혹은 심지어 억압된 기억 속에서 우리는 이후 수십 년 동안 두 대륙 사이에서 펼쳐질 지적 관계를 가늠해볼 수 있다.

히틀러가 집권해 독일이 프랑스의 '자유지역'을 점령하고, 최초의 상호원조기구가 설립되고, 1941년 비상구조위원회(그리고 마르세유 대표 바리안 프라이)가 위대한 업적*을 이루는 사이에 최소한 독일인 13만 명과 프랑스인 2만 명이 이민규제와 출국상의 위험을 무릅쓰고 미국으로 이주했다. 여기에는 유럽 예술계·문화계의 주요 인물들이 포함되어 있었으니 테오도르 아도르노, 한나 아렌트, 에른스트 블로흐, 베르톨트 브레히트, 앙드레 브르통, 에른스트 카시러, 마르크 샤갈, 발터 그로피우스, 막스 호르크하이머, 페르낭 레제, 클로드 레비-스트로스, 모리스 마테를링크, 토마스 만, 하인리히 만, 자크 마리탱, 앙드레 마송, 앙리 마티스, 미스 반데어 로에, 피에트 몬드리안, 벵자맹 페레, 쥘 로맹, 드니 드 루즈망, 생-텍쥐페리, 생-존 페르스, 아놀트 쇤베르크 등이었다. 미국 정부가 이민 한도의 초과에도 불구하고 유일하게 입국을 허가한 난민은 종교 지도자 아니면 대학 교수였다. 이에 따라 1930년대 중반 이후 미국의 고등교육기관은 유럽의 지식

---

* 미국의 언론인 프라이(Varian Fry, 1907~1967)가 비상구조위원회의 도움을 받아 비시 정부의 프랑스에서 구조네트워크를 만들어 4천 명에 달하는 유대인들을 미국으로 이주시킨 일을 말한다. 프라이는 1935년 베를린에 취재갔다가 나치의 만행을 목격한 뒤 유대인 구조에 뛰어들었다.

1940년 12월 초 비상구조위원회의 본부였던 빌라 에어-벨에서 미국 망명 계획을 논의하고 있는 브르통과 프라이(왼쪽부터 브르통의 부인 자클린, 입체파 조각가 자크 립시츠, 브르통, 프라이).

인들과 영속적인 관계를 맺게 됐다. 컬럼비아대학교에서는 (이후 프랑크푸르트학파가 되는) 사회조사연구소 출신들을 유치했다. 앨빈 존슨의 뉴스쿨은 가장 뛰어난 유럽인 연구자들이 가르친 사회정치학과를 창설했다. 시카고대학교는 바우하우스와 관련된 난민들의 작업을 지원했다. 이런 지식인들의 대탈주에 깊은 관심을 가졌던 록펠러재단이 설립한 위원회는 인류박물관 출신들**의 인류학연구소와 파리의 사회문서기록보관소와 협약을 체결했다. 1941년 11월 알렉상드르 코이레와 루이 랍킨의 주도로 고등자유학원이 뉴욕에 세워진 것 역시 여러 미국 대학의 후원을 통해서였는데, 고등자유학원은 미

** 1940년 결성된 '인류박물관조직망'(Réseau du musée de l'Homme)을 말한다. 나치 점령하의 프랑스에서 결성된 최초의 레지스탕스 단체로서 인류박물관의 창설자 리베(Paul Rivet, 1876~1958)를 비롯해 대부분의 조직원이 인류박물관과 직간접적으로 연관된 인류학자·언어학자·사서들이었다.

국에 세워진 유일한 프랑스 고등교육기관이었다. 수많은 미국인 청강생들, 호기심 많은 학생들, 좌파 지식인들은 '권력의 개념'을 다룬 루즈망의 세미나를 비롯해 샤를 보들레르와 폴 발레리에 대한 조르주 귀르비치와 레비-스트로스의 강좌까지 이 굴러들어온 호박 넝쿨을 열광적으로 반겼다. 고등자유학원의 학술지인 『르네상스』는 당시 진행 중이던 연구가 얼마나 풍성했는지 잘 보여줬다.

프랑크푸르트학파의 사상가들이 대서양을 건넌 뒤 대중문화산업을 연구주제로 삼았다는 사실이 가진 중요성은 익히 알려져 있다. 하지만 이들의 망명이 이론적·미학적으로 초래한 장기적 결과를 폭넓게 평가하는 일은 어려운 과제로 남아 있다. 이들에게 다양한 만남과 미국 도시의 낯설음으로 가득 찬 망명은 때때로 받아들이기 힘든 것이었지만, 어떤 특권의 종말을 의미하기도 했다. 하나는 분명하다. 모든 망명자는 사회적으로 주변화되어 문화적으로 뿌리뽑히고 권리를 박탈당하는 잔혹한 경험을 했고, 이는 그들의 작업에 영원한 상흔을 남겼다는 점 말이다. 에드워드 사이드가 주목했듯이 이 경험은 "지식인이 주권자보다는 여행자에게, 관습적인 것보다는 잠정적이고 위태로운 것에, 권위적인 현상유지보다는 혁신과 실험에 유별나게 책임감을 갖도록 한다"는 뜻이다.[2] 이 여행상태, 자기추방, 혹은 새로운 듣기 방식은 비록 평화적 시기라는 맥락상 덜 극적인 방식을 취하기는 했지만 전후 프랑스 지식인들 사이에 많은 공감을 불러일으켰다. 사르트르는 "뉴욕의 군중 속에서보다 더 자유로움을 느꼈던 적은 없다"[3]고 했고, 미셸 푸코는 "모든 내재된 의무를 무시할 수 있는 외국인"의 자유를 찬양했으며,[4] 1973년 처음 대서양을 넘은 줄리아 크리스테바는 "망명/추방요법"[5]을 예찬하기도 했다. 한편, 1941년 뉴욕에 도착한 초현실주의자들은 이런 열정을 공유하지 않았다. 그들의 세계지도에 미국은 그때껏 존재하지 않았던 것이다. 루이 아라공은 "훗날 미국이 이상야릇한 금지로 가득한 하얀 건물들과 함께 몰락하기를" 희망했고, 전쟁 이전이나 이후에나 늘 자신에게 충실했던 브르통은 미국인들의 '싸구려 실용주의'와 '제국주의적 기획'에 대해 묘사하며 자신의 정조를 반감에서 증오로 바꿨다.6) 브르통과 막스 에른스트가 찰스 쉴러와 에드워드 호퍼의 미국 예술보다는 아메리카 인디언과 서인도제도의 예술에 더 관심이 있었음에도 불구하고, 아쉴 고르키에서 로버트 마더웰, 뒤이어 잭슨 폴락과 윌렘 드 쿠닝 같은 쉴러와 호퍼의 젊은 계승자들은 초현실주의자들과의 간접적 만남을 통해 자신들의 작업에서 결정적인 변곡점을 형성했다.

실제로 초현실주의자들과 미국 예술가들은 분명한 관련을 맺었다. 알렉산더 칼더와 조셉 코넬, (간헐적으로) 브르통과 고르키, 혹은 로베르토 마타가 미국 화가들에게 자유연상과 '우아한 시체'*(영어로는 '남과 여'라는 명칭으로 바뀌었다)라는 기법을 가르치던 (11번가의) 프랑스 예술가들의 스튜디오와 (8번가와 10번가의) 미국 예술가들의 스튜디오 사이에서 말이다. 그러나 이 미국인들이 단명한 '추상초현실주의'에 살짝 손을 대긴 했어도, 그린버그와 그의 동료들에게 자극받아 프랑스인들의 거만함, 뉴욕 주요 미술관들의 프랑스 편애,

---

* Le cadavre exquis. 우연에 의거해 단어나 이미지를 콜라주하는 기법. 원래는 1918년경부터 초현실주의자들이 해온 유희로 여러 사람이 앞 사람이 쓴 글을 모른 상태에서 순서대로 글을 쓴 뒤 마지막에 펼쳐보는 놀이였다. 이렇게 만들어진 최초의 문장이 "우아한 시체가 새로운 술을 마실 것이다"(Le cadavre exquis boira le vin nouveau)였는데, 이 놀이의 이름은 여기에서 따왔다.

소멸해가던 유럽의 형식주의에 반감을 보였을 때 긴장은 커졌다. 초현실주의가 각기 다른 측면에서 다양하게 분열했고, 이는 뉴욕의 '추상표현주의' 유파를 낳았다. 이 초창기 예술 활동에서는 약 30년 뒤 소수의 대학 교수들 사이에서 프랑스 이론이 발명될 수 있었던 왜곡된 전치, 선별, 재조합의 전술이 이미 엿보이고 있었다. 1945년에는 (그린버그에 의하면 살바도르 달리와 르네 마그리트 같은) "나쁜 화가들"과 (에른스트, 조르조 데 키리코, 만 레이처럼) 어느 정도 활용가능한 태도를 가진 실험가들을 어떻게 구별하느냐가 쟁점이었다. 마더웰의 표현을 빌리면 "심리적 자동기술법을 조형적 자동기술법으로 대체하려는" 노력으로 캔버스에 훨씬 엄밀한 작품을 구현할 수 있느냐 역시 쟁점이었다. 그린버그가 새로운 '미국적 생기론'이라는 씩씩한 용어로 이론화한 것처럼 더욱 정확하고 청년다운 이데올로기, 더욱 위대한 미학적 진지함 속에서 초현실주의의 전략을 전유하는 것이 쟁점이었다. 이는 겨에서 밀을 분리해내는 것, 즉 초현실주의자들에게서 신화와 비합리성에 대한 풍부한 고찰을 받아들이되 그들의 우스꽝스러운 방탕과 공산주의적 일탈은 조롱하는 것이었다. 메이어 샤피로가 핵심을 요약했듯이 "미국인들이 초현실주의자들에게 배운 것은 자동기술법이 아니라 '영웅'이 되는 법이었다."[7] 1942년 뉴욕에서 열린 전람회 "초현실주의의 초기 작품들"과 1947년 매트갤러리에서 열린 탁월한 미국 작품들의 첫 회고전 사이에서, 예술상의 아방가르드는 한 대륙에서 다른 대륙으로 이동 중이었다.

프랑스와 미국 사이의 이런 긴장과는 상관없이, 뉴욕에서 이 시절은 1937년 소련과 관계를 단절했던 유명한 이단적 맑스주의 잡지 『파르티잔 리뷰』의 황금기였다. 이 시기는 집합적으로 '뉴욕 지식인'

이라 불리던 다수의 계몽된 부르주아지로 이뤄진 도시 극좌파의 시대였다. 미국사에서 흔치 않은 재야 지식인 모임 중 하나가 드와이트 맥도널드, 메리 매카시, 라이오넬 트릴링, 에드먼드 윌슨 등을 중심으로 만들어졌고, 곧이어 좀 더 젊은 세대인 노먼 메일러와 윌리엄 스타이런이 참여했다. 이 지식인 모임은 정당에 소속되어 있지는 않았으나 정치적 참여에는 열정적이었다. 이들은 문학적 활력과 정치적 용기를 결합해 사르트르, 아렌트, 그녀의 전 남편 귄터 안더스를 비롯한 주요 유럽 저술가들의 글을 여러 잡지에 실음으로써, 전후 뉴욕에 생긴 논쟁의 장에 끊임없는 활기를 불어넣었다. 이 소중한 지성의 공간은 개인적 행로와 정치적 반전反轉으로 이지러졌다가 뒤이은 매카시즘의 반동으로 종말을 맞아 점차 소멸됐는데, 그럼으로써 미국의 공적 공간 중심부에는 공백이 생겼다. 이와 동시에 학생 수의 폭발적 증가와 (법치주의, 실증주의, 기능주의 같은) 미국의 새로운 지식 패러다임에 기반한 주요 연구중심 대학의 성장은 점차 전문적 특화를 거쳐 거의 배타적으로 강단 위주가 되어가던 지식 분야의 전문기술화와 세분화를 추동했다. 전후 프랑스에서 지적으로 유행한 세 가지 조류가 대서양을 건너온 것은 이런 맥락 속에서였다.

대서양 양쪽의 선례

제2차 세계대전을 전후해 미국에서 프랑스 초현실주의자들이 접했던 다채로운 반응보다 이런 진화과정을 더 잘 반영하고 있는 사례는 없을 것이다. 최초의 초현실주의 전람회가 개최된 1931년 이래로 그런 반응은 대학 캠퍼스와는 멀리 떨어진 곳에서 시작됐다. 『보그』와 『하퍼스 바자』를 비롯한 유명 패션잡지와 몇몇 광고회사는 미술품 판

매상이자 전시기획자인 줄리앙 레비의 손을 거쳐 '수퍼현실주의적'
(처음에는 초현실주의가 이렇게 불렸다) 판타지를 만들어냈는데, 이는
부분적으로 상품 판매를 자극하는 세일즈의 일환이었다. 최고의 기
량을 지녔던 달리는 심지어 하포 막스[미국의 유명 코미디언]의 초상
화를 그리는 작업으로 할리우드의 초대를 받았고, 1936년『타임』의
표지를 장식했다. 이런 사례에 대해 역사가 디크란 타쉬잔은 초현실
주의야말로 "미국 언론의 광적인 대량소비"의 대상이 된 "첫 번째 아
방가르드 운동"이라고 결론짓기도 했다.8) 이 열광은 실로 대단했는
데 뉴욕에서는 자칭 '사회주의적 초현실주의' 운동이 촉발됐고, 로스
앤젤레스에서는 (앞으로 자주 보게 될 접두사가 붙은) '포스트-초현실
주의' 학파를 탄생시키기도 했다. 그러나 초현실주의는 잘 나가는 신
상품이 된 동시에 신성한 미국을 보존하기 위해서라면 무슨 일이든
할 수 있었던 일군의 도덕주의자들 사이에서 격렬한 논란거리가 됐
다. 좌파 합리주의자들도 이와 동일한 방어적 자세를 취하긴 했는데,
이들에게는 브르통과 그 추종자들의 [반계몽적] 몽매주의가 주된 비
판 대상이었다. 비평가 허버트 멀러를 필두로 한 그들은 브르통과 그
추종자들에게 "오늘날 가장 반동적인 운동"을 하고 있으며, "사람들
을 노예화하는 암흑의 힘을 쓰고 있다"는 독설을 날렸다.9)

    1945년 이후 상황은 달라졌다. 초현실주의를 둘러싼 논란은 더
이상 격렬해지지 않았고 주된 활동 무대도 바뀌었다. 1965년 시카고
에서 재개된 진정한(그러나 폐쇄적이던) 초현실주의 운동*을 제외하
면 그 이후의 초현실주의는 주로 강단 학문의 영역에 자리를 잡았으
며 대학 안에서 제도화됐다. 초현실주의 운동의 반교권적·공산주의
적 격정은 조심스러운 침묵 속에서 사라져갔다. 기 뒤코르네는 이 현

상에 대해 1960년대의 초현실주의가 "건조하게 압착되어 신중하게 닦인 뒤 코르크 마개로 닫혀 학습용 프로그램으로 만들어졌"고, "상징주의와 실존주의 사이 어느 곳엔가에 자리한 '프랑스 문학'이라는 딱지가 붙은 채" 보관됐다고 비판했다.10) 1950년대 이후 초현실주의가 문학사 교육대상으로 활용되기 시작하면서 전문가의 시대가 열리게 됐다. 브르통의 전기작가인 안나 발라키나는 이것을 프랑스 문학에 대한 '새로운 신비주의'라고 본다. 1968년 영어로 번역된 모리스 나도의 『초현실주의의 역사』에 덧붙은 서문에서 로저 섀턱은 초현실주의의 인지적·정치적 차원을 거세한 채 오로지 예술적·문학적 활동으로만 '재평가'했다.11) 벵자맹 페레를 미국에 소개한 J. H. 매슈스와 『다다/초현실주의』라는 잡지의 편집위원 메리 앤 코스가 했던 작업은 초현실주의 운동에 대해 훨씬 완전하고 대담한 접근을 시도했다는 점에서 흥미롭다.12) 그러나 이 시기는 자비에르 고티에의 『초현실주의와 섹슈얼리티』(1971)가 출간된 이후 브르통과 그의 동료들이 페미니즘에 의해 완전히 색다른 논쟁 대상이 되던 때였다.13) 초기 초현실주의의 '선정적'이고 '동성애혐오적'인 모습을 비난한 그웬 라버그의 조악한 오류에서부터 신체의 대상화를 다룬 수전 술레이먼의 좀 더 섬세한 분석에 이르기까지, 초현실주의라는 의제는 이후 무엇보다도 여성의 배제나 포함, '본질주의적 성차별주의', 그도

---

* 1966년 7월경 프랭클린(Franklin Rosemont, 1943~2009)과 페넬로프 로즈몬트(Penelope Rosemont, 1942~) 부부가 주축이 되어 만든 '시카고 초현실주의 그룹'(Chicago Surrealist Group)을 일컫는다. 로즈몬트 부부는 1965년 파리에서 브르통을 만나고 온 뒤 이 그룹을 만들었는데, 민주사회를위한학생연합 같은 좌파 학생들의 운동 단체나 기타 급진적 활동가들이 주로 가담했다.

아니면 매매춘과의 연관성을 둘러싼 질문이 됐다.14) 이 시기 동안 몇 차례 열린 회고전을 제외하면 초현실주의는 미국에서 자취를 감추며, 오직 대학의 강의실에만 남아 있게 된다.

초현실주의는 얼마 동안 실존주의에 의해 대체됐다. 이는 미국의 언론이 지켜봤듯이, 유럽의 문화생활을 따르는 게 유행이 된 현상과 함께 가는 것이었다. 1945년 말 『뉴요커』는 "한때 초현실주의를 자동적으로 좇던 사람들 사이에서 이제는 사르트르가 자동적으로 유행하고 있다"15)고 했다. 이런 부정적 평가에도 불구하고 미국에서 실존주의가 초현실주의의 경우와 여러 면에서 닮아 있던 것은 사실이다. 무엇보다도 개인으로서뿐만 아니라 '종합적 지식인'이라는 매우 프랑스적인 풍모까지 깃든 사르트르에 열광하는 지식인 엘리트의 역설이 있었다. 이 현상은 혁명가 존 애덤스부터 로널드 레이건 대통령에 이르기까지 보통 사람의 미덕을 높이 삼으로써 '보통 사람'을 진정한 국가의 영웅으로 만들어온, '평범함'이라는 미국식 영웅주의와 극명한 대조를 이뤘다. 또 하나의 역설은 1945년에 미국에서 머무는 동안 겪은 자신에 대한 열광적인 추종 분위기와는 무관하게, 사르트르가 문화적 차원만이 아니라 이데올로기적 차원에서도 지니고 있던 강한 반미주의를 숨기지 않았다는 데 있다. 필립 로제가 말했듯이 "미국과의 진정한 지적 '교류'는 불가능한 일"16)이라고 생각했던 사르트르는 종종 미국인과 대화하는 것마저 거부했다. 게다가 '생-제르망'*에 대한 이국 취향과 몇몇 언론의 바람잡이식 보도에 근거해 학문 외적으로 생긴 반짝 유행의 효과와, 실존주의가 대학 내로 훨씬 더 점진적이고 깊숙하게 유입되도록 만든 전적으로 자생적인 충동 사이에 큰 격차가 있었다는 점 역시 초현실주의와 동일했다. 미국 철학계는 점점 더 대륙철학의 전통과 멀어졌지만, 사르트르에 대한 연구는 여기저기서 자그마하게나마 이뤄졌으며, 그의 입론을 미국화하기 위해(그것이 사실상 미국에서 실존주의의 취약한 기반을 이용하는 것일지라도) 선택적으로 읽히기도 했다. 이에 따라 다양한 방향에서 실존주의와 이어지는 다리가 건설됐다. 이신론理神論과 종교 문제 쪽에서는 사르트르의 사상체계를 주관주의적 유심론 판본으로 유행시켰고, 여학생들과 관련해서는 시몬 드 보부아르의 몇몇 텍스트를 강의과정에 포함시켰고(이는 철학과 안에서 여성이 목소리를 내고 페미니즘에 관한 질문이 이론화되는 출발점이 됐다), 미국 프래그머티즘의 아버지 윌리엄 제임스의 '급진적 경험주의' 쪽에서는 의식이 의미를 생산하는 세계 내에서만 형성된다는 데 대한 실존주의자들의 공통된 관심사를 앞세웠고, 마지막으로 좀 더 광범위하게는 사르트르가 결합한 맑스주의와 독일 실존주의보다 '급진적 개인주의'라는 자유주의적 전통이 대서양을 가로질러 더 잘 수용될 수 있도록 했던 것이다.17) 사르트르에 대한 학생들의 관심 덕에 감소하던 철학 관련 강의 등록률이 증가추세로 변했던 미국 대학에서는 실존주의를 재구성했고, 결국 실존주의는 점차 미국의 학계 속으로 진입했다. 『존재와 무』는 1956년에 번역되어 수차례 증쇄판을 찍었고, 미국철학협회는 사르트르에 대한 다수의 학술대회와 콜로키엄을 개최했으며, 이런 현상에 쐐기라도 박듯이 1962년에는 현상학·실존철학학회

---

* '생-제르맹'(Saint-Germain)은 파리 센 강 좌안에 있는 거리로 대학가인 라탱 지구를 가로지르고 있다. 특히 이 거리의 카페들(특히 카페 드 플로르와 레 되 마고)은 실존주의자들의 집합소 역할을 했는데, 본문에서 말하는 '이국 취향'이란 지식인들이 이런 카페에서 토론하는 문화에 대한 동경을 지칭한다.

가 창립됐다. 하지만 미국화된 판본조차 관련 참고문헌은 여전히 수입된 몸통의 형체를 하고 있었고, 미국에서 실존주의가 누렸던 운은 1970년대에 이르러 그런 상황을 넘어서려는 엄청난 변화(학생운동, 학계의 전문화, 철학 분과에서뿐만 아니라 인문학 전반에 걸쳐 생겨난 위기 등)의 압력 속에서 쇠퇴하기 시작한다.

아날학파의 경우, 미국에서의 영향력은 더 전통적인 학문적 요소와 관련된 것이었다. 1946년 기관지 『아날: 경제, 사회, 문명』의 창간과 이듬해 프랑스 고등연구원 제6분과의 창립으로 이어진 마르크 블로흐와 뤼시엥 페브르의 선구적 작업은 심성사, 지식의 장, 장기지속 같은 개념과 관련해 횡적으로 확장되는 동시에 독일 사회학에서 영감을 받은 메타적 성찰에 힘입어 종적으로 확장되어 프랑스에서처럼 미국에서도 역사학이라는 분과학문을 쇄신했다. 프랑스에서 아날학파의 공격을 받은 외교사 위주의 연대기적 역사처럼, 애국자와 개척자에 관한 날짜들로 채워진 미국사 역시 흔들렸다. 그러나 아날학파의 작업은 미국의 역사서술이 이미 급격하게 변하던 와중에 소개됐기 때문에 미국 역사학계에 유사한 '학파'가 형성되는 데 영향을 끼치기보다는 이 분과학문의 쇄신에 도움이 될 또 다른 요소를 도입하는 역할을 했다. 한편으로 아날학파의 작업은 스티븐 캐플란 같은 젊은 연구자들에게 영감을 주거나 피터 버크 같은 이들에게 이론적 토대를 제공했고, 다른 한편으로는 조지 이거스의 작업에서처럼 아날학파 자체가 메타역사의 대상이 되거나 에드워드 P. 톰슨과 아이라 벌린이 대표하는 영미 사회사 연구의 새물결과 폭넓게 결합했다. 이것은 영향의 문제이자 학문적 수렴의 문제였다. 더구나 혼인으로 인해 생기는 유대에서 의료제도에 이르기까지 사회적 삶의 모든 측면을 역사화하고 탈자연화한 아날학파의 영향은 이후 수십년 동안 주요 수입품이 되는 푸코의 작업이 수용되는 길을 닦아놓았다.

결국 미국 대학이 초현실주의, 실존주의, '새로운 역사학'[아날학파]을 수용한 과정은 두 겹으로 이뤄진 현상이자 이중의 완충지대가 만들어진 과정이기도 한데, 이 과정이 프랑스 이론이 **발명**될 이후의 과정과 구분되는 이유가 바로 여기에 있다. 첫째, 이들 셋은 자신의 이국적 기원이 가진 어색함을 유지한 채 이식됐고, 수입품으로 소개됐으며, 여기서 생기는 거리감이 오히려 학생들에게서 이목을 끄는 요인으로 기대되기도 했다. 둘째, 각각은 모두 연관 학문분야와의 접촉을 통해 다양하게 조정·응용되는 동시에 해당 시기 미국에서 관심사로 떠오른 주제와 서로 수렴됐다. 가령 초현실주의는 시와 신비주의, 실존주의는 개인주의와 프래그머티즘, 아날학파는 사회사와 심성사가 결합하는 식이었다. 이와 달리 미국 대학에서 프랑스 이론은 모종의 정교한 전략, 더 광범위하게는 인문학이 그 성격상 마주할 수밖에 없는 위기와 맞물리면서 무로부터 창조될 것이었다. 따라서 프랑스 이론은 적응을 마친 수입품이라는 차원을 넘어서 완전히 새롭게 구성된 창조물이라 할 수 있었고, 그만큼 그 영향력 역시 더 깊고 지속적이었다. 곧 프랑스 이론이 거둘 최초의 성공에 주된 역할을 하게 된 것이 바로 이런 수렴의 논리였는데, 이것은 [프랑스의 이론 텍스트들을] 단편적으로 환기하거나 그 흔적을 단순 취합하는 것이 아니라 체계적으로 취급하라는 요청이었다. 이를테면 영미권에서는 '재현의 정치'와 정신분석에 의한 통제에 대항하는 '자아의 복수화'라는 주제가 이미 노먼 O. 브라운의 작업에서 핵심을 차지하고 있었다.[18] 정신병동 제도에 대한 저항과 대안요법이라는 질문은 데이비드 쿠퍼와 로널드 랭의 반(反)정신의학 운동에 자리잡고 있었고,[19] 그레고리 베이트슨과 프리다 프롬-라이히만의 선구적 작업은 '강렬도의 **고원**'을 횡단하는 '삶의 방식'이 곧 정신분열증이라는 확장된 개념을 선취하고 있었다.[20] 프랑스 저술가들의 저작이 영어로 번역되기 10년도 더 이전에, 즉 푸코와 질 들뢰즈가 이 사람들을 알지 못한 채(혹은 어떤 식으로든 활용도 못한 채) 각자의 주요 저작을 쓰고 있던 바로 그때 말이다. 물론 거의 동시대에 걸쳐 이뤄진 이들 작업 사이에는 실제로 서로 맞물리는 지점이 있다. 예컨대 들뢰즈와 가타리는 베이트슨을 인용했고, 반정신의학의 기치를 내건 랭과 쿠퍼는 맨처음 푸코가 영어권에 수용될 수 있는 준비를 해줬다. 그러나 이런 맞물림을 이끈 가장 주된 요인은 다른 데 있다. 그것은 [이론적] 수렴이라는 동기가 지닌 편의성을 넘어, 새롭고 유사한 이론적 수단을 탐색하는 문제였다. 비록 구체적 상황은 상이했지만 이 문제는 파리에서나 버클리에서나 똑같이 맞닥뜨린 정치적 난국, 지적 영역을 갈라놓는 분과적 자폐화와 씨름하는 일이었다. 확실성이 뿌리 뽑히고, 정치적 대응력이 갑자기 한물 가버린, 갓 생성 중인 세계의 긴급함 속에서 말이다. 이런 점에서 1950년대에 초현실주의나 실존주의가 스며든 것과 20년 뒤 프랑스 이론이 부상하게 된 것 사이의 차이는 역사적인 것으로, 흥미를 자아내는 현재의 수수께끼와 단단히 얽혀 있다.

1960년대 말에 이르러 '서구 블록'의 민주주의적 자본주의 체제는 (이제껏 많이 거론되어왔다시피) 명백한 위기에 빠졌는데, 이는 이전과는 근본적으로 다른 저작들이 대서양 양측에서 동시에 넘쳐나도록 자극했다. 이 넘쳐나는 저작들은 마치 뒤흔들린 가치체계에 설치된 수많은 지진계 같았다. 미국의 경우, 이런 패러다임의 위기는 프랑스의 드골 정부에서 저항적인 정치조직들이 등장했던 식으로 에워싸이거나 전환을 겪지 않았기 때문에 훨씬 더 구체적이었고 다양한 형태를 띠었다. 가령 사회학자들과 시장연구자들이 사용하던 기능주의는 사회체 le socius를 양적인 것으로 환원하고 불평등을 키운다는 비난 속에 위기를 맞이했다. 법치주의는 법으로 제공받을 수 없던 것을 쟁취하려는 민권운동 행진과 강자들의 법을 강제하려던 베트남 전쟁의 전쟁광들에 의해 효력을 잃고 위기에 처했다. 기술관료적 통치는 새로운 자유주의적·기술전문직 세대로부터 통제불가능하고, 기계종속적이며, 자율적 결정이 이뤄질 수 없는 체계라고 의심받게 되면서 그 정당성이 위기에 빠졌다. 자유주의적 메시아주의와 건국의 아버지들에 대한 반복되는 후렴구가 더 이상 젊은 세대에게 먹히지 않는다는 이유로 개척자 풍의 유토피아주의 역시 위기에 처했다. 행정적 합리성의 위기는 비대해지는 관리조직들에 잠재한 부패와 마주하면서 나타났다. 마지막으로, 워터게이트 스캔들이 (리처드 닉슨 대통령이 이끌던) 정치계급의 어리석음을 만천하에 드러냄으로써 정치마저 위기에 직면했다. 앞서 열거한 이 위기의 요소들은 특정 맥락 이상으로 그 당시를 압도하던 환경이자 붕괴 직전에 처한 총체적 틀거리의 일부였다. 이런 환경에서 대학은 전문화, 경쟁, 취업시장이 부과한 새로운 제약에 대한 적응 같은 황급한 도피술에 스스로 맞춤해가며 인문주의적인 원칙을 내팽개쳤다. 이처럼 정치적·지적 풍경이 동요하면서 중대한 전환이 시작될 무렵, 소속 대학의 명성을 드높이려는 목적 아래 치러지는 수많은 국제학술대회의 하나로 어느 학술대회가 열렸다. 그 대회는 훗날 프랑스 이론을 앞질러 탄생시킨 사건으로 재해석될 것이었는데, 이에는 일리가 없지 않다.

1966년, 포스트구조주의 발명되다

당시 낭테르대학교와 컬럼비아대학교 학생들이 공히 반제국주의의 언어를 쓰고 있긴 했지만, 1966년만큼 프랑스와 미국 지식계의 풍경이 달랐던 적도 없었다. 프랑수아 도스의 말을 인용하면 프랑스에서 이 시기는 구조주의의 '빛의 해'였다.[21] 롤랑 바르트(『비평과 진실』)와 자크 라캉의 주요 저작이 나왔고(『에크리』), 그해 봄 출간되어 예상치 못한 인기를 누리며 여름 바캉스 해변가에서까지 읽힌 푸코의 『말과 사물』은 '인간의 죽음'이나 '패러다임의 전환' 같은 구호와 함께 주요 신문의 1면을 장식했다. 어떤 일관된 학파의 이미지가 퍼져 나가는 게 가능했던 적이 있다면 이처럼 구조주의 운동이 일치되어 등장했던 바로 이 시기였으며, 언어학·역사학·정신분석학을 막론하고 인간과학 내에서 의미의 문제를 **탈중심화**하거나 **탈의미화**하는 데 유효한 여러 기획이 연대했던 때가 있다면 바로 이 시기였다. 이로부터 3년 뒤 들뢰즈는 이렇게 논평했다. "최근 '구조주의자'라고 불리는 일련의 저자들에게는 사실상 별다른 공통점이 없다. 그들에게 공통점이 있다면, 그것은 이들에게 의미(결코 외관으로서의 의미가 아니라 표면효과와 위치효과로서의 의미)란 구조의 계열들 안에서 빈 칸의 순환에 의해 생산된다는 생각이다."[22] 그동안 매우 추상적인 표면을 연구하던 사람들만 사로잡았을 뿐인 이 '빈 칸'이 갑자기 정치적 불길, 미학적 감성, 파토스의 투여 등 더욱 낭만적 색채를 띠게 됐던 점만 빼면 말이다. 자크 데리다도 인정했듯이 이 광기어린 "구조주의적 열정"은 "실험에 대한 열광"이었다.[23]

한편 당시 미국에서는 학생들의 시위, 엄격히 규정된 강의내용, 당혹스럽게 관망의 자세를 유지하던 시민사회 각각의 사이가 확실히 갈려 있었다. 시위에 참여한 학생들은 헤르베르트 마르쿠제나 노먼 O. 브라운을 읽었고, 강의실에서는 의례적으로 (철학의 경우) 논리실증주의나 (문학의 경우) 러시아 형식주의가 다뤄졌으며, 만화와 가벼운 로맨스물이 주류를 이루던 미국 사회에서는 말 그대로 전복적인 베스트셀러가 출현하지 않았다. 비록 레비-스트로스와 로만 야콥슨의 결정적 만남이 [제2차 세계대전 중] 미국에서 이뤄지긴 했지만, 서점가나 캠퍼스에서 구조주의는 유행하지 않았다. 1960년대 후반기 동안 철학과 인문과학 분야에서 영어로 번역된 프랑스 서적들은 주로 에밀 브레이어, 폴 리쾨르, 모리스 메를로-퐁티, 그리고 놀랍게도 여전히 광범위하게 읽히던 피에르 테야르 드 샤르댕[가톨릭 신학자이자 인류학자] 등의 에세이집이었다. 1966년 레비-스트로스의 『야생의 사고』가 번역되고, 『예일 프랑스 연구』가 구조주의를 특집으로 다뤘지만, 이 두 사건은 무심하게 지나쳐갔다.[24] 『예일 프랑스 연구』의 편집자였던 예일대학교 불문과 교수 자크 에어만은 당시 구조주의 입문 강의가 가능했던 사실상 유일한 미국인 교수였다.

정확히 이 시기에 프랑스와 미국의 지적 격차를 줄이고자, 존스홉킨스대학교의 교수 리처드 맥시와 유제니오 도나토는 프랑스의 주요 지식인들을 초청해 국제학술대회를 열 계획을 세웠다. 포드재단의 재정 지원으로 1966년 10월 18일부터 21일까지 존스홉킨스대학교 볼티모어 캠퍼스에서 "비평의 언어와 인간과학'"이라는 주제로 열린 국제학술대회가 그것이었다. 이런 주제는 미국 지식인들에게는 무척 낯선 것이었는데, 그때까지만 해도 '인간과학'sciences humaines이 라는 개념은 미국에서 번역이 불가능했다. 1백여 개의 발제문 중에서도 가장 큰 기대를 받았던 것은 10명의 프랑스 주빈들, 즉 바르트,

데리다, 라캉, 르네 지라르, 장 이폴리트, 뤼시엥 골드만, 샤를 모라제, 조르주 풀레, 츠베탕 토도로프, 장-피에르 베르낭이 제출한 발제문이었다. 야콥슨, 제라르 주네트, 들뢰즈도 초청됐지만 참석하진 못했다. 그 대신 이들은 원고나 편지를 보내는 수고를 마다하지 않았고, 수백 명의 청중은 주최측의 대독(代讀)으로 이들의 글을 접했다.

이 학술대회의 발표들은 청중과 미국인 발제자들에게 곧바로 이해되진 못했는데, 이는 발표행사장 뒤편에서 이뤄진 지식인들의 만남에서도 마찬가지였다. 데리다는 그곳에서 라캉과 처음으로 만났고, (특히) 훗날 미국 해체론의 선구자가 된 폴 드 만과도 처음 만났다. 드 만은 젊은 데리다처럼 장-자크 루소의 『언어기원론』을 연구하던 중이었다(의심할 여지없이 이 공통점으로 인해 두 사람은 이곳에서 교류하게 된 것이었다). 이 학술대회를 조직한 두 교수가 학술대회 논문집 서문에 이들을 '니체의 계통을 잇는 프랑스 학자들'로 소개한 것이 이 다양한 프랑스 지식인들을 한데 묶으려 했던 미국인들의 첫 시도였다. "이제 니체는 1930년대 이래 …… '프랑스식 헤겔'이 누리던 중심적 지위를 차지"하게 됐으며 "푸코, 데리다, 들뢰즈의 최근 저작들에 드리운 그늘, '계보학,' 그리고 빈 공간은 니체의 것이다."25) 주목할 만한 일은 이들이 논문집의 2판에서 원래 제목 이외에 '구조주의 논쟁'이라는 부제를 첨가했다는 점이다. 새로 붙인 서문에서 이들은 이 포괄적인 용어가 "구조주의의 주요 선구자들로 여겨지는 이들의 주장을 표현하는 것보다는 구조주의의 반대자들과 구조주의를 대중화한 이들의 언어를 드러내는 데서 명백히 …… 효력을 발휘하는 개념"이며, 1966년의 그 행사는 애초 계몽적인 성격의 자리가 될 것으로 기대됐지만 사실상 구조주의라는 용어에 대해 공적으로 이뤄진 최초의 '이론적 해체' 작업이었다고 지적했다.26) 사실, 각각의 강의에 이어진 토론에서는 예상치 못한 불협화음이 터져나왔다. 이런 현상은 프랑스인 발표자들 내부에서만큼이나 발표자와 청중(이 중에는 [작가이자 비평가인] 세르주 두브로브스키와 훗날 또 하나의 주요 미국 '데리다주의자'가 될 J. 힐리스 밀러가 있었다) 사이에서도 생겼다. 풀레는 바르트의 구조주의적 분석에 맞서 문학적 상상력을 옹호했고, 골드만은 텍스트의 '사회화'라는 이름으로 데리다와 거리를 두었으며, "우리 시대에 헤겔을 말하는 것은 이미 너무 때늦은 일 아닌가?"27)라는 유명한 질문으로 강의를 시작한 이폴리트는 데리다에게 구조의 '중심'을 말한다는 것이 일관성 있는 일인지 물었다. 마치 이 중립 지대[미국]로 온 것이 그곳에 모인 프랑스 지식인들을 해방시켜 프랑스에서라면 구조주의의 드높은 악명 때문에 억압됐을 토론을 벌이게 만들기라도 한 것처럼, 이 학술대회는 이중의 방향이동을 보여줬다. 헤겔주의와 맑스주의의 언어에서 빠져나와 구조라는 질문을 좀 더 개방적으로 고찰했고, 구조주의와 가장 밀접히 결부되어 있던 두 연사(바르트와 데리다)의 언어에서 빠져나와 처음으로 그들과 비판적 거리를 두게 된 것이다. 자동사로서의 '[글을] 쓰다'^{écrire}에 관한 바르트의 강의와는 별도로, 이런 변화의 순간을 두드러지게 보여준 동시에 이 학술대회의 탁월한 사건으로 남은 것은 데리다가 10일 동안 쓴 것으로 알려진 발제문이었다. 이 발제문은 아직도 프랑스 이론 가운데 매우 자주 읽히는 텍스트이다.

이 논문에서 데리다는 먼저 '중심이 된 구조'에서 일어나고 있는 당대의 '단절' 혹은 '파열'을 지적한 뒤 이 점을 명확히 하고자 '형이상학적 공모,' 혹은 니체·프로이트·하이데거가 말한 '현전으로서의 존재라는 규정'을 비판한다.28) 곧이어 "**진리**에서 **방법**을" 분리하고, 자신의 이론을 약화시킨 '경험주의'를 사용하려 한 레비-스트로스를 비판적으로 읽는다. 구조주의에 여전히 스며들어 있는 '현전의 윤리'와 '기원에 대한 향수'에 맞서 데리다는 '보충'과 '유희'^{jeu}라는 결정적 개념을 소개한다29)(번역자들은 이 운동의 아이러니와 공간이라는 이중적 차원을 환기시키기 위해 이 단어를 '자유로운 유희'^{freeplay}로 풀게 된다). 1960년대의 지배적 기호학에 대한 데리다의 비판은 여기에서 시작된다. 기호는 '부유중인' 채로 "기의 쪽의 결핍을 보충"하는 '부가물'에 불과할 뿐 빈 중심을 대체할 수 없고, "[중심이 없을 때] 중심의 자리를 유지"하는 역할만 한다는 것이다. 따라서 이 "기표의 **과잉**, 그 **보충적 성질**"은 일체의 지시대상이 부재한 상태에서, 이런 기의의 측면에 근거해 작용하는 텍스트에 접근하는 방법인 해체에 길을 열어준다.30) 미국에서는 이 마지막 공식이 곧 정설이 된다. 여기서 데리다는 "단절된 직접성이라는 구조주의의 주제," 즉 "놀이를 사유하는 데서의 부정적이고, 향수에 젖은, 죄책감의 …… 측면"을 넘어서 그 "유쾌한" 니체적 측면을, "오류도, 진리도, 기원도 없는 기호 세계"에 대한 순수한 긍정으로 나아가라고 요청한다. 데리다는 강령을 읽듯이 이렇게 결론지었다. "해석에 대한 이 두 가지 해석" 중에서 "놀이의 영역을 벗어나 … 진리를 해독하려는 꿈"을 버리라고, 그보다는 "놀이를 긍정하고 인간과 인간주의를 뛰어넘으려는 시도"가 시급하다고 말이다.31) 요점은 명확하다. 미국 대학에는 (주네트와 토도로프의) 서사학을 통해서만 알려진, 막연하기 짝이 없는 이 고상한 구조주의는 이보다 더욱더 유쾌한 **포스트**-구조주의를 향해 나아가기 위해서 넘어서야만 하는 것이 됐다는 말이다. 포스트구조주의라는 용어는 1970년대 초에야 등장하지만, 1966년 존스홉킨스대학교에 모인 모든 미국인은 자신들이 포스트구조주의가 공개적으로 탄생하는 생생한 공연에 막 참여했다는 걸 깨달았다.

요컨대 구조주의를 미국인들에게 소개할 목적으로 마련된 이 학술대회는 오히려 몇 년이 지나 구조주의의 지정 후계자로 떠오르게 될 사상이 발명되는 데 한몫을 하게 됐다. 이 사상은 [구조주의에 비해] 훨씬 더 유연하며, 확실한 이점이 두 가지 있었다. 한편으로는 훨씬 더 느슨한, 그래서 한층 더 융통성 있는 정의가 이뤄질 수 있었다. 다른 한편으로 잠시 함께했던 이들 사상가 집단이 곧바로 흩어져버린 구대륙에는 이와 동질적인 범주가 존재하지 않았다. 다소 성급하게도, 미국인 평론가 하셈 포다는 구조주의가 일종의 신기루이자 심령체였다고, 그래서 개념들의 역사 속에서 즉시 자진 해산했다고 결론내렸다. "오늘날 스스로 구조주의자이길 그만두지 않은 구조주의자는 없다"면서 말이다.[32] 하지만 (데리다의 또 하나의 결정적 텍스트인 「인간의 종말」을 포함해) 여전히 사적으로 읽히던 몇몇 번역문과 몇몇 프랑스 관련 학과에서 일던 조심스런 동요를 제외한다면, 이 학술대회에서 이뤄진 조우가 열어젖힌 이론적이고도 실천적인 통행로가 더욱 완전하고 효과적으로 탐사되기까지는 그로부터 10년이 더 지나야 했다. 시발점이자 기원의 순간으로 기억되는 이 조우는 당시에는 이보다 덜 흥미진진한 결과만을 낳았다. 제도 차원에서는 프랑스와 미국 대학 사이에 실속 있는 유대의 끈이 강화됐다. 이후 미국 해체론의 '황금의 삼각형'을 이루게 될 존스홉킨스대학교, 코넬대학교, 예일대학교에서 그해 가을 교환학생과 방문교수 제도를 강화하는 프로그램을 프랑스 대학과 마련한 것이다. 이데올로기 차원에서 보면, 이 학술대회는 극좌파의 분노를 불러일으켰다. 이들 극좌파는 ("아마도 뤼시엥 골드만을 제외한다면") 맑스주의 연사들이 전혀 없었다는 점을 비판하면서, "미국 청중을 앉혀놓고 스펙터클한 언어유희나 일삼고 있는 프랑스 지식인 무리들" 뒤에는 "반인간주의 이데올로기"와 "관념론적인 부르주아 언어학"이 있다고 맹공을 퍼부었다.[33] 그도 그럴 것이 당시 미국 대학에서 안정된 입지를 확보한 가운데 프랑스 구조주의를 유일하게 다른 방식으로 소개했던 것은 맑스주의밖에 없었다. 이런 식의 소개는 주로 프레드릭 제임슨을 통해 이뤄졌는데 사실 매우 비판적인 소개였다. '텍스트주의'는 "순전히 말뿐인" 계급투쟁이라고 고발했으니 말이다.[34]

그러나 당시 미국 대학을 뒤흔들던 격변(시위와 억압, 정부의 재정적·도덕적 위기, 인구압력 등)은 원래 맥락과 무관하게 1966년 10월 볼티모어에서 처음 소개된 몇몇 프랑스 '사상'에게 두 번째 결정적인 기회를 제공하면서 머지 않아 상황 전체를 바꿔놓았다.

2 고립된 대학
L'enclave universitaire

> 대립적인 것처럼 보이지만 그 효과에서는 똑같이 해롭고
> 또 그 결과에서는 결국 합쳐지는 두 조류가 현재 본래 전혀 다른
> 토대 위에 건립된 우리 교육기관들을 지배하고 있다.
> 하나는 가능한 한 교육을 '확장'하고자 하는 충동이고
> 다른 하나는 동일한 교육을 '축소'하고 '약화'시키려는 충동이다.
> **프리드리히 니체,** 『우리 교육기관의 미래에 대하여』(1872)

미국에서 사회생활은 시공간적으로 굉장히 고립되어 있던 대학시절의 엄청난 영향 아래 이뤄진다. 이렇게 보면 대학생들에게 가족과 어린 시절은 그 자체로 자신의 등 뒤에 남게 된 동떨어진 세상이며, 그 앞에는 성인으로서 짊어져야 할 책임감과 취업시장의 긴장이 놓여 있다. 대학시절은 어린 시절의 환상과 그 뒤에 다가올 노동윤리 사이에 놓인 일종의 유예기간으로, 규범의 강화와 (엄격히 한정된 환경에서이긴 하지만) 그 규범을 전복할 가능성이 공존하는 시기인 셈이다. 사실 모든 상황 자체가 대학이라는 이 과도기적 공간(십대시절의 무사태평함과 성인기의 생존투쟁 사이의 진정한 유예기간)을 유럽에서보다 훨씬 더 뚜렷이 고립된 세계로 만든다. 흔히 캠퍼스는 [부모들의 집에서] 지리적으로 먼 곳에 떨어져 있는데 이는 가족이라는 보호막으로부터 완전한 떨어져나옴을 뜻한다. 그로 인해 어느 정도는 처방

전 같은 집단의 규칙과 도덕, 모든 대학에서 여전히 중요하게 여겨지는 관례적 의식 등에 근거해 특정 나이대의 젊은이들이 대학생활을 보낸다. 바로 이런 고립에 관해 살펴봐야만 우리는 미국에서 거의 전적으로 대학 기관에 국한된 지적 영역과 이 몇 년간의 대학시절을 단순한 과정, 일종의 휴게소, 행복한 막간幕間으로 여기곤 하는 시민사회 사이에 존재하는 간극을 측정할 수 있다. 학계의 논쟁에서 나타나는 순전히 수사적인 격렬함 역시 공동생활체로서의 대학이 지닌 상대적 자율성으로 설명할 수 있다. 논쟁의 용어들은 단단히 고립된 상황이기에 훨씬 더 신랄하고, 캠퍼스의 교문을 넘어 밖으로 나갈 가능성 역시 희박하다. 길거리의 소란스러움에서 벗어나려고 극장을 찾는 것처럼, 소르본대학교에서보다 훨씬 더 논쟁적인 어조에다 모욕과 과장으로 가득한 지식인들의 토론은 고대의 극장 무대에서나 가능할 법한 연극적 기교를 갖췄다. 그렇지만 이민자들의 나라에서 고등교육이 담당하는 주된 정치적 역할을 망각하지 말자는 뜻에서 덧붙이면, 이런 '찻잔 속의 폭풍'이 언제나 대학이라는 분리된 공간 안에만 머무른 것은 아니다. 대학에서 보내는 이 몇 년이야말로 새로운 사회 초년생들을 사회화, 즉 미국화하는 시기인 것이다.

동떨어진 세계

소규모의 다양한 교양학부대학부터 텔레비전 선교사들이 운영하는 남부의 전문학교까지, (서부의 캘리포니아대학교 버클리 캠퍼스[이하 UC버클리]나 동부의 뉴욕시립대학교 같은) 대규모 공립대학부터 아이비리그 소속의 유명 사립대학까지 모든 대학을 합산해보면 미국에는 4천 개가 넘는 고등교육기관이 있다. 학생들의 일상생활이 그 지역의 도시문화 속에 섞여 있는 대도시 중심부 소재 대학들만 따로 모아볼 수도 있다. 잘 알려진 대학들로는 뉴욕의 그리니치빌리지까지 뻗어 있는 뉴욕대학교, 과거 히피들의 거주지였던 베니스 지역까지 포함하며 문화적으로 광범위하게 펼쳐져 있는 캘리포니아대학교 로스앤젤레스 캠퍼스(이하 UCLA), 텔레그래프 애비뉴의 풍부한 길거리 문화생활과 결합되어 있는 UC버클리를 들 수 있겠다. 그러나 미국 대학의 전형적 위치를 말해주는 것은 숲의 가장자리에 자리한 캠퍼스들이다. 이런 곳들은 도시의 난잡함과는 동떨어진 전원풍의 환경이 고결함, 인격도야, 학문적 탁월성을 고취할 것이라는 19세기 미국의 농본주의 신화와 결합해 생겨났다. 이런 캠퍼스 중 다수는 몇 채의 과학관(과학센터)과 고딕 양식의 기숙사를 갖추고 있으며, 가을 낙엽으로 빛나는 작은 계곡과 더불어 외부인의 참여가 제한된 의례가 계절마다 치러진다. 남학생들의 사교클럽인 프래터니티fraternity와 여학생들의 사교클럽인 소로리티sorority 같은 학생모임은 자신들의 공간에 쓰여 있는 (카파 알파, 시그마 파이 같은) 그리스어 문자를 자랑스럽게 내걸고 있으며,* 1820년대에 처음으로 생긴 캠퍼스 문학 모임에서 전래하는 엄한 내부 규율을 따른다. 봄에는 학과에 따라 구분된 색깔(철학과는 짙은 감색, 교육학과는 하늘색)의 가운과 학교 문양이 새겨진 사각모 같이 고정된 관습에 따라 졸업식이 치러진다. 학생들

---

* 미국 학생들의 사교클럽이 그리스어 문자를 클럽명으로 쓰는 이유는 이런 모임의 정신이나 형태가 헬레니즘 문화에서 연원했기 때문이다. 클럽명인 그리스어 문자는 해당 클럽의 성격이나 모토를 알려주는 그리스어 표현에서 앞 자를 따온 것이다. 가령 '카파 알파'(ΚΑ)는 '형제회'(Κύκλος Αδελφικός)를 뜻하며, '시그마 파이'(ΣΦ)는 '배움과 우정'(Σχολή, Φιλία)을 뜻한다.

은 역시 영국에서 영향받은 관습을 따라 거의 체계적으로 분류되어 기숙사에 입사한다. 한때 엄격한 감시가 이뤄지기도 했던 기숙사 생활에는 학생들의 학문적 동지애와 도덕적 공동체를 확립하는 기능이 있다고들 한다. 그러나 이런 화합은 1766년 하버드대학교를 뒤흔든 '역한 버터 반란'*의 전례가 보여줬다시피 학생들이 만족스런 기숙사 생활 조건을 요구했던 전통이 있었기에 가능했다.

유서 깊은 대학일수록 특유의 독특함을 많이 갖고 있다. 이런 독특함이 학생생활의 자잘한 즐거움 혹은 '학생문화'라는 학업 외적인 구성요소를 만들어내는데, 학생들은 캠퍼스 밖에는 알려지지 않은 이런 코드를 수단 삼아 자신을 정의한다. 위반행위를 비롯해 모든 것이 이런 역할을 한다. 헬렌 호로위츠가 언급했듯이 "뚜렷이 구별되는 옷은 대학생이라는 것을 나타내고, 향락에 빠진 삶은 새로운 경험을 제공하며, 전문 규범에 대한 거부는 사춘기 시절의 반항이 승화된 것이다. 몇몇에게는 동급생들과의 경쟁이 새로운 기회를 열어주기도 한다."[1] 미국 대학은 스타하노프 운동보다 훨씬 더 유희적이다.** 미

---

* Rébellion du beurre rance. 1766년 하버드대학교의 학생들이 식사 처우 개선을 요구하며 벌인 시위로 미국 최초의 학생시위이다(미국에서는 보통 '버터 대반란'[The Great Butter Rebellion]이라고 표현한다). 단지 상해서 역한 냄새가 나던 버터를 학생들에게 주어서 생겨난 일이라기보다는 엄격한 청교도주의에 입각한 학칙에 대한 반발이 그 배경이었다. 헨리 데이비드 소로의 외조부인 던바(Asa Dunbar, 1745~1787)가 주도한 시위로도 유명하다.
** '스타하노프 운동'(Stakhanovskoe dvizhenie)은 1935년 8월 30일 당시 기준 노동량의 14배에 달하는 석탄을 채탄한 광부 스타하노프(Alexey Grigoryevich Stakhanov, 1906~1977)의 이름을 딴 구소련에서의 생산력 독려 운동이다. 구소련은 이 운동을 바라보는 서방측의 부정적인 시각을 의식해 이 운동은 당시 구소련에서의 '즐거워진 삶'이 반영된 결과라고 선전했다. 삶이 즐거워서 일도

국 대학의 이런 면은 역사적으로 정당화되는데, 영국과 독일의 영향을 제외하고라도 그 핵심에는 놀이, 무사태평함, 동지애의 차원이 있다. 역사적으로 미국 대학이 제공하는 삶의 막간은 무엇보다도 즐거운 순간, 어린 시절의 연장, 진짜 삶에 스며드는 고통의 유예라야 했다. 어떤 성과를 달성할 의무도 없고 심지어 강의에 열중하지 않아도 되는 그런 것 말이다. 이런 현상이 어느 정도였냐면, (1930년대까지의 미국 대학생들에 대해 서술하면서) 크리스토퍼 루카스가 밝혔듯이 "몇몇 학생들은 대학시절 동안 단 한 권의 교재도 사지 않았다고 한다."[2] 오늘날의 대학, 특히 (바서칼리지, 웰슬리칼리지, 스미스칼리지 등) 최고 명문에 속하는 교양학부대학이 과거보다 좀 더 공부하는 분위기이긴 해도, 학생들에게는 공부에 대한 의무가 일절 지워지지 않는다. 여러 원인이 있을 수 있겠지만, 공부를 마치지 않는 학생('대학 중퇴자')의 비율이 매우 높은 이유는 이 때문이다. 고등학교 졸업자들의 80%가 대학에 입학하지만 그 중 30%만이 학사학위를 받는다. 일종의 자율정책에 가까운 이런 자율성은 파벌, 지적 성역, 고도로 코드화된 세계의 특징인 식별기호와 연대의식을 통해 유대를 강화하면서 다른 집단과는 거리를 두는 소규모 학파가 쉽게 만들어지도록 해준다. 이런 이유로 어떤 캠퍼스에서든 고립된 삶과 내부자의 규범을 공유하는 사람들은 서로 평화롭게 공존할 수 있다. 제럴드 그

빨라지고, 규정 생산량도 높아졌다는 논리였다. 탈진하도록 미친 듯이 일하는 것은 공산주의적 열정이나 자발성이 아니라 '낙후성'의 증거로 보일 것이었기에 구소련은 스타하노프 운동의 이미지를 합리적인 작업계획과 그에 따른 노동자들의 즐겁고 격조 있는 휴식, 소비, 여가로 채워나갔다. 스타하노프 운동이 '유희적'이었다는 본문의 표현은 이런 의미에서이다.

라프는 이 상황을 자크 프레베르처럼 이렇게 열거했다. "기업인과 제3세계의 맑스주의자, 자유시장주의 경제학자와 자유조형 조각가, 보수적인 고전학자와 포스트모던 행위예술가, 미식축구 감독과 해체론적 페미니스트가 나란히 함께 있는 격이다."3)

더욱 심각하게도 이처럼 고립된 대학 제도는 학술대회와 대중토론 모두에 참여하는 융통성 있는 지식인, 즉 19세기 프랑스 문학계에서 최초로 등장한 저 '보편적 전문가'가 왜 미국에는 없는지 역시 설명해준다.4) 1948년 처음 미국을 방문한 시몬 드 보부아르는 이런 현상에 충격을 받고는 "대학 세계와 살아 있는 지식인 세계의 명확한 단절"과 "여론에 중요한 영향을 끼칠 능력이 없는" 작가들의 "비관주의"에 대해 탄식했다.5) 하지만 자세히 보면 보부아르도 오늘날, 아니 적어도 50년 전의 프랑스에 존재했던 지식인과 동일한 기능을 하는 직업의 예를 언급할 수 있었을 것이다. 인문학 프로젝트를 부흥시켰던 클라크 커(캘리포니아대학교), 시대에 대한 생각을 말했던 제임스 코난트(하버드대학교), 혹은 열정적으로 개혁을 펼친 로버트 메이너드 허친스(시카고대학교) 등으로 표상되는 대학 총장이 바로 그것이다. 물론 대학 제도가 독점적 지위를 누린다는 이유 이상으로, 공적 지식인이 왜 부재한가는 미국의 정치사에서 그 기원을 찾을 수 있다. 미국사 전체에 걸쳐 종교적 요소와 민주주의의 원리가 서로 맞물려 있기 때문에, 미국에서는 프랑스에서처럼 다방면에 끼어드는 세속적 지식인을 신성시하는 경우를 찾아볼 수 없다. 또한 보통 사람을 정치적 영웅으로 대접하는(즉, 유별나게 똑똑하거나 지적으로 장황한 사람은 일단 의심하고 보는) 문화와 이민자의 나라 특유의 종족적 다양성 역시 이유로 지적할 수 있겠다. 이 두 특징이 종교와 표현의 자유 같은 형식적 자유를 나타내는 문화규범과 결합할 때 **일상적인** 공적 토론보다는 이것저것 뒤섞인 잡다한 나라가 탄생하기 쉬워지는 것이다. 물론 이런 상황은 앞으로 살펴보게 될 비교적 최근의 변수들, 즉 1950년대에 진행된 대학의 전문화와 지식장의 새로운 양극화 경향 탓에, 미국 대학이 횡단과 통합이 이뤄지는 사상의 공공영역이라는 서구(유럽) 모델에서 멀어지게 된 것과도 관련이 있다.

어떤 변수가 영향을 미쳤든 간에 이렇게 결론내릴 수 있다. 미국에서 (이론의 중요성이라는 관점과 관련해서는 별 내용을 담고 있지 않지만) '이론적'이라고도 불리는 지적 논쟁은 대학의 존재이유로, 전문화된 활동 중 하나에 불과하다는 점이 그것이다. 미국에서 공적 지식인의 마지막 세대는 잭 런던(1876~1916)과 에드먼드 윌슨(1895~1972)의 세대였다. 런던은 사회참여적 저널리즘과 노동자 관련 주제를 다루는 문학 분야를 창안했다. 『베니티페어』와 『뉴요커』에 글을 기고하고, 지그문트 프로이트와 칼 맑스에 대한 코멘트뿐만 아니라 역사소설도 썼을 만큼 엄청난 에너지로 많은 저작을 남긴 작가 윌슨은 미국의 20세기 전반기를 (거의) 모두가 지적 논쟁에 관심을 갖고 접근할 수 있는 시기로 만들었다. 하지만 제2차 세계대전 이후 지식계의 주요 인물들은 (과학자 칼 세이건의 경우처럼 편집자들이 인지도를 높이고자 취했던 전략은 별도로 하고) 주로 대학 캠퍼스에서 **최초로** 촉발된 논쟁들의 정치적 반향에 힘입어 각자의 인지도를 넓혔다. 인종분리(헨리 루이스 게이츠 주니어, 레너드 제프리스), 페미니즘이 맞닥뜨린 난제(게일 루빈, 캐서린 맥키넌), 주류 문화(수전 손택), 근시안적 역사(랜덜 케네디, 아서 슐레진저), 언론의 선동(노엄 촘스키), 오리엔탈리즘적 편견(에드워드 사이드), 해외(특히 프랑스)의 지성주의(카밀 팔리어) 등에 맞섰던 이런 논쟁들은 항상 대학 안에서의 입장차이로부터 발생했고, 대학에서 벌어진 논쟁과 연계되어 있었으며, 학문적 타당성이라는 틀 속에서 벌어졌다. 대학 밖에까지 알려진 극소수의 이름을 제외하면, 시민사회에서 분리된 미국 대학의 미미한 역할 탓에 자신들이 (제아무리 높게 평가된들) 학계 동업자들 사이에서만 알려지고 있다는 사실을 인식한 지식인 스타들과 캠퍼스 디바들은 과연 얼마나 될까? 듀크대학교의 강력한 스타였던 스탠리 피시는 이 문제에 대해 자주 생각했다. 대학이 로비스트를 고용해 학내 유명 교수들이 언론에 노출될 기회를 갖게 해야 한다고 제안하기 직전에, 피시는 아이러니컬하게도 이렇게 말했다. "'어떻게 공적 지식인이 될 수 있는가?'라는 질문의 답이 무엇이든 간에 '대학에 몸담음으로써'가 답이 **될 수는 없다**는 것은 다들 알고 있다."6) 지배문화와 언론산업 사이에서뿐만 아니라 대학가와 공공 영역 사이에서 발생한 이 객관**적이면서도** 주관적인 간극은 출판계에도 존재했다.

'무역상'trade house이라고도 불리는 종합 출판사, 거대 출판사의 자회사, 소수의 독립 출판사 등을 뒤이어 미국의 대학출판부는 ('진지한 논픽션'으로 분류되는) 국내외 인문학·사회과학 분야의 이론적 에세이나 저작을 출판·번역하는 데 주력하는 마지막 출판사이다. 이런 흐름은 번역 출판의 전반적 하락세라는 맥락에서 나왔다. 미국의 번역 출판물 비율은 매해 신간 기준으로 1960년의 8.6%에서 1975년에는 4.95%로 떨어졌고, 지금은 3% 이하이다. 그에 비해 유럽은 15~20% 정도이다. (옥스퍼드와 케임브리지라는 영국의 두 대규모 대학출판부와 제휴관계인 출판부까지 포함해) 약 120개의 미국 대학출판부는 재정구조상 그들이 위치한 캠퍼스에서 진행되는 연구와 얽혀 있고, 대학출판부 사이에는 대개 서점과 대학도서관을 포함한 공통의 유통망이 갖춰져 있다. 따라서 대학출판부는 지적 혁신의 유통을 관장하고 있지만, '대형서점'과 1백만 부가 넘는 베스트셀러 출판으로 이뤄진 일반적 출판유통 시스템에서는 확실히 주변부에 위치해 있다. 더군다나 대학 당국의 꾸준한 투자 저하와 박사논문 출판(그래야 이 저자들/선생들에게 종신재직권을 확보할 기회가 생긴다)의 증가 탓에 지난 20년간 대학출판부는 엄청난 재정 압박을 받아왔다. 대학출판부는 가면 갈수록 (소속 대학이 자리한 주의 문학이나 역사 같은) 지역 출판물이라는 대안이나 '세미트레이드 북'이라는 언제나 가장 먼저 희생되기 마련인 인문·사회과학 분야 도서들을 헐값에 파는 더 상업적인 방식에 눈을 돌릴 수밖에 없었다.

요약하면 지리적으로는 캠퍼스의 고립을 통해, 인구분포상으로는 한 세대의 80%를 (2~4년 동안) 커다란 사회구조에서 제외시킴으로써, 사회적으로는 학생들을 처방전 같은 규범에 복속시킴으로써, 지적으로는 사상적 논쟁에 참여할 의무를 전적으로 대학에 지움으로써, 커뮤니케이션·출판 영역에서는 (20년 전에 만들어진 대학들간의 디지털 네트워크까지 포함해) 지적 생산물의 순환을 주류 미국 문화시장과 동떨어진 공간 속에서 관리함으로써 미국의 대학 제도와 기구를 특징짓는 분리가 모든 수준에서 기능하고 있는 셈이다. 이토록 고립되어 있긴 하지만 미국에서 대학은 국가적 관심사이고, 미국 사회의 몇몇 급박한 문제에 대해서는 직접 목소리를 내거나 중계하는 역할을 하기도 한다. 안토니오 그람시의 용어를 빌리면, 비록 시민사회와 분리되어 있긴 하지만 대학은 이데올로기적 교차로이자 엘리트 집단의 형성지로서 여전히 미국의 정치사회와 밀접한 고리를 유지하고 있다고도 할 수 있다. 프랑스 이론이 촉발한 논쟁의 메아리가 전원 속 캠퍼스 밖으로 울려퍼지게 된 것은 이 때문이다.

신사와 학자
미국 대학체계의 심장부에는 모종의 역사적 모호함이 놓여 있다. 보편주의와 전문주의, 교양인과 기능인, 혹은 미국식 교육학 용어로는 '인문교육'과 '직업교육'이라는 접근법 사이에서 머뭇거리는 양상이 그것인데, 미국 대학은 초창기부터 이런 특징을 보여왔다. 이 이중적 경향이 드러나는 양상뿐만 아니라 프랑스의 특정 지식인들이 이 논쟁에서 일정한 역할을 하게 된 정황까지 이해하려면, 미국 대학사의 한 순간을 들여다볼 필요가 있다. 하버드칼리지(1636년 개교)부터 다트머스칼리지(1769년 개교)에 이르기까지, 영국령 식민지 시기 미국은 영국식 모델에 따라 초창기에 아홉 개의 대학을 설립했다. 이 개척자들의 땅에서는 영국식 모델의 시민적 덕성과 공적 기능성이라는 역할이 무엇보다 소중하게 여겨졌기 때문이다. 퀘이커교도, 침례교도, 가톨릭교도를 학생으로 둔 이 대학들의 목표는 다양한 공동체를 통합하는 방식의 일환으로 종교적 다양성에 대한 관용을 증진하고 라틴어, 그리스어, 수사법, 논리학, 천문학 같은 고전 지식을 전수하는 것이었다. 그러다 독립혁명기 동안 프랑스의 영향이 일시적으로 있었다. 19세기에 다시 엄격한 종교적 정통주의로 돌아가기까지 이신론, 합리주의, 계몽의 이상 같은 주제가 대학 캠퍼스에서 몇 년간 번성했던 것이다. 당시 미국 대학은 (1779년 컬럼비아대학교의 전신으로 개교한 킹스칼리지를 중심으로) 영국에 대항한 연합국인 프랑스 학문의 교육을 선호했고, 그래서 쥘 케네 드 보르페르 같은 몇몇 중상주의자들이 교육계획에 영향을 끼치기도 했다.7) 원래 아홉 곳이던 대학의 수는 1776~1860년 사이에 250개로 늘어났지만, 교육의 질이 팽창속도를 따르지는 못했다. 1828년 『예일 리포트』는 이런 현상에 주의를 촉구하며 포괄적인 교과내용의 도입을 제안했다. "우리의 목표는 각 직업에 해당되는 지식을 가르치는 게 아니라 모든 직업에 공통으로 적용되는 기초를 교육하는 것이어야 한다."8) 그러자 시계추가 반대 방향으로 움직였다. 대학이 무엇보다 "제조업자, 상인, 금광개발업자"에게 유용해야 한다고 주장하던 19세기 중반의 교육자들은 매우 논쟁적인 어조로 최근 "문명의 위대한 진전"이 "문학에서" 일어났는지, 아니면 "과학에서" 일어났는지를 따져 물었다.9) 남북 전쟁 이후의 재건기 동안에는 산업화와 도시화, 과학의 발전, 부르주아지의 후예를 자처하는 이들의 증가, 대서양 건너까지 영향을 끼친 위대한 독일식 대학 모델의 아우라가 유발한 압력 등으로 인해 전통적 대학에서 근대적인 대학으로의 이행이 이뤄졌다.

이 과정에서 학문적이면서도 산업적인 이중의 진화가 발생한다. 한편으로 (크리스토퍼 루카스의 표현에 따르면) 대학은 "가르치는 일과는 아무 관련도 없다"는 철학자 찰스 샌더스 퍼스의 지나친 표현처럼 연구중심의 공간이 되어가는 동시에 앤드류 카네기의 말처럼 예비 실업가들의 "성공에 필요한 특정 지식"을 가르치는 "경험의 학교"로서의 대학, 즉 '필수' 지식을 가르치는 곳이 되어갔다.10) 이 기간에 연방정부의 지원을 받는 대학뿐만 아니라 흑인대학과 여자대학도 생겼다. 여자대학은 여학생들을 남학생들이 받는 가르침에서 '벗어나게' 함으로써 여성들의 신경증과 정신질환을 예방할 수 있다고 믿었던 교육자들에 의해 세워졌다. 대규모 대학의 경우 총장들은 베를린과 튀빙엔을 방문하곤 했으며, 이후 독일의 사례가 적용되기 시작했다. 다양한 교과내용(배움의 자유Lernfreiheit), 연구 우선(교육의 자유Lehrfreiheit)의 원칙, 박사학위(1860년 예일대학교에서 첫 박사학위가 수여됐다)와 대학원 연구(학부 졸업 이후 대학원 과정)의 개발, 대학의 기초학문 연구에 대한 민간 재정지원, 학과와 학문 분야의 분할(최고의 교수와 학생을 유치하기 위해 존스홉킨스대학교는 최초로 경쟁방식에 따라 학과를 조직했다) 등이 그 사례였다. 죽은 언어[라틴어]와 고전 지식이 필수였고 온정적이었으나 그리 열심히 공부하진 않던 대학이 지식의 전수뿐만 아니라 생산까지도 요청되는 자유주의적이고 공평무사한 대규모 연구중심 대학으로 변해가기 시작한 뒤부터 미국의 고등교육은 더 이상 예전의 모습이 아니었다.

20세기 초는 소스타인 베블렌이 '박식한 지도자'[11]라고 불렸던 위대한 대학총장들의 시대였지만, 산업계의 거물들이 대학체계를 실질적으로 장악하게 된 시기이기도 했다. 이 사업가들은 (볼티모어에서 존스 홉킨스가, 노스캐롤라이나에서 제임스 듀크가, 릴랜드 스탠포드가 샌프란시스코 근교에서 그랬듯이) 모든 시기에 자신들이 투자한 신규 대학에 자기 이름을 붙임으로써 부분적으로는 이미 대학을 획득해둔 상태였다. 이제는 록펠러재단이나 카네기재단 같은 새로운 박애주의 재단들이 대학의 교과내용, 자신들이 관료화시킨 대학 운영 방식에 관여하게 됐다. 1915년 탄광에서의 아동노동을 과감히 공개적으로 비판한 시카고대학교의 스코트 니어링 같은 좌파 교수를 해고하라고까지 요구했던 경우처럼, 자신들의 사업적 이해관계에 해로운 것이라면 그 무엇에든 반대하면서 말이다. 대규모 재단 출연금의 통제 역시 절대 이들의 손에서 벗어난 적이 없는데, 이 기금은 덜 유용한 학문 분야보다는 유용하다고 판정된 학문 분야에 차등으로 지원됐는데 과학연구의 향방을 정하고, 대학의 운영을 표준화하고, 대학 당국의 고위 행정가를 신규 충원하는 데도 쓰였다. 이 새로운 '기업문화'는 대학에 공리주의적 도덕 관념과 전문화를 뿌리내리게 하고 전문적인 교육담당자들의 올바르고 성실한 서비스를 보장하면서 거름장치 역할을 했다. 사회학자 벤저민 바버는 이렇게 결론내렸다. "인생이란 죽음의 준비일 뿐이라고 어떤 철학자가 말했다면, 교육출세주의자들은 이제 인생이란 비즈니스의 준비일 뿐이라고 생각한다."12) 기업경영자들이 행사한 이런 권력에 더해 연방정부가 두 차례의 세계대전과 1930년대의 대공황을 겪으면서 대학 안으로 들어왔는데, 이것은 이전 세기에는 상상할 수 없던 일이었다. 1917년에는 평화주의를 표방한 교수들이 워싱턴에 불려가 질책당했고, 프랭클린 루스벨트 대통령의 뉴딜정책 시기에는 교수들이 대통령뿐만 아니라 주지사에게도 충성하겠다는 공개 서약을 하라고 강요받았다. 그러나 진정으로 결정적이었던 때는 제2차 세계대전 당시였다. 무선송신기 개발에서 핵물리학 연구에 이르는 각종 연구소의 설립, 유럽인들에게 미래의 해방자[미국]에 대해 설명하기 위한 교과내용 일반의 개정 등은 역사학자 클라이드 배로우의 표현처럼 '군학복합체 만들기'13)에 이르렀다. 연방정부가 등록금을 보조해주는 최초의 광범위한 체계는 1973년에야 마련됐지만, 제2차 세계대전에서 귀환한 군인들을 위해 생긴 [1944년의] 제대군인원호법(연합군 승리의 주역들에게 사회보장, 재정, 교육비 등을 지원해주는 법안)은 이미 제대 군인들이 대학에 재입학할 수 있도록 보조금을 지급했다. 따라서 다수의 제대 군인들이 베이비붐 세대와 함께 대학에 들어가기 시작했고, 결국 대학

재학생 수는 폭발적으로 증가했다. 1950년~70년 사이에 총인구 대비 학생 비율은 15.1%에서 32.5%로 두 배 가량 늘었고(같은 기간 프랑스에서는 학생 비율이 4%에서 10%로 늘었을 뿐이다), 그에 따라 대학의 평균 규모 역시 커졌다.[14] 또한 '빨갱이'와 그 '동조자'를 찾아내는 매카시즘의 마녀사냥이 1950년대를 특징지으면서 대학 도서관에서는 '전복적' 제목을 지닌 도서들이 치워졌고, '학문의 자유' 역시 "미국 고등교육에 대한 공산당의 주요 방침," 즉 위험한 소련 편향으로 간주되어 억압당해야만 했다.[15] 그러나 매카시즘이 대학의 더욱 근본적인 변화를 막지는 못했다. 1960년대 학생반란이 일어나기 직전까지 근대적인 미국 대학은 직업인으로서 영위할 삶과 시민으로서 져야 할 의무를 균형 있게 준비하도록 돕는 기관이라고 자임했으며, 전인교육과 직업교육이라는 상호적대하는 두 역사적 소명 사이에서 균열되어 있었다. 1961~63년 동안에 이 균열은 전문가들을 훈련시키고 우주탐사 경쟁에서 적대국 소련에게 승리하는 데 중점을 둔 존 F. 케네디 행정부의 기술우선 정책과 다니엘 벨이 쓴 『일반교육 개혁』이란 선언문에 찬동하는 일부 유명인사들이 주장한 "기초지식의 강화" 사이에서 논쟁이 벌어지며 표출됐다.

미국 교육에서 오래된 이 갈등은 몇몇 주요 쟁점에서 논쟁의 초점이 됐다. 1869년 하버드대학교 총장 찰스 엘리어트가 의무로 부과됐던 주요 과목('핵심 과목')을 없애고 다양한 과목을 개인이 선택해 수강('선택 과목')할 수 있도록 바꾸자 열띤 논쟁이 벌어졌다. 절대적이고 역사에서 비껴나 있는 고정된 지식이라는 관념은 점차 '교과내용상의 평등주의'라는 유일한 원칙에 의해 밀려났다. '존경받는 사람'을 만드는 데 필수불가결한 교양과목의 불변하는 정전들은 이제 개인화되어 복잡하게 조합되는 학습과정에 의해 그 자리를 내줘야 했다. 고전적인 인문주의자들은 그 자체가 목적인 일반 교양의 이름으로가 아니라 교양 교육의 실제적 **타당성**을 상기시키며 반발했다. 1890년 미들버리칼리지의 전 총장 캘빈 버틀러 헐버트는 굳이 경멸감을 숨기지 않은 채 "지금 같은 실용의 시대에도 이론가, 책벌레, 심지어 현학자가 조금 생겨난다 한들 이 땅에 해가 되지는 않을 것"이라고 단언했다.16) 20세기 초 무렵에 유행한 타협책, 즉 하나 혹은 그 이상의 심층 학과('주전공')와 또 다른 여러 선택 과목('부전공')을 결합하는 방식은 양쪽 모두 만족시키지 못했다. 철학자 존 듀이는 이 논쟁의 핵심인 '각기 다른 지식 유형의 통합'이 서로를 참조하며 방법론적으로 이뤄져야 했다고 생각했다. 그래서 1902년에 듀이는 '일반교육'이라는 명칭 아래 방법론을 지향하고 교육과정을 혁신하는 형태로 역사적·논리적 통합책을 제안했으나 실험으로 그치고 말았다.17) 교양과 실용지식은 결코 화해할 수 없어 보였다. 종전 이후에는 사회과학에서의 기능주의적·양적 패러다임처럼 1942~45년 조성된 연방기금 덕분에 [자연과학에서] 응용연구가 번성하게 됐는데, 이 모든 것이 학문의 전문화를 극단적으로 강화했다. 그렇지만 경영대학과 실용지식의 땅인 미국에서도, 오래된 두 역사적 요소가 직업교육화의 성공에 대항하는 마지막 성벽을 구축했다.

1936년 하버드대학교가 공식 문장에 들어 있던 '그리스도와 교회'Christo et Ecclesiae라는 문구를 '진리'Veritas라는 단어로 대담하게 바꾸긴 했지만, 미국에서 종교는 필수과목이나 명시적인 설교가 없어도 여전히 중요한 역할을 수행했다. 마치 프랑스와 독일에서 이성Raison과 학문Wissenschaft이 교육원리의 초석 역할을 하듯이 말이다. 최고 권위의 근거가 교회에서 국가로 완전히 이양되지 않은 나라에서 진리는 본질적으로 과학적이 아니라 신학적이다. 가령 미국에서 유일하게 분과학문을 넘나드는 지위를 누린 과목은 도덕철학으로, 이는 좀체 세속화가 안 된 청교주의 교리였다. 영국 비평가 조나선 컬러가 약간 놀라며 말했듯이, 미국 대학의 문학 관련 학과들(우리는 뒤에서 이 학과들이 어떻게 이데올로기의 가마솥 역할을 하게 됐는지 살펴볼 것이다)에서 맑스주의자, 라캉주의자, 혹은 급진 페미니스트들을 볼 순 있어도 "이들 중 종교를 공격하는 경우는 거의 없다."[18] 다시, 종교라는 유령은 마침내 텍스트 해석이라는 질문에 붙들린 문학이론가들에게서 발견되는 것이다. 거꾸로 이 유령은 전통적 인문학자들이 '이론가'[19]의 유행에 대해 가지는 불신 속에서도, 초기 목회자들의 복음주의적 반지성주의의 전통에서 연원한 불신 속에서도 발견된다. 즉, 모든 특정 영역을 능수능란하게 넘나들며 설명할 수 있는 지식이 없는 곳에서는 궁극적 목적의 체제[즉, 종교]가 제한 없는 전문화에 맞설 수 있는 유일한 반대항으로 남는 셈이다. 하지만 장애물은 또 있었다. 유럽 국가들에서 국민국가 모델이 등장하기 시작한 데 발맞춰, 미국 대학에는 특히 미국적인 국가의식과 문화정체성을 가르치고 정의하고 보존하라는 사명이 부여됐다. **고유한** 국가적 전통을 구성하는 임무를 철학이 담당했던 독일과는 달리(그리고 역사학에 이 임무를 맡겼던 프랑스와도 달리), 20세기 초 미국에서는 '문화적 정체성에 대한 고찰'이라는 사명이 '국민국가'에 의해 문학에 위임됐고, 그 이후로는 빌 리딩스가 요약하듯이 "문화가 문학적인 것이 됐다."[20] 문학이 가진 시민적·윤리적 덕의 이름으로, 위대한 비평가 매슈 아놀드는 이런 방향성을 열렬히 옹호했다. 그렇지만 얼마 안 가서 이 경향은 여러 이유로 문제가 있음이 드러났다. 비록 기술적·과학적 이상을 지향하는 학문으로 진화하긴 했지만 (철학과 달리) 문학은 과학의 가치들과는 갈등을 빚었고, 미국에서 문학의 정전은 아메리카보다는 영국의 고전을 중심으로 구성됐으며, 더 포괄적으로는 국민국가 모델과 더불어 문화적 통합이라는 사명이 쇠퇴함으로써 결국 문학 분야가 일종의 규범적 진공상태 속으로 침잠됐기 때문이다. 이와 함께 문학 전통 속에서 잠재하던 위기가 머지않아 드러나게 된다.

우수성과 시장

학생운동이 번창했던 시기를 지나 (기존 질서로의 복귀와 경제불황으로 특징지어지는 10년이 될) 1970년대로 들어서면서, 미국 대학은 점점 더 단순히 직업시장에 인력을 공급하는 일종의 깔때기로 자신을 인식하기 시작했다. 2천5백50개의 대학에 등록한 8백50만 명의 학생들(오늘날 그 수는 1천5백만 명에 이른다) 중 여학생이 다수를 차지했다. 대학원 분야는 고등교육 전체보다 더 빠른 속도로 성장해갔다. 그에 따라 박사학위 소지자들이 곧장 직장을 구할 수 있었던 시절은 끝나버렸다. 새롭게 등장한 '서비스 경제' 모델의 관점에서 자신을 바라보기 시작한 대학 당국들로서는 자기 대학을 선택한 '고객'인 학생들에게 최고의 취업기회를 확보해주는 것이 급선무였다. 따라서 대학들은 자신이 가르치는 지식을 수익이 극대화되는 상품으로 다루고 (이에 발맞춰 지식은 개별 단위, 학점, 학기 등으로 측정될 수 있도록 구성되고 포장되어야 했다), 당시 대기업에서 지배적이던 원리에 입각해 대학을 운영하게 됐다. 이 '지식공장'에 대한 투자 대비 이윤을 증대시킴으로써 수익성을 높이고, 더 많은 지식을 더 빨리 가르침으로써 생산성을 높이며, 직업적 성공을 최대한 빠르게 얻을 수 있도록 보장함으로써 시간을 절약하고, 늘어나는 비용을 억제하기 위해 필요하다면 해고까지 단행함으로써 '감량경영'에 나선 것이다. 무엇보다 각 대학은 무제한적인 경쟁의 리듬을 따르게 됐다. 가장 뛰어난 학생들을 뽑고, 연방정부에게서 재정을 지원받고, 최고의 교수들을 임용하고, 농구팀이나 풋볼팀의 순위를 올리고, 매년 전국적으로 실시되는 대학·학과 평가에서 모든 학과가 상위권에 오르도록 하고, 대학 부설 연구소들을 인근 지역의 대규모 기업들이 선호하는 파트너로 만드는 일이 필수가 됐다. 이런 변화는 "벌기 위해 배워라!"라는 짧은 문구에 압축되어 있다. 이 문구는 1970년대 대학생들의 비공식 모토였는데, 더 이상 전통적인 대학의 원칙이던 통합·보편성과는 크게 상관없어진 백화점식 대학을 지칭하는 '거대 종합대학'multiversity이라는 신조어가 생긴 것도 이 무렵이었다. 당시 이런 흐름을 주도적으로 만든 대학 경영자들 사이에서 유행하던 표현에 따르면, 마침내 '우수 대학'university of excellence이 탄생한 것이었다.

이렇듯 그 어떤 지시대상도 없는(왜냐하면 이런 논리 속에서 우수성 자체는 내용이 없는 개념이었기 때문이다) '탈역사적 대학'의 등장에 주목하면서, 빌 리딩스는 "지적 활동과 이로써 살아숨쉬던 지적 문화가 우수성과 수행성 지표를 좇아가는 행태로 대체되고 있다"고 말했다.[21] 비규범적 요소와 관련해 생겨난 수많은 구멍, 통합의 힘, 예전이라면 대학의 '가치'를 위협할 것까지 빨아들이는 새로운 역량 등을 바탕으로 우수 대학은 여학생들을 유치하려고 페미니즘 연구를 발전시키고, 새로운 비주류 학생 고객들에게 점수를 따려고 인종적·성적 소수자를 연구하게 될 것이었다. 더 넓게는 이데올로기적 감시라는 대학의 전통적 기능이 사라지면서 이데올로기 비판과 새로운 저항 담론마저 자체 프로그램 속으로 통합할 것이었다. 가장 잘 팔리는 상품을 개발해야 했기 때문이다. 대학의 역량을 이윤 추구에 쏟아 부으려는 목적 아래 적까지 흡수하는 사태야말로 당시 들뢰즈와 푸코가 전혀 다른 맥락에서 발전시킨 새로운 권력 이론의 주제였다. 바로 그 탄력성 때문에 리딩스가 '탈지시화'[22]라고도 했던 우수성의 모티프는 19세기 독일 대학에서 철학이 그랬듯이 대학에서 다루는 특정 지식 분야를 조직하는 횡단성의 유일한 원리로 기능하는 역할을 수행했다. 다만 독일 대학에서는 이 횡단성이 사회적 시장과의 관계 속에서 학문적 지식의 자율성을 보장했다. 반면 미국 대학에서 횡단성은 그동안의 분리주의에도 불구하고 지식의 전파와 경제질서 사이에 전례 없이 맺어진 동맹의 수단이었다. 1970년대 초의 미국 학문체계를 분석한 사회학자 알랭 투렌이 "미국의 학문체계는 사회질서의 재생산에 관심을 쏟기보다는 사회질서의 직접적 생산에 훨씬 더 깊이 관여하고 있다"고 지적했듯이,[23] 미국 대학의 사회문화적 기능은 경제적 역할에 완전히 투항해버린 듯하다. (취업시장의 위축이라는) 국면적이고 (1960년대의 무질서에 대한 반혁명적 대응이라는) 이데올로기적인 변수에 근거한 이런 상황 전개는 미국의 학문 제도에 세 가지의 근본적 결과를 초래했는데, 이런 결과는 다가올 프랑스 '포스트구조주의'의 수용과정에서 결정적인 것으로 드러난다.

우수성 모델이 빚어낸 첫 번째 효과는 대학의 사회적 고립을 조장했다는 점이다. 역설적이게도 새로운 경제적·전문가적 현실주의는 그 반대의 경우를 기대하도록 만들었는데 말이다. 실제로 연구·직업 교육화 기능에 대한 강조, 이로써 발생한 학문의 세분화에 대한 강조는 시민사회와 정치를 횡단하는 대학의 기능을 축소시켰으며, 결국 대학을 시민사회에서 더욱더 떼어놓는 결과를 낳았다. 둘째로 지시 대상이 부재한 이런 **우수성**은 전달해야 할 지식 **대신에** 교육학적 기법과 메타교육적 담론을 양산했다. 미국 교육의 위기를 진단하면서 한나 아렌트가 관찰한 바 있듯이, '전문가들' 사이에서 유행한 심리학과 행동주의적 프래그머티즘의 영향 아래 "교육학은 교수학 일반으로 발전해버려서 학습되어야 하는 실제 내용에서 완전히 해방됐다."[24] 가르침은 내용의 숙지와 전달이 아니라 목적 없는 기술이 됐다. 훗날 문학 강의에서 프랑스 철학자들을 읽는 경우가 그렇게 됐던 것처럼, 프로그램 자체가 교수법을 반영하는 극장 비슷하게 변했다. 즉, 그 자체로 규정된 어떤 대상도 없는 교육원리를 강화하기 위해 교육의 주제와 아무런 관련 없는 텍스트에 매달리게 된 꼴이었다. 마지막으로, 극도의 경쟁이 일상화된 환경 속에서 인문학, 인문학에서도 중심에 있는 문학 연구는 자연과학·경영학·법학·사회과학보다 훨씬 더 고통스럽게 이 새로운 조건에 투항해야 했다. 1977년 카네기위원회가 발표한 보고서의 결론에 따르면, 전통적으로 인문학 분야와 결합됐던 일반교육과정은 심지어 '재난지역'이 됐다.[25] 이와 마찬가지로 1970년대 이후의 모든 통계는 전문대학이 선호되면서 교양학부대학 등록률이 하락했고, 철학·역사학·문학 수업은 '기술화'technicalized 된 경우를 제외하면 점점 선택률이 떨어졌고, 인문학 분야에 대한 공적·사적 재정지원이 급속히 줄어들어 교수직이 불안정해지거나 몇몇 연구기관의 경우 폐지되기까지 했다는 사실을 보여준다.[26] 카네기위원회의 이 보고서는 문학 연구의 '기술화'가 구체적으로 무엇을 의미하는지 밝히지 않았지만, 위기를 겪어야 했던 이 시기의 문학 연구는 다양하게 정의된 '텍스트의 과학,' 그리고 일반적인 정치-문화적 고찰로 나아가는 이중적이고 모순적인 지향성을 가지게 됐다. 이제부터 20세기 중반으로 되돌아가, 미국 특유의 이론 경향이자 훗날 프랑스 이론의 수용에 결정적으로 공헌하게 되는 신비평을 살펴보려고 하는 것은 바로 이 때문이다.

신비평과 문학에서의 모더니즘
20세기 초에 문학 분야는 미국 대학 전체가 겪던 것과 동일한 긴장을 더 적은 강도로 겪고 있었다. 인간주의적 가치의 전수, 스타일과 주제에 초점을 맞춰 접근하는 영국식 자유주의 전통과 더 학문적인 독일식 전통 사이의 긴장이 바로 그것이다. 영어권 문학 일반에서 미국 문학을 독자화하는 것과 맞물린 국민적 정체성의 문제, 그리고 같은 시기 영향력을 지녔던 프랑스의 설명적 문학 비평보다 더 이론적인 접근법을 찾는 문제 모두에서 독일식 전통은 분명한 강점이 있었다. 미국 대학이 추구한 문학 담론의 핵심은 사실상 19세기 중반부터 꾸준히 정교해지고 있던 방식, 즉 작품을 읽고 해석하는 과정을 체계적으로 탐구하는 방식이었다. 따라서 유럽의 문헌학자들과 문학이론가들이 나치를 피해 미국 대학에 오기 전에도, 미국의 문학 비평과 이론의 풍경은 놀랄 만큼 풍부하고 다양했다. 비유컨대, 샤를 오귀스탱 생트-뵈브와 귀스타브 랑송[프랑스 근대 비평을 확립한 평론가들]의 프랑스조차 [미국의 문학 비평과 이론에 견줘보면] 문학에 대해 **깊게 파고들지 않는** 것처럼 느껴질 정도였다. 그만큼 제1차 세계대전 이후 미국 대학 캠퍼스에서는 비평 전통과 문학의 미래에 관련된 논쟁을 촉진하면서 수많은 비평 담론과 새로운 학파들이 만개했다.

기술과 산업의 약탈에 맞서는 문학의 도덕적 기능을 주장해 당대에 이미 고전이 된 아놀드의 입론[『교양과 무질서』, 1869]은 여전히 뜨거운 논쟁거리였다. 그에 앞서 『대학의 이념』[1852]을 통해 문학이 모든 학문의 어머니라고 주장한 존 헨리 뉴먼의 발언도 논란 속에 있었다. 이와 함께 윌슨은 문학의 정치적 기능을 사상의 핵심에 두었고, 케네스 버크는 (모든 지식 형태를 포괄할 수 있는) 문학의 광범위한 인식론적 기능을 에세이에서 다뤘으며, 나이 지긋한 동료들보다 더 '아놀드적'이던 T. S. 엘리어트와 F. R. 리비스는 집단적 삶의 기초로 고전적 박학다식함의 역할을 열정적으로 옹호했다. 이들은 그리스 철학과 로마법이 서구의 형성에서 했던 것과 같은 중요한 역할을 자신들의 변치 않는 참조대상인 윌리엄 셰익스피어의 작품이 수행했다는 데 모두 동의했다. 시카고대학교의 로널드 크레인이 기초를 세운 '신아리스토텔레스주의' 학파의 경우는 덜 규범적이었는데 문학 장르와 장르의 역사성, 구성과 서사, 의미의 구축으로서의 읽기 같은 질문에 관심을 가졌다. 17세기 영국의 비평가 존 드라이든이 말한 문학적 '감상'이라는 개념은 읽기가 작품의 미적인 구축과정에서 하는 역할을 이해하는 방식으로 다시 소개됐다. 라이오넬 트릴링의 사회적 읽기와 심리학적 읽기, 미국적인 것이 문학을 통해 형성되는 과정을 연구한 프랜시스 오토 매시슨과 앨프레드 카진의 작업, 제2차 세계대전 직후 노드롭 프라이가 형식의 불변항과 서사의 패턴이라는 도식으로 창안한 최초의 문학적 구조주의, 또 하나의 위대한 망명자인 에리히 아우어바흐의 걸작 『미메시스』(1946)에 나오는 미적 재현과 문학적 리얼리즘에 대한 더욱 이론적인 질문 등 1920년~50년대 사이에 [문학 연구에서] 가능한 모든 길에 발길이 닿지 않은 곳은 없었다. 연구자들 사이의 이데올로기적 차이에도 불구하고 각기 다른 이론적 지향이 대학의 문학장 속에서 평화롭게 공존했다. 대학은 하나의 학파가 지배권을 행사하기보다는 혁신을 축적하고 새로운 접근법을 끌어들이면서 이미 비평 담론의 광장으로 기능했다. 이처럼 풍부한 지적 맥락 속에서 1930년대 말에 신비평이 등장했다. 얼마 안 가 신비평은 미국 지식계에서 중심적인 위상과 함께 필적할 상대가 없을 정도의 명성을 문학 비평에 부여하게 됐다.

신비평이라는 접근법은 클리언스 브룩스와 로버트 펜 워렌의 걸작 『시의 이해』(1938)에서 처음 형성됐고, 뒤이어 대학원생의 교과서가 된 르네 웰렉과 오스틴 워렌의 『문학 이론』(1942)을 통해 체계화됐다. 1941년 존 크로우 랜섬이 출간한 교재용 단편 에세이 『신비평』과 야심차게 문학사를 되돌아본 웰렉의 『현대 비평사』도 영향력을 발휘했다. 신비평의 중심 개념은 '내재적 비평'이었다. 내재적 비평의 기법은 '꼼꼼히 읽기'였고, 그 목표는 ("시는 무엇인가를 의미해야 하는 것이 아니라 그 자체로 존재하는 것"[27])이라는 모토에 따라) 텍스트의 존재론적 지위와 (당시 등장한 커뮤니케이션 이론과는 반대로) 텍스트에 쓰인 언어의 내재적 지평에 주목하는 것이었다. 그러나 작품을 그 자체로 완결적이고 안정적인 체계로 만들어내기 위해 가장 먼저 필요한 일은 외재적 비평의 세 가지 '이단'을 제거하는 것이었는데, 윌리엄 커츠 윔셋과 먼로 비어슬리는 그 시조격이 된 세 편의 유명한 에세이를 썼다. 텍스트를 작가의 계획에 따른 직접적 산물로 읽는 오류를 다룬 「의도의 오류」, 텍스트를 주관적 감정의 연쇄로만 봄으로써 비평이 그저 작가의 감정에 공명해 부연설명하는 데 그치게 만드는 오류를 다룬 「감성의 오류」, 앞의 두 오류에 더해 전통적

「의도의 오류」(1946)와 「감성의 오류」(1949)를 통해 신비평을 체계화하는 데 공헌한 윔셈(왼쪽)과 비어슬리(오른쪽). 둘은 예일대학교 동문으로서 윔셈은 영문학자였고, 비어슬리는 예술철학자였다.

비평이 작가의 전기적 사실이나 작품과 관련된 역사에 빠져 길을 벗어나 헤매는 오류를 다룬 「인격의 오류」가 그것이다. 신비평이 비판하는 것은 (신비평 역시 부정하지 않는) 작가의 주관성이라는 개념보다는 전기적 사실에 바탕을 둔 심리주의와 텍스트가 작가의 '의도'를 완전히 실현한다는 단순한 관점이었다. 그라프의 말을 인용하면, 대체로 신비평은 습관처럼 일반적인 역사에 기대어 비평을 "잡탕을 끓이거나 겉을 치장해주는 일"이나 "몇몇 지엽적 암시를 찾아내는 주석달기"로 만들어버리기보다는 텍스트의 독립적인 '내재적 역사'에 주목했다.28) 신비평은 문학성의 기준으로 환원불가능한 다의성을 강조했으며, 텍스트를 가로지르는 모호성·긴장·모순에 바탕을 둔 텍스트 자체의 짜임새를 강조했다. 이들은 데리다가 등장하기 30년 전에 이미 문학작품에 내재된 구조적 '아이러니'에 대해 말했던 것이다. 학문적 차원에서는 세 가지가 주된 쟁점이었다. 문학 비평의 학술적 전문화, 위대한 작품에 대한 경외감과 동일선상에 있는 위대한 비평 텍스트에 대한 경외감, 비평이라는 가장 고귀한 기능을 근대 대학교육의 지침이 되는 영어 관련 학과의 핵심으로 만들 것. 텍스트의 전능함을 표방한 문학은 텍스트를 그저 현실의 반영으로만 보는 역사학이나 텍스트를 단지 서사와 언어적 '내용'의 관점에서만 말하는 철학보다 우월한 것이어야 했다. 신비평의 요람이었던 예일대학교는 이런 '문학중심' 대학의 모델로 상정됐다.

(마르셀 프루스트에서 버지니아 울프에 이르는) 근대와 고전기의 작품을 특권화한 신비평은 1960년대부터 영향력을 잃기 시작했다. 당연하게도 '비트족'으로 표상되는 반문학와 신형식주의의 문학적 혁신에 귀를 막았던 신비평은 상아탑을 벗어나 이론적 차원에서 집단적 운동을 요청했던 문화, (『해석에 반대한다』에서) 손택이 언급한 '예술의 성애학'을 요청했던 문화에 담긴 1960년대의 반전통주의를 포용하지 못했던 것이다. 곧 다가올 신비평의 몰락을 예감한 좌파 비평가 어빙 하우는 신비평에 열정적인 오마주를 바치며 이지러진 황금시대에 대한 향수를 표현했다. "근대 비평사의 가장 강렬했던 순간, 진지한 젊은이들의 상상력을 위대하게 고취시켰던 그 순간은 바야흐로 종말을 맞이하게 됐다."[29] 하지만 미국 대학에서 신비평 저작들이 여전히 주교재로 쓰이고 사실상 해체론이 신비평의 몇몇 주장을 흡수했다는 점에 주목하면, 지난 40년간 미국 대학에서 비판

적 접근법으로서의 신비평이 종말을 맞았다기보다는 미국 지식계를 풍미한 '절정기 모더니즘'의 기풍이 막을 내렸다고 보는 편이 옳다. 신비평의 주요 인물들이 엘리트주의적인 취향을 풍기면서 완벽하게 체화했던 이 자유주의적 기풍은 이후 대중문화와 '포스트모던한' 삶에 의해 특권화된 두 가지 접근방식, 즉 아이러니와 전문화의 혼합으로 대체됐다. 미국인들은 '모더니즘' 하면, 지난 반세기 동안 활동한 몇 안 되는 위대한 작가들을 떠올린다. 이 작가들은 우파 아놀드주의 지식인이든 좌파 뉴욕 지식인이든 자율적 영역으로서의 고급문화를 비극적이면서도 미학적으로 상찬하고, 그 속에서 산업사회를 지배하는 순응주의에 맞서는 최후의 저항을 보았다. 이렇게 본다면, 확실히 신비평이란 이제 더 이상 아무것도 아니었다.

한편, 연합군의 승전보를 뒤이어 새로운 조류로 등장한 신비평은 미국 문학 연구의 역사적 전환점을 표상했다. 훨씬 쇄신된 수사학과 시학을 두둔하며 유럽의 서지학·문학사 전통과 단절한 신비평은 문학 연구를 근본적으로 재정의하는 작업에 나섰다. 신비평은 하나의 질문으로서, (문학적 정체성을 버려내는) 국민국가 수준의 정치적 기능을 훨씬 더 야심차게 일반화된 인지적 기능으로 바꿔내려는 것이었다. 또한 작품과 비평, 문학과 이론 사이에서 새롭게 찾아낸 공통성의 원리로 1차 텍스트와 2차 텍스트라는 전통적 이분법에 맞서려는 것이기도 했다. 비평과 이론이야말로 신비평 기획의 핵심이었다. 1949년 웰렉과 워렌은 "오늘날 문학 연구에서 가장 필요한 것은 문학 이론, 곧 문학에 대한 방법론적 **원리**"[30]라고 쓰기도 했다. 신비평의 이런 이론적 절박함은 당시 문학을 공부하던 학생들, 다시 말해 1980년대에 교수가 될 이들이 대륙철학의 몇몇 핵심 개념에 친숙해

지도록 도와줬다. 하지만 비평과 문학은 자율적 메커니즘을 갖고 있으니 역사나 사회구조로 환원할 수 없다고 강조한 신비평은 정치 영역에 대해서는 모호한 입장을 가진 것으로 해석되기도 했다. 목적 없는 아름다움, 즉 "아무것도 아닌 것에 관한 책"을 쓸 뿐이라는 귀스타브 플로베르의 기획 이래 근대를 떠난 적 없는 이 반反지시주의는 1967년에 "텍스트를 벗어나 존재하는 것은 없다"31)고 설파한 데리다의 좌우명을 미국식으로 앞서 과장한 듯하다. 신비평은 모두가 다 가갈 수 있는 위대한 문학을 진정으로 염원했지만, 남은 것은 세상사에서 발을 빼는 문학, 당대의 정신과 지나치게 뒤섞음으로써 텍스트를 훼손하는 것을 거부하는 어느 지식인 세대뿐이었다.

보편적인 비평방법론이라는 신비평의 기획은 민주주의의 원리에서 탄생한 것이기도 했다. 신비평은 문학을 읽을 때 필요한 유일한 지식은 언어와 그 기능에 대한 지식뿐이라고 주장했는데, 언어에 대한 지식은 많이 배우지 못한 서민들도 갖고 있는 지식인데 반해서 문학사, 문화적 인유, 전기적 지식 등은 모두 엘리트만이 가질 수 있는 지식이기 때문이다. 유럽 전선에서 귀국한 군인들이 제대군인원호법을 활용해 대학 캠퍼스에 들어오자, 신비평가들은 자신들의 접근법이 모든 사람에게 문학적 가치를 전파하는 데 얼마나 효과적인지를 자랑하곤 했다.32) 하지만 이들은 캠퍼스를 휩쓸던 매카시즘 탓에 자신들이 속한 학과가 정치적 투쟁에서 동떨어진 형식주의자들의 도피처로 뒤바뀌게 된 사태에 대해서는 침묵으로 일관했다. 특히 다음의 구체적 일화에서 이런 태도를 잘 엿볼 수 있다. 1949년 저명한 볼링겐 상의 심사위원회는 T. S. 엘리어트와 두 명의 유명한 신비평가로 구성됐는데, 이들은 에즈라 파운드의 『피사의 노래』(1948)를 수

상작으로 선정했다. 파운드의 반유대주의와 친무솔리니 행적은 당시 널리 알려진 상태였다. 이 사건은 좌파 지식인들의 분노를 불렀는데, 심사위원회는 "이 시집의 질적인 순수함 이외의 다른 무엇인가를 고려하는 일"은 "문명화된 사회를 거스르는" 심각한 위협이 될 것이라며 자신들의 결정을 정당화했다.33) 그렇다 치더라도 이 사건은 신비평이 내건 정치적 불관여 원칙의 한계를 단적으로 드러낸 일이었다. 1960년대에 등장한 캠퍼스의 새로운 문학적·정치적 입장들은 텍스트의 **정치**에 대한 신비평의 무관심이 결코 옹호될 수 없음을 강조하며 신비평을 궁지로 몰아넣었다. 웰렉에서 폴 드 만까지, 신비평의 늙은 신봉자들과 젊은 추종자들이 몇 안 되는 가능한 대안들을 탐구하기 시작한 것은 이 때문이다. 일부는 뒤늦게 호전적으로 변했고, 일부는 유럽 대학으로 떠났다. 하지만 대부분은 프랑스 구조주의자들의 책을 읽거나 미국 최초의 비교문학과를 만든 뒤 이론**에 근거해** 계몽주의를 정치적으로 비판하고, 일상언어를 비판하는 쪽으로 나아갔다. 텍스트의 '모호성'과 '긴장'을 다루던 이전 연구를 글쓰기의 '전치'와 '미끄러짐'을 다루는 정치적으로 좀 더 적당한 연구로 확장한 셈이다. 당시는 '프랑스 이론'이라고 부르지 않았지만, 이처럼 프랑스 이론은 신비평에 관심 있던 젊은 연구자들한테는 형식주의 비평이라는 막다른 골목과 시장·국가에 종속되어 정치로부터 차단된(그리고 그 뒤로는 점차 악몽이 되어가던 텔레마의 꿈*이라는 덫에 갇히게 되는) 대학제도 사이에서 빠져나올 제3의 길처럼 다가왔다.

하지만 미국의 문학장에서 하나의 '혁명'[신비평]과 또 다른 혁명 사이에 어떤 연속성이 있느냐를 떠나, 지배적인 관심사가 된 것은 1940년대의 신비평과 1980년대 무렵 성공을 거두게 될 해체라는 방법론 사이의 차이점이 무엇이냐였다. 자신들의 뒤를 이은 데리다주의자들과는 달리, 신비평가들은 문학이 '지성사'의 세속성과 뒤섞이는 것을 언제나 염려했다. 가령 신비평가들에 따르면 셰익스피어의 소네트를 분석하는 것과 동일한 방식으로 신문기사의 기능을 분석하는 과도한 형식주의는 신비평이 그토록 옹호했던 비역사적인 미학적 보편주의를 타락시켜 궁극적으로는 텍스트의 상대주의와 정전의 상실을 이끌 것이었다. 무엇보다도 신비평은 텍스트의 총체성, 자율성, 의미화 과정과 관련된 일상적 독해의 합리주의적 환상을 드러내려는 노력의 일환으로 데리다와 그의 미국인 추종자들이 조만간 고안하게 될 **비판적 이성 비판**에 필요한 토대를 놓은 적이 없다. 블라트 고지치가 잘 요약했다시피, 드 만은 "자신들이 해석의 특징이라고 생각한 총체성을, 자신들로서는 일종의 통합체로 볼 수밖에 없었을 텍스트의 한 가지 속성이라고 착각"했다며 신비평가들을 비판했다.[34] 텍스트는 그 안에 일관성이 있다고 가정될 때에야 비로소 총체화될 수 있지만, [신비평이 믿는] 그 일관성은 일차적 의미가 무너져버린 폐허 위에서 다시 만들어지는 것일 뿐이라는 말이다. 이와 달리 해체론자들은 텍스트에 내재한 아포리아와 결코 해결할 수 없는 비일관성에 초점을 맞춤으로써 결국 텍스트의 불투명성에 다다르고

---

* '텔레마'(θέλημα)는 그리스어로 '욕망' 혹은 '의지'를 뜻한다. 반교권주의자였던 프랑스의 작가 라블레(François Rabelais, 1494~1553)가 자신의 소설 『가르강튀아』(*Gargantua*, 1532)에서 아우구스티누스의 '신의 도시'와 반대되는 상상의 도시로 '텔레마 수도원'을 창조해내면서 유명해졌다. 이 수도원의 좌우명이 "그대가 원하는 것을 하라"(Fais ce que tu Voudras)인데, 1960~70년대 미국 대학가의 반문화 운동은 이런 '텔레마의 꿈'을 실현하려고 한 시도였다.

마는 자신들이야말로 [신비평가들이 말하는 '꼼꼼한 읽기'보다] '더 꼼꼼한 읽기'를 하고 있다고 여겼다.

결국 제2차 세계대전 이후 미국 대학이 밟아온 전반적인 변화의 과정과 마찬가지로, 신비평의 경험 역시 그 자체가 지닌 양가적 성격에서 기인한 전문성과 일반성, 순수지식과 역사참여, 문화와 정치 사이의 얽히고설킨 긴장을 드러냈다. 원래부터 이 학문적 기획[신비평]의 핵심에는 이런 이분법적 대립이 놓여 있었지만, 고등교육기관들이 사회에서 유폐되고 심지어 문학과 철학에서마저 전문화를 향해 광적으로 돌진해가던 미국적 상황 속에서 이 대립은 더욱 거세졌다. 세계를 해방시키고 평화를 구축하는 데 헌신했다는 모범국가 미국의 진보적 지평을 가늠하는 지표로서 말이다. 이런 일련의 모순은 1960년대(그리고 굉장히 신중했던 동시에 이단적 자유사상이 거셌던 저 이상한 1970년대)의 학생운동에 힘입어 폭발적으로 표면화됐고, 결국에는 미국 대학뿐만 아니라 대학 자체에 대해 잇따라 등장한 담론들까지도 푸코가 묘사한 바 있는 광적이면서도 불안정한 지식/권력의 소용돌이 속으로 휘몰아갈 참이었다.

3 1970년대의 소용돌이
Le tournant des 'seventies'

> 유행, 열광, 심취, 과장 같은 것들이 어느 순간에
> 문화의 한 풍요로운 근원을 드러내준다는 것을
> 어느 역사학자에게 설득시켜야 할까?
> **미셸 푸코, 미발표 원고(1975)**

대학 캠퍼스에서 각종 공동체까지, 정당에서 사무실까지, 혁명에서 반혁명까지 새로운 공포와 그에 대한 실질적 해독제 사이에 붙들려 있던 '거친 1970년대'는 확실히 역설적인 시기였다. 그전까지 특정 영역에 자리잡지 못하다가 이때 미국에서 처음 모습을 드러낸 프랑스 이론의 경우도 상황은 마찬가지였다. 1970년대는 프랑스 이론이 대안잡지와 록콘서트를 통해 반문화 집단을 매혹시키고 아나키스트들에게까지 영향을 끼친 시기이자 (순전히 담론 영역에서이긴 하지만) 학계에서 대학을 전복시킬 수단으로 활용됐던 최초의 시기이기도 했다. 일탈과 변형을 거치며 이 시기에 등장한 프랑스 이론은 앞으로 20세기 끝자락의 미국 지식계를 완전히 뒤흔들 것이었다.

투쟁에서 실존으로

1962년의 첫 번째 민권운동 행진에서 1970년대 초의 각종 철야농성에 이르기까지 10년 동안 펼쳐진 실천의 시기에 미국의 학생운동은

대부분 조직적 정치투쟁에서 실존적 문제를 목표로 하는 자발적 행동양식으로 서서히 바뀌어갔다. 전투적으로 반자본주의를 부르짖다가 '자유로운 몸'과 환각제를 신비주의적으로 찬양하는 식으로 바뀐 셈이다. 이 무렵 반제국주의적 포크음악에서 사이키델릭 영성주의로 변모한 밥 딜런의 노래에 이런 시대적 변화가 잘 담겨 있다. 1970년대의 악랄한 정치적 억압 탓에 빛을 잃어가던 학생반란의 이런 변모는 프랑스 이론의 수용과 그것의 남용을 결정짓는 사회학적 변수 중 하나였다. 그러나 이 변모는 간접적으로 이뤄졌다. 투쟁의 장소가 담론 영역으로만 옮겨가고, 1960년대가 저항의 노스탤지어와 해방된 삶의 방식에 대한 낭만주의를 남겨놓고, 1970년대의 준법활동으로 마침내 대학 한가운데서 이데올로기적 틈새가 벌어짐으로써 이런 변모가 발생한 것이니까 말이다. 무엇보다 이런 관점의 변화는 1980년대에 부상하게 될 정체성의 정치와 급진적 다문화주의를 이끌 새로운 지적 모험의 첫 단계였다. 1960년대의 마지막 시위와 로널드 레이건의 대통령 당선(1980년 11월) 사이에 미국에서 사회적 참여가 어떻게 학생시위에서 급진화된 공동체주의로, 혹은 다양했으나 산발적이던 투쟁에서 연속적인 만큼이나 파편화된 전투로 변모했는지 이해하는 것은 중요한 문제이다. 이런 점에서 다시 과거로 돌아가 미국 학생운동의 일부였던 인본주의적·실존적 차원, 즉 공동체주의의 폭발에 일조한 이 차원의 역사를 살펴볼 필요가 있다.

 1960년 2월, 노스캐롤라이나 주 그린스보로에 위치한 백인전용 식당에서 네 명의 흑인 학생이 쫓겨난 뒤 이에 대한 항의시위가 발생하면서 대학에서의 민권운동이 처음 촉발됐다. 1961~62년에는 최초의 '문화적 반란들'이 캠퍼스 곳곳에서 일어났다. 이 반란들은 당대의 미국 사회를 극심한 경쟁이 이뤄지는 창문 없는 방으로 비유한 폴 굿맨,1) 민주주의라는 장막 뒤에 숨은 엘리트 집단의 권력을 비판한 사회학자 찰스 라이트 밀즈의 글만큼이나 비트 세대라는 모호한 개념에서도 영감을 받았다. 3백50건의 학생파업과 9천5백 건의 시위가 터져나온 1969~70년은 아직 오지 않았음을 기억해두자(이 기간 동안 8백만 명의 학생 중 약 30%가 적어도 한 번 이상 시위에 참여했다고 진술했다).2) 1962년 미시건 주에서는 좌파 단체인 민주사회를위한학생연합이 만들어졌다. 이 단체를 이끌던 22세의 젊은이 톰 헤이든은 『포트휴런 성명서』을 통해 이렇게 정치적 입장을 밝혔다. 자신들은 '참여민주주의'와 소규모의 평등한 공동체를 요구하며 "사랑, 성찰, 이성, 창의성에 뿌리를 둔 권력과 독특성을 통해서 소유, 특권, 배경에 뿌리를 둔 권력을 대체할 것"3)이라고 말이다. (같은 해에 타계한) 밀즈가 좌파 지식인의 정치적 사명에 관해 제시한 테제를 염두에 두면서 헤이든은 "너무나 난해한 우리의 기술 개념과 너무나 단순한 우리의 도덕 개념" 사이의 거리를 좁혀야 한다는 점을 강조했다. 1964년 10월에는 학생운동가 한 명을 체포하기 위해 캠퍼스에 들어오려던 경찰 차량을 2천 명의 학생이 막음으로써 UC버클리 전체가 운동의 최전선이 됐다. 마리오 사비오 같은 젊은 학생운동 지도자들은 자유발언 운동이 조직되는 데 영감을 줬는데, 1965년에는 버클리 자유대학이 만들어져 '급진정치학'뿐만 아니라 '개인의 발전'과 '자조'自助 등을 다루는 즉석 강좌가 개설되기도 했다.4) 미국의 베트남 전쟁 개입이 지닌 본질이 갈수록 명확해짐에 따라 학생운동은 평화주의적이고 애국주의적인 수사법을 차용했다. 칼 오글스비가 쓴 용어에 따르면 '반공주의적 기업 자유주의'가 '미국식 인본주의'라는 위대한 전통을 몰아내지 못하도록 하기 위해서 말이다.[5] 민주적 스승들에 의해 길러져 전투적 실천가가 됐던 이 청년들의 사례 이후로 개인이 살아온 이야기가 이데올로기보다 우선시되기 시작했고, 개인적 참여가 추상적 사상을 누르게 되는 현상이 생겨났다.

1965년을 기점으로 (곧 백인들을 배제하게 되는) 블랙파워 운동과 연결되어 '자본주의적 대학'을 거부하자고 호소한 소수 급진적 학생들과, 새로운 대안적 생활방식과 징집을 피하는 가장 확실한 방법에 관심을 두고 산발적으로만 시위에 참여하던 다수 학생들 사이의 차이가 점차 벌어지기 시작했다. 결국 1968년에는 이중의 분열이 발생했다. 블랙파워 운동과 민주사회를위한학생연합이 공조를 중단했고, 민주사회를위한학생연합이 점진적 개혁을 원하는 개량파와 직접적·즉각적 행동을 옹호하는 급진파로 갈라진 것이다. 같은 해에 제임스 사이먼 쿠넨이라는 청년이 써서 발표한 『스트로베리 성명서』의 엄청난 성공은 무기를 들기보다는 파티를 지속하고 싶어하는 욕망의 징후였다. 저자는 "혁명적 열정에 눈뜨는 것은 잠에서 눈뜨는 것보다 30분이 더 걸린다"는 의뭉스러운 말로 무엇보다도 머리를 기르고 늦잠을 잘 수 있는 권리를 옹호했으며, 곧이어 "최초의 아메리카 공화국은 192세이고 나는 19세이니, 미국에게 한 번만 더 기회를 주련다"면서 (그럴 필요가 있었다면 얘기지만) 독자들을 안심시켰다.[6] 그러나 결국 화약고가 폭발했다. 그해 4월, 흑인 학생들이 컬럼비아대학교의 한 건물을 점거한 뒤 다른 네 곳의 건물도 연이어 점거됐는데 이를 경찰이 폭력으로 진압했던 것이다. 곧 수백 개의 다른 대학에서도 시위가 일어났고, "제2의, 제3의, 더 많은 컬럼비아를 만들자!"라는 구호가 생겨났다. 워싱턴의 리처드 닉슨 대통령은 시위학생들을

"건달들"이라 불렸고, 부통령[스피로 애그뉴]은 "건방진 속물들"이라고 불렸다. 1970년 5월에는 미군의 캄보디아 폭격에 항의하는 자발적 행진이 60개 대학에서 벌어지는 와중에 켄트주립대학교와 잭슨주립대학교에서 비폭력 시위 중이던 학생들에게 주방위군이 실탄을 발사해 6명이 죽고 수십 명이 부상당하는 사건이 일어났다. 시위는 전국에 번져갔으나, 이런 식의 냉정하고 결단성 있는 군사적 대응은 한 시대가 저물고 있음을 알리는 신호였다. 이 사건과 함께 운동은 급격히 시들해졌고 소수의 급진주의자들만 남겨둔 채 막을 내렸다 (1970년 가을 학기는 너무나도 조용하게 시작됐다). 갑작스러운 무력 사용은 이 시기의 여타 폭력적 정치 사건들에서 계속 발생했는데 맬컴 X, 로버트 케네디, 마틴 루터 킹을 상대로 벌어진 암살 사건은 그 절정을 이룬 사건들이다. 즐거운 시절은 끝났다. (비폭력 시위대는 자신들을 향해 자행되는 억압적 폭력의 원인이 자신들에게 있다고 비판함으로써 결국 '무장해제'된다는 오래된 역설처럼) 피를 불렀다는 죄책감과 함께 1960년대의 기세는 싸늘하게 사그라들었다.

하지만 1960년대 운동에 활력을 공급한 실존적 열정은 다른 형태로 지속됐다. 제국주의와 상품화에 대한 투쟁은 성해방과 환각제 합법화에 대한 요구로 이어졌다. 이런 요구는 (무속 불교의 왜곡되고 변형된 형태로, 미지의 우주 속에서 재탄생하기 위해 심리적 죽음을 맞이해야 한다는 식의) 실험적인 탈주체화 형태, 급진적 개인주의의 옹호와 밀접히 관련되어 있었다. 학생운동을 무력화하려고 CIA가 캠퍼스에 뿌렸으리라고는 아무도 의심하지 않았던 마약류는 1970년대의 '반혁명적' 캠퍼스 안에서 매우 자유롭게 소비됐다. 대마초나 LSD를 사용해도 처벌받지 않았는데, 1979년에는 전체 학생 중 절반이 대마

초 흡연에 대한 처벌금지를 지지했다.7) '저항음악'과 점거 기술은 그것대로 자발적 표현과 광란의 주말 파티에 밀려났다. 인문학 전공자들과 자연과학 전공자(혹은 운동부) 사이의 해묵은 갈등은 상당 세월(일반적으로 전자가 후자의 보수성에 맞서 저항적 입장을 취하던) 이데올로기적 영역에 쏠려 있었으나, 상호조롱과 예산 경쟁이라는 형태를 통해 예전처럼 학문 공간으로 되돌아왔다. 대학에 대한 미디어의 관심은 줄어들지 않았으나, 캠퍼스 생활에 관한 기사는 더 이상 주요 신문의 '사회면'과 '문화면'을 장식하지 않게 됐다. 학생들이 보기에 이런 생활방식은 지난 10년의 정치적 유토피아가 연장된 것이었으나 언론에게는 아니었다. 위험은 과거형이었다. 사실 학생운동은 갈등보다는 세대간 연속이라는 주제에 묶여 있었다. 1975년에도 그랬지만 1965년에 문제가 됐던 것은 "부모의 이상대로 사는 것," 즉 사회학적 통계가 잘 보여주듯이 건강, 도덕적 자유, 개인의 성장 같은 가치에 중점을 두는 도시 중산계급 가정의 이상대로 사는 것이었다.8) 이 중 그 어떤 것도 사회질서의 혁명을 요구하지는 않았다. 1970년대 동안 점점 더 (인종이나 성 같은) 자기정체성에 기반을 둔 공동체로 분리됐던 캠퍼스에서 집단적 행동을 불렀던 유일한 주제가 제3세계에 대한 막연한 관심이나 ('우드스탁 네이션'이라는 말처럼) 우드스탁 페스티발을 보편화하라는 훨씬 더 막연한 요청, 혹은 도서관을 늦게까지 열라거나 강의조교를 확충하라거나 등록금을 낮추라는 요구 등에 국한됐다는 점은 주목할 만하다.9)

이미 1969년에 알랭 투렌이 "정치적 투쟁보다는 동방의 수도원이나 13세기 이탈리아의 요아힘주의*를 연상시킨다"10)고 했던 반체제적 정신뿐만 아니라 소외된 인간관계, 자원의 파괴, 미디어를 통한 상상력의 조작 등과 관련된 이의제기 자체로도 1970년대가 1960년대와 연속성을 갖는다고 할 수는 있다. 1968년 출간된 쿠넨의 『스트로베리 진술서』에서부터 오늘날의 팬잡지에 이르기까지 가벼운 도발과 유머러스한 반항의 기술이야말로 학생운동의 전통이 됐고, 이는 학생시절 동안 보헤미안식 라이프스타일, 공동거주, (레게머리, 피어싱, 문신, 그런지 스타일의 옷차림 등) 탈정치적 '거부'의 징표를 택하는 오늘날의 소수자 학생들에게까지 이어지고 있다. 그러나 도발은 정치가 아니다. 예전의 괴짜 학생들, 즉 히피 패션을 한 채 [환각제 복용으로] 의식이 몽롱한 상태에 있던 1970년대의 학생들 역시 다른 무엇보다도 직업적 성공을 꿈꿨다. 극도의 자유 속에 꿈틀거리던 자신들의 출세주의와 선배들의 반자본주의 사이에서 윤리적 타협을 이루려고 했던 1970년대의 시도는 실패로 끝났다. 단지 괜찮은 직업을 구해 선배들보다 조금 더 잘 살아보려는 알량한 희망을 품은 채, 공부해야 할 소중한 20대를 운동으로 '낭비했다'고 여기고 어중간한 일자리에 정부보조금으로 그럭저럭 살아가면서 실업이라는 새로운 유령에는 맞서 싸우지 않을 때, 실패는 찾아오는 것이다.

결국 경제에의 속박과 캠퍼스 생활의 느슨한 도덕 사이에, 일반교양교육과 직업준비라는 대학의 사명 사이에 균열이 생기기 시작했다. 이 균열은 대학제도 자체에 의해 어느 정도 제어됐지만 특정

───────

* Joachimisme. 이탈리아 칼라브리아 출신의 대수도원장이자 은둔수도사인 요아힘(Ioachim Florensis, 1135? ~1202?)의 사상을 말한다. 요한계시록을 독창적으로 해석한 요아힘은 역사가 성부(율법)의 시대와 성자(복음)의 시대를 거쳐 성령의 시대로 나아간다는 일종의 예언을 남겼는데, 요아힘의 일부 추종자들은 이 세 번째 시대를 맞이하기 위해 극빈의 삶을 살아야 한다고 주장했다.

한 상황에서, 특정한 학생들 사이에서 대학이라는 미국의 거대한 순응화 기계 내부에 갈등의 상황, 규범이 먹히지 않는 공간, 사각지대 등을 만들어내게 됐다. 국내(민권)와 해외(베트남)에서의 비상사태가 고착화된 불만을 야기함으로써 생겨난 급진적 정치 비판, 극단적이고 과장된 형태의 해방(사이키델릭한 '탈주'), 집단적 응집력이 낳은 과도함(사교클럽에서 벌어지는 여학생 성폭력, 혹은 완전한 고립생활), 더 일반적으로는 (조지 W. 부시 정권에서뿐 아니라 닉슨 때부터도 있었던) 집단행동보다는 피어싱이나 빈둥거리기 등을 통해 사적으로 전개되는 기이한 형태의 수동적 반란, 그러니까 정치화된다기보다는 침묵과 아노미상태에서 특정한 대상을 향하지 않은 채 이뤄지는 사회질서에 대한 거부 등은 유럽의 학생들보다는 미국의 '대학생 애들'을 더 잘 특징지어준다. "게임에 참여하길 거부하면서도 자신이 처한 조건에서 벗어날 능력이 없는 …… 중간계급 젊은이들"이 맞닥뜨린 막다른 골목, 혹은 '주변인'인 자신들의 행동과 '불편부당함'이라는 벗어날 수 없는 전통 사이에서 어쩌지 못하는 이 '잠재적 반란자들'의 '소외'를 분석할 때 투렌은 이 점을 얼핏 목격한 것이리라.[11] 대학의 고립과 그 안에서 벌어진 정치적 격변의 결과인 이런 아노미상태는 저항음악이든 분열증에 관한 사상가든 상관없이 왜 학생들이 반문화의 모든 표현을 정치적이기보다는 감성적으로, 이데올로기적이기보다는 개인적으로 수용했는지도 설명해준다. 무엇보다 학생들은 자유로운 **동시에** 억압적이고, 학구적인 **동시에** 거부의 몸짓으로 가득 차 있던 1975년 당시의 모순투성이 미국 대학을 자신들이 지내기에 더 알맞은 곳으로 만들려고 애썼다. 그들이 윌리엄 버로스, 앨런 긴즈버그, 케이시 애커, 혹은 미셸 푸코와 질 들뢰즈를 읽게 됐던 것은 그 때문이었다. 이 중 푸코와 들뢰즈는 문학 관련 학과들에서 막 발간하기 시작한 대안 잡지들 덕분에 널리 알려지고 있었다.

각양각색의 잡지들

다시 고요함이 찾아온 이 시기에 미국에서는 몇몇 준(準)학술지를 통해 새로운 이론적 바이러스가 최초로 등장했다. 이 잡지들은 프랑스의 대표 텍스트들을 번역해 등사본으로 인쇄했다. 어색하게 번역된 뒤 타자기로 입력되어 스테이플러에 찍힌 채 수업시간이나 집회 때 손에서 손으로 전해진 이 텍스트들과 함께 프랑스 이론의 신비가 시작된 것이다. 이 신비를 가능케 한 것은 저 외국의 목소리를 처음 번역·소개·편집한 젊은 지식인들, 은밀한 곳에서 수공업적으로 열심히 작업한 앨런 배스, 톰 콘리, 제임스 크리치, 재닛 혼, 존 라이크먼, 마크 심 같은 이들이었다. 이들이 책의 핵심 부분이나 언론 인터뷰 등을 다소 우발적으로 고른 뒤 저작권도 신경 쓰지 않은 채 영어로 옮겨 강의시간에(처음에는 자신들이 주로 몸담고 있던 불문과에서만) 가르침으로써 프랑스 이론은 처음 알려지기 시작했다. 지금은 대개 문학 연구만을 다루고 있는 당시의 이 아마추어적 잡지들은 구조주의가 지배하던 1960년대 프랑스의 잡지들과 구별됐다. 『코뮈니카시옹』(1961년 창간), 『랑가주』(1966년 창간), 『포에티크』(1970년 창간), 『리테라투르』(1971년 창간), 특히 『텔켈』(1960년 창간) 같이 좀 더 저명한 프랑스 잡지들은 텍스트의 '과학,' 사회적 구조, 반란의 불가피성 같은 새로운 개념이 최초로 주창된 특별한 곳이었다. "당대의 용어로 말하면 우리는 이론과 실천을 결합시키고자 했다"[12]고 『랑그 프랑세즈』의 창립자 장-클로드 슈발리에는 회상한다. 『텔켈』을 필두로 한 이 잡지들은 "혁명의 실현을 위한 선결 과제"로 "글쓰기의 전복"을 상정하며 1970~74년의 '강력한' 마오주의적 경향을 정당화했다.13) 하지만 프랑스 잡지들과는 달리 정치집회 대신 축제 같은 분위기로 물든 캠퍼스에서 새롭게 탄생한 미국 잡지들은 맑스주의의 유산을 진지하게 이어가려는 것이 아니라 이에 대한 지적 대안으로 데리다와 들뢰즈를 연구하면서 '포스트정치'라는 행로를 탐색하게 된다. 그러나 모든 잡지가 이런 전망을 공유한 것은 아니다.『파르티잔 리뷰』, 특히 (『텔켈』보다는『레트르 프랑세즈』나『라 누벨 크리티크』와 더 유사했던)『텔로스』같은 미국 좌파 지식인 잡지들은 데리다와 들뢰즈 같은 새로운 저술가를 다른 방식으로 맑스의 비판 기획을 이어가려는 비정통 프랑스 맑스주의자들로 소개했다. 가령 장 보드리야르를 프랑크푸르트학파의 뒤를 잇는 우상파괴자로 묘사하고, (푸코가 방문한) 아티카 형무소와 미국 형벌체계의 위기에 대해 푸코에게 질문하고, '리비도'의 관점에서 테오도르 아도르노를 비판한 비평가로 장-프랑수아 리오타르를 소개하는 식이었다.14)

하지만 캠퍼스의 이 새로운 잡지들에 영감을 준 것은『파르티잔 리뷰』의 정치적 모델보다는 샌프란시스코나 뉴욕의 비트 시인들에게 영향받은 1950년대 대안 잡지들의 실험문학적 전통이었다. 이 잡지들은 '논쟁의 장'이라는 모델(정치참여적 지식인 잡지의 고전적 형태)보다는 지난 20년 동안 형식주의 시나 꾸밈없이 순수한 텍스트를 소개하며 새로운 문학 언어, 새로운 조판술, 잡지 출판에 대한 창조적 접근을 선보인 잡지들을 모델로 삼았다. 실험집단 L=A=N=G=U=A=G=E에서부터 '구체시' 시인들까지 미국 문단·예술계의 주변부 작가들이 창조한 자율적 문학표현 기계들, 즉『세미나』,『비티튜드』,

1972년 봄, 강의차 뉴욕에 있던 푸코는 뉴욕주립대학교 버팔로 캠퍼스의 불문과 학장 존 K. 사이먼의 도움으로 4월 아티카 형무소를 방문한다. 마침 푸코는 바로 전 해에 '감옥정보모임'(Groupe d'information sur les prisons)을 결성하는 등 수감자들의 인권과 처우개선에 지대한 관심을 갖고 있었다. 아티카 형무소를 방문한 직후 푸코는 사이먼과 대담을 나눴고, 이 대담은 1974년 『텔로스』(19호/봄)에 실렸다. 이 시기를 전후로 푸코는 미국 지성계에 자주 등장하며 학자들과 활동가들의 주목을 받게 된다(위 사진은 푸코가 뉴욕의 센트럴 파크를 산책 중인 모습이다).

미국 '아상블라주 예술'의 아버지로 불리는 버먼(Wallace Berman, 1926~1976)이 1955년부터 발행한 잡지 『세미나』(왼쪽)와 '미국의 랭보'로 불리는 카우프먼(Bob Kaufman, 1925~1986) 등의 주도로 1959년 창간된 잡지 『비티튜드』(오른쪽). 이들은 모두 비트 운동과 밀접한 관련을 맺고 있었다.

시인 로버트 크릴리의 『블랙 마운틴 리뷰』 등의 기조에 대한 향수가 새로운 잡지들에 배어 있었던 것이다. 그러나 새로운 잡지들은 크게 두 가지 점에서 달랐다. 하나는 이론에 대한 새로운 숭배경향이 생겼다는 것이고, 다른 하나는 무엇보다 대학에 적을 두고 있었다는 점이 그것이다. 이 잡지들은 자발적으로 참여하는 소수의 학생들이 학과의 지원과 젊은 교수들의 지도를 받아 만들어졌고, 대개 마치 비밀출판사에서 팸플릿을 몰래 배포하듯이 소수의 특정인들에게만 전달됐는데도 불구하고 전적으로 대학과 연결되어 있었다.

해체론과 미시정치에 관한 최초 텍스트들의 수입 말고도, 이 잡지들은 유럽의 또 다른 주요 혁신을 수입했다. (프랑스의 『크리티크』라는 잡지가 사용한 방식인데) 서평 대상이 된 책을 길게 다루는 '리뷰 에세이'가 그것이다. 역사가 도미니크 라카프라의 말처럼, 리뷰 에세이 형식의 수입은 "연구를 과거와의 대화로 이해하는 시각"과 함께 "어떤 문제에 대한 자신의 입장과 이 문제에 대해 발언하는 다른 글도 동시에 다룬다는 점에서 비평담론은 일종의 대화법이라는 인식"을 가능케 했다.15) 따라서 리뷰 에세이는 저항적이라기보다는 학술적인 토론 윤리를 채택했고, 아나키즘적이기보다는 민주주의적인 형식에 더 충실했는데, 앞서 언급한 잡지들에서는 이런 리뷰 에세이의 틀을 전적으로 따랐다. 그 이유 중 하나는 잡지의 독자들이 조직화된 집단으로 만들기에는 불가능할 만큼 이곳저곳에 흩어져 있었고, 탈정치적이었으며, 정확한 거처를 알 수 없었기 때문이다. 즉, 책이든 잡지든 간에 같은 글을 읽는다는 사실 말고는 서로가 누군지도 모르는 채 연결된 조직화되지 않은 공동체, 조르주 바타이유가 말한 '보이지 않는 공동체'의 일종이 존재했던 셈이다. 간단히 말해 잡지들은 이런 독자들을 찾아내어 한데 불러모아야 했다.

1970년대 전후로 대략 12년 동안 『글리프』, 『디아스포라』, 『세미오텍스트』, 『바운더리 2』 등을 포함해 약 16종의 잡지가 생겨났다. 이 잡지들의 발간 목적은 대개 표제가 들어간 쪽에 적혀 있었는데, 유럽에서 등장하는 새로운 패러다임을 대서양 너머 미국에 소개하는 것이었다. 발췌 번역한 [유럽 사상가들의] 글이나 관련 논평을 통해 소개된 주제들은 모두 주체에 대한 비판과 다양한 방식으로 관련되어 있었다. 가령 데리다가 말한(그리고 그와 관련해 다뤄진) '인간의 종말'과 글쓰기의 '탈구', 푸코가 언급한 '저자의 죽음'과 '통제사회,' 개인성을 집어삼키는 리오타르의 '충동장치,' 들뢰즈·가타리의 '탈주선'에 대한 최초의 찬사와 '분열증적' 주체 등이 그것이다. 하지만 이 잡지들의 공통점은 주제보다는 표현이나 어조의 독특한 스타일에 있었다. 번역된 개념을 장난스럽게 사용한다거나, 두문자어와 재치 있는 언어유희 등을 활용함으로써 잡지들 사이의 문화적 거리는 좁아졌다. 또한 자신들의 박학을 암시하거나 풍자적으로 접근하는 방식 역시 학계의 관습에 대한 자기비판의 신호탄 역할을 했다. 묘사보다는 권고조에 더 가까운 화법은 (비록 소개된 작가 자신의 권고조 어투를 그대로 '전달'한 것일지언정) 학문적 객관주의나 순진무구한 서술과는 거리를 두려는 성향을 드러내는 것이었다. 잠시 뒤에 설명할 『세미오텍스트』의 초창기 역할을 제외하면, 프랑스 이론을 미국에 소개하는 데 다음 두 개 잡지가 행한 선구적 역할을 빼놓을 수 없다. 코넬대학교 불문과의 잡지 『다이아크리틱스』와 위스콘신대학교 불문과의 저널 『서브스탠스』가 그것이다.

『다이아크리틱스』는 데이비드 그로스보겔 교수와 로버트 매슈스 교수가 1971년에 창간했다. 이 잡지는 푸코와 조지 스타이너의 논쟁을 지면에 실어 창간하자마자 유명세를 탔다. 논쟁은 애초 스타이너가 『말과 사물』의 서평을 『뉴욕타임스』에 기고하며 푸코를 "이 시대의 고관대작"이라고 비꼬자 푸코가 반론을 펴면서 시작됐다.16) 이어서 『다이아크리틱스』는 해체론의 미국 입성을 알린 해럴드 블룸과 폴 드 만의 글, 앙토냉 아르토와 자크 라캉의 논문, 데리다의 『그라마톨로지에 관하여』와 롤랑 바르트의 『사드, 푸리에, 로욜라』 등을 비롯해 만화 『수퍼맨』 전집판에 대한 서평까지 실었다. 당시의 여타 잡지와 편집을 맡은 교수들처럼 『다이아크리틱스』 역시 **텍스트** 자체만으로 온갖 담론을 펼친 라캉-데리다식의 경향으로부터 **텍스트 바깥**에서의 전복이라는 들뢰즈-리오타르식의 입장으로 선회했다. 『앙티-오이디푸스』를 프리드리히 니체의 『반그리스도』에 견준다든가(1974년), 프랑크푸르트학파와 포스트구조주의에서 맑스가 갖는 중요성을 비교한다든가(1976년), 데리다의 난해한 저작 『조종』에 대한 서평을 통해 데리다에게 돌아가는 방식으로 말이다(1977년 수록된 이 서평은 데리다의 이 저작이 "선조들에 대한 제의祭儀로 …… 읽힐" 수 있다고 선포하는 문장으로 시작된다).17) 이 새로운 입장에 대한 정서적 교감의 표시로 이 잡지는 1973년에 보스턴의 어느 교수가 쓴 (논쟁적이기보다는 유희적이었던) 패러디 시를 뒤표지에 싣기도 했다.

그 환자를 받아들이기 전에 말해주시오, 라캉 박사여,
레비-스트로스, 데리다, 드 만에 이은 가장 최근의 마약인 그대여.
…… 헤겔 이후에도 변증법적 지시 대상이 구조화될 수 있나요?
이름뿐인 구체성이 정말로 베이글을 대체하게 될까요?
그리고 기표는 정말 기의를 의미하나요?
오 제기랄, 라캉이여, 당신의 환자가 방금 자살해버렸군요!18)

역시 1971년 창간된 『서브스탠스』도 프랑스 아방가르드 사상의 매개체임을 자임했는데, 사실 이 잡지에서도 『다이아크리틱스』 같은 (오히려 더 단호한) 입장전환을 볼 수 있다. 초기(1971~73년)에는 페르디낭 드 소쉬르, 줄리아 크리스테바, 데리다, 구조주의에 관한 프랑스어 논문들을 소개하다가 이후(1974~76년)에는 몇몇 시인들의 활자 실험, '분열 분석'과 '오이디푸스화한' 세상에 대한 들뢰즈와 가타리의 논의에 지면을 할애했다. 텍스트주의와는 그 지향이 한층 더 다른 주제 역시 잇따랐는데 지그문트 프로이트 비판(1976년), 아르토 재조명(1977년), '주변/가장자리'를 강조한 들뢰즈와 푸코 특집(프랑

3. 1970년대의 소용돌이 109

스어판 『성의 역사』의 최초 발췌 번역이 여기서 소개됐다) 등이 그랬다. 1976년 사무엘 웨버와 헨리 서스먼이 존스홉킨스대학교에서 창간한 『글리프』는 좀 더 전통적 색채가 강했는데 "재현과 텍스트성"에 질문을 던지고 "미국과 대륙의 비판적 학문을 서로 만나게 하는 것"이 목적이라고 표제 페이지에 밝혔다. 이 잡지는 데리다에 대한 논문들(1976~77년)에서 해체론을 허먼 멜빌이나 요한 볼프강 폰 괴테의 소설에 '적용하는' 덜 촘촘한 글들(1978~79년)로 신중하게 이동했다. 훗날 소칼이 공격한 『소셜 텍스트』는 1979년 듀크대학교에서 스탠리 아로노위츠와 프레드릭 제임슨이 창간했다. 방대한 자료를 보유한 동시에 문화적 좌파라는 입장을 뚜렷이 견지한 이 잡지는 푸코를 비롯해 미셸 드 세르토, 에드워드 사이드, 코넬 웨스트 등 프랑스 이론의 주요 텍스트와 비주류 사상을 다수 소개했다.

이후 더욱 학문적이거나 정치적인 수많은 잡지가 새로 창간됐다. 이런 잡지들은 앞서 설명한 최초의 경향과 조금 거리를 두었으나 프랑스 이론의 확산에 매우 중요한 논쟁의 장을 마련해줬다. 1974년 시카고대학교에서 창간된 『크리티컬 인콰이어리』가 대표적이다. 이 잡지는 스탠리 피시와 드 만의 선구적 논문을 신고 푸코나 이론의 본질에 관한 논쟁 등에 개입했으나 알베르 카뮈, 호르헤 루이스 보르헤스, 예술 속 페미니즘 등 작가와 주제를 예상치 못한 방식으로 뒤섞는 등 더 대화적인 관점과 더 역사주의적인 태도, 덜 정치적인 입장을 항상 유지했다. 숫자상으로는 프랑스 '이론'의 부흥을 지지하기보다는 참조점으로 삼은 잡지들이 훨씬 많았다. 『라리탄』, 『리프리젠테이션스』, 『퍼블릭 컬처』, (1975~80년 사이에 뤼스 이리가레와 엘렌 식수의 글을 최초로 번역한) 페미니스트 잡지 『사인즈』, 『컨텐션』 등이 그 예이다.『옥토버』는 따로 언급해야 할 것이다. 1976년 이 잡지를 창간한 로잘린드 크라우스와 아넷 미켈슨은 "혁명적 실천, 이론적 탐구, 예술적 혁신이 모범적이고도 독특한 방식으로 결합해 있는 우리 세기의 순간[즉, 러시아 혁명]"19)에 경의를 바친다며 이 저널의 표제를 설명했다.『옥토버』는 미학과 정치철학의 교차로에 자리한다는 입지를 명확히 했고, 푸코나 데리다보다는 게오르크 루카치와 발터 벤야민의 계승자라고 주장하며 (트리샤 브라운, 리처드 세라, 로리 앤더슨 같은) 당대의 주요 예술적 실험을 다뤘고, 특히 드니 올리에를 매개고리로 삼아서『텔켈』그룹과, 이후에는『랭피니』와 협력관계를 유지했다. 그런가 하면 다니엘 뷔렝에 대한 리오타르의 글, 미술에 대한 데리다의 글, 사진에 대한 위베르 다미쉬의 글을 실음으로써『옥토버』는 예술적 실천과 이론 분야에서 당시 유일하게 프랑스 이론의 주제를 진지하게 탐구했다. 마지막으로 [프랑스 이론의 부흥이라는] 그림을 마무리한 것은 대학에 근거하지 않은 채 예전의 요소와 더불어 공적 공간과 맞닿는 귀중한 교차로를 만들어낸 좌파 잡지들이었다.『파르티잔 리뷰』,『뉴 레프트 리뷰』,『디센트』,『퍼블릭 인터레스트』,『네이션』같은 좌파 잡지들은 프랑스적 맥락에서 정치적으로 참조할 만한 것을 찾아내 유용하게 활용하면서도 더욱 이데올로기적인 목소리로 '프티부르주아적인 텍스트주의'를 비판하기도 했던 당시의 새로운 지적 유행과 공명하기 시작했다.

이미 유명한 잡지뿐만 아니라『다이아크리틱스』나『옥토버』같은 신생 잡지와 더불어 1970년대는 기존의 규범과 고정관념에 얽매이지 않은 프랑스 이론이라는 새롭고도 놀라운 담론의 대상이 발굴됐던 시대였다. 이 새로운 담론으로 인해 그래픽 아트나 시작詩作에서 변화를 실험할 수 있는 기회가 열렸고, 그런 실험이야말로 프랑스 이론이라는 급진적 새로움에 다가갈 운좋은 교차로로 인식됐다. 이처럼 잡지라는 형식은 문화적 테크놀로지이자 개념의 실험실로 사용됐고 사용되어야 했다. 그렇지만 빠르게 이뤄졌던 잡지의 확산은 얼마 지나지 않아 진정됐다. 프랑스 이론과 연계된 잡지로 (매호 1만2천~1만4천 부가 팔리며) 서점에서 가장 눈부신 성공을 거둠으로써 시대의 징표가 됐던 것은, 이로부터 15년 뒤인 1985년에 미셸 페에가 창간하고 브루스 모가 디자인한 우아한 잡지『존』이었다. 특히 이 멋들어진 잡지는 육체의 역사와 도시공간 이론에 주목하는 동시에 훨씬 더 지속적·교훈적으로 지성사적 측면에서 푸코를 언급하고 들뢰즈에게 신중한 찬사를 보냈다.『존』은 스테이플러 찍힌 타자 원고들, 관련자들만 알아볼 수 있는 코드, 초기 프랑스 이론가들의 난해한 표현 등으로 상징되는 1975년의 잡지들과는 현격한 차이를 보이는 것이었다. 이런 와중에 프랑스 이론은 기존의 제도권 영역으로 진출했다. 물론 강의실도 예외는 아니었다.

반문화: 어긋난 만남?

만약 대학에 **타자**가 있다면, 그것은 분명 '반문화'라는 문제적 개념일 것이다. 확실히 반문화라는 말은 기만적이다. 끊임없이 주변부를 동화시키고, 거기에서 표출된 분노를 미국식 평등주의라는 번지르르한 이상을 찬미할 목적으로 응축시켜 이윤으로 탈바꿈시키는 미국 문화산업의 놀라운 능력을 '반反'이라는 접두사가 숨기고 있다는 데 주목한다면 말이다. 그렇지만 20세기 중엽 버로스, 잭 케루악, 긴즈버그가 컬럼비아대학교에서 조우한 순간에, (노먼 메일러 같은) 유대인 작가들과 (리처드 라이트 같은) 흑인 작가들이 갑작스럽게 문학의 풍경을 뒤바꾼 순간에 돌이킬 수 없는 변화가 일어난 것은 사실이다. 미국의 문화적 혁신과 전위가 남부와 뉴잉글랜드 지역의 소설가로 대표되는 농본주의적이고 토머스 제퍼슨적인 전통에서 부랑자와 괴짜로 대변되는 도시 하위문화로 점점 옮겨갔던 것이다(재즈에서 시에 이르기까지 도시 하위문화의 모든 예술적 창조성은 곧 따라야 할 모델이 됐다). 뒤이은 1960년대에 (기존 질서에 저항하는 록앤롤과 비트시처럼) '문화적' 반란이 발명되고, 특히 뉴욕과 샌프란시스코에서 이 반란이 긴밀한 대항문화 네트워크라는 형태를 이루게 됨으로써 자유롭고 예기치 않게 만들어지는 대안 공간의 잡지들이 탄생한 것이다. 이후 덜 공격적인 청년문화를 표방하며 이런 경향을 거부했던 1970년대의 반혁명 조류 속에서 문화적 반란을 추구하던 이들은 반쯤은 비밀스런 조직이 됐는데, 훗날 '언더그라운드' 현장의 탄생을 이끈 것이 이들이었다. 그러나 캠퍼스에서 등장하던 대안 잡지들과 프랑스 텍스트의 최초 수입자들은 자신들의 나이와 생활방식 탓에 대개 학계와 그 주변의 중간쯤에 머물면서 주로 학생 고객들에게 의지했다. 따라서 당시까지 프랑스 이론이라는 이름이 붙지는 않았던 담론들은 반문화 공간의 언저리, 곧 캠퍼스와 저항 공간 사이의 여전히 불분명한 경계선 위에서 서서히 확산되기 시작했다.

    몇몇 새로운 잡지들은 이론적 구호를 남발하는 소책자들을 예술가들의 무단정착지, 콘서트 홀, 전투적 좌파 회합장에 배포하면서 독자들을 찾아나섰다. 또한 기회가 생길 때마다 디트로이트의 블랙앤레드나 뉴욕의 썸딩엘스 같은 아나키스트 출판사의 편집자들과 공동작업을 하기도 했다. 이 잡지들과 좌파 예술계 사이의 인적 네트워크는 영화감독 존 워터스나 음악가 앤더슨 등 반문화의 대표 인물들과 특별한 관계를 맺는 데까지 뻗어나갔다. 컬럼비아대학교의 젊은 지식인들이 자주 찾는 장소들, 작은 가게의 진열장을 개조해 만든 이스트빌리지의 미술 갤러리들, 펑크와 뉴웨이브라는 새로운 음악 트랜드가 서서히 고개를 들던 맨해튼의 인기 클럽들(맥스 캔사스 시티, 댄스테리아, 머드 클럽, 비트 라운지, 그리고 전설적인 CBGB 등) 등 뉴욕 곳곳에서 몇몇 잡지들은 사람들을 통해 퍼졌고, [프랑스 이론과 관련한] 이런저런 말도 그렇게 퍼졌다. 콘서트홀 무대 뒤편이나 대안 잡지들(『밤』, 『임펄스』, 『이스트빌리지 아이』 등)의 최신 기사에서 푸코와 들뢰즈의 이름이 흘러나왔지만, 곳곳에 흩어진 채 여전히 규정되지 않았던 프랑스 이론은 주변 중의 주변을 떠돌아다녔으며, 때로는 보이지 않는 자들[언더그라운드의 지식인들이나 독자들]에게도 보이지 않았다. 『뉴욕타임스』의 음악평론가 애덤 샤츠와 '68년'의 대명사인 『빌리지 보이스』의 리처드 골드스타인 등 반문화의 몇몇 기록자들은 어떤 저자에 눈독을 들이게 되거나 교수인 친구들로부터 소개를 받아 자신들이 영향력을 행사하던 주류 신문의 칼럼에 이 새로운 사상의 공간을 마련해주기도 했다. 그렇지만 무엇보다도 1970년대는 이런 간접 소통을 넘어서서 프랑스의 저자들과 미국의 독자들이 서로 직접 만나는 것이 가능한 그런 시기였다.

푸코와 들뢰즈가 미국의 반문화에 지대한 관심을 보였다는 것은 널리 알려져 있다. 푸코가 인터뷰에서만 반문화를 언급했다면 들뢰즈는 긴즈버그의 '정신병리'를 찬미하기 위해 그의 이름을 신중히 각주에 넣었고,[20] 존 케이지와 스티브 라이히의 반복음악[미니멀리즘]에 대한 애착을 수차례 언급한 적도 있다. 평생 이어진 둘의 진한 우정은 제쳐두고서라도[21] 푸코의 파놉티콘과 버로스의 '노바'(총체적 불신을 유포하는 장치로, 포스트전체주의 시대의 냉혹한 통제를 상징한다) 사이에는 강한 연관성이 있었다. 골드스타인은 철학, SF소설, 정치적 경향을 서로 연결지으며 이 둘[푸코와 버로스]의 정신적 친연성을 주장했다. 『정키』의 작가이기도 한 버로스는 유럽의 청년들·지식인들(특히 푸코)과 더불어 "모든 사고통제의 권력에서, 국가에서, 과거에서, 통합적 자아라는 1970년대 말의 궁극적 '환영'에서 벗어나려는 욕망"[22]을 공유했다고 골드스타인은 말한다. 몇몇 프랑스 지식인 아방가르드들은 비트 작가들과 신형식주의자들이 공유하는 예술적·정치적 도발을 프랑스에 적극 알리면서 이 두 집단을 잇기 위해 이미 오랫동안(적어도 비트 물결이 파리를 휩쓸던 1958년 이래로) 노력하고 있었다. 『텔켈』만 봐도 이 점은 분명한데 이 잡지는 1974년 긴즈버그를 인터뷰했고, 1976년에는 브라이언 지신의 '잘라붙이기' 기법과 무대연출가 리처드 포먼의 제작노트를 소개했으며, 버로스를 비롯해 리처드 브라우티건과 윌리엄 개스의 '포스트모더니즘'을 귀스타브 플로베르와 제임스 조이스의 좀 더 서사적인 '모더니즘'과 대비하기도 했다.[23] 하지만 이들의 직접적 만남은 텍스트들의 상호 접속보다는 훨씬 드물었다. 푸코는 케이지와 만났고, 펠릭스 가타리는 케이시 애커와 만났고(훗날 가타리는 파리의 몇몇 정신분석 세션에서 긴즈버그도 만났다), 보드리야르는 소설가 제임스 그레이엄 발라드와 캘리포니아에서 만난 뒤 연락을 주고받기 시작했다. 그러나 그 어떤 만남도 변함 없이 지속되지는 못했다. 컬럼비아대학교의 젊은 교수 실베르 로트랭제가 조직하고 프랑스 이론이 관련된 당시의 주요 반문화 행사 두 개 역시 상황을 바꾸지는 못했다.

훗날 동명의 출판사로 발전하는 잡지 『세미오텍스트』의 첫 호를 준비 중이던 1975년 11월, 로트랭제는 '분열-문화'라는 이름의 학술대회를 조직했다. 컬럼비아대학교 티처스칼리지의 대강의실에서 개최된 이 학술대회에는 학계를 넘어 수백 명의 다양한 청중이 몰려들었다. 대서양을 건너 처음 미국에 온 들뢰즈는 로널드 랭과 토론을 했는데 티-그레이스 앳킨슨이라는 전투적 극좌파 페미니스트가 갑자기 연단으로 나와 그 둘에게 "남근주의자들"이라고 외치는 바람에 토론을 계속할 수 없었다. 그런가 하면 푸코가 '파시즘의 새로운 형태'에 관해 발제하던 중에는 린든 라로쉬가 만든 전미노동위원협의회의 회원 한 명이 푸코가 CIA의 돈을 받고 있다고 소리쳤다(청중은 그 회원이 KGB를 위해 일하는 모양이라고 힐난했다). 리오타르까지 포함된 이 세 명의 프랑스 사상가들은 당황했을 뿐만 아니라 로트랭제에게 단단히 화가 나서는 자신들이 묶고 있던 첼시 호텔로 피난한 채 푸코의 표현에 따르면 이 "1960년대의 마지막 반문화 사건"에 더 이상 참여하기를 거부했다.24) 이들의 현지 안내를 맡은 건 '해프닝'과 비트시를 프랑스에 수입했고 뉴욕의 대안문화 집단과 친분이 있는 예술가이자 운동가 장-자크 르벨이었다. 르벨은 10번가에 있는 긴즈버그의 아파트로 이들을 데려가 만남을 주선했고, 다음으로 간 매사추세츠 주의 콘서트에서는 들뢰즈와 가타리가 밥 딜런과 조앤 바에즈를 무대 뒤편에서 만났다. 딜런과 바에즈는 『앙티-오이디푸스』를 아직 읽지 않았고, 들뢰즈와 가타리는 대마초에 찌들어 있지 않았지만 말이다. 르벨이 마련한 여행은 샌프란시스코까지 이어졌고, 거기서 들뢰즈와 가타리는 로렌스 펠린게티와 패티 스미스를 만났다. 로스앤젤레스의 와츠 지역을 방문한 두 사상가는 블랙팬더당 활동가들

1975년 11월 14~16일 진행된 '분열-문화'(Schizo-Culture) 학술대회의 홍보 포스터. 랭과 푸코가 주빈으로 초대된 이 학술대회에서는 크게 언어의 혁명(광기와 문학, 언어의 병리학, 분열증과 기호계), 광기와 문화(비정상성의 정치, 정신의학과 반정신의학, 정신분석과 분열분석)라는 두 주제가 논의됐다.

1975년 긴즈버그의 아파트 주방에 모인 지식인들. (뒷줄 왼쪽부터) 르벨, 피터 오를로프스키(긴즈버그의 동거인이자 시인), 긴즈버그, 레이먼드 포예(긴즈버그의 편집자 겸 큐레이터), 가타리.

을 만나 '적극적 방어'와 '국지적 저항'에 대한 각자의 경험을 비교하며 이야기를 나눴다. 하지만 이 네 명의 프랑스인[푸코, 들뢰즈, 가타리, 리오타르]은 3년 뒤 로트랭제가 프랑스 이론과 버로스의 작품을 조우케 하려는 목적으로 조직한 노바 학술대회의 초청을 거절했다. 결국 시인 존 지오노는 프랑스 사상가들 대신에 패티 스미스, 프랭크 자파, B-52 등 대중음악가들을 참석자 명단에 올렸는데, 심지어 시드 비셔스와 키스 리처드까지 모습을 드러냈다. 1978년 12월 첫째 주 동안 이 유명한 팝스타들을 위해 급히 마련된 콘서트를 보려고 수많은 청년들이 어빙 플라자로 몰려들어 대회 조직자들은 통제력을 상실했고, 결국 로트랭제가 이 기획을 내놓은 이론적 이유와 정치적 대화라는 동기는 거의 완전히 묻혀버리고 말았다.[25)]

우리는 푸코, 리오타르, 혹은 들뢰즈가 노바 학술대회에 참석한 다른 미국인들, 가령 환각제 옹호자이자 하버드대학교 교수였던 티모시 리어리나 작곡가 필립 글래스와 만났다면 어땠을까, 상상해볼 수 있다. 더 뜬금없이는 이 프랑스 사상가들이 영화감독 데이비드 린치, 소설가 토머스 핀천, 연출가 로버트 윌슨 같은 미국의 유일무이한 천재들과 대화하는 장면을 꿈꿔볼 수도 있겠다. 딴 건 몰라도 캘리포니아 출신의 록그룹 '앙티-오이디푸스'는 동명의 책을 쓴 작가들을 만나보고 싶어 했으리라. 그러나 궁극적으로 이 프랑스 사상가들의 작품은 미국의 반문화를 완전히 장악하기보다는 (초고속으로 이뤄진 만남 속에서 몇 차례 불꽃이 반짝이긴 했지만) 살짝 스쳐 지나갔을 뿐이다. 사실 대학은 멀리 있지 않았고, [프랑스 이론의] 씨앗이 싹 트기만을 기다리고 있었다. (새도-마조히즘 클럽을 부흥시킨) 테런스 셀라스나 마담 빅투와르 같은 뉴욕의 여성 지배자들dominatrix이 프랑스 텍스트에 흥미를 보여 들뢰즈의 『자허-마조흐 입문』(1967)의 몇 구절을 번역해 자신들의 강연에서 읽었다면, 그것은 프랑스 이론을 애호하던 교수들이 재미로 시작한 중개자 역할 덕택이라고 할 수 있다. 또한 크리스테바가 어느 언더그라운드 문화 공간을 발견하고는 그곳에서 "초기 그리스도교인들의 카타콤에 있는 느낌"[26]을 받았다고 말할 수 있었던 것은 거의 한 학기를 컬럼비아대학교에서 지내봤기 때문이리라. 제한적으로 볼 때, 상당수 프랑스 사상가들(리오타르, 보드리야르, 데리다, 브뤼노 라투르, 루이 마랭, 세르토)은 샌디에이고만 근처 라 졸라의 신비로운 캘리포니아대학 캠퍼스[이하 UC샌디에고]에서 가르쳤을 때야말로 1970년대의 반문화 열기에 가장 가까이 다가갔을 것이다. 헤르베르트 마르쿠제라는 수호신 같은 존재, 맑스주의자나 게이 운동가들과의 논쟁들, 어디에나 펼쳐진 해변과 모닥불, 그리고 최신 유행의 나이트 클럽들이 있던(예수회 소속이던 세르토는 유명 클럽인 바바리코스를 "인류학자의 자격으로" 들렀다고 말한 것으로 알려져 있다)27) 라 졸라의 캠퍼스는 정치적 논쟁과 자유방임적 생활방식이 공존하던 당대를 상징하는 장소였다. 그렇다 해도 진짜 세계로부터는 크게 동떨어져 있는 공간이기는 했지만 말이다.

하지만 '진정한' 반문화적 삶과 빈둥거릴 수 있는 대학의 특권을 조목조목 따져가며 반대하려는 것은 아니다. 학생들, 심지어 교수들조차 어차피 제 길을 가려던 중 빌린 지식을 (그 지식을 짓밟으려 했든, 꽃피우려고 했든) 잠시 차지했을 뿐이고, 몇몇 약삭빠른 주변인들이 "'우리는 아방가르드이다,' '우리는 주변인이다'라는 식으로 자신들의 의존상태와 방황을 미시파시스트적으로 들먹이는 데"28) 사용하게 된 '주변'이라는 상표명의 유일한 소유자가 되려고 애썼을지언정 말이다. 이 두 세계[대학과 반문화]는 결코 완전히 다른 세계라고 할 수도 없다. 프랑스 이론이 파고들었던 곳은 정확히 반문화와 대학이 나뉘던 경계, 각자의 당면 문제가 구별되지 않는 지점, (반체제 성향의 교수가 됐든 파티를 좋아하면서도 여전히 강의실에 얼굴을 내밀던 시인이 됐든) 그 중계자가 동일했던 지점이었다. 프랑스 이론은 예술적 실험과 혁신적 이론 강의가 서로 공명하기 시작한 구역의 명확한 징표였다. 결국 프랑스 이론은 미국의 문화적 지형 속에서 등장한 산물이다. 박물관과 도서관에서나 볼 수 있는 박제가 된 '모더니즘'의 엘리트주의적 엄숙함이 그 어떤 할당된 영토나 분야별 구획도 없는 강도 높은 실험적 문화(그때까지만 해도 '포스트모더니즘'이라고 불리지 않은 해방적 경험)의 도전을 받고 있던 바로 그 지형 말이다. 요컨대 케이지와 버로스 같은 혁신적·자율적 인물들의 정치적 문화, 어떻게 보면 이미 관습적인 문화적 위계로 환원될 수 없게 된 탈문화적 문화, 대학의 거친 영혼들뿐만 아니라 [대학 외부로] 추방된 자들조차 캠퍼스의 필수요소로 여겨지던 문화, 바로 이런 문화 속에서 프랑스 저술가들은 "뒤샹-케이지-워홀의 축"이라는 공식적 아방가르드가 행한 일을 이론의 차원에서 행하는 역할을 떠맡았다.29)

한편 1974~78년은 자유를 갈구하는 방랑, 일탈적 경로, 횡단선의 세계가 강렬한 사유의 세계와 혼돈스러우면서도 평화롭게 공존한 시기, 짧았기에 더욱 귀중한 시기였다. 마치 인생의 어느 순간에 그렇듯이, 이 시기는 이론의 해석과 육체적 실험, LSD 효과와 푸코 효과, 지미 핸드릭스에 대한 기억과 들뢰즈의 문장들이 뒤섞이던 시기였다. 각자의 여정 속에서 자기만의 스크랩북, 기억창고, 실존적 지식을 형성한 수많은 고유명사들이 서로의 삶과 작업을 교차시키던 유일무이한 접촉의 시기. 그렇다고 펑크 음악과 상황주의자들의 상투어구 사이의 (있을 법하지 않은) 결합을 말하는 그레일 마커스처럼 일반화된 결론을 끌어낼 수는 없을 것 같다.30) 오직 이 당시처럼 기이한 시기, 그리 오래 된 것도 아닌데 문화사가들이 되짚어가기에는 매우 어려운 바로 그런 시기에만, 잡지들은 매체가 지닌 한계 속에서도 『세미오텍스트』의 니체 특집호(1978년)처럼 대담하고 환희에 찬 결과물을 펴낼 수 있었다. 『세미오텍스트』가 니체 특집을 기획한 이유는 명확하다. "(이제) 프레드[프리드리히의 미국식 애칭]가 돌아와 반문화의 첨병 역할을 해줘야 한다"는 것이다. 모든 것은 이 독일계 철학자가 1970년대를 선포하고, 축복하고, 가능케 했음을 말하는 쪽으로 배치됐다. 케이지와 머스 커닝햄은 자신들이 니체를 '실천'한 방식에 대해 설명했고, "잘못 해석할 권리"에 열려 있는 니체의 텍스트가 인용됐으며, **오늘날** 니체가 지닌 정치적 가치를 다룬 푸코·들뢰즈·데리다 등의 논문이 실렸고, 마지막 페이지의 만화는 니체를 해방이 절실한 세계를 구원할 슈퍼히어로로 묘사했다.[31]

『세미오텍스트』의 모험

대학과 반문화 네트워크 사이의 투과성 높은 경계를 따라 위치해 있던 집단이자 잡지 겸 출판사인 세미오텍스트는 프랑스 이론이 처음 확산되는 데 선구적 역할을 했다. 이곳 관계자들은 그 모호함을 꾸준히 탐구하면서도 '프랑스 이론'이라는 표현을 최초로 사용한 이들로서 때로는 농담 삼아, 때로는 도발적으로 이 표현에 담긴 미국적 역설을 전면에 부각시켰다. 첫 번째 역설은 꼬리표처럼 달린 이 국가명이 내용물에 대한 매우 부정확한 묘사라는 것이다. 로트랭제는 직관적으로 누차 이렇게 단언한 바 있다. 프랑스 이론이라는 말은 "의심할 여지 없이 온갖 유럽산 수입품을 계속 수용해온 미국의 상황에 의해 생겨난 ······ 미국의 발명품"[32]으로, 화가·투사·음악가·시인 등 자기만의 자리를 가질 수 없었던 예술가들과 활동가들(패티 스미스와 랭보를 언급하며 애커가 말한 "이 땅의 하얀 깜둥이들"[33])이 미국에서 **실천**을 수행하는 장소가 됐다고 말이다. 이런 미국의 예술가들과 활동가들은 미국인들의 신경증과 인습을 자신들의 실험을 통해 증대시켜 안에서부터 뒤흔들었다. 케이지는 멜로디를 음악에서 제거했고, 커닝햄은 지구를 흔들 것 같은 역동적 안무를 개발했으며, 애커는 자아중심적이기보다는 논쟁적인 '나,' 분열된 다층적 글쓰기 주체인 '나'를 중심으로 베껴쓰기와 잘못쓰기를 뒤섞은 다성적^{多聲的} 자전

1974년 『세미오텍스트』를 창간한 뒤 지금까지 40여 년간 흔들림없이 잡지를 이끌고 있는 로트랭제.

소설을 썼다. 이런 맥락에서 로트랭제는 "미국에서 출판된 프랑스 이론에 관한 최초의 책은 …… 케이지의 책이었다"[34)]라고 말했다. 요컨대 케이지는 나중에서야 등장한 프랑스 이론을 몰랐어도, 혹은 그런 이름 없이도 프랑스 이론이 하는 일을 하고 있었던 셈이다. 로트랭제의 이력 역시 이처럼 텍스트로 고정되기 전에 이론을 먼저 **경험**한 축에 속한다. 로트랭제는 소르본대학교를 마친 뒤 올리비에 뷔르즐랭의 문인회관과 『레트르 프랑세즈』(로트랭제는 이곳에서 바르트, 필립 솔레르스, 알랭 로브-그리예를 만났다)의 일을 도왔고, 1970년 미국으로 건너가 1972년 미셸 리파테르가 학과장으로 있던 컬럼비아대학교 불문과에서 종신교수직을 얻는다. 파리에 있는 컬럼비아대학교 부설 연구기관 리드홀에서 강의하던 중 로트랭제는 가타리, 라캉, 제라르 주네트 등의 유명 연구자들을 만나 강의를 부탁했다. 이들과

3. 1970년대의 소용돌이 123

『세미오텍스트』의 바타이유 특집호(1976년)와 니체 특집호(1978년).

나눈 대화, 프랑스에서의 생활이 가져다준 개방성과 유용성에 힘입어 로트랭제는 1973년에 동료들을 비롯해 블라트 고지치, 드니 올리에, 피터 코스, 라이크먼 같은 학생들과 잡지 『세미오텍스트』를 창간했다. 로트랭제는 컬럼비아대학교를 근거지로 이 잡지를 꾸렸으나 학계의 제도를 조롱했다. 이와 같은 맥락에서 로트랭제는 『세미오텍스트』의 첫 호를 소쉬르의 작업을 조명하는 데 바치긴 했으나, 거의 알려지지 않았던 소쉬르의 '애너그램' 연구(로트랭제가 제네바의 도서관에서 발견한 유고)에 초점을 맞춤으로써 실제로는 "두 명의 소쉬르," 즉 언어학의 대가인 소쉬르와 "언어기호를 의심하게" 만든 장난스러운 사상가로서의 소쉬르가 있음을 보여줬다. 장 스타로뱅스키에 따르면 이 발견은 '제2의 소쉬르 혁명'을 알리는 것이었다.35) 로트랭제는 '탈-기호학'이라는 리오타르의 주장 대신에 [소쉬르의] 이 혁명이 기호학을 전복하거나 재편하는 데 더 유용할 것이라며 이에 세미오텍스트Semiotext(e)라는 명칭을 붙였고, 가타리가 '기호학의 기호주입 작용'*에 관해 쓴 글을 실었다(그리고 가타리 덕분에 제도적연구조사교육센터와 이곳 기관지인 『르셰르셰』와도 협력할 수 있었다).36)

1976년의 바타이유 특집호(여기에는 바타이유의 "느닷없는 폭소"가 헤겔주의 담론을 "능가[초과]하고 그 의미를 파괴한다"고 말한 데리

---

* "기호학의 기호주입 작용"(l'en-signement de la semiotique)이란 기호학이라는 학문이 (언어나 상징을 비롯해) 기존의 관습적 기호를 사람들에게 임의로 주입하는 기능을 한다는 뜻인 듯하다. 이것은 '앙-시뉴망'(ensignement)을 '앙(en)+시뉴(signe)+망(-ment)'의 형태로 푼 것인데, 이 신조어는 '교육'을 뜻하는 프랑스어 '앙세뉴망'(enseignement)을 염두에 둔 말장난인 듯하다. 이렇게 본다면 교육이란 것도 "누군가를 기호의 세계 안에(en) 집어넣는 것"이 된다.

다의 『라르크』 기고 논문이 수록되어 있다37)), 뒤이어 나온 『앙티-오이디푸스』 특집호(1977년), 니체 특집호, '분열-문화' 특집호(1978년) 등은 『다이아크리틱스』나 『서브스탠스』보다 훨씬 경쾌하고 전복적으로 꾸준히 들뢰즈와 가타리에게 주목하게 만든 전환점이 됐다. 곧이어 당시 크리스티앙부르주아 출판사의 '10/18' 시리즈 중 일부로 출간되던 들뢰즈(노마드주의)와 리오타르(『충동장치』)의 선언적 텍스트들이 번역됐고, 프랑수아 페랄디 같은 대안적 정신분석학자, 펑크 록밴드 레이먼즈, 연극집단 마부마인 같은 예술운동가, 루이스 울프슨과 장-자크 아브람스 같은 분열증적 작가, 울리케 마인호프 같은 악명 높은 테러리스트의 글도 실렸다. 직설적 문체는 기존 학계의 논증방식을 사실상 거부했고, 유머와 부조화가 전통적인 비평적 거리를 대체했으며, 텍스트를 전용하고 '약탈'하는 기법 혹은 상징을 뒤바꾸는 방식 역시 일반화됐다. 잡지 지면은 갖가지 가짜 광고(진정제, 음핵 절제, 사형용 전기의자 등)와 기발한 도상 자료(흐릿한 사진, 만화에서 '전용'하거나 자유롭게 도용한 장면 등)로 가득했다. 시각 코드를 신중하게 혼합하는 방식으로 만들어진 이 잡지의 지면은 한때 "모든 수준의 언어가 함께 으깨져 교차하고 뒤섞이는 표면"을 구상하며 스테판 말라르메가 제시한 '더럽힘의 원리'principe de la maculature를 따른 듯했다.38) 이런 발전과정을 중단시킨 것은 이탈리아의 아우토노미아 운동에 관한 특집호였다. 이제 수사법은 아우토노미아를 "정치의 기관 없는 신체"39)로 정의한 데서 보이듯이 훨씬 정치적이 됐고, 특집 기획은 당면 현실을 역사적으로 증언하려는 듯이 한층 더 차분하고 우아해졌다. 그러나 기술적 문제로 아우토노미아 특집호는 1980년이 되어서야 나왔는데, 이때는 이미 이탈리아에서 아우토노미아 운

1995년 미국 네바다 주의 카지노 위스키 피트스(Whisky Pete's)에서 개최된 심포지엄 "우연"(Chance)에 참석한 보드리야르(왼쪽), 행위예술가 샌디 스톤, 로트랭제.

동이 참혹하게 진압된 뒤였다. 로트랭제가 끌어들이려고 했던 학계의 맑스주의자들(특히 『텔로스』)도 특집호에 참여하지 않았다. 이런 정치적 실패 이후 말 그대로 우스꽝스러운 과잉의 시절이 돌아왔다. 유머러스한 만큼 대담했던 특집기획 "사랑하는 소년들"(1980년)을 타블로이드판 신문으로 만든 것에서부터 다성성^{polysexuality}(1981년), 독일(1982년), 미국(1987년)에 대한 특집호에 이르기까지 그때그때 사건에 개입하거나 매호 각기 다른 집단이 편집·출판을 맡는 절충적 방식으로 변해가면서 잡지가 창간자들의 영향력에서 벗어나기 시작했던 것이다. 이런 '과도함'의 논리는 ('박탈'까지는 아니더라도) 앞서 살펴봤다시피 로트랭제와 그의 동료들이 당시 조직한 분열-문화 학술대회와 노바 학술대회라는 두 행사 속에서도 동일하게 작동했다. 도발에 대한 향수가 물씬 풍기는 "우연"이라는 이름의 심포지엄도 여기에 추가할 수 있다. 1995년 일군의 시인, 디제이, 증권거래인 등을 불러모아 사막 한가운데의 카지노에서 개최한 이 '이론의 레이브 파티'에서 참가자들은 진정한 '시뮬라시옹의 술탄'이라고 불리던 보드리야르가 라인스톤 재킷을 입은 채 '심드렁한' 표정으로 무대에서 천천히 자기 텍스트를 읽어나가던 모습을 볼 수 있었다.[40]

전환점은 1983년에 왔다. 그동안의 경험과 일시적인 불안정에서 어느 정도 교훈을 얻은 로트랭제는 출판을 다각화하기 시작했다. 좌파 편집자인 짐 플레밍과의 공동작업, 그리고 플레밍이 자신의 아우토노미디어 출판사와 연계해 이미 구축해놓은 배급망을 통해 로트랭제는 (독일 베를린에서 프랑스 이론 출판의 선두에 서 있던) 메르베 출판사의 '검은색 소책자'와 동일한 판형으로 '포린 에이전트'라는 표제를 단 시리즈를 출판하게 됐다. 예상외로 서점가에서 큰 성공을 거둔 이 시리즈의 첫 세 권은 보드리야르가 자신의 책 『시뮬라크르와 시뮬라시옹』에서 발췌한 글들로 엮은 『시뮬레이션스』(2만 부 이상 판매), 폴 비릴리오와 로트랭제의 긴 대담집인 『순수 전쟁』, 그리고 들뢰즈와 가타리의 글을 모아 편집한 『선 위에서』였다. 그리고 그 뒤를 이어서 리오타르, 가타리, 피에르 클라스트르, 안토니오 네그리, 푸코 텍스트 선집(『푸코의 맑스』, 『푸코 라이브』, '파르레시아'[솔직하게/대담하게 말하기]라는 개념에 대해 푸코가 UC버클리에서 행한 전설적 강의를 채록한 『두려움 없는 발언』[2000년])이 나왔다. 또한 '액티브 에이전트' 시리즈의 하나로 (곧 유명해지는 무미아 아부-자말 등) 세 명의 전투적 흑인 운동가들이 쓴 옥중수기가 나왔고, 로트랭제의 동료 크리스 크라우스가 편집을 담당한 '네이티브 에이전트' 시리즈로 정치적 자전소설과 레즈비언 단편선집도 출간됐다. 『세미오텍스트』가

1995년의 심포지엄 "우연"의 마지막 순서로 등장한 보드리야르. 카지노의 웨이트리스 복장을 한 여성을 뒤로 한 채 모조 다이아몬드로 장식된 재킷을 입고 서 있는 모습이 인상적이다.

"펑크족, 예술가, 지식인을 동시에 만족시키는 중요한 잡지"[41]로 평가받았던 것처럼, 주류 출판계와 대학이라는 두 영역의 경계에 걸치는 새로운 장르를 만들어낸 이 저렴한 시리즈들도 다양한 독자의 호응을 얻어냈다. 관습에 얽매이지 않는 편집, 불손하지만 경쾌한 어조로 이뤄진 이 작고 '간편한' 이론서 덕분에 상다수의 젊은 미국인들은 프랑스 이론에 친숙해졌거나 아마도 유일하게 이 시리즈를 통해 직접 프랑스 이론의 텍스트를 읽게 됐다. 그러나 세미오텍스트의 이런 접근방식은 늘 유동하는 운동, 고정되는 것에 대한 거부, 빈틈이나 사이 공간에 대한 친연성 등 사회적으로 고착된 독서를 거부하는 출판사의 성향과 관련해 한계를 지니고 있었다(이것은 정치적 한계이기도 했다). 미국 전역의 전투적 운동가들, 브룩클린의 노동조합·활동가 네트워크와 단단히 결합되어 있던 풀뿌리 아나키스트 출판사 아우토노미디어와 세미오텍스트의 제휴관계도 결국 이 때문에 깨지게 된다. 플레밍과 로트랭제 사이에 불화가 잦다는 소문은 2000년에 로트랭제가 세미오텍스트의 책을 MIT출판부에서 출간하기로 했다고 공식 발표함으로써 비로소 사실로 밝혀졌다. 두 출판사의 제휴가 결렬됨으로써 (아우토노미디어가 지닌) 소위 '정박'이라는 정치적 논리와 (세미오텍스트가 지닌) 우발적 파급과 '적시'의 공격coup ponctuel이라는 이론적 원칙은 양립할 수 없다는 점이 드러난 셈이다.

이와 마찬가지로, 초기에 로트랭제와 잡지를 만든 동료들이 점차 떠나감으로써 로트랭제의 광범위한 네트워크는 일종의 반-공동체가 되어버렸다. 친구들 사이의 정치적 오해와 배신이라는 굴레에 갇혀 영원히 분리되어버린 집단으로 말이다. 텍스트에 대한 [창조적] 오독, 느슨한 결합, 자기해방 등은 이 주체 없는 집단이 비공식적으로

지니고 있던 세 개의 모토이자, 자신들을 푸코-들뢰즈식으로 정당화하는 논리이기도 했을 것이다. 로트랭제가 "효과를 생산함으로써 그 속에서 사라지는 이론"[42)]이라는 보드리야르의 주제와 중개자가 필요한 자기-소멸의 주제에 모두 관심을 기울인 것은 도주한 예술가이자 실험정신에 가득 찬 망명객이라는 개인사적 이력 때문이다. 역사에게 버림받았는데도 쇼아에 대해 침묵해야 했던 유대인, (당시 호주에 있던 관계로) 1968년의 5월 혁명을 놓쳤으나 훗날 아방가르드의 자기파괴라는 수수께끼에 홀렸던 지식인, 프랑스 이론이라는 언어로 미국인들에게 말을 걸기 위해 복화술사가 되어야 했으나 스스로는 다른 언어 속에 갇혀 있던 자발적 망명자, 자신이 아끼는 저술가들의 작업을 알리는 데 헌신하느라 아직 못 다 쓴 자기 자신의 작업은 제쳐둬야 했던 전업 저술가로서의 여정 말이다.

이렇듯 로트랭제는 프랑스 이론의 전달자들 중 그 누구보다도 눈에 띄지 않는 탓에 늘 위협받았던 인물, 근본적으로 특이한 면모를 지닌 인물이다. 로트랭제는 집착과 아이러니 사이에 갇혀 있으면서도 상보적인 두 가지 길을 통해 이론의 제도화라는 불도저를 피해갔다. 한편으로는 이론적 착상과 삶의 경험이 끊임없이 공명하는 풍요로운 미국식 생활세계를 통해, 다른 한편으로는 놀이꾼과 도박꾼의 가벼움, 즉 자신이 무척이나 무모한 짓을 하는 중이라는 점을 잘 알고 있는 은밀한 직관을 통해서 말이다. 로트랭제가 대학에 양가감정(그에게 이 이중의 게임은 그 자신이 모든 곳에 있어야 한다고 생각하는 사실상의 도덕률이 됐다)을 지녔다는 사실은 프랑스 이론이라는 범주의 모순적 이해관계를 잘 요약해준다. 가령 로트랭제는 대학에서 교편을 잡은 채 수많은 학술회의에도 참석했지만, 대학에 있는 "원한에 사로잡힌 자들"을 끊임없이 비난했다. 1973~78년에는 대학 교수들이 관례적으로 입던 정장을 벗고 뉴욕 펑크계의 옷으로 갈아입었으나, 컬럼비아대학교를 떠나지는 않았다. 로트랭제는 일련의 프랑스 이론 텍스트를 확산시킨 최초의 사람이었으나, 곧 "해설이 지나치게 많아서 도리어 사상이 죽어버리는" 상황을 비판하게 됐다.[43] 왜냐하면 예술과 이론, 지각과 개념의 관계를 버리려고 쉴 새 없이 일했으면서도 로트랭제는 그 누구보다 앞서 프랑스 이론이 제도권 학계의 전유물이 되지 않으면 아무것도 아닌 것이 되리라는 사실을, 서서히 밝아오는 깨달음의 고통 속에서 확신하고 있었기 때문이다.

4 문학과 이론
Littérature et théorie

이론은 숨겨진 서사이다.
시간을 초월해 있는 것처럼 보이는
이론의 겉모습에 속아서는 안 된다.
장-프랑수아 리오타르, 『이교도의 가르침』(1977)

무엇보다 탈맥락화는 학문 영역과 관련해 발생하는 문제이다. 요컨대 프랑스 이론은 문학 관련 학과들을 통해 미국에 들어갔다. 물론 프랑스에서도 문학 이론을 다루는 강의에서 이 사상가들이 읽히는 것은 분명하다. 그러나 1970년대에 유행한 이후로 프랑스에서의 문학 이론은 급격히 "얌전해져서는 면담시간에 학생들을 기다리는" 상태가 됐고, 설명적 문학 비평이나 소논문 등으로 짜인 "국정 교육 …… 에 단단히 결합되어 있는" 전통 탓에 그 영향력은 제한적이었다.[1] 반면 미국의 인문학 분야에서 문학 이론은 오늘날까지 여전히 지배적이다. 게다가 자크 데리다, 미셸 푸코, 질 들뢰즈, 장-프랑수아 리오타르는 훈련받은 철학자일 뿐만 아니라 분과학문으로서의 철학을 옹호하기도 했던 이들이다. 1975년의 아비 개혁안*에 강력히 반

---

* 1975년 당시 프랑스 교육부 장관 아비(René Haby, 1919~2003)가 공표한 중등 교육 개혁안. 인문계 고등학교에 해당하는 리세(lycée) 과정에서 철학 교육을 제외하려는 계획이 포함된 탓에 철학자들의 거센 반발을 샀다.

1983년 UC버클리의 학생들에게 둘러싸여 포즈를 취하고 있는 푸코. 앞줄 왼쪽에서 두 번째(안경 쓴 인물)가 인류학과 교수로 푸코 연구서를 쓰기도 한 폴 라비노우(Paul Rabinow, 1944~)이다.

대한 것을 비롯해 철학교육연구집단과 국제철학학교의 설립과정에서 이들이 했던 역할이 이 점을 방증한다. 하지만 대서양을 건너 프랑스 이론이라는 이름표로 한데 묶인 이들의 글은 문학 이론이라는 관점에서 다뤄졌고 문학의 체로 걸러졌다. 통계를 보면 그 전환점은 1975년에서 1980년 사이에 생겨났다. 프랑스와 미국에서 15년 동안 출판된 데리다의/데리다에 대한 텍스트를 비교한 사회학자 미셸 라몽에 의하면 1975년을 기점으로 두 나라 사이에 명확하게 뒤바뀐 수용 경향이 생겼다는 사실을 발견할 수 있다.[2] 즉, 미국의 문학 연구 분야에서 데리다가 부흥한 것과는 반대로 프랑스에서는 데리다에 대한 참조가 전체적으로 감소했다는 것이다. 또한 루이 알튀세르, 롤랑 바르트, 자크 라캉, 푸코 등 네 명에 한정할 때 미국 쪽 잡지에 실린 이들에 대한 논문의 50% 이상이 문학 연구에서 나온 것이라는 점을 들면서 라몽은 이들의 학문적 '고착화'가 1980년에 시작됐다고 서술했다.3) 프랑스 이론을 구성하는 주요 사상가들의 텍스트는 점진적으로 번역되고 언급됐으며, 불문과를 시작으로 이후 영문과와 비교문학과의 독서목록에 올랐다. "푸코의 언어학적·경제학적·생물학적 묘사가 지닌 대담한 인식론적 모험과 대면했을 때 얼마나 해방감을 느꼈는지"에 대해 에드워드 사이드가 회상하듯이, 많은 이들에게 프랑스 이론 텍스트는 전례 없는 충격을 줬다.4)

이런 성공 덕분에 프랑스 이론은 곧바로 주된 이데올로기적·제도적 강자로 변모한다. 대학들 사이에 학술대회 개최와 유명 강연자 초빙을 둘러싼 경쟁이 점차 격렬해지면서, 프랑스 이론은 경쟁에서 우위를 차지하려는 대학이 노리는 유례없는 목표물이 된다. 자기네 대학 캠퍼스에서 개최되는 학술대회에 데리다나 푸코 같은 사상가들을 '선보이는' 특권을 놓고 전투가 벌어진 것이다. 예컨대 UC버클리, 뉴욕주립대학교 버팔로 캠퍼스, 뉴욕대학교 등은 푸코를 선점했고 예일대학교, 코넬대학교, 캘리포니아대학교 어바인 캠퍼스(이하 UC어바인) 등은 데리다를 선점하는 식이었다. 심지어 덜 유명한 대학들까지 프랑스 사상가들에 대한 해석의 중심지로 알려지기 위해 노력했는데, 프랑스 이론에 친화적인 페미니스트인 제인 갤럽과 페기 카무프가 가르치던 오하이오 주 옥스포드의 마이애미대학교가 그랬다. 대학들은 스포츠 팀을 운영하는 것과 같은 식으로 전국 시장에서 경쟁력이 있을 만한 전공 분야를 하나씩 만들었다. 예일대학교의 해체론자 대 코넬대학교의 문학인식론자, 하버드대학교의 정신분석비평가 대 뉴욕시립대학교의 탈식민주의자, UC버클리의 신역사주의자대 UC어바인의 데리다주의자, 시카고대학교의 신아리스토텔레스파와 스탠포드대학교의 도덕주의자 등. 이런 현상의 핵심은 이랬다. 즉, 당시 원기를 회복한, 그리고 가끔은 엄청난 활기를 띠는 문학 학과들이 인문학이라는 오래된 분야 안에서 가장 중요한 지위에 오르려면 수입 뒤 재창조된 프랑스 이론이 절실히 필요했던 것이다.

분과학문간의 충돌: 서사의 승리
지배적인 분과학문의 부재, 패러다임의 위기, 일부 분과학문의 보호주의적 은둔, 프로그램들 사이의 점증하는 예산 경쟁, 전문화 경향, 과학·경영학으로 대거 옮겨가는 학생들. 1970년대 중반경 미국 대학 내의 다양한 지식 분야 사이에서 생태적 전투가 벌어진 데는 이런 변수들이 작용했다. 바로 이것이 세계대전 이후 경제 부흥기까지 잠잠했던 미국 대학에서 구조적으로 발생한 **분과학문간의 충돌**(철학과 다른 분과학문들의 관계를 지칭하기 위해 임마누엘 칸트가 썼던 표현)이다. 몇몇 주요 개념과 새로 번역·소개된 저술가의 이름을 과시하듯이 휘두르면서 문학 분야는 바야흐로 이 충돌의 승자로 등극하게 된다. 문학의 무기는 철학, 소설, 사회학, 역사 같은 담론을 훨씬 더 거대한 서사 구조 안에 놓인 다양한 서사 중 하나로 간주하며 다시 읽기를 가능케 했던 (규범적이라기보다는) 서사상의 상대주의였다. 문학은 이런 무기를 활용해 지식의 지도를 수정하고 인접 분야로 그 학문적 영향력을 확장시키는 전술, 더 넓게는 '**경계** 논쟁'을 촉발하고 '**경계**를 쟁점화'하는 전술을 썼다. 사회학자 랜달 콜린스가 지적하듯이, 학문간의 경계를 이론화하는 과정에서 지식의 조류들은 스스로 "활기를 유지"[5]하기 때문이다. 대개 철학에 속하는 프랑스 이

론의 텍스트를 문학적으로 해석하는 것, 이 새로운 해석방식을 수용하게끔 제도적 공세를 펼치는 것, (가장 중요하게는) 이 서사 패러다임을 문학 연구와 다소 연결되어 있는 영역, 즉 영화 연구와 비판적 법학 연구, 그리고 역설적이게도 신학에까지 확장하는 것 같은 세 가지 현상이야말로 문학의 승리를 말해주는 증거였다.

모든 것은 불문과 안에서 시작됐다. 이 학과는 당시에도 매우 보수적이었고, 앞으로도 그럴 테지만 말이다. 처음에 프랑스 이론은 주로 문학사와 문화적 맥락에 집중하던 불문과의 관습적 접근방식에 별 영향을 끼치진 못했다. 요컨대 (프레드릭 제임슨, 미셸 피어센스, 제프리 맬먼, 레오 베르사니, 마크 포스터 같이) 한 줌도 안 되는 북미권의 불문과 교수들은 입장도 매우 달랐거니와, 문학 연구가 위기 상황에 놓여 있던 당시 자신의 전임자들이 초현실주의나 실존주의를 가지고 했던 것을 여전히 하고 있었다. 파리에서 벌어지는 논쟁을 대서양 반대편에 소개함으로써 당대의 가장 빛나는 프랑스산 담론이 거리를 초월해 공명할 수 있게 만드는 일 말이다. 이런 담론들은 영어로 번역되자마자 불문과보다 좀 더 영향력을 가진 영문과로 옮겨갔다. 그 뒤에는 1973년 예일대학교에서 맨 처음 개설된 비교문학과라는 새 전공에 흡수됐다(과거 '세계문학'Weltliteratur을 연구하던 학과들의 후계자인 비교문학과는 문학과 문화적 상대성에 관심을 기울이는 횡단적·자기성찰적 접근법을 통해 이전 학과들과의 차별성을 획득했고, 그 때문에 소수민족 연구나 정신분석 등 최초의 학제간 연구 프로그램을 낳은 고향이 됐다). 일단 불문과 밖으로 벗어나기 시작하자 맨 먼저 소개된 푸코, 데리다, 들뢰즈, 라캉의 텍스트는 문학 연구 쪽으로 (확장된 게 아니라) 떠밀려가거나, 텍스트(성) 분석의 강조점이 바뀌거나,

심지어 이 텍스트에 담긴 철학적 주장이 원래 문학적이라고 추정되는 등의 학문적 중심 이동을 겪게 된다.

특히 푸코의 사례는 이 점을 잘 보여준다. (스스로 "쉬어가기, 단기 체류, 시적 진술"로 생각했던) 문학의 사례에 잠시 관심을 보인 이후 푸코는 "(문학과 여타 담론과의 관계를 지시하지 않은 채 문학 자체의 공간에서 문학을 드러내는) 상대적으로 조심스러운 입장에서, 문학을 제외한 채 모든 비문학적 혹은 유사문학적 담론을 긍정적으로 다시 드러내려는 명백히 부정적인 입장으로 옮겨갔다." 즉, 푸코는 "문학 내적인 담론보다 철학 외적인 담론을" 찾고 있었던 것이다.6) 그러나 거꾸로 미국에서는 푸코를 다루는 방식이 점점 더 문학적이 되어갔다. 특히 "누가 말하건 무슨 상관인가?"라는 사무엘 베케트의 유명한 말을 끌어온 「저자란 무엇인가?」(1969년)는 1979년 영어로 번역된 이래 푸코의 텍스트 중 가장 널리 읽혔다. 프랑스에서는 거의 알려지지 않은 푸코의 초기 글들, 즉 모리스 블랑쇼나 비평가 장-피에르 리샤르에 대한 글들도 많은 관심을 끌었다.7) (기사도와 광기를 설화/이야기 장르의 대표적 요소로 파악함으로써) 돈키호테가 말하는 기사도와 푸코가 말하는 광기를 비교하는 글도 등장했다.8) 버지니아 울프 역시 푸코의 개념에 비춰 성의 구조를 다룬 진정한 역사적 사례로 다시 읽혔다.9) 새롭게 등장한 미국의 문학 연구에서 (문학사 연구의 대상인 소설 장르를 성의 관점에서 해석하고 정치화하려고 의도했기 때문에) 가장 잘 알려진 글 중 하나인 D. A. 밀러의 연구서『소설과 치안』은 '훈육사회'라는 개념을 19세기의 위대한 제도인 소설에 직접 적용했다고 스스로를 소개하기도 했다.10) 그러나 [이 책에서] 감옥, 병원, 소설 텍스트 사이에 놓여 있다고 가정된 (채로 제대로 된 분석 없이 남겨진) 연속성의 저변에는 분명한 텍스트중심주의적 환상이 작동하고 있었다. 사이먼 듀링의 대표적 연구서처럼[11] 푸코와 문학의 관계를 보여준다거나 문학 비평에 가장 잘 활용될 수 있는 푸코의 개념 목록 등으로 학생들에게 소개된 책과 논문은 엄청나게 많았다. 리오타르, 이어서 들뢰즈와 가타리도 이와 비슷한 운명을 맞이했다.

작은 서사와 거대 서사, 배리背理의 유희와 총체화의 신화를 구별했던 리오타르는 문학 연구에서 포스트모더니티라는 개념이 일반화되고, 이론 장르와 문학 장르가 교접되도록 만들었다. 서사에 관한 담론을 포함해 이제 모든 담론은 서사의 지위를 갖게 됐다. 빌 리딩스는 "서사에 대해 말하는 메타언어," 마치 문학 연구를 자신의 권력 안에 종속시키려고 하듯이 모든 곳에서 서사를 발견하는 메타언어는 "그 자체로 하나의 서사라는 사실을 깨달아야 한다"고 썼다.[12] 이제부터는 그 어떤 것도 이런 구조에서 벗어나지 못하게 된다. 문학 연구에서 조금 늦게 발견된 들뢰즈와 가타리는 그들대로 처음에는 미국 '소수자' 문학 담론을 지원하는 역할을 했다. 뭐랄까, 카프카에 관한 중요한 에세이[13]에서 소개된 **소수** 문학이라는 개념이 소수자 문학이라는 개념으로 미끄러진 셈인데, 그 개념 속에서 『앙티-오이디푸스』의 저자들은 다소 오이디푸스적인 지역주의의 부흥을 목격한 셈이다. 1986년 압둘 잔 모하메드와 데이비드 로이드라는 두 미국인의 주도로 UC버클리에서 열린 "소수자 담론의 성격과 맥락"이라는 학술대회는 아프리카계, 아일랜드계, 아메리칸 인디언 문학 등 미국 내 소수자 문학에 대한 비평의 물꼬를 텄다. 19세기 프랑스 문학 연구자 로스 챔버스와 비평가 루이스 렌자 같은 일군의 연구자들은 소수자 문학의 '문체론'과 '저항적' 글쓰기를 분석하는 이런 새로운 담론의 발전에 고무되긴 했으나 이들의 접근법은 들뢰즈와 가타리의 그것과는 매우 달랐다. 렌자는 보스턴의 소설가 새라 오언 주잇이 쓴 한 편의 이야기를 언급하며 "소수 문학에 대한 소수 비평"을 요청했는데, 사실 그 범주는 오직 그 자신만이 판단할 수 있었다(렌자는 이런 '소수 비평' 관련 논의가 "터무니없이 과도한 독해"로 보일 수도 있다는 점을 경고했다). 챔버스의 경우 19세기 문학을 논의할 때 무릎써야 하는 정치적 위험을 묘사하는 데 서사학의 개념을 적용하는 식이었다.[14] 바르트와 줄리아 크리스테바처럼 문학 연구에 훨씬 밀접한 저술가들의 경우에는 이들의 저작을 '어조'나 문체의 측면에서 문학적으로 읽어내는 데 과도한 노력이 쏟아졌다. 심지어 비평가 앨런 메길은 포스트모던 사상을 다룬 자신의 책에서 정치적이기보다는 미학적 혹은 묵시록적 '급진성'을 전경화하겠다는 목적으로 (마르틴 하이데거의 철학뿐만 아니라) 데리다의 저작을 '문체'의 형태, '노스탤지어'라는 모티프, 애드거 앨런 포에 대한 참조 등의 관점으로 분석하기도 했다.[15] 메길이 자신의 연구에서 핵심 위치를 차지하는 프리드리히 니체를 참조하는 방식 자체도 문학적이었는데, 가령 『우상의 황혼』에 등장하는 환영적 형상을 포스트구조주의 이론과 그 이론에 대한 주석자들의 언어에 음조, 어휘, (단어 자체에 담긴 회화적 의미*에서의) **모티프**를 제공하는 자로 제시하는 것 등이 그렇다.

만약 철학이 **문학적**이 된다면 문학은 그저 이론의 한 영역이 될 뿐이다. 이런 **문학화** 전술은 문학 텍스트를 이론적 담론에 결부시킴으로써 이론이 문학을 틀짓고 때로는 정당화하도록 하는 것으로 보일

---

* 원래 '모티프'(motif)는 옷에 그려진 단 하나의 디자인이나 무늬를 의미한다.

테니 말이다. 앙투완 콩파뇽이 유감스럽게 논평했듯이, 문학은 "위계구조의 전복 …… 을 통해 비평과 이론에서 자신의 정당성을 구하고 있는 중"16)이었다. 하지만 문학과 철학의 차이를 없애는 이 느린 과정만으로는 새로운 프랑스 참고문헌들을 추가하고 문학 연구의 새로운 정치적 야심을 공고히 하는 데 충분치 않았다. 문학에게는 견고하게 무장한 제도적 장치가 필요했다. 이런 역할은 최초의 학제적 연구기관들, 혹은 다양한 대학에서 학자들을 불러모으는 프로그램들에게 주어졌다. '비평이론학교'처럼 영향력 있는 제도가 그 좋은 예이다. 처음[1976년]에는 UC어바인에 설립됐다가 훗날 코넬대학교로 옮겨 간 이 문학이론가들의 아레오파고스[고대 아테네의 최고재판소]는 학자들에게 신생 이론을 소개하는 여름 세미나를 조직했고, 미국 청소년들의 '여름캠프'에 빗대어 '이론캠프'라는 별명으로 불렸다. 그러나 이곳 역시 (거의) 개종한 이들을 상대로 설교가 이뤄지는 곳이나 다를 바 없었다. 급변하는 문학계를 진정한 중심 무대로 옮기기 위한 주요 제도적 역할은 1883년에 설립된 권위 있는 기관인 현대언어학회가 맡게 된다. 문학 연구자들의 거대한 전문기관인 현대언어학회는 원래 문학 분야의 교수들과 연구자들을 대표하는 미국의 공식 기구로 약 3만~5만 명의 회원을 보유하고 있다. 1960년대까지 현대언어학회는 보수주의의 수호자로 인식됐으나 많은 회원들이 참가하는 연례 학술대회는 이미 당시부터 꾸준히 논쟁과 명성을 만들어내고 있었다. 1948년 학회장 더글러스 부시는 취임사를 통해 "사회로부터 동떨어진 지성," "도덕적 가치에 대한 무관심," "그 자체를 목적으로" 여기는 논평 방식 등을 비판하며 신비평을 채찍질해댔다.17) 심지어는 1980년까지도 당시 학회장 헬렌 벤들러는 아무도 예상치 못한 19세기적인 방식으로 문학 연구의 "학제적 연구로의" 일탈에 맞서 "개인적 문체의 …… 묘미"와 "텍스트 앞에서 전적인 수용성, 유연성, 순수성을 유지했던 초창기의 태도"를 찬미했다.18)

하지만 몇 년도 안 되어 현대언어학회는 문학 연구에서 가장 대담한(때로는 가장 우스꽝스러운) 혁신이 일어나는 용광로가 된다. 게다가 앨런 긴즈버그를 찬양하고, 피델 카스트로의 쿠바에 헌정하는 학술대회를 개최하고, 소련의 교원단을 초청하는 등 도발적인 정치적 행보를 보인 탓에 격노한 보수 세력으로부터 비난을 받기까지 했다. 1980년대 초부터 시작된 문학 분야의 진화를 가장 명확히 보여주는 것으로는 현대언어학회 연례 학술대회에서 조직되는 대략 2천 개 이상의 세션 주제 만한 것이 없다. 전통적으로 16세기 연구자들, 바로크 시나 페드로 칼데론 데 라 바르카의 연극을 연구하는 스페인 문학과 교수들이 주도한 토의에서는 점차 1980년 이전에는 상상할 수 없던 주제가 다뤄지게 됐다. 몇 가지만 임의로 뽑아보면 "해체와 신의 죽음," "18세기의 조산술, 부인의학, 성병," "맑스주의 페미니즘의 미래"(1983년), "에밀리 디킨슨의 시에 등장하는 클리토리스 이미지와 자위," "비만 여성의 커밍아웃"(1989년), "남색男色 여행자," "빅토리아 시대의 속옷과 여성 신체의 재현"(1990년) 등이 있다.* 매년

---

* 영어판에는 다음의 세션 주제가 덧붙여져 있다. "'뤼스 이리가레와 서구 로고스중심주의 비판,' 'T. S. 엘리어트와 소수민족성'(1990년), 도심지 외부로 이주하는 레즈비언들을 다룬 '교외로의 디케아스포라,' '총과 바비인형'(2002년), 그리고 9·11사건 이후의 맥락에서 선정된 '데리다의 이슬람' 등." ['디케아스포라'(dikeaspora)는 그리스 신화에 나오는 정의의 여신 디케(Dike)와 이주/이산을 뜻하는 디아스포라(diaspora)를 합한 신조어인 듯하다.]

크리스마스와 신년 사이에 세련되고 품위 있는 학자들이 모이는 이 기묘한 회합은 모두의 이야기거리가 된다. 일반인들이 해체, 게이·퀴어 연구, 맑스주의·포스트맑스주의 연구, 탈식민주의 연구, 흑인·멕시코계 미국인 연구 같은 새로운 연구방향을 알게 되는 것은 문학 연구의 이런 이상한 척도, 관련 소식을 전하는 언론의 객관적 보도를 통해서였다. 현대언어학회의 이런 발전은 이 학회가 충실히 대표하는 회원들의 성향, 역대 학회장들(데리다주의자인 J. 힐리스 밀러, 페미니스트 캐서린 스팀슨, 초현실주의 역사학자 매리 앤 코스, 흑인문학 연구자 휴스턴 베이커)의 영향력을 통해 설명될 수 있다.

철학자들을 문학적으로 읽고, 정기적으로 제도적 도발을 일삼는 것은 이 분과학문[문학]의 전략 중 일부일 뿐이다. 사실 훨씬 근본적으로, 프랑스 이론(혹은 프랑스 이론에 대한 미국식 해석)으로부터 배운 의심의 기술을 통해 문학이 전복시키려고 했던 것은 대학에서 작동하는 문학의 인식틀[에피스테메] 전체였다. 이런 의심은 **모든** 문화 현상을 오로지 언어의 기능(혹은 기능장애)이라는 관점으로만 설명하려는 **범ㅆ텍스트주의** 형태를 취할 수도 있다. 그도 아니면 과학에서 정신분석에 이르는 **모든** 담론 형태를 모조리 서사라고 뭉뚱그리는 **범서사주의** 형태도 있다. 무엇이 됐든 결국에는 문학 범주 자체가 무한히 확장됐다. 문학은 의도적이고도 의식적으로 정의되지 않은 채 남아 있었고, 한계 없는 의심의 동의어가 되어갔다. 이처럼 그 정의가 고정되지 않자 문학은 모든 인접 분야와 관련해 유연해졌고, 좀 더 전술적으로는 인접 분야를 침략하려는 (막 싹트기 시작한) 문학의 소망이 이뤄지게 됐다. 모든 것이 문학인데 누가 저항할 수 있겠는가? 이것이 프랑스와 다른 점이다. 프랑스에서는 이 '의심의 시대'가 '문학성의 척도'와 '문학 공간'의 한계 같은 화두에 몰두해 몇 년 동안 자기성찰과 [문학의] 정의에 관한 질문으로 되돌아가는 원심운동을 촉발했다. 이와 달리 이 동일한 이론이 유입된 미국에서는 마치 분과학문상의 **타자들**을 포괄하는 게 더 나은 것인 양, 문학(혹은 서사)의 정의가 활짝 열림으로써 흡수나 동화를 통해 영토 팽창을 추구하는 구심운동이 일어났다. 한쪽에서는 자신으로부터 빠져나가려는 대상을 그물로 잡는 방법론적·과학적 의심이, 다른 한쪽에서는 위기에 빠진 연구 분야가 활력을 되찾아 부활하기를 희망하는 정치적·실용적 의심이 일었던 셈이다. 이 대목에서는 미국 대학의 전통적인 문학연구자들이 지녔을 법한 복수심이 아니라 (매슈 아놀드와 신비평이 있었는데도 이들이 지녔던) 열등감을 상기하는 게 유용할 듯하다. 그동안 인접 분야의 동료들은 문학연구자들을 진정한 질문에서 멀찍이 떨어져 있는 유쾌한 친구 정도로만 여기며 무시해왔다. '순(수)문학가'라는 친절한 용어의 뜻이 이것이었다. 그런데 이번에는 바로 그 문학연구자들이 진지한 질문을, 적어도 분노를 불러일으킬 만한 질문을 제기했던 것이다. 로고스중심주의가 철학을 결정지었고, 식민주의가 문학 정전의 저변에 깔린 텍스트였고, 사회과학이 문화제국주의라는 범죄를 저질렀고, 심지어 지금껏 손댈 수 없었던 정통 과학 분야에 대고 (해당 분야의 순수하게 내적인 정당화 과정으로 인해)[19] 만성자폐증을 보여왔다고 의심함으로써 문학연구자들은 전복의 대변자가 됐다. 그리고 이들의 분과학문은 당대의 가장 날카로운 **비판적** 무기가 됐다. 영문과는 엄청난 정복을 수행하는 로마, 머나먼 땅까지도 복음화하는 십자군이 됐다. 문학 밑으로 영화 연구, 법학 연구, 신학 연구라는 예상치 않은 하위분과가 생긴 것이 좋은 예이다.

미국의 영화 연구는 두 가지 점에서 특이하다. [제작에 중점을 둔] 영화 학교와 [이론에 중점을 둔] 영화에 대한 담론의 차이 때문에 영화 연구는 인문학과 결합되어 시작됐고, 장 미트리와 프랑스 누벨바그 감독들의 저서가 성공한 데서 알 수 있듯이 처음부터 프랑스의 영향을 강하게 받았다. 그러나 새로운 프랑스 텍스트가 활용됨으로써 (소설의 각색이라든가 아리스토텔레스의 『시학』에 등장하는 규칙에 집중하는) 경험적 교과과정까지 진정한 이론의 실험실로 변모되기 시작했다. 1975~76년부터 미국에서 논의되기 시작한 라캉, 그리고 시각적 인식이나 영화적 백일몽을 다룬 라캉주의 영화이론가 크리스티앙 메츠의 저서들은 영화 연구가 문학 분야 안에서 학문적 정체성을 찾는 데 영향을 끼쳤다. 영국의 잡지 『스크린』에도 프랑스 이론에 영감을 얻은 프로이트-맑스주의 논문들이 실리기 시작했는데, 이 논문들은 영화제작자들의 '음모,' 관객의 '무의식적 이데올로기,' 감독의 '작가적 기능' 등을 강조했다.[20] 실제로 영화 연구와 문학은 똑같은 언어를 사용했다. 『다이아크리틱스』에서 『옥토버』까지 큰 인기를 얻어가던 새로운 잡지들은 영화 관련 글을 점점 더 많이 실었는데, 1977년 출판된 『영화를 어떻게 읽을 것인가』라는 텍스트의 제목에서 드러나듯이 영화이론가들이 가장 자주 사용한 용어는 영화 '읽기'였다(『죠스』[1975]와 『록키』[1976]로 시작된 미국 영화의 새 시대에 대해서 이 책은 한마디도 하지 않는다). 하지만 문화연구와 더불어 문학 분야 안에서 두 번째 시기를 보내는 동안에 영화 연구는 정체성(국민/민족적 정체성, 페미니즘 등), 대중문화, 문화들간의 관계 같은 문제를 다루는 쪽으로 진화했다. 더들리 앤드류의 설명에 의하면, 그것은 학문적 혁신이라는 절대적 요청으로 이뤄진 갑작스런 변화였다. "만약 기호학,

맑스주의, 정신분석 같은 영화 연구의 대들보가 아직 회반죽도 마르지 않은 상태에서 버려진다면 …… 학자들에게 영화 연구의 기초를 수리하거나 강화하거나 리모델링하는 대신 새로운 분야로 확장하라고 부추긴 대학체계를 먼저 살펴봐야 한다."21) 마지막으로, 최근 몇 년 전부터 영화 연구는 문학 연구로부터 떨어져나가기 시작했다. '탈이론 시대'라는 기치 아래 1975년의 '강력한' 라캉주의만큼이나 과도한 반지성주의의 역풍이 불면서 영화의 대상을 이론으로 환원하는 기존 경향을 비판하게 된 것이다.22) 지금까지 우리는 미국의 영화 연구가 밟아온 세 가지의 단계를 살펴봤는데, 이 기간 동안에 프랑스 대학의 영화 연구는 크게 변하지도 않았고, 들뢰즈뿐만 아니라 라캉으로부터도 멀어져 역사와 미학이라는 이중의 접근법을 중심으로 조직되어갔다. 영화와 영화제작자들의 역사, 이미지의 미학, 촬영과 편집의 기술, 각본에서 배급까지 한 편의 영화가 영화산업의 구조를 관통해가는 경로를 뜻하는 '영화의 과정' 등을 다루는 접근법 말이다. [프랑스 대학에서] 기호학적 접근법의 적실성이나 문학 이론의 유용성은 영화 장르라는 별 매력 없는 개념을 경계짓는 과정에서 기껏해야 슬쩍 살펴보는 정도로만 그친다.

더욱 놀라운 일은 문학이론가들이 법의 영토로, 더 정확히 말하면 법 비평의 영토로 (법학전문대학원이 관할하는 분과 프로그램과는 상관없이, 물론 법 자체에는 어떤 영향도 끼치지 않으면서) 진입했다는 것이다. 가령 비평가 피터 브룩스는 문학 고전과 법리학을 함께 읽으면서 서구 문화에서 고백이 차지하는 위치를 탐구했는데, 이 책은 소설가들과 변호사들이 서로에게 추천하는 책이 됐다.23) (영문과와 법학전문대학원 **양쪽에** 교수직을 지닌) 스탠리 피시의 작업은 좀 더 신랄

벤자민 N. 카르도조 법학대학원의 이사회 의장 제이콥 번즈와 인사 중인 데리다. 1989년 데리다가 "해체와 정의의 가능성"이라는 주제로 연속 강연을 할 당시 찍은 사진이다.

했는데, 그는 법의 원리가 논리와 수사적 일관성이라는 이중의 테스트를 거쳐야 한다고 주장했다. 탈식민주의 이론가이자 데리다 전문가인 가야트리 스피박은 심문에서 증언에 이르기까지 때로는 심리적 압박 아래서 나오는 즉각적이고 파편적인 진술이 주체의 완전하고도 충분한 표현으로 받아들여질 수 있다고 주장하는 법의 '음성중심주의'를 비판하기도 했다.24) 법의 기초에 대한 이런 '문학적' 비판에 영향을 준 것은 데리다의 저작, 특히 『법의 힘』이다.25) 그 덕분에 데리다는 벤자민 N. 카르도조 법학대학원[뉴욕에 위치한 예시바대학교의 부설 기관]과의 협업으로 1989년 "해체와 정의의 가능성"이라는 연속 강연을 했다. 1978~85년에는 이런 [법]논리의 해체와 미국 법에 대한 정치적 비판이 합쳐져 리처드 델가도와 (하버드대학교의)

4. 문학과 이론 147

로베르토 웅거의 저작들을 기초삼아 '비판적 법학 연구'가 등장했다. 법의 추상성과 '객관성'을 비판한 존 듀이의 작업, 특정한 인간 현실(정열, 갈등, 사건 등)과 동떨어진 법률 용어를 비판한 1930년대 이래의 '법현실주의' 운동이 결합·지속되어 등장한 비판적 법학 연구는 이제 문학 이론의 최신 개념을 받아들임으로써 '보편적' 정의에 대한 법의 허세를 무효화하거나, 특히 인종 문제에 있어서 법의 잘못된 '중립성 이데올로기'를 비판할 수 있었다.26)

마지막으로 신학의 경우는 분과학문을 넘나드는 이 새로운 문학 중심 담론의 순환 능력, 혹은 우리의 직관을 넘어서는 바이러스 같은 감염성이라고도 할 만한 것이 어떻게 작동했는가를 더 잘 보여준다. 미셸 드 세르토를 제외하면 [프랑스 이론에 속하는] 그 누구도 종교적 실천과 담론 같은 주제를 직접 언급한 적이 없었다. 엠마누엘 레비나스에 대한 데리다의 저작도 그렇지만, 예수를 '계산적 창녀'로 본 리오타르의 성찰은 더더군다나 이런 틀에 맞지 않는다.27) 하지만 학생들의 불만이 늘어가고 (탈정치화와 신기술로 특징지어지는) 시대의 조건 속에서 종교인들마저 혼란에 빠지자 신학은 프랑스 이론을 부여잡고서 '포스트모던 기독교'라는 길을 탐험하기 시작했다. 마크 테일러의 주도로 '데리다주의 그리스도교인들'은 '오류'의 교리와 의혹이라는 덕목에 연결된 '해체신학'을 최초로 주창했다.28) 결국 이들은 1990년대에 프랑스의 '반합리주의' 정신에 따라 성경을 체계적으로 다시 읽음으로써 추상적 윤리와 '객관화하는' 과학주의에 맞서 성경에 깃든 '대항이데올로기적'이고 '반총체적인' 차원을 복구시켰다.29) 곧이어 (인터바시티 출판사 같은) 종교 서적 출판사에서 나온 새로운 '포스트복음주의' 시리즈가 다양한 혁신을 촉진했으나 선생들이 교리에서 너무 멀리 벗어나버렸다는 비판도 터져 나왔다.30) 프랑스 이론이 탈중심화시킨 개념과 똑같은 개념(이성, 정체성, 학문, 개인 등 그 확실성이 문제시된 개념)으로 신앙의 쇠퇴를 설명했더라도, 이 신학자들은 자신이 누구에게 말해야 할지를 잘 몰랐을 것 같다. 프랑스 이론이 이성을 비판할 때 문제가 된 것은 요한계시록이 아닐 테니 말이다. 아무튼 이 성경의 포스트모더니즘은 신도의 급감을 늦추지도, 성직자의 감소를 막지도 못했다. 그래도 구원은 이뤄지리라는 최후의 희망만큼은 놓치지 않았을 것 같다.

결국 프랑스 이론이라는 우회로는 이중의 성취를 이뤄냈다. 하나는 동시대의 가장 다급한 정치적·철학적 주제를 문학 연구 안에 당당히 자리잡게 했다는 것이고, 다른 하나는 철학과 사회과학의 소위 '중립적' 언어 아래 숨겨진 생략, 후술後術, 환유에 대한 (곧 문학연구자들이 착수하게 될) 탐구를 정당화했다는 것이다. 문학의 승리, 그리고 문학이 새로 장만한 이론의 무기고가 거둔 승리는 의심이 거둔 승리일 뿐만 아니라, 유연했던 만큼이나 만족스런 결과를 낳은 비판적 방법론 일반의 승리라고도 할 수 있다.

왜곡된 인용

서사의 정복에 저항한 성채들을 살펴보기 전에, 출판(텍스트의 생산)과 어휘생성의 절차(일상어로의 성립)를 잠시 살펴보자. 이 두 절차 없이 이론적 담론의 **발명**은 생겨날 수 없었을 테니 말이다. 이런 절차는 **발췌**arrachement와 **조립**rassemblement이라는 이중의 작업을 통해 이뤄졌는데, 해외 텍스트를 전유하려면 그 텍스트의 주제와 평언*을 몰아내고 텍스트에 처음 담긴 기억과 맥락을 분리해내는 일이 필요했다. 세르토의 표현을 빌리면 모든 "제조술은 망각의 기술"이기도 하기 때문이다.31) 이처럼 고삐 풀린 텍스트를 중심으로 일단의 새로운 담론을 조립하려면 이 담론을 접하게 될 독자들에게 진술의 주도권을 쥐어주는 새로운 언어군과 믿을 만한 발화양식을 제시해야 할 필요가 있는데, 이것이 우리가 탐구 중인 **발명**의 두 번째 단계이다. 새로운 담론의 고도로 코드화된 특성이 작동하기 시작하는 것도 바로 이 지점에서이다. 경력을 쌓거나 누군가를 배제하는 전략으로서가 아니라 반복을 통해 특정 언어를 사용·'표기'할 수 있도록 만들고, 정형화된 표현을 고안해 그 사용자들과 밀접한 관계를 맺게 해주는 방식으로 말이다. 이런 점들을 살펴보지 않는다면 이 복잡다단한 진행과정 속에서 무엇이 의도된 전술이었고, 무엇이 텍스트의 우발적 운명이었는지 구별하는 일은 사실상 불가능하다고 할 수 있다.

출판 절차에서는 상이한 저자와 텍스트가 동일한 시리즈나 선집에 묶임으로써 이것들이 지적으로 뒤섞여 있다는 인상을 낳기도 한다. 이런 뒤섞임은 기형적이긴 해도 [상이한] 텍스트들을 갑자기 (말 그대로) 한데 밀집시킴으로써 해당 텍스트들이 원래 통합적인 듯한 인상을 주는 효과가 있다. 프랑스 이론은 바로 여기, 즉 편집된 선집이나 출판사 도서목록의 뒤엉킨 내용 속에서 처음 발견됐다. 하지만 1967년 판테온 출판사가 상업적 이유로 푸코의 『광기의 역사』를 축

---

* 본문에서 '평언'(評言)으로 옮긴 단어는 '레마'(rhème)이다. 레마는 미국의 철학자이자 기호학자인 퍼스(Charles Sanders Peirce, 1839~1914)가 고안한 용어로 주제(主題)와 함께 어떤 발화-문장을 구성하는 2대 요소이다. 즉, 주제가 이미 알려진 정보를 담고 있다면("말하려는 그 무엇"), 레마는 새로운 정보를 담고 있는 부분이다("그 무엇에 대해 말하는 내용").

약해 출간했고 1984년 컬럼비아대학교출판부가 크리스테바의 『시적 언어의 혁명』을 문학 이론서로 출간하면서도 말라르메, 로트레아몽, 혁명을 다룬 후반부를 삭제했듯이,[32] 이런 뒤섞임은 텍스트들의 대수술을 수반하기도 했다. 특히 이런 뒤섞임은 배급망을 만들고 고유명사들[프랑스 이론의 저자들]을 접합시킴으로써 일종의 브랜드를 **발명**하거나 독특한 지식인 가계도를 탄생시켰다. 미네소타대학교출판부의 '문학의 이론과 역사' 시리즈, 듀크대학교출판부의 '당대 이후의 개입' 시리즈, 세미오텍스트의 '포린 에이전트' 시리즈를 비롯해 비교적 소규모인 컬럼비아대학교출판부의 '유럽의 시각'과 네브라스카대학교출판부의 '프랑스 모더니스트 서가' 시리즈에 이르기까지 가장 잘 알려진 총서가 완전히 혹은 부분적으로 프랑스 이론에 헌정됐다는 사실이 그 증거이다. 이런 총서의 편집자들은 야누스의 얼굴을 한 채 다른 성격의 텍스트들을 한 권에 담아 출간함으로써 뒤섞임 효과를 더 강화할 수 있었다. 가령 존 출판사는 앞서 말한 푸코의 블랑쇼론과 블랑쇼의 「내가 상상하는 미셸 푸코」라는 글을 함께 출간하는 식으로, 두 거장이 각자의 방대한 저술 속에서 서로에 대해 오직 단 한 번 언급한 글들을 묶어 둘 사이의 대화를 엮어냈다.[33] 그런가 하면 푸코를 옹호하던 들뢰즈와 가타리가 보드리야르의 『푸코를 잊자』를 번역·출간한다면 세미오텍스트와의 관계를 끊겠다며 엄포를 놓자, 편집자였던 실베르 로트랭제는 보드리야르와 나눈 긴 인터뷰에 「보드리야르를 잊자」라는 제목을 붙여 보드리야르가 쓴 글 뒤에 붙이는 아이디어를 짜내기도 했다.[34] 흔히 편집자들과 중개자들은 공동으로 집필했거나, 서로 주고받거나, 공통 관심사를 보이는 텍스트들을 선호하는데 이런 형식들이야말로 어떤 일관된 몸체의 이미지를 만들어내는 데 그 어떤 편집 기술보다도 효과적이다. 들뢰즈와 푸코의 예만 들어보면, 그들이 함께 혹은 서로에 대해 쓴 텍스트들은 미국에서 수차례 판을 거듭할 만큼 유명해졌다. 푸코가 들뢰즈의 『감각의 논리』와 『차이와 반복』에 대해 『크리티크』에 쓴 에세이 「철학의 극장」, 푸코의 『감시와 처벌』에 대한 서평으로 들뢰즈가 역시 『크리티크』에 기고한 「새로운 지도제작자」를 비롯해 런던에서 처음 출판된 들뢰즈의 푸코 연구서 『푸코』, 둘이 함께 쓴 텍스트로 이들이 갈리마르 출판사의 프랑스어판 니체 전집에 붙인 혁신적 서문, 1972년 「지식인과 권력」이라는 제목으로 『라르크』에서 함께 했던 인터뷰[35] 등이 이런 경우에 속한다. 특히 마지막의 인터뷰는 『텔로스』에 처음 영어판이 실린 뒤로 『세미오텍스트』와 푸코의 에세이 모음집에까지 수록됐다. 스피박은 곧 이 글을 비판했는데, 들뢰즈와 푸코가 "지식 노동이 바로 육체 노동과 같다는 사실을 증명"하려고 애쓰고, "분리되지 않은 주체를 욕망이라는 이름으로 권력 담론에 다시 끌어들이"려고 했다는 것이었다.[36] 그렇지만 이런 비판에도 불구하고, 대서양을 건너온 이 인터뷰는 이론의 **활용**이라는 문제와 관련해 주요 참고문헌으로 남게 된다. 이론이 정치적 '도구상자'라는 들뢰즈와 푸코의 정의가 변화로 가득 찬 역동적 미래에 이론이 행할 역할에 희망을 품고 있던 미국 지성계의 요구와 맞아떨어졌던 것이다.

　사상을 모아놓은 또 다른 방식으로, 학생들을 위한 '독본'reader은 고유명사들을 뒤섞어 늘어놓음으로써 프랑스 이론을 자연스럽게 받아들이게 만드는 효과를 낳는다. 교육용 선집 형태를 띤 이런 책들은 하나의 주제(탈근대성이나 동성애 문학 등) 혹은 한 사상가의 작업을 다뤘는데 프랑스 저자들의 개인별 독본도 있었고, 푸코와 데리다의 경우에는 이들이 다루는 주제에 따라 여러 권의 독본이 만들어지기도 했다. 그러다 보니 한 저자의 사유를 간추려 훨씬 상업적인 논쟁거리를 만드는 독본도 생겨났다. 루트리지 출판사는 데리다나 푸코 등의 학문적 여정을 64쪽에 담아 소개한다는 '위대한 철학자들' 시리즈를 출간했고, 토템 출판사는 『데리다와 역사의 종말』이나 『보드리야르와 밀레니엄』 같이 사상가의 저작 전체를 탈근대와 관련된 상용구와 묶어 요약하는 '탈근대의 조우' 시리즈37)를 출간했다. 그러나 편집 기술은 여전히 똑같았다. 각 저작의 주장에 담긴 논리 대신 새롭게 등장한 매력적 이름과 교차시키는 마법을 쓰는 식이었으니 말이다. 랜덜 콜린스는 지난 30년 동안의 지성사를 언급하며 이렇게 촌평했다. "유명한 이름들을 한데 모아놓으면, 실제 인물로 구현된 이 성스러운 대상들은 서로 경쟁하며 자신들의 아우라로 청중들을 휘어잡게 된다."38) 새로운 이론적 담론을 생산하는 또 다른 **편집** 형태로는 주변 텍스트, 즉 서문, 후기, 각주, 소제목, 그리고 미국의 독특한 관습인 책 뒤표지의 추천사 등을 풍부하게 첨가하는 방식이 있다. 혹은 [프랑스 이론을 대표하는] 저자들 중의 한 명을 골라 곧 번역될 다른 누군가의 책에 소개글을 써달라고 부탁하는 방식이 있는데, 이럴 경우에는 이 소개글을 쓴 저자의 후광이 그 번역판에 덧씌워진다. 가령 『앙티-오이디푸스』를 번역한 마크 심으로부터 번역판에 실릴 추천사를 부탁받았을 때, 푸코는 어떤 전치가 일어나리라는 것을 알고서는 미국인들에게 이 "위대한 책"을 "일상생활의 안내서"로 이용하라고 단호하고도 위엄 있게 권유했다.39) 결국 이런 편집과정은 미국에서 프랑스 텍스트가 차지하는 위상을 해마다 재조정하며 텍스트의 운명을 결정했다. 편집자들은 프랑스 이론이라는 새로운 문헌

전체에서 가장 민감한 부분을 찾아내 서로를 언급하는 텍스트, 서로 주고받은 논쟁의 발췌문, 맥락과 동떨어져 물신화된 문구, 그 문구에 대한 다양한 논평자들의 언급을 병치시켰다. "아마도 언젠가 이 세기는 들뢰즈의 세기로 알려질 것이다"라는 푸코의 유명한 평가가 좋은 예이다. 상반되게 읽힐 수 있는 이 표현이 미국에서 프랑스 이론을 언급할 때 가장 자주 들리는 상투어가 된 것은 이 표현이 끊임없이 반복되고, 변형되고, 환기되고, 확실한 소개말로 인용되고, 심지어는 책 표지에 광고문구로 사용되기까지 했기 때문이다.[40]

어휘와 구문에 관한 절차는 그것대로 독자들끼리의 공모를 작전처럼 수행하는 역할을 한다. 우선 이런 절차는 세르토가 말한 '발화연출법'dramatique de l'allocution을 활용해 (1차 텍스트이든 2차 텍스트이든) 텍스트를 극화한다.[41] 또한 이런 절차는 각주 같은 말투나 불가피하게 쓸 수밖에 없는 모티프를 반복하는 식으로 분류의 지표 기능을 한다. 독자들이 이론의 형태를 띤 혁신적 텍스트를 평범한 텍스트와 금세 구별할 수 있게 해주는 지표(첫 눈에 봐도 해당 텍스트가 새로운 이론적 담론에 속한다는 것을 알게 해주는 지표) 말이다. 지나칠 만큼 독창성에 연연한 탓으로 돌릴 수도 있겠지만, 이런 절차가 극단화되어 독해가 불가능하거나 독자보다 저자를 더 혼란시키는 성적 은어에 의지하는 일이 벌어지기도 했다. 1995년 발표한 『남성 문제』에서 '다른 것의 배설물화'를 다루며 "항문-음경은 …… 저평가된 환유적 연속성 안에서 기능하는 반면에 남근적 형상인 똥은 은유적 대체의 영역에서 기능한다"[42]고 쓴 캘빈 토머스가 좋은 예이다. 훨씬 빈번하게는 신조어가 사용되는데, 이것은 원래 내용을 정확히 풀어쓴다기보다는 그 신조어를 만들어낸 사람이 주도권을 갖게 되는 방

라캉은 '캉캉춤'처럼 정신 없다는 이유로 '라캉캉'(Lacancan), 데리다는 '다다'처럼 언어를 파괴한다고 해서 '데리다다'(Derridada)라고 불리기도 했다(위 도판은 라캉과 데리다를 풍자한 합성이미지이다).

식이다. 푸코의 생명권력과 속도에 대한 폴 비릴리오의 테제를 뒤섞어 '생명-질주학'bio-dromology이라는 개념을 만들어낸 이언 더글러스처럼, 심지어는 두 사상가를 가로지르는 새로운 합성어가 만들어지기도 한다.[43] 영어 특유의 유연성 덕분에 자주 쓰이는 축약어와 두 문자 같은 경우는 말하기 편하고 유희적인 속성으로 인해 일상의 이야기거리나 일종의 표어로 쓰이며 프랑스 텍스트를 탈신성화하기도 한다. 해체는 '디컨,' 해체의 창시자 데리다는 '데리두들,'* 권위 있는

---

* '디컨'(decon)은 '해체'(deconstruction)의 축약어이나 '데리두들'(Derridoodle) 은 신조어이다. 접미사처럼 쓰인 '두들'(doodle)에는 '낙서', '허튼소리,' '멍청한 미국인' 등 다양한 뜻이 있는데, 이 점을 감안하면 '데리두들'은 (낙서하듯이) "너무 많은 글을 쏟아내는 데리다," "이해하지 못할 말을 하는 데리다," 혹은 "미국인이 다 된 데리다" 등 다양한 뜻으로 풀이될 수 있다.

문인들은 'DWEM,'* 페미니즘 옹호자들의 양면성을 강조하는 '위-멘'we-men, 포스트모더니즘의 용어를 풍자하는 '포모 링고'pomo lingo 등이 좋은 예이다. 넓게 보면 번역도 이런 절차에 속한다. 왜냐하면 번역은 그 자체로 [해외 이론의] 이전이자 전유이고, 프랑스 이론이라는 이론적 담론의 생산양식을 만들어내는 데 다른 어떤 절차보다 강력한 방식으로 참여하고 있기 때문이다. 사실 번역이야말로 프랑스 이론의 생산에서 기초가 되는 단계인 것이다.

무엇보다도 번역의 어려움에는 끝이 없기 때문에 번역자는 (자기 비판을 통해서든 [번역이 어려운 부분의] 생략을 통해서든) 일종의 메타담론으로 스스로를 정당화할 수밖에 없다. 가령 푸코의 '아뵈'aveu나 '디스포지티프'dispositif, 데리다의 '죄'jeu나 '오르-텍스트'hors-texte, 라캉의 '주이상스'jouissance나 '오브제 파르시엘'objet partiel을 번역하는 경우처럼 말이다.** 그러다 보면 애초부터 번역자는 자신에게 주어진 권한을 넘어서는 곳에서 출발할 수밖에 없다. 언어의 전달자가 아니라 일종의 해석학자가 되어야 하는 것이다. 번역자는 원래 표현의 여백까지 옮겨서 독자가 아무것도 놓치지 않도록 한다. 예컨대 누군가가 데리다의 『조종』을 번역하려 한다면 그 사람은 이 책에 나오는 단음절 단어 '사'Sa에 숨겨진 수많은 의미를 우회적으로라도 모두

---

* 'DWEM'은 '죽은 백인 유럽 남성'(Dead White European Males)의 두문자로서, 이른바 동시대 문명의 기초를 쌓았다고 추앙받은 서구 지식인들을 조롱하는 표현이다. 영국 태생의 미국 고전학자 녹스(Bernard Knox, 1914~2010)가 만든 말로 알려져 있다(1994년 녹스는 동명의 책을 발표하기도 했다).

** 본문에서 예로 든 처음 세 단어는 공언/고백, 장치/배치, 놀이/게임/도박 등 다양하게 번역될 수 있다. 한편 텍스트-의-바깥, 쾌락/향유, 부분 대상으로 번역될 수 있는 나머지 세 단어는 그 함의나 뉘앙스를 옮기기가 어렵다.

설명해야 한다. 헤겔이 말하는 절대지$^{savoir\ absolu}$, 축약된 표현으로서의 시니피앙, [발음이 똑같은] 라캉의 거시기/그것^{ça}, 프랑스어의 여성 소유 형용사 '사'^{sa} 등을 모두 뜻할 수 있도록 말이다. 이와 비슷하게, 동사 '생각하다'^{penser}로 '지혈하다/붕대로 감다'^{panser}라는 치료법적 의미까지 지시***하는 데리다의 언어유희는 [번역자에게] 유용한 이탈의 기회를 주기도 한다.44) 이렇듯 번역불가능성에서 빠져나갈 수 있는 해결책을 모색한다는 점에서 번역자는 텍스트를 읽으며 그 **틈새를 메우고**, 두 언어의 문화를 끊임없이 브리콜라주해 결합하려는 최초의 인물이다. 그 다음에는 독자가 이와 똑같은 행위를 따를 것이다. 장-르네 라드미랄의 표현을 쓰면 사실 번역은 우회 전술 중에서도 "문맥을 수정해 브리콜라주"하는 문제이다. '유사하게 바꿔 말하기,' '어휘의 차용,' '오역의 최소화,' '내포의미의 재사회화' 등 불가피하게 의미의 폭을 바꾼다거나, 원래 단어의 암시적 의미를 제거해 무언 효과를 발생시키는 그런 작업 말이다.45) 번역자는 늘 언어의 한계, 그 언어가 지닌 최초의 부정적 면모를 경험한다. 번역자는 훨씬 더 자발적이고 적극적으로 [텍스트를] 전유해 단순한 의미의 전달이라는 불가능한 중립성을 뛰어넘는 책략을 써야 한다. 한마디로 번역자는 단지 전달하는 대신 **발언**해야 한다. 프랑스 텍스트들을 옮긴 미국인들이 더할 나위 없이 자유롭게 수행한 것이 바로 이런 작업이었다. 이들은 작품 안의 논지를 균형적으로 드러내려고 하기보다는 특정한 텍스트를 선정하고는 그것을 주체의 죽음, 지도와 영토에 대한 우화, 권력의 산포, 흐름으로서의 욕망 같은 단일한 모티프, 공식, 일

*** 이 두 프랑스어는 발음('팡세')이 유사하다.

관된 주제로 파악했다. 미국의 해석자들은 자신들이 파악한 모티프, 공식, 주제 등을 시험하고, 설명하고, 자신들에게 이롭게 뒤집거나 전용하고, 일종의 상징에서 지표가 될 때까지 맘껏 움직여봤다. 그 이후로 쭉 프랑스 이론의 텍스트들은 분리가능하고, 조작가능하고, 비평가능한, 한마디로 말해 그 안에 **머물러 있기 좋은 곳**이 됐다.

　인용은 이런 과정의 핵심이다. 하나의 소우주처럼 작동하는 인용은 복잡한 논지와 전체 저작을 전달하는 것으로 제 임무를 다한다. 말 그대로 **제시하는 것**, 즉 요약하거나 재현하는 것이 아니라 독자 앞에 나타나게 하는 것, 적어도 [복잡한 논지와 전체 저작의] 유령을 불러내는 일이다. 결국 인용은 프랑스 이론으로 불리는 지적 합성물의 기초 자료를 제공한다. 한 줌의 인용 속에 프랑스 이론 전체가 포함되는 것이다. 보드리야르가 전도서의 한 구절이라며 『시뮬라시옹』의 앞 부분에 붙여 미국인 독자들로 하여금 자신이 읽고 있는 책 자체가 진짜인지 아닌지 더 이상 알 수 없게 거짓 제사題詞("시뮬라크르는 참된 것이다").* 포스트모더니티를 "메타서사에 대한 불신"이라고 정리한 리오타르의 요약, 다양한 방식으로 번역된데다가 '그' 텍스트의 바깥에서 너무나 자주 반복된 데리다의 "텍스트-의-바깥은 없다"는 주장 등이 좋은 예일 것이다. 심지어 철학사란 "어떤 작가의 뒤에 들러붙어 그의 애를 만들어내는" 일종의 "비역질"이라는 들뢰즈의 표현,

---

* 보드리야르도 밝힌 바 있지만 이 구절은 "상상의 인용"이다. Jean Baudrillard, *D'un fragment à l'autre: Entretiens avec François L'Yvonnet* (Paris: Albin Michel, 2001), p.24. 이처럼 보드리야르가 존재하지 않지만 마치 있는 것처럼 가져온 '인용(문)' 자체가 원본과 복제의 구분이 사라졌고, 더 나아가 그 위상이 뒤바뀌었다는 『시뮬라시옹』의 핵심 내용을 잘 요약해준다는 말이다.

푸코가 『말과 사물』에서 말한 "해변의 모래사장에 그려진 얼굴이 파도에 씻기듯" 사라질 인간의 이미지는 너무 자주 반복·변형되어 원래의 텍스트는 실질적으로 사라져버린 것이나 다름없게 됐다.[46] 이렇듯 인용은 인용하는 자와 인용되는 자 모두에게서 스스로 벗어나는 부유하는 공간으로, 고유명사와 유동하는 개념이 관통하는 초담론의 지대로 접어든다. 프랑스에서 온 개념들이 미국의 첨가물에 의해 그 독특함을 잃어버리는 곳으로 말이다. 이로써 인용은 이론이 지시하는 대상을 '소유'(이것은 '폐쇄성'과 고착을 전제한다)하기보다는 더 은밀하게 전유하고 '포획'하도록 해준다. 왜냐하면 앙트완 콩파뇽의 말처럼 인용이란 "타자의 담론을 말하는 것," 결국 "누구의 것도 아닌 이름으로" 윽박지르는 것, "타자보다는 자기 자신을" 취할 수 있게 하는 것이기 때문이다.[47] 인용은 부르디외가 다른 맥락에서 분석한 "고유명사와의 거리두기"를 낳기도 한다.[48] 지금-여기 있는 '경험적 개인'(자기 담론의 주체)이 누군가에게 인용되면 '억견적^{doxique} 개인'(특정 의견이 누구의 것인지 판별할 수 있게 해주는 텍스트의 이름)이 되어가다가, 결국 훨씬 더 추상화된 '인식적[에피스테메적] 개인'(얼굴이나 고유명이 없는 지식 분류상의 지표, 일련의 개념적 혁신에서 한 자리를 차지할 뿐인 거의 익명화된 원천)이 되어간다.

따라서 프랑스 이론의 **발명**은 수사적 변형과 어휘적 계략을 통해 푸코나 데리다를 참고도서가 아닌 보통명사로, 담론의 진정한 활력소가 될 수 있도록 했다는 데 그 의의가 있다. 인용은 언제나 떼었다 붙였다 할 수 있도록 변화하는 해석에 대해 끝없이 다시 쓸 수 있는 재료를 구성하는 일이다. 수업에서 이들[푸코나 데리다]과 조우하는 젊은 학부생, 순수문학을 외치면서 이들을 침묵시키는 인문학 선생,

'급진적 스타일'[49]을 덧입혀 자신의 세련미를 완성하려고 이들을 흉내내는 어설픈 젊은 지식인에 이르기까지 모두들 제각기 다양한 모양새로 탈착가능한 담론 단위로 이런 프랑스 이론의 단편들과 접해왔다. 이런 모양새를 갖춘 담론의 내적 논리는 선형적 주장보다는 율동적 흐름, 어떤 **개념의 명칭**이 자아내는 카리스마와 더 관계 있다. 지금까지 간략히 분석해본 프랑스 이론의 통사적 구조는 바로 이런 점에서 그 사회적 배경, 즉 대학의 새로운 기풍과도 떼려야 뗄 수 없다. 유희적 접근법, [기존의 모든 것을] 정당화할 수 없다는 논리, 독창적이어야 한다는 강제, 이단적 의견이 생산적이라는 생각, 특정 공동체에 전략적으로 충성하기 같은 것 말이다. 물론 별다른 사연도 없고 행동도 번듯한 어느 선생이 예리한 담론을 펼쳐보이는 모습도 당대의 놀라운 특징 중 하나였다. 미국의 철학과 사회과학이 힘을 합쳐 프랑스 이론에 맞서게 된 데는 이런 여러 가지 배경이 있었다.

저항: 역사에서 철학으로

이 새로운 형태의 문학 연구가 보여준 불경스러운 활력은 문학 연구 내부와 관련 분야에서 프랑스 이론, 더 나아가 **이론**이라는 용어로 규정되기 시작한 새로운 지식 영역 전체에 강한 저항이 일도록 만들었다. 이에 대해 폴 드 만은 역설적으로 그런 저항 자체가 이론의 의무라고 주장한 바 있다. 왜냐하면 이론에 저항한다는 것은 "언어에 관한 언어[즉, 메타언어]를 사용하는 데 저항"하는 것인데, 이론은 원래 "자신에게 저항해 말하는 것"이기 때문이다. 이론이란 이전부터 존재해온 지식을 취한 뒤, 자율적으로 기능하는 언어가 그 내용을 의심해보게 만드는 것이다. 그것이 그 지식의 원래 뜻을 거스르는 일일지라도.50) 하지만 인문학계의 주된 **저항자**, 요컨대 역사학자들, 사회학자들, 특히 철학자들 입장에서는 자신이 저항한다는 사실 자체로 인해 프랑스 이론과 엮이는 것을 좋아하지 않을 것 같다. 바로 그것이야말로 자신을 분노케 하는 논리적 역설일 테니 말이다.

역사학계는 프랑스 이론의 새로운 유입에 애매한 입장을 취했다. 아날학파의 영향으로 이미 20년 전에 한번 흔들린 적 있었던 역사학계에서는 [아날학파를 뒤이어] 푸코와 세르토를 비롯한 프랑스 저자들이 적극 받아들여짐으로써 사회사와 지성사가 부흥하고 있었다. 그런데 도미니크 라카프라의 말처럼 "텍스트-컨텍스트라는 문제를 경유해 지성사를 다시 생각해보는 작업은 언어라는 쟁점을 제기"51) 하게 됐다. 고매한 사상사 역시 언어적 전환을 피해갈 수 없었고, 곧 자신의 방법론을 문제 삼거나 문헌의 위상을 다시 생각하는 등 스스로를 프랑스 이론이라는 **거울에 비춰보며** 재조명하기 시작했던 것이다. 1980년 라카프라와 스티븐 캐플러의 주도로 "역사와 언어학적 전환"이라는 주제 아래 코넬대학교에서 개최된 학술대회가 좋은 예이다.52) 더 넓게 보면, 1960년대 말 이래 역사학이 앓고 있던 인식론적 위기가 상황을 다소 유익한 자기성찰의 국면으로 이끈 측면도 있다. 비록 보수적인 역사사학자들은 논쟁을 거부했지만, 그 반대편에서는 경청할 만한 주장이 많이 나왔다. 헤이든 화이트는 역사에 대한 접근법의 '개방성'을 주장했고, 피터 노빅은 역사에서의 '객관성'이라는 문제를 직접적으로 제기했다.53) 그러나 역사학과 문학적 포스트구조주의 사이의 그런 대화는 텍스트의 지위라는 문제에 한정되어 있었다. 왜냐하면 문학이론가들이 역사를 문학 분야 안의 외진 (그리고 이데올로기적으로 의심스러운) 맥락 속으로 축소시키고 있던 무렵, 역사학자들은 텍스트의 다의성이나 말해지지 않은 것들, 그로 인한 오독에 대해서는 거의 관심을 두지 않았기 때문이다. 역사학자들은 더 이상 신뢰할 수 없다고 여겨지지 않는 사료를 신뢰할 만한 사료로 교체하는 데 관심을 갖고 있었다. 더욱이 두 분과학문을 동일한 용어로 다루는 일은 텍스트와 역사적 사실 사이의 어떤 **연속성**을 당연시하는 태도를 상정한다. 그러나 (감옥[역사적 사실]과 소설[텍스트]이 [일종의 사료로] 동일한 수준에 놓이게 되는) 이런 연속성은 당연시되기 힘들었는데, 역사학자 린 헌트는 이 연속성이 극히 단순화된 인과론을 초래한다고 주장하기도 했다. 헌트에 따르면, 이로써 문학적 결정요인의 '복잡성'과 순수한 역사적 **사건**의 '소란한' 차원이 모두 손상을 입는다는 것이다.[54] 이처럼 텍스트주의자들과 해체의 신봉자들을 불신했을지언정, 실제로 역사학자들은 이 새로운 문학 분야의 또 다른 '진영,' 역사(학)를 정치적으로 비판하면서도 역사[(학)에 관한 참조] 없이는 작업할 수 없었던 이들, 즉 정체성의 정치에 관심 있는 이들과는 개방적이고 문제적인 대화를 나눴다.

사회과학의 경우에는 그 다양성이 더 복잡한 결과를 낳았다. 한편으로, 프랑스 이론은 두 가지 방향으로 주된 전환점의 기원이 됐다. 하나는 푸코와 클로드 레비-스트로스의 영향, 문화를 '의미의 유동성'으로 파악하는 클리포드 기어츠의 저작과 이론이 덧붙여져 완성된 문화인류학이고, 다른 하나는 토머스 쿤의 인식론적 '혁명'과 브뤼노 라투르의 연구를 통해 정립된 과학사회학이다. 그러나 다른 시각에서 보면 기능주의 사회학과 참여관찰식 민속지학이 프랑스 이론에 문을 걸어닫은 것은 논리상 자연스러운 귀결이다. 1892년 시카고대학교에서 미국 최초로 사회학과가 개설된 이래 귀납적 접근,

양적 자료, 일대기, 연구결과의 사회적 응용 등을 사회과학의 전통으로 삼던 미국에서 '사회'를 일종의 정치적 허구로 여기고, 행위 **주체**에 대한 비판이 '행위자'를 제거하는 데까지 이른 사유양식이 따스한 환대를 받길 바랄 순 없었다. 사회적 상호작용론이 득세하던 20세기 초의 미국 사회학에 선구적으로 영향을 끼친 가브리엘 타르드와 게오르크 짐멜의 '질적' 인류학이었다면 대화가 가능했을지도 모르겠다. 1960년대 일련의 프랑스 철학자들이 탈코트 파슨스의 상호작용주의 학파 연구자들과 나눈 대화, 그리고 뒤이어 (푸코와 들뢰즈의 관심을 끈 저작을 남긴 그레고리 베이트슨처럼) 팔로 알토의 '보이지 않는 대학'*에 있던 이들과 나눈 대화 역시 이런 교류를 촉진할 수 있었을지 모른다. 하지만 여기서도 분과학문의 장벽은 걸러내기 메커니즘으로 작용했다. 분명 무엇인가 기여할 바가 있었는데도 프랑스의 사상을 근거없는 일반화나 [미국 사회학에 대한] 일종의 위협으로 치부하도록 만들어 서로 통할 수 있는 길을 막아버린 것이다. 사회과학 내의 실증주의 전통이 미국 대학을 얼마나 짓누르고 있었던지 심지어 피터 게이나 클리포드 기어츠 같은 인물들조차 푸코에게 경험적 연구가 전무하고 방법론을 "얼버무린다"며 비난을 퍼부을 정도

---

* 원래 '보이지 않는 대학'(invisible college)이란 17세기 영국에서 종교계의 탄압을 피해 서로의 연구성과를 공유하던 자연철학자들의 비밀 모임을 말하는데, 현대에는 "유사한 문제를 연구하는 비공식 과학자 집단"을 통칭하는 용어가 됐다. 1956년 캘리포니아 주의 팔로 알토에서 베이트슨(Gregory Bateson, 1904~1980)은 일군의 동료 정신의학자, 즉 잭슨(Donald D. Jackson, 1920~1968), 헤일리(Jay Haley, 1923~2007), 위크랜드(John H. Weakland, 1919~1995) 등과 '이중구속'(double bind)에 관한 정신분열증 이론을 발표했다. 이들 역시 각자 소속된 대학이나 연구소가 있었지만 이 연구를 위해 따로 은밀히 모였다.

였다. 푸코가 미국에서 승승장구하자 이들은 "푸코라는 파도를 막는 방파제를 쌓는 데 노력을 아끼지 않았다."55)

이런 인식론적 이견은 정치적 거부뿐만 아니라 윤리적 불신까지 겹쳐져 나온 것이다. 사회학자 자넷 울프는 자신의 동료들 다수가 품고 있던 생각을 잘 요약한 바 있다. "포스트구조주의 이론과 담론 이론은 사회적인 것의 담론적 성격을 설명하면서 마치 사회적인 것을 부정하는 면허라도 딴 양 행동한다."56) 하지만 사회학을 정치화했던 찰스 라이트 밀스와 1973년 출간된 고전 『문화의 해석』을 통해 사회과학에서 '문화적' 전환을 이끈 기어츠는 각자의 방식으로 프랑스 이론과의 풍성한 논쟁에 필요한 기반을 마련했다. 그러나 밀스와 기어츠 모두가 대표하고 있었으며, 이들의 추종자들이 프랑스의 이론적 '상대주의'와 반대되는 것으로 여겼던 그 기반이란 정확히는 정치 참여적 사회학을 내세우는 것이었으며 결국 논쟁은 일어나지 않았다. 푸코나 데리다가 다소 희화화되어 문화사회학이나 보건사회학에 속하는 인물로 분류되는 경우도 있었다.57) 그러나 이 모든 것에도 불구하고 미국 사회과학에 끼친 프랑스 이론의 영향은 부분적 차용借用에 한정됐다. 즉, 사회과학자들은 여기저기에서 따온 중요한 개념이나 결론부의 시사적 진술에 프랑스 이론을 차용하면서도 [미국 사회과학의 전통인] 기록자 혹은 통계분석자의 자세를 포기하지 않았고, 미셸 라몽과 마샤 위튼이 지적한 것처럼 늘 "프랑스 이론의 가장 **구체적이지 못한** 측면을 깔보는" 태도를 보였다.58)

철학의 경우는 다른 면에서 중요하다. 자신을 가장 고전적 의미의 철학자로 부르는 데 큰 의미를 부여했지만 들뢰즈는 "철학을 벗어나기, [철학의] 바깥에서 철학을 생산할 수 있기 위해서 무엇이든

하기"를 선언했다.59) 엄격히 획정된 영역을 지키는 미국 철학 왕국의 질투에 찬 케르베로스들이 들뢰즈의 의견을 충실히 받아들이지 않았다는 점만은 분명하다. 물론 철학계의 이런 완고한 저항에도 불구하고 눈에 띄는 예외는 있었다. 시카고의 드폴대학교, 롱아일랜드의 뉴욕주립대학교 스토니브룩 캠퍼스, 뉴욕의 뉴스쿨, 그리고 몇몇 가톨릭 계열 대학(로욜라대학교, 노틀담대학교 등)이 그랬는데, 이 대학들의 철학과에서는 흔히 않게도 '대륙' 철학을 가르쳤다. 하지만 대부분의 경우 미국 철학자들로 하여금 문학부 동료들의 열정을 재미있게 혹은 짜증스럽게 쳐다보도록 만드는 것은 아무것도 없었다. [미국의] 고등학교 교과과정에 철학 과목이 없다는 사실조차 그렇게 만들지는 못했다. 사실 미국 분석철학(논리실증주의자들, 모튼 화이트와 존 랭쇼 오스틴 같은 '일상어' 전문가들)과 '우리 모두의' 철학사를 만들어낸 대륙의 형이상학 사이에 넘을 수 없는 간극이 있는 것도 아니었다. 양쪽 진영의 몇몇 극단주의자들이 주장하는 것과 달리, 사유 행위에 관한 미국 철학과 대륙 철학의 개념이 양립할 수 없는 이유는 철학적 간극보다는 비교적 최근에 발생했을 뿐만 아니라 그 기원상 이데올로기적 동기를 안고 있는 역사적 현상 때문이었다. 미국에 망명한 빈학파 구성원들의 사상과 강력한 반공주의적 신념(그들에게 이 신념은 열렬한 반헤겔주의를 뜻하기도 했다)이 끼친 영향, 이후의 냉전 분위기 탓에 더욱더 악화된 바로 그 현상 말이다.

유럽에서 건너온 논리실증주의자들은 역사적 맥락과 이데올로기적 틀의 상이함에도 불구하고, 19세기에 윌리엄 제임스와 존 듀이의 미국 실용주의 전통이 유럽 철학의 도덕적·정치적 야망과 칸트와 헤겔의 거대한 해석체계에 내비친 불신을 사실상 자기 목적으로 삼았다. 1890년대에 제임스는 대륙 철학의 작업을 외면함으로써 대륙의 관념론과 헤겔식의 '잘못 든 길'에 대해 한 세기 가까이 이어진 불신을 촉발했다. 제임스가 하버드대학교 시절에 이렇게 일갈한 리포트를 썼다는 것은 유명한 일화이다. "빌어먹을 절대!"Damn the Absolute 따라서 미국의 철학과에서 실용주의와 분석철학은 헤겔의 독일식 감상주의와 총체화의 '폭력'에 대한 해독제나 다름 없었다. 애초부터 미국 철학과 대륙 철학의 전통은 **인식론적**으로라기보다 문화적·역사적으로 달랐다. 양자의 차이는 철학에 대한 서로 다른 정의의 대립이기 이전에 서로 다른 두 에토스, 동일한 철학적 사유를 실천하는 상이한 두 방식, 파스칼 엥겔이 말한 두 '성향' 사이의 대립이었다.[60] 한편에 "깊어지려면 무뎌져야 한다"[61]는 찰스 샌더스 퍼스의 말처럼 누구보다도 간결하고 소박한 태도를 견지하면서 탐구를 통해 진리에 다다르려는 특수론자의 성향이 있다면, 다른 한편에는 니체에서 장-폴 사르트르에 이르기까지 스타일이나 글쓰기로 매개되는 진리에 도달하기 위해 끊임없이 공간을 열어젖히려는, 일종의 사명의식을 가진 보편론자의 성향이 있다는 것이다. 상황이 이러하니 공학자로서의 철학자들, '일상어'의 냉철한 기술자들이 뜬금없이 대륙적 스타일의 거대한 철학적 제스처를 취하는 덜 엄격한 문학비평가들과 대립할 수밖에 없는 원인은 풍부했던 셈이다. 한편에는 버트란드 러셀과 루돌프 카르납의 논리-수학적 전통, 이 전통을 계승한 힐러리 퍼트넘의 '인지적 기능주의,' 새로운 신경철학 연구, 인공지능 이론이 있다. 1930년대 미국의 논리학자들이 만든 초창기 학문공동체에서부터 오늘날의 소박한 학술 좌담회에 이르기까지 미국식 전통은 철학적 질문이 오직 모든 지식 탐구의 본보기이자 지평인 **과학**의 성격과 내용을 견지해야 한다고 주장한다. 다른 한편에서 프랑스 이론에 정통한 문학연구자들과 틀에 얽매이지 않은 사회학자들은 철학자들 사이의 이데올로기적 동기와 분과학문상의 분리주의, 규범화된 과학성의 모형과 일상어의 '중립성'이라는 일반 원칙에 대한 의심을 공유하고 있었다. 바로 여기, 이 과학과 문학 사이에서 우리는 저 오래된 '귀머거리들의 대화'를 목격하고 있는 셈이다.

미국 철학의 역사는 철학의 전문화의 역사이기도 하다. 존 라이크먼이 말했듯이 실제로 미국 철학은 "일종의 일반화된 법치의 기술"이자 "사례, 주장, 논점"을 다루는 특정한 능력이었고, 칸트 이후의 모든 대륙적 사유를 "애매모호한 사유, 잘못된 역사주의, 비합리주의"로 간주하고 거부함으로써 성장해왔다.[62] 그러나 1970년대 말에 등장한 문학계의 새로운 **이론가들**은 철학 언어의 일의성^{univocity}이 불가능함을 설파한 데리다를 인용하고, 주체는 늘 서사에 속박되어 있다고 말한 리오타르를 환기시키며 주저 없이 철학계에 개입했다. 한편 이들은 (자신들에게는 대륙 철학을 뜻했던) 철학의 역사를 다시 읽는 '서사'를 발전시켰다. 예컨대 주디스 버틀러는 자신의 첫 번째 저서에서 철학을 '수사'로 이뤄진 하나의 '이야기'로, 자신이 교양소설 혹은 독일판 『오즈의 마법사』에 비유한 헤겔의 『정신현상학』이 그 '거대서사'를 구성하고 있는 이야기로 다뤘다.[63] 철학자들은 문학계의 이 새로운 움직임에 다양한 주장으로 맞섰다. 철학자들의 가장 일반적인 주장은 명확함이나 합리성을 요청하는 것이었다. 다시 말해서 문학이론가들에게 영감을 준 프랑스 텍스트들은 '명료'하지 않은데다가 '논점'도 없고, 명확하게 말할 수 있는 것만을 말해야 한다는 철학의 황금률조차 어기고 있다는 것이다.

그런가 하면 텍스트의 상호작용에 근거한 **수평적** 진리 탐구(문학사상가들의 방식)와 언어와 실재의 관계를 질문하는 **수직적** 탐구는 진정으로 양립할 수 없다는 (덜 단순한) 생각도 때때로 접할 수 있었다. 모든 철학자가 **그저 문학**에 불과할 뿐인 것을 마냥 완전히 거부하거나, 과학의 틀 속에서 연구했던 수세대의 미국인들이 그랬듯이 '프랑스의 안개'를 조롱했던 것만은 아니다. 하지만 철학자들도 "일종의 쓰기 혹은 문학으로서의 철학 개념 자체"64)에는 당혹해했다. 그들 대부분은 프랑스 이론의 '반지시주의,' 즉 텍스트나 담론은 오직 다른 텍스트와 담론만을 지시할 뿐 현실 세계를 지시하지는 않는다는 생각에 (논리학자들만큼이나) 강력히 반대한다. 그러나 이론적 유행으로 인해 분과학문적 영토 주변에서 벌어진 유별난 소동은 철학 분야에도 흔적을 남겼다. 철학의 사회적 역할 문제를 둘러싸고 내부 위기를 악화시켰고, 정의에 관한 존 롤즈의 이론과 넬슨 굿맨의 세계만들기 worldmaking라는 개념에 관한 저작이 거의 동시에 출간된 데서 알 수 있듯이 윤리적·미학적 성찰을 촉진했으며, 곧 살펴볼 리처드 로티의 경우처럼 극소수의 철학자들이 미국식 실용주의와 프랑스 이론 사이에 다리를 놓도록 자극했던 것이다.

비판적 교육으로서의 '이론'

결국 프랑스의 포스트구조주의를 통해 새로운 초분과학문적 대상인 '이론'을 발명해낸 것은 문학연구자들이었는데, 이들은 이 용어를 유행시켰을 뿐만 아니라 그 주변을 휘감은 짙은 신비를 솜씨 좋게 유지시켰다. 어떤 방식으로든 과학과 연관되어 있던 이론의 이전 용법과 문학연구자들의 용법을 확연히 갈라놓은 것이 바로 이 신비였다.

새로운 미국식 이론은 실용주의자들이 말하는 이론(반드시 공공선에 기여하는 인지과정의 탐구), 독일인들이 말하는 이론(칸트에서 에드문트 후설에 이르는 형이상학 전통 속에서 어떤 대상을 합리적으로 파악하는 행위), 알튀세르에게서 정점에 이른 이데올로기에 관한 맑스주의적인 과학(그리고 탈신비화), 언어학자 젤리그 해리스에서부터 그의 제자인 노암 촘스키에 이르는 1950년대 미국 생성문법의 선구자들이 제안하는 훨씬 제한적인 이론 등 그 어느 것도 아니었다. 프랑스적인 것이든 그저 문학적인 것을 지시했든지 간에, 지난 30년 동안 모든 문학 관련 학과에서 질문거리가 됐던 이 새로운 이론은 이론에 대한 좀 더 정확한 정의를 거스르면서 그 자신의 수수께끼 외에는 다른 어떤 대상도 없는 신비로운 자동사* 같은 것으로 남아 있게 된다. 요컨대 그것은 무엇보다 자기 자신에 관한 담론이자 자신의 생산조건, 곧 대학에 관한 담론이었다. 어떤 면에서 이론은 명확히 규정된 범주였던 문학의 소멸과 관련된 현상으로, 문학의 불확정성뿐만 아니라 문학의 영토 확장과도 관련된 제도적 효과였다. 제럴드 그라프가 말하듯이 "이론은 문학의 몇몇 측면, 즉 문학의 성질, 역사, 사회에서의 위치, 생산과 수용조건, 일반적 의미 혹은 특정 작품의 의미 등이 명확히 규정되기를 멈추고 일반화된 방식으로 주장되는 질문이 될 때 발생한다."[65] 이론이 갑자기 발흥할 당시 미국 대학이 놓여 있던 맥락도 이런 방향성에 한몫을 했다. 당시 상황은 비

---

* 영어에서 자동사(intransitive)는 타동사와는 달리 대상(목적어)을 갖지 않는 동사이다. 따라서 '자동사 같다'는 말은 미국에서 이론이 자신 외에는 탐구대상을 갖지 않고, 내재적(intrinsèque) 경향을 보이게 된 상황을 의미한다.

판적 행위에게 작금의 위기(그리고 그 자신의 어원학적 기원)에 충실할 것을 요구했고, 이론이 끊임없이 자신의 정당성을 질문할 수밖에 없도록 만들었다. 즉, 대학이 '우수성' 여부에 목매달고, 실업률이 증가하고, 현실에 '써먹을' 지식이 강요되던 시대였던지라 이론은 학생들에게 (실제로는 미국 사회 전체에) **자동사적 행위**인 이론의 유용성을 정당화해야만 했던 것이다. 이론은 대상/목적을 갖지 않은 채 그 자체로 남아 있어야만 했다. 왜냐하면 좀 더 한정되거나 타동사적으로 유용해지는 것을 목표로 삼으면 이론은 (기호학이든 문학사이든) 자신의 근거를 순식간에 잃을지도 몰랐기 때문이었다. 덜 혁신적이더라도 캠퍼스 바깥에서 유용하게 써먹을 수 있는 접근법과 비교해볼 때 말이다. 자동사적 과정의 보편성을 입증함으로써, 이론은 교수법에 대한 탐구와 적절한 교수법에 대한 논쟁에서 미국의 영문학 교과과정이 오랫동안 담당해온 발견적* 가치와 다시 관련을 맺게 됐다. 1895년 히람 코슨이 "영어 교과서는 풍부하고 …… [텍스트에 접근하는] 기법들은 지겹도록 논의되고 있으며 …… 영문학 연구에 활용될 최고의 교수법이 무엇인지에 관해 교육학 저널들은 저명한 교육자들의 의견을 간청하고 있다"[66]고 쓴 것처럼, 이미 19세기부터 영문과는 교수법에 관한 모든 토론에서 중심적인 참조점 역할을 해왔다. 1970년대의 침체기에 위기의 시대에 필요한 최고의 교육이 무엇인가에 관해 수많은 보고서, 소책자, 논문이 쏟아져 나온 것은 이런 전통 속에서였다. 시드니 후크의 『근대 대학의 이상』(1974), 이미 고

---

* '발견적'(heuristic)이라는 말은 원래 스스로 찾아내도록 돕는다는 뜻으로, 교수법에서는 학생 스스로 지식을 발견하도록 돕는 교사의 역할을 의미한다.

전이 된 데이비드 리스먼의 『대학 혁명』(1977)도 이때 발간됐다. 어떤 면에서 프랑스 이론의 영향은 이런 현상을 강화했다. 프랑스 이론이 미국의 고등교육, 이와 연관된 공리주의 시대에 문제를 제기했기 때문이다. 프랑스 이론은 자신이 이런 문제들을 성찰하고, 질문하고, 이에 대해 충실한 거울 역할을 할 수 있다고 선언함으로써 자신의 유용성을 주장하거나 상황의 곤란함을 자극하게 될 터였다.

실제로 1970년대 말이 되면 프랑스 이론의 성공으로 인해 '인문학의 위기'나 '교수법과 이론'에 관한 수많은 집담회와 저작이 터져 나오게 된다. 비록 부분적으로 사용됐지만 프랑스 이론의 개념적 도구들은 고등교육에 관한 오래된 토론을 일신시켰다. 연구자들은 지식이 전달되는 형식, 교수들의 강연에 담긴 '음성중심주의,' 학생들과의 대화라는 '민주주의적 환상,' 문학 분야에 지배적인 선집 지향적 문화의 '유럽중심주의,' 심지어 (지식 전달과정의 논리적 방식만큼이나 평가점수 역시 강의에서 이뤄지는 지식의 습득을 규정한다는 점에서) 일반적인 평가기법이 강화하는 '인식론적 제국주의' 등을 문제 삼았다. 결국 이 모든 논의는 1968년 이후 프랑스의 대학을 뒤집어놓았던 논쟁들과 유사했다. 그러나 리오타르와 들뢰즈가 글을 썼던 프랑스적 맥락과 미국적 맥락은 매우 달랐다. 그래서 프랑스 저자들을 언급하는 데 그치는 것이 아니라 그들을 미국 대학의 위기라는 맥락 속에 끌어들이고, 그들이 모르고 있는 교육 논쟁 속에서 그들을 전용하고, 실제로 인문학이 걸어갈 수 있는 새로운 길을 강조할 수 있게 특정한 각도에서 그들을 읽어낼 필요가 있었다. 이런 방식으로 프랑스 저자들을 독해한 가장 대표적 사례는 (푸코가 문제 삼지 **않은** 유일한 지식/권력기구 중 하나가 틀림없이 대학이었다는 근거를 들며) '지식/권력'이라는 푸코의 개념으로 자유주의적 교육의 정당성을 설명하거나, 학생의 비판 능력을 데리다적인 해체의 가장 귀중한 효과로 파악한다거나, "'미국 교육의 정치'에 개입하기 위한 유용한 도구"⁶⁷⁾를 끌어내기 위해 들뢰즈와 가타리를 읽거나 하는 일이었다.

심지어 리오타르까지 호출됐다. 교육정책 연구자 프라딥 딜롱과 비평가 폴 스탠디시는 십수 명에 달하는 문화연구가들을 모아 '올바른 교육'의 근거를 끌어내려고 했는데 여기서 리오타르는 교육학적인, 아니 오히려 반교육학적인 입장에서 독해됐다. [딜롱과 스탠디시가 편집한 책에서] 올바른 교육에서 '숭고'의 역할을 점검한 사람도 있었고, '배리'를 새로운 '지식정치'의 근원으로 삼은 사람도 있었으며, 약간 풍자를 섞어 리오타르를 '도덕교육자'로 묘사한 사람까지 있었다. 딜롱과 스탠디시가 편집한 책은 리오타르의 저서들에서 '리비도적 교육,' 혹은 타자를 인정하게 만드는 '비교육학'ᵃ⁻ᵖédagogie의 기본 요소를 더욱 보편적인 방식으로 추출했다.⁶⁸⁾ 리오타르가 낭테르대학교, 그 이후 뱅센대학교 재직 당시 프랑스 교육부의 개혁안에 반대했던 일은 '지식의 상업화'와 '계급적 독점화'를 비판한 행동으로 인용됐다.⁶⁹⁾ 또한 '리오타르적 교사'라는 이상은 "자본과 보편주의 사상이라는 헤게모니에 완벽히 비협조적인 최후의 저항선"을 상징하는 인물형이자, "지적·감성적 격렬함의 생산"이 목표인 "숭고의 대학"을 만들어낼 이로 규정됐다.⁷⁰⁾ 『포스트모던의 조건』이 애초 대학에서의 "지식에 관한 보고서"였지만, 리오타르도 상황이 이렇게까지 멀리 나아가리라고는 예상하지 못했을 것이다.

미국에서의 대단한 성공(그리고 이 성공이 불러일으킨 기대감)에 자극받았을 데리다는 프랑스 이론의 주요 사상가들 중 교육 문제를 직접 이론화한 유일한 인물이다. '인간주의적' 인문학의 아포리아를 성찰한 글(「직업의 미래 혹은 ('인문학' 덕택에 미래에 가능해질) 조건 없는 대학」[71])이라는 이 글은 프랑스에서 『조건 없는 대학』이라는 제목으로 재출간됐다)이나 어느 학술대회 발표문에서도 그랬듯이, 데리다는 미국의 초청자들에게 화답하면서 해체가 "점점 더 대학 제도라는 **주제에 대한** 담론이자 실천"이 되어가고 있다고 말했다.[72] (프랑스 고등사범학교와 하버드대학교의 교환 프로그램에 참석했을 때인) 1956년부터 미국을 방문해 미국 대학체제에 익숙했던 데리다는 미국적 전통이 한 세기 전부터 시작된 인문학의 고질적 위기와 관련이 있는지, 아니면 그보다 오래된 문학 비평에서의 이론적 실천과 관련이 있는지 설명할 수 있었다. 19세기 말 이래로 각 세대의 미국 문학연구자들은 저마다 크든 작든 이전 세대를 비판하면서 이론의 결핍을 이야기해왔다. 그러나 프랑스 이론은 지식의 주체, 이성의 자율성, 재현의 논리에 의문을 표함으로써 갑자기 이 익숙한 논쟁을 격화시키고, 균열을 내기에 충분할 만큼 논쟁을 극적으로 만들었다. 프랑스 이론이 드러낸 의심은 마치 시한폭탄처럼 미국 인문학계 내의 적대적 진영 사이로 스며들어가 인문학 교육에서의 도덕적 차원과 인지적 차원 사이, 과학적 방식(독일식)과 자유주의적 방식(영국식) 사이, 소수자 정치에 경도되어 있는 입장과 순수한 역설의 논리로서 최대한의 이론적 불확정성을 지향하는 입장 사이의 역사적 차이를 드러냄으로써 상황을 임계지점으로까지 몰아붙였다. 데이비드 카우프먼의 말처럼, 인식론적 바이러스일 뿐만 아니라 '새로운 직업적 경로'이기도 한 이론의 총체적 효능은 오래된 이론을 새로운 이론과 대립시킴으로써 문학 분야의 온갖 풍요로움을 보여주고, 이런 대립 상황 자체에서 이론의 정당성을 도출해냄으로써 그 긴장을 강조하는 데 있다. 이론의 '중대한' 기능은 "메마른 직업화라는 악마와 보편적 가치라는 신 모두를 섬기는 데 …… 전문화 경향에 맞서 싸우는 동시에 전문화의 매개자 역할을 하는 데", 즉 극과 극을 연결시킬 수 있는 유일한 방법으로 한 극단에서 다른 극단으로 떠다니는 데 있다.73)

그렇다면 이론이 자신의 불확정성에도 불구하고(혹은 불확정성에 의해), 1982~83년 "이론에 반대하며"라는 표제 아래 저널 『크리티컬 인콰이어리』 지면에서 휘몰아친 학계의 논쟁 대상이 됐다는 사실은 (이런 논쟁은 프랑스에서는 상상할 수 없는 것인데) 그리 놀라울 게 없다. 「이론에 반대하며」는 스티븐 크냅과 월터 벤 마이클스라는 두 문학 교수가 쓴 직설적 논문이기도 한데, 이들은 이 논문에서 "보편적 해석에 대한 매력에 호소함으로써 텍스트의 구체적 해석을 지배하려 한다"는 이유로 이론을 비판했다.74) 에릭 도널드 허쉬의 묘사에 따르면, 뒤이은 논쟁에서 '국지적 해석학'의 지지자들(텍스트에 따른 개별적 해석을 지지하고, 텍스트가 문학의 승리를 보장한다고 믿는 이들)은 '보편적 해석학'이라는 독서 원칙(혹은 반反원칙)의 옹호자들(이론의 우월성을 주장하는 비평)과 대립했다. 이 논쟁을 중재한다는 구실로 피시는 "결과의 도출이 아니라" 자신의 불가능성을 인식한다는 기획, 자신의 타자인 '실천'의 지배를 받아야 한다는 규칙을 가진 이론이 어떻게 공포를 불러일으킬 수 있는지 의아해 하기도 했다.75)

미국에서 매우 자주 발생하는 이런 논쟁이 말해주는 것이자 이런 논쟁을 통해 가능해지는 현상은 대립하는 의견들(가령 경험주의 대 인간주의)이 이론의 영역 자체로 흡수되는 것이다. 그래서 이론은 담론의 공간이 될 뿐, 그 안에 위치한 어떤 입장이 되지는 않는다. 『크리티컬 인콰이어리』의 편집자도 인정했듯이, "반이론 논쟁은 이론적 담론에 특징적인 장르 중 하나이다."76) 결국 문제가 되고 있는 이 공간을 **점유**하는 사람의 입장 자체는 그리 중요하지 않다. 요컨대 20세기 말 미국 문학계에서 이론의 위치란 바로크 시에서 '여자'가 갖는 위치(영감의 원천, 창조적 언어의 발생지, 표현의 허가증)와 같다. 이로 인해 [이론과 '여자'는] 그 형식과 정의상 다양성과 풍부함이 생기는 것이다. 따라서 이론은 그 본성상 "시각적, 공간적, 문자중심주의적"일 뿐만 아니라 "역사의 중간, 실용적 행위"에 만족하지 못하기 때문에 스스로를 "사유의 시작이나 끝에 위치"시키는 "유토피아주의 관점"이다.77) 블라트 고지치는 이 점을 다소 서정적으로 설명한 바 있다. 이론은 "[타자의] 울음소리와 [억압적] 체제의 교차로"에 위치해 "저항을 실천하고 울음소리를 메아리쳐 내보내는 행위"를 하게 된다고 말이다.78) 이론이 이런 도약을 (그것이 진실한 것이든 전술적인 것이든) 고무할 수 있다는 사실은 이론적 담론이 가진 문제점보다는 종종 문학 텍스트를 압도하는 과도한 언어의 성찬, 담론의 팽창을 드러낸다. 바로 이것이야말로 이론이 총체적으로 안고 있는 **윤리적** 문제이다. 다시 말해서 푸코의 통제장치가 됐든, 들뢰즈의 소수자가 됐든, 데리다의 흔적의 산종散種이 됐든, 이론이 가지고 있는 헤아릴 수 없이 많은 개념들 덕분에 이론은 자기 자신의 존재를 정당화하는 텍스트를 넘어서서 그보다 더 많은 것을 알려는 노력을 그칠 수가 없는 것이다. 피터 브룩스가 문학사에 관해 서술하며 말했듯이, 이론은 언제나 "우리가 그 정체를 밝혀내려는 기만적 담론보다, 가련한 르네상스인들보다, 특히 무지하고 억압적이고 신경증적이며 답답한 19세기인들보다 더 많은 것을 알고 있"는 것처럼 보인다.79)

그러나 이론이라 불리는 이 포착하기 어려운 대상은 미국 문학연구자들이 그 주위에서 서로에게 창을 겨누는 일종의 풍습 같은 것으로 환원될 수 없다. 이론은 실재의 포착과 담론의 권력 같은 훨씬 큰 질문, 즉 수천 년 동안 철학자들을 괴롭혀온 그런 문제를 다룬다. 기본적으로 시선과 그 시선의 대상이 맺는 관계라는 **이론**의 어원에 근거해 하이데거가 재정식화했던 데카르트 이전 시기의 질문 같은 것 말이다. 지성사 연구자들의 빈축을 살 위험을 무릅쓰고 하나의 연관을 제시해볼 수도 있다. 서구 자연과학이 말하는 합리적 이론을 예외로 할 때, 불확정적이고 경계를 흐리는 실천으로 여겨지는 미국적 이론과 저 독일 철학자[하이데거]가 예찬한 전前소크라테스적 개념인 테오리아theoria라는 두 '이론'을 연결시켜보자는 것이다.80) 시각horao과 외양thean을 의미하는 단어의 결합인 그리스어 테오레인theorein은 출현하기 시작한 대상에 머무르는 시선, 출현한 순간의 단일한 실체를 바라보는 시선, 대상은 없어도 이 출현 자체를 관조하는 시선을 의미한다. 하이데거에 따르면, 이 동일한 실체[즉, 테오레인]를 쪼개서templum 두 개의 라틴어 번역어 '콘템플라리'[관조하다]contemplari와 '메디타티오'[명상하다]meditatio가 생겨나기 이전에 이미 [그 단어 자체에] 실재를 합리화하고, '틀에 맞춰' 계산하고, 여러 대상으로 쪼개버리는 이론의 현대적 이탈을 이끄는 계기가 있었다는 얘기다. 만약 이 비교를 따른다면, 미국 이론에서 문제가 되는 것은 '텍스트'의 현전, 해석자들이 텍스트를 의미작용의 단위들로 쪼개기 이전에 텍스트가 지니고 있던 충만함과 마주하는 것이다. 또한 독자나 저자에 의해 '장악'되는 있을 법하지 않은 일에 맞서 텍스트의 언어가 분출하는 것이다. 미국적 이론이 추구하는 '불순물 제거 작업'이나 '길닦기'

는 하이데거의 존재론적 초석, 곧 기술적 이성이 아직 합리화하지 못한 것을 다루지 않는다. 그것은 그저 텍스트의 구절들, 조각들을 묶어내는 작업이다. 그러나 아방가르드한 문학연구자들이 예찬했듯이 이론은 존재론적 차원을 끌어온다. (데리다를 읽어서 미국인들이 면역된) 세계의 순수한 '현전'에 대한 노스탤지어보다는 텍스트라는 '존재'를 향한 전前합리적 물러남, 즉 자기충족적인 삶이자 언어의 사건이며 원인 자체가 되는 텍스트로의 회귀와 더 관련 있는 그런 차원 말이다. 적어도 이런 의미에서 미국 문학연구자들은 푸코, 들뢰즈, 심지어 데리다의 충실한 문학적 제자라기보다는 원전 숭배자들 혹은 추방된 신학자들과 이단들의 후예로서, 낭만적 반근대주의나 신비평의 반反정치주의를 잇고 있다고 하는 편이 맞다. 헤라클레이토스가 설명한 불* 앞에 선 하이데거처럼, 이들에게 무엇보다 중요한 것은 이런 기적 앞에서 매혹당할 수 있는 역량을 유지하는 것이다. 한마디로 말해, 텍스트(혹은 불)가 **있다**는 기적 앞에서 말이다. 결국 텍스트주의 이론의 진정한 근본주의자들은 텍스트의 접근을 제한하고, 미리 텍스트의 대상을 고정하고, 이성에 근거한 논증을 제출하는 것은 모두 잘못된 일이라고 간주한다. 그러므로 마치 르네 데카르트가 자연을 수학화했다는 이유로 정죄당한 것처럼, 이 근본주의자들의 관점에서 사회비평가, 정신분석비평가, 신화비평가, 문학사가는 텍스트를 해체하고 축소하고 계량화하는 죄를 짓는 셈이다.

---

* "모든 사물은 불이 전환된 것"이라고 말했던 헤라클레이토스에게 '불'은 세상의 모든 물질을 만들어내는 근본 원소였다. 미국의 문학연구자들에게는 텍스트가 다른 모든 것을 만들어낼 수 있는 이 '불'과도 같다는 말이다.

(왼쪽부터) 프랑스의 작가 겸 비평가인 세르주 두브로브스키, 롤랑 바르트, 미국의 비교문학 연구자 톰 비숍. 1976년 뉴욕대학교 불문과에 재직 중이던 비숍의 주도로 열린 학술대회의 한 장면이다.

결국 '이론'이라는 수수께끼를 더 정확하게 서술하려면, 미국적 맥락에서는 [이론가들이] 선뜻 기대려고 하지 않는 하이데거의 유령 대신에 좀 더 최근의 참조대상, 이론이 처한 상황을 좀 더 정치적으로 다루면서도 그 탁월한 자동사적 성격 덕분에 존중받는 논의를 살펴보는 게 더 나을 것 같다. 1970년에 가진 인터뷰에서 바르트가 한 발언이 바로 그것이다. 이 인터뷰에서 바르트는 (추상적이고 타동사적인) 근대적 과학 **이론들**이 단일한 '혁명적' 메타담론으로 변해왔음을 상기시켰다. 그때부터 **이론**은 "잠언 혹은 시적 스타일의 발화행위와 거의 유사한 일종의 불연속, 단편적 전개, 따라서 서구의 상징질서에 균열을 내려는 투쟁"을 지칭하게 됐다. 왜냐하면 "기표의 군림으로서 끊임없이 기의를 녹여내는" 이론은 그 기의를 "독백, 기원, 이미 정해진 것, 즉 다양성을 고려하지 않는 모든 것의 대변자"로 여겨 배척하기 때문이다.[81] 이런 바르트의 주장은 1970년대의 먼지 아래 묻혀 사라진 것처럼 보였던 그 시대의 어떤 모습을 묘사해준다. 작품들에 대한 순진한 신성화뿐만 아니라 담론과 실천 사이의 변증법적 대립마저 넘어서, 바르트의 설명은 이론을 합리적 질서에서 해방된 어떤 담론의 가능성으로 제시한다. 곧, 선형적 주장에 맞서는 단편화된 발언으로서의 이론, **진리·정의·권력** 같은 거대한 의미체계로부터 세계를 빠져나오게 만들 세계에 관한 글쓰기 등이 그것이다. 여기서 이론은 어떤 정의에도 묶여 있지 않다는 데서 오는 활력으로 충만한 투쟁의 사유이자 적대의 자원이 된다. 여기서 이제는 망각된 한 시대[1970년대]의 총체적 분위기를 느낄 수 있을 것이다. 나의 가설은 이렇다. 미국에서는 이런 바르트의 논리가 문학 연구의 영역과 대학 울타리 저편에서 유지됐던 반면, 프랑스에서는 추측컨대 이와 동일한 **이론**을 악용한 '친전체주의적' 판본, 즉 맑스주의나 시민자유주의적 판본이 이런 논리를 곧 추방한 것은 아닐까. 이는 육체라든가 거리[투쟁·정치] 같은 구체적 대상이 고립된 학문 담론의 공간 속에서는 아예 존재한 적 없거나 사라졌기 때문이기도 하고, 대학에 갇힌 이론이 때때로 대상과의 모든 관계를 잃어버린 채 자신의 확산력과 전염성 말고는 그 어떤 것도 지시하지 못할 지경에까지 이르기 때문이기도 하다. 이론이란 개념/발상의 순환양식, 텍스트와 마주쳤을 때 처음 느끼는 경외감, 사소하게는 대학에서의 승진 기준이다. 아니, 이론은 이 모든 것이다. 반이론주의 비평가인 카밀 팔리어가 특유의 흥분한 어조와 심술궂은 용어로 말한 바 있듯이 "라캉, 데리다, 푸코는 학계의 BMW, 롤렉스, 퀴진아트"나 마찬가지였고, "프랑스 이론은 하룻밤 사이에 당신을 확실히 부동산 백만장자로 만들어줄 방법을 알려주겠다는 학습용 테이프와도 같다. '권력을 공격함으로써 권력을 쟁취하세요! 한밑천 잡으셔야죠! **지금 당장** 파리에 있는 다음 전화번호로 전화하세요!'"[82] 근본적인 난점은 동일한 미스터리의 두 반쪽, 그러니까 (프랑스 이론을 떠받치는 강력한 힘인) 이론적 출세주의와 이론적 태도의 내재적 특질(제1의 진리와 모든 이원론의 적인 간교함, 유동성, 신랄함 등)을 동시에 취하려고 할 때 발생한다. 이론, 그것은 학문시장에서 가장 가치 있는 상품이거나, 인문학 안팎의 장벽을 무너뜨릴 수 있는 유일한 접근법이거나, 교수 임용 전략이거나, 텍스트의 과학이거나. 특정 분파에 속해 있음을 알리는 정장 옷깃용 표장標章이거나, 감히 비할 데 없는 비평의 동력일 것이다. 그도 아니라면 어느 쪽도 아닌 이 모든 것이거나.

5 해체의 작업장
Les chantiers de la déconstruction

데리다를 아우구스티누스와 아퀴나스가 결합된 사람인 양 묘사하며
지껄이던 종교학 교수가 있었다. 신은 실제로 죽었고,
아마 문학도 죽었을 것이다. 이 교수와 그의 동료 발표자들에게
그 빈자리를 채워준 것은 데리다였다.
힐튼 크레이머, 「현대언어학회 100주년 기념제의 어리석음」, 『뉴크리테리온』(1984)

데리다 미스터리가 있다. 불명확하지 않다고 할 순 없는 데리다의 저작들이 아니라, 미국에서 시작해 전 세계로 퍼져나간 데리다의 정전화 과정에 관한 미스터리 말이다. 범주화하고 전달하기가 그토록 힘든 사유, 부정적 존재신학과 표현할 수 없는 것에 대한 시적 탐험 사이 어딘가에서 배회하는 탓에 정확하게 위치짓기가 불가능한 사유, 어떤 상황에서나(그리고 모든 의미에서) 멀리 떨어져 존재하는 사유가 어떻게 지금껏 학술시장에 등장한 가장 성공적인 제품이 될 수 있었을까? 미국 문학계의 패권을 장악하게 된 이 모호한 궤적은 어떻게 길들여지고, 소화되고, 개별적으로 활용되다가 곧 제 날개를 활짝 펼쳐서는 신입생 교과서에 실리는 까다로운 사유가 되는 데 만족하지 않고 전례 없는 인식론적-정치적 프로그램으로까지 변모된 것일까? 철학이 고등학교의 의무 교과과정인 프랑스에서 한 명의 독자가 데리다의 책을 읽을 동안에 미국에서는 철학 관련 교육제도가 미비한

데도 이미 열 명의 독자가 데리다의 책을 다 훑어본 뒤였다는 상황은 어떻게 일어났을까? 철학 담론의 일반 이론을 요약하기 위해 데리다가 마르틴 하이데거의 『존재와 시간』에서 ('파괴'Destruktion 개념의 번역어로) 가져온 **해체**deconstruction라는 단어가 미국의 일상용어에 그토록 깊숙이 파고들어와 광고 문구, 텔레비전 방송인의 입, 우디 알렌의 성공작 『해리를 해체하기』(1997)[1])에까지 사용된 것은 어찌된 영문일까? 문화이전을 연구하는 역사가들에게 상당한 도전의지를 불러일으킬 만한 이 질문들은 여전히 그 지형을 그릴 필요가 있는 '번역의 지정학'[2])을 위한 이상적 사례연구가 될 것이다.

읽기: 데리다식의 내기/유희

한 가지 분명한 것은 앞서 던진 질문들이 데리다 자신의 전략에 의한 것은 아니었다는 점이다. 데리다의 경로에서 확실히 중심에 위치했던 것은 미국이었으니, 스스로 밝혔듯이 "나[데리다]의 저작을 생산"한 것은 미국이었다. 데리다는 첫 번째 미국 체류기간 동안 결혼을 했고, 자신의 첫 번째 책이 될 『기하학의 기원』(에드문트 후설)의 번역·주석 작업을 시작했다. 데리다는 수십 년 동안 이어지게 될 중요한 친구들을 미국에서 만났고, 사촌인 애니 코엔-솔랄이 주미 프랑스대사관의 문화고문으로 재직하게 됨으로써 가족간의 유대도 더욱 깊어졌다. 1966년 존스홉킨스대학교에서의 국제학술대회 이후 매년 미국에서 교편을 잡은 데리다는 처음에는 예일대학교, 코넬대학교, 존스홉킨스대학교에서 교대로 가르쳤고, 이후 15년 동안은 대서양과 태평양 연안을 가로질러 가을학기에는 뉴욕대학교에서, 봄학기에는 (현재 데리다 문서보관소가 있는) UC어바인에서 강의를 맡았다. 1980

년대 말 이래로 데리다는 프랑스어로 쓴 원고를 번역해 영어로 강의하고 논문을 발표하기도 했다. 플라톤, 스테판 말라르메, 장-자크 루소에 대한 세미나, 가장 충실한 대담자들과 나눈 장기간의 대화도 데리다의 저작이 진화하는 과정에서 중요한 역할을 했다. 미국에서 엄청난 영예를 누렸을 뿐만 아니라, 모방이든 독설이든 풍자적 패러프레이즈이든 혁신적 확장이든 수많은 새로운 학파와 작품에 영감을 준 데리다는 미국과 이중의 관계를 맺었던 듯하다. 이 이중의 관계는 결코 분리될 수 없는 것으로서, 익숙한 캠퍼스나 많은 친구들과 관련된 친밀함의 관계가 그 하나라면, 때때로 강의 도중 '아메리카'라는 말을 써서 넌지시 미국을 대상화하는 기묘한 거리감의 관계가 다른 하나이다(이 '아메리카'라는 말은 데리다가 자신의 논변을 펼치는 일종의 개념적 형상이기도 한데, 어떤 사람들은 데리다가 관습적 지혜에 맞서 청중을 당황케 하고자 의도적으로 이런 말을 하는 게 아닌지 의심하기도 했다). 데리다가 버지니아대학교에서 열린 어느 학술대회에 나가 독립선언문의 **해체**를 제안했던 것은 이 이중의 관계를 잘 보여준 사례였다. 1985년 데리다는 "미국은 해체이자 …… 해체의 성姓이며 지명"이라고 쓰고는 열다섯 줄 아래에서 곧바로 이 가설을 부정하는 유명한 글을 발표한 적이 있었는데, 이 글은 발표되자마자 열광과 당혹에 휩싸인 엄청난 반응을 이끌어내기도 했다. "해체는 고유명사가 아니며, 미국도 해체의 고유명사가 아니다."[3]

미국에서 데리다가 거둔 성공과 해체의 운명은 데리다 개인의 이력보다 훨씬 광범위한 차원 속에서 가능했다. 그러므로 우리는 미국에서 특정한 데리다가 최초로 **구성된** 양상, 전혀 예상치 못한 수많은 우여곡절이 포함되어 있는 그 양상을 먼저 되돌아봐야 한다. 실제로 미국에서 데리다의 글이 (아직 국지적[미국] 담론으로 틀지워지지 않은 채) 단편적으로만 번역되다가, 1980년대 초 무렵 예일대학교에서 읽기의 한 방식으로 해체가 체계화되기 시작한 데는 일종의 촉매가 있었다. 인도에서 미국으로 건너온 어느 젊고 명민한 학자의 개입이 바로 그것이었다. 1973년, 당시 채 서른 살이 안 됐던 가야트리 스피박은 책 한 권을 주문했다. 그 책은 8년 동안 아이오와대학교에 머물며 답답해하던 스피박이 고립감에서 벗어나려고 주문했던 외국 서적들 중 하나였다. 책의 저자는 낯설었으나, 저자에 대한 묘사는 스피박의 호기심을 자극했다. 『그라마톨로지에 관하여』라는 제목의 이 책은 스피박에게 계시와도 같았다. 책의 중요성을 확신한 스피박은 번역이라는 고된 작업에 착수했고, 결국 이 책의 이해를 위해 필수 불가결하다고 여겼던 80쪽 가량의 옮긴이 서문을 추가해 1976년 존스홉킨스대학교출판사에서 발간했다. 매우 어렵지만 아직도 학생들과 서점에서 꾸준히 찾는 (지금까지 8만부 가량 판매된) 바로 이 번역서가 미국에서 데리다 출판 붐을 만들어냈다. 옮긴이 서문에서 스피박은 먼저 기호를 사물과 단어 사이의 불가능한 등치를 가능케 하는 것, 곧 "차이의 구조"로 정의하고,[4] 따라서 진리는 "은유"의 자격을 갖게 된다고 말한다. 이어서 스피박은 하이데거의 "현전의 형이상학"을 뛰어넘고, 니체적인 "극단의 해소"를 수행하려는 이 책의 철학적 참조점, 이중의 지평을 밝힌다. 또한 스피박은 이 계통관계를 완벽히 밝히기 위해 지그문트 프로이트와의 공명, 짙게 드리워진 "헤겔의 그림자," 이성에 대한 후설적 질문, 그라마톨로지의 역사에서 첫 번째 주된 변화를 가져온 다섯 명의 독일인 "원(原)문자학자들" 등을 덧붙인다.[5] 이로써 미국인들은 서양 철학의 전통을 수놓은 이단아들의 후예나 철학의 고전을 와해시키는 철학자라기보다는 서양 철학의 궁극적 종착지, 독일인 선구자들이 그저 닦아놓기만 했던 비판적 사유를 완성시킨 일종의 극점이 데리다라고 여기게 된다.

옮긴이 서문에서 스피박은 해체라는 개념에 특별한 위상을 부여한다. 스피박의 긴 서문은 이 개념에 일종의 보답을 해주는 것처럼 보이는데, 데리다의 이 책에서 해체는 전략적 위치를 점하고는 있지만 핵심 개념은 아니다. 해체라는 단어가 영어권에서 처음 사용된 것은 바로 이때인데, 이 단어가 이렇게 등장했다는 것은 이 단어가 미국에서 갖게 될 운명의 전조가 됐다. 아이러니와 집요함이 결합된 이 단어 **해체**는 특히 하이데거가 니체를 언급하면서 드러낸 무관심을 문제 삼는 데리다의 집요함을 지칭한다. 하이데거는 니체가 [『우상의 황혼』에서] 제시한 기묘한 정식, 즉 "그것[사상]은 …… **여자가 된다**"sie wird Weib는 정식을 언급조차 안 했다는 것이다.6) 현전하는 것에 다가갈 열쇠가 되는 '생략된 것,' 중요한 것과 부차적으로 보이는 것의 자리바꿈, 스스로를 중성화하는 기표의 성별화(스스로를 중성으로 제시하면 할수록 더욱더 성별화되는 기표) 등 [해체의] 모든 요소가 이미 여기서 모습을 드러낸다. 차이différence이자 지연délai을 뜻하는 '차연'différance으로서의 '글쓰기'écriture를 강조하고, 일반 법칙의 가능성을 짓누르는 위협을 강조함으로써,7) 스피박은 해체의 주요 쟁점을 소묘할 뿐만 아니라 1966년에 데리다가 시작한 이 작업을 완성하기도 한다. 만약 법이 문자에 의해 늘 내부에서부터 붕괴된다면, 객관적 묘사라는 것이 '차연'의 효과일 뿐이라면, 이런 전치의 증거와 마주했을 때 지식의 주체가 자신의 내적 통합을 유지할 수 없게 된다면, 따라서 결국 구조 자체가 '가상'이라면, 그것은 "일반적인 구조주의"와 그 "단일화되는-단일화하는" 접근법이 생명을 다했기 때문이니 해체되어야 한다. 바로 이것이 **포스트구조주의**의 임무라는 것이다. 근본적으로 철학적인 이 임무는 야심찰 뿐만 아니라 해체에 대한 미국 문학계의 매우 모호한 정의보다 훨씬 정확하기도 하다. 가령 미국 사유에 관한 최신 사전은 해체를 "텍스트의 명백한 내용을 의심하는 분석적 독해 스타일"8)이라고 정의하는데, 여기서 해체는 텍스트의 **독해**로 한정되지만 다의적 의미를 끌어들이려는 모든 독해를 포함할 수밖에 없다. 즉, **모든** 비판적 읽기가 해체에 속하게 된다.

그 전까지만 해도 여러 이론 중 하나일 뿐이던 해체는 [스피박의 번역판이 발간된] 1976년을 기점으로 예일대학교와 코넬대학교 등의 대학원 문학수업에서 본격적으로 읽히고 연구되기 시작한다. 점진적으로 해체의 기법이 적용되자 사람들은 그 기법 속에서 문학 고전을 새로이 '꼼꼼히 읽는' 방식을 이끌어냈을 뿐만 아니라, 지시대상이 분열되고 글쓰기 자체에 의해 그 내용이 끊임없이 차이나고/지연되는 메커니즘을 마치 확대경으로 보듯이 발견하게 됐다. 이런 식의 적용은 1970년대 말부터 미국에서 세미나를 열며 허먼 멜빌의 「필경사 바틀비」의 마지막 문장이나 이상하게도 '-프랑드르[붙잡다]'prendre로 끝나는 동사들이 집중적으로 등장하는 마르셀 프루스트의 『잃어버린 시간을 찾아서』의 한 페이지에 천착했던 프랑스 스승[데리다]의 이미지와 부합하는 것이기도 했다.9)* 텍스트의 공백을 따라 텍스트를 구

---

* 데리다가 분석한 「필경사 바틀비」의 마지막 문장이란 소설 속 화자인 변호사의 중얼거림("왕들과 고관들과 함께!")을 말한다. 또한 데리다가 분석한 『잃어버린 시간을 찾아서』의 한 페이지란 5부인 「갇힌 여인」("La Prisonnière," 1925) 중 화자의 친구이자 소설가인 베르고트가 죽는 대목을 말한다.

축할 수 있다는 이런 가설의 생생한 사례로는 윌리엄 워즈워스의 시를 **해체적으로** 읽은 철학자 아서 단토의 분석이 있다.

조각구름 떠 가고
온통 푸른 하늘
비는 멀리 가 버렸구나!

해체적 독해는 부재를 중심으로 이뤄진다. 따라서 봄이 옴을 노래하는 이 시는 '겨울'이라는 기호를 지운 채 전개되는 것으로 볼 수 있다. '겨울'은 이 시에서 부재하는 핵심 용어로, 부재한다는 바로 그 이유 때문에 이 시의 모체이자 봄의 모든 요소 주변을 배회하는 무엇으로 기능한다. 그렇다면 워즈워스는 자연의 현실을 그대로 묘사한 것이 아니라 "봄과 대립되는 잠재적 텍스트[즉, 겨울]의 음판陰板"를 새긴 셈이다.10) 여기서 문제가 되는 **주된 부재**는 계절(혹은 계절의 기호)이 아니라 사랑하는 존재, 잊힌 단어, 혹은 차라리 전체 논점을 조건짓는 억압된 개념일 수도 있다. 그렇다면 해체는 해체가 생소하게 여기는 담론 같은 것은 없고, [영국시라고 해서] 영국시의 범주에 한정되어 따로 존재할 수도 없다고 주장할 것이다. 해체가 소개되던 초기의 진지한 분위기와 주창자들의 열정만이 이런 야심을 고취한 것은 아니다. 지극히 평범한 문학사와 차별되는 발견, 이를테면 기존 문학사에는 낯선 저자들과 대륙 철학의 주요 개념을 발견하려는 열정도 이런 야심을 부추겼다. 누군가가 니체나 후설에 대해 말하는 것을 한 번도 들은 적이 없는 사람이라면, 이런 접근법을 통해 상징적으로 엄청난 소득을 얻었다고 느낄 것이다. 비록 [실제로] **인식상으로**

5. 해체의 작업장 187

는 무엇을 얻었는지 불분명할지라도 말이다. 즉, 니체나 후설 같은 철학자들을 환기하고 우회하고 해체하긴 했는데, 정확히 말하면 그들을 **연구**한 것은 아닌 셈이다. 학과들이 서로 싸우던 와중에 해체, 그리고 해체의 글쓰기 개념은 신이 내린 선물 같았다. 글쓰기가 말[음성언어]에 종속됨으로써 작동하는 '음성중심주의'의 편견을 해체하려는 초기 데리다의 접근법은 글쓰기라는 개념에 처음으로 아주 새롭고도 중요한 역할, 즉 산파술적인 역할을 부여했다. 글을 말의 권력에서 떼어낸 뒤 [그 기능의] 기원인 '대리보충성'^{suppléance}과 기표의 근본적인 과잉에 결부시키고, 그렇게 함으로써 글을 이성의 제국에서 해방시킨 것이다. 음성중심적이고 지시적이며 분해가능하다고 여겨졌던 글쓰기가 항상 역사·철학·사회과학을 향했던 데 반해, 외부 질서에서 궁극적으로 벗어난 차연으로서의 글쓰기는 문학 분야가 가지는 특전이 됐다. 말할 것도 없이 이 새로운 패러다임은 교육을 둘러싼 메타담론에 참여하면서 대학 문제에 대한 입장을 분명히 할 수 있었다. 앞에서 지적했듯이 데리다를 교육과 연결시킨 논문들이 쏟아지는 가운데, 평론가인 로버트 영은 자본주의적이고 전문가주의적인 대학에 반대하면서 대학이 "경제가 포섭할 수 없는 잉여로 기능"해야 한다고, "단순히 유용하거나 단순히 쓸모없지도 않음으로써" 대학이 자신을 괴롭히는 이항대립적 용어들을 '해체'해야 한다고 주장하기도 했다.[11] 어찌 됐든 이런 수사법은 해체의 실질적인 유용성을 크고 명확하게 전달해주는 역할을 한 셈이다.

  1980년대 중반에 이르면 (대학에 대해 새로운 사유를 전개하고, 모든 이분법을 비판하고, 텍스트에 새로운 질문을 던지고, 이성의 지배에 맞서 독자들을 무장시키는 등) 해체와 연관된 쟁점과 사안이 굉장히 많아져 출판사들은 해체에 관한 책들을 무수히 내놓는 데 박차를 가하게 된다. 그에 따라 해체는 가장 확실한 틈새시장의 하나로 학술 출판계에서 눈에 띄는 성장을 이뤘다. 데리다 자신과 주요 데리다주의자들이 쓴 1차 서적은 셀 수 없이 많았고, 해체의 기법을 적용하는 2차 텍스트와 해체를 평가하는 3차 텍스트들도 쏟아졌다. 하지만 이들 중 다수는 관심사에 따라 크게 두 가지 형태로 구분해볼 수 있다. 대다수의 책이 속하는 첫 번째 범주는 해체를 끊임없이 그 고유한 과정으로, 곧 순환적이고 부연적인 메타담론으로 회귀시켜 '해체'라는 공격적 전략을 밀어붙이는 것이었다. 심리주의나 사회비평을 비판하고, 동료와 경쟁자에 맞서고, 곧이어 데리다주의 비평가들과 정체성 이론가들의 공동 노력 아래 서구의 백인 억압자들에 대항하는 일 등이 이에 속했다. 대개 전문용어로 가득한 이 범주의 글에서는 몇몇 헌신적인 해체론자들의 지적 오만과 철학적 교양의 결핍이 명백하게 드러났다. 소수인데다 공통점도 적고 독서에 노력을 요하지만 전문용어로 범벅되진 않았던 두 번째 범주는 미국 지성계에 중요한 저작 몇 권을 남겼다. **읽기**에 대한 사색(데리다의 기획이 미국적으로 굴절된 형태)이 모두 이 범주에 속하는데, 여기에 속하는 글들은 '투명성'이라는 문학적 이데올로기를 거부하고 글 자체의 내재적 불투명성을 탐구했다. 이런 글들은 데리다 사상을 확장했다기보다는 데리다와 직접 연결되어 있었으며, 그가 미국의 수입품이 되기 전부터 이미 잘 다듬어져 있었다는 점을 지적해둬야겠다.

폴 드 만이나 초기 해럴드 블룸에게, 저 유명한 '계몽의 비판'은 사상사의 표면적 영토 위에서가 아니라 읽기라는 수수께끼의 핵심에서 이뤄졌다. 이들은 합리주의와 진보주의에 맞서는 전술적 몸짓을 취하기보다는 **명징성**, 의미의 **명백함**이라는 가정, (기존 질서를 보장하는) 언어의 창고와 그것이 환기하는 세상의 접합 같은 편견을 상세히 논박했는데, 이는 모호한 언어의 독재적 성격에 대한 오마주였다. 투명한 기호와 [명확한 지시대상을 갖는] 타동사적 과학의 세계에서, 이 세계를 거부하는 소수의 지식인들은 불투명성이라는 음산한 쾌락을 느끼며 필사적이고 완고하게 텍스트 자체를 파고든 것이다.

필연적으로 비주류일 수밖에 없었던 이 [두 번째 범주의] '해체주의'는 학파가 이뤄질 때 쓰이는 '주의'라는 접미사와도, 새로운 사유 경향에 따르는 위세와도 아무런 관련이 없었다. 문학 분야의 절정기 모더니즘에서 볼 수 있는 비극적이고 오만한 에토스, 신비평과 무無에 관한 책* 역시 지니고 있던 이 에토스에 물든 나머지, 이들은 동시대의 다른 젊은 해체론자들이 수사학적으로 그랬던 것과는 달리 세상의 질서를 뒤흔드는 것보다는 텍스트의 무질서, 텍스트의 근본적인 불완전성, 그로부터 솟아나는 불가능성만 파고들었다. 이들은 이와 같은 의미의 새로운 탄력성에서 전투 계획을 끌어내거나 텍스트의 비일관성에 근거해 세상을 요동시킬 필요가 없었다. '현실 세계'와 동떨어져 있는 지식인들의 죄의식을 달래려고 말이다. 소수의 이 섬세한 읽기 이론가들은 '로고스중심주의'에 맞서는 새로운 십자

---

* '무에 관한 책'(roman-sur-rien)이란 프랑스의 소설가 플로베르가 말한 '이상적인 책'을 말한다. 플로베르는 시인이자 자신의 연인이던 루이즈 콜레에게 보낸 편지 속에서 이 이상적인 책에 대해 설명한 바 있다. "무(無)에 관한 한 권의 책, 외부 세계와의 접착점이 없는 한 권의 책 …… 마치 이 지구가 아무것에도 떠받쳐지지 않고도 공중에 떠 있듯이 오직 스타일의 내적인 힘만으로 저 혼자 지탱되는 한 권의 책." Gustave Flaubert, "Lettre à Louise Colet"(16 janvier 1852), *Correspondance*, tome II, Paris: Gallimard, 1980, p.30.

군이 되어 탈중심화에 앞장섰던 전략가들만큼 시끄러운 소음을 내지 않았다. 그렇지만 비평의 역사에 사라지지 않을 징표를 남겼다. 미국식 포스트모더니즘의 슬로건으로 전락하기 이전의 해체는 훗날 대학에서 두각을 나타내게 되는 두 종류의 문학연구자들을 배출해냈던 것이다. 포이에르바흐에 대한 맑스의 열한 번째 테제를 흉내내면서 순진하게도 해석을 **통해** 세계를 바꿀 수 있으리라고 믿었던 일군의 학자들, 그리고 깊은 신중함과 위기의식 속에서 무례하게도 해석의 세계 자체를 바꾸려 했던 또 다른 학자들이 그들이었다.

예일의 4인방

이 두 번째 범주의 해체론자들 중 예일대학교 영문과에서 가르치던 네 명의 유명한 비평가들은 1970년대 말 무렵 그곳을 데리다의 해체론을 위한 입문장소이자 데리다를 숭배하는 미국인들의 공식 예배당으로 만들었다. 따라서 이 사람들이 이의를 제기할지는 모르겠지만 '예일학파'라는 관념을 다뤄야 할 이유는 충분하다. 당대의 가장 명민한 몇몇 교수들이 데리다식의 비평 프로그램을 선취하고 지배하게 되자, 당시[문화대혁명의 시기] 베이징의 권력자들을 일컫던 '4인방'이라는 표현은 문학비평계의 새로운(그리고 훨씬 덜 해로운) 네 명을 지칭하게 됐다. 우상파괴적이지만 비정치적·반^反학파적이며, 텍스트 유물론자이지만 문화적 보수주의자이고, 서로 애증을 품고 있던 친구들이던 이 4인방은 폴 드 만, J. 힐리스 밀러, 제프리 하트만, 해럴드 블룸이다. 떠오르기 시작하는 권력에는 비방자들이 반드시 따라붙듯이, 이미 1975년에 한 비평가는 이들을 예일대학교의 '해석학 마피아'라고 공격하기도 했다.[12] 그러나 당시로서는 예일대학교의 린슬리-치탠든홀에 자리잡은 채 미국에서 가장 혁신적인 이론과 문학비평 강좌(이 강좌들은 곧 대학원 과정의 '문학 전공' 프로그램으로 통합된다)를 마련했던 이곳 영문과에 그늘을 드리운다는 것은 불가능했다. 게다가 학술대회에서든 논문에서든, 단테 알리기에리로부터 시작해 크리스토퍼 말로우, 요한 볼프강 폰 괴테, 윌리엄 셰익스피어에 이르기까지 다양한 고전들에서 가장 불명료한 인물과 메타언어 담론에 들어맞는 보석같은 구절들을 끄집어내려 노력했던 당시의 지배적인 기풍은 '실험성'이었다.

하지만 해체론의 선구자 4인방의 이름이 함께 엮이는 일은 드물었다. 출석률이 상당히 높았던 "읽기와 수사학적 구조"라는 강의를 매주 번갈아 맡고, 언론이 해체론의 선언으로 간주한 에세이 모음집 『해체와 비평』(1979)에 모두 필자로 참여한 것이 전부였다(드 만과 블룸이 퍼시 비시 셸리의 독해를 두고 갈라지고, 다른 이들 역시 접근방식과 참조점이 서로 달랐다는 점에서 오히려 이 책은 다성적^{多聲的}이었다). '의미'^{meaning}와 '신음'^{moaning}을 둘러싼 재치 있는 음성학적 재담으로 글을 시작한 블룸, '기생충'이라는 비방에 맞서 그것을 넘어서는 비평가의 능력을 옹호한 밀러, 거의 1백 쪽에 걸쳐 있는 단 하나의 각주로 프랑스 이론에서 가장 유명해진 데리다의 기고문(모리스 블랑쇼의 『사형선고』에 관한 글) 등 이 책의 명성은 몇몇 화려한 기교에 빚진 바가 크다.[13] 유사한 참고문헌, 데리다와의 우정, 박식한 아이러니와 건조한 유머가 섞인 문체 등을 모두 공유함에도 불구하고, 문학이론계의 명사수 4인방을 한 깃발 아래에 불러 모으기가 쉬운 일은 아니다. 1973년 존스홉킨스대학교에서 예일대학교로 옮긴 밀러만이 논쟁적인 이유로 비평 학파의 필요성을 주장한 바 있다. 그러나 모든 논쟁은 이를 불가능하게 만들었다. 하트만은 일찌감치 해체와 멀리 떨어진 분야로 눈을 돌렸고, 광장공포증에 걸린 듯한 블룸은 종잡을 수 없는 행보를 이어갔으며, (자신의 취향과 달리 너무 널리 퍼진) **해체**라는 단어보다 늘 '수사학적 읽기'라는 표현을 선호했던 드 만은 홀로 걸었다. 그런가 하면 당시 예일대학교 교수였던 쇼셔나 펠만, 스승인 드 만의 주장에 도전한 바버라 존슨, 해체의 정신분석학적 측면을 연구한 닐 허츠, 낭만주의 시를 재조명한 신시아 체이스 등 미완의 학파 지도자들 중 하나로 꼽기에 충분할 만큼 뜨거운 열정을 지닌 몇몇 총명한 비평가들이 있었지만, 열정이 이들의 능력을 넘어서 있는 것이 문제였다. 어쨌든 이 풍성한 활동의 핵심에서도 가장 중요한 비평적 저작을 남긴 이는 드 만이었다.

"옛날 옛적에 우리 모두는 독해의 방법을 알고 있다고 생각했다. 그때 드 만이 등장했다."14) 블라트 고지치는 드 만의 에세이 모음집 『맹목과 통찰』(1971)의 서문에서 이렇게 말했다. 이 책은 드 만 생전에 출간된 세 권, 사후 출간된 세 권의 책 중 첫 번째 저작이다. 수학적 정밀함을 갖춘 해석, 발터 벤야민과 비슷한 우울한 사유 스타일이라는 드 만식 접근법의 두 가지 주된 특징을 보여준 이 책에서 드 만은 게오르크 루카치, 블랑쇼, 데리다의 장-자크 루소 독해 같은 최신 연구뿐만 아니라 막다른 골목에 다다른 '형식주의 비평'의 상황, 프랑스어로 작성됐다가(드 만은 벨기에 태생으로 1947년 미국으로 건너왔다)『크리티크』에 먼저 실렸던 하이데거의 횔덜린 해석에 관한 글 등 옛 논문 두 편도 함께 실었다. 서문에서 간략히 소개된 책 제목은 시각과 맹목이라는 평행적인 두 변증법의 만남을 의미한다. 시각이 언어적 공간을 조직함으로써 볼 수 있는 지대와 볼 수 없는 지대를 나

1966년 데리다를 처음 만난 드 만은 데리다의 사유를 활용해 '문학적 해체론의 선구자'가 됐고, 데리다와 평생에 걸친 우정을 다졌다. 그러나 드 만의 사후 그의 나치 부역 혐의가 불거지자 미국을 중심으로 해체론의 정치적 성격이라는 문제가 제기됐고, 데리다는 드 만의 작업을 옹호하는 데 온 힘을 기울였다.

누는 텍스트의 '맹점'을 지칭한다면, '맹목'은 텍스트의 어떤 측면을 배제함으로써 각각의 읽기가 다다르게 되는 '맹목적 시각'을 의미한다. 드 만은 이후 수십 년 동안 문학 논쟁의 중심에 놓이게 될 몇몇 주제를 논의하기도 했다. 미학적(문학) 텍스트와 논쟁적(비평) 텍스트의 '합리적' 구분은 실상 문학적 **진리**를 특권화한다는 구실로 문학 텍스트의 '과잉'을 주장하는 것이라는 비판, 자기확인과 정체성에 대한 향수를 낳는 **상징** 개념보다는 자기 기원에서 멀리 떨어져 나오는 식으로 읽힐 수밖에 없는 **알레고리** 개념(훗날 이 개념은 『읽기의 알레고리』라는 저작의 성공에 힘입어 드 만의 트레이드마크가 된다)에 대한 선호, 또 다른 드 만식 개념이 되는 **형상** 언어 figural language (전통적 비평의 **지시적·문법적** 언어를 포기하는 대신, 자신의 한계를 적시하고 언어의 빈 공간을 서술하는 형식 언어) 이론에 대한 스케치 등.

 루소의 『고백』에 등장하는 도둑맞은 리본의 일화에 대한 드 만의 독해는 형상적일 뿐 아니라 '기계적'이다. 드 만에 따르면 작가나 등장인물의 인간적 감정을 텍스트 체계에 순전히 내재적인 기능이라고 생각하는 것은 잘못이다. 비유와 형상으로 가득 찬 통제할 수 없는 순환체계인 자동적 언어기계는 의도와 재현으로 이뤄진 일상세계에서 분리해야 한다는 것이 드 만의 입장이다. 드 만은 문제의 그 자율성이야말로 이론이 요청되는 지점이라고 봤다. '지시성'(지시한다는 사실, 지시되는 대상을 지칭하기)이 더 이상 '직관'("논리와 이해의 세계"와 연계된 인간 행동)이길 그쳤을 때 유일하게 기댈 수 있는 것이 이론이지만, 텍스트의 '의미'라는 문제를 후경화하는 페르디낭 드 소쉬르의 언어학을 문학 텍스트에 적용한다면 이론은 도리어 '언어의 기능'이라는 것이다.[15] 드 만은 언어에 내재된 메커니즘, 곧 잠재된 형상의 구조를 촉발시키는 한, 모든 언어의 활용은 수행적이라고 생각했다. 드 만의 기획이 목표로 한 것은 진정한 텍스트적 혹은 언어적 **유물론**이다. 언어의 비인간적 특성, 곧 사물의 세계처럼 우리에게 낯설고 이질적인 언어의 물질적 측면을 적절히 드러낼 수 있는 유일한 방법은 자신이 말한 문학 텍스트의 '수사학적' 읽기라고 드 만은 주장했다. 이는 젊은 시절의 드 만에게 지대한 영향을 끼친 사르트르의 입장을 환기시킨다. 가령 '나쁜 믿음'에 대한 사르트르의 서술은 훗날 드 만에게서 전통적 비평의 의식적이고 해석학적인 '환상'이라는 개념으로 되살아나기도 한다. 라이너 마리아 릴케의 시에 나타난 불가능한 '진리의 약속,' 혹은 번역자의 특정 과업인 '괴리'에 대한 드 만의 분석이 보여주듯이, 모든 텍스트는 표현의 실패로부터 전개되는 것이기에 비평가의 역할은 이 '어긋남,' 이 언어의 '치환'에 담긴 변증법적 생산성을 드러내는 데 있다.16) 결국 재현의 질서와 지시적 독해의 안이함에 대한 드 만의 강박적인 불신 너머에는, 고지치가 제기한 질문이 여전히 답을 기다리고 있다. 드 만의 해체론은 데리다의 접근법을 '순화'하거나 '길들임'으로써 "그 신랄함을 제거"했을 뿐인가, 아니면 정반대로 드 만은 문학 텍스트와의 더욱 혹독한 대결 속으로 데리다의 이론을 끌어들임으로써 해체를 더욱 다듬은 것일까?17) 유일하게 확실한 것은 드 만의 해체론은 읽기를 지속적으로 강조하는 동시에 명확한 읽기가 있다는 거짓 주장에는 맞서는 방식으로 해체의 경향을 이어갔다는 점이다. 이런 드 만의 해체론이 문학비평에 지대한 공헌을 했음은 분명한 사실이다.

'4인방'에 속하는 나머지 세 비평가의 저작들도 접근법의 측면에서 혁신적이지 않다고 볼 수는 없으나, 드 만에 비하면 문제를 덜 일으켰을 뿐만 아니라 덜 꼼꼼하고 소박했다. 하트만은 해체를 도발적으로 활용하다가 (자신이 점차 다가간 조르주 풀레와 장 스타로뱅스키와 유사하게) 현상학과 상상계 비판의 이름으로 해체를 격렬히 비판하는 쪽으로 옮겨갔다. 이와 달리 그의 동료 밀러는 끝까지 충실하게 해체를 실천했다. 빅토리아 시대의 소설 텍스트가 맞닥뜨린 난항이나 영국시에 나타난 무언의 요소를 분석한 데서, 그리고 자신이 재직 중이던 예일대학교(이후에는 UC어바인)와 회장을 맡은 현대언어학회라는 제도의 틀 내에서 해체와 그 지지자들을 책임감 있게 옹호한 데서 볼 수 있듯이 말이다. 4인방 중 홀로 있기 좋아했던 블룸의 저작과 역정은 더욱 독특하다. 블룸은 1973년 발표한 책 『영향력의

하트만(왼쪽)과 밀러(오른쪽)는 '읽기(독서)의 불가능성'을 강조했다는 점에서 드 만과 똑같았지만, 둘 다 독일의 관념론(니체, 하이데거)보다는 영국의 낭만주의에 경도됐다는 점에서 드 만과 달랐다.

불안』으로 알려졌다. 해체의 몇몇 주장, 제라르 주네트와 미셸 리파테르가 상호텍스트 개념에 대해 펼친 논점을 선견지명으로 급진화한 이 짧고 어려운 에세이집은 미국 문학 비평의 걸작 중 하나로 남게 된다.[18] "시는 없다. 오직 시 사이의 관계만 있다"라는 이 책의 핵심 논지는 전형적인 구조주의적 접근법처럼 보인다. 그러나 이 논지가 전개되는 방식은 이전의 그 어떤 책과도 달랐다. 베르길리우스, 존 밀턴, 단테, 존 애쉬버리 등 고전주의와 근대 시인을 탐구하는 동시에 드 만이 자주 참조한 프로이트와 니체도 널리 활용하면서 블룸은 문학적 혁신이라는 주제를 혁신했다. 그에 따라 문학적 혁신이란 정전화된 텍스트 앞에서 '획득된 불안,' 정전을 반복하는 행위와의 '강제적 단절,' 더 넓게는 '창조적 오독'으로 재정의된다. 창조적 오독은 빗겨감[궤도이탈]^{clinamen}, 자기비하^{kenosis}, 자기정화^{askesis} 등 일곱 개

블룸은 텍스트의 모순이 아니라 개별 작가(혹은 작품) 사이의 문학사적 관계를 중시했다는 점에서 4인방의 다른 이들과 달랐다. 그래서인지 블룸은 "나는 해체론과는 전혀 관련이 없다"고 말하곤 했다.

의 수사학적 양식(이것은 모두 이전 텍스트의 원천, 이전 텍스트에 의해 억압된 상상의 공간을 비워내는 전술이다)에 따라 이전의 텍스트(독해 과정에서 굴절된 내적 텍스트)를 수정해감으로써 진행된다.

영향력과의 단절에 대한 블룸의 이론은 심리학적 지향과는 거리가 멀며, 문학에서의 '친부 살해'라는 진부한 도식보다는 작가의 죽음, 혹은 (드 만이 말한) 텍스트의 물질성을 환기시킨다는 점에서 정확히 언어학적 접근이다. 심지어 블룸은 "모든 비평은 산문으로 된 시"라고 선언하며 장르상의 경계마저 문제시한다. 특히 ('오인'의 필요성과 영향력이라는 '감옥'을 결합시킨 별난 용어인) '시적 태만'*이

---

* 블룸이 언급하는 '태만'(misprision)이 '오인'(misapprehension)과 '감옥'(prison)의 결합이라는 저자의 해석은 지나친 듯하다. '태만'의 어원은 '실수'나 '부당한

텍스트에 끼치는 근본적 기능이라는 개념을 통해 이 책은 언어의 커다란 틈과 글쓰기의 자율적인 책략을 그 어떤 책과도 비할 바 없이 훌륭하게 묘사해냈다. 하지만 해체와의 짧은 열애를 거친 뒤 블룸은 점차 은둔한 염세주의자의 까탈스러운 엘리트주의에 경도되어간다. 데리다보다는 유대주의에 더 흥미를 느끼고, 프랑스애호자라기보다는 랠프 왈도 에머슨 추종자에 더 가까운 인물 말이다. 그래서인지 이후 블룸은 드 만의 "적막한 언어적 허무주의"를 비판하고, 사면초가에 빠진 서구 정전을 지키는 최후의 수호자이자 사나운 반맑스주의자가 되어, 1980년대의 [이론적] 혁신을 '원한의 학파'로 깎아내렸다. "지금 내가 힙합이나 연구하는 교수들, 프랑스-독일 이론으로 무장한 복제인간들, 젠더와 다양한 성적 신념을 설파하는 이데올로그들에 둘러싸여 있다는 것을 발견하고서 …… 나는 문학 연구가 발칸 반도처럼 전쟁터로 변한 것이 돌이킬 수 없는 현상이라는 사실을 깨달았다."[19] 1999년 발간한 셰익스피어에 대한 인문주의적 비평서는 그 두께에도 불구하고 성공적인 판매고를 기록했는데, 이 책에서도 블룸은 언어나 텍스트 구조에는 별 관심을 두지 않고 오직 극중 인물과 그들의 성격이 가진 '본질'에만 집중했다.[20] '음성중심주의'에 맞선 투쟁은 블룸의 진정한 관심사가 아니었다. "랍비이자 예언자인 블

대우'를 뜻하는 고대 영어 '메스프리즌'(mesprison)이다. 흔히 법률용어로는 공적 업무나 임무를 등한시하는 직무태만을 가리킨다. 블룸은 이 표현을 통해 문학적 창조는 이전 시대의 정전을 의도적·적극적으로 오독함으로써 가능하다는 자신의 입장을 (재)천명하고 있는 셈이다. 4인방의 다른 이들이 '읽기의 불가능성'을 주장하며 그 반대급부로 텍스트에 대한 '진지한 읽기'나 '윤리로서의 비평'을 비평가의 임무라고 주장한다는 점을 염두에 둔다면, 블룸의 이 주장은 다른 이들과의 차이점을 드러내는 언급이라고도 할 수 있다.

룸은 자신의 언어가 자아·현전·음성의 언어라는 구실로 협박당하는 것을 용납하지 않을 것"21)이라고 썼던 보수적 비평가 데니스 도노휴는 블룸과 드 만 같은 사상가들이 해체에 매력을 느낀 것은 (셸리의 표현을 쓰면) 해체의 '진중한 우매함' 때문이라고 주장했다.

회피와 술책

예일 4인방이 무엇보다도 **스스로를 집어삼키는** 문학 텍스트의 본질을 탐구한 데 반해, 이들을 따르던 수백 명의 추종자들은 텍스트의 다른 세계[이면]와 점점 동떨어진 목표에 눈을 돌렸다. 드 만이 관심을 둔 텍스트의 유물론과 거의 무관한 정치적·역사적·문화적 목표에 말이다. 이렇게 하기 위해서는 해체의 극적이고, 감정적이며, 친화적인 잠재력을 악용해야 했다. 무엇인가에 홀려 있으면서 기회주의적이기도 했던 이 젊은 제자들은 '창조적 **오독**'과 '생산적 오류' 등의 가설을 보편화하게 된다. 모든 읽기는 **오독**이고, 모든 문학 텍스트는 읽기[독해]의 불가능성에 대한 알레고리라고 선언한 이들은 영미권에 로널드 레이건과 마가렛 대처로 상징되는 기나긴 반동의 밤이 드리워지기 시작하자 모든 텍스트에 작동하는 숨겨진 힘이 기본적으로 **정치적** 성격을 띠고 있다고, 텍스트 차원에서 서구의 재현 논리 전체는 자신도 모르는 방식으로 **제국주의적** 속성을 띠고 있다고 단언했다. 데리다의 끈질긴 문헌학적 해체를 이런 호전적 연극(대문자로 시작하는 개념들이 악당 취급을 당하는 연극)으로 뒤바꾸기 위해, 데리다를 자신이 쓴 플롯의 마법에 빠져버린 각본가로 만들어버리는 손쉬운 방법도 등장했다. 로버트 V. 영의 다음과 같은 진술을 보라. "예수가 죽은 자들을 일으킬 때 데리다는 그 자리에 없었다. 그래서 데리다는 로고스를 살해하고 이성의 집을 불태우게 됐다."22) 이런 과장은 단순한 멜로드라마적 차원을 넘어 철학적 차원에서도 이뤄졌다. 다분히 추상적인 조각맞추기 퍼즐의 요소들, 즉 제대로 습득도 하지 못한 요소들(변증법, 이성, 로고스 등)을 심문하기 위해서 [젊은 해체론자들이] 이 '반로고스중심주의'의 담론은 자신이 물신화한 저자[데리다]의 훨씬 침착하고 언제나 세심한 주장을 자신들이 원하는 대로 뒤틀어야 했던 것이다. 헤겔과 그의 변증법을 무너뜨리겠다고 공언했던 이들과 달리, 데리다는 당대의 사유가 "헤겔과 더불어 [이 세상을] 끊임없이 설명"해야 할 의무를 지고 있음을 강조했다.23) 형이상학을 해체하겠다고 공언했던 다른 이들과 달리 데리다는 형이상학과의 필연적 공모관계를 끊임없이 강조했으니, 곧 형이상학이 없다면 "우리가 그에 맞서서 행하는 비판 작업 역시 포기"24)해야 한다고 말했다. 이런 식으로 데리다의 해체를 일반 규칙의 총체로 고정시켜버리면, 데리다가 자신의 궤적을 통해 전략적으로 보여준 복잡함과 유연성뿐만 아니라 절대로 사유를 **정박**시키지 않도록 기능하는 아포리아의 유희도 잃어버리게 된다. 그런데 바로 이런 식으로 왜곡이 이뤄졌다. 무엇보다도 미국 독자들이 데리다의 텍스트와 맺고 있는 기묘한 관계 때문에 이런 왜곡이 이뤄졌다. 실제로 데리다의 저작을 직접 읽거나 전부 읽은 미국 독자들은 매우 적었고, 훨씬 생략적인 스타일로 윤리학, 민주주의, 블랑쇼나 엠마누엘 레비나스에 대한 철학적 헌사로 채워진 후기 15년 동안의 저작들(미국에서 고전이 된 『맑스의 유령들』, 『법의 힘』, 『문서고의 고통』 등 세 권의 후기 텍스트는 예외이다)보다 데리다의 초기 저작에 담긴 로고스중심주의에 대한 존재론·현상학적 비판이 훨씬 영향력이 높았던 것이다.25)

데리다가 가끔 '엄밀한 비판'이라고 불렀던 해체의 **유용성**과 관련한 의문도 자주 제기됐다. (한나 아렌트가 관찰했듯이) "학습을 가능한 한 실행으로 대체"하기 위해 언제나 "교육에 적용하는 방식"만을 중시하는 나라에서[26] 이런 의문은 해체가 실용적 목적에 잘 들어맞는지, 혹은 해체가 정녕 쓸모 있고 다양한 분야에 (가령 한 편의 시를 읽는 데도, 지성사 전체를 정치적으로 재해석하는 데도) 응용될 수 있는지로 귀착된다. 해체가 정체성에 기반을 둔 담론[정체성의 정치]의 원천이 될 수 있었던 것도 무엇인가 선행하는 이데올로기적 프로그램이 있어서라기보다는 이런 실용적 원칙 때문이었다. 특정한 목적을 위해 타동사적·기계적으로 적용된 해체는 그 원래의 의미를 잃은 채 재정식화되기까지 했는데, 이것은 해체의 희화화 아니면 뻔뻔스러운 오독에 가까웠다. 경영학이나 요리수업에서 기업구조나 세 끼 식사를 '해체'하는 법을 가르치는 것은 차치하고라도 리하르트 바그너나 생태학 등을 데리다의 체로 걸러내는 따위의 일도 비일비재했다. 메리 시코라는 바그너의 오페라가 신화적 소재를 '해체'해 만들어낸 '낭만적 아이러니'를 설명하는가 하면(『파르지팔』은 "은유를 구원"한 "오페라적 해체"라는 식이다),[27] 로버트 뮤저로는 (이집트뿐만 아니라 라스베이거스에까지 세워져 있는) 피라미드를 "형체와 전략"이자 "영원한 현전"으로 파악하면서 우리에게 풍경을 해체하라고 권유한다.[28] 데이비드 우드는 "형이상학에서 벗어나" 시간을 생각하고, 철학을 "순수 사건이자 수행성으로" 바라보자고 주장한 『시간의 해체』라는 책을 썼는데, 분과학문의 경계를 넘나드는 교훈적 주제를, 어려운 전문용어를 덜 써가며 다룬 이 책은 적잖은 성공을 거두기까지 했다.[29] 그러나 해체를 **실용화**하려는 의심스러운 시도가 벌어지는 와중에도, 해체의 고집스런 신봉자들은 그 진의를 전달하기가 불가능한 해체의 난해함과 극도의 엄밀함을 철저히 옹호했다. 엘리트주의적 반발에서라기보다는 해체에 영감을 불어넣은 존재론적 관심사에 충실하게 말이다. 해체론에서 거듭 등장하는 아포리아, 미장아빔,* 부정의 형상, 과잉된 기표 등은 개념적으로 쉽게 접근하기 힘들뿐만 아니라 이 개념들이 부식시켰다고 여겨지는 문학·이론 텍스트 속에서 명확히 찾아볼 수 없다는 점도 지적해둬야겠다. 바로 이 때문에 이 유명한 접근법은 학부 수업에서는 결코 연구될 수 없고, 응용하기는 더욱더 힘들며, 단지 어떤 기풍을 환기시키는 데 그칠 수 밖에 없다. 대학원 세미나에서조차 이 접근법을 미국 교육의 공리주의가 그토록 원하는 놀라운 기법으로 만들어내기 어려운 것도 바로 이 때문이다. 그런데도 이처럼 대서양 건너에서 뿌리를 내리지도 못하던 1970년대 말부터 해체는 연구자들의 교육적 통제에서, 다시 말해 충성스런 해체론자들의 열렬한 운동에서 벗어나 급기야 대학 바깥에서 서로 다른 두 방향으로 표류하기 시작했다.

한 쪽에서 해체론은 지속적인 이데올로기적 공격의 대상이 됐다. 이 공격은 1977년 비평가 메이어 에이브럼스가 해체론과 그것에 내재한 도덕적 상대주의를 거부해야 한다고 주장하면서 촉발됐다.[30]

---

* '미장아빔'(mise en abyme)은 흔히 시각예술에서 많이 쓰이는 개념으로, 두 거울 사이에 서 있을 때 자신의 상이 무한정 반복되어 비치는 것을 말한다. 문학 쪽에서는 텍스트 속에서 특정 이미지나 개념이 계속 반복되거나 복제되어 원래의 이미지/개념을 되비추는 것을 말한다. 해체론에서는 언어의 상호텍스트적 속성, 즉 한 언어가 무한정 다른 언어를 지시하기 때문에 원래의 언어가 지칭하려는 실재에 가닿지 못한다는 속성을 드러내는 데 이 표현이 사용된다.

우파와 좌파 양쪽 모두 공공선과 집합적 가치를 보란 듯이 옹호하면서, 대학은 물론이고 미국 사회 전체에까지 끼치는 데리다식 '텍스트주의'의 해악을 통렬히 비난했다. 다른 쪽에서는 더 점진적이면서도 더 극적인 방식으로 **해체**라는 단어가 서서히 일상용어 속으로 침투해서는 대학 내에 자리잡고 있던 온갖 전복적 집단, (더욱 막연하게는) 회의하는 태도, 탈신비화 경향, 체제에 '흡수'되길 거부하는 이들의 조심스러운 행동과 조응하기 시작했다. 원래의 학술적 맥락에서 완전히 벗어난 채 주류 언론뿐만 아니라 텔레비전에서까지 **해체**라는 단어가 빈번히 등장해 공식 담론에 맞서는 비판적 통찰이나 개인적 지혜의 동의어로 사용됐다. 경제 회복과 대규모 규제완화 정책 등을 포함해 1980년대에 들어와 권력과 성공을 향한 고삐 풀린 경쟁이 갑자기 가속화되는 상황에서 사람들은 광고 메시지, 선거 공약, 사회가 돌아가는 방식 등을 해체할 수 있어야, 곧 그 속으로 관통해 들어가 꿰뚫어 볼 수 있어야 했다. 이런 시대 분위기를 드러내는 사례로는 이런 것들이 있다. 가정용품을 다루는 한 잡지는 "아빠가 지었을 법한" 베란다를 거부하는 광고 속에서 독자가 "정원의 개념을 해체"하길 권했고, 만화 속 슈퍼히어로는 '해체 박사'라는 새로운 악당에 맞서기도 했다. 인위적으로 만들어진 이 학술 용어는 심지어 상품명이 되기도 했다. 어느 의류회사는 『크루』라는 잡지에 실린 광고에서 "반정통적 감각에 맞는 스타일"을 보여주는 '데리다 자켓'과 '해체풍 수트'를 선보였다. 그런가 하면 그럴싸한 데리다식 경구를 무작위로 모아놓은 풍자 유머집인 『인생에 도움이 되는 해체에 관한 소책자』라는 책이 서점 계산대에 진열되기도 했다.[31] 점점 더 정체모를 표현이 학문 영역 너머로 퍼져나간 이런 일은 상징적 차용 현상이자 사회적 영역의 변화를 반영한 순수한 표면 효과였다. 훗날 데리다주의자들 내부에서 분열이 촉진된 것은 이 때문이다. 보수적 소수파는 해체라는 용어를 대중화된 일탈에서 보호하려고 했지만, 좀 더 전략적이었던 다수파는 주류 언론에까지 퍼져나간 강력한 이론적 영향력을 섹슈얼리티·소수민족·탈식민주의 연구 등 신생 통합학문 프로그램이 담당하는 정체성 담론 영역에서의 투쟁으로 확장시켜야 한다고 생각했던 것이다. 전자에게 '현실'이란 로고스중심주의의 구성물이자 형상 언어의 기만적 효과였던 반면, 후자에게는 권력관계와 차별을 가리기 위해 고안된 이데올로기적 구성물이었다. 이 두 분파 사이의 틈은 시간이 지날수록 커져만 가기에 이른다.

전자인 보수적 소수파, 특히 문학 언어의 새로운 인식론에 관심을 기울이는 거의 수도사 같은 소수파를 논외로 하면, 결국 전략적 다수파가 제기한 결코 단순하지 않은 질문을 좀 더 자세히 점검해볼 필요가 생긴다. 그 자신의 명시적 주제로부터 데리다를 멀리 떼어내는 일은 데리다를 무효화하는 일이 될 수밖에 없는 걸까? 적어도 한 가지 중요한 점에서 이들은 데리다의 접근법과 일치한다. 전체화하는 사유와 닫힌 체계를 불신한다는 점에서 말이다. 그렇기 때문에 데리다의 특정한 개념을 국지적·부분적·유동적·전술적으로 사용한다고 해서 이들이 꼭 데리다를 희화화했다거나 배신한 것은 아니며, 오히려 데리다의 주장이 가진 강력한 힘과 실제적 생산성을 드러냈다고도 할 수 있다. 이들은 해체를 단순화한 측면도 있지만 진정 유익하다고 할 만하게 활용하기도 했고, 위압적 방식으로 일반화된 주장을 펴기도 했지만 시간의 변화와 해당 상황에 따라 시기적절하게 해체를 참조하기도 했다. 순진하게 아무데서나 이론과 당위를 뒤섞는 **실**

용화도 없진 않았지만, 이런 작업은 미셸 드 세르토의 표현처럼 불현듯 "미래를 만들기 위해 전통에 대한 존중을 갈아치울 수 있게 해주는"32) **유용성**도 아울러 갖고 있었던 셈이다.

대리보충: 데리다 효과

미국에서 여성 문제가 쟁점화됐을 때 페미니스트들은 데리다의 저작을 읽기 시작했는데, 이 놀라운 시너지 효과는 전략적 다수파가 거둔 첫 번째 성공사례였다. 몇몇 추종자들이 가부장적 로고스에 사형선고를 내리고 마초적 이성을 폐기하자고 외치며 성급하게 일반화했던 것과는 달리, 데리다에게 여성성의 문제는 단순히 '남근로고스중심주의'의 문제가 아니었다. 데리다에게 이 문제는 더 제한적이고 결론이 열려 있지만, 더 많이 활용될 만한 시사점을 여성 독자들이 얻어갈 수 있는 영역이었다. 1963년의 논문 「폭력과 형이상학」에 들어간 각주에서 데리다가 형이상학의 남성적 본질이 아닌 "형이상학적 언어의 본질적인 **생식력**"33)에 대해 질문한 것은 이 때문이다. 『산종』에 재수록된 1968년의 논문 「플라톤의 독/약」은 로고스가 아버지의 형상을 취하고 있는 텍스트일 뿐만 아니라, 잘 인용되지는 않지만 아버지라는 과잉기표(그리고 그 돌이킬 수 없는 흔적의 산종)는 정액의 기표 혹은 '쓸모없게 된 종자'라는 불순한 모티프를 지시한다고 주장하는 텍스트이기도 하다. 『그라마톨로지에 관하여』의 명백한 반인간주의 역시 [남성의] 아군으로 변장한 채 이미 저 유명한 '여성이라는 이름'을 탐구한 산물이었다. 스테판 말라르메에 관한 1970년의 논문 「이중 회합」에서 데리다는 '이멘'을 불안정하고 불확정적인 막膜이라고 말하기도 했다.* 왜냐하면 이멘은 안과 밖을 분리하지 않은 채 분리하는 것으로서, ('삽입'의 가능성에 관한 질문이든, 데리다가 '젠더를 넘어서는 젠더'라는 표현으로 환기시키는 저 기묘한 '제3의 젠더'에 관한 질문이든) 이미 성적인 것에 대한 비동일적 사유를 열어놓았기 때문이다. 1972년 스리지-라-살[국제문화센터가 있는 프랑스의 해변 마을]의 니체 콜로키움에서 발표한 원고(이 논문은 『조종』에 수록됐다)는 데리다가 '여성'을 명시적으로 다룬 첫 번째 텍스트이다. 여기서 데리다는 '결정불가능한' 존재인 한 여성은 '진리'와 동일하다고 봤고, 남성과 여성이라는 이항대립에 맞설 뿐만 아니라 이 대립을 넘어서는 전치와 차연의 공간에 대해서도 언급했다. 퀴어 연구가 생기기 20년 전에 말이다. 데리다는 『에쁘롱』에서 지나가듯이 다른 구분을 소개하기도 했는데, '취하기'prendre 혹은 '소유물로 가지기'prendre possession라는 남성적 몸짓과 '주기'donner라는 여성적 전략('여성이 **스스로를 지키는** 일종의 역할놀이'라는 바로 그 의미에서의 '자신을 ~로 주기'se donner comme)이라는 이 구분을 두고 훗날 미국의 페미니스트들은 중요한 논쟁을 벌인다. 마지막으로, 『파라쥬』에 재수록된 1980년의 논문 「장르의 법칙」에서 데리다는 형이상학적 전통의 기호인 **남자**를 해체하자고 요구하면서 이런 작업이 여성을 '사람'으로 의미화하지 않는 "**여성**이라는 요소를 ······ 드러내"줄 수 있다고 명시했다. 요컨대 어떤 원리도 아니고 특정한 인간의 현현도 아닌, **본질 없는 여성**

---

* '이멘'(hymen)은 처녀성의 상징인 '처녀막'을 뜻하는 동시에 처녀성을 무너뜨리는 '결혼'(결합/교합)을 뜻하기도 한다. 요컨대 처녀막으로서의 이멘은 안/밖을 경계짓는 역할을 하지만, 결혼으로서의 이멘은 처녀막의 파열과 함께 안/밖의 구분이 훼손됨을 뜻하기도 한다. 저자가 본문에서 이멘이 "불안정하고 불확정적인 막"이라고 말한 것은 바로 이런 의미에서이다.

성을 말이다.34) 이렇듯 데리다가 자신의 저작에서 지나가듯 언급한 수많은 말과 감춰놓은 구절 속에는 미국의 페미니즘 2세대가 도움을 얻게 되는 (**영원한 여성성**에 맞서는) '반본질주의적' 통찰이 담겨 있었다. 이들은 여성이라는 정체성, [부성의 권위를 단순히 뒤집어놓았을 뿐인] 모성으로의 전환이 '막다른 골목'에 이르렀을 때 이곳저곳에서 데리다의 개념들을 휘두르게 됐다.

이 페미니즘 2세대가 성공적으로 펼친 또 하나의 작전은 자크 라캉에 맞서 데리다를 **활용**한 일이었다. 라캉이 페미니스트 논쟁에 영향력을 끼치게 된 것은 최초의 **탈본질주의** 운동 덕분이었다. 라캉은 일부 프로이트주의자들의 성적 본질주의에서 연원하는 고정된 생물학적 본질과 이에 필연적인 승화 개념이 아니라 자율적이고 내재적으로 불안정한 언어와 판타지의 힘에 근거해 젠더의 형성을 설명할 수 있게 해줬다. 페미니즘 2세대는 라캉이 이 과정에서 성 역할과 관련해 보수주의까지는 아니더라도 모종의 비관주의를 부추기게 됐다고 생각했다. [라캉의 공식처럼] "여성은 존재하지 않는다"면, 그것은 성 역할이라는 환상의 불안정성에 해답이 없기 때문이기도 하다. 이처럼 [이 문제에 해답이 되어줄] 실현가능한 **젠더** 전략이 없기 때문에 남근의 형상, 법과 언어적 무의식의 은밀한 힘이 젠더의 위계를 영속화할 수 있는 것이다. 고정된 젠더도 **없기**에 지배당하는 그/녀가 기댈 만한 방책을 모조리 뺏어가면서 말이다. 이와 달리 데리다라면 언어코드의 끊임없는 미끄러짐, 법과 언어를 갖고 노는 수행적 잠재력을 강조하면서 젠더의 위계를 해체할 수 있게 만드는 운동, 기동성을 재도입할 것이다. 만약 무의식이 언어처럼 구조화되어 있다면, 이 언어에 의해 주변화된 이들은 그 언어의 발화행위에서 생산적 틈을 찾아내지 못할 것이고, 그 언어를 재해석할 수 있는 주도권도 찾을 수 없을 것이다. 따라서 데리다라면 라캉주의적 법의 대리석 속에 얼어붙어 있는 성적 질서를 "성적 차이라는 새로운 연출"로 대체하게 될 것이라고 [미국의 페미니즘 2세대는] 주장한다. 가령 드루실라 코넬에 따르면, "라캉에 맞서 데리다는 젠더 정체성의 정의를 비롯해 언어 안에서의 변동이 결코 완전히 고정될 수 없음을 보여준다."35) 이처럼 데리다식의 작전은 어떤 여백, 유희, 재량권, 달리 말하면 젠더의 억압에 효과적으로 맞설 수 있다는 희망을 마련해줬다. 모든 페미니즘에게 꼭 필요한 희망을 말이다. 페미니즘 논쟁 구도 속에서 데리다를 참조하는 데는 의미론적 유용성도 있었다. 주디스 버틀러가 짚어내듯이, 데리다처럼 어떤 지시대상(혹은 일반적인 기의)을 언급함 없이 '여성'이라는 범주를 사용하면 "우리 중 그 누구도 미리 예견할 수 없는 방식으로 의미화되기 시작하는 기회가 열린다."36) 데리다를 참조해 생겨난 놀라운 생산성에 대한 또 다른 사례는 버틀러가 자신의 작업을 비롯해 1990년대 퀴어 이론의 발전에도 주된 역할을 하게 되는 '젠더 수행성'37) 개념을 미셸 푸코나 존 랭쇼 오스틴이 아니라 데리다의 카프카 독해에서 끌어냈다고 주장한 점이다.

'비판 법학 연구'라는 완전히 별개의 영역에서도 데리다의 영향력을 볼 수 있다. 1990~91년 뉴욕의 카르도조 법학대학원에서 데리다가 "해체와 법"이라는 주제로 행한 강의가 그렇다. 푸코로부터 자연스레 더 많은 영향을 받은(그러나 푸코를 더 직접적으로 비판하기도 한) 탈식민주의 연구에서도 데리다에 대한 참조는 돌파구를 열어주는 역할을 했으며, 이로써 데리다는 푸코처럼 구세주 같은 외부인의 지위를 부여받게 된다. 예컨대 데리다를 참조한 비평가 호미 바바는

스피박과 함께 해체를 탈식민주의 연구에 접목한 바바 역시 원래 문학연구자였다(현재도 하버드대학교 영문과 명예교수이다). 그러나 스피박과 달리 바바는 라캉의 이론을 좀 더 적극적으로 받아들였다.

'디세미-네이션'[산종화한-국민]Dissemi-Nation이라는 독특한 합성어로 피지배자들이 지배 언어의 전용, 이주를 통한 언어의 산포에 바탕해 '국민'으로 형성될 가능성을 사유했다.38) 탈식민주의 연구가 지배와 종족주의 사이의 이 중간 공간(강자의 언어와 약자의 구술성, 역사적 주체와 무질서한 다중이 뒤섞인 곳), 스스로로 특별히 주목하는 이 **교섭**의 공간에 개입할 수도 있게 된 것도 데리다 덕분이었다. 특히 이 공간은 데리다의 몇몇 개념이 딱 맞아떨어지는 공간이기도 했다. 메시지의 발신자나 맥락으로 환원될 수 없는 '여분'이나 '흔적,' 데리다에게서 타자와의 융합이나 사이와의 융합을 뜻하는 개념인 '동굴,'* 해체를 정치적으로 독해한 스피박이 강조하듯이 (제국주의적 행위인) "타자의 생산"보다 "우리 안에 존재하는 타자의 목소리[들]"을 찾는 데 힘쓰는 행위 등.39) 사실, 스피박은 한 발 더 나아간다. 스피박은 해체가 이 **타자들**(여성, 비서구인, 자본주의의 희생양)에게 다가가고, 궁극적으로는 정치경제학까지 포괄해야 한다고 요구했다. 텍스트의 이론을 투쟁의 **실천**으로 이끌고, (데리다와 관련한 스피박의 변천과정을 요약한 낸시 프레이저가 지적했듯이) 맑스를 '미완의 해체론자'로 다시 읽음으로써 맑스와도 결합하기 위해서 말이다.[40] 하지만 오늘날까지 계속 미국의 인문학계를 갈라놓고 있는 **이** 문제, 즉 '데리다적 정치'의 가능성, 지향점, 맑스적 전통과의 지극히 문제적인 관계 등을 제기하려면 해체를 부분적으로 활용하거나 단편적으로 적용하는 것만으로는 이미 안 되는 차원에 이르렀다.

미국에서 **해체**라는 단어가 겪은 우여곡절 많은 운명은 항상 데리다 사유 자체의 정치적 양면성을 되돌아보게 만든다. 뱅상 데콩브는 데리다가 문제 삼은 바로 그 논리적·합리적 준거를 잣대로 데리다 사유의 정치적 태도를 사정 없이 비판하긴 했지만 참과 거짓이라는 관념, 이 두 관념의 극단적 대립에 **아랑곳없이** 전개되는 [데리다식] 사유의 정치적 유연성을 (거의 처음으로) 탁월히 강조하기도 했다. "데리다의 해체는 폭군살해인가 …… 게임인가?"라고 물었던 데콩브는 이

---

* 프랑스어 '동굴'(antre)은 '~사이'를 뜻하는 '앙트르'(entre)와 동음이의어이다. 그런데 '동굴'의 어원은 '쪼개진 틈'을 뜻하는 산스크리트어 '안타라'(antara)로, 그것이 라틴어 '인테르'(inter)를 거쳐 프랑스어의 '사이'가 됐다. 즉, '동굴'과 '~사이'는 발음뿐만 아니라 계보 자체도 같다. 데리다는 이 점에 주목해 플라톤의 '동굴의 비유'를 비판한다. 플라톤의 동굴에서 동굴 벽에 비친 그림자(거짓)는 동굴 바깥에 존재하는 진짜 세계(참)의 가상일 뿐이다. 그러나 데리다의 동굴에서 그림자는 진짜 세계와는 다른 환상, 오류, 거짓이 아니다. 요컨대 플라톤은 진짜 세계를 은폐하는 기제로 동굴을 언급하지만, 데리다에게 동굴은 '~사이'임으로 참/거짓을 가르는 일종의 기준이라기보다는 참/거짓이라는 서로 상반된 것이 혼융되어 있는 공간이자 그 둘 사이의 공간이다.

질문이야말로 "결정하기가 불가능하다"고 결론내렸다.[41] 이런 분석은 초기 데리다가 정치 문제에 거리를 둔 이유도 설명해준다. 아무튼 프랑스에는 데리다에게 명시적으로 영향받은 정치적 성찰이 드물었다. 데리다의 저작(1980년의 「인간의 종말」)에 헌정된 스리지-라-살에서의 첫 번째 대규모 정치 관련 학술대회에서도 부정적 주제(**회피**, **불가능성** 등)만이 다뤄졌고, 1981년 장-뤽 낭시와 필립 라쿠-라바르트의 주도로 파리 고등사범학교에 설치된 정치철학연구소도 불확실성에 직면했다.* 해체는 규범적 대립(진보/반동, 개혁주의자/근본주의자)마저 단순한 대립**인 양** 문제화하고, (두 항 사이의) 모든 대립구조는 각 항이 가리키는 지시대상으로 환원될 수 없음을 상기시킨다(예외가 있다면 전략적 대립이나 가역적 대립일 것이다). 따라서 해체는 정치적인 것으로부터의 후퇴, 입장의 중립화, 그 어떤 실질적 결정이나 효과적 정치참여로도 멈출 수 없는 끝없는 메타이론적 회귀라는 위험을 그 안에 포함하고 있다. 이런 해체를 정치적 전복의 기획이나 투쟁 담론의 기반으로 활용하기 위한 미국식 해결책은 인식론적 균형이라는 무력함에서 해체를 끌어내기 위해 해체를 '전용'하거나 전환하고, 분화시키고, 파편화하는 것이었다. 곧 살펴보겠지만 정체성을 새롭게 사유한 이들은, 그 나름대로 정치를 해체하고 싶어 하던

---

* '정치철학연구소'(Centre de Recherches Philosophiques sur la Politique)를 설립한 낭시와 라쿠-라바르트는 앞서 말한 스리지-라-살에서의 학술대회를 조직한 장본인들이기도 하다. 이들은 1980년 7월 23일의 개회 강연을 통해 자신들의 목적은 데리다의 사상을 통해 '정치적인 것'을 다시 사유하는 데 있음을 분명히 했고, 그 연장선상에서 정치철학연구소를 세운 것이다. 정치철학연구소는 4년 동안 유지되다가 곧 폐쇄됐는데, 저자는 프랑스에서 '데리다의 정치화'가 얼마나 힘든지를 보여주는 사례로 이 일을 언급한 듯하다.

반동적 해석자들에 맞서 이런 식으로 **해체를 정치화**했다. 페미니스트와 탈식민주의 이론가 등은 학계 내부에서 해체를 전투용으로 개조하기 위해, 즉 데리다적 **정치**(학)를 만들기 위해 해체를 **해체에 맞서게** 하는 방식으로 정치적 '대리보충물'을 만들려 했다. 결국 프랑스 이론에서 (질 들뢰즈, 장-프랑수아 리오타르, 푸코에 비해) 가장 덜 정치적인 데리다가 미국에서는 가장 정치화되는 놀라운 역설이 생겨났다. 어쩌면 데리다는 (체코의 시위대에 호의적이었고, 인종차별 정책에 반대하는 문화계 인물들과 뜻을 함께 했지만) 정치적 위기에 대한 직접적 언급을 피해왔기 때문에 자신도 모르게, 애초 [해체의 정치성에 대해] 혼란스러워하던 독자들이 차츰 정치적 문제에 덜 소심해지고, 자유로워지고, 자극받도록 했다고 해석할 수도 있다. 날카로운 정치적 유효성을 지닌 사유가 현실 정치에 말을 아낀 채로 남아 있었으나 바로 그 때문에 더욱 쉽사리 정치적으로 전환된다는, 해체에 관한 이런 도식화 자체도 1990년대 초가 되면 복잡해지기 시작했다. 데리다가 맑스, 그리고 다양한 역사적·이론적 맑스주의에 직접 말을 건넸던 것이다. 이 사건의 이름은 『맑스의 유령들』이었다.

소련이 무너진 지 얼마 되지 않은 1991년, 데리다는 베른트 매그너스·스티븐 컬린버그 교수와 대담을 나눈 적이 있었다. 이 대담은 결국 1993년에 데리다의 『햄릿』 다시 읽기(여기서 데리다는 "시간이 [이음매에서] 어긋나 있구나"라는 햄릿의 수수께끼 같은 대사에 매료되어 있다), "맑스주의는 어디로?"라는 주제 아래 캘리포니아대학교 리버사이드 캠퍼스에서 열린 국제학술대회 등 다양한 교차점을 가진 텍스트의 탄생으로 이어졌다. 처음에는 강연의 형태로, 그 다음에는 한 권의 책으로.[42] 데리다는 이 텍스트에서 (모두 어떤 측면에서는 맑스와 연관된) '채무상태'(맑스에 대한?), '애도작업'(맑스주의자들에 대한?), '새로운 인터내셔널'(**포스트**맑스주의?) 등 맑스를 **유령**으로, 망령으로, 환영으로, 일종의 매개물로 다시 읽는 실마리를 탐구했다. '유령론'이라는 용어로 데리다는 **유령성**의 최초 징후, 즉 혼령의 잔여적 출현도 아니고 사물의 부재도 아니고 감각-지각의 이원론으로 환원되지 않는 영속永續의 양식을 사유한다. 유령성은 상품과 그것의 극복이라는 차원에서, 20세기 말 자본의 존재방식이자 메시아의 약속으로서의 정치적 지평이기도 하다. 점진적인 변화의 전환점이라기보다는 종지부를 찍듯이 단호한 긍정의 태도로, 데리다는 그 무엇보다 선행하는 어떤 근본적 **윤리**에 자신의 모든 작업을 연결짓는다. "해체가 가동하는 것은 …… 해체불가능한 **정의**의 명령"43)이다. 코넬과 애쓱캠을 포함해 과거보다 수가 줄어든 미국의 후기 데리다 논평자들에게는 이런 윤리의 새로운 기반이 (초기 데리다주의자들을 뛰어넘는 동시에 반대하는) 핵심 요소가 될 것이었다. 데리다는 "시대에 거스르는 것의 정치적 미덕을 믿고 있다"44)고 말했지만 조금 늦게 이뤄진 맑스와의 이 대면은 테리 이글턴과 페리 앤더슨 등 이미 20년 가까이 각자가 파악한 데리다의 '텍스트주의,' '반역사주의,' 정치적 '불분명성'을 비난해온 영미권의 정통 맑스주의자들과 해체의 주역[즉, 데리다 자신] 사이에 존재하던 심각한 불화를 잠재우지는 못했다. 데리다의 비판자들은 학술대회를 통해 『맑스의 유령들』에 대응하는 기회를 마련했고, 이때의 원고들은 훗날 『유령 같은 경계』라는 제목으로 묶여 나왔다.45) 프레드릭 제임슨과 안토니오 네그리 등 다소 호의적인 이들을 제외한 나머지는 이 책에서 데리다를 한 목소리로 성토했다. 데리다의 비판자들은 맑스의 '문학적 탈정치화,'46) 유령성 논의가 궁극적으로 도달할 실질적 무기력증, (유일한 프랑스인 기고자였던) 피에르 마슈레가 '탈물질화된 맑스'라고 부른 한계,[47] '맑스주의 없는 맑스주의'를 말하는 능숙한 솜씨 등을 문제삼았다.[48] 특히 '맑스주의 없는 맑스주의'라는 표현은 비판을 받은 데리다가 맑스주의 '패거리'의 분파적 행동과 맑스의 저작에 대한 이들의 총체적이고 지속적인 오독에 대해 풍자와 자기정당화로 반론을 펼친 장문의 논문 「맑스와 아들들」에서 (그 말은 "처음에는 바로 맑스 그 자신의 것"이었음을 덧붙이면서) 힘주어 옹호했던 표현이었다.[49]

그러나 이런 국제적 힘겨루기의 틀을 넘어섰을 때, 해체와 맑스주의 분파들이 참여한 이 논쟁은 (데리다가 직접 참여하기 이전에도 이미 오래 전부터 서곡격으로 스피박, 제임슨, 슬라보예 지젝 등이 이런 논쟁을 벌인 적이 있지만) 미국에서 '데리다 효과'가 거둔 흥미로운 결과물이라고는 보기 힘들다. 진정 흥미로운 대결은 맑스주의와 해체 이론이라는 두 이론으로부터 동시에 일정한 간격을 둔 채로 1980년대에 정체성의 정치와 미국 대학 사이에 발생했던, 미국의 지성계를 이후 영원히 변화시키게 될 논쟁이었다. 프랑스 이론은 이제 더 이상 단순히 혁신적 담론이라든가, 유행하는 저자들이라든가, 문학 연구의 마법 도구가 아닌, 이데올로기의 십자포화가 겨냥하는 직접적 목표물이자, 담론의 새로운 '정치적 활용'이 펼쳐지는 극장이 된다.

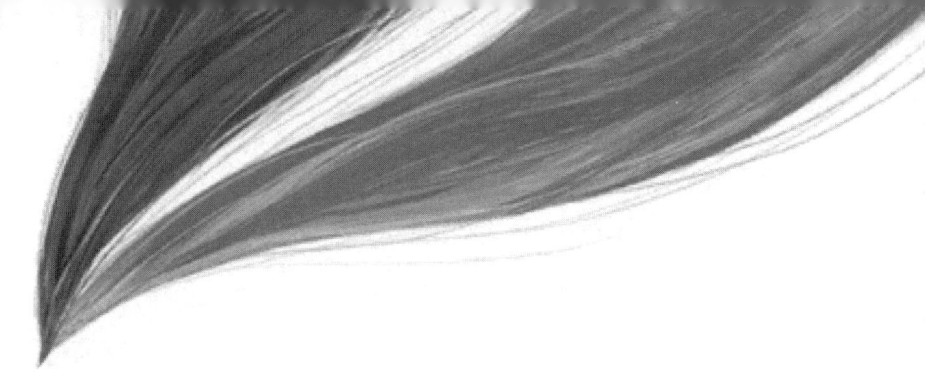

2부
이론의 활용

Les usages de la théorie

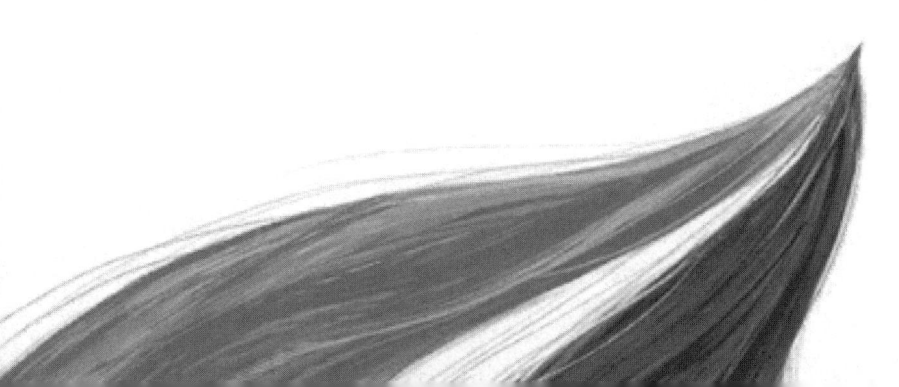

6 정체성의 정치
Politiques identitaires

우리 강의실과 거리 사이의 간격을 가끔 되새겨볼 필요가 있다.
우리는 주변화되고 악마화된 이들에 경의를 표하며,
이로 인해 마치 실질적 불의를 바로잡은 것처럼 느낀다.
그러나 나는 늘 한 방에 일곱을 죽인 사람에 대한 이야기를 생각한다.
그 사람이 죽인 일곱은 거인이 아니라 파리였던 것이다.
헨리 루이스 게이츠, 「그런데 누구의 정전?」, 『뉴욕타임스북리뷰』(1989년 2월 26일자)

자크 데리다식 은어로 말하든 미셸 푸코식 방언으로 말하든, 한 가지는 분명했다. 어쩌면 프랑스에서보다 더욱더 틀림없었을 것이다. 이제 진리의 담론은 더 이상 없다는 것, 있는 것이라곤 오직 일시적이고 전술적이며 정치적인 진리의 **장치들**뿐이라는 것. 그러나 미국에서는 이 유용한 발견이 지배에 맞서는 총체적 전투에 힘을 더하는 대신, 소수자들을 위한 이론을 개발하는 데 사용됐다. 데리다나 푸코가 **객관성**이라는 개념을 해체했다면, 미국인들은 언어의 표상적 권력이나 담론 구성을 고찰하기 위해서가 아니라 **객관성**이 "백인 남성의 주관성"의 동의어라는 더 구체적인 정치적 결론을 끌어내는 데 이 이론을 사용했던 것이다. 미국인들이 발전시킨 것은 문학 이론과 정치적 좌파의 완전히 예상을 뛰어넘는 연결이었다. '1970년대'의 태평한 아나키즘적·시적 텍스트주의와 예일대학교의 데리다 추종자들이 보여준 문학적 순수주의를 거쳐 로널드 레이건 시대의 보수 혁명은 억압된 것의 귀환을 야기했다. 프랑스 이론의 형식주의적 판본들이 쫓아냈던 저 악명 높은 **지시대상***이 **정체성의 정치**라는 이름 아래 느닷없이 귀환한 것이다. 이는 [프랑스 이론이라는] 블랙박스 안으로 들어가려는 희망을 버린 모든 이에게 희소식이었다. 결국 프랑스 이론은 반동적 악한들에게 존재 자체를 위협당하던 소수자들의 정체성에 초점을 맞추고, 수많은 피억압 집단의 운명을 밝혀냈으니 말이다. 이후 프랑스 이론은 미국 사회 전체를 갈라놓게 될 새로운 **문화전쟁**에서 필수불가결한 이론적 지주가 됐다.

실제로 정체성에 기반을 둔 귀속의식, 자신을 무엇보다 소수자의 일원으로 바라보는 인식은 한가한 학자들의 순전히 언어적인 창조 행위와는 거리가 멀다. 이런 정서는 시민권 투쟁의 문화적 반향, 민주주의적 좌파의 몰락, 점증하는 경쟁적 경제 기조 속에서 도태되던 집단들[비백인, 여성, 장애인 등], 소비자들을 동일한 의견을 가진 정체성 집단별로 새롭게 세분화하던 현상 등 복잡한 역사적 요인들이 뒤엉켜 이전 10년 동안 미국 사회 전체에 퍼져나갔다. 이 주제와 관련해 토드 기틀린은 가장 과소대표된 소수자들에 대한 몇몇 놀라운 통계를 인용하고 있다. 1980~90년 동안 자신을 공식적으로 '아메리카 원주민'이라 표명한 미국인들의 수는 255퍼센트, 같은 시기에 스스로를 '케이전'**으로 규정한 이들은 20배, 자신의 프랑스계 혈통을 내세운 캐나다인들은 3배가 증가했다는 것이다.[1] 대학 바깥에서

---

* 텍스트나 담론은 오직 다른 텍스트와 담론만을 지시할 뿐 현실 세계를 지시하지는 않는다고 주장하던 '반지시주의'(antiréférentialism)에 맞서 반지시주의가 도외시하던 지시대상, 즉 '현실 세계'가 이론 안으로 들어왔다는 말이다.
** Cajun. 18세기에 캐나다에서 미국으로 건너온 프랑스인들의 후손을 말한다.

는 이런 변화가 공동체의 의례나 인구통계 속에서나 모습을 드러낼 뿐이다. 그러나 대학 안에서는 **소수자들**이 다양한 방식으로 스스로를 긍정하고, 프로이트가 말한 "작은 차이에 바탕을 둔 나르시시즘"을 열렬히 계발하는 초점이 됐다. 혼혈 '백인'에서 청각장애인에 이르기까지 이 퍼즐[정체성 문제]은 완전히 끼워맞추기 어려운 난제가 됐다. 확실히 미국 대학에서는 아직도 그런 경향이 존재한다. 2002년 현대언어학회 학술대회에서 첫 선을 보인 최신 연구 분야 '장애 연구'가 중세 시에 등장하는 절단된 수족 모티프에서 강의실 입구의 휠체어 통로 부족에 이르기까지 온갖 주제를 다 끌어모은 이유가 바로 이 때문이다. 1990년대 초 미국 문화연구의 등장은 대학사회에서 벌어지고 있던 이 광범위한 변화의 효과인 동시에 원인이었고, 오늘날에도 여전히 대학에서 활발히 지속되는 주된 현상이기도 하다. 미국 문화연구는 정체성에 대한 새로운 선언의 중요성에 관심을 가진 만큼 프랑스 이론에도 관심을 가졌다. 학계의 신상품이라는 비판을 받아왔음에도 불구하고 문화연구의 등장은 미국에서 어떤 역사적 전환점을 표상하는 것이다. 빌 리딩스에 따르면 문화연구는 "규제적 이념으로서의 '문화'의 종말," 달리 표현하면 ("제외할 문화라고는 더 이상 없는") 전소문화^omniculture의 도래, 실제든 환상이든 전선戰線의 외부가 완전히 사라진[모든 곳이 다 전선인] 세계의 등장이었다.[2]

'컬트 스터즈'의 발흥

학계에 등장하자마자 서점가의 총아로 열렬한 추종자들을 거느리게 된 덕분에 컬트 스터즈^Cult. Studs.라는 조롱조의 별명까지 얻은 문화연구는 보잘것없는 웬만한 종교보다 훨씬 크게 성공했다. 하지만 문화연구는 정체성에 기반을 둔 다른 연구 분야와 같은 학문적 무게감을 갖고 있지는 않다. 인종이나 젠더 연구를 수행하는 프로그램은 많지만 문화연구를 수행한다고 명시하는 프로그램은 없다. 문화연구는 정처 없이 흘러다니다 우연히 어떤 학과가 문화연구 분야의 전문가를 임용하게 될 때 연구주제에서, 이론적 접근에서, 새로운 용어로 된 핵심어 속에서 불쑥 고개를 드러낸다. 즉, 문화연구는 모든 곳에 있으나 그 어디에도 없는 분야인 셈이다. 비록 그 이름을 내건 학과도 없고 명칭에 대한 명확한 정의도 없지만, 문화연구는 모든 인문학 분야에서 학제적 영향력을 행사한다. 자연히 문화연구의 중점 분야와 한계를 질문하는 논문의 수도 늘어나게 됐다. 초현실주의의 공식을 빌려보면, 문화연구는 영국식 최신 맑스주의라는 기계와 프랑스 이론이라는 우산이 미국식 여가문화라는 제대로 살균되지 않은 수술대 위에서 우연히 조우해 태어났다고 할 수 있다.* 실제로 문화연구는 애초에 영국, 특히 영국 노동계급의 전통과 문화적 저항을 다룬 레이먼드 윌리엄스(『기나긴 혁명』)와 리처드 호가트(『읽고 쓰는 능력의 효용』)의 작업3)으로부터 영감을 얻어 1964년 버밍엄대학교에 설립된 현대문화연구소에서 탄생했다. 루이 알튀세르, 롤랑 바르트, 피에르 부르디외의 후기 작업에 영향받은 이 연구소는 문화를 상부구

---

* 이 표현은 로트레아몽 백작(Comte de Lautréamont, 1846~1870)의 시집 『말도로르의 노래』(Les Chants de Maldoror, 1868)에 나오는 구절, "해부용 탁자 위에서 재봉틀과 우산이 우연히 만나는 것처럼 아름답다"를 염두에 둔 표현이다. 초현실주의자들은 이 구절이 보여주는 이미지의 임의적이며 우연적인 병치야말로 자신들의 창작 원리라고 말한 바 있는데, 저자는 미국식 문화연구의 탄생 역시 이런 창조적·예술적 '우연'에 가깝다고 말하고 있는 것이다.

조의 장식물이 아니라 **헤게모니**를 둘러싼 구체적 전투가 벌어지는 총체적 전장으로(그래서 이들은 안토니오 그람시를 빈번히 인용했다), 사회의 계급체계 자체를 단순한 역사적 사실이 아니라 상징적(따라서 문화적) 구성물로, (상업텔레비전으로 인한) 대중문화의 새로운 형식이 문화적 위계를 복잡하게 만들 뿐만 아니라 대중문화가 하층계급과 중간계급에 의해 전유되어 문화적 위계가 위아래 양방향으로도 작동한다고 기술함으로써 정통 맑스주의의 접근법을 반박했다. 문화연구의 미국식 형태는 1980년대 초에 최초로 (제임스 캐리의 작업에 힘입어) 일리노이대학교와 아이오와대학교에서 등장했지만, 문화연구의 이름으로 세를 규합하는 데는 일반적으로 거부감을 보였다.[4] 몇 가지의 주된 연구 분야에서 미국식 문화연구가 영국의 그것과 차별화됐다는 점 역시 잊지 말아야 할 것이다.

사회계급이 [영국에 비해] 결정적 요소라고 보기 힘든 미국에서는 영국식의 양극화된 사회계급 모델보다는 '공동체'와 '소집단'이라는 더 유동적인 사회적 분류가 통용되고 있었다. 서구 '제국주의'에 대한 새로운 비판으로 촉발된 최초의 미국식 컬트 스터즈의 투사들은 영국 문화연구의 '자민족중심주의'와 '성차별주의'를 공격했는데, 실제로 호가트와 에드워드 P. 톰슨의 영국 노동계급 연구는 여성이나 식민지인을 다루지 않았다. 사실 [미국 문화연구의] 주된 변화는 분석 자체와 더 관련 있었다. 영국 문화연구가 하나 혹은 여러 문화를 사회적 전쟁터의 확장된 공간으로 여기는 반면, 사회학이나 역사학보다 주로 문학 분야에서 실력을 쌓은 미국 문화연구자들은 대중문화의 발흥과 그 대중적 영향력이 새로운 실체가 되는 현상에 훨씬 더 무게를 부여했다. 미국 문화연구자들은 특정한 문화적 코드의 생성과 수용자들의 '창조성'보다는 [대중문화의] 사회적 함의에 더 흥미를 보인다. 새로운 지식인 세대가 이미 미국의 주류가 되어 있었던 것이다. 1960년대에는 여가시간의 증가와 문화산업의 새로운 전략에 고무되어 대규모로 등장한 대중문화와 함께 대학의 파수꾼들 역시 바뀌었다. 앤드류 로스가 요약하듯이, "독립적인 반체제 지식인이라는 영웅적 신화"에 고착되어 있던 연구자들이 "자본주의 문화에서의 삶의 모순"을 받아들일 뿐만 아니라 "자체 내에 논쟁거리를 담고 있는 장소인 대중문화에 자신이 몰두해 있다는 점을 활용할" 준비까지 되어 있는 이들에게 자리를 내준 것이다.5) 미국에서 대중문화라는 대상이 중립화되는 경향, 즉 대중문화에 관심을 갖는 일이 정치적 표현이라기보다는 자신이 놓인 역사적 순간에 전적으로 참여하는 방식이 되는 이유가 여기에 있다. 혁신적으로 보이려면 엘리트 문화의 정전이 지속되는 현상이나 진정한 반체제적 문화의 전복적 잠재력을 분석하기보다는 신비스러우면서도 경시되는, 그렇지만 각각 자신만의 사회적 **서사**를 감춰두고 있다고 여겨지는 대중문화의 하위 장르들을 분석해야 할 필요가 있었다. B급 영화, 시트콤, 만화, 주변부 문학(스릴러와 사이언스 픽션), 팝스타의 고백, 베스트셀러 자서전 등은 사회학의 고착된 계층이 아니라 팬클럽과 일시적 사회집단 등 비밀스럽고 역동적인 모자이크 같은 세계를 소비자에게 소개하는 통로로 여겨졌다. 이처럼 코드화된 장르들이 미국 사회의 집단적 환상과 진정한 문화적 실천을 드러내 보여준다는 것이었다.

    두 개의 대규모 대학 데이터베이스 조사결과가 보여주듯이,6) 미국 인문학계에서는 문화연구와 대중문화 연구가 1980년대 중반 이후 극적으로 팽창해 1991년에 정점을 이뤘다. 1992년 로렌스 그로

1976년 일리노이대학교에서 커뮤니케이션 박사학위를 받기 전에 그로스버그(왼쪽)는 현대문화연구소의 창시자들에게서 '문화연구'를 직접 사사받았다. 헵디지(오른쪽)의 저작과 더불어 대중음악과 청년문화를 다룬 그로스버그의 작업은 미국에서 문화연구의 대중화에 크게 기여했다.

스버그가 책임편집을 맡아 발간되어 이제는 필수 참고서가 된 책의 성공은 이 새로운 접근법을 확고하게 인식시켰다.7) 그러나 혁신적인 저작은 이미 1979년에 나왔으니, 딕 헵디지의 『하위문화』였다.8) 영국 청년들의 펑크 운동이 보여준 여러 표현형태를 상세히 분석한 헵디지의 연구는 최신 유럽 이론(맑스주의 기호학과 일탈 사회학)을 미국에 적용하면 미국 사회과학이 경시했던 도시 대항문화 현상을 분석할 수 있다는 생각을 불러일으켰다. 연구 주제와 이론 범주 양쪽의 이 새로움은 얼마 안 가 돌풍을 일으키게 된다. 이로써 가장 세련된 텍스트 분석 도구와 메타담론에 대한 대학의 새로운 취향이 결합해 갱스터 랩, '할리퀸' 로맨스의 독자들, 『스타트렉』의 팬들, 심지어 NBC의 시트콤 시리즈 『사인펠트』의 철학적 '함의'에 이르는 광범위한 주제에 적용됐다. 이런 주제 목록에는 스포츠 산업, 패스트푸드 문화, 문신 열풍, 경제적 세계화에 대항하는 문화적 저항 등도 포괄됐다. 기호학에 경도되어 '스타일'과 '함의' 개념에 지나치게 정치적 의미를 부여한 컬트 스터즈의 몇몇 신진 전문가들은 문화산업과 상업 권력이라는 큰 그림을 보지 못하게 됐다. 아이러니였는지 공모였는지는 몰라도, 아무튼 이들은 영국 맑스주의 이론가들의 오래된 비판 패러다임을 화려한 세부묘사로 대체했다. 예를 들어 '마돈나 정치,' 나중에는 (마돈나의 대표곡「물질적 여자」를 참조해) **메타텍스트적 여자**로 명칭이 바뀐 연구가 도착증, 이종혼miscegenation, 탈근대적 모계제 등의 주제와 씨름하면서도 이 정치적 공간의 아래에 깔려 있는 주제 (마돈나 산업의 엄청난 수익성과 마돈나의 이미지가 마케팅되는 방식)에 대해서는 아예 언급조차 하지 않은 것은 그래서였을 것이다.[9] 한 발 더 나아가 비평가 E. 앤 캐플란은『쉬지 않고 록을』이라는 책에서 마돈나에게 "새로운 탈근대 페미니스트 여걸"[10]이라는 찬사를 바쳤다. 물론 여전히 전략과 재현을 구분하지는 못한 채 말이다.

사실 미끄러운 비탈에 서 있는 것과 마찬가지였던 문화연구자들에게는 프랑스 이론의 도움이 간절했다. 이들은 장-프랑수아 리오타르와 데리다를 인용했고, 발간하는 책의 서문에서 자신들의 작업이 바르트나 푸코의 전통에 속해 있다고 밝혔다. 이론적 전문용어로 가득 찬 더 세련된 분석은 특정한 프랑스 저자의 작업에 기반을 두면서 발전했다. 이 분야에서는 조금 희귀하긴 하지만, 질 들뢰즈에 관한 예를 들어보자. 들뢰즈의 저작에 영감을 받아 성전환자들의 쇼와 비주류 비디오 아트를 '신체의 흐름'이나 '수행적 극장'이라 부르며 분석하는 연구가 쏟아졌고,[11] '영원한 협상'의 '비반응적 윤리'라는 이름 아래 거식증을 새로운 탈근대적 접근법으로 정당화하는 데도 들뢰즈의 글이 사용됐다.12) [들뢰즈에 대한 이런 식의 참조는] "주체가 보편적인 것을 구체화할 수 있게" 만들고 "전에는 동일성이 군림하던 곳에 다원성을 [창조]해냄으로써" 문화연구 자체를 강화하는 더 광범위한 효과도 낳았다.13) 자신들의 분석에 이론적 참고자료를 과도하게 사용하는 경향이 있는 문화비평가들에 비해, 미셸 드 세르토는 엄밀한 의미의 문화연구에 가장 직접적으로 참여한 프랑스 저자이다. 왜냐하면 세르토는 텔레비전 시청자들이나 랩 팬들의 지각양식뿐만 아니라, (프랑스 이론이 이미 해체해버린 **주체** 자체는 아닐지라도) 미국 사회학에서 사용되는 기능적 의미에서의 '행위자'에게도 다시 의미를 부여했기 때문이다. 문화연구가 가능하려면 통제의 체제와 재현의 제국주의 사이에서도 문화 참여자들이 주도하고 창조하는 공간이 (아무리 국지화되고 한정적이더라도) 반드시 만들어져야 한다. 따라서 세르토는 푸코의 파놉티콘 개념이 가진 비관주의와 지배의 불가피성에 대한 맑스주의적 예측 대신에 '반규율적 네트워크'와 '가로지르기 전술'을 제시했다. 세르토의 책『일상의 발명』14)이 번역된 지 몇 달 사이에 3천 부 이상 팔리는 대성공을 거둘 수 있었던 이유를 여기서 찾을 수 있다. 또한 프랑수아 도스가 잘 짚어줬듯이 "가로지르기와 주고받기 작전"에 대한 세르토의 세밀한 분석은 "전적으로 이민을 바탕으로 세워진 사회"인 미국에 특히 잘 맞아떨어진다.15)

세르토의 작업 이후로 문화연구는 점차 분화되면서 두 개의 분명한 연구분야를 형성했다. 하나는 미디어 효과에 대한 분석과 더불어 (엘리후 카츠와 데이비드 몰리 같은 이들처럼) 관람객의 저항형태를 연구하는 수용 연구로, 이것은 문학 이론보다는 미국 사회학의 인식론적 사실주의와 더 밀접히 관련되어 있다. 다른 하나는 대중문화의 스타일·텍스트 분석으로, 이것은 문학과 프랑스 이론에 더 가까이 연관되어 있다. 일반적으로 대학에서 더 두각을 나타내고, 학생들에게 더 호소력을 발휘했으며, 전문용어로 뒤범벅이 된 쪽은 후자였다. 이 분야는 비평가 존 피스크가 '기호학적 게릴라'라고 부르기도 한 **문화텍스트** 기호학자들의 성채였다. 이 분야는 문화연구의 문학적 분파, 즉 그 발전과정에서 프랑스 이론의 과도한 영향을 받은 분파의 신랄한 비평적 장광설에 점점 종속되기 시작했다. 이에 대해 프랑스 사상가들이 할 수 있는 일은 없었다. 이 분파를 무시할 수는 없었던 것이다. 이들에 의해 모든 문화 활동은 사회적 현상이라기보다는 코드 해독이 요구되는 텍스트로 환원됐다. 또한 사회적 현상을 묘사하고 설명하는 데 생략된 인용, 특히 은유법에 의존하는 이들의 경향(이로써 사회적 현상은 **은유화**의 발현에 불과한 것으로 축소된다)은 예술적 모호함과 논리적 취약성을 낳았다. 이 분파가 자신의 몸짓을 부풀려가면서 다른 문학 분야가 그랬던 것처럼 자기애적 매료와 상대론적 아이러니에 함몰되어갔다는 사실을 잘 기억해둬야 할 것이다. 심지어 이들은 자신의 연구 대상보다도 문화연구의 허구적 자서전을 쓰는 데 더 많은 지면을 쓰곤 했다. 그러나 따지고 보면, 열렬히 팽창을 갈구하는 문학 분야에서 흔히 발견되는 이런 단점은 문화연구에 위험이 됐다기보다는 그 자체의 모호한 정치적 성격을 보여줬다.

 문화연구는 록스타들의 위반행위를 찬양하고 독자들의 저항적 오독을 예찬하느라 이런 현상의 진정한 정치적 요소는 거의 완전히 잊어버렸다. 문화연구는 엔터테인먼트계의 거대 기업들(디즈니, 비아콤, 타임워너 등)이 금융권력을 축적하던 바로 그 순간에 문화적 마케팅 활동을 문제 삼지 않음으로써 사실상 정치적으로 뜨거운 문제인

이 분야의 연구를 탈정치화했다. 쾌락원칙과 전술적 반엘리트주의라는 명목 아래 대중적 성공이야말로 [문화적 산물/생산품의] 질을 보장해준다고 옹호함으로써, 문화연구는 문화자본주의의 손아귀에서 놀아난 것이다. 헤르베르트 마르쿠제와 푸코를 참조하는 것으로 자신이 자유를 사랑한다는 점을 입증하려고 한 문화연구자라면 문화자본주의를 거부했어야 했을 것이다. 그러나 상업적 질서가 확립되자 노동과 유희 모두에서 무조건 질주하는 것이 이 게임[문화연구]의 지상과제가 되어버렸다. 소비문화가 이미 편재하니 그저 즐기기만 하면 된다는 것이었다. 따라서 (제호가 말해주듯이) 문화연구의 참고자료 중 하나인 『소셜 텍스트』가 1995년에 기업문화를 특집으로 다루며, 자신들이 그동안 분석되지 않았던 '영역'의 논쟁을 완결지었으며 최종적으로 밝혀야 할 '지속적 투쟁의 장'과 '이데올로기 투쟁'의 영역을 확립했다고 정당화한 일은 그리 놀랄 만한 사건도 아니다. 이 저널의 편집위원은 해당 호의 서문에서 "이제 우리는 기업문화라는 거울에 비춰보며 우리 자신을 인식할 때가 된 것 같다"고 결론지었다.[16] 갑자기 튀어나온 실언처럼 들리는 이 말이야말로 아마도 전체 문화연구 분야에 적용되는 진실일 것이다.

종족성, 탈식민성, 하위주체성

[미국식] 문화연구를 탐구하려면 미국 대학에서 새롭게 등장한 공동체 중심 담론의 핵심 분야, 즉 인종·탈식민주의 연구를 들여다봐야 한다. 바로 이런 담론을 통해 과거의 정체성 개념은 의문시되거나, 최소한 두 가지 주요 요소로 분할됐다. 첫째로 **권력학**^{cratologique}의 역할이 중시된다. 권력학적 분석에서는 정체성이 역사상의 민족간 무

력갈등에 담긴 복잡한 층위를 드러내고 국제적 권력관계를 결정짓는 핵심 역할을 수행한다. 둘째로 [정체성의] 복수화를 점검해야 한다. 이와 더불어 복수화로 인한 정체성의 점진적 복잡화, 수많은 혼성적 서사와 뒤엉킨 이동, 그리고 갖가지 디아스포라 정체성과 이주민 후손의 문제도 점검해야 한다. 이런 이론적 조합은 통제장치들과 지배담론에 의한 예속화의 과정을 통해 최초의 주체가 구성된다고 하는 푸코식 사유와 유목적 탈주과정을 거치며 주체가 탈구성된다는 들뢰즈식 모티프가 결합되어 나온 것이라고 할 수 있다.

이런 담론의 중심축에는 아프리카계 미국인에 관한 문제, 즉 인종차별을 탐구하려는 동기 **자체**가 놓여 있었다. 이 문제는 암울한 역사로 가득 차 있는, 오래됐을 뿐만 아니라 더욱 절박한 유례없는 문제이기도 했다. 따라서 이 분야는 대학의 노력보다는 치카노[멕시코계 미국인], 아시아계 미국인, 아메리카 원주민, 나아가 여성학과 동성애자 연구의 산물로 발전했다. 다른 소수자 연구와는 달리 **흑인 연구**(이 용어는 정치적으로 올바른 어휘 목록에서 곧 제외된다)는 공적 영역에 처음 나설 준비를 하는 동안 자기 집단의 소수자적 정체성을 긍정하려 했던 열망에서 발생한 것이 아니다. 노예무역 시대에 하나의 집단으로 형성된 이래로 아프리카계 미국인은 자신들의 존재를 증명하기보다는 자신들의 문제를 해결하려는 목적을 가지고 있던 집단이었으나, 아프리카계 미국인의 중요한 역사적 유산을 인문학 분야로 끌어오려던 대학에게 흑인 연구는 필수품이었다. 이에 따라 1960년대의 인권 투쟁에 대해 문학과 문화연구는 훨씬 더 즉각적인 반응을 보일 수 있었다. 어제의 투쟁이 오늘의 담론으로 변하면서 생긴 결과 중 하나는 오래된 갈등이 지속되고 있긴 해도 심각함이나 절박성은 훨씬 덜해졌다는 것이다. 오히려 이제는 문학 정전과 역사적 노예 서사 사이에서 어떤 선택을 할 것인가가 중요해졌다. 이미 1960년대에 억압받던 흑인들은 대학을 중요한 상징적 전쟁터로 여겼다. 비록 성공하지는 못했지만, 클레멘트 킹과 제임스 메레디스가 각각 1958년과 1961년에 인종분리 정책을 펴는 남부 대학교의 박사과정 프로그램에 지원하려고 했던 것이 좋은 사례이다. 점차 대학은 평등을 위한 싸움의 새로운 최전선이 되어갔다. 최근 20~30년 사이에 흑인에 대한 (취업, 대출, 주택융자 등의) 사회경제적 차별은 실제로 어느 정도 줄어들었던 데 반해, 고등교육 속으로 파고들려 했던 흑인 공동체의 시도는 로널드 레이건 시절에 크게 좌절됐다.

당시 18세~25세의 흑인 청년들은 대학보다 감옥에 들어가 있는 수가 더 많았다. 이들 중 44퍼센트가 글을 못 읽었는데 흑인 학생을 받아주는 대학은 대개 평판과 질이 낮은 대학이었고, 인구 전체에서 흑인의 비중은 13퍼센트였지만 오직 2퍼센트만이 대학의 교원이었다(박사과정 학생은 2.8퍼센트).[17] 즉, 흑인들은 정체성 문제를 탐구하기 전에 어떻게 많은 수의 흑인 학생과 교수를 대학과 학계에 모아 흑인의 역사적·문화적 유산에 관심을 갖게 만드느냐 하는 딜레마를 먼저 해결해야 했다. 주요 흑인 지식인들(헨리 루이스 게이츠, 코넬 웨스트, V. Y. 무딤베, 휴스턴 베이커, 만티와 디아와라)은 바로 이 딜레마를 풀기 위해 가끔 프랑스 이론을 끌어들였다. 여기서 핵심은 푸코나 데리다가 아니라 프란츠 파농이었다. 파농은 널리 인용되는 책 『대지의 저주받은 사람들』을 통해 백인의 억압과 흑인의 저항수단 같은 동일한 문제를 다뤘고, (주로 북아프리카에 한정되긴 했지만) 저항운동에 대한 아프리카인들의 지원을 얻었다. 리처드 라이트와 제임스

볼드윈 같은 몇몇 유명한 작가 말고도 흑인 문학의 정전을 쇄신하고 장려하는 일 역시 긴요했다. 이렇게 하려면 구체적인 진전, 가령 저 유명한 노튼영문학 선집에 아프리카계 흑인 문학 선집을 포함시키는 것처럼 최소한의 문화적 인정을 얻어내는 움직임이 필요했다. 그러나 이런 대항-정전은 다양한 영향관계, 즉 [백인 문화에] 동화된 작가, 저항적 작가, 백인 작품의 전유 같은 복잡한 그물망의 산물로 인정받아야 했다. 실제로 흑인 정체성 자체가 늘 다양한 개인의 정체성을 구성하는 '서사'로 인식됐다. "피부가 검다는 점이 내 인생에서 가장 강력한 사회적 특성이었지만, 그것은 내가 이 세계에서 스스로를 끊임없이 변화시킬 수 있게 해주는 지배적 서사들 아니면 주요 허구들 중 하나일 뿐이다"[18]라는 흑인 비평가 패트리샤 윌리엄스의 말은 이 용어('서사')가 문학 패러다임에 속해 있음을 잘 보여준다.

이런 논란은 다른 곳에서도 발생했다. 아프리카계 미국인의 역사를 과도하게 수정하려는 시도는 서구의 기원이 아프리카라는 (과학적이라기보다는 전략적인) 발견에까지 이르렀다. 1987년 마틴 버날은 세네갈의 아프리카중심주의 권위자 셰이크 안타 디오프의 연구를 따라 자신의 책 『블랙 아테나』에서 유럽의 바탕이 그리스 문명이라는 상식은 19세기 영국과 독일의 '그리스 광신도들'이 만들어낸 '신화적 조작'이라고 주장했다.[19] 또한 플라톤주의의 기원은 이집트라고 주장했고, 헤로도토스와 투키디데스라는 '식민주의자들'이 시도한 역사 서사를 그 시작부터 '왜곡'된 것이라며 부정했다. 심지어는 아리스토텔레스주의의 모든 요소가 알렉산드리아 도서관의 자료들에서 기인했다고 썼는데, 사실 알렉산드리아 도서관은 아리스토텔레스가 죽은 지 25년 뒤에야 개관했다. 또한 버날은 인류가 아프리카에서 기원했으니 모든 문명의 주요 원천 역시 아프리카라고 주장했다. 온건 성향의 흑인 지식인들은 이 책 탓에 아프리카중심주의 운동과 거리를 두게 됐고(1992년 헨리 루이스 게이츠는 "흑인 선동가들과 사이비 학자들"을 비난하는 글을 『뉴욕타임스』에 기고하기도 했다[20]), 『뉴리퍼블릭』의 혹독한 기사들과 『아프리카에서 오지 않았다』 같은 강한 설교조의 반수정주의 책처럼 보수주의자들의 반격도 잇따랐다.[21] 서양 문명의 진짜 '기원'을 둘러싼 이 뜨거운 논쟁에 참여한 양쪽 모두에게 프랑스 이론이 별로 필요치 않았다는 점은 확실하다.

프랑스 이론은 라틴아메리카 정체성의 차별화된 형태(이민자와 정착자)를 주로 다루는 치카노 연구에서 더 유용했다. 물론 식민역사나 이주경제 같은 쟁점이 아니라 정체성의 불확실성이나 이주자들의 진술(치카노의 **이야기**나 **담화**라는 전형적 제목이 붙는 글) 등 좀 더 문학적 사안을 다루는 연구에 말이다.[22] 영화에서 자서전까지, 노동조합의 투쟁에서 최신 사이버공동체까지, 산드라 시스네로스의 문학적 페미니즘에서 조지 산체스의 사회사까지, 캘리포니아대학교 샌타바버라 캠퍼스의 유명한 치카노 연구학과에서 콜로라도대학교의 평판 좋은 치카노 연구 프로그램까지 다양한 영역에서 정체성의 경계와 교류 같은 주제는 계속 등장했고, 이로써 프랑스 학자들은 끊임없이 호출됐다. 알프레드 아르티아가가 편집한 『또 하나의 언어』가 좋은 사례로 이 책에는 장-뤽 낭시와 츠베탕 토도로프의 기고문을 비롯해 두 언어로 말하는 이주자들의 저항적 '이어성'heteroglossia, '타자에 의한/관한 담론'으로 '차연'이 활용되는 텍스트를 연구한 논문 등이 실려 있다.[23] 이런 접근방식은 흑인 연구처럼 역사적 차원에서 정체성을 긍정하는 방식과는 거리를 두는데, 그렇게 해야만 정체성의 문제적 본질과 정체성을 언급할 수 있는 수많은 방법을 받아들일 수 있기 때문이다. 이 점을 염두에 두고 프랑스 이론의 직접적 화신인 탈식민주의 연구 분야로 가보도록 하자.

흑인 정체성과 히스패닉 집단에 관한 연구가 제기한 질문과는 달리, 흑인·치카노 연구를 망라하는 탈식민주의 연구에는 추가적인 분석 차원이 있다. 식민주의 이후 세계의 유산인 혼합되고 불확실한 정체성에 대한 탐구가 그것이다. 즉, 탈식민성은 초국적인 인종간 이종혼異種婚의 개념, 낙인이자 전략인 혼종성과 관련 있다. 그러나 탈식민성은 지배문화와 피지배문화의 경계가 흐려지는 공간, 피지배자가 지배자에게 수탈당하면서도 지배문화의 무기를 사용해 저항할 수 있는 공간이기도 하다. (흑인·치카노 연구, 프랑스 문화연구처럼 대중문화 대신 정체성이라는 질문에 초점을 맞출 수도 있는) 문화연구처럼 탈식민주의 연구 역시 기존에 정의된 영역이나 다루는 범위의 한계 없이 교차하는 공간을 재현한다고 스스로 인식하고 있다. 탈식민주의 연구는 『디아스포라』와 『트랜지션』 같은 잡지를 통해 확장된 '문화전이'transculturation의 공간을 드러내는 세계지도를 다시 그리며 영역을 횡단하는 혼종적 문화를 탐구한다. 예컨대 폴 길로리는 엘 파소에서 티후아나에 이르기까지 이주의 드라마가 흔적을 새겨놓은 붉은 선과 할렘·다카르·살바도르데바이아·브라질을 잇는 바다가 교차하는 아메리카 대륙을 '검은 대서양'이라고 고쳐 불렀다.

무엇보다 탈식민주의는 문학적 개념이다. 왜냐하면 그 계보의 핵심에 소수자와 발화, 권력과 언어의 관계가 놓여 있기 때문이다. 흑인 소설과 아메리칸 원주민의 시가 '탈식민주의적'인 것은 노예제나 인종학살과 직접 연관되어 있기 때문이 아니라, 영어를 통해 등장한 이 장르가 언어적 이중성을 발생시키고 이 텍스트들 속에서 역사적 긴장이 (순화됐든 혹은 반대로 혼탁해졌든 간에) 손에 잡힐 듯이 뚜렷이 드러나기 때문이다. 들뢰즈는 오늘날의 미국 영어가 "검은[흑인] 영어, 노란[아시아계] 영어, 붉은[아메리카 원주민계] 영어, 엉터리 영어 등 매번 분무기로 여러 색깔이 뿌려진 언어들에 의해 작동한다"고 그답게 묘사한 바 있다.24) 이 점은 **프랑스어권**francophones 문학(1878년 지리학자 오네짐 르클뤼가 "프랑스 식민지들을 규합"하려는 목적으로 고안한 이 표현은 정말이지 형편없는 명명법이다)의 중대한 비평적 요소로도 연결된다. 에뒤아르 글리상의 '관계의 시학,' 에메 세제르의 '흑인성/흑인다움,' 알제리 소설가 아시아 제바르가 말한 애도의 언어 등 미국 대학에 존재하는 수많은 불문과가 프랑스 대학보다 훨씬 더 나은 연구 성과를 보여주는 그런 주제들 말이다.

문학적 **소수자**라는 주제로 인해 아일랜드는 탈식민주의의 전형적 사례가 됐다. 실제로 아일랜드는 20세기에 독립을 쟁취한 첫 번째 국가(유럽에서는 유일한 국가)였고, 1900~20년에 꽃핀 아일랜드의 문학적 르네상스(조지 버나드 쇼, 숀 오케이시, 그 뒤를 이은 제임스 조이스)는 지배문화의 질서를 뒤집는 데 일정한 역할을 했다. 아일랜드는 가야트리 스피박에서 에드워드 사이드에 이르는 탈식민주의 비평의 가장 주목할 만한 사상가들이 예찬한 시인 윌리엄 버틀러 예이츠의 고향으로도 유명하다. 특히 사이드는 예이츠가 파블로 네루다, 세제르, 마흐무드 다르위시 등 위대한 '반제국주의 시인'의 전통에 속해 있다고 봤다.25) 그러나 사이드는 (저자의 시각을 뒤집는) '대위법적' 접근법, 그 자체로 문학적인 이 관점을 활용해 19세기 영국과 프랑스의 '오리엔탈리즘' 담론을 발생시키는 데 기여한 작품뿐만 아니라 샬롯 브론테의 『제인 에어』처럼 중립적으로 보이지만 무의식적으로 식민주의에 '감염'된 작품까지 서양의 모든 고전을 탈식민적으로 다시 읽게 만들었다.26) 심지어 윌리엄 셰익스피어도 의심에서 못 벗어나 『폭풍』에 등장하는 정복자 프로스페로와 원주민 캘리번의 불가능한 동맹관계와 원초적 불화가 낱낱이 열거되기도 했다. 그러나 탈식민주의 문학은 더욱 동시대적인 긴장도 드러낼 수 있다. 혼종적 입장과 혼합된 정체성에 대한 오늘날의 탐구는 지배적 문학형식과 서양의 '신화'를 사용해 서양에 **동화된** 몇몇 라틴아메리카 작가나 V. S. 네이폴 같은 소설가의 순종적 태도를 비판하는 데 사용되기도 하고, 거꾸로 제국에 맞서는 미학적 저항을 치켜세우는 데도 사용된다. 쿠바 작가 알레호 카르펜티에르와 '마술적 사실주의'를 보여주는 그의 작품이 처음 대변한 이런 미학적 저항운동은 오늘날 제3의 영역(정체성에 기반을 둔 반응과 지배 사이의 영역)을 다루는 **중간적** 소설과 서사(특히 살만 루시디와 아룬다티 로이 같은 인도 작가들, 월레 소잉카와 존 맥스웰 쿠체 같은 아프리카 작가들, 데렉 월코트와 파트릭 샤무아조 같은 카리브해 작가들의 작품)에서 이어지고 있다.

이처럼 프랑스 이론은 끊임없이 인용되고 있다. 또한 (인물을 통해 정당화를 끌어내려는 듯이) 알제리 독립운동에 연대한 '121인 선언,' 장 주네의 블랙팬더당 지지, '사회주의냐 야만이냐' 그룹의 알제리 분파를 이끌던 리오타르의 용감한 태도 등도 자주 언급된다. 식민주의자들의 추상적 '보편주의,' 정복욕으로 똘똘 뭉친 서양 문화에 대한 푸코와 들뢰즈의 언급은 "서양이 [물리적으로] 지배하는 세계가 줄어들수록" 서양 사상은 "그 자신의 지배력을 넓혀갈 운명"27)이라는 데리다의 주장만큼이나 자주 논쟁의 지원군으로 호출된다. 세르토의 특별한 영향도 주목할 만하다. 그 핵심 가치를 잘 살펴보면, 탈식민주의 이론은 "타자가 우리를 보는 방식대로 우리 자신을 바라보는 행위"28)라는 세르토의 '이질학'hétérologie(미국에서 출판된 세르토 선집이 이 용어를 제목으로 삼았다29)) 개념뿐만 아니라 전통적 역사[학/기술]는 불가피하게 뒤집힐 수밖에 없다는 세르토의 고찰과도 잘 맞아 떨어진다. 일방향적 역사에 대한 세르토의 비판과 담론적 서사로서의 역사적 지속성에 대한 푸코의 분석은 탈식민주의 이론가들이 지배적인 역사틀, 즉 서양의 '신화'로부터 피식민지 인민들의 서사를 추출해낼 수 있게 했고, 대항역사라는 **또 다른** 역사 개념에 필요한 출발점을 빚어낼 수 있게 했다. 그러나 탈식민주의 분야에서 이론가들 사이의 풍부한 논쟁은 이들이 프랑스 이론이 가진 한계를 인식하고, 기존의 이론들을 수용하는 데서 벗어나 가능한 대안의 존재 여부에 대해 고민하면서부터, 즉 역사를 비판하는 데서 벗어나 비판적 역사의 이론을 만들기 시작하면서부터 등장했다.

이런 방향전환의 전형적 사례는 저명한 탈식민주의 이론가 호미 바바에게서 찾을 수 있다. 가장 자주 논의되는 에세이 모음집 『국민과 서사』와 『문화의 위치』에서 바바는 끊임없이 피식민지 인민에게 폭력을 가하는 이론과 피식민지 인민의 상황을 향상시키는 협상에 사용될 수 있는 이론을 (그 경계는 불가피하게 변하겠지만) 유용하게 구분한다. 엘리트주의적이고 [현실을] 재긍정케 하는 '유럽중심적 이론주의'(바바는 몽테스키외의 페르시아[『페르시아인의 편지』]와 바르트의 일본[『기호의 제국』]을 여기에 포함시킨다)를 이론이 놓인 '제도적 억압'과 긴장관계를 유지하며 "그것을 수정하려는 힘"을 가진 객관화하지 않는 이론(여기서 바바는 푸코와 데리다를 인용한다)과 구분

6. 정체성의 정치 237

한 것이다. 오직 후자만이 탈식민적 세계의 분열된 주체가 살아남기 위해 애쓰는 "언표작용의 모순적이고 양가적인 공간," 곧 번역과 혼종적 표현형식의 공간을 드러낼 수 있다.30) 언제나 그렇듯이 스피박은 한 걸음 더 나아간다. "제국주의적 주체와 휴머니즘적 주체 사이의 친화성"31)을 보여줌으로써 주체에 대한 비판과 자유를 위한 투쟁 사이에 연결고리가 성립될 수 있게 해준 프랑스인들에게 고마워하면서도, 스피박은 단순한 문화적 격차 탓에 푸코와 들뢰즈가 "유럽의 타자라는 이름 없는 주체 속에 존재하는 권력과 욕망"을 상상하지 못한 것은 아닌지 묻는다. 냉전과 미국의 여타 국제정책이 끼친 여파로 더욱 절박해진 '거대한 투쟁들'이 탈식민주의 내에서 벌어지고 있는 상황에서 그들의 '미시적' 접근법은 사치품과 다를 바 없다고 비판한 것이다.32) (탈식민화의 과정이 끝난 이래 제3세계의 모든 지식인이 직면한) 진짜 문제는 적들의 무기 없이는 싸울 수 없는 전투, 즉 민주주의, 시민권, 헌법, 국가, 사회주의, 심지어 문화주의 등 계몽주의와 합리적 진보주의에서 직접적으로 유래한 용어들로 이뤄진 탈식민적 해방 프로그램이라는 것이다. 따라서 스피박은 (여전히 서구적인 프랑스 이론은 이 과제에 당최 유용하지 않으니) "저 규제적인 정치적 기표들을 그것들이 지시하는 재현된 영역에서 떼어내는 것"이 당면 과제라고 결론내린다.33) 즉, 정치적 변화라는 거대한 개념은 **탈서구화**될 필요가 있다는 것이다. 이 방대한 탈서구화 기획은 좀 더 구체적으로 하위주체[하위주체] 연구에 영감을 불어넣었다.

'하위주체성'이란 무엇인가? 그것은 끝없는 소외에 놓여 있는 피지배 주체의 조건이다. 자신에 대한 지식에서뿐만 아니라 정치적 싸움에서의 역할까지 사라져버린 피지배 주체의 상황을 나타낸다는 점에서, 하위주체성은 사회적·인지적 대상화의 상태이다. 역사적 진행 과정 속에서 하위주체는 일종의 맹점이다. 하위주체는 종교적·식민적·경제적 권력에 의해, 자신들을 '대변/재현'한다고 주장하는 투사들과 서구적 법-정치 모델에 근거한 자신들의 '해방' 모델에 의해 재갈물려 있다. 실제로는 역사의 진정한 진원지가 되어야 하는데도, 이 두 힘은 거대한 역사적 서사에서 영원히 망각된 것[하위주체(성)]을 여전히 보이지 않도록 구속한다. 1982년 인도의 맑스주의 역사가 라나지트 구하와 파르타 채터지는 이런 문제의식 아래 델리에서 잡지를 창간해 하위주체 연구를 시작했다(가령 채터지는 인민을 이끎으로써 그들을 '전유'한 '정치적 기표'로 간디를 분석했다34)). 스피박이 하위주체 연구에 참여한 것은 몇 년 뒤였다. 1983년 스피박은 하위주체가 서양의 해방 담론에 강제로 종속됐다는 주장이 담긴 유명한 논문을 써서 이 집단에 무게를 실어줬고,35) 1988년에는 구하와 함께 하위주체 연구에 대한 최초의 평가작업을 수행했다.36) 하위주체 연구의 일차적 관심은 인도가 밟아온 탈식민화의 과정을 서술하는 것이었는데, 이 집단의 맑스주의 역사가들은 그람시가 말한 '하위주체'와 '고안' 개념, 역사적 불연속성에 대한 푸코의 언급에 근거해 역사를 근본적으로 다시 썼다. 이들은 완벽하고 동질적인 기획이라는 퇴영적·포괄적 이미지에 맞서 사회경제적 의미사슬을 끊고 풀뿌리 운동과 자생적 봉기의 역할을 되살리려 했다. 서구화된 엘리트들이 기록하는 역사에 맞서는 대항운동으로서 하위주체 연구의 진정한 과제는 단지 노동자 인민을 포함하는 역사를 만들어내는 것이 아니라 더욱 전향적인 정신으로 아예 용어와 연구대상에서 서양적인 방식을 지양하며 상식 자체와 싸우는 전투를 갈망하는 것이었다. 하지만

1986년 캘커타에서 열린 하위주체 연구 집단의 두 번째 모임에서부터 맑스주의 역사가들과 하위주체의 **이야기·담화**에 초점을 맞춘 문학지향적 연구자들의 의견 차이가 명백해졌다. 그래도 이 운동은 점차 아프리카와 라틴아메리카로 퍼져갔고, 패트리샤 시드와 플로렌샤 말론 같은 연구자들은 이 지역 하위주체의 역사적 흔적을 탐구하기 시작했다. 이후 20년 동안 **하위주체**에 대한 통찰이 그동안 망각되어 온 것을 드러내리라던 약속은 제3세계 출신 지식인들이나 9·11 이후의 미국 혐오증 경향을 이해하려는 몇몇 서양 연구자들에게만 주목받았을 뿐이다. 그래도 '다중' 개념과 더불어, 하위주체 연구는 [정치경제적이 아닌] 종족적, 종교적, 문화적, 성적 지배 등과 맞붙기 위해 일반적이고 강력한 관념들을 뛰어넘을 수 있는 역량을 가졌던 최근의 몇 안 되는 정치사상 중 하나로 남아 있다.

젠더 문제: 프랑스 이론과의 애매한 조우

1980년대 초부터 젠더와 성정체성에 관한 질문은 (프랑스 이론의 씨앗이 가장 풍성한 열매를 맺은) 문학 분야의 새로운 사상이 자라나는 가장 비옥한 땅이 된다. 하지만 그 배경을 이해하려면 먼저 과거로 돌아가 미국 페미니스트 학자들을 살펴봐야 한다. 그들의 풍부하고 다양한 작업을 단 몇 줄로 설명하는 것은 부당하지만 말이다.

　페미니즘 운동이 처음 조직적으로 시작된 때는 1960년대이다. 이 시기는 전미여성기구가 창립되고(1966년), **여성성**이란 남자가 만들어 여자에게 부과하는 '신화화'라며 인본주의적 비판을 가한 베티 프리단의 『여성의 신비』가 대성공(1963년)을 거둔 시기이다. 그러나 최초의 단합된 페미니즘 전선이 생겨난 이후, 1970년대가 되면서 대

미국 페미니즘 운동의 대모 중 하나이자 『미즈』의 창립자인 글로리아 스타이넘(1977년). 미스와 미세스 대신에 '미즈'라는 호칭을 대중화시킨 『미즈』는 공격적인 기획기사로 늘 논란을 몰고다녔다.

학과 시민사회가 분열되는 최초의 징조가 나타나기 시작했다. 대규모 발행부수를 가진 여성 잡지들(특히 1972년 창간된 『미즈』)의 창간과 시인 에이드리언 리치의 놀라운 성공(그녀는 자신의 고통스런 임신 경험을 상세히 서술하며 '가부장 제도'가 된 모성을 공격했다)이 잘 보여주듯이,37) 시민사회의 페미니스트 집단들은 최초의 페미니즘 언어들을 마케팅 메커니즘에 통합하기 시작했다. 한편 대학에서는 캠퍼스 바깥의 전투적 공동체 운동과도, 캠퍼스 안의 학생·교직원 다수와도 동떨어져 학내에 고립된 페미니즘이 자라났다. 이 고립된 형태의 페미니즘은 1960년대 말경 샌디에이고주립대학에서 여성학 협

6. 정체성의 정치 241

동과정 프로그램이 만들어짐으로써 문학 연구 분야에서 처음 등장했고(뒤이어 1970~80년 사이에 3백 개 이상의 비슷한 프로그램이 전국에서 생겼다), 1990년대 초경 떨어지는 수강생 수를 만회하지 못한 채 대학의 주요 커리큘럼에서 밀려났다. 1970년에 출간된 케이트 밀렛의 혁신적인 책 『성의 정치』는 '페미니즘 정치'에 이중의 과업을 요청했다. 여성억압을 연대순으로 기록하는 대항역사를 되살리는 것 (1930~60년을 서구 문명에서 '반동적 성혁명'이 발생한 시기 중 하나로 분석한 그녀의 책이 이런 작업을 한 셈이다), 그리고 (여성 작가들의 작품을 옹호하며) 밀렛 자신이 헨리 밀러, 노먼 메일러, 심지어 주네의 작품을 분석하면서 밝혀냈듯이 문학의 고전들에 나오는 여성혐오의 사례를 좇는 것이 그것이었다.[38] 이와 비슷한 경향의 교과과정들, 전문 출판사(페미니스트, 도터스)와 잡지(『사인즈』, 『섹스 롤즈』)의 주요 편집자들은 (1970년대 경제 불황기 동안 가부장 권력의 종언보다는 남학생들과 동등한 취업기회의 보장을 요구하는 데 더 열심이던 대부분의 평범한 대학생들과 거리를 둠으로써) 페미니즘 운동을 급진화하는 데 나름대로 제 몫을 해냈다. 이 최초의 학내 급진페미니즘 물결은 민주사회를위한학생동맹의 반제국주의와 '남성적'인 정치제도에 대한 불신에서 영감을 얻었다. 실제로 페미니즘 운동의 지도자들은 수 년 전부터 양성불평등 문제를 제기하지도 않고 여성 투사들에게 주요 직책을 부여하지도 않는 학생운동 조직을 겪으며 남성 학생 운동가들의 '남근지배적' 속성을 파악했던 것이다. 민주사회를위한학생동맹 의장[1962년 『포트휴런 성명서』를 작성한 톰 헤이든]의 아내였으나 1965년 여학생들에게 학생동맹을 공개적으로 규탄할 것을 호소했던 케이시 헤이든은 그 대표적인 예이다.

하지만 학내 급진페미니즘은 두 집단으로 나뉜다. 각자 자신들의 연구 작업을 하나둘 출판되기 시작할 무렵에 소위 '다름의 페미니스트'difference feminist와 '같음의 페미니스트'sameness feminist로 확연히 분리됐던 것이다. 남녀의 생물학적·역사적 운명이 다르다는 점에 집중한 전자는 바로 그 사실을 근거로 (이것이 레즈비어니즘과 연관되는 것인지 아닌지는 차치하고라도) 페미니즘적 **분리주의**를 요청했다. 이와 달리 후자는 남녀의 동등한 조건이 무엇인지에 초점을 맞추거나 적어도 과도하게 부각된 남녀 차이를 탈신화화하려고 노력했다. 이 두 집단을 갈라놓은 변화무쌍하고 복잡한 경계선은 페미니즘 운동이 진화해가는 과정에서 다소 유사하게 지속됐다. 1980년대 초에 여성의 **본질**을 옹호하거나 그 역사를 연구하는 **본질주의적** 페미니스트들과 이 잘못된 '본질' 관념을 만들어낸 사회적 기제를 파헤치려던 **구성주의적** 페미니스트들 사이에서 위와 비슷한 논쟁이 벌어진 것이 좋은 예이다(특히 후자는 프랑스 이론을 열렬히 지지했다). 이와 비슷한 대립은 1980년대에 성적 **운명**를 믿는 이론가들과 성적 **활용**을 옹호하는 이론가들 사이에서도 발생했다. '성전쟁'이라 불렸던 이 대립에서 안드레아 드워킨과 법학자 캐서린 맥키논을 중심으로 한 반포르노그래피·금지론자 집단은 비평가 게일 루빈이 주축이 된 반검열·해방주의 집단(섹스긍정적 페미니즘)과 싸움을 벌였다. 성적 실천에 (그 **황홀한** 측면만이 아니라) 잠재적인 정치적 의미를 부여하기 위해 해방주의 집단은 성적 자기통제를 통한 해방을 옹호하면서 게이와 레즈비언에게 좀 더 호의적인 정치적 입장을 취했다. 1982년 "쾌락과 위험"이라는 주제로 바나드칼리지에서 열린 학술대회와 그 결과물로 출간된 동명의 책은 여성지원 공동체를 만들기보다는 위태

1975년 「여성의 거래: 성의 '정치경제학'에 관한 노트」라는 논문을 발표하며 페미니즘 진영의 논쟁에 개입한 문화인류학자 루빈은 1978년 샌프란시스코에서 일군의 레즈비언-페미니스트들로 구성된 여성 BDSM 모임(사무아)을 만들어 반포르노그래피 진영 페미니스트들의 '공적'이 됐다.

로운 성을 탐구하는 데 역점을 두는 해방주의 집단의 '뿌리 뽑힌' 페미니즘을 널리 알리는 계기가 됐다. 이 학술대회는 학내 페미니즘을 새롭게 분할하는 선을 만들어냈는데, 한쪽이 억압적 '위험'에 초점을 맞췄다면 다른 한쪽은 실험적 '쾌락'에 관심을 쏟았다. 전자는 자신들의 방어적 관점에서 볼 때 보호가 필요한 (이미 규정된) 정체성을 가진 주체, 혹은 급진적인 분리주의 페미니스트들이 말하는 혁명적 주체를 거론했다. 이와 달리 프랑스의 반본질주의적 이론에 영향을 받은 후자는 다양한 성적 주체화 양식의 공통 기반이 되어줄 관계, 연합, 예상치 못한 접합/영역의 탐구를 선호했다. 전술의 측면에서 보면 후자는 온전히 **여성적**이라기보다는 게이, 레즈비언, 트랜스젠더, 성도착자까지 포함하는 미시정치적 태도였다. 『쾌락과 위험』에 기고한 글에서 메릴 알트먼은 푸코를 끌어들여 신체를 '해방'시킨다는 명목 아래 벌어지는 갖가지 성기능 치료법과 부부간 성적 자극법이 사실상 '권력체제'와 성규율을 영속시킨다고 비판했다.39) 그러나 모든 본질에서 자유로운 페미니즘이라는 '구성적 대안'을 옹호한 루빈은 그래야만 푸코의 "성적 배치에 대한 급진적 비판"을 받아들이면서도 성의 집단적 억압을 경계할 수 있다고 주장했다(사실 루빈은 빌헬름 라이히의 영향을 더 많이 받았다). 루빈은 푸코가 [성의] '억압가설'을 꼼꼼히 비판했을지라도 억압은 여전히 편재하며, 근본적으로 이 억압에 저항해야만 한다고 결론내렸다.40)

알트먼과 루빈의 글에서 목표물은 동일했다. 여성을 '해방'시킨다고 주장하며 여성을 자연화하고, 여성적인 정치적 **주체**에 기반을 두는 페미니즘이 그것이다. 하지만 주체에 대한 페미니즘적 비판은 전술적으로든 실질적으로든 여성을 법의 **주체**로 구성해야 한다는 요구와도 충돌하게 된다. 페미니즘이 거둔 다수의 승리가 '인간주의적'이거나 '체제순응적'이라고 볼 수도 있지만, 어쨌든 그 승리가 구체적인 필요의 해결이었으며 정치적 승리를 의미한다는 것도 사실이다. 이런 모순은 하위주체 연구자들이 맞닥뜨린 것 같은 질문을 환기시켜준다. "'이론'이라는 기호 아래 웅크리고 있는 몇몇 측면이 남성우월적이고 유럽중심적인 뿌리를 드러내고 있다는 점을 생각할 때, 페미니즘 분석에서 '이론'을 사용한다는 것은 어떤 함의를 지니고 있는가?"41) 그것이 남성우월적 권력과 결합된 것이든 아니든 '이론'이라는 이름의 이 물신에 대면함으로써 미국의 급진페미니즘 진영은 모방적 반사행동을 취할지, 그게 아니면 정치적 저항의 태도를 취할지를 둘러싸고 갈라졌다. 이론 문헌을 곧이 곧대로 사용하게 됐다는 것은 일부 페미니즘이 점차 환원적이고 수사적인 모습을 띠어가면서, 소중한 비판적 자료까지 매도하게 됐음을 보여준다. '성차별적' 지식을 비판하는 페미니즘이 그런 경우였는데, 샌드라 하딩의 과학철학적 용어를 빌리면 이 페미니즘은 모든 합리주의를 남근의 도그마로, 철학뿐만 아니라 지리학 같은 학문까지도 동성애 차별적인 마초 담론으로 본다. 또한 갈릴레오 갈릴레이와 아이작 뉴턴의 발견은 과학적 '남성중심주의'를 강화하고, '남성 강간범'을 옹호하는 정치적 역할을 수행한 것으로 비판된다.42) 이런 페미니즘보다 합리적이려면 이론의 대상에 종속되지 않도록 그 대상과 좀 거리를 두고, 비평가 나오미 쇼어가 "억제된 분노의 어조"43)라고 표현한 것을 끌어내기 위해 가끔만 이론을 활용해야 할 것이었다. 아마도 성 정체성을 둘러싼 문제에 더 초점을 맞추는 페미니즘이 이런 형태일 것이다. 이처럼 고무적인 페미니즘 분파는 대학 바깥의 활동가 집단과 거리를 좁히려고 노력하면서 **'실제의 몸,' '실제의 투쟁,' '실제의 성역할'** 등을 강조했다. 가령 강간은 '텍스트'가 아니라 '실제'이기 때문에, 이들 중 일부는 "'실제의 몸'이나 '실제의 섹스'에 의거하지 못하도록 가로막는" 포스트구조주의를 비판했다. "실제에 의거하는 것이야말로 [억압에 맞서] 도덕적·정치적 저항을 표현하는 데 긴요하다."44)

페미니즘과 프랑스 이론의 애매한 관계를 더 잘 이해하려면 궁극적으로는 이 새로운 집합체[페미니즘]의 저자들이 프랑스 이론과 맺은 관련성을 알아봐야 한다. 대서양 양쪽의 페미니즘으로 들어서는 대문 같은 인물은 당연히 시몬 드 보부아르이다. 제2차 세계대전 이후 추앙받던 보부아르는 미국의 페미니즘 2세대에게 지나칠 만큼 심한 비판을 받았다. 스피박이 요약하듯이 페미니즘 2세대는 『제2의

1979년 10월 6일 파리에서 열린 여성해방운동의 행진에 앞장 선 이리가레(왼쪽에서 세 번째). 여성해방운동은 파리의 68운동과 미국 여성운동의 자극을 받아 1970년 결성된 단체로, 이리가레는 식수나 크리스테바와 달리 자신이 '페미니스트'라고 불리는 데 크게 개의치 않았다.

성』이 제기한 테제에 반대했고, '실존적 주체'로 가정된 어머니상의 '가부장적 휴머니즘'에 맞섰다. 하지만 스피박은 "텍스트의 결을 거슬러" 읽어 보부아르를 긍정적으로 재평가해야 한다고 요청한다.[45] 페미니즘 2세대 운동은 자신들이 '새로운 프랑스 페미니즘'[46]이라 부르던 운동을 폭넓게 인용하는데, 특히 줄리아 크리스테바의 정신분석적 접근법, 사라 코프만의 프로이트 다시 읽기, '남근중심 체제'를 부수고 나갈 표현형태에 대한 데리다주의자 엘렌 식수의 글(**여성적 글쓰기**écriture féminine 개념이 소개된 그녀의 1975년 논문 「메두사의 웃음」[47]은 미국 여성학의 고전이 됐다), 뤼스 이리가레의 테제 등이 그것이었다. 이리가레는 『검시경: 다른 여성에 관하여』(1974)와 『성차의 윤리』(1984) 등을 통해 "언제나 이미 남성적인" 주체의 형상을 고려해야 한다고 제안하며 총체성의 거부, 불명확성의 긍정, 정체성과 대칭성을 비판하는 여성적 시점의 확보를 주장했다(이런 주제는 모두 미국의 반본질주의적 페미니스트들에게 호응을 얻었다). 이런 맥락에서 데리다의 해체론이 가진 중요성은 이미 말한 바 있는데, 자크 라캉의 텍스트 역시 수입과정에서 발생한 풍성한 오해 덕택에 결정적 역할을 했다. 가령 가부장적 권력을 상징하는 **자지**[페니스]와 라캉이 말하는 좀 더 중립적 용어인 **남근**[팔루스]을 동일한 것으로 취급하는 식이었다. 라캉에게 남근은 남성적인 것이든 여성적인 것이든 **모든** 욕망의 근원에 놓인 상실된 공생적 연결고리인데도 말이다. 의미심장하게도 미국 페미니스트들은 이 부정확한 **남근** 개념을 수용함으로써 라캉과 더불어 남성의 '우월함'이라는 관념을 해체할 수 있으리라 생각했다. [남성우월주의에 대한] 라캉주의적 공격을 수행하는 것보다는 일반화된 **남근중심주의**에 대항하는 싸움을 더 강력히 전개해야 한다는 것을 깨닫고는 곧 이 개념을 버렸지만 말이다. 거의 모든 곳에서 인용되다시피 한 다른 프랑스 사상가들 역시 자신들이 주인공을 돋보이게 하는 조연으로 이용되고 있다는 사실을 알게 됐다. 특히 장 보드리야르의 경우가 그렇다. 『유혹에 대하여』[48]에서 여성을 '외양'으로 사유하는가 하면 '근시안적' 페미니즘에 대해 논쟁의 여지가 있는 공격을 퍼부었던 보드리야르는 미국 페미니즘이 [남성우월주의에 대한] 비판을 위해 골라낸 프랑스 희생양 신세가 되어버렸다.

 페미니즘 담론에서 20년 동안이나 오해를 받아온 들뢰즈와 펠릭스 가타리의 수용사는 더욱 복잡하다. 독자들은 1975년의 '분열-문화' 학술대회에서 이들의 발제에 맹렬한 거부반응을 보인 어느 페미니스트 활동가를 기억할 것이다(3장 참조). 가타리의 '여성-되기' 개념이 "여성의 투쟁을 자율성·정체성·자기결정 아래에 종속시키거나, 어쩌면 말소시키는 것"[49]이라는 엘리자베스 그로츠의 주장을 받아들여 많은 페미니스트 학자들이 가했던 비판처럼, 이 페미니스트 활동가도 '분열 주체'를 페미니스트 투쟁을 침묵시키려는 전제로 인식했던 것이다. 1990년 중반까지도 들뢰즈와 가타리가 페미니즘의 쟁점들을 '분자화'했다는 본능적 불신의 감정이 남아 있었는데, 이 감정은 미국 페미니즘과 이 두 철학자(그리고 이들의 저작)의 관계를 규정하는 변수가 됐다. 즉, '분자적' 규모를 지향하는 들뢰즈와 가타리의 분석(여성-되기의 미시-강렬도, 주체 없는 욕망의 흐름에 관한 분석)은 거대한('몰적/그램분자적') 규모의 억압과 그에 대항하는 효과적 방법에서 위험할 만큼 멀리 떨어져 헤매고 있다는 것이었다. 더욱더 전술적이고 강력한 반본질주의 페미니즘이 우세해졌을 때가 되어서야, 거대한 '그램분자적' 이원론(남성 대 여성, 동성 대 이성)에 대한 들뢰즈와 가타리의 저항과 그들의 욕망의 에너지론은 비로소 페미니즘 운동에서 핵심 역할을 할 수 있었다(1994년 이 반본질주의 페미니스트들은 한 권의 책에 엮인 두 개의 논문을 통해 『앙티-오이디푸스』의 저자들과 입장을 같이 함을 공식적으로 선언했다).[50] 텍스트의 성적 **비동일화**에 대한 들뢰즈와 가타리의 요청은 문학 분야에서도 강력한 영향력을 발휘했다. "여자라고 반드시 작가인 것은 아니죠. 남성적이든 여성적이든 그녀의 글쓰기는 소수자-되기여야 합니다"[51]라고 들뢰즈는 말했다. 또한 가타리가 덧붙였듯이, 우리는 "그 작가가 설사 이성애자라고 해도 위대한 작가에게서 동성애적인 것을 찾아야 한다."[52] 성의 비결정성이라는 원리, 글을 쓸 때마다 끊임없이 발생하는 동요 속에서 나타나는 그것[성]의 분자적 유동성을 논의의 중심으로 삼으면서 말이다. 요컨대 이런 접근법은 **여성** 작가들과 그들의 [남성 작가/작품들로부터] **독립된** 작품세계를 지지했던 페미니즘 1세대의 전기적 접근법을 무효화하는 것이었다.

그래도 미국 페미니즘의 다양한 분파에게, 특히 게이/레즈비언 연구에 가장 큰 영향을 끼친 프랑스 지식인은 푸코였다(특히 게이/레즈비언은 푸코와 지적인 연대관계를 맺고 있었다). 하지만 실제로는 여성을 혐오했다는 풍문이나 『성의 역사』에서 성차 문제에 무관심했던 것으로 미뤄볼 때 푸코와 페미니즘의 관계가 매우 깊어질 것 같지는 않았다. 양자의 관계를 다룬 한 책은 푸코와 페미니즘의 '수렴'을 논의하며 푸코와 페미니즘의 접근법을 조화시키는 데 따르는 용어상의 문제를 은연 중에 드러냈다. 가령 "정치적이고 윤리적인 헌신에 바탕을 둔 우정"은 일단 논외로 하더라도 이 책은 푸코와 페미니스트들이 '혁명의 시학'과 '일상의 미학'뿐만 아니라 '해방의 신학'을 공유하고 있다고 주장하는 에세이들을 실었는데, 이런 표현은 푸코답지도 않고 평소 그의 어조와도 너무 동떨어져 있는 것이었다.[53] 그런데도 푸코의 저작은 본질주의적 인간주의에서 급진적 구성주의로 옮겨가던 미국 페미니즘의 거대한 진화과정에 큰 영향을 끼쳤으니 루빈을 비롯해 조안 스코트, 주디스 버틀러의 연구 구석구석에 푸코의 저작이 자리하고 있다는 것이 이 점을 증명해준다. 『성의 역사』 시리즈의 전체 기조가 제시된 1권 『앎의 의지』는 "입문"이라는 부제를 달고 1978년에 영역됐는데, 이 책은 1980년대 미국 페미니즘을 설명하는 보이지 않는 열쇠라고 할 수 있다. 해방되어야 할 것으로 표상되는 성에 관한 '억압 가설'을 기각하고 담론적 구성체이자 주체화 장치로서의 성을 분석함으로써(더불어 역사상 여성이 '해방'된 시기는 "전술적 이동과 방향전환"에 불과한 시기로 서술한다[54]), 이 책은 소위

'진보적' 페미니즘을 주변화하는 과업을 완수하고 **모든** 형태의 성 담론 비판을 가능케 하는 길을 닦았다. 19세기에 탄생한 근대적 성체제를 "아동에 대한 성적 특질의 부여, 여성의 히스테리화, 성도착자들의 특정화, 인구의 조절"[55]이라는 체제의 "네 가지 대전략"을 통해 설명한 푸코는 이로써 페미니즘의 사유가 동성애와 신체의 범죄화라는 영역과 연결될 수 있도록 도움을 줬다. 특히 푸코는 성과 그 함의를 정치사에 위치시키려 했다. 성은 가족 단위, 경제체제, 사회의 정치적 관리라는 핵심 요소를 조직해 일부일처제, 이성애, 부의 상속 같은 규범을 설정했고, 그로써 더 큰 분야와 내재적으로 연결됐다는 것이다. 생명에 대한 행정적 규제를 나타내기 위해 사용된 '생명정치'라는 용어는 더 구체적으로 권력이 분류·관리체계를 통해 주체를 만들어내고, 전기가 통하듯이 그 신체에 스며들어 거주하며, 따라서 결코 주체의 외부에 존재하지 않게 되는 과정을 의미한다.

대서양 건너편[미국]에서 고전 시대의 성적 실천을 재평가한 푸코의 작업은 활발한 논쟁에 불을 지폈을 뿐만 아니라 섹슈얼리티 자체의 개념도 뒤바꿔놓았다. 이제 섹슈얼리티는 더 이상 지배받거나 억압받는 성적 주체와 관련된 사안이 아니라 문제적일 수밖에 없는 젠더 정체성(남성 혹은 여성), 성적 실천(동성애 혹은 이성애) 등과 관련된 사안이 된 것이다. 성차라는 관점에서 적을 규정하고 지목하는 대신 성적 **주체화**라는 공통의 관점에서 사유하게 됨으로써, 페미니스트들과 동성애자들은 새로운 협력관계를 만들어낼 수 있었다. 푸코의 후기 저작들이 거둔 성공은 (지배적인 정체성[남성]에 맞서 억압받는 정체성[동성애자]을 내세우는) 페미니즘과 전통적 게이 연구를 공히 특징짓던 과거의 규정적 접근법 대신에 **포스트정체성**의 고고학, 다

2009년 10월 29일, UC버클리에서 자신의 신작 『내 살의 살』(2009)에 대해 동료들과 토론 중인 실버먼(오른쪽). 퀴어이론가 버틀러(왼쪽), 예술사가 앤 와그너(가운데)의 모습도 보인다. 실버먼은 현상학에서 정신분석학에 이르기까지 프랑스 이론을 적극 활용해 시각문화를 분석하는 작업을 해왔다.

시 말해서 특정한 정치적·역사적 구성물로 밝혀진 젠더 규범의 메커니즘을 드러내는 작업이 등장했음을 의미했다. 분열된 주체성과 불확정적인 성 정체성에 대한 이런 탐구는 프랑스 이론 전체를 이용하기도 했다. 비평가 카자 실버먼이 푸코식 규범의 계보학, 라캉의 '머리 없는 무의식,' 분명 리오타르적인 '리비도의 정치,' 가학성-피학성이라는 단순한 이항[대립]에 대한 들뢰즈의 해석 등 사중의 렌즈로 근대의 '도착적 남성성'을 연구했듯이 말이다.[56] 하지만 대부분의 경우 이런 관점의 변화가능성을 만들어낸 것은 오직 푸코의 작업 덕분이었다. 그리고 이런 관점의 변화는 동성애를 새롭게 이론화하려는 수많은 시도가 생겨난 1990년대 초에도 발생했다.

따라서 종종 (동성애자와 이성애자를 명확히 가름으로써) 본질주의적·적대적 면모를 보였던 과거의 게이 연구에 더해, 시종일관 푸코의 영향을 받았던 퀴어 연구라는 새로운 움직임이 생겨났다. 한층 더 '감염성 있는' 이 새로운 접근법은 성 정체성이 흐릿한 모든 중간지대를 연구대상으로 삼았다. (동성애혐오적 욕설을 재전유한) 퀴어라는 단어가 학계에 수용된 시기는 항상 변화하는 형태라는 관점에서 성 정체성을 재사유해야 한다고 요청한 페미니즘 비평가 테레사 데 라우레티스의 논문이 발표된 1991년으로 거슬러 올라간다.57) '퀴어'의 수용은 1980년대 본질주의/반본질주의 페미니즘 논쟁의 결과이자 퀴어 연구의 가장 중요한 두 인물인 이브 코스프스키 세지윅과 주디스 버틀러가 주도한 데리다(그는 '결정불가능한 것'을 재정치화하는 일을 가능케 했다)와 푸코 다시 읽기의 결과이기도 하다.

발간되자마자 열광적 반응을 불러일으킨 혁신적 책 『벽장의 인식론』에서 듀크대학교 영문과 교수인 세지윅은 다른 남성과 성관계를 맺는 남성이 왜 '게이'라고 불려야 마땅한지를 묻는다. 니체와 마르셀 프루스트를 끌어들이고 일부일처제의 규범과 에이즈 위기를 점검하면서 세지윅은 성차의 취약성과 불안정성을 드러낸다. 그리고는 '신체의 쾌락'이라는 지극히 푸코적인 관점으로 성적 범주화와 맞서 싸우며 1980년대의 정체성 정치가 드러낸 분리주의를 비판한다.58) 궁극적으로 [성/섹슈얼리티의] 인식소 전체를 밝혀야 한다는 목표 아래 세지윅은 (강요된 이원론이 은폐한) 정체성에서의 성적 혼란과 모순적 성향을 파헤쳐야 한다고 주문한다. "20세기의 서구 문화를 수놓은 수많은 사유와 지식의 주된 마디 전체는 19세기 말부터 시작된 위기, 즉 동성애/이성애에 대한 (직설적으로 말하면 남성적인) 정의의 만성적·고질적 위기에 의해 구조화(사실상 파손)됐다"59)라는 문장으로 시작하는 이 책에서 세지윅은 푸코의 이론을 받아들여 근대적 동성애의 '탄생일'을 1870년으로 확정한다.60) 세지윅이 제시한 목표는 때로는 거의 문자 그대로 받아들여져, 훗날 많은 학자들은 (서한체 소설, 구전시, 슈베르트의 음악, 미켈란젤로의 조각, 심지어 국제통화기금과 선불교까지 포함하는) 모든 가능한 사회적·문화적 대상을 성의 결정불가능성에 대한 '(성)도착적'perverse 읽기, 즉 '퀴어화'의 과정에 종속시켜야 한다고 주장했다. 퀴어 이론에서 꼭 언급해야 할 또 다른 인물인 버틀러는 『젠더 트러블』과 『의미를 체현하는 육체』에서 끊임없이 구성되는 성적 젠더의 수행적·대화적 요소를 정교하게 분석했다. 가령 버틀러는 여성성과 남성성이 '강제된 표창장'이자 그저 통제의 전형일 뿐임을 드랙퀸[여장 남자](그런 표창장과 통제의 책략적 근거를 공개적으로 패러디하는 존재)를 통해 보여줬다.

이전의 학내 급진페미니즘처럼 퀴어 운동과 그 운동의 혁신적 이론가들 역시 (소수 여성 스타학자들의 작업과 밀접히 연관된) 대학에 기반을 둔 수사적·자기성찰적 성 행동주의와 현실의 공통체에 기반을 둔 성 소수자들의 투쟁 사이에 균열이 생긴 데 책임이 있다. 몇몇 교수들이 반에이즈 투쟁에 사적으로 참여하고, 특히 푸코가 예외적으로 주류 게이 출판물인 『크리스토퍼 스트릿』이나 『애드버킷』과 긴 인터뷰를 하기도 했지만 이런 균열을 막을 수는 없었다. 사회와 동떨어진 채 최첨단 급진 이론으로 무장한 지식인 집단이 근 25년 동안 조직을 유지해오며 거의 한결같은 요구사항을 내걸고 있던 시민운동가들과 대화한다는 것은 이처럼 어렵고, 이질적이며, 구조적으로 상충될 수밖에 없는 일이었다. 사회가 대학보다 정체되어 있다고 확신한 동성애 역사가 데이비드 핼퍼린은 1980년대 이래로 미국 사회가 "반동적인 무기력에 빠져든 것처럼 보이는" 반면, 대학은 "푸코 같은 몇몇 이들이 제공한 자극 아래 …… 역동적" 연구를 진행하면서 "지적 흥분"이 최고조에 이르렀다고까지 평가했다.[61] 심지어 핼퍼린은 나라 전체가 몇몇 학자만큼 과감하지 않다는 사실에 슬퍼하는 것처럼 보이기까지 했다. 요컨대 칼 맑스와 프리드리히 엥겔스가 제기한 바 있는 오래된 문제, 즉 지적 혁신과 사회적 투쟁, 학계와 거리 사이의 시차적 간극이라는 문제가 재등장한 셈이었다(엥겔스는 부부 모델에 계급투쟁 모델을 적용해, 남편은 부르주아지의 역할을 하고 아내는 프롤레타리아트의 역할을 한다고 주장한 바 있다).

이론의 정치, 불편한 연합

1980년대 동안 소수자 투쟁에 대한 이론적 정당화는 갈수록 정교해졌던 반면, 그 극적인 구현체가 되어야 할 사회운동은 레이건의 반혁명에 막혀 힘을 잃어갔다. 결국 전자는 학계의 다문화주의로, 후자는 구체적인 소수자 운동으로 분리됐다. 아직 대학에서 힘이 있던 맑스주의자 진영은 이런 균열을 논거로 삼아 정체성의 정치(그리고 거기에 영감을 준 프랑스 이론)가 '현실의' 투쟁을 포기했다고 비난했다. 근본적인 사회관계를 드러낸다고 자임하던 변증법-유물론 이론은 순전히 상징 영역에만 집중해 계급투쟁을 텍스트 내의 싸움으로 대체했다며 '포스트모던' 이론에 반대했다. '포스트모던' 이론은 헵디지가 펑크 운동을 스타일 영역에서 벌어지는 계급전쟁이라고 묘사한 1979년에 시작됐는데, 애초의 문화적 쟁점은 스타일에 관한 쟁점이 됐다가 결국 텍스트적인 쟁점이 되어버렸다. 이런 현상은 작품이 속한 사회적 맥락의 관련성마저 부정할 위험을 지닌 매우 해로운 '텍스트주의'로 변질됐다. 알렉스 캘리니코스는 이런 경향을 검토하면서 프랑스 이론에 대한 맑스주의자들의 불만을 요약한 바 있다. 프랑스 이론은 전문용어, 관념론, 범텍스트주의, 허무주의, 수동적 보수주의, 니체적 아포리즘 등 텍스트적 싸움에 필요한 무기들을 제공하고 있다는 점에서 유죄라는 것이다.[62] 영미권 인문학 분야의 베스트셀러 비평가 중 하나인 테리 이글턴은 해체론의 정치적 패배주의, 말싸움에 성급히 뛰어든 최신 이론가들, 텍스트의 자기파괴라는 유례없는 주제를 향한 그들의 열정을 비판했다.[63] 맑스주의자들에 따르면 투쟁이라는 개념 자체가 은유적인 것, 단지 스타일에 관한 표상으로 바뀌어버렸다. 기틀린은 학내의 포스트모던 지식인 일당이 사회적 투쟁을 인습에 저항하는 기획상품과 구별하지 않은 채 "마돈나처럼 차려입는 행위를 '저항'의 행위로," 즉 거리로 나가 낙태권 쟁취 시위를 벌이는 일과 동급으로 취급했다고 봤다.[64] 무엇보다 행동과 담론, 혹은 뚜렷한 정치적 운동과 종이 위에만 있는 운동의 차이(맑스주의자들의 관점에서는 본질적인 차이)를 흐리는 데 책임이 있는 것은 문화연구가 소개하고 소수자 연구가 계승한 **과잉기호학화**였다. 만약 남은 것은 기호뿐이고 사회 문제는 텍스트 속에서 해결될 수 있다면, 유일하게 가능한 정치적 행위는 변화하는 의미를 재전유하고 기존의 기호를 혁신적으로 조합하는 일일 텐데, 이런 행위는 맑스주의가 기반을 둔 구체적인 역사적 힘과 저 멀리 떨어져 있다. 따라서 **포스트**구조주의, **포스트**모더니즘, **포스트**휴머니즘 같은 용어가 말해주는 것은 새로운 '-주의'에 습관적으로 '포스트'라는 접두사를 붙이는 사람들이 있다는 점뿐이라는 것이다. 행동이 종말을 고했다며 서사만을 믿고, 뒤늦게 온 사람들의 세기말적 환멸감을 부추기며, 놓쳐버린 기회를 냉소적으로만 언급할 뿐인 사람들 말이다.

이론의 정치적 불임성을 다루는 맑스주의적 관점에 대해 두 가지 반대의견을 낼 수도 있겠다. 먼저 사회학적인 반대의견이다. (두 비평가의 용어를 빌리면) "학술적 품위라는 규범 …… 에 순응"하고 "지배적 패러다임의 코드에 따라 입장을 바꿔야" 하는 지극히 학계추종적인 성격을 가졌다는 점에서 미국 맑스주의는 자신이 가하는 비판에 그대로 적용된다.[65] 즉, 자신의 적인 포스트구조주의자나 다문화주의자처럼 미국 맑스주의자들의 기본 동기 역시 학파에 대한 충성, 논쟁 능력, 담론시장 장악의 중요성이라는 것이다. 한마디로 이런 형태의 맑스주의는 학계의 여타 영역만큼이나 무력한데다가 수사에만 그칠 뿐이다. 실질적으로 노동조합과 연계되어 있고 정당의 지지를 받기도 하는 유럽의 맑스주의자들에 비하면 훨씬 더 그렇다. 요컨대 이글턴이나 마이클 라이언의 그 어떤 저작도 대학 바깥의 사회적 투쟁이 가진 대의를 **직접적으로** 심화시키진 못했던 셈이다.

두 번째 반대의견은 좀 더 이론적이다. 이것은 **언표행위**라는 반복되는 주제와 관련 있으며, 반드시 프랑스 이론이 아니더라도 그것의 미국식 수용에서 나타난 언표행위의 언어적 활용과 사회정치적 조건(그리고 이 두 요소의 연관성)을 중심 질문으로 삼고 있다. 하나의 행위로서 언표행위는 (옷차림이나 노래처럼 사소하거나 집합적 주체의 선언처럼 중요한) 어떤 표현을 사회적 진술 혹은 주체화의 집합적 작용으로 변모시키는 일이자, 세상에 대한 직시와 세상에 대한 개입을 연계시키는 일이기도 하다. 이것은 (실제의 공동체보다 덜 영토지향적인) '언표행위의 집합적 배치'라는 들뢰즈와 가타리의 개념, 문화 속에 존재하는 담론적 사건의 존재양식을 파악하려는 푸코의 기획, '경험의 역사성'으로 이끄는 언표행위에 대한 세르토의 언급 등 다른 이론 영역에서 지원을 얻었다. 사실 언표행위라는 이 주제야말로 미국식 맑스주의적 관점의 맹점이다. 프랑스 이론의 텍스트, 정체성에 기반한 학내 프로그램, 좀 모호한 학제적 문화연구 등을 모두 경멸하는 이 정치적 도그마는 언표행위라는 문제를 단 한 번도 생각해본 적이 없다. 맑스주의자들은 사회적 언표행위라는 문제를 (완전히 막연하거나 쓸데없는 것으로 보지는 않지만) 사소한 것으로 여김으로써 **정치적** 과오를 범했을 뿐만 아니라 이 개념을 맑스주의적 실천에 적용할 가능성, 가령 텍스트상의 '반역'에 맞서 싸우다 자신들이 자연스럽게 특정 용어를 쓰게 되는 이유를 설명할 수 있게 됨으로써 이득을 얻을 가능성마저 놓쳤다. '현실,' '주체,' '윤리,' '행동,' '정치' 같은 용어가 좋은 예이다. 맑스주의자들이 상식적인 비평을 해오면서 활용한 이런 용어를 점검해본다는 것은 끝없이 문헌학적으로 퇴행하기 위해 논쟁을 회피하려는 술책이 아니다. 그보다는 사회 집단과 지적 담론, 행위과 기표 사이의 연결고리뿐만 아니라 19세기에서 연원한 정치적 규범이 여전히 옳은지 아니면 오늘날의 맥락에서 쓸모없게 됐는지 등을 살펴보는 중요한 일일 수 있다.

버틀러와 스코트는 "특정 집단을 주변화할 뿐만 아니라 '공동체'라는 개념에서 그 집단을 지우고 배제해온 이런 개념들[가령 현실, 주체, 윤리, 행동, 정치 등]의 조용한 폭력을 드러내는 것"이 필수적인 일이라고 주장한다. 버틀러와 스코트에 따르면 프랑스 이론('포스트구조주의')을 통해서만 이런 일을 달성할 수 있는데, 왜냐하면 프랑스 이론은 "엄밀히 말해 **하나의 입장**이 아니라, [여러] '입장들'을 확립시키는 배제화 작용에 대한 비판적 심문"[66]이기 때문이다. 즉, 오로지 이론적 도구만이 과거의 단결된 정치조직(맑스주의자들이 아쉬운 마음으로 회상하는 그것)과 분열 중인 정체성의 정치를 섣불리 구분하지 않는 좀 더 미묘한 관점을 가능케 할 수 있다는 것이다. '단결'을 부르짖는 담론의 '배제화' 방식뿐만 아니라 거꾸로 다양한 소수집단끼리의 연대 가능성까지 드러냄으로써 말이다. 사실 문제의 핵심은 이것이다. 언표행위의 문제를 가능한 한 명확하게 고찰하는 일은 그 자체로 수행적 행위이거나 정치적 변화의 충분조건이 되지 않는다. 특히 프랑스 이론의 텍스트들이 번역, 재전유, 대학 교육, 독자 자신의 흥미 같은 매우 느슨한 담론적 연결고리를 이리저리 경유해 미국의 활동가와 독자에게 전달되는 와중에, 이 문제의 엄밀함과 명확함이 증발되어버리는 상황에서는 더 그렇다. 언표행위라는 문제를 제기하는 학자들은 잠재적인 정치적 수혜자도 아니었고, 사회적 변화에 딱히 목매야 하는 입장도 아니었다. 마이클 베루베를 언급하면서 스탠리 피시는 학자의 '쓸모없음'을 즐기는 양 교묘하게 이 점을 잘 요약한 바 있다. "비록 '텍스트적' 혹은 '담론적'이라는 것이 …… 사회적 논란의 주된 장소이긴 하지만, 그 장소를 **연구**하는 사람들이 그 논란의 주된 행위자인 것은 아니다."[67] 피시의 이 말은 긴박한 쟁점을 끊임없이 분석·재고·불신하는 것이 임무(주업)인 학자들이, 효과적인 변화의 수단으로 언표행위를 수행하는 것만이 전부인 소수자 공동체들과 구조적으로 분리되어 있음을 환기시켜준다. 질문방식 자체에 질문을 던지는 학자들과 가장 긴급한 당면 요구를 주장할 수 없는 소수집단들 사이의 분리 말이다. 게다가 이것은 진실된 윤리적 입장을 둘러싼 방법론적 논란과, 진보적인 정치와 거리가 먼 특정 인구집단의 생생한 문제 사이의 분리이기도 하다. 요컨대 정치적 공동체보다는 학계의 담론중심적 공동체 안에서 자신의 '반체제 성향'과 '해체적 정치'를 이야기하는 흑인 동성애자 여성은 캠퍼스보다 훨씬 덜 관용적인 환경에서 자신의 피부색과 성적 지향 때문에 끊임없이 배척받으며 살아가는 흑인 동성애자 여성과는 완전히 다르다. 이론적 접근이라는 상징자본을 가진 고립된 지식인은 자신에게 없는 정치자본을 상징자본으로 벌충할 뿐만 아니라, 때로는 구체적 행동에 나서는 이들의 자기인식 결핍을 그 상징자본으로 지적함으로써 자신이 선택한 영역[학계 내지 이론]을 정당화하기도 한다.

결국 이런 분리는 교육의 문제이다.『공산당 선언』이 출간됐을 때 독일의 노조 활동가들은 이 팸플릿을 이해할 수 있었다. 그러나 성적·인종적 억압을 당하는 실제 피해자들은 인종을 '분할 기표'로, 젠더 규범을 성 정체성에 '환유적으로' 연결된 것으로 다루는 이론 논문들을 도무지 이해할 수 없었다. 각기 다른 소수자들의 회합장소가 되려는 목표로 세워진 인문학의 바벨탑이 이제는 수혜자들(수혜자들이라고 상정되지만 그렇게 될 것 같지는 않다)에게 점점 이해불가능한 메타담론으로 만들어진 바벨탑, 즉 헛소리탑으로 변했다고 할 수도 있겠다. 퀴어 연구자들의 수녀원장 격인 세지윅 역시 이런 역학관계를 예리하게 지적하며, 지나치게 정교한 '차이' 관념 자체가 차이의 사회적 경험을 더 이상 공유할 수 없게 만들지 모를 위험을 경고했다. "**차이/연**에 관한 학문으로" 여겨지는 이론이 "차이라는 개념을 지나치게 물신화하고 차이로부터 가능한 결과를 지나치게 과장한 탓에, 이제 사람들은 구체적 차이를 사유하는 방법에 관해 도움을 받고자 할 때도 가장 투철한 이론가들은 찾지 않는다."[68] 하지만 장광설을 늘어놓으며 이론적으로 꼬투리를 잡는 소수의 비평가들, 다소 과시적인 그들의 윤리론적 경계심(무슨 관점에서, 어떻게, 어떤 근거로, 누구의 이름으로 차이를 말하는가)이 **이론을 통한** 소외의 전적인 원인은 아니다. 소수집단의 지도자들 사이에서 장황한 **학문적** 입장에 대한 저 오랜 반지성주의가 다시 나타났던 것도 원인 중의 하나이다. 더 평범하게 말하면, 지금 논의 중인 이 격차는 사회적인 것이다. 이 격차를 통해 우리는 어떤 친숙한 오해, 곧 자신의 학문 영역 **일부**를 사회 **전체**로 착각하는 학계 달변가의 착시를 떠올린다. 단 하나의 학술대회, 논문, 성공적 논쟁만으로도 이 달변가들은 자기 전공 분야가 주변화되어 있고 정치적으로 양면적이라는 점을 잊고서는 학술 담론의 자기충족적 논리를 일반 법칙으로 수용한다. 학자들이 자신의 주변적 위치 덕에 언표행위에 나서고 지적 존재감을 드러내는 데 도움을 받는다면, 궁지에 빠진 사람들(온건한 정치적·사회적 집단과 결합하고 싶어 하는 대학 바깥의 소수자들)의 주변성은 이들의 모습을 가리고 냉혹한 침묵의 소용돌이 속에 가둔다. 또한 이 분리는 중요한 변수를 덮을 수도 있는데, '문화'가 그것이다. 민속지학자들이 자신의 연구 대상이라고 주장하듯이, 열성적인 학자들이 분석하면서 세속적 쾌락을 느끼는 이 (대중적이고, 대량판매되고, 상업적이고, 반체제적인) 문화는 더 이상 명확하게 윤곽잡힌 영역이 아니라 사회정치적 전체와 뒤섞여갔다. 문화는 더 이상 어떤 전망을 얻을 수 있는 경계의 외부도 못 갖게 됐고, 주체성을 확립해줄 총체적 시각이나 일련의 표현형식 그 어느 쪽과도 상관이 없게 됐다. 상징산업이 모든 것을 문화로 만들어버림으로써 침묵하는 소수자들이 보이지 않게 되자, 정체성에 관한 가장 예리한 기호학자와 언표행위에 관한 가장 정교한 이론가

마저 먹잇감이 되어버린 맹목과 거부의 이중 영역이 형성됐다. 돌이켜 보면 그들이 자본주의에 대해 근본적으로 애매한 입장을 취했기 때문에 이처럼 이원화되고 억압된 현실이 생겨난 것이다.

사실, 자본에 대한 총체적 비판만이 정치적 집단을 형성할 수단을 제공할 뿐만 아니라 정체성이나 탈정체성에 기반을 둔 다양한 저항의 목소리도 옹호할 수 있었을 것이다. 문화연구와 정체성의 정치가 문화적 위계를 무너뜨리고, MTV를 셰익스피어의 위치로 격상시키며, B급 블랙스플로이테이션 영화의 흑인 스타가 상패와 명성으로 둘러싸인 백인 배우를 넘어서게 만들려고 애쓰더라도 이 분야에서 상품 개념은 때로는 은유로, 때로는 숙명으로 표현되는 부수적 관심사일 뿐이다. 소수집단 관련 이론이 누린 이 유례없는 번영의 가장 놀라운 점은 레이건 치하의 미국과 인문학 전통에 바탕을 둔 당시의 대학이 이성애주의, 백인개척자라는 상, 심지어 서구 세계 자체에 대한 상징적 사형선고에 호의적이었다는 점이 아니다. 오히려 자신들이 떠받들던 소수자라는 토템이 상징 거간꾼들, 즉 고액 연봉을 챙기며 문화를 재전유하는 전문가들에 의해 낚아채여간다는 점을 사형집행자들이 전혀 눈치채지 못했다는 사실이 놀라운 일이다. 문화산업의 컨설턴트 권위자들이나 교활한 광고기획자들은 소수집단이라는 이 새로운 경향에서 이윤을 뽑고, 소수자의 권리를 요구하는 레이건 시절의 사회적 변동과 대학을 뒤흔든 정체성 이론을 새로운 틈새시장 형성에 복속시키기 위해 이 기회를 놓치지 않았다. 이들은 EMI 같은 음반제작사와 베네통 같은 패션회사를 통해 잠재고객을 1980년대 인문학 분야의 다양한 프로그램만큼이나 많은 표현 범위와 개별 집단으로 (이성애자 백인 래퍼에서부터 히스패닉계 레즈비언 오페라 애호가까지) 분류함으로써 이제 피할 수 없는 다양성이라는 변수를 떠들썩한 판촉의 기회로 삼았다. 간단히 말해 학자들은 언표행위의 상업적 가능성을 알아차리는 데 실패했던 것이다. 주변부 문화를 재현하고, 언표행위를 통해 자신들의 집단적 주체화를 이야기한다는 것은 스스로를 문화산업의 강력한 방송화면에서 보이게 만들고, 인식되게 만들고, 인정받게 만드는 일이기도 하다. 1980년대 초에는 레이건 시절의 보수적 경향이 미치지 않는 피난처였던 대학이 일체의 억압과 분리에 맞서는 총체적 전쟁을 선포했지만, 1980년대 말이 되면 소수자 현상으로 인해 서로 다른 20개 언어로 반란산업을 촉진하는 마케팅 캠페인이 촉발됐다. 흑인이나 히스패닉계를 목표로 한 특별한 광고전략, 약삭빠른 여행사가 게이를 대상으로 내놓은 관광상품, 호전적인 랩과 레게 신화의 상업적 가로채기, (레이건의 첫 집권기 중 최대 전신전화회사 AT&T가 분할되던 무렵[1984년]) 각 인종 집단에 맞춘 요금제를 도입한 다수의 장거리전화 사업자들은 모두 1980년대의 산물로, 당시 대학에서 번성했던 지식 생산[정체성의 정치/소수자 이론]은 이런 신규 벤처사업에 슬로건을 제공했다.

따라서 단순한 다문화 마케팅을 넘어서야만 했을 소수자의 언표행위에서 결여됐던 것은 자본 자체에 대한 (비판까지는 아니더라도) 총체적 개념이었다. 여기서 우리는 프랑스 이론의 **탈맥락화**라는 가장 유감스러운 측면을 발견하게 된다. '포스트모던' 자본주의를 다룬 다양한 프랑스 이론의 정치적 함의를 인지한 사람이 거의 없었다는 사실 말이다. 미국의 정체성/문화연구 이론가들은 변증법적 외재성은 이미 낡았다는 믿음에 안주해서(이들이 거의 초기부터 자본에 참여하고, 자본을 모방하며, 자본과 협업에 나선 것은 이 때문이다) 투쟁의 수단이 될 전투적 차원은 보지 못한 채 이데올로기 싸움에 쓸 무기로 번쩍이는 예리한 문구 몇 개만을 찾아 프랑스 이론을 너무 급하게 읽었던 것이다. 프랑스 이론은 미국 자본주의 기계의 심장부를 찢고 들어가 그 안에 정치적 공간을 새겨넣을 수도 있었다. 자본주의를 '차이의 박멸'이라 정의한 보드리야르의 말은 차이를 흡수함으로써 제거하는 문화산업을 예견한 것으로 읽힐 수도 있다. 들뢰즈와 가타리는 자본의 운동을 '전제적인 기표의 초월'이라고 묘사했지만 미국의 정체성/문화연구 이론가들은 자본이 (마돈나의 대담함에서부터 MTV의 뜨거운 유행, 게이 퍼레이드의 도발적 몸짓에 이르기까지) 리비도적 혹은 자유지상주의적으로 변모하는 것을 막지 못했다. "우리의 노예적 강렬함"을 보지 못하고, "어떤 이는 자본의 똥을 먹으며 즐길 수 있다"는 것을 이해하지 못한다고 비판하면서 파리 지식인들을 겨냥해 "매끄러운 피부의 특권층"이라고 불렀을 때,[69] 리오타르의 비판은 프롤레타리아트를 이론화하던 당시의 맑스주의 지식인들에 대해서만 옳았던 것이 아니다. 어떤 의미에서 이 비판은 주변화된 주체를 만들어내는 문화장치의 역할을 분석할 수는 있었지만, 그 주변화된 주체가 어떻게 산업의 승리를 상징하는 욕망의 대상으로서의 시장에 그 문화장치를 부과하는지는 이해할 수 없었던 미국의 기호학 게릴라들(훗날의 텍스트 전사들)에게도 해당된다.

    결국 우리는 출발점으로 되돌아온 셈이다. 대학과 바깥 세상을 빈곤한 소통이라는 다리로만 이으려 했던(그마저 문화적 혁신의 '감시자들'에게 쉽게 규제받던) 미국 지성계의 구조적 고립으로 말이다. 정통 맑스주의에 반대하면서 (자본주의는 믿음을 욕망으로 대체했기 때문에) 자본주의가 공산주의보다 더 혁명적이라고 했던 들뢰즈와 가타리의 생각은 [미국] 학내 이론가 집단의 독자적인 세계와는 별 상관이 없는 것으로 판명됐다. 그도 아니라면, 1980년 당시 북아메리카가 "구조주의를 수용할 최적지"인 이유를 설명하며 언어학자 아미엘 반 테슬라가 강조했듯이, 들뢰즈와 가타리의 생각은 대서양을 건너자마자 "역사와 변증법을 이중으로 배제하는 미국 이데올로기"에 의해 탈정치화·탈역사화됐다고 분석할 수도 있겠다.[70] 곧 살펴보겠지만 변화, 분절화, 배치, 번성하는 리비도시장이 특징인 나라에서 들뢰즈와 가타리의 주장은 불필요했을지 모르고, 따라서 들리지 않았을 것이다. 프랑스 이론이 독특하고 난해한 대학의 언어로 번역된 뒤에야 소수자 담론의 새로운 옹호자들 사이에서 읽혔다는 것은 여전히 사실이다. 권위에 대한 프랑스식 비판은 당대의 정치적·경제적 권력을 향해서는 지엽적으로만 적용됐고, 그 대신 교수, 정전 작가, 학술기관의 권위에 대한 비판으로 축소됐다. 결국 프랑스 이론의 활용이라는 문제는 특정 구절이 실제 **싸움**에서 인용되는 타동사적 의미에서가 아니라, 담론 시장에서 어떤 담론의 유효성을 증명하는 식의 철저히 학문적인 배경 안에서만 수용됐다. 이렇게 수용된 이론은 혁명적 이론가(혹은 헌신적 지식인)의 도구상자가 아니라 고립된 주장 같은 것이다. 원래의 텍스트에서 떨어져나가 원탁회의나 학술대회에서 토의되고 언급될 목적으로 학술잡지의 논문형태로 완벽하게 구성된 그런 주장 말이다. 무엇보다도 학생들과 젊은 강사들에게 참고문헌은 작동과 이해가 놀랄 만큼 쉬운 컴퓨터 프로그램이나 요리기구에 찬사를 보낼 때 전형적으로 쓰이는 미국식 용어처럼 '사용자 친화적'이어야 하며, 사용자에 대한 '친근함'이라는 관점에서 바로 앞에 있는 대상(즉, 텍스트)을 정확하게 체현해야 한다.

신역사주의: 타협의 한계

엄밀한 학문적 실천과 넓은 정치적 연관성, 언표행위 개념과 그것의 상업적 재전유, 이론의 자동사적 속성과 정체성(그리고 다양한 집단)의 타동사적 속성 사이의 격차가 날로 벌어지는 가운데 이에 반응을 보인 유일한 문학 분야의 움직임이 있으니, 신역사주의가 그것이다. 보기 드물게, 신역사주의는 텍스트적 정치의 급진성과 전통 학계의 관습적 인간주의 사이에서 타협하기보다는 제3의 길을 찾아내려고 했다. 텍스트의 독해과정에서 맥락적 요소를 새삼 강조하고, 더 일반적으로는 문학 분야를 재역사화하려 했던 이 느슨히 규정된 사유 경향은 1980년대 초에 스티븐 그린블래트의 작업에 힘입어 UC버클리에서 탄생했다. 셰익스피어와 르네상스 전문가인 이 신역사주의의 아버지는 1969년에 UC버클리에서 박사학위 논문을 마친 이후 계속 그곳에서 가르치다가, 1996년에야 하버드대학교 영문과 학과장을 맡으며 UC버클리를 떠났다. 1982년 그린블래트는 푸코에게 간접적으로 영감을 받아(미국에서 UC버클리는 푸코의 아성이었다) 미학과 이데올로기의 고리를 분석하는 데 집중한 학술잡지 『리프리젠테이션스』를 동료인 스베틀라나 앨퍼스와 창간해 당시의 새로운 문학·정체성 이론을 거슬러갔고, 이후 캘리포니아대학교출판부를 통해 '신역사주의' 총서를 발간하게 된다. 그린블래트는 신역사주의 운동의 유일한 창립자(리더, 전략가, 지치지 않는 통합자)로 폴 드 만이 '예일학파'에, 혹은 스피박이 탈식민주의에 기여한 공헌을 가뿐히 능가했다. 처음에는 UC버클리에서, 이후에는 하버드대학교에서 그린블래트는 캐서린 갤러거, 월터 벤 마이클스, 마이클 로긴, 에릭 선퀴스트 등이 포함된 인상적인 네트워크를 꾸준히 직조해나갔다.

신역사주의는 비정통적인 역사유물론과 자유주의적 예술사회학의 결합으로 탄생해 문학 이론의 두 경향(비판적 형식주의에 날을 세우는 경향과 모든 담론에 내재한 정치적 본질이라는 환상을 받아들이는 경향)을 공격하는 무기창고로 발전했다. 그린블래트의 신역사주의는 단순해 보이지만 풍성한 지적 깨달음을 주는 주제, 즉 읽고 쓰는 행위 이면의 사회적·역사적 조건으로 돌아가야 한다고 주장했다. '문화의 시학'이라는 용어로 사회적 요인, 기존의 지식, (그의 사유에서 핵심 개념인) 창작자의 '자유'와 독자의 기대 사이에 벌어지는 복잡한 '교섭'의 과정을 분석함으로써 그린블래트는 1960년대의 낡은 사회비평을 정교화했다. 시대의 억견, 저항의 기류, 기존 질서 안에서 미학적 전복을 이루려는 작가의 기획 등 무엇에 맞춰 '교섭'이 판가름나느냐에 따라 작품은 독자에게서 다양한 반응을 끌어낼 수 있고, 문화사를 구성하는 혁신과 반복의 길고 복잡한 과정에서 차별화된 지위를 가질 수 있게 된다. 작품의 출전과 개념화 과정 뒤에 있는 이데올로기적 맥락을 고려해 개별 작품을 이런 관점에서 위치시키게 되면 해석학적 접근법을 분석의 출발점으로 삼을 수 없게 되며 다양한 시각·시대·기록 사이, 텍스트 자체와 서브텍스트 사이의 변동에 주목하는 접근법을 선호하게 된다. 일부 데리다 추종자들의 텍스트주의와는 달리 이 기법은 자기생성적 텍스트라는 관점에서가 아니라 균형점을 찾고 텍스트에 연관된 이해관계를 극대화하려는 욕망 속에서 텍스트의 다양한 측면이 연결되는 지점을 묘사하는 데 집중한다. 신역사주의가 '유통/순환,' '교환,' '교역,' 특히 '교섭' 같은 경제학 용어를 차용한 것은 우연이 아닌 것이다. 이렇게 하나의 은유 영역이 다른 것을 대신하면서 경제학은 데리다와 드 만이 사용한 ('미끄러짐'

을 비롯한 텍스트의 다른 미장아빔 같은) 물리학적 심상을 대체하고, 문화사에서 경제적 요소의 역할이 강조되기 시작한다.

그렇지만 그린블래트와 신역사주의 이론가들은 전통적인 역사주의로 회귀하는 것의 위험성을 끊임없이 경고한다. 이들은 총체적이고 균질한 형태의 역사에 반대해 "전통적 역사주의를 틀지웠던 거대한 구조 속에 있는 미끄러짐, 균열, 단층선, 놀라운 결핍을 명확히 드러내는 대항역사"를 제안한다. 지극히 중요한 '재현'의 영역인 대항역사에는 "인간 신체**와** 인간 주체의 역사" 같은 **평행적** 역사, 담론 형태를 분석함으로써 도달할 수 있다. 심지어 이 접근법은 "일화에 대한 끌림," 끊임없는 "독특함의 탐구" 역시 옹호한다.[71] 이처럼 개방적인 신역사주의의 방법론에서 핵심은 씌어진 작품을 (간접적으로는 푸코의 영향을 받은) 새로운 초점에서 보는 것이다. 여기서 씌어진 작품은 일종의 분류 수단, 정당한 생산물과 부차적 생산물을 구분해주는 도구로 간주된다. 부차적 생산물은 [정당한 생산물에서] 배제된 것을 통해 거꾸로 작품의 생존 가능성을 결정하는 규범적 원칙을 드러낼 수 있는 한 유용하다. 신역사주의가 (유대인·흑인·히스패닉·게이 문학 등을 포함해) 주변적이기 때문에 전복적인 대항정전을 주제로 삼는 것은 오직 이런 이유에서이다.[72] 실제로 신역사주의의 대다수 저작들은 미국 흑인 소설이나 비트 시보다는 르네상스 시기의 영국, 그 시기의 핵심 작가를 다룬다. 그린블래트의 가장 영향력 있는 논문들도 셰익스피어의 작품에 초점을 맞추고 있다. 하지만 그린블래트는 셰익스피어를 재정치화하는 독해에 나섰는데, 그의 독해는 셰익스피어를 백인 극작가 아니면 동성애적인 소네트 시인으로 바라보며 의심했던 정체성 이론가들의 비평보다 훨씬 섬세했다. 셰익스피어의 연극에서 종교전쟁과 적의에 찬 반가톨릭주의가 행하는 역할을 서술하기 위해 오로지 연옥의 주제에만 집중했던 『햄릿』 읽기에서 이런 정치적 독해를 찾아볼 수 있다.73) 다른 예로는 엘리자베스 시대의 제국주의에 대한 셰익스피어의 모호한 입장, **불안**이 셰익스피어의 정치관에 끼친 영향을 탐구함으로써 그린블래트에게 큰 명성을 가져다준 『셰익스피어의 교섭』이 있다.74) 이런 접근법은 『폭풍』에 관한 논문 모음집에서도 찾아볼 수 있는데, 여기에 기고한 논문에서 그린블래트는 "우리의 문학 유산을 죽이는 최선의 방법은 그것을 새로운 세계질서를 찬미하는 장식으로 사용하는 것"75)이므로, [그렇게 하지 않음으로써] 이 정전[『폭풍』]의 생명을 유지시키려면 셰익스피어와 그의 동시대인이 경험한 정치적 불확실성을 고려해야 한다고 주장했다. 요컨대 엘리자베스 시대의 잉글랜드에서 등장한 질서뿐만 아니라 오늘날의 변화하는 국제정치 환경도 함께 언급하는 식이다. 신세계 탐험가들의 탐험 서사를 분석한 그린블래트의 작업도 좋은 예이다. 여기서 그린블래트는 셰익스피어를 넘어 식민지 문제의 핵심으로 들어가 서구의 의식 속에 작동하던 [비유럽세계에 대한] 경외심과 정복욕 사이의 결정적 상호작용을 강조했다. 그린블래트의 저작 중 유일하게 프랑스어로 번역된 이 책 『놀라운 소유물: 세계의 경이』76)에 대한 서평에서, [그 자신도 역사가인] 로제 샤르티에는 그린블래트의 분석을 이렇게 요약했다. "대체로 서양인들에게 경탄의 시선은 소유의 욕망으로 귀착될 뿐이다."77)

    신역사주의의 접근법은 더 귀납적이고, 덜 장황하며, 정치적 함의에 더 통찰력 있고, 기호학이라는 허상에 덜 기댔다. 이 모든 특징이 신역사주의에 부정할 수 없는 발견적 가치를 부여했다. 하지만 신역사주의가 미국 문학 분야의 난제를 해결할 수는 없었다. 첫째, 신역사주의는 문학 분야에서 전략적 입장을 취하고 있었기 때문이다. 특히 탈식민주의와 해체론의 실패를 공격할 때면 유독 호전적인 태도를 보였다. 둘째, 거의 전적으로 르네상스 시기에만 초점을 맞출 뿐 동시대의 문화적 논쟁에 신중을 기했던 그간의 태도는 신역사주의가 미국 대학을 갈라놓은 '문화전쟁'에 참여하기를 꺼렸음을 의미했기 때문이다. 마지막으로 더 광범위하게 말하면, 해체론과 소수자 연구가 철학, 정치학, 나아가 유행의 첨단에 있는 대중문화로 방향을 틀며 미지의 영역 속으로 용감하게 파고든 것과는 달리, 신역사주의의 학문적 기법은 문학 이론과 비평을 전통적 영역([문헌]발생적 비평, 텍스트의 역사, 텍스트의 정치적 맥락)으로 되돌려놓았음은 의심할 여지가 없기 때문이다. 그린블래트와 동료들이 시도한 모험과 그 성공은 문학이라는 세계의 경계 안쪽으로 보호주의적 후퇴가 이뤄진 것이라고 해석될 수도 있다. 소수자의 정체성을 주장하는 목소리에 맞서는 보수주의자들의 반동이 갑자기 언론의 조명을 받자, 이 세계가 곧 권력자들의 포격권 안에 놓이게 됐다는 점에서 그렇다.

7 이데올로기적 반격
La contre-offensive idéologique

우리가 이론을 갖는 이유 중의 하나는
우리의 기호들을 안정화시키기 위해서이다.
이런 의미에서 모든 이론, 심지어 혁명적 이론조차
스스로에 대해 보수적이다.
테리 이글턴, 『이론의 중요성』(1989)

1980년대는 변증법적으로 해석해야 한다. 이 시기는 미국의 국민주의와 자유시장의 새로운 팽창에 맞서 정체성으로의 퇴각이 일어나고 이론이 극단화된 시기였다. 로널드 레이건과 그의 하수인들이 "미국이 돌아왔다"고 주장하는 동안 이 나라의 사회문화적 구조는 정체성에 기초한 군소 집단만큼이나 수많은 소단위로 분해됐다. 이 때문에 미국에서는 **하이픈 연결**, 즉 말이음표가 급속히 미국인들의 화법에 침투해 증식했다. 이를테면 아프리카계-미국인, 아시아계-미국인, 원주민계-미국인 같은 표현 말이다. 검증되지 않은 채 고삐가 풀린 민영화·규제완화 정책은 경제 분야에서 금융자본의 영향력이 증대되고, 인력시장에서 계약직과 비정규직이 양산되는 이중의 과정을 유발시켰다. 그 와중에 대학에서는 가장 급진적인 사상들이 유통됐다. 이 시기는 정전의 붕괴, 제3세계 해방운동을 위한 지원 확대, 소수자 우대 채용이 두드러진 시기이기도 했다. 이 무렵 강의실과 주식시장은 엄청나게 동떨어져 있었고, 강의실 분위기는 해방의 정서부터 때맞춰 나온 종말론에 이르기까지 온갖 과장이 판치게 만들었다. 제도권 학계는 결코 이런 찻잔 속 폭풍을 보지 못했다. 정전에 대한 논쟁은 서구 세계에 대한 치명적 위협으로, 해체의 유행은 '현실[실재]'에 대한 합의에 종언을 고하는 것으로, 교수 임용시 소수집단을 우대하는 정책은 천 년에 걸쳐 축적되어온 학문적 우수성을 손상시키는 일로, 자크 데리다와 미셸 푸코는 마약과 무분별한 섹스보다 젊은 세대를 훨씬 더 해롭게 오염시킨 주범으로 비난받았다. 그러나 신보수주의자들은 학술토론을 국가적 논쟁으로 전환할 호기를 잡았고, 훗날 재앙으로 판명될 이데올로기적인 전쟁을 개시했다.

정전 논쟁

첫 번째 전쟁터는 미국 학계가 숭배하는 현학적 말장난에 딱 어울리는 곳이었다. [그 전쟁터인] '정전'canon은 어찌나 논쟁을 불러일으켰던지 '대포'라는 본래 뜻을 다시 얻게 될 정도였다. 정전 자체, 추천도서 목록에 끼치는 정전의 영향을 둘러싼 논쟁은 곧 대학을 새로운 '계급투쟁'으로 몰고갔다. 새로운 급진주의자들이 고전을 의문시한 것은 옳았다. **걸작**masterpiece의 제국주의적 면모를 드러내려면 이 단어를 쪼개만 봐도 된다. 이제 천재의 걸작은 **장인**master의 **부품**piece, 즉 그의 무기나 상품이 된다. 몇몇 선동꾼들의 추론에 따르면, 꼭 참조해야 할 중요한 정전은 서로 다른 두 가지 비난에 시달렸다. 한편으로 정전의 존재는 교육체계의 선동적 역할을 폭로한다. 왜냐하면 단테, 괴테, 셰익스피어는 한결같이 이 세계에 대한 '보편주의적'·'서양중심적' 시각을 드러내기 때문이다. 다른 한편, 그래도 이 개념을 유지하려면, 정전은 미국 사회의 서로 다른 구성요소를 대표해야 하니 상당수 여성·소수인종 작가를 포함해야 했다. 정전에 대한 이런 문제 제기가 급진적 다문화주의자들과 권력을 쥔 보수파의 싸움에서 핵심임은 결코 우연이 아니다. 결국 어떤 작품의 **정전화**를 둘러싼 논쟁은 교육제도에서 이뤄진 문화적 정당화 작업의 역사적 역할, 더 전향적 의미에서 보면 이렇게 신성화된 역할이 암시하는 복음 전파의 사명은 무엇이냐는 [오랜] 질문으로 되돌아가는 셈이다. 피에르 부르디외가 언급했다시피 대학이 "전달되고 획득될 가치가 있는 것과 그렇지 않은 것"을 구별하는 것은 막스 베버가 교회에서 그 기원을 찾았던 역할, 즉 "신성한 가치를 가진 것과 갖지 않은 것을 정해야 하고, 그것을 평신도들의 신앙 속에 파고들게 해야 한다"[1]는 이중의 역할을 수행하는 일이다. 정전의 구성은 배제의 실천이다. 기성 질서를 위협하는 것으로 간주되는 낯선 사상과 존재의 입을 막는 방식인데, 비록 실패하긴 했지만 로마인들이 공식적으로 그리스의 말과 사상을 로마의 학교에서 금지한 적어도 기원전 2세기 이후로 줄곧 그랬다.

그러나 영미 문학계의 위대한 인문학자들에 따르면, 걸작에 들어갈 수 있는 작품을 **엄격히 제한**하는 것은 보편적 지식 함양에 불가결한 요건이었다. 매슈 아놀드에 따르면 "이제껏 말해지고 생각되어 온 것들 중 최상의 것을 가르치는 일"이 대학의 역할이었다. 일례로 1930년 시카고대학교의 총장 로버트 메이너드 허친스는 자신이 만든 "서구 문명의 명저" 프로그램에 바탕해 학부과정 전체를 조직했다. 그런데 정전에 대한 미국과 유럽의 견해는 두 가지 중요한 점에서 구별된다. 이 점이야말로 1980년대 초 미국의 새로운 급진주의자들이 정전을 공격한 이유를 설명해준다. 이 시기의 유럽 젊은이들은 그 어느 때보다 반체제적으로 살았으면서도 결코 정전을 문제시하지 않았고, 게다가 10년 전 미국에서 노예제도와 식민주의를 비판한 중등 역사 교과서 개정판이 나왔을 때는 논쟁조차 없었다. [1980년대 초 당시] 미국식 정전의 첫 번째 특징은 국가적이기보다는 '서구적'이었다는 점이다. 시간과 공간상의 거리를 막론하고, 서구 세계의 역사에서 기념비적 중요성을 지닌 저자들(가령 호메로스, 성서, 존 밀턴, 지그문트 프로이트)이 새로운 담론의 주된 목표물이 된 것은 이 때문이다. 서구의 역할은 세계를 지배하는 것인데, 미국은 이를 위한 강철검이라는 것이다. 게다가 프랑스보다 대학생들이 책을 덜 읽는 이 나라에서는 교양과정에서 책 전체보다는 발췌문, 텍스트보다는 개념의 역사가 중점적으로 다뤄졌다. 따라서 몇몇 유명 대학에서 대학 교수와 담당자가 대안적인 정전이나 정전이 아예 빠진 강의안을 도입한 것은 문학 이론과 정체성의 정치가 이룬 성취에 근거해 정전을 둘러싼 그동안의 논쟁에 개입하려는 욕망 때문이었다. 바로 이런 신중한 혁신을 둘러싸고 전례 없던 논쟁이 벌어졌던 것이다.

    1988년 3월, 가장 유명한 논쟁이 갑자기 불붙었다. 스탠포드대학교가 "서구 문화"라는 프로그램 대신 서구 관련 참고문헌이 모두 빠진 "문화, 사상, 가치"라는 프로그램을 도입하면서 일어난 논쟁인데, 아마도 행정당국은 흑인학생연맹의 요구를 받아들였던 듯하다. 그러나 프로그램의 여덟 개 강의 중 일곱 개는 사실상 변한 것이 없었고, 필수도서 목록에도 (공자에서 아프리카 민담들, 쿠란에서 라틴아메리카 출신 인디오들의 시 문학을 아우르는) 비서구권 문헌이 **추가됐을 뿐** 서구 고전이 그대로 있었다. 그러나 이해 당사자들은 이런 식의 변화에 울컥했고, 이것을 자신들이 무엇에 개탄하는지 보여주는 상징으

1988년 스탠포드대학교에서 열린 흑인 학생들의 시위 장면(『뉴욕타임스』 1988년 3월 12일자).

로 바꿔놓았다. 제시 잭슨 목사는 소수집단들과 함께 캠퍼스를 행진하며 "헤이, 헤이, 호, 호, 서구 문화는 가라!"는 구호를 외쳤고, 이 일은 각 신문의 1면에 실렸다. 레이건 정권의 교육부장관이 서구가 "무지와 비합리"의 힘에 굴복했다며 비탄해하는 사이 스탠포드대학교에서 벌어진 사태는 다른 대학에도 급속히 퍼져나갔다. 소수집단들은 정전을 다양화하거나 '성차별주의'와 '인종주의'를 지닌 정전을 폐기해야 한다고 요구했고, 보수적 교사들은 예상되는 개혁에 맞서 청원을 조직했다. 『뉴욕타임스』의 어느 언론인은 이 운동의 결과를 다룬 책에서 "책들의 전쟁"이 시작됐다고 빈정댔다.[2] 비록 언론이 터무니없는 이야기들을 부각시키며 이 사태를 다소 과장하긴 했지만, 양쪽 모두 일이 지나치게 커진 데 책임이 있었다.

7. 이데올로기적 반격

이런 식으로 대항정전의 수가 급증했으나 소수집단들의 요구는 끝이 없었다. 1991년 강의안의 책 중에 '유색 여성'의 저작이 '고작' 1/3밖에 없다며 여성학 수업을 거부한 미시건대학교 흑인여학생회의 경우처럼 정체성에 기반을 둔 단체는 계속 급증했고, 정전 비판이 의무사항이 될 때까지 서로를 부추겼다. 가장 급진적인 새로운 이론가들은 주저없이 대학 강의에서 모든 추천도서를 퇴출시키길 권했다. '특정 텍스트'만을 사용하게 되면 교육학적으로 백인 그리고/혹은 남성적 교육체계에 구속될 수밖에 없다는 것이다. 추천 도서들은 (셰익스피어의 인종중심주의, 오노레 드 발자크의 여성혐오, 대니얼 디포의 식민주의처럼) 서구 정전의 정치적 오류를 드러내는 경우에만 수용될 수 있었다. 이 논쟁에서 보수주의자들은 작품의 내적 질에 근거해 걸작을 옹호하는 전통적 인문학자들의 꽤 차분한 입장을 외면한 채 야만에 맞서 "서구 세계의 생존"을 지켜야 한다는 둥, 고유한 교육원리인 '문화적 엘리트주의'를 장려해야 한다는 둥 훨씬 감상적으로 호소하는 쪽이었다.[3] 좀 더 온건하고 분별력 있는 의견은 독설이 난무하는 소란 속에서 묻히곤 했다. 헨리 루이스 게이츠 2세는 흑인 미국 문학의 정전을 구축한다는 기획 역시 "인종주의적, 분리주의적, 민족주의적, 혹은 '본질주의적'이라고 비난받아야" 한다는 납득할 만한 표현을 했다. 많은 지식인들(이들의 의견은 논쟁 양편의 극단주의자들에 비해 덜 인용됐다)에게 공감을 자아낸 게이츠 2세의 의견은 "아프리카·아시아·중동의 전통 역시 훌륭하다는 점을 설명하는 쪽으로 핵심 교육과정을 바꾸면 우리 학생들이 인문학의 진정한 인간 개념을 배워 세계문화의 시민으로 한몫하도록 준비시킬 수 있다"[4]는 것이었다. 그러나 주도권은 가장 악의적인 견해들이 쥐게 됐고, 언론과 유행을 좇는 평론가들이 이에 가담하기 시작했다. 억압받는 집단들에게 서구 정전을 유지한다는 것은 모욕으로 간주됐다. 다른 한편으로 그동안 무시된 문화, 그렇지만 중요한 작품을 생산해온 비주류 문화에 정전의 문호를 개방한다는 것은 (사실 대학 프로그램에서 오랫동안 미뤄져왔던 것을 인정하는 단순한 교정에 불과했지만) 많은 사람들에게 서구에 대한 선전포고로 비쳤다. 1990년 현대언어학회 학술대회의 개회연설에서 "왜 우리가 서구 문화의 학생인 동시에 다문화주의의 학생일 수 없는지, 왜 우리가 수많은 문화 사이의 역사적이고 동시대적 관계를 보여줄 수 없다는 것인지 …… 저는 당황스럽군요"5)라고 말한 회장 캐서린 스팀슨의 토로는 '백인 문화'에 선전포고한 흑인 역사가 레너드 제프리스의 말, 혹은 "셰익스피어거나 아무것도 아니거나"라는 보수적 철학자 앨런 블룸의 훨씬 더 단순한 선택만큼 사람들의 관심을 끌지는 못했다.

정전 논쟁은 프랑스 이론이 고취시킨 미국 문학계의 두 전위운동(형식주의적·해체론적 비평가들과 문화연구·소수자 연구의 주창자들)을 분리하고 그 간극을 넓히는 결과를 낳기도 했다. 후자는 정전 반대 운동이 일어나 엘리트적 정전이 그들 연구의 새로운 대상인 대중문화로 대체되는 현상을 반긴 반면, 예일대학교 안팎의 해체론자들은 계속해서 동일한 '본질적' 걸작에 기댔다. 이런 야단법석의 와중에 해체론 비평가 J. 힐리스 밀러는 자신의 동료들조차 옹호해주기 싫어한 보수적 입장을 주저 없이 택했다. "나는 영미 문학의 확고한 정전과 특권화된 텍스트 개념의 유효성을 믿는다"6)고 했던 것이다. 주목해야 할 사실은 변경된 정전 목록과 '평등주의적' 문헌 모음집의 광풍 속에서 프랑스 이론과 관련된 모든 저자가 갑작스럽게 의심의 눈

초리를 받게 됐다는 점이다. 데리다는 플라톤과 장-자크 루소와 마르틴 하이데거를 주로 분석했다는 이유로, 줄리아 크리스테바는 스테판 말라르메와 레이몽 루셀에게 찬사를 보냈다는 이유로, 질 들뢰즈는 허먼 멜빌과 프란츠 카프카를 노골적으로 편애했다는 이유로 말이다. 그 밑에 감춰진 추동력이던 이데올로기의 남용이 여전한 가운데, 문학 정전에 대한 이런 논쟁은 계속 지속되어 결국에는 또 다른 국가적 논쟁을 유발시키게 된다.[7] 특히 이 논쟁은 학생들에게(때로는 교수들에게) 아직 알려지지 않은 전통을 소개했고, 이론적 관점에서 분류·배제의 정치적 차원과 정전의 문화적 상대성 역시 고려하게 했으며, 앞 세대가 별 의심 없이 수용한 고전 목록이 보여주는 문화의 익명적·비현실적 형식을 의문시하게 만들었다. 에드워드 사이드가 "근대 이후 역사상 처음으로, 인문학적 지식이 유럽 문자로 쓰인 걸작에 근거해 있다는 강제적 허구 전체가 …… [인류 전체가 아니라] 그저 실제 인간관계와 지금 세상에서 펼쳐지는 상호작용의 일부만을 대표"[8]하게 됐음을 만족스럽게 지적하면서 주장했듯이, 결국 상대성과 상대주의는 똑같은 것이 아니다.

'정치적 올바름'의 착각

정전 논쟁을 뒤이어, 소수자 문제의 전문가들은 새로운 작업에 관심을 돌렸다. 캠퍼스에서의 행위를 규제하는 엄격한 완곡어법을 도입함으로써 서로 다른 성과 인종간의 사회적 상호작용을 체계화하는 일이었다. '정치적 올바름'politically correct(이하 PC)은 이렇게 도래했다. 1970년대 이래 이미 몇몇 정치적 반란자들은 억압의 실체보다 **기호**를 지나치게 강조한 페미니스트들·문화이론가들을 참조해 이 용어를 중요하게 쓰고 있었다. PC는 실제의 정치적 함의를 감춘 채 겉으로는 희화화나 자기 패러디 형태를 띠는 양면적 현상이었다. 1980년대 초 캠퍼스에서 출현한 다문화주의적 관점과 대도시 소수집단 사이에서 거세진 분리주의의 기운은 역사적 긴장을 높이는 데 일조해 다수자와 소수자 사이에서뿐만 아니라 대학 안팎의 집단들 사이에서의 긴장도 커졌다(공화당의 승리로 소수집단의 우파들이 기승을 부리기도 했다). 따라서 어느 정도의 규제는 확실히 필요했다. 그러나 소수집단에 속하는 학생·교수라면 꼭 자기 집단과 관계 있는 대학**에만** 다녀야 되고, 게이라면 동성애 혐오적 모욕을 꼭 알아채야만 하고, 흑인이라면 꼭 아프리카만 연구해야 하게 됐을 때 이 운동의 과도함은 정반대의 결과를 가져왔다. 즉, PC 현상은 과장을 불렀고 어떨 때는 어휘와 몸짓을 까다롭게 감시하기까지 했다(언론에는 이런 일이 많이 보도됐는데, 꼭 대학에서만 이런 일이 벌어진 것은 아니었다). 『빌리지 보이스』의 칼럼니스트 리처드 골드스타인은 이 점을 지적하며 PC의 어휘로 자신을 이렇게 묘사한 바 있다. "나처럼 짧고, 뚱뚱하고, 머리가 벗겨지고 있는 남자는 어디까지나 반농담조로 이렇게 불릴 수 있다. 높이가 다르고, 모낭이 제 기능을 못하고 있는, 몸집 있는 사람."9) 언어의 규범화는 PC 운동의 가장 두드러진 특징이자 전장이기도 했다. 여기에는 일상언어가 (그 희생자를 **양산한다**는 점에서) 암암리에 수행적이며, 무의식적 경멸을 수반하며, 모든 소수자에게 **고통**을 가하고 있다는 윤리적 전제가 깔려 있다.

'유색인종'이나 '코카시언'[백인종]처럼 존중의 의도를 담고 있는 중립적이고 완곡한 용어조차 결국에는 각 집단에게 공식 명칭을 부여함으로써 분류의 폭력, 정치적 분류의 절차에 가담한다는 식이다.

게다가 PC 운동은 마치 신화적 이야기의 도입부처럼 [기존] 문화와 동떨어진 이야기를 한다. 언어학자들이 귀가 안 들리는 사람^{deaf}의 적절한 용어로 '청력이 상한 사람'$^{\text{hearing impaired}}$이 좋을지 '듣기에 어려움이 있는 사람'$^{\text{audibly challenged}}$이 좋을지 논쟁하는 동안, 진정한 전투는 'Deaf'처럼 첫 자를 대문자로 쓸까 말까를 두고 벌어지고 있었다. 자신들의 역사와 문화를 알려야 할 필요에 따라 여타 소수자들이 이미 각자의 명칭을 대문자로 표기했듯이 말이다. 이런 투쟁은 수화를 공식 언어로 인정받는 것, 로비작업을 통해 갤로뎃대학교[청각장애인 전문학교] 총장의 자격요건에 귀가 먼 사람이어야 한다는 점을 명시하는 것(이 목표는 1988년에 이뤄졌다), 좀 더 급진적으로는 청각보조기구, 나팔형 보청기, 인공주입물 등이 청각장애인의 문화를 위협한다고 폭로하는 것 등도 목표로 삼았다. 앞서 언급했듯이 2002년 현대언어학회 학술대회에서 '장애 연구'라는 자신들만의 분야를 확보하게 될 때까지, 신체상의 장애가 있는 사람들은 1980년대 이래 장애라는 관념을 긍정적으로 재정식화하고자 한 주체였다. 그런데 이렇게 재정식화된 용어, 즉 '다르게 능력을 발휘하는'$^{\text{differently abled}}$이라는 용어는 그 안에 [부당하게] 함축된 가치를 걷어낸다는 구실로 해당 장애와 관련된 고통을 덮고, 부정적인 면을 감추는 경향이 있었다. 심지어 대학 학과장의 명칭조차 이처럼 중립성을 겨냥한 일반적 발전을 피할 수 없었다. 그에 따라 '마담 체어맨'$^{\text{Madame Chairman}}$은 퇴행적인 것으로 여겨져 고전 페미니즘이 사용한 '체어우먼'^{Chairwoman}으로 바뀌었다가, '체어퍼슨'^{Chairperson}을 거쳐 결국 탈본질주의적 페미니즘의 영향 아래 그냥 '체어'^{Chair}로 바뀌었다. 정치적 투쟁의 장소가 단 한 곳(언어와 그 용법)으로 옮겨가면서 싸움 자체가 기괴해진 때도 있었지만, 역설적이게도 이런 싸움은 미국적 실용주의 전통에 따라 정당화됐다. 점차 자신이 속한 지역과 동떨어지게 된 나머지 바깥 세계와 소통하려고 분투하던 대학들에게는 이처럼 어휘라는 상징적 영역에 노력을 집중하는 것이 실질적인 결과를 이뤄낼 유일한 길처럼 보였다. 그러다가 [언어의] 언어 외적인 함의, 실제의 지시대상, 사상과 관련된 논쟁에서 언어가 해온 도구의 역할(당시에 완전히 망각된 역할)마저 언어 문제에서 모조리 도외시될지라도 말이다. 충분히 예상됐듯이 확산 일로였던 각종 회의에서 유일하게 문제가 된 것은 패널로 참석하기로 한 흑인과 여성의 숫자였을 뿐이었다.

또 하나 주목할 만한 미국식 전통은 언어학에 입각한 행동주의이다. 몸짓과 태도라는 육체적 코드는 그 자체만의 **언어**를 표상한다는 이런 관점은 범죄에 가까운 모욕적 몸짓이나 성적 학대가 실제로 어떻게 발생하는지보다는 왜 PC 언어가 PC **행동**으로 넘어가게 됐는지를 설명해준다. 대학과 행정당국은 (정당한 것이든 사기에 가까운 것이든) 온갖 불평을 처리하기 위해 전단지와 권고문을 배포하곤 했는데, 언론이 그 내용을 맥락 없이 인용하는 바람에 논쟁이 적잖이 커져버렸다. 이런 전단지는 이른바 미학적 차별('외모차별주의'), 잠재적인 인종적 비방('인종폭력'), 교제 초기에 발생하는 성희롱 등을 예방할 목적으로 만들어진 것이다. 가령 데이트 강간이라는 표현이 있는데, 여기서 **데이트**는 이미 충분히 코드화된 미국인들의 행위, 즉 성관계까지 **가기 전에** 저녁식사나 음주를 통해 친밀감을 키워가는 점진적·형식적 단계를 지칭하지만, **강간**은 그저 부주의한 질문도 강간으로 간주될 수 있음을 지칭할 뿐이었다. 그런데도 이런 표현은 막무가내로 사용되곤 했다. 뉴욕 주 교육부의 실무진, 루이지애나 주 툴레

인대학교의 예비보고서, 스미스칼리지의 신입생들에게 배부된 안내책자, 하버드대학교의 인종관계·소수자문제 사무국이 새롭게 개시한 유명한 프로그램 AWARE* 등에서 말이다. 이처럼 격앙된 분위기에서 불평불만은 위계상 상층에 속한 인사들에게 위협이 될 수 있었다. 그래서 보수주의자들은 조교들이나 '가증스런' 학생들 때문에 교수가 어쩔 수 없이 사직했던 드문 경우를 널리 알리며, 때로는 특정한 권력형 추문으로 완전히 날조하는 데까지 이르렀다. 하버드대학교 역사학 교수의 이름을 딴 '선스트롬 사건'이 바로 그랬다. 스테판 선스트롬은 학부생들에게 '인종적 편견'을 가진 인물로 비난받았는데 디네시 드수자, 로저 킴볼 같은 공화당원들은 이 사례를 끊임없이 언급했다. 언론의 자유가 침해당했다는 자신들의 주장을 뒷받침해줄 조사를 전혀 진지하게 하지도 않았으면서 말이다.[10] 조지 오웰이 말한 신어[뉴스피크]나 초창기 캠퍼스의 전체주의 운운하며 발끈해댔던 이들은 PC 운동이 아직도 전통을 존중하는 백인 교수들, 불행히도 여전히 밀턴을 읽으며 열심히 공부하는 학생들을 다음 먹잇감으로 집어삼킬 만반의 태세를 갖추고 있다는 식으로 말했는데, 사실상 'PC 몬스터'를 낳은 것은 그들 자신이었다.

학생 입학과 교수 임용에서 소수자들에게 혜택을 베푸는 우대 정책을 둘러싼 논의는 여전히 과열상태이다. 이 사회적 법안은 미국 노동윤리의 토대가 되는 신화, 즉 '보편적이고 동등한 기회'라는 주제

---

* AWARE는 1988년 시작된 프로그램으로, 공식 명칭은 '인종주의·종족중심주의에 반대하는 적극적 작업'(Actively Working Against Racism and Ethnocentrism)이다. 일주일 동안 진행되는 일종의 교육 프로그램으로 다양한 연사들이 해당 문제에 대한 강연을 하고 학생들과 토론을 한다.

를 다시 불러왔다. 이 신화는 프랭클린 루스벨트 대통령의 뉴딜 정책, 1960년대의 민권 승인을 통해 사회적 권리가 진전되면서 부분적으로나마 현실이 됐다. 급료뿐만 아니라 노동법에도 상당한 변화를 가져오면서 말이다. 그러나 소수자들의 고용을 증대시키고 미국 법조계에 드문 판례를 남긴 특별위원회와 국민기금의 존재 역시 1978년 6월의 앨런 바키 소송**(캘리포니아대학교 의과대 입학 허가가 안 난 백인 학생의 이름을 딴 소송)에서 할당제와 '수량화된' 다양성이 위헌이라는 대법원 판결이 나오는 것을 막지는 못했다. 이런 할당제가 **공식적으로** 실행된 적은 결코 없는데도 말이다. 하지만 1980년대 동안 소수집단들의 내부적 압력과 일부 대학 학장의 노력으로 소수자 우대 정책은 몇몇 대학에 도입됐다. 단순히 할당 비율을 비교 조정하는 것만이 아니라 종종 수업료 인상, 연방정부 지원의 감소, 각 지원자의 정보에 대한 꼼꼼한 검토 등 더 긴급한 문제까지 살펴야 했지만 말이다. 이런 점에서 로익 바캉은 주목할 만한 사례이다. 이 젊은 프랑스 연구자는 흑인 사회학자 윌리엄 줄리어스 윌슨(그는 직접 경험을 위해 스스로 권투를 시작했다)의 지도로 시카고 지역 게토에서 권투가 가진 사회학적 역할에 관한 논문을 쓰고 난 뒤 1992년 UC버클리에

** 이 소송은 당시 32세이던 백인 학생 앨런 바키가 자기 대신에 자신보다 성적이 낮은 흑인 학생(패트릭 챠비스)이 캘리포니아대학교 데이비스 캠퍼스의 의과대에 합격했음을 알게 된 뒤 제기한 위헌 소송이다. 소수자 우대 정책의 역차별성 때문에 자신이 불이익을 당했다는 것이었다. 대법원은 이 소송에 대해 소수집자에 대한 할당제는 일반 학생에 대한 차별이기 때문에 위헌이지만, '인종'을 학생 선발기준의 하나로 삼는 것은 합헌이라고 결정했다. 즉, 소수자 우대 정책 자체는 합헌이지만, 만약 특정 학교의 할당제가 인종'만'을 학생 선발의 유일한 요소로 삼는다면 그것은 위헌의 소지가 있다고 판결한 것이다.

1989년 시카고의 우드론 권투체육관에서 일리노이 주 주니어 라이트급 챔피언 커티스 스트롱과 포즈를 취하고 있는 바캉(오른쪽). 바캉은 피에르 부르디외의 제자로도 유명하다.

임용됐다. 하지만 소수자 우대 정책 관련 로비활동을 하던 학내 활동가들은 바캉의 임용에 반발해 행정당국에게 임용 절차를 다시 밟으라고 강요했다. 바캉은 그 이듬해 최종 임용됐지만 자신의 쓰디쓴 발견은 잊지 못할 것이다. 당시의 새로운 투사들에게는 연구나 교수법의 본질보다는 피부색이 더 중요하다는 사실 말이다.

더 중요하게는 대학과 공화당의 보수파들이 미국의 긴급한 '도덕재무장'이라는 자신들의 주장을 정당화하기 위해 몇 안 되는 '추문'을 술술 풀어내는 데 맛을 들였다. 1980년대의 언어적 치안이 도래하기 전에 이미 미국이라는 사회문화적 퍼즐을 다시 섞어놓았던 다문화 모델에 맞서, 보수파들은 사람들이 복종해야만 하는 지배적·위계적 문화라는 보편적·통합주의적 이론을 옹호했다. 그들이 보기에 1960년대의 과도함과 그로 인해 20년 뒤에 발생한 문화전쟁은 옛날의 미국이 자랑한 '용광로'의 한계를 드러낸 것으로, 이제는 일련의 원칙 아래 남아 있는 것을 한데 모아 지켜내기 위해서라도 이 용광로를 근본적으로 개선할 필요가 있었다. 따라서 위기상태의 미국에서는 다문화 모델뿐만 아니라 도덕재무장 개념도 유일한 대안으로 제시됐다. 위태로운 서구를 보호하는 것이 문제이든, 언어를 감시하고 몸짓을 코드화하는 것이 문제이든 말이다. PC를 둘러싼 갈등에서 제거된 또 다른 초점은 (환경, 식단, 위생, 예절 같은 주제를 포괄하는) '책임감 있는 시민'의 양성에 필요한 '교양'의 새로운 규범을 부과하는 일이었다. 당시 평균 생활수준마냥 그 재정상태가 열악해진 초중등 공교육의 위기는 말할 것도 없고, 보수주의적 정치 전략과 국가의 분열로 인한 불안 때문에 특히 더 그랬다. 이 모든 것이 합세해 소수 집단의 담론이나 급진적 이론과 연계된 엄격한 학술적 논쟁을 국가적 중대사로 뒤바꿔놓았다. 따라서 에릭 파생이 자신의 논문에서 주장했듯이, PC 운동은 정체성을 긍정하는 새로운 수사의 폭풍 아래 논쟁을 불러왔고 곧 급속히 확산됐다고 결론내릴 수 있다.[11]

국가적 논쟁

보수주의자들은 의견 칼럼을 쓰거나 기자들에게 정보를 제공해 언론의 관심을 사로잡는 식으로 노련하게 미디어를 활용하며 PC라는 시류에 반격을 개시했다. 온건한 언론이 자본주의에 통합되고, 특히 좌파쪽 정치 논평 언론들이 쇠퇴하는 등 변화를 겪으며 미디어 산업의 이데올로기 지형이 바뀐 것도 이런 부정적 반응에 일조했다. 그러나 보수주의자들의 반격은 사회학적 요인의 결과이기도 했다. 예전부터 미국에서는 사회적으로 고립된 학자들과 직업적 야망으로 똘똘 뭉친 언론인들 사이에 경쟁이 격렬했다. 학위를 소지한 이론 전문가들의 경멸을 받으며 자신들이 쫓겨났던 지적 영토에 언론인들이 다시 돌아올 수 있는 사건이 등장하자 이런 해묵은 경쟁관계가 다시 불붙었다. 신문들은 PC 운동의 열혈 지지자로는 다문화주의자들, 동성애 활동가들, 신역사주의자들, 맑스주의 비평가들, 난해한 데리다주의자들, 신페미니스트들, 블랙팬더당의 후예들이 있다는 식으로 열거의 유희적 효과를 한껏 활용해, 도저히 알 수 없는 어려운 용어를 아무렇지도 않게 툭툭 내던지는 사람들이라고 이들을 묘사했다. 언론인들의 어조는 냉전의 절정기 때보다 훨씬 가혹했다. 1991년 1월 7일자 『시카고트리뷴』의 사설은 "인간성에 반하는 범죄자"와 다를 바 없다며 교수들을 비난했다. 노동계급의 일간지인 『뉴욕포스트』조차 "문학을 감시하는 PC를 제거"하자고 대중에게 호소했다. 『뉴욕타임스』는 이미 1990년 겨울에 PC 운동의 점증하는 지배력에 경고 휘슬을 불었고, 같은 해 12월 24일 『뉴스위크』도 이 운동의 '전체주의적 철학'과 '사상경찰'은 '좌파 맥카시즘'의 일종이라고 말했다. 그런데 이 '정치적으로 중립적'인 주간지는 40년 전 조지프 매카시가 대학가에서 실제로 숙청에 나섰을 때는 그 일을 단 한 줄도 보도하지 않았다. 나중에 밝혀졌듯이, PC 운동을 나치즘이나 매카시의 숙청과 비교한 언론 보도는 셀 수조차 없이 많았다. 『뉴욕』이라는 잡지에 글을 기고한 존 테일러는 자신의 비난을 입증할 만한 자료를 내놓기보다는 고딕체의 제목과 나치가 행한 처형 장면의 사진을 활용해 예전의 전시상황을 떠올리게 만들었다.[12] 지나치게 노골적인 비유를 사용하지 않는 대신 바이러스나 식충 식물의 이미지를 사용한 기사도 있었다. 가령 『뉴욕타임스』는 해체론이 장악한 예일대학교 영문과를

"열대의 프랑스 식민지, 뱀들로 둘러싸인 파리"13)로 묘사했는데, 이런 식의 묘사는 좀 더 오래된 수사법을 연상시켰다. 유대인들을 반유대적으로 묘사한 그림, 혹은 점잖은 겉모습을 한 채 자신들의 촉수로 무고한 시민들을 교살하려고 위협하는 냉전 시기 공산주의자의 이미지 같은 것 말이다. 미국의 모든 신문이 이처럼 의심스러운 은유를 그럴듯하게 제시했던 것은 아니다. 그러나 근거 자료에 대한 상호 대조나 단순한 기초작업조차 없이 일반 언론이 일치단결했다는 것은 놀라운 일이다. 『뉴욕타임스』, 『워싱턴포스트』, 『타임』, 좀 더 풍자적인 『에스콰이어』, 『월스트리트저널』, 좌파 주간지 『네이션』 등을 비롯해 심지어 금융 월간지 『포브스』나 패션잡지 같이 다양한 출판물도 사정은 마찬가지였다. 유일한 예외는 『빌리지 보이스』였다.

다른 의견이나 좀 더 온건한 관점은 편집자에게 보내는 글에서만 볼 수 있었다. 가령 1991년 6월 『뉴욕타임스』의 어느 독자는 이 신문에서 온갖 욕을 다 먹고 있던 "열렬한 프랑스 신봉자들"에게 이런 편지를 보냈다. "프랑스 이론이 사람들에게 위협감을 줘서는 안 된다. 사람들이 이해하지 못하는 것을 없애는 일이 제아무리 구미 당기는 일이라고 해도 말이다. 그런 일은 이것이냐 저것이냐의 문제가 아니다. 적어도 그래서는 안 된다." 우리는 저 유명한 『뉴욕타임스북리뷰』가 문학면 부록의 첫 면을 모두 할애해, 에세이 작가 카밀 팔리어로 하여금 구닥다리 정치 팸플릿에나 어울릴 법한 독설로 프랑스 이론가들과 소수집단 담론이라는 새로운 영역의 미국 전문가들을 조롱하게 놔뒀다는 점에 주목해야 한다. 팔리어의 묘사에 따르면 "회계사의 영혼"을 지닌 프랑스 이론가들은 "우리[미국]의 해안에서 내쫓아야 할 …… 에로스 살해자"이고, 스스로를 외국에 팔아넘긴 미국의 전문가들은 "프랑스 양아치들한테 무릎 꿇고 뽀뽀하는 응석받이 학자들"이자 "소심한데다가 말도 안 되는 헛소리만 지껄이는 외국 정크본드[신용·등급이 낮은 기업이 발행하는 고수익·고위험 채권] 딜러"에 불과하다. 이 기사는 유달리 악의적이었는데, 특히 정체성을 둘러싸고 시끌벅적하게 벌어진 소란의 책임이 외국 문헌[즉, 프랑스 이론]에 있다고 주장했다는 점에서 그렇다. 요컨대 최근 소수집단 전문가들이 급증한 것은 미국 학자들 탓이 아니라 프랑스의 '참주들' 탓이라는 것이었다.[14] 같은 해, 프랑스 언론들은 프랑스 혐오증에서 기인하는 이런 비판에 아랑곳없이 미국에서 새롭게 벌어지고 있는 논쟁에 자주 개입했다. 프랑스 언론들은 미국 대학에서 유행 중인 PC에 맞서는 '새로운 검열장관들'[15], '유럽의 황혼기'[16]를 상징하는 것일 수도 있는 캠퍼스 내부의 새로운 이데올로기적 표류를 비판했다. 진작에 보수주의 진영을 자기편으로 끌어들였던 츠베탕 토도로프도 이 미국의 논쟁에 목소리를 보탰는데, 토도로프는 '객관성'에 대한 다문화주의자들의 비판이 오웰의 『1984년』에 나오는 사형집행인 오브라이언의 담화와 비슷하다고 주장했다.[17] 그러나 대학 내부의 논쟁이 제아무리 가열됐을지언정, 미국에서 발행부수가 가장 많은 신문들로 하여금 그토록 강렬한 감정을 드러내도록 하기 위해서는 다문화주의의 '신어'가 아니라 여전히 반유대주의와 제2차 세계대전으로 그들의 이목을 다시 돌려놔야 했다. 전국의 미디어를 사로잡은 폴 드 만의 추문이 바로 그런 역할을 했다.

 1987년 『뉴욕타임스』는 이 유명한 해체론 비평가가 적과 협력한 과거를 폭로했다. 드 만이 1942년까지 벨기에의 일간지 『르수아르』에 친독일적·반유대적 컬럼을 써왔다는 것이다. 드 만이 쓴 1941년

1991년 3월 『뉴욕』은 "여성 전사: 성의 철학자 카밀 팔리어, 정치적 올바름에 창을 겨누다"라는 제목 아래 (5월에 팔리어의 기고문을 실은 『뉴욕타임스북리뷰』보다 두 달 먼저) 서구 문명을 위협하는 다문화주의자들과 그들의 운동에 맞서는 '전사'의 이미지로 팔리어를 포장했다.

7. 이데올로기적 반격   289

3월자 기사 「현대 문학에서의 유대인들」에는 그의 동료들을 가장 당혹스럽게 만든 진술이 담겨 있었다. 예술계에서 유럽의 유대인들과 "몇 안 되는 보잘것없는 인사들"을 추방해야만 "서구 문학의 삶에 후회할 만한 결과가 생기지 않을 것"이라는 내용이었다.[18] 물론 드 만의 과거 행적은 비난받아야 했겠지만, 하이데거(해체의 주된 참조점)가 나치 정권과 타협한 일을 두고 거센 논쟁이 휘몰아치던 와중에 이 일이 폭로된 나머지,* 온갖 관련 사설과 논평은 균형감을 잃은 채 온통 분노로 들끓었다. 프랑스 이론을 폄하하는 사람들은 참과 거짓의 구별을 모호하게 만든다는 이유로 프랑스 이론의 '상대주의'를 자주 비난하곤 했는데, 이들은 드 만의 사례를 그 역사적 전례로 들 수도 있었다. 언론의 의심을 받게 되자 제프리 멜먼 같은 교수는 "제2차 세계대전 당시 적과 협력한 정치범을 널리 사면하려는 기획"이라며 해체론을 비난했고, 익명을 요구한 다른 교수는 해체론을 "12년간 지속된 제국"이라고 불렀다.[19] 아무튼 많은 언론인들은 열혈 지지자들을 거느린 PC 운동에 이 일을 견줄 수 있는 기회를 놓치지 않았다. 그들은 학내의 새로운 투사들이 나치의 반유대주의와 크게 동떨어져 있지 않다고 여겼다. 확실히 이런 비난은 부적절했다. 왜냐하면 청년기의 비난받을 만한 순간을 근거로 드 만의 작업을 평가할 수는

---

* 하이데거의 나치 부역 의혹은 종전 이후부터 계속 있었으나, 본격적인 논쟁은 1987년 10월 칠레의 철학자로서 하이데거의 제자이기도 했던 파리아스(Victor Farías, 1940~)가 『하이데거와 나치즘』(*Heidegger et le nazisme*)이라는 책을 프랑스에서 출판하며 격화됐다. 『뉴욕타임스』가 드 만의 나치 부역 의혹을 제기한 기사를 내보낸 것은 이보다 조금 뒤늦은 12월 1일이다. "Yale Scholar Wrote for Pro-Nazi Newspaper," *The New York Times*, 1 December 1, 1987.

없기 때문이다. 게다가 드 만의 사상적 동지들은 해럴드 블룸을 비롯해 모두 유대인이었다. 데리다는 북아프리카계 유대인이었고(그는 드 만의 이론에서 지침이 되는 논리를 '해체'해야 한다는 식으로 다소 이상하게 드 만을 변호했다), 예일대학교에서 유대인 연구 프로그램을 만든 제프리 하트만은 추방당한 독일계 유대인이었다. 그러나 사실과 역사에 근거해 새로운 이론적 상대주의의 위험을 비판하던 몇몇 논평자들은 드레퓌스 사건을 뒤집어놓은 듯한 이 사건 속에서 자신들의 비판을 정당화해줄 전기적 근거를 얻었다고 생각했다.

하지만 이런 학내의 다툼이 국가적 논쟁으로 확대된 것은 전기적 요소에 근거한 비난이나 미디어의 선동 때문이 아니라, 당시의 10년 동안 (미국의 새로운 상대주의자들과 그들의 프랑스인 스승들을 개인적으로 공격한) 세 편의 주요 보수적 정치 팸플릿이 거둔 예상치 못한 성공 때문이었다. 마이클 베루베는 놀라는 게 당연할 만한 당시 상황을 이렇게 해학적으로 표현했다. "공산주의자, 파시스트, 페미니스트, 해체론자, 다문화주의자 등이 강제로 당신의 아이들을 세뇌시키고 있다고 미국의 대중에게 말해라. **그러면** 당신은 진정한 베스트셀러를 얻거나, 비전문가들도 이해할 만한 주장을 하게 되는 셈이다."[20] 이런 식의 연구가 낳은 첫 번째 결과물은 앨런 블룸의 『끝장에 처해가는 미국 정신』으로, 이 책은 1년 이상 베스트셀러 목록에 올랐다. 전통적 인문학과 통합된 미국을 옹호한 이 책은 알렝 핑켈크로트의 믿을 만한 논의에 기초해 있었다. 같은 해 출판된 『정신의 패배』('옴니컬처'[모든 것의 문화화], 텔레비전의 동질화 효과, 정신을 마비시키는 록음악 등을 다룬 저작)라는 책에서 핑켈크로트는 흑인 레즈비언 저자들의 책과 록스타의 전기 같은 것만 읽히는 미국 대학에는 곧 야만인들이 득시글댈 것이라는 종말론적 전망을 제시한 바 있다.[21] 그러나 향수를 부채질하는 이런 비난은 보수적 내용을 담은 당대의 또 다른 베스트셀러 두 권보다 덜 전략적이었다. 두 번째 책은 재기 넘치는 디네쉬 드수자가 쓴『반자유주의적 교육』이었다. 인도에서 태어나 다트머스대학교에서 공부를 마친 뒤 레이건의 젊은 고문이 된 드수자는 "트위드옷을 입은 새로운 서고트족," 즉 캠퍼스에서 권력을 휘두르는 다혈질적 다문화주의자들이 미국을 위협하고 있다고 예리하게 경고했다. 드수자는 공동체가 분열되고, 표현의 자유가 없어지고, 성과에 기초한 학문적 우수성이 해체되고, 자신들이 '구하려' 한 사람들을 위해 만든 프로그램이 오히려 그 사람들에게 치명적인 해를 입히게 된 상황 등을 환기시켰다.[22] 이런 시각을 뒷받침해주는 모든 논의를 한데 모은 확실한 결정판은 로저 킴볼의 도덕적 풍자문,『종신직 급진주의자들』이었다. 특히 킴볼은 독자들에게 '전체주의적 평등주의'는 프랑스에서 유래됐다고 말한다. 막시밀리앙 로베스피에르의 공포정치에서부터 시작된 이 전체주의적 평등주의는 "일체의 문화적·지적 삶을 '사실상' 권력관계의 상관계수"[23]로 보는 푸코와 데리다에 의해 모든 담론이 '정치화'되며 지금까지 이어져왔다는 것이다. 곧이어 킴볼은 이런 상황은 미국의 책임이라고 지적한다. 왜냐하면 각자의 중요한 사회학적 차이를 제대로 성찰해보지도 않은 채 두 세대 사이에 평행선을 그어버린 것은 "자신들이 바리케이드로 성취할 수 없었던 것을 교실, 교직원 회의, 행정조치 등을 통해 간접적으로 달성"하는 데 성공한 1960년대의 급진적 정신이기 때문이다.[24] 때때로 킴볼은 루소에서 프레드릭 제임슨까지 역사상의 수많은 지식인들이 "자신이 물려받은 유산을 증오"한 탓에 '공상적 낭만주의'

에 빠졌다는 심리학적 논의를 끌어들인다.[25] 게다가 킴볼은 '민주주의'의 모든 적을 각개격파하고, "살인을 선동"한 프란츠 파농과 나치의 헤르만 괴링을 비교하는 와중에 다문화주의자들, 텍스트 이론가들, 맑스주의 비평가들(이들은 프랑스 이론을 비판하는데도 포함됐다)을 의도적으로 계속 뒤섞는다.[26] 이 책의 결론은 『끝장에 처해가는 미국 정신』의 결론과 유사하지만 분명한 차이점이 있다. "오늘날 우리 앞에 놓인 선택은 '억압적' 서구 문화냐 다문화주의의 낙원이냐가 아니라 문화냐 야만이냐이다."[27]

새로운 급진주의자들을 지지하거나 보수주의자들의 솔직하지 못한 책략을 비난하는 목소리들이 잦아들 무렵,[28] '교육 대통령'(조지 부시 1세는 1988년 대선에서 자신을 이렇게 묘사했다)이 1991년 5월의 미시건대학교 연설에서 이 논쟁에 개입했다. 일치단결해가던 반대진영[보수주의자들]의 통합은 이로써 절정에 이르렀다. 부시는 "낡은 편견을 새로운 편견으로 대체"하고 "계급과 인종에 기초해 시민들이 서로에게 반목"하게끔 만든 "국가적 논쟁을 불러왔다"[29]며 PC의 유행을 맹비난했다. 물론 더 온건한 목소리도 있었다. PC 운동 전체를 통째로 부정하지는 않지만 그 지지자들이 이룬 발전의 과도한 측면을 비난하는 목소리 말이다. 학생들의 '문화 활용력'을 옹호하는 책을 쓴 버지니아대학교의 교수 E. D. 허쉬는 "글을 읽고 쓸 줄 아는 미국의 문화"가 당시 논쟁이 과열되던 혁신에 충분히 대처할 수 있다고 주장했다. 왜냐하면 미국 문화는 "다문화주의에 호의적인 사람들이 그 안에 포함시키고 싶어 하는 수많은 내용을 이미 흡수"해왔기 때문이라는 것이다.[30] 이와 달리 반문화 역사가인 크리스토퍼 래쉬는 불쾌감을 주는 학내의 '유사급진주의'를 조롱했고,[31] 비평가

러셀 자코비는 지난 20년 동안 공인으로서의 '좌파 지식인'이 사라진 탓에 벙어리들의 대화가 미국을 폭력적으로 갈라놓게 됐다고 주장했다.32) 유명한 역사가 아서 슐레진저도 이 논쟁에 식견을 보탰는데, 이 전례 없는 긴장이 미국 사회의 '분열'에 대해 말해주는 바가 무엇이냐를 검토하려면 지적 유행의 흐름 그 이상을 봐야 한다고 말했다.33) 이처럼 저명하고 온건한 지식인들이 신중한 토론을 촉구했지만 보수주의자들은 당시의 추문들(사진작가 로버트 메이플소프가 찍은 '외설적' 남성 누드 사진이 정부의 돈을 받아 전시된 일, 대중에 영합하는 몇몇 우파가 NPR과 PBS 같은 공공방송의 '부도덕'과 '엘리트주의'를 비난한 일, 쿠바나 니카라과를 지배하는 '좌파 독재')을 땔감 삼아 논쟁에 불을 지피려 하고 있었다. 이처럼 전국으로 확산된 논쟁은 학내의 잠재적 긴장을 악화시키는 부수효과를 낳았다. 1986~88년 동안 펜실베이니아대학교와 시카고대학교를 비롯한 몇몇 대학은 인종폭력으로 타격을 받았다. 비백인 학생들에게 특혜를 준다는 이유로 학자금융자사무국이 공격당한 것을 비롯해 동성애 공포, 때로는 반유대주의적인 폭력마저 일상화됐다. [남북전쟁 당시의] 남부연합 깃발이 기숙사 창틀에 재등장하기도 했다. 언론들의 상세한 보도가 자기 충족적 예언이 되는 경우도 있었다. 캠퍼스의 온건한 구성원들로 하여금 그동안 밝힌 적 없던 정체성을 드러내도록 만든다거나, 신문들이 보도한 것처럼 행동하게 부추기는 식으로 말이다. 이와 동시에 보수 진영의 공격은 학생들의 우경화를 가속화하는 데 성공했다. 그러나 보수 진영의 노력은 어디까지나 더 큰 이데올로기 전쟁의 일부에 불과했으며, 미국의 지성계·정치계에서 새롭게 등장하고 있던 운동과 연계되어 있었다. 바로 신보수주의가 그것이었다.

신보수주의의 십자군

1984년 국립인문학기금의 책임자 윌리엄 베넷은 대학의 문학 연구에 과도한 우려를 표하는 보고서를 발간했다. 『유산을 되찾기』라는 제목의 이 보고서는 당시 상황을 문화적 위기로 선언하고 "문명의 지속적인 전망, 가장 널리 공유되고 있는 문명의 이상과 열망, 그 문명의 유산 등에 뿌리를 둔 공통의 문화"로 돌아가자고 주장했다.34) 수많은 보수적 정기간행물(『코멘터리』,『내셔널인터레스트』, 최근에는 힐튼 크레이머의 『뉴크리테리온』)은 이 문제를 다시 꺼내들면서 인문학과 현대언어학회 학술대회의 이면을 상세히 다뤘다. 현대언어학회가 갈수록 급진적이 되어가자 보수주의자들은 그곳과 관계를 끊은 사람이라면 누구든 지지했다. 가령 미지 덱터의 자유세계위원회(레이건 행정부의 외교정책을 지지했던 유력 단체)는 전통적 인문학자들의 단체, 즉 1975년 결성된 전미학자연맹을 '강단 좌파'와의 전쟁에 써먹을 진정한 무기로 탈바꿈시켰다. 30개 주에 지부를 갖추고 5천여 명의 회원을 갖고 있던 전미학자연맹은 현대언어학회의 후원자들을 꾀어내려 했고, "문명을 지키자"는 전단지를 캠퍼스에 배포했다. 이 때문에 민주적문화를위한교육자들이라는 대항 단체가 생겨나 학내에서 '급진적 사상'이 성장할 수 있도록 후원하기도 했다.

이처럼 경쟁 단체들이 서로 맹렬한 구호를 주고받는 캠퍼스 전쟁이 발생한 이유는 새로운 운동[다문화주의/PC] 탓에 주변화되고, 유례없이 세간의 주목을 받은 '급진주의자들'의 지적 수완과 말발에 밀린 약체 대학들이 그들에게 원한의 감정을 갖고 있었기 때문일 수도 있다. 주목을 덜 받는 학자들일수록 자신의 약점을 도덕적 주장으로 덮을 수밖에 없었는데, 이것이야말로 부르디외가 제대로 다룬 바 있는 '대중에 영합하는 보수주의'이다. "[학계] 내부에서 생겨나는 이런 반지성주의는 흔히 지배당한 지식인들에 의해 생산된다. …… 특히 타고난 지식인들의 우아함과 부르주아적 자유로움을 마주하게 되면 그들은 자신의 윤리적 성향과 생활방식 때문에 뭔가 불편하고 무례한 일을 당한 듯한 감정을 갖게 된다."35) 이런 학자들은 스탠리 피시, 조안 스코트, 코넬 웨스트, 제임슨 같은 탁월한 적수들의 박식한 아이러니와 자신을 향한 적수들의 경멸을 정의롭게 비판했지만, 그런 비판은 "이뤄지지 않는 사랑의 격렬함"에서 오는 자신의 혐오감만 키웠을 뿐이다.36) 이렇게 '짓밟힌' 학자들이 ('넓은 이마'highbrow나 '대머리'egghead 같은 식자층에 대한 경멸적 용어에서 볼 수 있듯이) 꼬치꼬치 따지는 데 질색하는 미국인들의 오랜 본능에 기대어 낡은 공리주의적·청교주의적·반지성적 논의를 다시 끄집어낸 것이다. 그러니까 이것은 악마와의 계약은 아니었다(『뉴욕타임스』는 1990~91년의 피시-드수자 논쟁처럼, 논쟁 자체가 돈벌이가 될 수 있도록 논쟁 당사자들이 사전에 미리 짜는 경우도 있다고 보도했다).37)

하지만 지적 열등감이라는 콤플렉스와 원만한 합의 뒤에서는 막대한 자원과 야심찬 목적('급진주의자들'이 우글대는 학계를 탈환하고 보수적인 '대항-지식인'을 기른다는 목적)을 지닌 진정한 이데올로기적 십자군이 만들어지고 있었다. 이들은 주립대학 지원금 삭감을 결정해놓은 연방정부의 조치를 이데올로기적으로 정당화하기 위해, 이미 그 유효성이 검증된 연막작전을 펼치기도 했다. 이것이 용의주도한 전술적 움직임이었다는 점은 이 운동의 주요 인물들이 공식적으로 취한 정치적 입장에 의해 입증됐다. 『코멘터리』의 발행인으로, 미하일 고르바초프의 소련 국경 개방조치를 경계해야 한다고 촉구한 노먼 포더레츠는 국무부와 밀접하게 연관되어 있었다(그의 가장 오래된 대학 친구 세 명과 그의 사위가 그곳에 근무하고 있었다). 백악관은 가장 악질적으로 '강단 좌파'를 공격하던 이 잡지의 필자들 세 명을 차례차례 국립인문학기금의 수장으로 임명했다. 캐롤 이아논, 윌리엄 베넷, (당시 국방장관이자 미래의 부통령이 될 딕 체니의 아내) 린 체니가 그들이었다. 전임자 베넷처럼 훗날 교육부장관 임명이 유력했던 체니에게 전략적으로 국립인문학기금의 수장 자리가 돌아갔을 때, 워싱턴 정가에서는 그녀야말로 변치 않을 미국의 가치와 이익을 책임질 실질적인 '국내안보장관'이라는 말이 떠돌았다.38) 젊은 드수자는 1981년 레이건 대통령의 임명직 고문이었고, 텔레비전 전도사 제리 폴웰에게 아첨하는 전기를 저술했다. 이와 유사하게 포더레츠는 기독교연합의 창시자인 팻 로버트슨이 반유대주의자로 비난받을 때 그를 옹호하는 글을 썼다. 더 중요한 것은 이 새로운 도덕적 십자군의 사도들이 촘촘한 네트워크로 연결된 채 몇몇 중요한 계획을 입안하고 사실상 이데올로기적 역습에 필요한 자금을 제공한 극우 재단들의 후원을 받고 있었다는 점이다. 미국기업연구소, 랜드연구소, (미국 재벌가문인 스카이프, 올린, 쿠어스 가의 재정지원을 받아 평판을 높인) 헤리티지재단 등이 그런 곳이었는데, 간접적으로는 영국의 대처주의자들이 만든 애덤스미스연구소도 있었다. 각자만의 복잡한 재정분배 시스템을 갖고 있던 이 기관들은 흑인 학생들의 연합을 막기 위해 애쓰던 학내의 보수적 학생들(텍사스의젊은보수주의자들이나 정확한학계 같은 학생 단체), 대안적 소비자운동의 대변자 랠프 네이더에게서 힌트를 얻어 결성된 단체들을 지원했다. 이들은 좌파 성향 교수의 강의, 자기 단체의 회원들이 급진적 이론가들로부터 받은 학점까지 예의주시했다. 심지어 이들은 문맹 퇴치를 위해 만들어진 고등 교육개선프로그램기금 같은 중립적 단체들까지 보수의 테두리 안으로 끌어들이기 위해 보조금을 지원할 계획이었다.

블라트 고지치가 잘 정리했듯이 "엘리트와 대중(저 악명 높은 '침묵하는 다수')의 경계선을 다시 그으려 한 행정부는 엘리트 기관들의 이론 추구 성향에 총구를 겨눴다."39) 그러나 새롭게 등장한 '급진적 작가들'을 박멸하는 것만이 이들의 목적은 아니었다. 미국적 가치 체계를 분명히 하고 그것을 세계에 퍼뜨리는 적극적인 이데올로기적 의제를 제공하는 것 역시 이들의 목적이었다. 이런 임무는 이들의 네트워크에 속한 단체들의 작업을 조직적으로 홍보하는 사람들에게 맡겨질 것이었다. 가장 모범적인 사례는 자신이 몸담고 있던 랜드연구소와 국무부의 후원 아래 프랜시스 후쿠야마가 쓴 『역사의 종말』40)이었다. 공산권이 붕괴된 이후의 세계에서 상업적 자유주의가 거둔 최종적 승리를 G. W. F. 헤겔이 말한 역사변증법의 완성에 비유한 후쿠야마의 논의는 보수적인 이데올로기적 의제를 철학적으로 정당화해줬을 뿐만 아니라 국제 현안 중 가장 뜨거운 쟁점으로 만들었다. 이번에도 진정한 쟁점은 특정 대학의 급진적 경향을 일반적으로 비난하는 것보다 훨씬 더 심오한 것이었다. 더 넓게 보면, 이 전투는 1970년대 말에 등장해 공화당 다수파가 자신들의 생각을 받아들이게 만들자고 맘먹었던 신보수주의자들의 정치적 정당성과 지적인 힘을 확립할 절호의 기회였다. 심지어 이 신보수주의자들은 공화당이 나머지 세계와 관련한 정책까지 수정하기를 희망했다. 이들이 조지 부시 2세의 행정부와 9·11 테러 이후의 미국 대외 정책에 끼친 강한 영향력은 이들이 소기의 목적을 달성했음을 보여준다.

신보수주의 운동의 개척자들은 대개 전후에 비공산주의적 좌파였다가 변절한 이들로, 특히 『파르티잔 리뷰』와 관계를 맺었던 뉴욕의 지식인 출신이 많았다. 대표적인 예가 포더레츠인데, 1963년 인권 투쟁의 보수적 측면을 도발적으로 비판한 그의 기고문은 변절의 전조였다. 어빙 크리스톨의 아들 윌리엄 크리스톨도 마찬가지인데, 그는 지금 공화당에서 아주 권위 있는 이데올로그 중 하나이다. 신보수주의자들 중에는 (사실상 정통적) 맑스주의자였던 이들도 있었다. 제임스 번햄, 시드니 후크, 노동사가 유진 제노비즈 등이 대표적인데, 이들은 1980년대에 학계의 '대테러 활동'을 주장하거나 중고등학교에서 "기독교 신학을 4학기 동안 가르치거나, 공통도덕·기초교양 과목으로 도입"하자고 주장하는 글을 썼다.[41] 충실한 신보수주의 역사가 마크 거슨의 주장처럼, 이 '지적 운동'의 직접적이고 확인가능한 원조는 "자유주의적 반공주의"이다.[42] 거슨은 자신의 주장을 예증하기 위해 오웰은 물론이고 한나 아렌트와 아서 쾨슬러도 신보수주의 편이라고 주장했다. 이 운동은 도덕적 전통주의와 복지국가에 대한 양가감정뿐만 아니라 미국 동부의 유력 부르주아지(신보수주의자들은 이들을 결코 공격하지 않았지만 그들의 특권은 어떤 대가를 치러서라도 제한하고 싶어 했다)를 특징짓는 문화적 엘리트주의에서 태어난 것이기도 하다. 신보수주의자들이 뼛속까지 반공주의자였던 이유는 자신들의 핵심 가치가 잇따라 세 번이나 뺨을 맞았기 때문이다. 1960년대에는 자유지상주의적 학생운동에 의해, 1970년대에는 '위대한 사회' 프로젝트로 인한 선동적 대응에 의해, 1980년대에는 캠퍼스에 등장한 새로운 급진주의자들에 의해 말이다. 그러나 자유주의에 기원을 두었던지라 신보수주의자들은 **전술적으로** 우파와는 달랐다. 즉, 굼뜸[관성]이 특징인 보수적 강령 대신에 신보수주의자들은 변화, 주도권 잡기, 전진을 지향하는 강령을 제시했다.

신보수주의 운동에 두 번째로 큰 영향을 끼친 것은 정치철학자 레오 스트라우스였다. 독일에서 미국으로 건너온 스트라우스는 시카고 대학교에 사회사상위원회를 세웠는데 앨런 블룸, 어빙 크리스톨, 미래의 대법원 판사 클래런스 토머스 등이 그의 제자였다. 레이건 행정부 당시 언론인들은 스트라우스에게 '보수주의 혁명의 대부'라는 별명을 붙여줬는데, 1994년 뉴트 깅리치와 공화당이 하원선거에서 이길 수 있도록 도와준 정책 공약 "미국과의 계약"은 스트라우스의 도덕적·정치적 합리주의 모델에 직접적으로 근거해 있었다. 상대주의와 허무주의라는 내재적 요소를 조장해 자본주의를 멸망시키리라고 여긴 자유주의에 맞서, 스트라우스는 역사적 상대주의라는 위협에서 자연법 개념을 떨어뜨려놓고 선과 악, 사실과 가치의 구별이라는 '일차적 현실'을 보여주려 했다. 스트라우스의 제자들은 이것만이 1960년대의 반체제적 공격과 1980년대의 다문화주의적 난동에 맞설 수 있는 유일한 응전이었다. 캐나다의 정치분석가 샤디아 드루리에 따르면, 스트라우스는 근본적인 반모더니즘(낭만주의의 전통에 속한 이 정치이론의 추종자들은 우파뿐만 아니라 좌파에서도 발견된다), 포스트모더니즘이 위계와 가치를 희석시키지 못하도록 부단히 강화해야만 하는 "단일문화적·민족주의적 기계"의 자발주의를 덧입힘으로써 칼 슈미트 같은 사상가의 정치적 실체론을 '급진화'했다.[43]

결국 좌파적 반공주의와 스트라우스의 정치적 자연주의가 교차되는 지점에 놓여 있었던 1980년대의 신보수주의 경향은 흔히 말하는 프랑스 이론의 '허무주의'에 대항할 세 겹의 반동적 교의를 세웠다. 첫 번째 교의는 사회적 엘리트가 보호해야 하지만 꼭 신학-정치적 원리에 기반할 필요는 없는 훨씬 더 큰 선이 존재한다는 것이었다. 미국 우파의 기독교 근본주의자들과는 달리 스트라우스적 신보수주의자들의 관점은 신의 죽음을 인정하는 데 별 어려움이 없었다. 일종의 '본질'로 간주된 자연적 정의라는 개념만 유지된다면 말이다. 두 번째 교의는 사회적 위계가 꼭 필요하다는 '현실주의'와 관련이 있다. 사회적 다원주의의 논리에 따르면 무정부상태나 금권정치 말고는 선택지가 없다. 그러니 부유한 계급이 책임지고 국가와 정치가들의 추상적 권력에 균형을 잡아줘야만 한다. 공적 권위에 대한 이런 불신은 이 새로운 운동이 자유지상주의에 뿌리를 두고 있음을 다시 한번 보여준다. 마지막 교의는 신보수주의자들의 트레이드마크이자 다른 두 원리의 전략적 귀결이다. 안정과 질서의 유지를 시장의 자율규제나 부르주아적 과두정치의 덕성에 맡겨두지 말고, 이제는 적극적으로 부과해야 한다는 사고방식이 그것이다. 즉, 신보수주의는 필수불가결한 더 큰 선을 보호하려면 군대나 경찰의 개입 같은 체계적·예방적인 조치가 필요하다고 봤다. 이런 관점은 개인의 자유와 대외적 고립주의라는 미국의 전통과 대조된다. 국내 문제에 관해서 신보수주의자들은 그 유명한 무관용과 '깨진 유리창' 이론*에 근거한 치안정책을 발전시켰다. 1993년 공화당 소속의 뉴욕 시장 루돌프 줄리아니가 처음 채택한 뒤 미국을 시찰한 유럽 주요 국가들의 경찰조직

---

* '깨진 유리창'(Broken Window) 이론이란 깨진 유리창 하나를 방치해두면 그 일대를 중심으로 범죄가 확산되기 시작한다는 이론이다. 이처럼 사소한 무질서가 심각한 문제로 커질 수 있다는 발상에 근거해 신보수주의자들은 자신들이 대내외적으로 주도·지지한 불관용 정책기조를 정당화했다.

이 차례로 채택한 이 정책의 기원은 1982년으로 거슬러 올라가는데, 신보수주의자 제임스 윌슨과 조지 켈링이 『애틀랜틱』[3월호]에 공동 기고한 글에서 이 이론을 처음 소개했다.[44] 2001년 9·11 테러 직후 이라크·아프가니스탄 점령을 정당화하려고 대외 정책으로 새롭게 발전시킨 '악의 축'이라는 개입주의 원리는 윌슨과 켈링의 이데올로기적 선례를 다시 취한 것이었다. 군사력을 사용해 상업적 민주주의의 우월한 가치를 퍼뜨리는 일은 미국의 국가안보를 지키는 방법인 동시에 폴 월포위츠(앨런 블룸의 제자로, 부시 2세 행정부의 스트라우스주의자 중 최고위직[국방부 차관]에 있었고 훗날 세계은행 총재로 자리를 옮긴 인물)가 부단히 대중에게 환기시켰듯이, 규범적 상대주의의 완만한 확산과 싸우는 길이기도 했다.

이렇듯 1980년대 신보수주의자들은 이중의 유산에 근거해 이데올로기적 권력을 강화했다. 철학적·역사적으로 보면 거리낌없이 계몽적 합리주의를 다시 채택한 이들의 문명화 기획은 계몽에 대한 이론적 비판에 잠시 사로잡혀 있다가 그 도덕적 함의에 불편해진 사람들의 지지를 얻었다. 제도적 수준에서는 (피에르 마넹의 관찰처럼) 급진화된 1980년대의 대학에서 PC 운동을 격렬히 반대하다가 (노골적으로 배제된 것은 아닐지만) 주변화된 젊은 신보수주의자들이 당파적 출판물과 싱크탱크를 기웃거리다 정치에 투신하게 됐다.[45]

탈정치적 좌파를 향하여?

하지만 신보수주의자들이 정치 무대에서 활개치도록 좌파가 내버려두지 않았다면 이런 일은 불가능했을 것이다. 20여 년 동안 학내 급진주의자들로 이뤄진 '문화적' 좌파와 전통적인 정치적 좌파는 서로 책임을 떠넘기고 있었다. 문화적 좌파는 정치적 좌파가 보수주의 혁명의 주장에 대응해 계급지향적·노조주의적 의제를 채택하지 않았다고 비난했고, 토드 기틀린이 적절히 지적한 것처럼 정치적 좌파는 문화적 좌파가 오로지 상징과 수사를 놓고 싸우는 문화적 투쟁에만 몰입해 사회라는 각축장을 포기했거나 "우파가 백악관을 장악하는 동안 영문과로 진군했다"46)고 비난했다. 더욱이 학계는 공통의 기반을 마련하는 데 실패한 채 자신만의 고립된 공동체에서 허투루 권력을 낭비한다고 비난받았다. 이 논쟁이 해소되기는 난망했지만 한 가지만은 분명했다. 보수주의자들이 공적 영역을 완전히 장악하고, 미국 사회의 '분열'에 맞서는 자신들의 주장을 성공적으로 관철시킬 수 있었던 것은 프랑스 이론에 영감을 받은 다양한 소수집단들이 정치적으로 **단결**하지 못했기 때문이다. 레이건-대처의 통치기간 동안 서로 다른 학내 급진주의자들이 함께 모인 것은 남아프리카공화국의 인종차별 정책에 대한 반대운동에서밖에 없다. 1985년 4월 24일, 남아프리카공화국과 거래하는 기업들의 후원금을 받지 말라고 대학 당국에 요구하며 70여 개 대학에서 시위를 조직하고자 임시 판자촌을 만들었을 때 학내 급진주의자들이 힘을 모았던 것이다.

그러나 이런 시위를 빼고는 어떤 통합적 의제도 만들어지지 못했다. 오히려 탈식민주의자들, 신페미니스트들, 동성애 운동가들, 다양한 종족별 소수집단들 사이의 차이만 첨예해졌다. 각각의 공동체는 최신의 지적 경향과 새로운 이론의 흐름에 따라 갈라졌다. 정체성의 문제에만 몰두할 것이냐 아니면 소수자로서의 위치를 활용해 좀 더 소통을 이룰 것이냐, 그저 각자의 문화만을 **지키는** 수세적 담론을 펼칠 것이냐 아니면 사회적 투쟁의 최전선에 있는 해당 집단의 모범적 자질을 강조하는 좀 더 전향적인 담론을 펼칠 것이냐를 사실상 결정하지 못한 채 말이다. 모든 집단에 가로놓인 계급적 반사작용과 습속이라는 보이지 않는 기준선 역시 이들 모두가 소원해지는 데 한몫했다. 가령 문화적 인정·통합을 갈구하던 상위 중산계급의 흑인들은 흑인들만의 정치적 저항을 조직해야 한다고 주장하던 출신 배경이 대단치 않은 활동가들, 동성애자도 결혼하고 아이를 입양할 권리가 있다고 소송을 제기하는 변호사들을 낯설어 했다(그런데 이 변호사들 역시 다성성[다양한 형태의 성/성적 실천]이나 동성애자의 불순응을 지지하는 좀 더 급진적인 사람들과는 다소 관계가 껄끄러웠다). 이 모든 집단이 그저 정치적 불만을 공유한다고 해서 통합이 이뤄지는 것도 아니다. 둘 다 좌파 노동조합이 자신들의 이해관계를 지켜줄 수 있다고는 믿지 않았다고 해서 흑인 운동가들과 급진적 페미니스트들이 정치적으로 단결할 수 있는 것은 아니다. 각 운동의 순수한 급진주의만으로는 대학 바깥에 있는 공동체들을 이어주는 네트워크를 만들 수 없었다. 비록 치카노 운동(세자르 차베즈가 농업노동자들을 조직하면서 시작됐다), 아메리칸 인디언 운동(이 운동의 급진적 분파는 상징적으로 알카트라즈 섬을 점령하기까지 했다), 제3세계를 옹호하는 투사들(이들은 '해방'되어야 할 나라의 수만큼 '해방전선'을 조직했다)이 모두 혁명적·분리주의적 블랙팬더 운동을 모방하긴 했지만, 캠퍼스에서든 거리에서든 서로 협력해 활동하자는 제안은 결코 나오지 않았다. 서로 다른 대의명분과 담론의 폭발 속에서 사회적 투쟁의 공통된 부양토, 좌파의 근거지가 창출되는 데 필수불가결한 그 무엇이 사라진 것이다. 기틀린은 문화적 다원주의를 빌미로 공동선이라는 생각을 희생시킨 급진주의자들을 비난하며 간결하게 결론지었다. "사람들이 아니라 민족만 있다면 좌파는 없다."47) 그러나 기틀린의 평가는 문제의 일부만 설명해준다. 급진적 **이론화**의 10년 동안 사라져 버린 요소(첫 번째 것[사회적 투쟁의 공통된 부양토]과 연결될 수밖에 없는 것)가 하나 더 있다. 사회적 적수 자체, 그것에 맞서기 위해 정치 활동이 조직되는 동질적 실체로서의 권력이 그것이다. 여기서 범인으로 지목되는 것은 권력의 미시물리학을 말한 푸코, 자본의 리비도적·방랑적 표류를 지적한 장-프랑수아 리오타르나 들뢰즈·가타리, 자신의 저서에서 계속 산종 개념을 써온 데리다 등이다. 좌파 경향의 에세이 작가 마이클 왈저는 이렇게 썼다. "지도하는 중심의 존재를 부정함으로써 그것['다원주의'라는 '보수적 교의']은 급진정치학에게서 그 대상을 빼앗아가버렸다." 왈저의 주장에 따르면, 푸코는 미시물리학의 '개량적 정치'(권력이 분산되어 있다면 전복도 그러해야 할 것이기에 개량적일 수밖에 없다)와 아나키즘적인 '공상적 이상주의' 사이에서 계속 주저하고 있기 때문에 "독자들을 정치의 중요성에 둔감"하게 만들고, '권위주의적 정치'가 아니라 일상생활의 '미시파시즘'을 진정한 공격목표라 주장한다. 미국의 정치적 좌파가 쓰는 전형적인 어투로 푸코가 "원형감시 체제를 전복해야만 하는 걸까?"라고 되묻듯 마지막 말을 남긴 것은 바로 이 때문이라는 것이다.48)

하지만 학내 급진주의자들이 정치적으로 무용한 진짜 이유는 매번 배타적으로 정체성만을 긍정하는 이들의 중추적 역할 때문이다. 들뢰즈·가타리처럼 말해보면 이 급진주의자들, 특히 그 반동적 구성원들은 저마다의 정체성을 생산하면서 오이디푸스적으로 고착되고, 부단히 재영토화된다. 유일무이하고 완전하고 타협할 수 없다는 대의를 지키다보면 끊임없는 인정, 상호묵인, 거대한 사회적 시장의 아노미를 피할 수 있는 (자신들만 경험한) 자신들만의 세계에 고착되어 나태해지기 마련이다. 따라서 [학내 급진주의자들의] 이런 시각은 사회적 투쟁과 국제적 갈등을 오로지 문화주의적으로, 즉 어떤 본질이나 초역사적 실체 사이의 갈등(여기서 문화적 차이는 대처불가능하고 비교불가능한 것으로 간주된다)으로만 해석하게 만든다. 편집자 린제이 워터스가 주장했듯이, 이런 관념은 역설적이게도 '문명의 충돌' 운운하는 사무엘 헌팅턴 같은 작가들의 우파적 논의에 길을 닦아줬다.[49] (집단적 저항과 사회정의라는 이상으로 **진정한** 미국을 되찾아야 사라져가는 통합을 이룰 수 있다고 믿는) 전통적 좌파가 혹독하게 비난한 문화주의적 담론의 치명적 반미주의는 정치적 비판보다는 (그 자체로 오이디푸스적인) 엄격한 정체성을 둘러싼 대립관계에 근거하고 있었다. 한쪽에는 백인 혹은 남성 다수자가 있고, 다른 한쪽에는 이와 일대일로 대립하는 소수자가 있는 그런 관계 말이다. 결국 익명의 다수는 홀로 긍정적이고 공동체적인 미국을 대변하는 우파쪽으로 모여들었다. 새로운 급진적 담론들이 구상한 국가와도 다르고, 그 **정의상** 인종주의적이고 성차별적인 국가로 말이다. 대학의 제도적 관성 역시 이런 추세를 악화시켰다. 이론적 논쟁과 서지학적 다툼에서 벗어나 있는 소수자들의 존재조건은 서사에 의해 영속화됐고, 담론 속에서 고립됐고, 논쟁의 규칙 자체에 의해 극화됐다. 하지만 1960년대에 이미 이런 존재조건은 일종의 역사적 **상황**으로서 정치 무대에 등장했다. 그리고 실제의 싸움과 조직화의 어려움 속에서 이런 존재조건은 일시적인 사회적 구성물이자 (흑인 백만장자는 흑인이라기보다는 백만장자이고, 회사 임원들 중에 페미니스트 운동가는 극소수라는 의미에서) 계급적 불의와 연관된 무엇임이 계속 환기됐다. 학계는 이런 소수자 문제를 사회적·역사적 맥락에서 떼어냈다. 직접적인 대치상황이 벌어졌던 1960년대를 직접 겪어보지 못한 지식인들이 원래 좌파 비평의 주제였던 이런 쟁점을 상징의 영역으로 들고 들어가 재구성하는 식으로 말이다. 이제는 표현형식이 갈등을 대신했고, 문화(혹은 소수자 문화들)는 일종의 유희와도 같은 대리 정치, 동질적인 사회적 주체가 사라질 때 남는 유일한 정치적 선택지가 됐다. 기틀린은 이렇게 단언했다. "새로운 강단 좌파는 강하게 말하는 것이 곧 꾸준하고 중요한 정치 참여라고 착각하곤 했다."50) 이런 주장은 엉터리 급진주의자들과 **탈정치적** 좌파가 사회적 투쟁보다 [자신이] 대변한 집단으로부터 인정받기를 더 중시하고, 정치적 투쟁보다 소속 여부를 알려주는 **기호**를 더 중시하는 이유를 설명해준다.

그렇지만 정체성에 근거한 학내 정치, 공격 대상을 불분명하게 만든 프랑스 이론에 대한 이런 비판은 그 자체로 한계가 있다. 세 가지 점을 지적할 수 있겠다. 이런 비판은 책임을 전가하고, 정치의 장을 미리 규정하며, 통합주의에 빠져 있다. 무엇보다도 왈저 같은 자유주의자, (프랑스의 '비합리주의'가 정치적 행위를 불가능하게 만들었다고 딱 잘라 비난한) 노암 촘스키 같은 합리주의자, 『디센트』와 『네이션』 같은 잡지 등을 포괄하는 전통적 좌파는 (자신이 맑스주의자이든 민주당 지지자이든) 모두 이중 담론을 휘둘렀다. 이들은 학계가 사회적으로 고립되어 있고, 제도적으로 분리되어 있음을 잘 알고 있었으면서도 문화를 발전시킬 책임을 학계에 일임했다. 이런 식으로 허구와 실재, 구조적으로 영향력 없는 학계와 '현실'의 사회적 부문을 구분한다면, 후자를 돌보지 않았다고 전자가 처한 상황을 비난하는 것은 논리적으로 말이 안 된다. 독사가 해를 못 끼치게 가둬뒀으면서도

그와 동시에 독사가 엉뚱한 쪽으로 독을 내뿜는다고 불평할 수는 없는 노릇이다. 드 만이 잘 관찰했듯이, "누군가가 고양이를 호랑이라고 부른다면 우리는 그것을 쉽게 종이호랑이 취급할 수 있다. 그러나 왜 처음에 그 고양이를 그토록 무서워했는가 하는 물음은 남는다."51) 특정 단어를 대문자로 쓰는 일이나 '남근로고스중심주의' 같은 개념을 둘러싸고 학계가 논쟁을 벌인 것은 당연히 새로운 보수주의자들의 신조에 **정치적으로** 맞서기 위해서가 아니었다. 사실 그런 응답은 공공 영역의 한복판에서 나올 수 있을 따름이다. 대학은 그곳의 가장자리에 붙어 있을 뿐이다. 그런데 레이건을 추종하는 이데올로그들이 이미 몰래 숨어들어왔는데도, 전통적으로 공공 영역을 움직여온 사람들이 그곳을 버린 것이다. 출판인 앙드레 쉬프랭이 지적했듯이, 주요 출판사 중 1988년이나 1992년 대선을 (폭로를 통해서든 분석을 통해서든) '정치적'으로 다룬 책을 출간한 곳이 단 한 곳도 없다는 것이 그 좋은 증거이다.52) 다른 누구보다도 정치적 좌파가 바로 이 영역을 저버렸다. '1960년대' 이후 점차 고정 지지층과 멀어진 정치적 좌파는 1992년 빌 클린턴-앨 고어가 선거에서 승리하며 별 어려움 없이 권력을 잡은 보수적 좌파에 맞설 수 있는 믿음직한 대안을 제시할 수 없었다. 좌파의 이런 무능력은 비판의 두 번째 한계를 보게 만든다. 기틀린은 '몰적/그램분자적' 층위의 전통적 용어로, 그러니까 주요 제도, 선거 일정, 언론을 통한 의제설정 같은 용어로 정치 영역을 규정한다. 그런데 이런 용어는 성 정체성, 가정생활의 형태, 탈식민적 의식, 공동체적 집단의 정치적 함의를 인식하는 데 전혀 적합하지 않다. 게다가 노동조합·지정학과 관련된 담론만으로 좌파를 설명하게 된다. 그래서 좌파를 "개인적인 것이 정치적"이었던 시대, 결코 정면공격할 만한 가치가 없다고 여겨진 그 시대가 끝나기를 기다리며 지난 30년을 보낸 존재로 만들어버린다. 마지막 세 번째 한계는 광범위한 사회적 통합이 가능했던 역사에 대한 향수이다. 이런 향수는 (저 유명한 다수의 독재까지 포용할 정도는 아니더라도) 합의의 미덕, 무리짓기의 정당성을 신봉하는 옛 미국적 믿음의 사회주의적 판본이다. 영향력을 높이기 위해 재결합을 요구하는 것은 통합의 문제 자체가 크나큰 난제이자 핵심 사안이 될 때 좌파가 체면을 세우려는 방식이기도 하다. 소수자 관련 정책의 성공은 결국 **미국적인 것**이 위기에 처해 있다는 징후였다. 즉, 미국적인 것은 형식상 시민적이고 필연적으로 소비자 지향적이지만 아무런 내용이 없어서 더 이상 그 신도들을 한데 모을 수 없게 된 셈이다.

더 나아가 학내 급진주의를 겨냥한 치명적 비판이 사실상 보수주의자들의 손아귀에 놀아난 것은 아닌지 물어볼 수도 있겠다. 전미시민자유연맹과 마지막 공적 지식인으로 남아 있던 몇몇 사회적 좌파 인사들은 표현의 자유를 지킨다는 명목 아래 기회가 닿을 때마다 PC 운동의 과도함을 질책했다. 그런데 그들은 엉뚱한 상대를 공격하고 있었던 것이 아닐까? 정체성에 근거한 집단들이 가끔 수사적 난국에 처해 헤매긴 했어도 '문명화' 이데올로기와 자유시장에 대항하는 좌파의 유일한 잠재적 동맹군이던 이들을 비난한 것은 전술적 실수 아니었을까? 관련 쟁점을 비웃기보다는 그 용어를 재정식화하고 그 참여자들을 더 잘 알아가려는 논쟁을 통해 당시 주어진 기회를 잡았어야 하지 않을까? 바로 이것이 비평가 제럴드 그라프가 옹호한 '변증법적 다원주의'인데, 이것은 정치적 변화의 촉진보다는 교육적 효과를 노린 일종의 타협책이다. 특정 집단에게 특권을 부여한다거나 토론이 하등 쓸모없다고 거부하지 않은 채, 페미니즘 혹은 탈식민주의를 갈라놓거나 다문화주의자들이 통합주의적 보수주의자들과 싸우도록 하는 경합적 입장을 보존하면서 학생들을 적극적으로 참여시킬 수 있다면, (뭔가를 잘못 생각해 [정치/운동에] 환멸을 느낀다고 어른들이 비난하는) 학생들에게 사상적 논쟁의 미덕, 토론의 기술, 소수자라는 존재조건의 정치적 함의를 다시 심어주는 것도 가능할 것이다. 그라프는 이처럼 논쟁 자체와 논쟁을 통한 교육의 기회를 교육체계의 한복판에 다시 가져오는 것이 **정치적 교육**의 역할을 복원하는 길이라고 주장한다.53) 실제로 꼭 일어날 법하지는 않은 외재적 입장을 상정하고 있다는 점에서, 이처럼 논쟁 자체를 옹호하는 입장은 다소 수사적이다. 하지만 그렇게 함으로써 우리는 적어도 이 학술적 온상에서 가장 탁월한 인물들(사실 미국의 스타 지식인들은 프랑스에 잘 알려져 있지 않다)이 보여준 이론적 공헌을 싸그리 무시(프랑스 이론을 비판한 일부 좌파 활동가들이 그랬다) 하지 않을 수 있다.

8 캠퍼스의 스타들
Stars de campus

자신이 '설립자'의 반열에 오를 만하다고 열심히 떠드는 자들의
잘난 체 하는 듯한 공언이 나를 불쾌하게 만드는 만큼,
우리가 호흡하는 공기 같은 이론이 지나가듯 슬쩍 덧붙은
각주 속에든, 옛날 텍스트에 대한 언급 속에든,
혹은 해석하는 담론의 구조 자체 속에든
도처에 있으면서도 어디에도 없는 작품은 나를 아주 즐겁게 한다.
피에르 부르디외, 『예술의 규칙들』(1992)

의외의 유명인들. 지식 엘리트들이 학계 안에 격리되어, 일상의 토론과 정치적 실천이 행해지는 공공 영역에 접근하기 힘든 나라에서도 몇몇 이름은 지성계에서 불쑥 튀어나오기 마련이다. 테니스계의 윌리엄스 자매라든가 컴퓨터업계의 빌 게이츠와 스티브 잡스처럼 그들에게도 챔피언의 칭호가 붙는다. 그들은 특정한 경기장의 영웅이다. **모든** 일반적 질문에 답하는 것을 자신의 고상한 임무로 생각하는 프랑스 이론가들과 달리, 그들에게는 모든 것을 아우르는 담론을 제시하겠다는 야심이 없고, 영혼 자체가 부여하는 임무를 위탁받지도 않는다. 그들에게 모든 문제의 전문가라는 자격이나 교육의 소명을 부여해주는 것은 아무것도 없다. 코넬대학교 총장 제이콥 슈어만의 말에 따르면, 1906년에도 코넬대학교의 가장 유명한 교수들은 학계 외부에 거의 알려지지 않았고 "교육을 사랑해서가 아니라 자신의 전문

분야를 계속 연구하고 싶은 욕심에 그 직업을 선택했다."1) 그때 이래로 무자비한 경쟁이 벌어지게 된 대학에는 최종 승리를 위한 치열한 전투의 모든 요소가 도입됐다. 가장 나이 어린 교수들은 (몹시 힘든) 종신재직권을 얻기에 유리한 지위를 얻으려고 스스로를 압박한다. 직업을 유지하려면 반드시 출판을 해야만 하는 시스템(저 악명 높은 '출판하거나 망하거나'publish-or-perish의 역학)이기에 출판계의 피라미드를 지배해야 한다는 의무감도 존재한다. 정말로 선택받은 소수 중의 하나가 아니라면 지겹도록 많은 글을 써야 하는 것이다. 일단 행복한 소수(많이 인용되고 존경받는 사람들)에 들게 되도 지금까지의 맹렬한 글쓰기 속도를 유지해야만 한다. 학술시장의 귀한 상품으로 남아 있어야, 가장 특출한 교수를 임용하려고 안달이 난 일류 대학들이 자신을 놓고 입찰 경쟁을 벌일 테니 말이다. 성공의 유일한 기본 규칙은 지적으로 부단히 혁신적일 것, 내생적 기준으로 규정할 수 없는 독창성을 보여주는 것이다(왜냐하면 **새로운** 사상이 늘 쉽게 인정받는 것은 아니기 때문이다). 성공의 유일한 척도는 경쟁에서 낙승할 수 있는 능력, 즉 성공한 동료의 명제를 구닥다리로 만들어버리고, (자신에게 닥칠 위험은 최소화하며) 그동안 잘 쓰이지는 않았지만 경쟁력이 있는 개념을 전면에 내세움으로써 자신이 속한 분과학문의 위상을 일신시킬 수 있는 능력이다. 요컨대 피에르 부르디외가 그랑제콜을 연구하면서 지적한 '성별화된 이단자' hérétiques consacrés가 될 능력 말이다.2) 혁신의 능력을 유지하려면 분과학문상의 전략적 위치, 즉 정체성 연구, 문학 이론, 그리고 그 다양한 분과 사이의 어느 접합점에 스스로를 위치시킬 필요가 있다. 단, 어느 한 곳에 충성을 바치거나 특정한 분과의 특정한 이해관계를 변호하는 데 스스로를 옭아매지 않으면서 말이다. 어느 담론이 주어지든 그 담론의 단순한 접근법이나 그 비현실성을 비판할 채비가 되어 있어야 하고, 이제껏 봐왔듯이 늘 이론적 **거리감**을 유지하고 기존의 방법론 전체를 문제 삼을 수 있도록 학문적 경계를 부단히 쇄신할 채비도 해야 한다.

어떤 학자가 학계의 디바 반열에 오르는 것은 이때, 즉 앞서 말한 길이 대략 열리고 한두 권의 논쟁적 저작이 해당 분야(혹은 그 하위 분야)에서 가장 최근에 수용된 확신을 뒤흔들어버릴 때뿐이다. 프랑스에서처럼 미국에서도 학자들의 책이 주요 신문의 칼럼이나 텔레비전 토크쇼에서 거론되는 것은 아니지만, 미국에도 학자들이 스타가 되는 그만의 방식이 있다. 『피플』 같은 주간지의 표지에 실릴 일은 없지만 이들의 가십을 다루는 언론이나 『뉴욕타임스매거진』은 해당 인물이 어떤 사람인지를 보여주는 장신구, 특징, 버릇 등을 열심히 조사한다. 이렇게 상당수의 미국인들은 (애석하지만 거의 대부분의 경우) 해당 학자의 연구를 알기에 앞서 스탠리 피시의 자동차 컬렉션, 코넬 웨스트의 연봉, 스티븐 그린블래트의 친구 모임, 다나 해러웨이의 도발적인 옷차림, 퀴어 이론가 이브 코스프스키 세지윅의 때늦은 불교 귀의에 대해 듣게 된다. 미국과 프랑스의 또 다른 차이는 명성을 확립하는 데서 독서가 차지하는 상이한 기능과 활용법이다. 자신이 읽은 텍스트에 초점을 맞추기보다는 세계를 논하며 자기만의 사유를 펼치는 프랑스 지식인들과 달리, 미국의 이론적 영웅들은 자기 권위의 상당 부분을 위대한 저자를 끌어오는 독특한 방식에 빚지고 있다. 자신과 모종의 관계가 있음을 자연스럽게 광고하듯이 위대한 저자의 저작을 끌어와서는 자신의 주장을 뒷받침하는 방편으로 인용하는 식이다. 부르디외가 지적했듯이 [학계] 사람들은 "자신들의

8. 캠퍼스의 스타들 313

독서에 대한 담론이 자리잡을 수 있는 시장이 있을 때," 즉 인용 행위에 어떤 **수익성**이 있다고 생각할 때 책을 읽는다.3) 미셸 푸코, 자크 데리다, 장-프랑수아 리오타르의 이름이 토론과 비평의 소재로 거론되는 것도 이 때문이다. 미국에서 지난 25년 동안 프랑스 이론의 화신으로 간주된 것은 이 위대한 저자들로서, 이들이 지닌 권위의 후광은 이들의 저작을 사용할 줄 아는 사람들에게도 부여되곤 했기 때문에, [미국] 지성계의 주요 저작들은 이들을 활용할 것이었다. 따라서 여기에는 여전히 차이가 감지되지만 특정 저자의 작업이 연상되는 모종의 역동적이고, 대화적이며, 대필적인 접속이 존재한다. 이런 접속 속에서 이론을 마음대로 재단하고 자신에게 유리하게 단순화하는 것을 뛰어넘어 프랑스 사상가들에 대한 해석이 풍요로워진다. 이때 우리는 푸코가 정의하려고 한 '초담론성'의 영역으로 들어선다. 20세기 내내 유럽에서 칼 맑스와 프리드리히 엥겔스가 그랬듯이, 미국에서 프랑스 사상가들은 '담론성의 설립자'가 됐다. "다른 텍스트들의 형성"에 필요한 규칙을 (그 다른 텍스트의 저자들도 모르게) 세련화하면서, 어떤 특정한 고유명사가 아니라 그 담론(성)에 종속된 "텍스트들이 다뤄지는" 특정한 절차를 대표하면서 말이다. 그렇지만 거꾸로 [담론성의 설립자라는] 이런 지위는 "담론성 자체의 변화에 효과적이고 필요한 작업"이 있어야만, 요컨대 자신의 독자들이 "특정한 수의 텍스트들을 한데 모으고 …… 그 텍스트들 상호간의 관계를 수립"하기 위해서 스스로 초담론성의 영역(그 고유명사가 순수하게 움직일 수 있도록 전략적 지위와 경험적 존재가 마치 마법처럼 사라지는 영역)에 들어가 활동하는 부지런함을 보여야만 획득될 수 있다.4) 이런 현상이 없었다면 프랑스 이론은 물론이고 그 위대한 미국인 추종자들도 지금 같은 지위를 얻을 수 없었을 텐데, 이제부터 살펴볼 미국의 주요 지식인 여섯 명의 작업에서도 여지없이 이런 현상이 일어났다. 물론 이 여섯 명을 고른 것은 자의적이고, 게다가 나는 주로 [이들보다] 이들이 활용한 프랑스 사상가들에게 초점을 맞췄다. 이런 점에서, 곧 나올 내용이 완벽한 설명은 아니라는 점을 강조해야겠다.

주디스 버틀러와 수행(성)

UC버클리의 수사학·비교문학 교수인 주디스 버틀러는 1955년생으로, 그 난해한 문체 때문에 읽기가 쉽지 않은 이론적 저작을 썼다. 본인에게는 몹시 불쾌하겠지만 좀 더 전통적인 비평가들은 그녀의 문체를 비웃곤 했다.5) 버틀러의 작업은 정신분석, 페미니즘, 섹슈얼리티의 정치 이론이 마주치는 장소이다. "자기동일적 실체로서의 주체란 더 이상 존재하지 않는다"6)는 역사적인 관찰에서 출발하는 버틀러의 기획은 철학자들에 대한 자유분방한 논의를 통해 고전적인 문학 텍스트 속에서 주체가 남기고 떠난 **빈 공간**, 다시 말해 권력, 욕망, 동일시의 다양한 계책의 공간에 머무는 긴장을 탐색하는 데 있다. 첫 번째 저작 『욕망의 주체들』은 버틀러 자신이 '프랑스의 포스트헤겔주의'라는 부른 흐름 속에서 **욕망**이 **주체**라는 낡은 관념을 점진적으로 대체하는 과정을 검토한다.7) 알렉상드르 코제브, 장 이폴리트, 장-폴 사르트르로 이어지는 작업들과 다름없는 이 흐름은 아직도 그들이 남긴 변증법의 유산을 마주 대한다. 데리다와 그의 '헤겔적 아이러니,' 푸코와 주인-노예 관계에 대한 그의 탈변증법적 해석, 자크 라캉과 '절대적인 것의 내재적 경험'이라는 욕망 개념, 마지막으로 베네딕투스 데 스피노자에게서 영감을 받은 질 들뢰즈의 '포

버틀러는 성 정체성이란 섹스와 젠더 어느 쪽으로도 확연히 구별될 수 없다고 주장함으로써 근본적으로 성 정체성 자체를 해체하는 '퀴어 이론'의 창시자 중 하나이자 그 중에서도 가장 유명한 인물이다.

스트헤겔적 성애학'이 모두 이에 속한다. 버틀러가 '젠더의 모체' 역할을 한다고 본 언표행위의 연약한 주체를 분석하는 것은 좀 더 직접적으로 푸코의 영향을 받은 이후 저작들의 전체적 구도 속에서이다. [언표행위의 주체인] '나'는 성적 코드에 굴종하는 젠더의 경험을 **통해** 늘 (복종의 의미에서) 젠더와 주체성**에 종속**되어 있는 동시에 이와 동일한 복종의 과정에서 생산되는 존재이다. 이것은 자발적 예속이라는 오래된 주제를 변증법적으로 새롭게 확언한 것이다.

　버틀러의 가장 중요한 저작은 야심찬 『젠더 트러블』로, 퀴어나 신페미니즘과 관련된 모든 쟁점은 이 책을 참조한다. 이 책은 버틀러의 작업에서 생긴 두 전환점, **언어적** 전환점과 **정치적** 전환점을 뚜렷이 보여주기도 한다. 이 책은 수행성과 화행이라는 개념을 새롭게 조명함으로써, '강제된 인용'과 여성성/남성성의 반복작용이 어떻게 성적 젠더를 부단히 '생산'하는지 설명했다는 점에서 **언어적**이다(가령 성의 형성기는 두 가지의 단순한 수행적 행위에 지배된다. 태어날 때의 "계집애군/사내애군"이라는 발화, 결혼할 때의 "내가 [결혼]한다"라는 발화). 또한 이 책은 수행성에 의해 젠더 정체성이 구축되는 과정 뒤에서 권력이 작동하고 있음을 얼핏 드러내주기 때문에 **정치적**이다(이 책에는 푸코의 저작에서보다 권력이라는 단어가 더 자주 나온다). 여기서 권력은 성적 주체화와 '강제된 이성애'뿐만 아니라 젠더의 생산과 출산의 경제적 생산성까지 주저하지 않고 단호하게 표현한다. 전부 그런 것은 아니지만 버틀러는 종족적 정체성이나 계급 같은 또 다른 '강압적 주체화'를 고려하기 위해 이런 일반적 관점의 유효성에 의문을 제기하려고도 한다. 비록 젠더라는 주제를 계속 다룰지언정, 버틀러의 책은 부단히 이동하는 일련의 '수행된' **행위**를 위해서 정체성이나 고정된 주체성의 개념이 사라짐을 보여준다. 따라서 정체성이라는 개념은 그 안을 관통해 분열시키는 권력의 코드가 정체성에 부과됨으로써, 그리고 섹슈얼리티와 젠더 규범이라는 엄밀한 관념을 뚫고 들어갈 수 있는 '유희'를 통해서 이중으로 '전복'된다. 규범에 저항할 수 있도록 해주는 것은 바로 이런 유희인 바, 가령 드랙퀸[여장 남자] 같은 상징적 인물은 패러디를 통해 섹슈얼리티와 젠더 규범을 불안정하게 만들고 양자의 인위적 차원을 연극적으로 드러낸다.[8] 1990년대의 탈정치화된 대학에서 이런 관점은 어디까지나 전술적·일회적·복수적일 뿐인 정체성에 관한 탈정체성 소수자 이론의 날을 벼리거나 **해체**하는 데 쓰였다. 2002년 버틀러의 저작 중 프랑스어로 번역된 최초의 책 『권력의 심리적 삶』[9]에서도 버틀러의 기획이 갖는 한계가 드러났다. 라캉의 몇몇 테제를 정치화하고 푸코적 의미의 정치가 가진 심리학적 함축을 검토하려는 이중적이면서 상호수렴하는 버틀러의 야심은 멀리 떨어져 있는 두 극단(심리[정신현상]와 폴리스, 주체화 과정과 권력순환의 양식) 사이에 그동안 홀대받고 충분히 다뤄지지 않았던 식별불가능한 지대를 만들어낸다. 버틀러는 이 두 극단을 이론적으로 **한데 엮고자** 분투했으나 전자에 기울어지는 불균형을 드러낸다. 그게 아니라면, 사라지기 쉬운 주체성을 일체의 정치적·사회적 **영역** 바깥에서 사유했다. 하지만 버틀러는 때때로 매우 계몽적인 프랑스 이론의 핵심 인물들과 꾸준히 대화를 나누며 작업하는 와중에 자신의 이론적 기획에서 벗어나 헤매는 듯하다. 버틀러는 기본적으로 '포스트구조주의'의 테제들을 징검다리 삼아 간접적으로, 에둘러 자신의 기획에 다가갈 수밖에 없었던 듯하다.

『젠더 트러블』 제2판 서문은 프랑스 이론의 새로운 응용법을 보여준 아주 고무적인 텍스트 중 하나이다. 하지만 버틀러의 작업은 때때로 텍스트의 정치적 재순환, 혹은 핵심 저자들을 끌어올 자유를 정당화하는 데 기대고 있는 것 같다. 버틀러가 "결코 의식적으로 의도하지 않은 영역에서 이미 주어져 있는 작품을 기대치 않게 재전유하는 것이 가장 유용한 재전유 중 하나"[10]라고 거듭 주장하는 것은 이 때문이다. 버틀러는 각각의 프랑스 저자들을 분석하면서 결정적인 관점의 전환을 이뤘고, 이론적으로 생산적인 작업을 할 수 있는 기회를 얻었다. 버틀러가 이들 저작에 깊숙이 자리한 특징을 **탈국지화**해 젠더의 주체성과 **성**정치의 가능성을 탐색하는 미국 학계의 논쟁에 끌어들였다고 말할 수도 있겠다. 버틀러는 푸코의 계보학적 방법론을 차용해, 푸코의 책들에서는 결코 다뤄지지 않는 **성적 차이**라는 쟁점에 적용하자고 제안한다. 주체성의 출현 속에서 **종속**과 **주체화**, 복종과 저항을 분리하지 말아야 한다는 푸코의 관점을 충실히 따르면서 말이다. 이와 유사하게 버틀러는 라캉의 주요 가설(**동일시**는 늘 자아의 형성에 앞선다는 가설)이 젠더 규범에 어떤 함의를 주는지 분석한다. 성적 규범의 호출이 어떻게 주체를 만들어내는지 이해하는 데는 '기표에 종속된' 주체라는 라캉의 정의만큼 유용한 게 없다. 또한 버틀러는 이와 동일한 주제(종속)를 루이 알튀세르가「이데올로기와 이데올로기적 국가장치」에서 처음 언급해 유명해진 '호명 원칙'과 나란히 놓을 수도 있었다.[11] 예컨대 누군가를 부르고, 그 사람이 그 호명을 확인("응, 나 여기 있어")하게 만드는 단순한 행위(이것은 "법에 응답하라는 요구"이기도 하다)만으로도 언어는 주체를 생산한다. 이것은 '노예의 도덕'을 드러내는가, 흔들림 없는 '존재하려는 욕망'을 드러내는가?[12] 순종적인 것과 이런 순종 속에서 스스로를 생산해내는 것이 구분되지 않는 **주체**의 구조적·문법적·정치적 양가성으로 질문을 바꿔가며 버틀러가 묻는 것은 바로 이것이다. 버틀러는 이 반복되는 주제, 이 풍요로운 이론적 기획을 정치적 프로그램으로 변모시키고자 분투 중이다. "정체성의 단순한 범주를 초월한 …… 성적 소수자들의 연대"[13]를 창출하자고 여기저기서 피력한 자신의 진지한 희망을 넘어서는 정치적 프로그램으로 말이다.

가야트리 스피박과 비총체성

앞서 몇 번 접한 바 있는 작업을 해온 가야트리 스피박은 1961년 캘커타에서 미국으로 이주했다. 폴 드 만의 지도 아래 쓴 학위논문은 아일랜드의 시인 윌리엄 버틀러 예이츠를 다룬 것이었는데, 1974년

단행본으로 출간된 이 책에는 벌써 탈식민주의적 접근법의 기미가 엿보였다. 1976년 데리다의 『그라마톨로지에 관하여』를 영어로 번역하고 서문을 쓴 뒤(이후 데리다의 주요 해석가 중 하나가 된 스피박은 1992년 컬럼비아대학교에서 일요일마다 데리다를 읽는 모임을 만들기도 했다) 스피박은 아이오와대학교, 텍사스대학교 오스틴 캠퍼스, 에모리대학교, 피츠버그대학교, 마지막으로 1991년부터는 컬럼비아대학교에서 비교문학을 가르쳤다. 맑스주의·페미니즘·해체론의 교차로에 위치한 스피박의 작업 전체를 요약하긴 어렵지만, 어떤 형태를 띠든 간에 그녀의 작업을 관통하는 공통 주제는 서구 세계의 **타자**이다(그녀의 배경을 감안하면 충분히 그럴 만하다). 그러나 1999년의 『포스트식민이성 비판』에서부터 '메타분과학문'인 비교문학의 등장과 쇠퇴를 분석한 최근[2003년] 저서 『어느 분과학문의 죽음』에 이르기까지 스피박이 다루는 주제는 굉장히 다양하다. 따라서 내가 **비총체성**이라고 부르는 것을 경유하지 않고서 스피박의 저작을 요약하기란 어렵다. 비총체성이란 문화, 사유, 일원론, 체계의 '전체주의적' 시스템에 대한 체계적·정치적·전략적(심지어는 자전적) 불신을 뜻하는데, 스피박은 동세대의 미국 사상가들에게서는 볼 수 없는 경지로 이런 비총체성을 표현해낸다. 총체화하는 방법론을 신중히 비판하는 스피박의 저작에서는 적어도 세 개의 모티프가 꾸준히 반복된다. 개념과 맺는 **전술적** 관계, 상이한 투쟁 운동들의 **공동 기반**에 대한 요구, 그리고 대학 **지식인**에 대한 비판이 바로 그것이다.

한때 정체성의 정치와 탈정체성 사이에 벌어지던 (자신이 보기에 일종의 환영이던) 논쟁을 끝내기 위해 '정체성의 **필연적** 오류'를 언급한 바 있던 이 여성은 늘 맑스적 실천을 유지하는 가운데 커다란 개

난해한 문체로 악명 높은 스피박은 일부 비평가들에게 당최 무슨 말을 하는지 모르겠다는 조롱을 받곤 했다. 2007년 스피박과 대담집을 발표한 바 있는 버틀러는 공개 서한을 통해, 그렇다면 스피박이 수만 명의 활동가와 학자들의 사고방식에 영향을 준 것은 어떻게 설명할 것이냐며 이런 비판을 일축했다.

넘적 백지상태를 늘 못 견뎌했다. 그것이 합리주의가 제거된 상태이든, 역사가 망각된 상태이든, 아니면 주체가 소거된 상태이든 말이다. 무엇인가 변화를 일으켜야 한다는 핑계 아래 이런 접근법은 자신이 비판하고 있는 것을 물신화한다. 스피박은 저 유명한 [프랑스 이론이 제기한] **주체에 대한 비판**이 투쟁하는 주체를 전술적으로 창출하는 일이나 이미 존재하는 반체제 집단을 역사적 주체로 보는 것을 막아서는 안 된다고 생각한다. 스피박의 비판에 따르면 주체에 대한 비판은 프랑스 이론의 특정 조류에 존재하는 과도한 **과정주의**, 요컨대 권력과 갈등을 흐름과 과정의 문제로 환원시킴으로써 기존 질서의 자기생산을 정당화하거나, 그게 아니라면 그때그때 제기되는 저항 전략의 존재이유를 없애버릴 위험이 있는 과정주의에 빠져 있다. 스피박이 초기에 하위주체 연구집단을 지원한 이유 중의 하나가 바로 이것이었다.[14] 스피박의 절충적 작업 속에서 반복되는 또 하나의 주제는 서로 다른 투쟁들의 공동 기반에 관한 것이다. 이 공동의 기반은 페미니즘적·탈식민적·계급적 투쟁의 전술적 연합이자 이론적 상호침투로서, 각각의 투쟁이 언제나/이미 복수화된 정치적 **주체**의 상이한 층을 형성하기 때문에 이런 기반이 가능하다. 스피박은 자기 특유의 방식으로 "탈식민적 페미니스트는 메트로폴리탄적 페미니스트와 어떻게 교섭하는가?"[15]라는 질문을 던진다. 왜냐하면 [지식인들에 의해] 옹호되는 대의가 명확히 규정되지 않고 있기 때문인데, 이럴 경우에 우리는 남-북이라는 이분법, 즉 우리가 인식하지 못했지만 '해방'을 주장하는 담론 속에 위험천만한 보편주의가 존재한다는 사실을 지워버리는 이분법으로 다시 돌아가게 된다는 것이다. 투쟁 중에는 늘 맹점이 생겨나기 마련인데, 특히 스피박은 하위주체의 하위주체[라는 존재]

를 강조한다. 가령 학내 페미니스트들 사이에서 침묵하고 있는 수단 출신의 할례받은 여학생이든, (탈)식민주의적 저항 운동의 핵심에 있는 여성('젠더화된 하위주체')이든 이 문제를 비켜갈 수 없다.* 스피박에 따르면, 성적 하위주체성을 통해 이뤄지는 자본주의 비판은 탈식민성을 통해 이뤄지는 자본주의 비판과 불가분의 관계인데, 인도에서 사회운동의 최전선에 선 여성들의 역할이 좋은 예이다. 마지막으로 가장 중요하게, 지식을 통한 총체화 수단(주체를 물화하고 주체로부터 언표행위의 능력을 박탈하는 수단)을 비판함으로써 스피박은 '문화적으로 타자를 생산'하는 수단 역시 부단히 공격한다.

스피박이 줄리아 크리스테바의 『중국 여성에 대하여』16)를 "일정한 원리를 갖춘 '반페미니즘'"이라고 비판하는 것도 그래서이다. 크리스테바는 스스로를 "제3세계의 이름 없는 여자들"의 위치에 놓지만 "강박적으로 자기중심적"이길 고수한 채 중국이라는 타자에 접근하고, "본질적 여성성[비논리적인 것]과 본질적 남성성[논리적인 것]"을 '일반화'함으로써 "식민주의자가 가질 수 있는 관대함[온정주의]의 징후"까지 보인다는 것이다.17) 스피박은 "주변부에 대한 작금의

---

* 스피박은 수단의 할례(음핵절제) 의식을 미국의 구조기능주의에 입각해 분석한 수단의 어느 여성 사회학자의 일례를 들며, 이른바 '제3세계'의 지식인들이 지식과 연구에서도 서구중심적인 가치와 전제를 따르게 되는 현상을 분석한 바 있다. 서구의 시각에서 보면 수단의 '엘리트' 여성 역시 하위주체이지만, 서구의 가치체계를 내면화한 이 엘리트 여성에게는 자신보다 낮은 계층의 고국 여성(할례를 받을 수밖에 없는 여성)이 하위주체로 표상된다. '하위주체의 하위주체'라는 문제는 정확히 이런 현상을 지칭하는 것으로서, 곧 살펴보겠지만 이 문제는 자신들이 모든 여성을 대변한다는 '보편주의적' 착각에 쉽게 빠짐으로써, 자신들이 그토록 비판해온 서구 남성들이 생산한 서구중심주의에 부지불식간에 복무하게 되는 서구 페미니스트들에게도 똑같이 발생하는 문제이다.

관심이 전적인 타자의 이질성을 길들이거나 낭만화할게 될지도 모를 위험"도 경고한다.[18] 게다가 좀 더 섬세한 주체의 영역에서 엿보이는 '인식론적 폭력'을 드러내기도 하고, 식민지 인도에 대한 공식적 역사기술 속에서 "타자가 자아의 그림자로 집요하게 구성"되어왔음을 폭로하기도 한다. 가령 힌두법상의 과부희생 의례를 폐지했다고 대영제국에게 고마워하는 것은 성급한 짓이라는 것이다.[19] 스피박은 불요불굴의 집념으로 지식의 제국주의를 비판하는데, 여기서 우리는 맑스주의자로서의 자기비판 경향과 미국에 자리잡은 교수로서 자신의 방법론에 대해 갖고 있는 죄책감을 엿볼 수 있다. 스피박은 '미시정치들' 사이의 관계도 끊임없이 문제 삼는다. 그것이 학내 활동가들의 미시정치이든, 탈식민주의적 자본주의의 거대 장치들에 '국한'해서만 말한다는 이유로 자신이 (너무 성급하게) 비난한 들뢰즈·가타리식의 좀 더 수사적인 미시정치이든 말이다. 아니, 스피박 본인의 말을 쓰면 그녀는 "서구의 지성적 산물이 여러 방식으로 서구의 국제적인 경제적 이해관계와 **공모**하고 있다"[20]는 사실을 계속 곱씹는다. 서구는 타자라는 이국적 생산물로부터, 차이와 문화적 저항을 상찬하며 이따금씩 던지는 찬사로부터 이득을 취하리라는 것이다. 하지만 스피박은 담론과 언표행위를 이해하는 능력, 언어적 질료들로 직조된 채 텍스트 안에서 벌어지고 있는 권력투쟁을 해독하는 능력과 관련해 지식인들에게 특수한 역할을 부여하기도 한다.

텍스트성은 그 유용함을 입증할 수 있다. 사실 이것은 인도의 정치적 '논쟁'에 참여하고 데리다를 독해하면서 싹튼 스피박의 주요 공헌 중 하나로, 곧잘 무시되는 문학 이론과 정치 행위의 관계를 개선할 잠재적 열쇠 중 하나이기도 하다. 콜린 맥케이브가 『다른 세상에서』의 서문에서 밝혔듯이, 스피박에게 중요한 것은 문학과 동일한 외연을 갖게 됐고 곤란한 교육적·계급적 문제를 전부 숨기는 가리개로 복무하는 텍스트성 속의 '텍스트'를 '개념-은유'로서의 '텍스트'라는 **정치적** 개념으로 교체하는 것이다. "개인과 사회의 모순적인 결정항을 포착하기 위해 개인과 사회를 해체"21)할 수 있도록 해주는 그런 개념으로 말이다. 요컨대 이런 [개념-은유로서의] 텍스트는 텍스트를 학술적으로 환원할 때 생겨나는 텍스트**주의**와는 달리 이 세상을 정치적으로 해명해줄 것이다. 이처럼 스피박의 모든 작업은 텍스트성의 이론적 도구들을 정치적으로 활용하도록 북돋운다. 문화 전쟁이 절정에 달했을 무렵, 스피박은 텍사스대학교에서 열린 세미나를 통해 [특정 교의/이념의] **주입**이라는 개념을 제시한 뒤 소련이나 이슬람권에서처럼 분명한 형태를 띠는 주입뿐만 아니라 미국 대학에서 드러나는 주입의 형태는 어떤지 분석해보길 학생들에게 권유한 바 있다. 또한 스피박은 여성에 대한 '불연속적'이고 '이질적인' 담론(이런 담론은 그 자체와 같은 담론의 정치적 본질을 이해할 수 있는 유일한 인물을 여성으로 상정한다)의 가능한 양상을 연구했고, '문화적 단일언어주의'를 지향하는 영미권 문화연구의 경향을 비판하기도 했다. 이 모든 경우에서 텍스트성의 이론적 도구들을 정치적으로 활용하려는 스피박의 태도가 잘 드러난다. [스피박의 작업과 같은] **담론에 대한 담론적 비판** 작업에서 어떤 동질적인 이론적 기획을 찾아내기란 어려운 일일 것이다. 하지만 담론적 분석 도구들이 '캠퍼스 바깥'의 정치적 현실을 이토록 잘 포착해낸 적도 없고, 미국 학계에서 **합리적 총체성**에 대한 비판(타자를 문화적으로 검열하는 서구 사상에서 탈피한 자유로운 흐름)이 순진함·단순함·문화주의에서 벗어나 이토록 높은 기대감과 진전된 정치적 전략을 드러낸 경우도 좀체 없었다. 그러나 대학의 한계를 여러 측면에서 비판한 이 논의는 그 자체로 복잡하고 다면적이어서 사실상 대학의 울타리를 **뛰어넘어** 사람들에게 다가갈 수는 없었다. 하지만 그것은 또 다른 이야기이다.

스탠리 피시와 제도

학계의 윤리적·정치적 성향에서 벗어나 학계 스타시스템의 부정적 메커니즘, (특권을 누리고 도발을 일삼는다는 측면에서) **유명** 학자라는 관념에 가장 근접한 인물을 살펴보려면 확실히 스탠리 피시(1939년생)에서부터 시작해야 한다. 게르망트 공작부인에게 저녁식사 초대를 받은 선택받은 소수는 그 자리에서 온갖 가십을 즐기는데,* 피시도 종종 그런 가십에 오르내렸다. 심지어 가장 사소한 일까지 언급되곤 했는데, 이런 얘기는 피시 본인이 입에 올린 훨씬 더 이론적인 말보다도 더 무게감이 있었다. 몇몇 사람이 부러움에, 혹은 재미 삼아 가볍게 피시라는 인물을 묘사한 적도 있다. 마치 여성에게 바치는 바로크풍의 송가나 훈장들로 뒤덮힌 군복 같은 스타일로 말이다. 그러나 이런 현상은 어디까지나 피시가 자신의 명성을 의식적으로 갈고 닦은 결과이다. 피시의 친구인 영국 소설가 데이비드 로지의 『작은 세계』[22]에는 모리스 잽이라는 괴상하고 야심이 엄청난 교수가 등장하는데, 로지는 피시에게서 영감을 얻어 이 유명한 인물을 창조했다.

---

* 마르셀 프루스트의 소설 『잃어버린 시간을 찾아서』의 3편에 해당하는 『게르망트 쪽』(1920~21)에서 묘사된 장면을 지칭한다. 저녁식사가 열린 게르망트 공작부인의 살롱은 일종의 '귀족사회'인데, 피시에 대한 가십 역시 현대판 귀족사회인 학계에서 심심찮게 입에 오르내렸다는 뜻이다.

피시는 잽처럼 여섯 자리 수의 고액 연봉을 받는 문학 교수 중 하나로, 듀크대학교에서 여러 직함을 갖고 있었다. 영문과 학과장, 법학 교수, 부학장, 대학출판부 상임이사 등. 그가 쓴 전설적 기사 「볼보의 참을 수 없는 추악함」을 보면 잘 알 수 있듯이 피시는 광적인 스포츠카 애호가이기도 하다. 해체와 PC 운동을 변호하기 위해 텔레비전 쇼에 출연하는 데 만족하지 않은 피시는 데리다보다 훨씬 앞서 다큐멘터리 영화(1985년)의 소재가 된 유일한 문학 연구자였다. 피시가 발을 들인 대학 네 곳(1976년까지 UC버클리, 1985년까지 존스홉킨스대학교, 1999년까지 듀크대학교, 그 뒤 지금까지 일리노이대학교 시카고 캠퍼스)은 그의 권위가 커질수록 모두 이득을 봤다.

17세기 문학을 전공한 피시는 당대의 가장 뛰어난 지성이자 가장 거리낌 없는 목소리이다. 드 만이 텍스트적 유물론자라면, 피시는 읽기에서는 **실용주의자**이며 해석에서는 논리학자이다. 분석철학자들이 **일상** 언어를 없애려 했듯이, 피시는 텍스트 읽기의 **일상** 규칙을 없애려 했다. 1972년 발표된 뒤 고전이 된 첫 저작(존 밀턴의 『실낙원』에 대한 연구서)에서 피시가 다룬 논쟁적 주제가 이미 이 점을 드러낸 바 있다. 피시에 따르면 이 오래되고 모호한 시가 전제하는 것은 독자의 **타락**으로, 이것은 인간 본연의 타락을 상징한다. [은유나 직유를 써서] '에둘러' 말하는 밀턴의 텍스트는 독자가 방향을 잃고, 자신의 발견에 대한 '믿음'을 잃게 만들고, 의미의 미끄러짐 자체를 음미하도록 부추기는데 이 모두가 원죄의 문학적 등가물이라는 것이다.[23] 읽기를 일종의 실낙원으로 제시하는 이 우화로 피시는 주목을 받았다. 피시가 파리로 처음 여행을 떠난 것도 이즈음이다. 뱅센느[파리8대학교]에서 진행된 세미나를 따라다니며 데리다를 읽고, 롤랑 바르트와

피시에게는 공식 직함만큼이나 수많은 별명이 붙여졌는데 그 중 가장 독한 것으로는 '미국 학계의 도널드 트럼프' 만한 게 없을 것이다. 이 별명을 붙여준 영국의 대표적인 좌파 지식인 테리 이글턴의 설명에 따르면, 피시는 저 유명한 부동산 중개인처럼 (지식인이라기보다는) "개념의 시장에서 자신의 사상을 강매"하는 "목청 높고 정력적이고 모험적인 지성의 사업가"일 뿐이라는 것이다.

츠베탕 토도로프를 만나는 등 최신의 문학 이론을 발견한 피시는 지적 작업과 정치적 행동을 종합하는 법도 배웠는데, 이는 당시 미국에 알려지지 않은 것이었다. 정치적으로 보수주의자라 간주됐지만 피시는 혁신적이었다. 서사학, 읽기의 시학, 심지어 '컴퓨터 문체론' 관련 강의를 미국에서 최초로 개설한 것도 피시였는데, 이 강의들은 영국의 신프로이트주의에서 캘리포니아의 민속지학에 이르기까지 당대의 모든 이론적 혁신을 끌어모은 것이었다. (「이 수업에 텍스트가 있나요?」(1980)라는 글은 피시에게 하나의 이정표가 됐다. 왜냐하면 이 글 덕에 그만의 독특한 교수법(학생에게 질문을 받고 의도적으로 불확정적인 시각에서 그 질문에 접근하는 방식)을 연마하게 됐을 뿐 아니라 '해석공동체'라는 결정적 개념도 소개할 수 있었기 때문이다. 해석공동체는 글로 쓰인 작품들, 독자들, 이 둘을 잇는 역사적 제도 등을 모두 아우르는 것으로, 글쓰기와 해석이 서로 분리되기 전에 동일한 운동 속에서 텍스트와 그에 대한 독해를 모두 생산한다. "제도의 암묵적 실천과 가정"을, "세계와 그 세계의 사건들을 조직하는 저장고/목록" 전체를 할당하는 것이 바로 이 해석공동체인데, 이는 수용미학자 한스 로베르트 야우스의 '기대 지평'이라는 좀 더 세련된 개념과도 궤를 같이 한다.[24] 독서에 대한 인식론을 넘어서 피시는 **제도**를 다시 정의한다. 즉, 제도란 자신의 영역을 넓히고 비물질화하면서 모든 해석 행위에 대한 정확히 코드화된 이데올로기적 기초로 스스로를 드러내는 것이다. 이런 점에서 제도는 의미의 생산이 일어나는 공간이다. 그것은 '잘못된-**선행**-읽기'(읽기에 앞서 생기는 오독)를 결정하고 텍스트 자체가 창출된 배경을 둘러치는데, 피시에 따르면 이것이야말로 "우리가 무언가를 읽을 때 일어나는 일"[25]이다.

텍스트를 규범에 대한 모종의 합의로 간주하고, 읽기를 여러 해석 공동체의 복잡한 얽힘으로 보는 실용주의적 방식으로 말미암아 피시는 곧 정치적 기초와 사법 텍스트를 순수하게 논리적으로 해석하는 데까지 나아갔다(상당수 사람들은 이런 해석을 위험할 만큼 상대주의적이라 여겼다). 듀크대학교 법대에 적을 둔 뒤부터 강화·진전된 이런 진화는 1994년 자유언론의 **불가능성**을 다뤄 불꽃 튀는 논쟁을 불러왔는데, 『자유언론 같은 건 없다: 그것은 좋은 일이기도 하다』는 재미난 제목의 책을 내면서 절정에 달했다.[26] 피시에 따르면 (제도에 의해 미리 규정되어 있고 엄격히 제한된) 규범적 담론을 유지하면서 당면 쟁점을 이해할 수 있다는 것은 불가피하게 어떤 정치적 의견이나 도덕적 표준이 소통될 수 없게 만드는 일련의 배제, 선택, **자기검열**의 논리연쇄가 존재한다는 말이다. 이렇게 보면 [언론의 자유를 명시하고 있는] 수정헌법 1조는 환상이 된다. 발화자가 말하지 못하게 막는 것은 어떤 의미에서 그 **담론** 자체이기 때문이다. 피시가 PC 운동, 소수집단 이론가, 상대주의로 비난받은 모든 것의 가장 저명한 후원자가 된 것은 소수자 운동을 신봉해서가 아니다. 결국에는 전략적인 도발의 욕망, '제도'에 대한 그의 분석이 그렇게 만든 것이다. "세계가 우리에게 진리와 사실성에 대한 확신을 주거나 우리 뇌에 새긴 게 아니다. 이데올로기적으로 동기를 부여받은 공동체들의 실천이 그렇게 한 것이다"[27]라고 스스로 1985년에 밝힌 것처럼 말이다.

어쩌면 이것이야말로 이 아이러니한 인물이 자신의 논평자들을 물먹이면서 즐거워했다는 증거일지도 모르겠다. 이 권위 있는 이론가는 학내 급진주의자들에게 늘 양가적인 태도를 취했다. 한편으로 피시는 늘 '인종주의'나 '동성애 혐오' 같은 보수적 행태를 재빨리 비난했고, 듀크대학교의 여느 교수들과 달리 **급진화** 프로그램을 지휘했다. 1990년대 초부터 피시는 괴짜 데리다주의자인 프랭크 렌트리키아, 맑스주의 비평가 프레드릭 제임슨, 퀴어 이론가 세지윅, 흑인 지식인 헨리 루이 게이츠 2세 같은 유명인사를 영입했다. 이런 노력으로 1985년보다 다섯 배나 많은 대학원생들을 듀크대학교로 끌어모은 피시는 고루한 자신의 동료들에게 '지각변동'이 일어났음을 각인시켰다.28) 다른 한편, 피시는 시민사회에 불필요한 급진적 강령의 비효율성과 잉여성을 끊임없이 조롱했다. 전투적 소수집단들이 이미 그런 강령을 흡수·통합했으니 과도하게 이론화될 필요가 전혀 없다는 것이다. 피시는 (그의 동시대인들 대부분처럼) 그저 프랑스 이론을 흉내내는 논평자가 되기보다는 프랑스 이론과 그것이 정치에 접근하는 명쾌한 방식에서 영감을 끌어왔다. 피시는 제도의 한계를 어느 누구보다도 잘 알고 있었다. "지금의 자신과는 다른 중요한 무언가가 되려는 학계, 특히 인문학계의 낯익은 욕망"29)을 말이다. 피시는 자기 이론의 **정치적 효과**보다는 명예와 논란을 좇음으로써 학계에 만연한 이런 감정, 현실에 부합하지 못하는 실패를 피했던 셈이다.

에드워드 사이드와 비평

1935년 예루살렘에서 영어를 하는 팔레스타인 출신의 부모 사이에서 태어나 카이로에서 교육받은 뒤 미국으로 이주해 오랜 세월 컬럼비아대학교에 재직한 에드워드 사이드는 프랑스에서 다른 미국 문학계 스타들보다 훨씬 인지도가 높다. 물론 이것은 거의 사이드가 팔레스타인 투쟁을 지원하고, 팔레스타인 국무위원회 멤버로 활동했으며, [전 팔레스타인해방기구 의장] 야세르 아라파트를 오랫동안 비판해온 덕분이다.30) 그러나 탈식민주의 연구와 프랑스 이론의 영향을 제쳐두고서라도, 사이드의 작업은 문화와 정치, 권력과 정체성의 관계에 대해 미국 학계에서 이뤄진 매우 완벽한 성찰 중 하나이다. 하버드대학교에서 취득한 학위논문, 서사의 '권위'가 행하는 기능을 다룬 논문들, 조셉 콘래드에 대한 첫 번째 저작(1966)을 쓰고 난 뒤 사이드는 걸작 『오리엔탈리즘』(1978)을 출판하면서 학계의 최전선에 서게 됐다(프랑스어판은 1980년에 출간됐다).31) 이 책은 20세기 말의 영미 문학 연구에서 아주 중요한 논저 중 하나로 남아 있다.

서구가 동양에게 "자유의 의미를 가르칠"32) 임무를 가지고 있다는 프랑수아-르네 드 샤토브리앙의 논평을 시작으로 세기말에 나타난 낭만주의 시의 형식을 들여다보면서, 사이드는 19세기 내내 서구가 중동에 대한 문화적 정형定型을 발명해냈음을 프랑스어와 영어권의 문학·정치 텍스트들을 통해 밝혀나간다. 중동을 자신의 타자로 구성해내는 서구의 지적·식민주의적 작업을 말이다. 사이드의 후속 작업과 마찬가지로 『오리엔탈리즘』은 담론구성체(이 책은 동양을 하나의 담론형태로 다룬다)와 지식-권력 체제(식민주의 권력에서 태어난 지식으로서의 동양)에 대한 푸코의 사유, 헤게모니와 재현·비진리의 확산에 대한 안토니오 그람시의 사유를 끌어들이고 있다. 이 책에서 사이드는 귀스타브 플로베르의 단편들과 리처드 버튼의 모험담 등을 활용해, 식민[주의]적 지식인이 단순히 문화적 산물을 자유롭게 활용하는 외부인이 아니라 권력에 복속됨으로써 공식적인 재현을 통해 '하위주체들의 동의'를 이끌어내는데 참여할 수밖에 없는 인물임을 보여준다. 이것은 자유로운 지식인들이 수행하는 우월한 역할을 인정하는 만큼 그들의 정치적 오류도 비판하는 작업인데, 사

사이드는 자신의 작업뿐만 아니라 자신의 존재 자체로도 문화적으로 구성되는 정체성의 역설과 복잡함을 보여줬다. 영국식 이름과 아랍식 성이 조합된 그의 이름은 논외로 하더라도, 팔레스타인 출신으로서 고국의 독립을 지지한 그의 저서가 정작 팔레스타인에서 금서가 된 적이 있다는 것은 그 좋은 증거이다.

이드는 『지식인의 표상들』[33)]에서 이 작업을 계속 정교화한다. 그러나 이런 기획에는 훨씬 더 깊은 함의가 있다. 지난 30년 동안 사이드의 작업이 미국 문학계에서 이뤄진 모든 정치적 혁신에 영향을 끼치면서 학계와 효과적인 정치적 저항의 경계선에 놓일 수 있었던 것도 바로 이 함의 덕분이다. 사이드는 문학 작품 이면에 존재하는 역사적 무의식, 단지 맥락적이거나 주변적인 것이 아니라 **본질적으로** 정치적인 문학의 어떤 차원에 접근했다. 사이드의 주장에 따르면 이 작업은 신비평과 해체가 제공하는 형식주의의 유혹에 맞서 [문학을] 재역사화·재사회화하는 과정이었다. 1993년 발표된 대작 『문화와 제국주의』의 목표 중 하나도 바로 이것이다. 역사적으로 전례 없던 19세기 프랑스-영국 세력의 영토적 요새에서 탄생해, 1991년 걸프전쟁에서까지 옹호될 만큼 이제껏 욕망되어온 서구적 제국 관념을 분석하면서, 사이드는 유럽 식민주의 시기에 쓰인 몇몇 걸작에서 볼 수 있는 제국주의적 지배의 간교하고 심오하게 변증법적인 형식을 조명한다(이 책에서는 조지프 콘래드의 『암흑의 핵심』, 제인 오스틴의 『맨스필드 파크』, 알베르 카뮈의 『이방인』, 주세페 베르디의 오페라 『아이다』[사이드는 『네이션』의 뮤지컬 비평가이기도 했다]까지 다뤄졌다). 사이드의 목표는 (이것을 유죄로 간주하든 승리로 간주하든) 이런 새로운 제국주의적 상상력이 서구 문화 전반에 끼친 영향과 이에 대한 반응으로 형성된 '상충하는 긴장,' '문화적 탈식민화'를 준비하며 서구 텍스트들을 '재전유'하는 지역적 독해 양자를 보여주는 것이었다. 이것이야말로 '제국의 시대'[34)]가 창안한 주권의 본질이자, 거꾸로 그 주권이 유발한 저항의 수단이다. 경제적 약탈과 정치적 폭압을 넘어 미적 형식, 상상적 재현, 주인과 노예가 모두 느끼는 '감정구조'에까지 퍼지는 저항의 수단.35) 사이드가 (프란츠 파농을 인용하면서) 헤겔이 말한 주인과 노예의 변증법은 서구의 창조물일 수밖에 없다고 결론짓는 이유도 바로 여기에 있다. 왜냐하면 그것은 두 입장이 역전될 수 있는 가능성을 단지 논리적으로 상정하고 있기 때문이다.36)

비록 명백한 개입보다는 텍스트의 이면을 부단히 드러내는 것이기는 하지만, 사이드와 프랑스 이론과의 대화는 여전히 중요하다. 가령 사이드는 "현대 세계의 정치 지형도"와 관련해 들뢰즈·가타리가 쓴 저 "매우 특이한" 유목론에 관한 논문37)이 "신비로운 시사점"을 준다고 하면서 쟁점을 던진다. 사이드는 "우리 세기에 고유한 이주와 상처받은 삶 속에서 생긴 …… 공포"와 그런 유목적 실천의 "낙관적 이동성과 지적 활기" 사이에 가로놓인 심연을 지적하면서도, 들뢰즈·가타리의 시각을 활용해 '지적 사명'의 일부인 **저항**과 **해방**의 개념이 이제 "문화의 정착적, 체계적, 훈치적 특성에 등을 돌리고서 정처 없고, 탈중심적이며 탈주하는 에너지와 통합되어 있다"는 중요한 생각을 떠올린다. 세계화가 양산한 이주자들, 즉 "망명 중인 지식인과 예술가의 의식"과 동일한 의식을 지녔으며 "영토들 사이, 형식들 사이, 고향들 사이, 언어들 사이에 서 있는" 이 정치적 형상이 구현하고 있는 것이 바로 이런 [새로운 저항과 해방의] 개념이라는 것이다.38) 그러나 사이드가 존경하면서도 비판했던 푸코의 작업과 맺은 지속적 관계에 비하면 이런 예는 드물다. 사이드는 전술적 정치와 그 밑에 깔린 윤리적 기초(그가 믿기로, 학자라면 응당 갖춰야 할 것)를 내세우며 『말과 사물』의 저자[푸코]를 비판했다. 다의적일 뿐만 아니라 어딘가 마법 같은 푸코의 **권력** 개념은 역사에서 "계급과 …… 반란의 역할을 말소할 것"39)이라면서 말이다. 또한 사이드가 파악한 바에 따르면 푸코의 역사 개념은 "궁극적으로 텍스트적이거나 텍스트화된 것으로, 보르헤스가 좋아했을 법한 형태"[40]였다. 게다가 '저자의 죽음'에 반대한 사이드는 오리엔탈리즘 같은 담론구성체가 만들어진 데 개별 저자들이 책임을 져야 한다고 요구했다.[41]

단순화하거나 전문용어의 남발 없이(혹은 이데올로기적 담론과 학술적 전문화 사이에서 **제3의 길**을 찾는 일 없이), 사이드는 텍스트와 외부 세계를 이어주는 **세속적** 비판의 기능을 옹호했다. 사이드가 프랑스 이론에서 영감을 얻은 미국 이론가들의 말장난이 정치적으로 해로운 반향을 일으켰음을 통감해야 한다고 곧잘 지적한 것은 이 때문이다. 사이드에 따르면, 권력의 담론은 '독백적'이다(보수 혁명이 일어날 당시에는 더욱더 그랬다). 따라서 부득이한 경우에는 어쩔 수 없지만, 지적 논쟁이 전문화되어 복잡한 문제를 '전문가'와 '이론가'에게만 맡기게 되면 레이건의 손아귀에서 놀아날 수밖에 없다.[42] 자신의 동료인 스피박과 유사한 방향을 택한 사이드는 일반적 '방법'과 설명적 '체계'를 경계했다. 그런 방법이나 체계는 '왕노릇'하려 들 테고, 그것을 따르는 이들이 "시민사회의 저항과 이질성을 놓치게" 만든다는 것이다. 이런 저항과 이질성이야말로 국지화된 비판, "언제나 상황적인" 비평을 할 수 있도록 도와줄 텐데 말이다.[43] 사이드는 이처럼 **상황적인** 비판 활동에 나서기를 끊임없이 호소했다. (레이먼드 윌리엄스를 인용하며) 사이드는 "아직은 사회적 제도나 프로젝트로서 표현되지 않은 대안적 행위와 대안적 의도가 잠재된 공간"[44]에 이런 비판 활동이 속해 있다고 말한다. 그러나 그 길은 멀고, 돌아오는 보상도 거의 없으며, 그 길과 이어질 수도 있는 자발성의 순간과 사회적 망설임만큼이나 부서지기 쉽고 덧없다. 그 길에는 늘 장애물이 흩

뿌려져 있다. 학술적 추상화라는 신기루가 됐든, 그와 반대로 민족주의와 고정된 정체성이라는 난관이 됐든 말이다. (다문화주의가 대학에 도래하기도 전부터) 30년 동안 사이드는 이 난관에 맞서기 위해 문화에 내재된 혼종성과 전통·신화의 역사적 상호의존성을 강조해왔다. 정치와 세계 문학의 무대에서 문학 **비평**을 맑스와 그람시가 정의한 **비판**의 도구로 부활시키기. 이처럼 사이드의 꿈은 뚜렷하다.

리처드 로티와 대화

흔히 현존하는* 가장 위대한 미국 철학자로 간주되는 리처드 로티는 **경계를 넘나드는** 저작들의 저자로, 그의 책은 종종 동료 철학자들보다는 문학 이론과 문학 일반에 더 개방적이다. 로티는 지난 25년 동안 미국 분석철학의 합리주의와 객관주의를 비판해왔다. 로티가 기사, 책, 심지어 대면 접촉을 통해 프랑스 이론의 거물들과 끝없이 대화를 나누게 된 것은 바로 이 때문이다. 오랫동안 철학자-논리학자 특유의 에토스를 유지하며 스스로를 문학 이론가들과 차별화했지만 말이다. 드러내놓기보다는 신중하고, 단언하기보다는 토론하기를 좋아하고, 급진적이기보다는 자유주의적인 로티의 접근법은 전위적 자세를 취하는 몇몇 **이론가들**의 접근법과는 꽤 다르다. 1931년 좌파 성향의 반공주의자 가족에서 태어난 로티는 시카고대학교에서 루돌프 카르납의 학생이었다. 1961년 프린스턴대학교에서 철학을 가르치기 시작해, 1982년 버지니아대학교로 자리를 옮긴 뒤, 1998년부터는 스탠

---

* 저자가 이 책을 집필할 당시(2003년)만 해도 로티는 생존해 있었다. 그러나 4년 뒤인 2007년 6월 8일 로티는 췌장암으로 사망했다.

실용주의 철학자 로티는 자유주의를 옹호하지만 여느 전통적인 철학자들과는 다른 방식으로 옹호한다. 로티는 우리의 언어·자아·공동체의 우연성을 인정한 뒤, 어떤 형이상학적 근거나 논리와는 하등의 관계 없이 역사적 우연성에 의해 갖게 된 신념(가령 자유주의)도 지켜야 할 가치가 있는지 자문한다. 이에 대해 '아이러니스트'(자신이 고수하는 '마지막 어휘'조차 포기할 태세가 되어 있을 만큼 충분히 역사주의적인 명목론자)의 견지에서 "그렇다"라고 답하는 것이 로티의 방식이다.

포드대학교에서 비교문학을 가르쳤다. 미국의 논리학자들과 평범한 언어 이론가들의 작업을 연구하며 관습적으로 이력을 쌓던 로티는 1979년 『철학과 자연의 거울』을 발표하며 두각을 나타냈다. 미국 철학계에서는 여전히 이 책과 관련한 논쟁이 울려퍼지고 있다.

"철학의 핵심적 관심은 …… 보편적인 표상[재현] 이론이 되는 것"[45)]이라는 것이 로티의 입장이다. 지식은 그저 **재현**, 즉 가능한 한 정확하게 마음이라는 '거울'에 외부 세계를 반영하려는 시도에 불과함을 보여줌으로써, 로티는 지식의 객관적 토대를 약화시키고 적어도 르네 데카르트까지 거슬러 올라가는 철학적 '토대주의'[정초주의]에 성공적으로 조종을 울린다. 로티는 지식이 진리에 기반하지 않으며, 오히려 재현의 불완전성과 진리의 존재 양상을 결정하는 사회적·규범적 조건에 숙명적으로 갇혀 있다는 점을 예증한다. 지식을 필연적이지 않는 지시대상에 고정하려 애쓰기보다는 사회적 이해관계와 호혜적 행위가 구체적으로 지식을 조건짓는다는 발상을 내세우면서, 로티는 자신이 '인식론적 **행동주의**'라고 부르는 것을 옹호한다. 실용주의의 창시자 존 듀이가 기초를 닦은 일반적 사유의 경로에서 영감을 받고 논리학자 도널드 데이비슨에게서 더 직접적인 영향을 받았다고 하면서 말이다. 『철학과 자연의 거울』의 핵심 부분에서 로티는 주어진 것과 만들어진 것, 객관적인 것과 주관적인 것, 외관과 실재, 결론적으로 '사실'과 가치의 분명한 차이에 주목한다. 로티에 따르면, 데카르트에서 분석철학에 이르기까지 모든 철학 연구가 바탕하고 있는 이런 이분법들은 더 이상 절대적인 것이 아니라 항상 맥락과 이해(혹은 재현)의 특정한 목표 아래서, 아니면 더 넓은 의미에서 로티가 공을 들인 '대화'라는 개념에 의해 **상대화**된다. 화자의 위치에서 진행되는 놀이, 화자와 청자가 서로를 이해하려는 탐색, 특정한 경우와 우연한 기회에 바탕한 윤리가 바로 대화이다. 상대주의적 입장을 취하면서 프랑스 이론에 놀아난다고 자신의 동료들에게 비난받은 로티는 재빨리 자신을 스스로 상대주의자라기보다는 '대화주의자'로 여긴다고 응답했다. 이것은 선택조항이 됐다.

로티는 이런 '반反토대주의'가 자신의 첫 번째 책만큼이나 일찍이 이미 한 세기 동안 미국에 있었노라고 결론내린다. 실용주의로 알려진 것이 바로 그것인데, 그 정치적 전통은 미국식 자유주의의 일종이라는 것이다. 로티가 이후 저작에서 '포스트철학'에 상응하는 '신실용주의'를 말하는 것은 이 때문이다. 로티는 모든 불필요한 요소를 없앤 뒤 미국의 전통적 요소와 재현에 대한 프랑스적 비판을 융합해 통합한다. 프랑스 이론에서는 자신이 인정하지 않는 허무주의적이고 반사회적인 유혹을, [미국의 전통적 요소에서는] 듀이의 옛 실용주의를 계속 눈멀게 만든 객관주의의 잔재를 일소하면서 말이다. 로티가 보기에 이 '아이러니한' 실용주의는 허무주의와 상대주의와는 거리가 멀며, 오히려 유일하게 실행가능한 사회적·도덕적 전망을 아우른다. 미국식 자유주의의 진보적·개혁적 판본인 사회적 합의와 연대형식의 점진적 확장, 그가 때때로 다원적 자연주의를 참조하면서 정당화하는 사회적 자발주의가 그런 전망이다. 로티가 자신의 다음 저작 『우연성, 아이러니, 연대성』에서 보여주는 사유의 과정이 바로 이것이다. 특히 이 책은 마르틴 하이데거를 검토하되 그의 존재론적 토대에는 반대하고, 데리다와 마주하되 언어의 자율성이라는 방향에서 부분적으로만 그를 따르며, 조지 오웰에 대해선 아메리카 건국의 아버지들이 가진 다원주의적이고 인본주의적인 신조를 강화했다며 박수를 보내고선, 마지막으로 블라디미르 나보코프를 분석한다. 로티에 따르면 프랑스 이론처럼 문학은 언어의 '반토대주의적'이고 '반재현적'인 용법의 가능성을 드러내기 때문이다.[46] 로티의 최근 저작인 『미국 만들기』와 『철학과 사회적 희망』은 더 많은 청중을 염두에 두고 쓰였으며, 자유주의적 원칙에 대한 실용주의적 정당화를 넘어선다. 이 책들은 미래와 계급 없는 사회를 향한 평등주의적 진화의 이용가능성이라는 관점에서 규정된 미국식 프로젝트의 '장엄함'을 강화한다. 로티가 글을 쓰기 시작한 이래 특정한 **객관적** 변수들이 외려 도무지 가닿을 수 없게 만들어버린 바로 그 지평을 말이다.

19세기에 등장한 이래로 미국적 실용주의가 찰스 샌더스 퍼스와 힐러리 퍼트남 같은 저명한 실용주의자들의 정치적 보수주의, 그리고 스스로 설정한 교육상·공리주의적 사명과 관계를 끊지 못하게 된 것은 사실이다. 그러나 로티가 '아이러니적 자유주의'라는 입장을 취하고 종종 프리드리히 니체를 비롯해 푸코와 데리다를 옹호한 탓에 상당수 동료들은 그에게 등을 돌렸다. 더 전통적인 자유주의자들의 경우는 특히 심했는데, 리처드 번스타인이 로티의 '아이러니적 실용주의'에 맞서 '윤리적 실용주의'를 제시한 것은 이 때문이다. 번스타인은 듀이의 사유 노선에 더 충실하다고 간주됐다.[47] 아무튼 이후 로티의 '대화주의'를 다루는 집단 저작물이 수없이 출간되어 로티가 상세한 응답을 내놓도록 압박했다.[48] 그런데도 프랑스 이론과 미국적 실용주의의 수많은 소통경로가 탐색·발굴됐던 것은 로티의 작업을 통해서였다. 반反이원론의 합리적 형식, 본능적(혹은 전술적) 유물론, 충실히 펼쳐진 경험론, 인문주의적 본질주의에 대한 잠재된 비판은 정말이지 이 두 학파가 공유한 모든 철학적 입장이다. 결국에는 들뢰즈와 가타리도 "화용론은 …… 다른 모든 것이 의존하는 기저의 요소"49)라고 하지 않았던가? 푸코 역시 자신의 전체 기획은 권력의 '본질'을 탐색하는 것이기보다는 권력이 벌이는 '게임'과 '권력관계 속에서 날마다 일어나는 일'을 과녁 삼아 권력의 '분석철학'을 발견하려는 시도라고 무척 함축적으로 설명하지 않았던가?50) 이런 대화가 실제로 일어나지는 않았지만 좀 더 최근의 이론적 실험들에서는 로티가 가능하다고 본 이 수렴이 재개됐다. 예를 들어 철학자(또한 공교롭게도 부르디외 전문가인) 리처드 슈스터만은 듀이의 접근법을 오늘날과 가장 근접해 있는 미적 형식(가령 랩 음악과 비디오클립)에 적용했다.51) 흑인 비평가 웨스트는 '예언적 실용주의'라는 특이한 접근법을 내놓았는데 그것은 소수자들의 운명, 사회적 변형, 영적 거듭남의 '인간적 힘'과 연계되어 있다.52) 로티는 지적인 유산 중에서 가장 이질적인 것을 포용하는 보기 드문 능력을 갖고서, 프랑스와 미국의 전통을 처음으로, 그리고 가장 집요하게 그러모았던 사상가였다. 비록 문제의 그 연결고리가 허술하고, 의문을 자아내며, 심지어 이데올로기적인 동기에서 비롯된 것일지 몰라도 말이다.

프레드릭 제임슨과 포스트모던의 문제

듀크대학교 대학원 문학프로그램의 책임자 프레드릭 제임슨은 흔히 당대의 가장 영향력 있는 미국 맑스주의 지식인으로 거론된다. 여기서 기억해둬야 할 것은 제임슨이 유럽 대륙의 일반적인 맑스주의 지식인과는 다른 유형의 맑스주의 지식인을 대표한다는 점이다. 그 어떤 사회적 곤경도 대변하지 않고, 그 어떤 정치적 소속도 갖고 있지 않으며, 철저히 학술적으로만 개입하는 그런 맑스주의 지식인을 말이다. 제임슨은 문학계 핵심층 출신으로 텍스트와 예술현상의 '상부구조'를 연구하는 데 전념해왔지만, 바로 그 덕분에 동시대의 문화 영역 전체를 두루 살필 수도 있었다. 제임슨은 지난 30년 동안 영미권에서 발전해온 이론적·포스트모던적 경향에 **비판적으로** 접근하며 경력을 쌓았다. 하지만 때로는 보기 드문 영민함으로 그 누구보다 앞서 그런 경향을 제시하고 좇기도 했던 제임슨은 현대 서구 세계의 정치적·미학적 역사라는 더 큰 틀(역사유물론에서 그 참조점을 찾을 수 있는 틀) 안으로 각각의 경향을 끌고 들어와 작업한다. 샌디에이고에서 교편을 잡을 당시 제임슨은 라호야 캠퍼스에 초대받은 프랑스의 '포스트모더니스트들'에 대항해 학생들을 규합한 적도 있다.53) 하지만 이 초기의 '강성' 맑스주의는 다채로운 문학적 면모를 보이는 그 자신의 분석, 실존주의자이자 현상학자인 사르트르에게 받은 영향으로 줄곧 많이 부드러워졌다(제임슨은 박사학위 논문에서 사르트르를 다뤘다). 제임슨은 초기에 작가 윈드햄 루이스54)를 분석했고, 구조주의란 집합적인 역사적·사회적 실재를 **언어적인 것**으로 환원시키는 것임을 입증하는 작업을 했다.55) 제임슨의 비판에 따르면 이런 텍스트주의를 양산해낸 것은 포스트구조주의인데, 그가 이 둘을 늘 명확히 구분한 것은 아니다. 그 뒤로는 미학적 재현의 역사를 통해서,56) 그 다음으로는 자신이 문학적 서사에 고유한 것이라고 생각한 '정치적 무의식'의 표출을 통해서57) 맑스주의에 대한 서로 다른 두 관점을 교직해내는 작업을 했다. 그러나 영어권 지식계에서 제임슨의 위치를 확고히 굳혀준 것은 '이론'(문학 이론과 포스트구조주의 이론)을 특정한 형태의 '이데올로기'로 간주한 두 권의 책58)과 포스트모더니즘을 진보된 자본주의의 '문화적' 동맹군으로서 규정한 유명한 논문59)이었다(1984년 『뉴레프트리뷰』에 수록된 이 글은 1991년 확장된 형태로 다시 출간했다). 이로써 제임슨은 유명인사가 됐다.

제임슨은 앞서의 다른 사람들처럼 제2차 세계대전 이후 문화의 영역이 변형됐음에 주목한다. **모더니즘**(혹은 산업화)의 시기 동안에는 원본과 모사, 혹은 기표와 기의라는 부르주아적 구분법에 기초한 문화의 영역이 '문화적'인 것을 무한정 확대시키려는 **대중문화**[팝컬처]의 미학적 대중영합주의까지 아우르게 됐다. 이와 마찬가지로 오늘날 엄격히 규정된 이 규범적 지대는 예술이 상품이 되어 가치와 판매, 인용된 것과 인용하는 것, 미학과 이데올로기, 심지어 저자와 대중이 더 이상 구분되지 않는 지경에까지 이르렀다. 제임슨에 따르면, 이런 진화는 경제가 문화를 결정한다는 경제주의의 '반영론'(그의 스승 게오르크 루카치는 진작부터 이런 논의를 공격해왔다)이 아니라 자본주의가 (성숙된, 또는 통합된) 하나의 전체로 진화하는 단계를 보여준다. 자본주의가 사실상 (그 어떤 것도 자본의 외부에 있을 수 없다는 의미에서) 외부성을 종말시킴으로써, 예술의 전통적인 역할과 2백 년의 역사를 자랑하는 근대 철학 역시 종말 직전에 놓이게 됐다는 것이다. 시장 지배의 강화라는 문화의 새로운 역할을 보여주는 두 가지 주요 구현물, 스스로 [시대의] 가장 가장 예리한 징후이자 우월한 형식이라고 간주한 것에 제임슨이 '포스트모던'이라는 동일한 꼬리표를 붙인 이유가 여기 있다. 팝아트와 탈변증법적 이론(즉, 프랑스 이론)이 바로 그것이다. 제임슨은 앤디 워홀뿐만 아니라 포스트모던한 비디오 제작자·건축가의 작업을 통해서도 팝아트를 살펴본다. 그리고 프랑스 이론이라면, 적어도 스스로 밝힌 바 있듯이 제임슨 자신이 프랑스 이론의 저자들을 처음으로 읽은 미국인 중 하나이지 않은

제임슨은 고급문화이든 상업문화이든 모든 예술작품에는 왜곡되고 억압된 무의식의 형태로나마 우리가 지금 살려야 한다고 뼛속 깊이 느끼는 사회적 삶에 대한 뿌리 깊은 판타지가 잠재적 충동으로 존재한다고 말한다. 이로써 문화에 대한 맑스주의적 개입이 필요해진다는 것이 제임슨의 핵심 주장이다.

가. 요컨대 포스트모던은 앤디 워홀이 실크스크린에 인쇄한 구두가 빈센트 반 고흐의 구두 그림을 대체하고, 장 보드리야르와 데리다가 기호학이나 아이러니를 동원해 맑스를 재해석함으로써 혁명이 글쓰기로, 전투가 패러디로 뒤바뀌어버린 것과 동일한 전환을 보여주는 것이다. 제임슨은 몇몇 사례를 빼어날 만큼 상세히 다뤘다. 로스앤젤레스에 있는 '포스트모던' 호텔 보나벤처,[60] 장-자크 루소의 '자연상태'를 놓고 데리다와 드 만이 보여준 견해 차이[61] 등을 다룬 참으로 분석적인 글들이 그랬다. 제임슨은 정면공격을 감행하기보다는 대중소설과 할리우드 영웅담에서 나타나는 소외와 상상적 저항, 그의 말을 빌리면 유토피아의 물화와 잔여를 드러낸다.[62] 그러나 자본이 새

롭게 빚어내는 물화·파편화의 과정에 프랑스 이론이 연루되어 있음을 보여주려다가 제임슨은 성급한 일반화로 치닫곤 한다. 들뢰즈와 보드리야르가 "플라톤에게서 영감을 얻은 …… 시뮬라크르 문화"[63]를 공동으로 주장했다고 말하거나, 들뢰즈와 가타리의 작업을 "새로운 유형의 담론, 즉 불연속성을 가진 '분열증적' 텍스트에 대한 묘사와 변명"에 이르는 "미학"이라고 딱 잘라 말하는 식이다.[64]

문화연구에 대한 제임슨의 비판은 다른 미국 맑스주의자들의 비판보다 정곡을 찌르며 대체로 정확하다. 제임슨의 주장에 따르면 문화연구는 '계급의식'을 '집단적 리비도'로, 스타일이라는 '억견'을 일종의 비판적 이성으로 둔갑시킴으로써 대중에 영합하는 광란의 축제로 사회적 투쟁을 대신하려고 한다.[65] 그러나 대학을 휩쓴 학제간 연구의 유행, 현대 예술이 걸어온 30년, 들뢰즈·리오타르·데리다가 쓴 텍스트들(그리고 이들의 이름을 이용한 텍스트들)을 이런 식으로 한데 뭉뚱그리는 데는 문제가 있다. 텍스트와 그 활용 사이에 존재하는 거리(제임슨이 사회학적으로 빈틈을 보이는 지점), 맑스와 일군의 다른 저자들이 맺고 있는 관계를 좀 더 섬세하게 알아볼 수 있다면, 제임슨의 가장 엄밀한 분석조차도 뭔가 얻는 것이 있을 것이다. [자신의 연구 대상을] 지나치게 미학화하는 것 그 이상의 무언가를 말이다. 제임슨의 주변인물들은 단순화를 일삼았다. 미국의 맑스주의자들과 비맑스주의자들은 말년의 들뢰즈, 1970년대 무렵의 푸코, 『리비도 경제』를 쓸 당시의 리오타르를 맑스의 적으로 보고 싶어 한다. 그러나 그렇게 하는 것은 불가능한데, 이들은 노동과 자본의 새로운 형식 속에서 맑스의 유산을 받아들이는 법을 찾으려 한 동시대의 사상가들이기 때문이다. 제임슨은 프랑스 이론과 비판적 맑스주의 이론을 비교·대조하게 만들며 그 미래를 전망해왔다. 하지만 조심스러워하면서도 여전히 충실하게 사르트르와 실존주의적 휴머니즘을 존경하기 때문에 제임슨의 사유에 한계(그게 아니라면 엄청난 복잡함)가 생기는 것은 아닌지 반문할 수도 있겠다. 제임슨이 스스로 위험한 미학적 반휴머니즘이라고 여기는 것을 비난할 수 있는 것은 바로 이 실존주의적 휴머니즘 덕분이다. 이런 태도는 제임슨이 불가능한 현존의 '충만함'을 증명하기 위해 (갈증**만** 해소하는 음료의 예처럼) 사르트르적인 현상학이 "데리다적 이데올로기"의 '인식론'과 '미학'보다 더 높이 평가되어야 한다고 여기는 데서 볼 수 있다. 『그라마톨로지에 관하여』와 『존재와 무』 사이에 다소 기이한 대립구도가 형성되는 건 이래서이다.[66] 더 이상 사상이나 사회 집단이 아니라 텍스트, 즉 (그의 표현을 빌리면 "서로 싸우는"[67]) '물질적 텍스트'의 역학을 도입한다는 이유로 이론을 비판한 사람이 텍스트와 사상의 역사와 관련해 **연속성**이라는 환영을 품은 현행범으로 붙잡힌 꼴이다. 학계의 다른 슈퍼스타들처럼 제임슨 역시 학계에서의 자기 위치와 관련된 좀 더 전략적인 동기 때문에 프랑스 이론과 계속 대화를 나누면서 그 역사적 중요성을 주장한 것이라고 할 수도 있을까? 다시 말해, 프랑스 이론가들과 동등한 위치에 선 유일하게 타당한 해석자로 인정받으려는 욕망에서 샘솟은 그런 동기 말이다. 어느 미국 지성사가의 말(그리고 제임슨의 대다수 동료들도 공유한 생각)에 따르면 제임슨은 "프랑스 포스트구조주의자들을 재고 따질 수 있는 유일한 영어권 지식인"[68]이다. 그러니 어쨌든 한 가지 욕망은 충분히 만족된 셈이다.

제임슨의 작업과는 별개로, 포스트모던이라는 쟁점은 1980년대 미국에서 여타의 것을 초월하는 **주된** 문화적 질문이 됐다. 새로운 정체성 관련 이론들만큼이나 아주 쉽고 새롭고 재미나고, 아니면 마음 편한 예술형식을 학내로 통합하면서, 포스트모더니즘은 하나의 시대정신을 대변하게 됐다. 『뉴욕타임스』가 "문화를 향한 새롭고도 중대한 출발"69)이라고 단언할 만큼 말이다. 보통 포스트모더니즘은 혹독한 평가를 받는데, 이와 달리 어느 사전은 (영화감독 데이비드 린치, 작곡가 필립 글래스, 예술가 신디 셔먼의 작품 등과 관련지으며) 그 [의미의] 복수성과 [명확한] 정의의 결여를 지적하면서도 포스트모더니즘을 "서구 세계의 역사"에서 가장 최근에 등장한 효과적 '문화운동'이라고까지 평가한다.70) 그러나 이런 설명은 포스트모더니즘의 유명론적 성격이나 차원, 즉 포스트모더니즘이 단지 분류를 위해 작위적으로 만들어진 단어가 아닌지 하는 점을 전혀 의문시하지 못하게 만든다. 과거를 보지 못하고 단지 현재만 뚫어져라 쳐다보는 문화사적 관점에서는 좀 역설적으로 보이겠지만, 사실 포스트모더니즘은 원래부터 그런 용도[단순한 분류]로 쓰여왔다. 그게 아니라면 포스트모더니즘은 불투명한 현재, 우리가 환멸을 느끼게 된 현재를 진지하게 바라보려는 최후의 아이러니한 시도를 보여준다. 다른 한편으로 포스트모더니즘이라는 운동은 약속된 진보라는 미래와 신화에 짓눌린 미국의 전형적인 강박증이 특정한 방식으로, **-주의**[이즘]로 끝나는 단어들처럼 조물주의 것과 같은 언어로 번역된 단어일지도 모른다. 지난 30여 년에 걸쳐 미국 학계가 마치 주문이라도 외우는 듯한 어투로 [온갖 것에] **포스트**[탈/후기]post-라는 접두사를 붙여온 이유가 바로 이 때문이다. **포스트**인간주의적인, **포스트**역사적인, **포스트**청교도적인, 심지어는 **포스트**백인적이고 **포스트**남성적인 세계의 여명이 언젠가는 밝아올 것이라고 [헛되이] 희망하면서 말이다.71)

적어도 이 **포스트모던이라는 축**이 역사적 표지와 이론적 분할(이에 관한 논의는 여기서 불필요하다)로서 지니는 가치는 제임슨적인 맑스주의를 넘어서 어떻게 그것이 미국에서 프랑스 이론을 읽는 주된 관점이 됐는지를 설명해준다. 포스트모더니즘이라는 접근법이 문화적·철학적 **모더니즘**의 조종을 울렸을까? 아니면 근대적인 **주체**와 그 **역사**의 전면적 소멸을 알렸을까? 포스트모더니즘은 정말로 팝아트와 새로운 신비주의의 이론적 등가물이었을까? 그것들 사이의 경계가 포스트모던하게 지워진 몇몇 사례 갖고 그렇게 말할 수 있을까? 수많은 의문들이 떠오르지만, 이런 의문들은 너무 일반적이다. 게다가 이런 의문들은 그 자체가 밝혀보려는 현재에 너무 사로잡혀 있는 나머지 미국에서만큼 유럽에서도 적절한 가치를 지니지는 못한다. 그러나 적어도 이런 의문들은 리오타르가 쓴 『포스트모던의 조건』이 1984년에 영어로 번역되어 꾸준히 성공(이 책은 대서양 너머에서 매년 꾸준히 4천여 부를 팔아치우고 있다)[72]을 거둔 이유를 설명해준다. 그 용어의 유래와 관련해서 말이다. 그러나 미국 독자들이 포스트모더니즘의 지도자요 그 용어의 발명자로 주저없이 부르는 사람, 즉 리오타르는 사실 그 용어를 만들지 않았다. 왜냐하면 포스트모더니즘이라는 용어는 적어도 1971년에 이미 사용된 바 있기 때문인데, 미국의 비평가 이합 핫산이 그 용어를 처음 쓴 당사자이다.[73] 그런데도 미국에서는 ([프랑스 이론에 대한] 탈인간적·탈변증법적 독해로 말미암아 우리가 그렇게 믿게 된 바) 프랑스 이론의 거물들이 **포스트모더니즘**에서 태어났는지, 아니면 (그들이 명시적으로 니체, 프로이트, 플로베르, 조르주 바타이유, 제임스 조이스, 스테판 말라르메 같은 모더니스트들을 참조한다는 점에서 잘 드러나듯이) **모더니즘**이 궁극적으로 맞이한 죽음의 고통 속에서 태어났는지를 둘러싸고서 여전히 논쟁이 벌어지고 있는 중이다. 이런 쟁점은 학계의 슈퍼스타가 한 것이든 한낱 학부생이 한 것이든, 텍스트에 대한 이런 미국적 해석이 무엇보다도 텍스트를 재전유하는 일종의 수단이라는 점을 우리에게 다시 한번 환기시켜준다. 이 쟁점이 우리에게 뭔가 도움이 된다면 아마도 이 점일 테다. 미국인들이 앞장서 보여준 움직임은 재영토화의 형식을 취하는 셈인데, 말하자면 그들은 자신을 에워싸던 특정한 경계와 범주를 바꾸고 뒤흔들기 위해 텍스트를 입수·활용한 것이다. 때로는 문제의 원래 텍스트를 더 이상 보지 않게 되면서까지 말이다.

9 학생과 사용자
Étudiants et usagers

소외된 10대 시절 당신은 사르트르를 읽는다. 대학에 가서는
골루아즈 담배를 태웠고 데리다를 지껄여댔다.
훗날 대학원에 가서는 자기-회의에 빠져버렸고, 보드리야르의 아찔한 방
랑벽과 들뢰즈와 가타리의 규제 없는 낙관주의에서 안도감을 발견했다.
프랑스 철학자들. 당신은 그들과 함께 성장했다. ……
돌이켜보면 당신은 모든 것이 터무니 없는 것처럼 보임을 인정해야 한다.
당신과 이런 가망 없이 난해한 갈리아인들,
누가 당신들 사이에 그렇게 궁합이 좋을 것이라고
생각이나 할 수 있었겠는가?
에밀리 이킨, 『링구아 프랑카』(1999)

누구든 미셸 푸코의 책을 훑어만 봐도 젠더 연구 강의에서는 수사적으로나 머릿속에 떠올려볼 수 있는 통제[권력]의 생생한 사례를 발견할 수 있다. 그렇게 계속 책장을 넘기다 보면 자신이 어떻게 스스로를 하찮은 존재로 인식하고 부끄러워하게 되는지를 좀 더 내밀한 방식으로 갑자기 이론화할 수 있게 된다. 또는 자크 데리다의 책을 한 장 한 장 뒤적이다가 기말 보고서를 보강할 수도 있고, 영화나 콘서트를 보다가 영감을 받은 좀 더 사적인 미적 감정을 담담하면서도 완벽하게 묘사해주는 난해한 문구를 찾아낼 수도 있다. 학생들은 수업과제 아니면 개인적 호기심으로 책을 읽게 되는데, 부지런히 밑줄을 긋기도 하고 잠들기 전에 건성으로 책장을 넘기기도 한다. 미국

학생들이 프랑스 이론을 접하자 그 저작들은 그때그때 변하는 기숙사의 책장에 서서히 자리를 잡게 됐고, 학생들의 실존적 불안과 농담용 어휘 속으로 비집고 들어가 필독서 아니면 열렬한 추천도서가 되어 널리 퍼지게 됐다. 이렇게 프랑스 이론은 미국에서 친숙한 참조물이 되어갔다. 한편으로는 욕망되고, 다른 한편으로는 반감을 불러일으키는 살아 있는 대상으로 말이다. 요컨대 이런 과정을 통해 프랑스 이론은 학계 지식인들이 능숙하게 각자의 이론적 산물에 통합해넣던 개념적 재료와는 아주 다른 무엇인가가 됐다. 그러나 우리는 프랑스 이론이 학생 일반에게 끼친 영향은 상대적으로 제한적이었음에 주목해야 한다. 1987년 제럴드 그라프가 주장한 대로, "문학 이론은 대학원생들과 수준 높은 학부생들을 위한 유용한 선택과목으로 받아들여졌지만 평범한 수준의 학생과는 거리가 있었다."[1] 상위권 대학들, 특히 가장 권위 있는 대학들은 평범한 대학들에 비해 이론을 더 반기고 있었다. 그것이 프랑스 이론이든 단순히 '문학' 이론이든 말이다. 그곳이 어느 대학이 됐든지 간에 이론이 영향력을 발휘한 대학에서 학생들과 유명 교수들이 이론을 수용하게 된 것은 똑같은 동기에서였다. 구별짓기라는 동일한 관심사 말이다. 이론은 이론을 들먹이는 사람에게 이점을 준다. 이를테면 나이 어린 동료들, 이론을 잘 모르는 학생들, 심지어 자신이 인용한 저자보다 자신이 더 우월하다는 감정을 내심 안겨주는 것이다. 또한 데이비드 카우프만이 던진 농담처럼, 곧잘 전공을 바꾼 뒤 회사나 기업의 고위 행정직에 오르게 되는 이 엘리트 집단의 학생들에게는 "[가령 문학] 수업이 인생을 바꿔놓는 일 따위는 거의 일어나지 않을 것"[2]이라는 사실을 기억해야 한다. 이런 학생들도 학교를 다니면서 몇몇 중요한 이름과 개념을 우연히라도 접할 테지만, 그렇더라도 그 일이 그들 각자의 이력에 어떤 결과를 가져올지는 말하기 어렵다.

병렬이라는 놀이

그러나 22세의 학생에게 이론은 흥미진진한 지적 계시이다. 이론은 추종자들에게 우아함을 주고, 학생들에게 더 자유로운 지적 재량을 부여한다. 하나의 도구로서 이론은 활력을 주고 자신감을 고취하는 효과를 낳는다. 물론 너무 지나친 나머지 투박하거나 우스꽝스런 관점을 갖게 되는 일도 생긴다. 『뉴욕타임스』는 어느 PC 학생이 『모비 딕』에 대해 한 말을 인용한 바 있다. "멜빌은 아주 의심스러워요. 여자는 단 한 명도 안 나오고, 동물에 대한 불친절함이 플롯을 이끌고, 흑인들은 29장까지 모두 물에 빠져 죽죠."3) 이런 극단적인 경우가 아니더라도, 상당수 학생들은 연대기적 텍스트 분석이나 문학사 같은 전통적 작문 과제보다 (그 자체로는 덜 교훈적인) 이론적 접근이 더 쉽고 만족감도 더 많이 준다는 것을 깨달았다. 드러나지 않은 성차별적·인종주의적 함의를 캐내는 것에서부터 단순히 고답과 예술의 전형적인 특징이나 어떤 저자의 과학적 경향을 밝히는 것에 이르기까지 말이다. 역설적이지만 해체조차도 쉬운 방법을 제공한다. 왜냐하면 해체는 텍스트의 '유기적 통일' 원칙과 "텍스트의 수사, 구조, 논의"를 무효화하면서, 언어와 그 명시적인 내용 사이의 간극과 곤경을 드러내기 때문이다. 피터 브룩스의 주장에 따르면, 철학에 대한 배경지식이나 일반적인 의미 분석을 해본 적 없는 학생조차 "자신에게 전문 식견이 있다는 티를 팍팍 내는 해체적 해석을 아주 쉽게 만들어낼 수 있다."4) 자신의 지식을 과시하고, 최소의 노력으로 최대의 결과를 만들어내고 싶다면 해당 텍스트의 맥락이나 관련 자료나 이력을 살펴보는 것보다는 (영문과에서 그렇게 받아들여지듯이) **곧장 텍스트를 해체해버리는 것이 최상의 방법**이라는 말이다.

이론이 주는 **편익**, 소수집단 출신 학생들의 정치적으로 반항적인 태도 말고도, 이론적 접근법의 언어와 논의는 그 자체로 전통적인 방법론보다 훨씬 쉽게 내부자끼리만 알 수 있는 코드와 [개념의] 장난스런 도용이 생겨나도록 한다. 학생들은 대화를 나눌 때 쉽게 감정을 이입하거나 들뜨곤 하는데, 이들은 유명인의 이름을 들먹이거나 양립할 수 없는 개념들을 머릿속에 떠오르는 대로 나열하곤 한다. 내부자끼리만 알 수 있는 코드와 장난스런 도용은 가장 이질적인 조합을 고안해내는 것이 지적 여유와 탁월함의 징표가 되는 이 무분별한 개념들의 콜라주에 아주 잘 어울리는 것이었다. [상호]지시의 연쇄는 깨지거나 심각하게 절충된다. 이제는 이론화할 목적으로 자신이 철저히 익혀오고 연구해온 작품이나 정전에 그럴 만한 자격이 있다고 말할 필요가 없어졌다. 에드워드 사이드가 결론내린 것처럼, 독자들은 "특정 단어에 달려들었다. 마치 그것이 따분한 학자적 독법을 눈이 번쩍 뜨이는 이론적 '텍스트'로 바꿔줄 마법의 지팡이라도 되는 양."5) 상황이 이랬던지라 존경받는 인물들의 아우라는 종종 별명에 의해 사그라들고(가령 [데리다를 뜻하는] 데리두들^{Deridoodle}, 『앙티-오이디푸스』의 공저자를 뜻하는 D&G), 많이 쓰이는 개념은 자의적으로 어형이 바뀌곤 했다('파놉티콘'의 'C'를 'K'로 바꾸거나 '기관 없는 신체'를 BwO로 표기). 게다가 숙달하기까지 시간이 걸리고 쉽지도 않은 논증적인 합리성 대신에 배리^{背理}와 아이러니한 추론이 군림하게 됐다. 정당화될 수 없는 것이 스스로를 정당화하고, 유행과 동떨어진 거대하고 진부한 논리적 구성물과는 달리 맥락 없는 인용이나 부적절한 논의가 **그 자체로** 정당화된다. 이처럼 텍스트의 모든 함의에 통달하기에는 너무 어린 사람들에게 이론은 엄청난 횡재였다.

이 모든 것은 **병렬**parataxe이라는 개념으로 귀착된다. 별다른 연관성 없는 돌발적 열거와 생략된 병치를 특징으로 하는 이 문학 기법이 **이론가들**의 논리와 미국[대학]의 문학 수업이 공통으로 지닌 요소였던 셈인데, 바로 이것이 양자가 만나 거둔 풍요로운 결실을 설명해준다. 미국의 문학 수업에서 학생들은 너무 자주 발췌나 요약 같은 인상주의적 형태로 작품을 만난다. 게다가 책을 읽을 때도 작품 자체에 집중하기보다는(사이드에 따르면, 학생들은 학습시간의 1/5도 안 되는 시간을 독서에 할애한다[6]) 다양한 비평적·이론적 접근법을 논평·비교하는 데 집중한다. 상당수 강의들의 주된 목적도 그것이다. 이론 텍스트를 읽는 방식 자체도 병렬과 파편화를 특징으로 한다. 하나의 장이 전체 작품을 요약할 수 있다. 그리고 종종 미국 논평자들의 요약은 독자들이 해당 프랑스 저자의 텍스트와 만나는 것을 방해한다. 가령 『크리스테바 독본』에서 '검은 태양'이라는 주제 아래 들어간 발췌문이 줄리아 크리스테바의 긴 논문 「우울증과 멜랑콜리」를 대체하고, 푸코의 저작 중 하나에 수록된 어느 미국인의 서문 한 편이 푸코의 주요 저작들 전체를 요약해주며, 윌리엄 셰익스피어에 대한 구조적 분석이 그의 작품 자체를 대신하는 식이다. 1912년 컬럼비아대학교에 가르치러 왔던 비평가 귀스타브 랑송이 발견했듯이, 이와 같은 비평의 부수물은 미국 교육학의 전통이다. 랑송은 "저자가 말한 내용이 아니라 저자에 대해 언급된 내용만으로 …… 텍스트 없이 수업하는 특이한 능력"에 크게 놀랐다. 무엇을 읽어야 하는지 묻는 학생들에게 랑송은 그저 "저자의 텍스트"라고만 말해줬는데, "학생들은 놀랐고 도서목록이 다소 얇아졌다는 것을 깨달았다."[7) 대략 80년 뒤 인디애나대학교에서 개설된 "프랑스 이론과 비평"에 관한 상급 대학원 강의는 10번의 수업으로 구성됐는데 모두 '요약' 형태였다. 러시아 형식주의, 페르디낭 드 소쉬르, 로만 야콥슨, 해체, 서사학(제라르 주네트), 상호텍스트성(미셸 리파테르), 자크 라캉의 정신분석학, 프랑스 페미니즘(크리스테바, 엘렌 식수) 등에 각각 한 차례의 수업이 할당되고 마지막으로 '문화 이론'에 관한 포괄적 수업(루이 알튀세르, 피에르 부르디외, 푸코)이 이뤄지는 식이었다. 이 경우에 병렬적 읽기는 선택사항이 아니라 유일한 해법이다. 전통적인 '참고도서 목록'은 개관만을 제공하는 것이 아니라 [수업 대상으로] 텍스트를 고를지 경향[혹은 학파]을 고를지 자유롭게 선택할 수 있도록 해준다. 이렇게 되면 전부를 훑어볼 수는 있다. 단, 조잡하게 쪼개진 상태로 말이다. 결국 전체 도서 목록은 일종의 메뉴판이 되고, 학생들은 다양한 '가격'이 매겨진 비평·이론의 생산물을 고객처럼 선택한다.

이런 관행 속에서는 강의의 질[수준]을 예측할 여지가 없다. 왜냐하면 늘 그렇듯이 강의의 질은 강의 담당자와 그 사람의 교육학적 선택에 좌우되기 마련인데, 이런 파편적 교육법으로는 학생들에게 어떤 개념과 작품을 충분히 숙지시킬 수 없기 때문이다. 그렇게 되려면 텍스트의 재전유와 재활성화가 필요하고, 비전문가[즉, 학생]의 자발적 목소리가 필요한 법이다. 바로 여기가 학내 활동, 즉 토론모임, 문학 클럽, 대자보 쓰기, 그리고 몇몇 급진적 학생들이 듀크대학교의 잡지 『잃어버린 고리』를 모델 삼아 출판한 팬진·정기간행물이 개입하는 지점이다. 1990년대 중반부터는 인터넷 사용과 학생들의 웹사이트들이 증가되면서 지면으로 귀착되는 기존의 선형적 출판방식을 대신할 수 있는 미디어가 생산됐다. 이론적 담론을 사용하는 완전히 새로운 방식, 요컨대 텍스트로부터 떨어져나와 웹 링크를 충동적으로 따라가면서 이론적 담론을 만화적 시퀀스나 상호작용적 대화 형태로 재구성하고, 이론 텍스트의 논증 원칙을 네트워크의 모듈식 논리로 대체하거나 특정 개념을 시청각적으로 변형할 수 있기까지 한 방식을 말이다. 이런 방식은 지레 겁부터 주는 텍스트를 탈신비화하고, 위대한 작가의 아우라를 전유하며, 지배적인 이론의 담론을 장악하는 방식이다. 몇몇 사례를 들면, 알렉스 갤로웨이가 질 들뢰즈와 펠릭스 가타리에게 헌정하며 개설한 협력적 온라인 잡지 『리좀 다이제스트』,[8] 혹은 조슈아 글렌이 만든 『헤르미너트』처럼 이론의 성공을 상업적 이익으로 자본화한 방식을 풍자하는 더 신랄한 성격의 비평지가 있다.[9] 글렌은 자신의 웹사이트가 "이론을 수박 겉핥기 식으로 연예산업에 실어나른 사이버 지식인들"에 맞서 '목숨을 건 투쟁'을 실행하고 있으며, 자신의 저작은 "스머프들[자본의 논리로 이론을 세탁하는 사람들]을 해체"[10]하는 데 목적이 있다고 생각한다.

인터넷은 [급진적 학생들이] (할리우드나 대규모 출판시장을 통해) 이론적 문화를 은행[자본]에 고스란히 갖다 바친 학생들과의 분쟁을 해결하는 통로 그 이상이었다. 인터넷은 『보드리야르 온 더 웹』 같은 사용자들끼리의 협력적 구성물도 만들어지게 해줬다. 웹마스터 앨런 테일러의 말에 따르면 "결코 완성되지 않을" 이 웹사이트에는 누구라도 "자유롭게 참여할 수 있다."[11] 인터넷은 프랑스 이론 중에서도 가장 난해한 저작들의 신비를 함축적인 견해와 과학기술을 활용해 밝혀낼 수 있는 기회도 제공해줬다. 이를테면 데리다의 『조종』에 헌정된 어느 '기생-사이트'[독자적으로 존재하기보다는 어느 웹사이트의 하위사이트로 운영되는 웹사이트]에서 학생들은 "철학이라는 악의 꽃이 '단절'과 '방향전환,' 철학과 문학, 책과 전자미디어의 경계를 뒤흔들고 있다."[12]고 주장한다. 대학 네트워크 외부의 특정 웹사이트들은 진정한 의미론적·문체적 광란으로 이론적 논의를 알아볼 수 없도록 만든다. 온라인 정기간행물 『시시오리』는 구두점 없이 신조어나 두 문자어(예를 들어 VBRG는 '전지구화에 맞서 반란 중인 가상신체'Virtual Bodies in Revolt against Globalization의 줄임말이다)를 만들어 장난삼아 끌어 모으고, 성 푸코와 성 보드리야르를 정전시하며, 르네 데카르트의 **코기토**를 "쓸모없는 근대성의 유물"[13]로 치부한다. 학생들의 이런 프랑스 이론 읽기, 그러니까 젊은 열혈 지지자들이 염가 출판된 번역물로 시작해 책장이 닳을 만큼 읽으며 적절히 주석을 달고, 웹사이트들을 만들어 장난스럽게 재활용해왔던 이런 읽기는 궁극적으로 미셸 드 세르토가 말한 독자의 '침범'과 관련 있다. "알려지지 않은 …… 전유할 수 없지만 [이런 지식]을 입증하는" 지식의 영향을 받은 이런 읽기는 "[이론의] 주인이 아니라 세입자"가 된다. 이론의 주변에 파편적이면서도 공모적이고, 어느 정도는 은밀하면서도 매우 양식화된 '사이의 예술'art de l'entre-deux을 창조하면서 말이다.[14] 이처럼 읽기는 이론 텍스트를 전략적 책략으로 변형시키는 방식이 된다.

'교양으로서의 이론' 대 정당한 읽기

그러나 학생들이 가장 쉽게 낚아채 전복하는 듯한 그 텍스트들은 교수들이 학생들에게 관심을 갖게 만든 텍스트들이다. 폭넓은 개괄을 목적으로 사상사의 틀에 끼어맞춘 전통적 접근법에 의해 선정된 텍스트들, 그조차 갈수록 그 범위가 협소해지는 텍스트들 말이다. 가장 흔한 것이 데리다의 1966년 존스홉킨스대학교 강연문이나 『그라마톨로지에 관하여』의 발췌문, 푸코의 『감시와 처벌』 중 일부나 「저자란 무엇인가?」라는 학회 발표문, 「도난당한 편지」에 관한 라캉의 세미나, 식수의 논문 「메두사의 웃음」, 들뢰즈·가타리의 「유목론에 관한 논고」이나 들뢰즈의 영화 관련 저작의 발췌문, 필수목록인 장-프랑수아 리오타르의 『포스트모던의 조건』이다. 이런 맥락에서 교수는 비공식적으로나마 학생들과 이론 텍스트를 매개해주는 역할을 한다. 결국 소규모 강습에서부터 독서 범위의 적절함을 둘러싸고 수업시간에 벌어지는 논쟁에 이르기까지, 미국 학계의 모든 것은 프랑스에서보다 훨씬 더 학생과 교수를 가깝게 만들기 위해 고안된 것으로서, 이는 미국의 평등주의 전통과 보조를 맞추는 것이다. 18세기 초 알렉시스 드 토크빌은 이 전통이 미국 교육의 중요한 열쇠라고 주장했다. 이와 동일한 통찰이 1900년대 랑송의 마음 속에서 갑자기 떠올랐다. "학생과 교수를 규합하는 학술적 난혼이 있다. 그들의 교류는 더 가까워지고 빈번했으며, 상당한 영향을 주고받았다."15)

물론 교수가 학생과 더 가깝다고는 하지만, 모든 곳에서 그렇듯이 합당한 독해를 독점하는 것은 교수이다. 학문제도의 임무는 특정 기준을 충족시키는 독자들을 생산하고, 전문능력의 이름으로 필수 텍스트의 목록과 그에 적합한 다양한 독해방식을 부과하는 것이다. 교수의 권위는 권력의 위계를 다시 불러온다. 그러나 실제로 이 권위는 독해의 의미론적·이데올로기적 내용보다는 '부당'하다고 간주된 독해와의 대조를 통해(즉, 배제를 통해) 읽어야 할 작품의 목록과 생각해볼 문제를 구축하는 데 초점이 맞춰져 있다. 학생과 프랑스 이론을 중재하는 이 권위는 단순한 선동보다는 정치분석가들이 밝힌 바 있는 '의제설정 기능'을 대표한다.16) 즉, 학생들에게 **무엇을 어떻게** 생각할지가 아니라 **무엇에 대해**(이 경우에는 **무엇에 근거해**) 생각할지를 알려주는 것이다. 이런 권위는 각각의 이론적 운동이 지닌 중요성을 결정하고, 중요한 출처와 핵심 텍스트를 제시하며, (마치 결정을 못 내린 유권자들을 위한 여론 전문가처럼) 학생과 텍스트 사이에서 상징적 중재자나 문지기의 기능을 수행한다. 교수들은 늘 전문가이자 중재자로 프랑스 이론을 후원해왔다. 학생들이 학문적 권위에 저항하고, 강요된 정전에 맞서 대안을 제시하고, (페미니스트 교수이든, 데리다가 쓴 난해한 텍스트이든) 대학 교과과정에 존재하는 부권적 형상에 무관심·패러디·반항으로 꾸준히 대항해왔지만 말이다.

따라서 학생들과 이론 텍스트들의 중추적 만남은 대개 이런 권위가 작동하는 지점의 주변부에서 이뤄졌다. 독해와의 색다른 관계, 즉 (막스 베버의 두 가지 주된 분석 용어를 사용하면) **주술화**의 메커니즘과 **예언**에 대한 욕구에 훨씬 더 가까운 그런 관계를 통해서 말이다. 어떤 학생들, 특히 동료 학생들과 사회 규범에서 소외된 학생들이 어떤 단어, 어떤 모티프, 혹은 어떤 주제와 관련된 실존적 풍경에 영감을 얻곤 했다는 캠퍼스의 좋은 기억과 일화는 풍부하다. 가령 리오타르가 복원하려 한 '작은 이야기들'은 캠퍼스에서 돌고도는 이야기들과 아주 유사하다. 원본보다 '더 진정한' 모사본이라는 장 보드리야르의 기분 좋은 좌우명, 이행기의 대학에 갑자기 적용된 푸코의 '자기 배려,' 혹은 새롭고 예상치 못한 리비도적 충동을 해독하는 들뢰즈와 가타리의 '욕망하는 기계' 등. 이 책 저 책을 방랑하며 만난 이런 개념적 형상과 이론적 알레고리는 [기존의 규범에 맞서는] 대항적 신념의 징표, 페티시, 반복어구가 됐다. 이론의 이런 요소를 늘 완벽하게 통달하지는 못해도 학생들은 이전의 가족세계나 직업화·전문화된 외부세계에 맞서는 저항의 형태로, 혹은 우울한 공허를 메우려고 이런 요소를 전유한다. 학생들에게 어떤 입문의 느낌을 주는 이 과정은 중립적 기반 위에서 자신을 만들어갈 수 있는 저 몇 년[대학시절]의 통과의례적 측면을 통해 강화된다. 19세기 독일에서 등장해 입문용 문학을 지칭하게 된 **교양소설**이라는 용어가 청소년들 사이에서 열렬히 소비됐듯이, 우리는 (그 낯익은 타자성 때문에 학생들이 친숙하게 받아들였고, 그래서 여타 필수 도서와는 전혀 다른) 이 새로운 이론적 존재를 **교양이론**이라고 불러볼 수도 있겠다. 이렇듯 이론 텍스트들은 대학시절의 젊은이들이 복잡하게 뒤얽힌 담론들 사이를 뚫고 나가 (사회적, 개인적, 가정적, 문화적, 직업적 등 다양하게 불릴 수 있는) 다양한 영역에 도달하게 해줄 길잡이가 됐다.

부르디외가 묘사하듯이 책들은 "마치 우리가 그 안에서 삶의 기술을 배우고 싶어 하는 텍스트처럼 …… 마법의 비밀을 간직한 보관소"17)로, [그 자체에 담긴] 의미론적 가치를 예민하게 수용해줄 청중을 학생 독자들 사이에서 발견한다. 학생들에게는 자신의 생각을 펼쳐볼 사적인 공간을 확보하고, 대학이라는 사회적·세대적 중간 지대에서 자신의 주체적 영역을 표시해줄 교과서 이외의 참조점이 필요하다. 대학시절은 학생들이 지배적인 노동윤리로부터 어느 정도 거리를 둔 채 유희나 위반을 통해 스스로를 탐색해가고, 흔히 직접적 성과를 내지 않아도 하찮은 열정에 이바지할 삶이 유일하게 허용된 시기이다. 미국 대학의 이 학술적 우회로가 그 자체로 프랑스 이론의 실존적 차원과 맞닿아 있는 것은 이 때문이다. 요컨대 이 우회로는 일종의 주체화·재주술화, 심지어는 선천적·환경적 구속에서 벗어나는 해방을 제공해준다. 우리는 이런 [지적] 교류가 또래 공동체, (구성들 사이에서만 통하는 코드나 우정에 근거한 개종을 통해) 중고등학교 시절의 은어나 특정 저자에 대한 존경을 공유하는 공동체를 한데 묶어주는 공고화 효과에도 주목해야 한다. 만들어진 방언, 재전유의 코드, 공유된 정보는 한데 합쳐져 일종의 집합적 독해를 낳는다. 학생들은 서로에게 책을 추천하고 무리지어 토론하며, 학문적 발견을 교환하고 무지몽매한 자들을 비웃으며, 웹사이트에 올린 텍스트나 홍보물을 함께 작성한다. 물론 어떤 경우에는 **근거 없는**, 완전히 독특한 독해가 일어나기도 한다. 워싱턴대학교에 근거를 둔 『파놉티콘의 k.i.s.s.』라는 기이한 웹사이트가 좋은 예이다. 이 웹사이트를 만든 학생들은 리오타르에 관한 페이지를 하나 만들었는데, 여기서 리오타르는 그의 저작을 통해서가 아니라 웹마스터들이 리오타르적이라고 본 '평행 우주'라는 렌즈를 통해서 묘사된다. 게다가 록그룹 토킹헤즈나 컬트영화 『블레이드 러너』에 의해 의인화되기까지 한다.[18] 더 전통적으로, 이런 식의 독해는 학생들이 어린 시절이나 사춘기부터 짊어온 구속에서 스스로를 풀어놓는 해방적 기능을 하기도 한다. 텍스트에서 실제로 다뤄지는 주제를 통해서뿐만 아니라, 푸코와 데리다의 글을 활용해 만든 페이지에서 추상적인 일탈이나 위반의 제스처로 드러내는 순수한 격정을 통해서도 말이다. 이런 **단절**이 야기한 서정적 분위기나 소생의 정서는 (자주 그런 것은 아니지만) 새로운 글쓰기, 일종의 텍스트적인 재순환을 촉발할 수 있다. 젊은 조교수 로버트 다이어가 자신의 제자 R. A. 브링클리와 공동 집필해 『세미오텍스트』에 기고한 논문이 좋은 예이다. 둘의 자전적 이야기와 패러디된 전문용어들이 뒤섞인 이 논문에서 이들은 각자의 '오이디푸스적 뿌리'(브링클리는 이타카의 교외, 다이어는 자신의 고향 뉴질랜드 빅토리아의 환경)를 '해체'하고, 초심자들을 위한 반어적인 각주나 암시를 써가며 각자가 걸어온 ('기원의 질擘'로부터 '유목적 순간'으로의) 여정을 **이론을 통해** 들려준다.19) 이런 과정을 걸쳐 자유로운 글쓰기에 자신을 내맡기게 됐다는 이야기를 말이다.

확장되는 세계, 사유화되는 지식

학생들을 논외로 한다면, 프랑스 이론의 텍스트들과 이처럼 주체적이고 분위기 있다고도 할 만하게 접속하는 방식은 (이 텍스트들이 어렵다는 점에도 불구하고) 자기 이름으로 발표한 출판물도 없고, 이론의 지시대상을 맥락화해주는 공인된 담론 없이는 이 텍스트들을 결코 이해하지도 못하는 사람들이 즐겨 쓰는 전술이 되어갔다. 연구에 종사하는 선생들, 조교수들, 졸업 뒤의 불확신한 미래를 걱정하면서도 여전히 유목론이나 프랑스 페미니즘에 푹 빠져 있는 학생들, 지식과 출판의 엄격한 위계 속에서 '지배받는' 여타 구성원들이 흔히 이게 속하는 사람들이다. 이들은 어떤 중개기관[가령 대학]이나 경력 쌓기 계획을 통해 이론을 접하지 않는다. 그보다는 일종의 두려움이나 신비감, 전前합리적인 아우라에 휩쓸려 이론을 접한다. 이들은 전체로부터 일부를 골라낸 뒤 좀 더 친숙한 맥락에 사용해보는 식으로 전체 논리를 축약해 자신이 느낀 감정[두려움, 신비감, 아우라]을 퍼뜨리려고 한다. 따라서 이 경우에 이들은 거침없이 이론을 활용한다. 왜냐하면 이들의 사용법 자체가 파편화되어 있기 때문이다. 프랑스 이론으로 공식 학위를 받은 전문가들과 달리, 이런 독자들의 목적은 자신을 위해 일종의 전기/서지목록을 공들여 만들어내는 것이다. 요컨대 지면이라는 감옥으로부터 이론의 수수께끼를 풀어주고, 그 함의를 존재의 모든 측면에 적용해봄으로써 텍스트와 실제 생활을 독특하게 연결해내는 것이 이들의 목적이다. 따라서 보드리야르가 걸프전은 텔레비전 화면의 중재를 통해 벌어졌기 때문에 "일어나지 않았다"고 간주했듯이,[20] 어떤 사람들은 아주 잘 알려진 대통령 선거가 실제로 일어났는지 의심하는 척한다. 들뢰즈가 피부와 '표면 효과'보다 심오한 것은 아무것도 없다고 말했다며 [직접적으로 몸을 쓰는] 성교보다 관능적 애무와 충족되지 않은 행위를 선호하고 옹호하는 독자들도 있다. 푸코의 작업이 '광기'로 알려진 범주가 획정·억압됨으로써 이성이 **생산**됐음을 밝혀냈고, 양자[광기와 이성]의 긴밀한 관계를 드러냈다고 이해하는 학생 독자들이 보기에 마약상은 정상성의 반대편, 즉 정상화된 환각상태에 다가가게 해주는 푸코적 인물이 된다. 이처럼 이론은 어떤 식으로든 독자가 자신의 세계를 이해할 수 있도록 도와주는 용법과 실천을 끌어오는 **서사**를 생산해낸다.

더 정확히 말하면 데리다적인 유령, 리오타르적인 반영웅, 푸코나 들뢰즈로부터 취한 주변적이고 위반적인 인물 등이 살아가는 이 별세계는 경력에 유리하게 매사를 선택하고 일류에 집착하는 관습적 세계의 대안이다. 바로 이런 별세계가 학생들을 정서적·개념적으로 **무장시킨다**. 학생들은 졸업할 즈음 구직시장이라는 냉정하고 추상적인 개념과 직업적 야심 아래에서 소외되기 십상이다. 이런 상황에서 이론과 접촉해본 경험은 (자원봉사를 해본 적극적인 경험이나 생태학적 소신 같은 여타 요인과 더불어) 학생들로 하여금 (옛날의 더 급진적이었던 반항아들과는 달리) 이기적으로 '경력'을 쫓기보다는 좀 더 개인적이고 헌신적인 '사명'을 선택하도록 고무시킬 수도 있다. 단지 고소득 직업보다는 마음이 움직이는 직업을 선택하도록 말이다. 그러나 푸코나 데리다를 읽는 일이 신기하게도 '어떤 의미'를 줬을지 모를 후자의 선택은 대학시절의 이론지향적 공동체를 연장시켜주지는 못한다. 이 공동체를 유지할 수 있는 유일한 수단은 [대학에 남아] 가르치는 일일 것이다. 실베르 로트랭제의 몇몇 제자들은 그가 가르친 관점을 각자의 직업생활에서까지 확장할 만큼 대담했지만(가령 마가레트 샌델은 바타이유적 정기간행물『다큐먼츠』를 창간했고, 팀 그리핀은 대안 잡지『아트바이트』를 냈으며, 존 켈시는 전복적인 패션회사 '베르나르데트'를 차렸다), 프랑스 이론과 조우한 대부분의 학생들은 '생업'을 구하기 위해 훗날 프랑스 이론을 버린다. 켈시의 잡지『메이드 인 유에스에이』가 추진한 것으로 패션업계에 무질서를 가져올 기획이나, 배설의 정치[학]적·인류학적 가치를 탐구하겠다는『다큐먼츠』의 특집호 같은 것은 여전히 프랑스 이론과 직결된 기획에 참여하고 있다. [그러나] 들뢰즈·가타리의 저작에 나오는 '소수자'의 이름으로 특정 NGO에서 일하거나 푸코가 말한 '통제의 제도들'과 싸우는 변호사로서의 경력을 쌓겠다는 것은 기껏해야 미심쩍고 호사스러운데다가 향수 어린 정당화가 될 뿐이다. 이 경우에 프랑스 이론은 일종의 추억으로, 희미하게나마 [자신의] 일관된 이력을 보여주는 데는 필요하겠지만 오늘날과 같은 대학생활이나 문화산업의 언저리에서는 더 이상 생생한 **참조점**이 될 수 없는 추억으로 기능한다.

이렇듯 독자의 주체성과 이론 텍스트가 맺는 생생하고 거의 지나치다 싶을 만큼 친밀한 상호관계를 더 잘 이해하려면 폴 리쾨르가 제안한 **대상지시의 영역**이라는 개념을 적용해볼 수도 있다. 서사의 예를 활용해 리쾨르는 어떤 발화들이 "자구적 의미의 폐허 위에서 …… 직접적으로는 말해질 수 없는 우리의 세계-내-존재 양상들에 대한 좀 더 근본적인 **대상지시** 능력"21)을 해방시킬 수 있음을 보여준다. 미국 학생들이 재구성한 **이론적** 발화들, 프랑스 이론이라는 몸통에서 뜯겨 나와 다른 데서 다시 순환된 이 살점들이 바로 이런 발화들이다. 이런 관점에서 **은유화**라는 개념은 더 이상 언어의 어떤 기능만을 말하는 것이 아니라(**텍스트 바깥**의 실존적 상황에 처한 학생들에게는 폴 비릴리오의 저작에 나오는 '벙커'나 들뢰즈의 '강렬도' 개념이 단순한 은유로 작동할 수 있다) 존재론적 차원을 획득한다. 이론의 지시대상으로 충만한 학생이나 활동가의 **세계**는 "내가 읽고 해석하고 사랑했던 모든 텍스트를 통해 열려진 대상지시의 총체" 자체가 된다. 이것은 더 이상 기호들의 '주위환경'Umwelt이 아니라 의미화의 '세계'Welt이며, 단순한 은유적 **지각**의 '~처럼 보다'의 사례가 아니라 차라리 그렇게 구성된 세계에 대한 충만한 참여, 즉 '~처럼 존재하다'의 사례이다.22) 다시 말해서, 미국의 어떤 독자들이 보드리야르의 '시뮬라시옹' 이론이나 푸코가 말한 '예속화' 속에서 자신들이 살아가고 있는 세계를 만나거나 재발견하게 된다면, 그것은 [그 미국의 독자들이] 텍스트와 세계가 근본적으로 다르다는 전제 아래 프랑스 이론의 텍스트를 실존적으로 왜곡하거나 투박하게 전유해서가 아니라 두 영역이 상호 침투해서이다. 이런 식으로 텍스트와 관계맺는 데는 모종의 순수함, 글자 그대로의 해석이라고 할 만한 것이 존재하지만, 바로 이것이 텍스트의 실존적 기능과 공감적 잠재력에 도움이 된다.

따라서 각각의 텍스트는 독자의 주체성에 "내가 거주할 수 있고 나의 가장 고유한 힘을 그 속으로 투사할 수 있는 어떤 세계"23)를 선사한다. 이 세계는 그 자체로 텍스트와 삶에서 취한 요소를 결합할 수 있는 기제를 통해 **화해된** 세계이다. 여기서 리쾨르는 **서사**가 성장한다고 주장하고, 철학자 프랑수아 다고네는 그림이라는 시각적 알파벳을 통해 **도상**이 성장한다고 주장한다. 우리의 경우에는 [이론의] 지시대상인 세계, 텍스트의 공헌 덕택에 더 잘 이해될 뿐만 아니라 더 실현성 있고 어울려 살 만해진 세계의 진정한 **이론적** 성장을 이야기할 수 있겠다. 이때 성장이라는 것은 지식의 양적 축적이나 불투명한 세계를 가로지르는 빛의 팽창(자연발생적 행위이자 모든 텍스트에서 **벗어난** 세계를 전제로 한 그 무엇)이 아니라 이 세계를 대상화하는 일 없이 이 세계에서 살아갈 수 있는 능력을 말한다. 기계적으로 어떤 의미를 부과하는 일 없이 이 세계의 책갈피를 넘긴다든가, 그 안에서 자기 자신을 주체화하는 동시에 **탈주체화**하는 능력 말이다. 프랑스 이론은 허용된 논증적 담론을 건너뛰고 산포의 모티프와 다양한 주제를 부단히 재확인하면서 '출간된 저작물 없는' 독자들이 자기 자신에게서 탈피하도록, 특정 텍스트와 거의 융합되도록 독려한다. 지식과 맺는 이런 관계는 푸코가 **호기심**을 정의한 바와 다르지 않다. 푸코에게 호기심이란 "알아야만 하는 것을 제 것으로 만들고자 하는 호기심이 아니라 자기 자신으로부터 벗어날 수 있게 해주는 호기심," 지식의 획득만이 아니라 "어떤 식으로든, 그리고 되도록이면 아는 자의 일탈을 확실히 해주는 …… 앎에 대한 열정"이었다.[24] 이런 텍스트의 목록이 내밀하고 근본적으로 특이해서 사회학적 질문이라는 도구를 써서는 파악될 수 없다고 해도, 이와 같은 텍스트적 구성 수단, 이론적 독해와 지식을 통해 자신과 결별하는 수단, 텍스트에 몸담는 이 낯선 방식은 미국 대학에서 실질적인 쓸모를 가졌을 뿐만 아니라 미국에서 프랑스 이론이 낳은 가장 괄목할 만한 결과를 보여 준다고도 할 수 있다. 그러나 가장 지속적이었다거나 최상의 협력 속에서 얻은 결과는 아니다. 좀처럼 대학 경계를 벗어나 확장되지는 않았기 때문이다. 미국에서는 학문적 전문화 경향이 커지고 공적인 지식의 장이 점차 사라져가면서 지식의 사유화가 급속히 진행 중이다. 이런 지식의 사유화는 대학시절 큰 힘을 북돋워줬던 [이론 텍스트들에 대한] 독서 경험이 배움의 과정에서 부수적으로 발생한 변수(가장 유별나고 가장 덜 관습적인, 그러나 결코 가장 정치적이지는 않은 변수) 이상으로 발전하지 못하게 만드는 데 한몫했다.

10 예술적 실천
La contre-offensive idéologique

모든 예술작품은 아직 저질러지지 않은 범죄이다
테오도르 아도르노, 『**미니마 모랄리아**』(1951)

두 세기 전, G. W. F. 헤겔은 예술이 이미 '과거의 유물'이라고 언급함으로써 예술의 종말을 고하는 수많은 예언의 맨 앞자리를 차지했다. 그 이후 예술은 취소되고, 녹초가 되고, 증발해버리기를 멈추지 않았다. 점점 더 비예술이 되어가고, 전성기 시절에 누린 자율성을 잃어가고 있으며, 도처에서 예술의 '부패'와 '진부함'에 관한 논쟁이 불붙고 있는 것이다. 지난 반세기 동안 예술의 전통적 토대(사실 헤겔과 폴 세잔의 세기가 강화했던 것과 동일한 토대)가 가장 구체적으로 계속 흔들린 곳은 미국이었다. 창작자의 영역으로 간주된 예술의 천상이 (복수 형태의) **예술세계들**이라는 결정적 개념(철학자 아서 단토가 공식화하고 사회학자 하워드 베커가 이론화한 개념)으로 대체된 곳도, 예술의 지속적인 변형과 새로운 사회적(그리고 재정적) 난잡함을 가진 미국에서였다. 미학적 사유와는 거리가 먼 예술세계들은 창작자에서 큐레이터·비평가에 이르는 "참여자들 사이에 수립된 협력적 연결망"으로 정의된다. 작품들은 이 과정에서 "협력하는 모든 사람들의 공동의 산물"이 된다. 이런 세계들의 바로 그 일관성은 더 이상 미리 규정된 예술 개념이 아니라, 정확히 "'예술성'과 '세계성'에 공통된 문제적 특징"에 좌우된다.1) 달리 말해 사회적 기호들의 증대와 시장의 무제한적 팽창에 둘러싸인 가운데 새로운 구별불가능성이 예술에서, 실천과 담론, 예술가와 비평가, 일과 생산, 전복과 광고 사이에서 분명해졌다. 그리고 이런 구별불가능성은 이제 하나, 혹은 여러 개의 예술세계들을 구성하는 것의 중심에 굳건히 뿌리내렸다. 자크 랑시에르가 진술하듯이, 만일 "예술의 미학적 체제가 …… 예술작품의 삶 속으로 그 자체[예술작품]를 변경하는 무한한 비판의 임무를 들여온다면"2) 문제는 작품과 담론의 경계가 사라지는 포스트미학으로의 이동이 일어났는지의 여부가 된다.

프랑스 이론이 대서양을 가로질러 발디딘 곳이 바로 여기이다. 오늘날 예술이 처한 '난국'을 둘러싼 최근 프랑스의 논쟁들과는 무관하게 프랑스 이론의 가장 강렬한 활용과 가장 아찔한 성공, 또한 가장 조악한 왜곡이 [이곳의] 예술가 집단에서 일어났다. 프랑스 이론이 미친 파장은 누구나 할 것 없이 인지됐는데, 확실히 프랑스 예술가들이 창조한 것보다는 분명했다. 『아트프레스』 30주년 기념판에서 로버트 스토는 "1980년대 초에 … 미국 잡지들은 프랑스 예술에 거의 지면을 할애하지 않았다. 그러나 프랑스 이론의 파도가 가차 없이 밀려오고 있었다"고 기억한다. 장 보드리야르의 파도가 "거품으로 된 산마루였다면 롤랑 바르트, 미셸 푸코, 줄리아 크리스테바에게서 우리는 더 깊은 흐름의 웅성거림"을 들을 수 있었다.3) 프랑스 저자들은 모두 다양한 형식으로 예술의 실천과 담론 사이에서 새로운 표현을 제시했고 그들의 오래된 변증법적 위계와는 달리 이 두 요소의 역사적 수렴이 유효함을 단언했다. 그들은 **미학**을 분리된 지식 영역으로 보며 이론적으로 예술을 대상화하는 2백 년 묵은 실천과 결별했다. 예를 들면 자크 데리다는 회화에서의 '진리' 개념을 면밀히 조사했고, 푸코는 에두아르 마네의 작품에서 근대 예술의 '자기지시적' 체제를 발견했다. 다른 한편으로 보드리야르는 앤디 워홀의 작품이나 보부르 **효과*** 속에서 작동 중인 '시뮬라크르'를 묘사했는가 하면, 폴 비릴리오는 '사라짐의 미학'으로 우리의 관심을 끌었고, 펠릭스 가타리는 무대공연을 과감하게 분석하면서 '과정예술'이라는 이론을 제시했다. 마지막으로 질 들뢰즈는 프랜시스 베이컨의 회화 작품에서 나타나는 '리듬'을 연구했고 『안티-오이디푸스』의 표지에 리처드 린드너의 그림 「소년과 기계」를 실었다. 장-프랑수아 리오타르는 다니엘 뷔렝에 관해 글을 쓰고 1985년 국립조르주퐁피두예술문화센터(이하 퐁피두센터)에서 '비물질'이라는 주제로 전시회를 개최했다.

예술작품에서 예술시장으로

당대의 위대한 예술 비평가들이 내세운 이데올로기적 공식에 따르면 추상표현주의는 유럽의 예술적·이론적 아방가르드에 **반대하며** 탄생했다. 이 운동은 유럽의 예술적 모델로부터 독립하겠다는 열망으로 들떠 있었다. 하지만 제2차 세계대전 이후 20년 동안 미국의 위대한

---

* '보부르'(Beaubourg)는 파리 4구의 레 알과 르 마레에 접한 지역이다. 1971~77년 이곳에 퐁피두센터가 설립되면서 오늘날 현대 미술의 중심지이자 수많은 관광객과 젊은이들이 붐비는 문화의 공간이 됐다. 보드리야르는 보부르센터라고도 불리는 이 퐁피두센터를 시뮬라시옹이 이뤄지는 대표적인 장소로 지목한 바 있다. '보부르 효과'란 이처럼 그 안에 들어오는 모든 것을 일종의 시뮬라크르로 만드는 기능을 말한다. 장 보드리야르, 하태환 옮김, 「보부르 효과: 함열과 저지」, 『시뮬라시옹』, 민음사, 2001, 116~136쪽.

화가들과 프랑스 (포스트)구조주의의 예비 지도자들은 여기저기서 잠정적인 연계망을 구축하고 있었다. 사이 톰블리와 롤랑 바르트의 만남이 좋은 예인데, 바르트는 "그 무엇도 **움켜잡으려** 하지 않는 서투름"[4]을 이유로 톰블리에게 갈채를 보냈다. 게다가 몇몇 강력한 주제가 몇 년의 간격을 두고 미국 예술과 프랑스 이론을 수렴시켰다. 리듬과 힘에 대한 집중, 중심 없는 구조의 정교화(잭슨 폴록은 "내 그림에는 중심이 없다"는 유명한 발언을 남겼다), 클레멘트 그린버그가 마크 로스코와 그의 평범한 흑백 사진에 대해 이야기하다가 창안한 용어인 '새로운 평면,'[5] 더 직접적으로는 로버트 라우셴버그와 재스퍼 존스와의 예술적 공모(존스와 함께한 존 케이지와 머스 커닝엄은 들뢰즈·푸코와 '이론적' 공모관계에 있었다) 같은 경우가 있다.

미국의 예술 현장은 전후의 각기 다른 '생기론'이 예술계의 최전선에서 점차 밀려나고 아직 명확히 규정되지 않았던 새로운 흐름으로 대체되면서 1960년대 내내 크게 뒤흔들렸다. 이를테면 팝아트는 그 원칙들(도시 쓰레기 조각들의 회복, 재활용, 상품에 대한 역설적 태도)뿐 아니라 그 이름 자체도 영국에서 수입됐는데, 그 저류의 힘은 고독하고 자율적이고 비극적인 예술가의 근대적(혹은 근대주의적) 형상을 진부함 속에 쑤셔박았다. 그 예술가가 세계 **외부**에 있든 세계와 **맞서** 싸우고 있든 말이다. 광고회사에서 근무했던 앤디 워홀은 1963년 맨해튼에 '팩토리'라는 스튜디오를 열었다. 거기서 워홀은 최초의 실크스크린 연작을 완성했다. 시인과 음악가들(루 리드와 곧 만들어질 벨벳언더그라운드의 다른 멤버들)을 접대했고 나중에는 『인터뷰』라는 잡지까지 창간했다. 클래스 올덴버그는 최초의 설치 예술품을 만들어냈고, 로이 리히텐슈타인은 최초의 만화풍 그림을 내놓았으며,

장-미셸 바스키아나 키스 해링보다 먼저 그래피티의 예술적 가능성을 입증한 톰블리. 1979년 4월 10일 ~6월 10일 미국 뉴욕의 휘트니미술관에서 톰블리의 전시회가 개최됐을 때 바르트는 전시회 도록에 평론(『예술의 지혜』)을 기고해 마치 어린아이가 그린 것처럼 '서투른' 톰블리의 낙서(화)를 격찬했다. 전통적인 회화와 달리 일체의 형태, 의미, 논리를 캔버스 안에 붙잡아두려고 하지 않음으로써 톰블리의 캔버스 안에는 사실, 우연, 궁극적 목적, 놀라움, 행위라는 유형으로 이뤄진 사건이 일어나고 있다는 것이다.

10. 예술적 실천 373

큐레이터인 레오 카스텔리와 일리아나 소나벤드는 개성 강한 신인 예술가들의 작품을 전시했다. 로버트 인디애나는 그리니치빌리지의 문학적 대항문화와 강한 연계를 유지했다. 그동안 극단 리빙시어터 [1947년 뉴욕에서 설립된 미국 최초의 전위적 실험극단]는 최초의 예술적 **해프닝**을 공연하고 있었고(그 안에서 예술작품은 물질적 영역으로부터 사건의 영역으로 옮겨갔다), 이 모든 것은 얼마 안 있어 장-자크 르벨의 노력을 통해 파리로 수입됐다.

예술은 우월한 기능을 행하고 비판적 이성에 복무한다는 개념과 반대로, 새로운 암묵적 수칙은 시장 세계와 대항문화적인 도발과의 관계 모두에서 백방으로 판돈을 올리는 것과 관련이 있었다. 워홀에 대한 논평에서 보드리야르가 "예술은 비판적 부정에서가 아니라 …… 상품의 형식적이고 물신화된 추상을 능가함"으로써, "[여타의 다른] 상품보다 훨씬 더 상품이 됨으로써 자신을 구원해야 한다"[6]고 정확히 관찰했듯이 말이다. 그러나 그런 진화는 제2차 세계대전 이후 예술가의 임무와 (그린버그의 제목 중 하나를 사용하면) '아방가르드와 키치'의 차이에 관해 나타난 날카롭게 정교화된 담론의 종말을 보여줬다. 따라서 이런 진화는 1950년대를 휩쓸던 훨씬 더 자기반성적이고 계획에 따른 예술적 실천의 종말을 알렸는데, 베르나르 블리스텐이 요약한 것처럼 이 실천은 "회화적 매체의 최후와 사용가치에 대한 비판적 접근에 참여하고 있었다." 이런 참여로 인해 전후에 등장한 예술가들은 훗날 팝아트가 실천하는 "기계적 재생산의 원칙"과 극단적으로 대립하기에 이른다.[7] 자신만의 담론과 언표행위의 심급이 제거된 창작의 자율성은 (비록 예술가 자신에게서가 아니라 『파르티잔 리뷰』에 기고하는 예술사가들에게서 나온 외생적인 것이긴 했어도) 세속적 예술 실천이 입증한 타율성으로 대체됐고, 당대의 혼란스러운 진술에 의해 반박당했으며, 그것에 특별한 가치를 할당하는 정당화된 담론의 보호를 더 이상 받지도 못했다.

다양한 새로운 흐름과 혁신, 그리고 학파와 집단의 진정한 개화 역시 이런 진화에 기여했다. 피에르 부르디외가 말한 '분류적인 개념들'을 만들어냈다는 의미에서 말이다. 이런 개념들은 "한데 모인 집단을 실질적으로 식별"하고 '인정'받기 위해 서로 투쟁하는 '구별의 표식'을 제공하는 데 그 목적이 있는 시장에서, 소통이라는 주요 기능을 담당한다.[8] 따라서 '미니멀리즘'이라는 예술 개념은 1965년에 도널드 저드와 솔 르윗의 획기적 작품이 도래하며 나타났다. '개념' 예술 자체는 그 경계가 여전히 모호한 채 1967년 미국에 도착했다. 조각과 그래픽디자인, (조금 나중에) 비디오에서 실행된 새로운 실험, 대륙의 사막과 광활한 농경지에 설치된 '대지 미술'도 잊어서는 안 된다. 사회적 기호의 새로운 유입에 담겨진 그런 다양한 실천을 이해하고 내부적 기호의 새로운 전복('기호-파괴')을 시작하기 위한 제안을 지지하기 위해 프랑스에서 나온 대안적 기호학은 예술 비평을 지배했던 맑스주의 패러다임과 아직도 대학에서 가르치는 가장 인습적 형식의 미학 이론보다 1970년대 동안 훨씬 더 유용한 것임을 입증했다. 이미 제도화되고 있었던 소호로부터 이스트빌리지에 있는 즉석 갤러리, 전투적 보헤미안의 불법가옥에 이르기까지 몇몇 중요한 텍스트들이 유통되고 있었다. 이를테면 브랜드와 상표가 어떻게 사회적 신화로 기능하는지를 이해하는 데는 바르트의 『신화론』이 있었고 비판적 기호학이 제공하는 도구를 얻기 위해서는 (사회주의 페미니스트 예술가 바바라 크루거에게 지대한 영향을 끼친) 보드리야르의 『생산의 거울』과 『소비사회』를, 사회의 변방에 관한 정치 이론에서 자신을 성찰하려면 푸코의 『감시와 처벌』을 보는 식이었다. 그러나 이런 텍스트들은 아직 널리 알려지지는 않았고, 대부분 수많은 신예 예술가들이 중퇴했던 대학을 경유하거나 『밤』이나 『이스트빌리지 아이』 같은 대안 출판물에 실린 최신 기사를 통해 유통됐다.

가능한 역할을 둘러싸고 벌어진 뒤섞임은 대항문화적 모임들 사이에서 임계점에 이르렀다. 그곳에서는 누구나 예술가, 큐레이터, 비평가, 심지어 후원자가 될 수 있었고 수많은 집단/공동 전시회를 통해 의례적으로 재결합됐다.9) 가장 인정받는 갤러리들에 관해 말하면, 1980년대 초 예술시장이 누린 붐은 주식시장의 광기와 부동산 투기에 말려든 가운데 예술가들을 원래의 후원자들(비평가, 예술사가)로부터 떼어놓고 금융엘리트와 대중매체 쪽으로 밀어붙이며 [앞서 대항문화적 모임들이 겪은 것처럼] 익숙한 모든 것을 뒤엎는 효과를 낳았다. 예술세계들의 중심 역할이 재정의되고 미학 운동의 내적 자율성이 상실되어가던 이 맥락 속에서 1980년대 초 현장에 도래한 프랑스 이론은 천우신조와도 같았다. 몇몇 오해가 없지는 않았지만, 프랑스 이론의 도래는 목표를 잃고 표류하며 시장의 흐름에 통합될 참이던 실천 영역에 전에 없던 생기를 불어넣었고, 역사적이고 정치적 차원을, 그리고 실제로 관습을 거스를 힘이라는 환상을 그 영역에 부여했다. 프랑스 이론은 일단 텍스트를 직접 읽은 예술가들에게 담론적인 것과 창조적인 것이라는 두 요소가 서로 빼닮았고 그 본질상 서로를 변화시킨다는 점을 드러내보임으로써, 이후 담론(혹은 비평)에 한번 더 참여할 기회를 만들어냈다. 예술가들은 동시에 비평가나 이론가로서 세계에 대한 수행적 담론을 칼처럼 **휘두르면서** 개념적 예술가, 즉 언어적 사건과 텍스트적 **해프닝**의 저자라는 자기 몫을 어지간히 다 해낸다. 이런 이론의 새로운 유입은 의심스런 출처 없이, 다시 말해 학계의 엘리트이든 퇴행적인 제도이든 거기서 나온 주장이 선험적으로 무효라는 위협을 가하며 예술가들에게 다가갈 수 있었다. 그리고 그 덕택에 예술가들은 자신의 개념과 지각을 종합하고, 정식화된 담론으로 각자의 실천을 해석할 수 있었다. 예술가이자 소설가인 케이시 애커는 이렇게 썼다. "나는 내가 해온 것을 이론을 통해 말로 표현했다. …… 『앙티-오이디푸스』와 푸코의 책을 읽는 동안 나는 갑자기 이 언어 전체를 내 맘대로 쓰게 됐다."10)

1960년대의 '예술가-사상가' 세대, 즉 저드를 비롯해 리처드 세라, 조셉 코수스 같은 인물들은 [사상적·철학적 부모가 없다는 의미에서] 그 어떤 이론적 참조점이나 자기성찰의 소양도 없는 일군의 고아들에게 자리를 내줬다. 그들은 도덕적 교화를 담당한 비판적 이데올로그들의 카스트와 불안정화를 부르는 금융세계의 마법적 주문 사이에 낀 처지였다. 이 잡종적 세대에게 프랑스 이론은 접근가능한 대안을 제공하면서 이상적 동맹군으로 불현듯 나타났다. 보드리야르와 그의 작품이 차지한 최고의 위치에 힘입어, 양날의 검 같은 그의 언술은 이제 예술세계들의 난제를 풀어줄 해법처럼 들렸다. "이 착란상태에서 자본이 우리에게 던지는 도전 …… 을 미친 듯이 더 격렬하게 되받아줘야 한다."11) 실베르 로트랭제의 주장에 따르면, 자신이 보드리야르의 텍스트를 예술계에서 더 널리 읽히게 해야겠다고 생각한 것은 편집과정상의 우연이었다. 왜냐하면 1983년 『시뮬라시옹』 홍보 투어는 단지 한 줌의 대학생들을 매료시켰을 뿐이었기 때문이다. 그렇다면 큐레이터들과 예술가들을 대상으로 삼지 않을 건 뭔가? 두

달도 안 되어 보드리야르의 책은 중요한 위치를 떠맡게 됐다. 한 큐레이터는 "2년 사이에 누구나 『시뮬라시옹』을 읽었다"고 로트랭제에게 털어놨다. 어떤 화가는 로트랭제에게 "사람들은 누구보다 보드리야르를 잘 알고 있고 …… 각자의 작품에서 보드리야르를 활용하고 있었다"[12)고 말해줬다. 이것이 뉴욕 예술 현장에 그 흔적을 남긴 오해의 시작이었다. 예술적 실천과 이론적 담론 사이에 맺어진 난감한 관계의 연대기에 여전히 남아 있던 흔적 말이다.

시뮬라시옹주의자들의 오해

프랑스 이론은 본의 아니게 처음 공개적으로 벌어진 다툼, 즉 신표현주의 예술에 대한 논쟁에서 새로운 심판의 역할을 부여받았다. 신표현주의란 꼭 독자적 운동을 염두에 뒀던 것은 아니었지만, 독일과 이탈리아의 예술계에서 활동하던 일군의 예술가들이 1970년대 도입한 구상적·서사적·이행적 예술형식을 지칭한다. 이들의 작업은 비디오, 사진, 정치적 아이러니 등을 활용함으로써 풍요로워졌다. 산업건축물을 찍은 베허 부부[베른트와 힐라 베허]의 사진, 그 이후 안드레아스 구르스키가 찍은 사진(뒤셀도르프 출신으로 베허 부부의 제자였던 구르스키는 주식시장 상황실이나 슈퍼마켓 통로 등을 찍었다), 1930년대 표현주의 화가 게오르크 바젤리츠와 헬무트 미덴도르프에 대한 오마주로 나치의 장엄 미사를 환기시킨 안젤름 키퍼의 충격적 작품, 이탈리아 신구상미술 예술가 프란체스코 클레멘테와 엔조 쿠치의 작업이 이에 포함됐다. 이들의 활동 공간을 확보하기 위해 뉴욕의 예술적 성채를 포위하는 일에 두 명이 나섰다. 베를린박물관의 소장 큐레이터 볼프강 막스 파우스트는 월간지 『아트 포럼』에 기고한 논쟁적인 글에서 신표현주의 운동을 지지하며 명시성의 정도는 각기 달랐지만 리오타르와 들뢰즈·가타리를 지속적으로 참조했다. 파우스트는 이 글에서 욕망과 반질서에 호소하고 '탈주선'과 '생산적 강렬도'를 칭찬하며, 과도하게 합리적인 사회비판 담론에 대담하게 맞설 때 이뤄지는 예술가의 '혁명가-되기'를 넌지시 흘렸다.[13] 밀라노 출신의 큐레이터 아킬레 보니토 올리바는 자기 생각에 전염적 행복감과 시적 정서가 두드러진 이 새로운 '트랜스[횡단적]-아방가르드'를 옹호하고자 니체, '유목주의,' 유럽의 펑크 운동 등을 활용했다.[14]

뉴욕 비평계는 그 운동의 전시회에 대한 거의 즉각적인 반응으로 자신의 방어기제를 발동시켰다. 그 운동은 더 넓은 의미에서 독일-이탈리아적인 '비합리주의'로서, 뉴욕 비평가들은 이를 양국의 정치적 과거와 주저 없이 연계시켰던 것이다. 그들은 예술 출판물에서 자신들의 목소리를 높였다. 토머스 로슨은 신표현주의를 '시대에 뒤진 의태주의,' '신원시주의'와 연관시켰다.[15] 맑스주의자 벤야민 부흘로는 신표현주의에 '병적인 징후'와 '독재적 비합리성,' 혹은 '원형-파시스트적인 자유지상주의'가 있다고 비난했다.[16] 한편 도널드 커스핏은 신표현주의의 **표현적** 권력의지를 미국 예술가들의 '사회적 양심' 혹은 '간결한 표현'과 대비시켰다.[17] 이렇듯 미국 예술 비평계의 좌파들이 만장일치의 위압적 목소리로 과민반응을 보이자 상황은 예상보다 훨씬 더 혼란해졌다. (커스핏 같은) 특정 비평가들은 신표현주의 진영을 지지하며 발을 빼기 시작했고 예술가들은 곧 '재전유'의 이름으로 '전복적 공모,' 즉 (펑크 문화, 불법거주 운동과 관계를 맺을 당시 신표현주의자들이 그래피티, 사진, 광고 비틀기 등을 통해서 했듯이) 자본주의를 그 자체의 수단으로 공격하기를 요구했다. 이런 움직임은 예술의 자율성과 예술에 외재하는 비평이라는 환상에 대한 반응 속에서 이뤄졌다. 그리고, 이와 관련된 이들은 모두 이 논쟁을 '프랑스의 니체주의'에 관한 정치적 하중이 걸린 논쟁으로 변형시켰다. 맑스주의자들에게는 이데올로기적 퇴행이고, 다른 이들에게는 정치예술적 현장에 새로운 숨결을 불어넣는 사건으로서 말이다.18)

대서양을 가로질러 벌어진 이런 논쟁 말고도, 뉴욕은 신개념주의 운동의 증인이 되기도 했다. 이 운동을 중심으로 프랑스 이론을 미국 예술계의 중심에 안착시켰던 보드리야르가 꾸준히 인용됐다. 1980년대 초, 예술가 집단은 자신들에게 주어진 융통성 없는 선택지에 좌절감을 터뜨리고 있었다. 그 선택지의 한편에는 유사 맑스주의 예술 비평이 있었는데, 그 전략은 레이건의 신보수주의 혁명과 맞닥뜨렸을 때 신통찮음이 드러냈다. 다른 편에는 오로지 상업적인 예술형식에 신나서 매달리는 냉소주의가 있었다. 불만이 너무도 팽배해 있어서 새로운 운동의 토대를 형성하는 것은 아예 불가능했다. 에일린 와이너의 아티스트스페이스와 파슨스디자인스쿨뿐만 아니라 나투르 모르테와 인터내셔널위드모뉴먼트, CASH 같은 독립 갤러리에 주로 전시된 작품들을 갖고서, 예술가들은 스스로 절충적 단체를 결성했다. 여기에는 사진작가 신디 셔먼, 셰리 레빈, 리처드 프린스, 화가인 아치 피커튼과 로버트 롱고, '멀티미디어 혁신가'인 사라 찰스워스와 (주식브로커 일을 그만두고 예술계의 선동가가 되고자 자기 변신에 나선) 제프 쿤스가 포함되어 있었다. 이들은 영감의 원천으로서 구상미술이나 펑크 운동, 프랑크푸르트학파를 활용하기보다는 차라리 팝아트, 뉴웨이브 음악(토킹헤즈 같은 그룹들), 바르트와 윌리엄 버로스 같은 인물을 인용하는 경향을 띠었다. 또한 이들은 기존 개념 예술의 소재를 최근의 기술적 진보(비디오, 사진, 사운드)와 결합했고, 예술적 전복을 이뤄낼 최신의 형식은 '시스템'과 예술의 공모관계를 모든 측면에서 폭로하고 자본의 한계를 그 진정한 본질이 드러나도록 그 극한까지 밀고나가는 데 있다고 확신했다. 프린스가 "광고는 현실, 그것도 **유일한** 현실"이라고 강조했듯이 말이다.

이런 목표를 달성하기 위해 이 예술가들은 **기호에 대한 사회(학)적 비판**에 바탕한 이론과 접근법을 창출하려고 했다. 1984년 말 큐레이터 리처드 밀라조와 트리샤 콜린스의 주도 아래 "새로운 자본" 전시회가 조직됐던 바로 그때(이 운동을 두 사람은 **포스트**개념주의의 도래라고 했다), 좀 더 차분한 집단이 '신개념주의'라는 깃발 아래 모습을 갖췄다. 이 집단의 성원으로는 쿤스와 피커튼을 비롯해 하임 스타인바흐, 로스 블렉크너, 줄리 바슈텔, (『자본주의와 정신분열』에서 제시된 테제들을 자기 나름의 것과 아울러 확산시킨) 들뢰즈 연구자 팀 롤린스, (자신의 이론적 교양에 힘입어 이 집단의 중심이 된) 보드리야르 전문가 피터 핼리가 있었다. 이들이 진행 중이던 기획에는 자본에 대한 '아이러니한 비판'과 추상화의 '사회적 리얼리즘'이 포함되어 있었는데, 특히 이들은 통제가 목적인 도시적·기하학적 계열(길, 행정구역, 고속도로 출입로 등이 그려내는 경로)처럼 **비인간주의적** 전망으로 간주되는 것 일체를 좋아했고 이런 계열을 '신기하학'(네오-지오)이라는 이름 아래 묶어냈다. 핼리가 설명한 대로, 당면 쟁점은 해당 시기 자본의 발전 단계에 특유한 것, 즉 "국경을 가로지르는 고속도로와 컴퓨터, 전자오락 같이 부드러운 기하학"의 캔버스에 그 자국을 남기고 있었다.[19] 이 무렵 보드리야르는 뉴욕에서 자신이 누리고 있던 영광의 정점에 올라 있었다. 영어로 번역된 보드리야르의 책들은 매 년 수 차례 재쇄를 찍었고, 『아트포럼』의 당연직 편집위원으로 선출됐다. 특히 『뉴욕타임스』와 『빌리지 보이스』는 보드리야르를 줄기차게 인용됐는데, '하이퍼리얼리티'와 '시뮬라크르' 관련 기사들은 이렇게 자꾸만 늘어났다. 보르리야르의 시뮬라시옹 개념은 점차 하나의 유파 내지 학파로서 신개념주의자들뿐만 아니라 사회적 기호로 실험했던 모든 사람을 지칭하는 '시뮬라시옹주의'라는 용어를 만들어냈다(미국인들은 시뮬라시옹을 플라톤적인 방식으로, 즉 마술사들이 써먹는 '속임수'나 원본 없는 단순 모사물로 이해했다).

하지만 그 뒤로 관계는 악화됐다. 보드리야르는 1987년 3월 강연차 휘트니미술관과 컬럼비아대학교에서 두 차례 초청됐고, 수천 명의 뉴욕 예술가들은 표를 구하려 기를 쓰고 있었다. 콜린스와 밀라조가 이와 동시에 '반反보드리야르 쇼'를 준비해보려는 풍자적 생각을 떠올렸을 만큼 엄청난 광란이었다. 그 강연에서 『시뮬라크르와 시뮬라시옹』의 저자는 추호의 망설임 없는 어조로 "시뮬라시옹 학파 같은 것은 있을 수 없다. 시뮬라크르는 **재현될 수** 없기 때문이다"라고 선언했다. 그는 이 새로운 운동이 만들어지기까지 자신이 어떤 역할을 했다는 걸 인정하지도 않았다. 심지어 그는 자신의 개념이 멋대로 쓰인 데 대해 에둘러 비판하기도 했는데, 그 개념은 그 본질상 유동적인 것이라 포착하기 어렵고 정의상 응용불가능한 것이기 때문이었다. 이는 일종의 '배신'으로 간주됐다. 그것은 그동안 보드리야르를 추종해온 뉴욕 예술가들을 또 다시 고아로 만들어놓았고, 모든 예술 출판물에 대서특필됐던 것이다. 이런 오해는 여러 모로 값진 교훈을 남겼다. 몇 년 지나지 않아 **시뮬라시옹**이란 단어는 뉴욕 예술 현장의 비밀 번호로서, 일찍이 **해체**가 그랬던 것처럼 미국 문화를 이해하는 열쇠 중의 하나가 됐다. 그러나 기호의 탁월성이 재현을 대체할 것이라고 보드리야르가 내다봤음에도 불구하고 미국 예술가들은 다른 재현 양식을 형성했는데, 이는 근대 예술에서 이뤄진 일보 전진이었다. 즉, 근본적으로 반정치적인 보드리야르의 사유로는 더 없이 낯선 윤리적이고 정치적인 타협 속에서, 미국의 예술가들은 상업 세계를 모방하되 거기에 예속되진 않으며 그 세계가 만들어낸 환상들을 가지고 놀되 거기에 굴복하진 않게 됐던 셈이다.

한편으로 시뮬라시옹은 예술이 더 이상 존재하지 않기 때문에 존재한다. 이것이 보드리야르가 읊조리는 이론적 송가頌歌이다. 다른 한편으로 시뮬라시옹은 예술이 계속 존재하는 것이라면 존재해야 한다. 혼란에 빠진 예술 현장을 구원하기 위한 반응으로서 말이다. 프랑수아즈 가이야르는 이 역설에 대해 정확히 논평한다. 보드리야르는 "시뮬라크르의 세계에서 모든 비판적 기능의 사망확인서"를 발부하고, "시뮬라시옹에서 예술의 죽음"을 보는 반면, 미국인들은 "계속현실을 거슬러 예술을 하고 …… 비판적 기능을 보존하며 …… 하나의 제도이자 사업으로서 예술을 구원할 수단"을 찾고자 그것에 주목했다는 것이다.[20] 보드리야르의 사유 속에서 시뮬라시옹은 재현의 도덕적 코드가 아니라 특정한 글쓰기 방식, 유혹의 이론, 상징적 대상에 대한 비판과 엮여 있다. 보드리야르가 여기에 그의 (옛) 추종자 중 일부가 보인 '일탈'이나 '직해直解주의'는 적어도 뉴욕 예술 현장이라는 문맥에서는 그의 (옛) 추종자들이 역설적 사유와 보드리야르가 늘 취했던 이런 사유방식을 이해하는 데 얼마나 서툴렀는지를 드러내기도 한다. 이 어긋남은 보드리야르가 워홀과 사진작가 낸 골딘의 작업에 대해 이들 중 어느 누구와도 공동 연구를 하진 않았지만 세밀히 연구했다는 점, 한동안 크루거와 화가 에드워드 루샤 등과 접촉하기도 했다는 점을 고려할 때 더욱더 두드러진다. 하지만 보드리야르는 (쿤스에서 핼리까지) 모두로부터 자신과 함께 일하자는 결실 없는 제안이 불어나는 동안, 1980년대의 그 운동들을 그저 '팝아트의 일부'로밖에는 여기지 않았다. 스스로가 그 운동들에 관심을 가지지 않았고, 심지어 "모든 오해는 …… 예술이 근본적으로 내 관심사가 아니라는 사실에 있다"[21]고 대놓고 밝히기까지 했던 것이다.

그러나 핼리의 경우는 예술과 담론의 새로운 관계, 요컨대 가이야르가 '이론적 선의'라고 말한 바 있는 관점을 보여주는 상징으로 남아 있다. 1953년 태어난 핼리가 푸코와 데리다의 작업을 발견한 것은 예일대학교에서 공부하고 있을 때였다. 핼리는 단순한 기하학적 선과 형광색의 벽 페인트를 활용한 혁신적 회화 작업을 선보였을 뿐만 아니라 진정한 협력 프로젝트, 즉 공동작업 팀을 만들고 잡지 『인덱스』를 창간하며, 이론적 신조를 다잡는 일에도 참여하고 있었다. 따라서 핼리는 바넷 뉴먼의 작품을 재해석하면서 푸코의 사유에 기댔고, 대문자 역사와 추상 예술 사이에서 존재하는 전투라는 흥미로운 발상을 정당화하는 데 비릴리오를 활용했다. 물론 보드리야르는 팝 문화에서 '향수'가 행한 역할과 프랭크 스텔라의 작업이 불러일으킨 매혹을 설명하는 데 요청됐다.[23] 핼리는 자신이 보드리야르의 책을 "마치 워홀이 쓴 한 권의 책인 양" 읽으면서 시뮬라크르를 "글자 그대로," 사실주의적 양식으로 해석했다는 점을 뒤늦게 인정할 수는 있을 것이다. 그런데도 핼리는 특정한 역사적 맥락에서 생기는 **이론의 필요성**을 주장하고 있다. 중간계급이 거주하는 교외 지역에서 텔레비전을 보며 자랐지만, 팝아트나 비트 문화에 참여하기에는 너무 늦었던 1세대 미국 예술가들이 좌우간 일반적으로 인정받던 가치(랠프 왈도 에머슨의 인문주의, 20세기 중반의 모더니즘적 고급문화, 예술적 '초월주의')와 상징적으로 결별해야 할 필요를 느꼈듯이 말이다. 그들은 이론을 **통해서**, 이론 **안에서** 어떤 파열을 일으키도록 내몰렸지만 이 파열은 포스트모던 사회와 그 승리감에 젖은 (그 어떤 것에도 개방되어 있으면서 그 어떤 유토피아와도 무관한) 중간계급 탓에 효과적으로 이뤄질 수 없는 것이었다. **이론의 필요성**이라는 관념은 따라서 구별짓기 전략이나 가치에 기반한 모종의 필연성으로 환원될 수 없다. 어떤 의미에서 이런 생각은 아도르노가 예술과 (예술 이론인) 미학의 관계에 대해 했던 말과 그리 멀리 떨어진 것이 아니었다. "예술은 갈피를 잡지 못할 때 미학으로부터 규범을 지시받을 필요는 없다. 그러나 예술 자체만으로는 감당할 수 없는 반성능력은 미학을 바탕으로 형성되어야 한다."24) 즉, **이론적 실천**의 원칙과 접촉하고 있는 우리 자신을, 이번에는 [미학이 아닌] 예술 속에서 발견한 셈이다.

미국에서 이론적 실천이라는 발상은 프랑스 이론과 예술적 창작 간의 부서지기 쉽고 간접적이면서도 강박적인 대화가 상정할 수 있는 모든 형식에 있다. 그것은 이론적 참조대상 자체가 예술작품에 통합되는 드문 경우에, 그런 접속의 **생산물** 못지않은 징후로 있다. 철학 텍스트와 예술적 생산물의 기대치 않은 친밀함을 드러내면서 말이다. 예를 들면 데리다와 폴 드 만이 각각 셜록 홈즈와 모리아티 교수의 역할을 맡고 있는 마크 탠시의 포토몽타주, 푸코의 감옥 세계를 캔버스 위에 그린 로버트 모리스의 작업, 캘리포니아 소재 토머스 솔로먼 창고 갤러리 벽면에 들뢰즈의 인용문을 투사한 라이너 가날의 실험이 그렇다. 이런 맥락에서 예술과 이론은 각자의 상징적 등록소

마크 탠시, 『드 만을 심문하는 데리다』(1990), Oil on canvas, 83 3/4 × 55 in. (탠시는 명탐정 홈즈가 자신의 숙적인 천재적 범죄자 모리아티 교수와 함께 절벽에서 떨어져 사망하는 것으로 끝나는 「마지막 사건」[1893]에 수록된 시드니 패짓의 삽화를 참조해 이 그림을 그렸다.)

상의 차이를 무시하듯 행동하면서 직접적으로 서로에게 영향을 끼쳤다. 양자의 친밀함은 프랑스 이론의 흔적을 발굴하고 그것을 특정한 작업에 억지로 밀어넣은 중재적 비평가의 개입에 의해 종종 드러났다. 가령 『로스앤젤레스타임스』의 어느 비평가는 다이애너 세이터의 비디오 설치 미술이 "『의미의 논리』에서 펼치는 들뢰즈의 논의를 대담하게 그려냈다"[25]고 묘사했다. 이런 상호작용과는 대조적으로 대학에서는 살아 있는 대화가 지속됐다. 안드레아 프레이저, 할 포스터, 로잘린드 크라우스 등이 가르친 예술사 분야에서는 문학 영역에서처럼 예술세계들에서 프랑스 이론의 접근법이 지닌 정치적·역사적 함축을 밝혀냈고 재현의 기술, 심지어 예술적인 **존재양식**에 프랑스 이론이 실제로 끼친 영향도 살폈다. 예술세계들의 담론에 쓰인 여타 이론체와는 달리 들뢰즈, 리오타르, 보드리야르 같은 인물들이 만들어낸 이 이론은 예술을 해석하는 것이 아니라 경험하고, 작품을 의미론적으로 다루기보다는 그 작품과 접속하겠다는 야심(아니면 아마도 겸허함)이 있었다. 따라서 리오타르의 '숭고한 것'과 '형상'이라는 개념은 하나의 텍스트가 그렇듯이 한 작품의 내용을 **표현**하는 것이 아니라 어디까지나 "욕망의 강렬한 공간"을 나타낼 뿐이다. 이와 비슷하게 보드리야르는 불확정적 '의미'를 찾아내기보다는 한 작품에서 논리적으로나 풍자적으로 생기는 것으로 보이는 모든 메시지로 확장된 말장난을 만들어낸다. 그리고 특히 들뢰즈의 중요한 작업이 있다. 들뢰즈 덕분에 이제 회화는 (들뢰즈 자신이 프랜시스 베이컨을 다루며 그리 했던 것처럼) '재현 아래'에서 '재현을 너머' 어떤 개념이 제시해주는 **방향**을 파악할 수 있는 곳으로 향한다. 예술에서 "형태를 재생산하거나 발명하는 것이 문제가 아니라 힘을 포착하는 것이 문제"가

되는 곳, 요컨대 "그 어느 예술도 구상적[형상적]이지 않고 …… 감각과 밀접한 관계에 있는" 힘의 생산이 모든 [예술]형태의 목적임을 보여주는 "예술의 공통성"이 발견될 수 있는 곳으로 말이다.26)

비물질적 건축

건축은 그 자체로 괴짜 같다. 무엇보다도 서로 구별되는 복수의 세계에 스스로 연루되어 있기 때문이다. 기능주의적이고 유토피아적인 경향 사이에 끼여 있기 때문에, 건축은 이런 두 가지 충동과 **상충함**으로써만 스스로를 타당한 것으로서 정립할 수가 있다. 그 기획의 실현으로 원래 그런 기획의 존재를 고무했던 담론들과 쪼개지는 기획들을 실행함으로써, 이와 동시에 헤겔이 말했듯, "건축은 유용성에 기반하지 않은 건물의 모든 요소를 지칭"하는 고로 단순한 공리주의 그 이상을 표상하길 요구함으로써 말이다. 예술과 기술의 산물이자 기능적 관심과 이데올로기적 시각의 산물로서, 건축은 많은 역사적이고 집합적인 함축을 지니는데, 이 때문에 건축과 이론적(혹은 정치적) 담론과의 관계는 늘 불가결한 것, 필수적 동맹으로써 나타나며, 이는 순수 예술과 미학 철학 사이에서 최근 파악된 변증법적 상보성과도 거리가 멀다. 이에 따르면 건축과 프랑스 이론과의 만남은, 특히 그 주제에 헌신한 주요 이론가들의 관심을 고려한다면 불가피한 것이었다. 우리는 여기서 자연스럽게 1963년 『아르쉬테크튀르 프랭시프』라는 이름의 잡지와 단체를 공동으로 창간·설립한 비릴리오의 모든 작업뿐만 아니라 보부르를 이론화하고 장 누벨과의 대화에 나선 보드리야르의 작업을 떠올리게 되는데, 혹자에 따라서는 이 쟁점과 관련해 공간과 권력에 대한 푸코의 성찰을 고려할 수도 있겠다.

그러나 이 만남은 프랑스에서처럼 은밀하지는 않았다. 프랑스에서는 건축 교육과 그 실천에서 모두 이론에 대한 해묵은 불신이 지속됐는데 이는 확고한 반反이론 전문 출판물인『르모니퇴르』나 국립미술학교의 정문에 모든 책을 불태우라고 쓰여 있는 문구에서 발견할 수 있다. 그러나 이와 달리 1980년대 들어 시작된 미국 건축계과 프랑스 이론(특히 데리다의 해체) 사이의 예상보다 확장된 협력은 **유용한** 이론에 대한 통상적인 참조 위주였던 프랑스와는 두 가지 주된 방식에서 차별화될 수 있다. 무엇보다 세련된 **텍스트적** 편향 때문인데, 이는 건축의 탈물질화를 야기하면서 심지어 자기 자신을 구체적 물질화 외부에 있는 것으로 간주하는 건축 운동을 고무하기도 했다. 둘째로 두 표현형식의 놀라운 상호침투 때문인데, 이런 와중에 건축은 해체 쪽으로 돌아서고 이론은 갑자기 도시 중심과 공간 관련 문제에 초점을 맞춘다. 그 이면의 설명은 역시나 역사적인 것이다. 프랑스 이론은 르 코르뷔지에의 이상주의와 상황주의적 심리지리학에 영감을 줬던 건축의 비판적·정치적 기능이 점차 사라져가며 공백으로 남은 공간에서 대서양을 가로질러 그 모습을 갖췄다. 프랑스 이론가들의 텍스트들은 정치적으로 거세된 채 미국 해안에 상륙했고, '포스트모던' 건축은 좀 더 정치적이고 모더니즘적인 전통을 대체하고 있었다. 이런 전통은 가끔 현재의 사건을 둘러싼 논쟁으로 되살아났는데, 가령 세계무역센터 재건축과 (결국엔 추진하기로 결정이 난) 다니엘 리베스킨트의 프로젝트를 놓고 벌어진 최근의 토론이 그렇다.

비평가 찰스 젱크스는 건축적 모더니즘의 몰락을 상징하는 아주 정확한 일시를 제시한 바 있다. 1972년 6월 15일 오후 3시 32분. 세인트루이스에 있는 미노루 야마사키의 건축물이 다이너마이트로 폭파된 시간이다. 이 건축물은 20세기 중반 건축의 기능주의적 디자인과 산업주의적 합리성을 보여주는 전형으로, 추방당한 독일인 발터 그로피우스, 미스 반데어 로에, 프랭크 로이드 라이트 등이 그 범례를 보여줬다. 이때는 건축가 로버트 벤추리가 『라스베이거스로부터 배운다』를 출간한 시기이기도 했다. 그 책은 혼란스런 네온 불빛의 영광과 주렁주렁 금박이 달린 카지노 자본의 키치에 대한 성명서였다. 포스트모더니즘은 알도 로시, 마이클 그레이브스, 리카르도 보필의 작품에서 보이는 것처럼 1970년대의 혼종적 건축으로 그 개시를 알렸고, 아이러니와 허세적 과시를 지지하며 이전의 유토피아적 미니멀리즘의 이상을 뒤집었다. 게다가 로코코에서 매너리즘에 이르는 역사적 양식의 혼합을 도입했고, 모더니즘적인 유리와 석회 덩어리와는 전혀 거리가 먼 형식과 재료를 미래지향적으로 사용했으며, 팝 문화를 풍자적이거나 장난기 어리게 참조했고, 직선보다는 아라베스크(우아한 곡선)와 비대칭을 선호했다.

그에 따라 새롭게 형성된 건물과 공간의 관계는 여러 측면에서 말 그대로 **텍스트적**이었다. 건축가들은 역사적 시기로부터의 인용요소들을 건물 전면에 배치했고, 양식 자체의 문제(바우하우스가 아무 장식 없는 여분의 미학으로 복귀함으로써 없애려 했던 바로 그 요소)를 제기하고자 서로 다른 양식의 사용을 다양화했다. 또한 엄격히 필요한 것만을 사용하는 경제원칙에 대항해 형식적 도전으로 화려한 색채를 사용했고 낭비의 예술을 창조했다. 그리하여 건축가들은 축적된 미적 우회로를 활용하고 약간의 아이러니를 추가하면서 모더니즘과의 관계에서는 마치 문학과 전화번호부의 관계처럼 자리매김하려 했다. 이 새로운 포스트모던 건축은 좀 더 이론적 주목을 받게 됨에 따라 비슷한 이론적 담론을 활용하기 시작한 학술 분야들, 가령 비교문학, 영화 연구 쪽과 관련을 맺었다. 더욱이 1980년대 건축계에서는 개념적 대담성과 형식적 엄격함으로 차별화된 몇몇 독특한 스타일리스트가 출현했다. 네덜란드 출신의 렘 쿨하스, 이라크계 미국인 자하 하디드, 미국인 프랭크 게리 등이 바로 그들이다. 이 새로운 아방가르드 집단은 각종 학술행사와 협력 프로젝트를 통해, 그리고 보드리야르, 비릴리오, 특히 데리다가 쓴 프랑스 텍스트들을 폭넓게 참조하면서 건축의 **이론적 실천**이 모양새를 갖춘 지대에서 중핵을 형성했다. 많은 프랑스어권 저자들은 이미 이전 시대부터 담론들의 촉매로 기여해왔다. 이 기간 동안 앙리 르페브르와 기 드보르의 책들이 건축 수업에서 읽혔고, 보드리야르와 위베르 통카에게서 영감을 받아 출판물『우토피에』를 창간한 단체가 산업디자인 회의에 초대됐다. 이론이 단순한 도구 이상으로 진정한 건축적 세계관을 대표하게 됐던 것은 오직 이 시기뿐이었다. "세계를 주무르는 건축가들"을 통제하게 된 "지적 기생충"(『뉴요커』의 폴 골드버거와 『뉴욕타임스』의 에이다 루이스 헉스터블)의 권력을 비판하고, "해체와 자기파괴를 거듭하는 가장 어리석은 시기"(비평가 빈센트 스컬리)라며 당시를 조롱했던 주류 언론들로서는 몹시 분개할 만한 일이었겠지만 말이다.

건축학교뿐만 아니라 여러 회사들까지 뒤흔들고 있던 이론적 사유의 소요 속에서 데리다의 글쓰기는 정말이지 빠르게 참조용 텍스트가 되고 있었다. 건축 행위에 내재된 기능주의와 인과론에 대한 비판을 끌어내는 것 말고는 달리 정해진 프로그램 없이 논문들과 탁상회의를 통해 건축에 대한 해체적 접근법의 산만한 원칙이 세공되고 있었고, 스스로 '비인간중심적'이지 않고 '탈인간적'이라고 선언했다.

이런 새로운 이론의 관점에서 건축은 공간을 파편화하는 데 그 목적이 있었고 각각의 기획은 총체성 달성의 **불가능성**을 드러내려 했다. 이는 치환과 오염의 개념을 강조하는 것, 디자이너가 조정한 (기획을 성과로 연결하는 이상과는 좀처럼 양립하기 어려운) '사건들'로 설계를 대신하는 것, (특별히 하나의 건물, 방에서 다른 건물, 방으로의 형식적 모티프를 반복함으로써) 구조의 다양한 모순적 요구 사이에 내재하는 갈등을 강조하는 것, 마지막으로, 더 구체적으로 말하면 최초로 진정한 학제간 건축가를 육성하는 것으로 나타났다. 한편으로 건축가들은 건축이 늘 기존의 사회구조와 규범을 반영해왔다는 의미에서 보수적이라고 비난받아왔다. 그러나 다른 한편으로 건축가들은 공간을 변경하는 것이 세계를 바꾸는 것과 맞먹는 일로 간주됐던 제2차 세계대전 이후의 위대한 사회적 기획에 향수를 갖고 있었다. 이 시대의 초입에 새롭게 자격증을 딴 건축가들은 이런 직업적 딜레마를 극복하기 위해서 이론가**이자** 기술자, 비평가**이자** 실행자가 되리라는 기대를 받았던 것이다. 강의 추천 도서목록과 (『압스트랙트』 같은) 전문 서적에 이론이 진입한 것은 컴퓨터와 그래픽 디자인 소프트웨어가 널리 사용되고 있을 때인 1987~88년경이었는데 그것은 이론의 시험 도구로 간주됐다. 이런 새로운 건축(학)적 **이론주의**의 주요 주창자들은 종종 건축계와 학계 모두에서 활동하고 있었다. 뉴욕 건축연구원의 설립자이자 정기간행물 『아포지션스』의 책임자였던 피터 아이젠만, 프랑스계 미국인 베르나르 추미(컬럼비아대학교의 건축학과장), 뉴욕의 쿠퍼유니온에 있는 그의 맞수 앤서니 비들러, 데리다 연구자 마크 위글리, 샌포드 크윈터, 출판물 『존』의 공동 발행인이며 전위 비평가인 제프리 킵니스, 그의 전임자들인 젱크스와 제임스 와인즈, 심지어 비평가 겸 건축가로 필립 존슨도 있었다. 1950년대를 특징지었던 모더니즘에서 전향해 포스트모더니즘을 수용하게 된 존슨은 훗날 이 새로운 운동의 후원자 역할을 맡았고, 그에 걸맞게 1988년 뉴욕 현대미술관에서 "해체적 건축"이라는 주제로 일련의 전시회와 회의를 조직했다. 미국 언론들은 이런 움직임을 두고 실제보다 훨씬 더 포괄적인 운동이 도래한 양 떠들기도 했다.

게다가 이 운동은 몇 개 안되지만 효과적인 실현물을 생산했는데 그것들은 주거공간이라기보다 실험작품이라고 표현하는 것이 맞을 것 같다. 휴스턴에 전시되어 있는 연구 단체 SITE가 만든 '비규정적 표면,' 오하이오주립대학교 건물 로비에 아이젠만이 설치한 땅에 닿지 않는 기이한 기둥 등이 좋은 예이다. 아이젠만은 추미의 격려로 데리다가 플라톤의 『티마이오스』에서 차용한 '코라' 개념을 공간적으로 재현하려는 라 빌레트 공원 프로젝트에 대해서 데리다와 협력하기로 했다. 결국 그 프로젝트는 착수되지 못했지만 그로부터 중요한 컬트 북이 만들어졌다.27) 데리다의 글쓰기가 고무한 주요 목적은 기존의 것이든 잠재적인 것이든 건축을 **일종의 언어**로 이해하는 데 필요한 이론적 도구를 장착하는 것이었다. 대체와 환유 같은 문학의 문채文彩를 비롯해 우화나 일화 같은 장르가 이런 새로운 담론의 재료를 제공했다. 다양한 철학적·문학적 참조물의 상호텍스트적 원천은 그것에 틀을 제공했고 건축의 '형이상학적' 형식, 집과 중심화된 구조가 유사 데리다적 전문어에서 축출당했다. 좀 더 극단적인 경우, 비평가 와인즈는 "현대 건축물이 베케트의 희곡, 마그리트의 그림, 채플린의 영화에서 표현된 사회학적이고 심리학적 내용물 같은 것에 좀체 근접하지 못하는" 사실을 통탄했다.28) 아이젠만은 한 걸음 더 나아가 "독자들이 텍스트과 책을 대상으로서의 전체로 간주함으로써, 그리고 가옥을 개별적이고 총체적인 텍스트로 읽음으로써 이 책에 대한 전통적 독해를 강화한다"29)고 권장한다. 그러나 텍스트와 건축, 해체와 건축의 이런 암묵적 '계약'을 가장 정확히 개념화한 사람은 위글리였다. 위글리는 후자가 이론에게 공간적 은유와 안정적 어휘를 제공하는 반면, 전자는 답례로 '공간적 전위dislocation'의 요소과 철학적 배경을 제공한다고 주장한다. 데리다의 초기 작품, 특히 후설과 기하학을 다룬 작업을 다시 읽으면서 위글리는 해체가 그 원래의 기획뿐만 아니라 그 논의와 어휘에 있어서도 내생적으로 **건축학적**이라는 사실을 밝힌다. 건축학이 해체의 아킬레스건이고, 따라서 데리다의 논지를 '적용'하려는 단순한 시각을 뒤집음으로써 건축학에 파멸을 가져올 수도 있긴 하지만 말이다.30)

추미의 시각은 전문직 종사자의 시각에 더 가까운데, 그가 뉴욕에 건축 회사를 소유하고 있고 라 빌레트 공원에 설치된 그의 작품을 고려해볼 때 놀라운 일이 아니다. 그런데도 불구하고 추미는 이론적·문학적 작품들의 렌즈를 통해 자신의 실천을 재검토한다. 그 자체가 하나의 건축 기획인 '이접'이라는 중추적 개념으로 시작해, 그는 푸코의 광기 개념과 라캉의 '전이'와 '분산' 이론, 심지어 바타이유의 작품에서 발견되는 '위반' 개념을 건축과 비교한다. 블랑쇼와 젊은 필립 솔레르스가 쓴 텍스트들을 환기시키고 문학 이론의 개념들(**낯설게 하기와 탈구조화**)을 통합하면서 심지어 한 저자의 주석에서는 "사람들을 행복하게 만드는 건물은 건축의 목표가 아니라 반가운 부수적 효과일 뿐이다"31)라고 고백하기도 한다. 1988년 출범해 10년 넘게 지속된 것으로, 연례행사 결과물과 출판물로 이뤄진 '건축 뉴욕' 시

"이 건물에서 가장 건축적인 것은 건물 자체가 부식되어가고 있다는 사실이다. 사회가 건축에 기대하고 있는 형태를 건축 스스로가 부정하는 곳에서만 건축은 살아남을 수 있다. 역사가 건축에 부여해온 한계를 위반함으로써 건축이 스스로를 부정하는 곳에서만 말이다"(해체적 건축이 유행하기 10년 전인 1975년, 추미는 르 코르뷔지에가 디자인한 유명한 건축물 빌라 사보아[1931년 완공]를 보고 이런 말을 남겼다).

리즈는 이런 종류의 진화에 대한 완벽한 본보기이다. 초호화 안내책자, 정기간행물, 혁신적 디자인, 국제기금, 데리다·쿨하스·게리의 참여라는 특징을 갖고 있었지만 이 시리즈의 청중과 결과는 엘리트 계급에 뿌리를 두고 있었고, 결과적으로 건축가들에게 끼친 영향력은 아주 미미했다. 데리다의 글쓰기를 이용해 건물을 **탈총체화**하거나, 들뢰즈에 기대어 '매끄러운' 공간과 '홈 패인' 공간이라는 구별에 고무되거나, 그도 아니면 '접힘'과 '펼쳐짐'에 기반한 건축을 말하며 교수법에 흔적을 남긴 1990년대의 이론 동향은 모더니즘 건축의 정치적 함의가 귀환할 여지를 막았고 효과적 기획을 실행할 만한 인물들도 한데 그러모으지 못했다. 더 텍스트적인 용어로 말하면 이 동향은 건축이 그 자신의 한계를 시험하도록 강제했다. 불가능한 형식, 실현되지 않은 기획, 역사적 서사로서의 건축 개념을 탐험하고 새로운 기술의 도래와 함께 나타난 새로운 질문을 제기하도록 말이다.

11 이론적 계책
Machinations théoriques

20여 년이 지난 뒤 스크린 위의 삶 속에서 라캉, 푸코, 들뢰즈, 가타리 같은 석학들을 다시 만났다.
다만 이번에는 프랑스식의 추상적 사유가 좀 더 구체화됐다.
컴퓨터를 매개로 한 가상공간에서 자아는 다수이며 자유자재로 변했다.
또 지속적인 상호관계 속에서 자아가 새로 만들어지기도 했다.
자아는 언어를 통해 형성되고 변해갔다.
성적 회합이란 결국 기호를 교환하는 것이었다.
지식이란 분석보다 경험, 즉 끊임없이 가상공간을 돌아다니며 더듬더듬 새로운 시도를 하는 가운데 자연스럽게 형성됐다.
셰리 터클, 『스크린 위의 삶』(1995)

우리는 여전히 기술의 문제를 다뤄야 한다. 프랑스 이론의 순환과 각인 양식에 연루된 기술을 포함해서 말이다. 그것은 미셸 푸코의 저작에 나오는 '장치,' 질 들뢰즈의 저작에 등장하는 '기계,' 자크 데리다의 저작에 나오는 **테크네** 같은 개념이 프랑스 이론가들에 대한 주요 관심사로서 던지는 쟁점이다. 아주 이상하게도, 기술에 대한 전혀 반대되는 개념 아래서 미국에서 기술적인 만병통치약에 대한 무조건적 옹호를 맹세하는 모든 진영의 기술합리주의자들과 기술에 대해 공포를 가진 프랑스 지성계의 도덕주의자들은 한 가지 점에서 일치했다. 푸코, 들뢰즈, 데리다 같은 이론가들의 이른바 '비합리주의'에 대한 강한 혐오감이 바로 그것이다. 그 점 외에는 모든 것이 그들을 갈라놓는 것처럼 보였다. 전자[기술합리주의자들]는 수 년 동안 유럽의 '지적인 논쟁'을 궤변론자들 사이의 말다툼 아니면 문학적 도락으로 묵살했다. 1920년대부터 후자는 기계와 기술에 대한 미국인의 예찬을 모든 악의 근원으로서, 게다가 앙드레 지그프리드의 말을 빌리면 "점토만큼이나 쉽게 주조될 수 있는" 미국 사회의 위험한 연쇄적 순응의 증거로서 간주했다.[1) 미래를 칭송하는 것과 과거를 애석하게 바라보는 것 사이의 차이를 넘어 두 진영을 통합시킨 요인은 인간이라는 보편적 척도였다. 전자의 경우에는 도구에 대한 주인으로서, 후자의 경우에는 과학에 대한 비판적 관찰자로서 말이다. 사실, 프랑스 이론에 의해 다양한 형식으로 요청된 인문주의/인간주의의 (비판이라기보다는) 계보학 아래서, 하나의 질문이 솟아오르기를 기다리고 있었다. 이성 혹은 양심의 충실한 수호자들을 적으로 돌리는 것 같아 보였던 질문, 그리고 그들이 이론이 묻지 못하도록 막았던 질문. "만일 인간이 종말을 맞이해 이름 없는 존재, 사회적 접촉면, 유전적 특이성, 파동의 축적장치, 혹은 기술적 접속의 얽힘으로 대체된다면? 인간은 그저 기술의 한 가지 형상일 뿐이라면?"

어떤 독자들에게는 과학소설의 영역을 상기시킬지 모를 이 질문은 텍스트성이나 소수자에 관한 질문만큼 많은 학술 논문이나 이론적 동향을 만들어내지 못했다. 미국의 기술 지향적 지식인들이 좀처럼 자신의 착상들을 문학 연구로부터 끌어오지 못했기 때문이다. 그래도 그 질문은 지난 20세기의 마지막 20년 동안 '기술혁명'의 개척자들이 감행한 실험적 실천을 줄곧 따라다녔다. 주변적 학자이든 독학으로 공부한 기술자이든, 그들 중 상당수가 '흐름'의 논리와 '기계'에 대한 확장된 정의 때문에 들뢰즈와 펠릭스 가타리를 읽었고, 기술

사회의 자기-파괴를 다룬 논문과 속도 이론 때문에 폴 비릴리오를 연구했으며, 심지어 그가 기술에 대해 무지했다는 전설에도 아랑곳 없이 장 보드리야르의 작업을 들여다봤다. 참으로 이상하게도, 여기서 데리다는 비교적 눈에 띄지 않았다. 그렇지만 베르나르 스티글러가 설득력 있게 논증한 바 있듯이, 데리다의 그라마톨로지와 그의 이성중심주의 비판은 테크네가 인간을 발명하지 그 반대는 아님을 언급하면서 인간화 과정을 연구한 앙드레 르루아-구랑의 작업을 연장한 것으로 읽힐 수 있다. 즉, "문자^{gramme}의 역사는 전자 파일과 읽기 기계의 역사, 다시 말해 창의적인 동시에 발명된 것으로서 규정되는 …… **기술학의 역사**"로, "플라톤에서 하이데거, 그리고 그 너머에 이르는 기술학에 대한 전통적 생각을 파괴하는 하나의 가설"인 셈이다.[2] 프랑스 이론에 대한 통상적인 사용자들, 문학 비평가들이나 소수자 공동체 활동가들은 이 가설을 고려하지 않았다. 하지만 현실의 '사회적' 영역뿐만 아니라 '인간적인 것'을 구성하는 것으로서 존재의 주요 기술적 토대와 기계적 연결망에 관한 이런 가설은 다른 활동의 장 (예를 들면 학계와 기술계의 변경)에서 프랑스 텍스트들에 대한 완전히 새로운 용법, 다시 말해 진정한 **이론적 계책**을 고무했다.

임시 자율지대: 사이버공동체의 실험

1980년대에 발전된 최초의 전자 네트워크는 일반 대중에게 알려지지 않았고 컴퓨터 프로그래밍 전문가들과 특정 대학에서만 사용됐다. 어떤 이들에게 이런 네트워크는 저항의 공간, 사회의 사각지대, 지각될 수 없는 영토를 구현했다. 이곳을 피난처 삼아 그들은 새로운 공동체를 건설하고 지배권력을 부식시킬 수 있었다. 이때는 일군

'하킴 베이'라는 필명으로 더 잘 알려져 있는 윌슨(Peter Lamborn Wilson, 1945~)은 미국을 대표하는 개인주의적 아나키스트이다. '임시 자율지대'라는 개념은 '해적들의 유토피아'(해적들이 비축물을 감췄던 섬이나 동굴)에서 착상을 얻은 것인데, 윌슨은 이에 관한 연구서를 발표하기도 했다.

의 해커가 나타나 FBI의 새로운 부서에게 쫓기고, 스스로 카오스의 제왕 혹은 어둠의 군단 같은 신화적 호칭을 붙이던 시기였다. 그들은 거대 기관들을 상대로 깜짝 공격을 개시했다. 데이터베이스를 파괴하고 전국 전화망을 봉쇄하면서, 브루스 스털링의 말에 따르면 진정한 '디지털 언더그라운드'를 형성했다.3) 하킴 베이란 가명을 쓰는 전투적 아나키스트이자 실베르 로트랭제와 짐 플레밍의 친구이던 별종 캘리포니아 지식인이 '임시 자율지대'Temporary Autonomous Zone[이하 TAZ]라는 이론을 도입한 것도 이 시기였다. 이 용어는 커다란 성공을 거둘 운명이었다. 그 용어로 곧 인터넷의 전사前史가 완벽히 요약될 것이었기 때문이다. 그 수 년 동안 광고나 주류 상업 웹사이트들 없이 네트워크는 전과 다름없이 권력자들의 사각지대, 진정한 대안정치 문화의 매체가 됐다. 1985년에 1판이 나와 곧 컬트적 지위에 오른 베이의 텍스트는 독자들에게 "웹에 대한 은밀하고 불법적이며 반역적인 사용"과 "그림자 같은 대항넷 혹은 웹"의 발전을 호소했다. 그것은 지하출판이나 암시장과 유사한 수평적 정보교환으로 만들어지는 구조였다.[4] 이 책은 『폭풍』의 칼리반과 부패 없는 식민주의자라는 신화뿐만 아니라 기 드보르와 자유옹호주의자들까지 언급하면서, 두 가지 주된 각도에서 프랑스 이론을 의미심장하게 이용한다. 우선 '시뮬라시옹의 시대'나 '카오스 과학'이라는 보드리야르의 관점, 들뢰즈의 메아리가 들리는 '혁명적 유목주의'와 '빈 공간' 개념을 절충적으로 전용했다. 또한 이 책에는 대학에서 보이는 프랑스 이론의 비굴한 용법, 즉 1980년대의 'S/M 지식인들'에 대한 예리한 비판도 있다. 베이는 이 비판을 비릴리오에서 가타리에 이르는 이들의 이론 전반에 대한 자신의 자유롭고 장난스러운 용법과 대비한다.[5]

이 '지대'의 자율성은 곧 사라졌지만 보호된 유토피아라는 신비로운 발상과 온라인 대항문화는 계속 살아 숨 쉬었고 프랑스 저자들로부터 몇몇 선별된 표현을 수용(때로는 오용)했다. 들뢰즈와 가타리가 비유적으로 사상가를 "새로운 존재양식 속으로 '미끄러져' 들어가는 …… 일종의 파도타기 선수"[6]라고 말한 것은 온라인 항해가 아니라 실제 수상 스포츠와의 유사성을 의도한 것이지만, 인터넷상의 색다른 사유방식이라는 관념을 선형적 이성의 대안으로 지지하는 데 쓰였다. 바로 이것이 **이론**과의 연계 아래 학생 웹사이트들이 펼친 디지털적이고 모듈화된 사고방식이었다. 가타리의 저작들도 미국의 초기 사이버공동체 운동가들에게 영향을 끼쳤다. 생물학자 프란시스코 바렐라의 '자기생성적 기계'를 가타리가 언급했기 때문인데, 바렐라는 이 용어를 '기계장치들'을 통해 이뤄지는 **개체발생**(자아의 주체 없는 구성)을 언급하는 데 사용한다.7) 미국의 사이버공동체 운동가들이 가타리의 작업을 끌어안은 것은 "현재의 억압적 시기에서 탈출해 미디어 사용의 재전유와 재특이화로 특징지어지는 포스트미디어 시대로" 사람들을 이끌어주리라는 '데이터 뱅크'나 새로운 형식의 '쌍방향성'에 관한 가타리의 이상적인 논의 때문이었다.8) 즉, 그들은 미니텔이 아직 네트워크 장비들의 제왕이던 프랑스의 TAZ 활동가들과 똑같은 요구를 했던 셈이다. 그러나 프랑스 이론은 인터넷을 저항의 무기로 규정하고 네트워크를 **정치화할** 초대장으로서 읽히는 대신, 무엇보다도 기술적 실천에 대한 장난기 어린 자기성찰적 심사숙고의 구실이 됐다. 프랑스 텍스트들은 그 당시에는 거의 분석되지 않았던 도구를 **이론적으로** 조명해줄 수단을 제공했다. 네트워크의 메커니즘을 묘사하고, 그것의 작동이 프랑스 이론의 작동과 비교될 수 있음을 보여주면서 네트워크의 역할을 밝히는 데 도움이 될 구절이나 개념을 찾아 사람들은 프랑스 텍스트들을 샅샅이 뒤졌다. 이처럼 인터넷과 이론, 다시 말해 기술적 산종의 매체와 한몸이 된 철학적 텍스트들을 사이에 둔 거듭된 비교는 프랑스 이론에 관한 다양한 웹사이트에서 볼 수 있다. 어떤 웹사이트에서는 보드리야르와의 인터뷰 중 일부를 선별적으로 올려 그것을 새로운 기술에 대한 독백으로 변형시킨다.9) 또 다른 웹사이트에서는 "들뢰즈와 가타리의 뿌리줄기"라는 이름 아래 두 저자한테서 '훔쳐온' 인용구 한더미를 방문자들한테 제공하는데, 이 인용구들은 마치 그 이론 자체가 무작위추출 기계를 표상하는 양 클릭한 접속 순서에 따라 재배열된다.[10] 그러나 또 다른 웹사이트에서는 데리다의 전염과 산종이라는 주제를 네트워크 자체에 대한 완벽한 묘사로 불러낸다.[11] 이 프랑스 저술가들은 앞서 거니 뒤서거니 하며 인터넷의 예언자로 나타난다. 그 목소리의 중심에는 들뢰즈와 가타리가 있다. **리좀**, 즉 땅 밑에서 수평으로 연결된 줄기들의 비위계적 네트워크라는 그들의 식물학적 개념이 웹을 정확히 앞서 내다본 것으로 보이기 때문이다.

이론적 무기와 네트워크의 사용 사이에 나타난 거울 효과는 서로에 대한 참신한 느낌 속에서 점차 강화되어갔다. 전자는 담론적 참신함을, 후자는 기술적 참신함을 불러일으키면서 말이다. 어느 토론회에서는 모든 프랑스 텍스트를 **개념들의 네트워크**로 다시 읽고, 거꾸로 네트 자체를 프랑스 이론이 성공적으로 실행된 프로그램으로 보자는 제안까지 나왔다. 이에 관한 유명한 사례가 바로 'D&G List'이다. 이 웹사이트는 들뢰즈와 가타리의 전문가·팬들이 채팅하고 만나는 곳이다. 몬트리올, 시드니, 로스엔젤레스, 워윅(영국 들뢰즈주의자들의 근거지) 등에 거주하는 회원들은 인터넷을 '기관 없는 신체 구역'^{BwO} ^{zone}이라고 하거나 들뢰즈와 가타리가 옹호한 '이접적 종합'의 변종으로 '기계적 복수화'와 '통접적 종합'에 대해 얘기한다.[12] 그 웹사이트의 사용자들은 이메일로 가능해진 모든 형식처럼 인터넷상의 익명성으로 생긴 기회를 『천 개의 고원』에 나와 있는 바람이 이뤄진 것으로 여긴다(이 책 첫 페이지에는 "우리를 알아보지 못하게 하려고," "우리가 행동하고, 느끼고, 사유하게끔 하는 것을 지각할 수 없게 하려고" 같은 구절이 있다).[13] 유럽에서처럼 인터넷을 아는 미국의 들뢰즈와 가타리 추종자들 역시 '사이버네틱 유물론'이라는 일반적 지향 아래

비가시성이나 자기합성과 관련한 온라인 전술을 그러모으면서 네트와 물질적 세계, 사용자의 신체와 네트가 형성한 신체 사이의 연속성 개념을 주장하고, '리좀층'rhizosphère에서 몰아지경에 빠지는 즐거움을 강조했다. 이는 가상현실 기계를 처음으로 공동제작한 자론 레이니어가 바르트를 연상시키는 말 속에서 '욕망의 힘'인 하이퍼텍스트의 '예측불가능성,' '네트라는 관능적 신체'를 찬양한 방식과도 같았다.14) 우리가 **욕망**을 네트에서 그것이 두드러짐에 따라 비중 있게 다루든, 아니면 이론지향의 웹진 이용자들이 그렇듯이 일종의 유토피아적 아나키 같은 인터넷 메커니즘을 모방한 이론적 담론들이나 상대적으로 텍스트적인 (문체나 어휘, 또는 지시대상에 관한) 자유를 두루 살피든 간에, 인터넷은 명백히 주체화의 새로운 형식을 생성시켰다. 새로운 언어 덕분에 진정한 자기구성이 새로운 매체와 이론적 참조대상의 접합 속에서 가능해졌다. 기계[인터넷]와 문제의 프랑스 텍스트들 양자에 대한 개별화된 사용과 더불어, 개별 이용자들이 새로운 접근법들을 따라잡고자 양자를 차용하는 가운데 기술적 솜씨와 이론적 뒷받침 간의 수렴이 일어났다. 키보드 앞에 혼자서, 또는 수많은 온라인 극소코뮤니티들 중 한 곳에서 텍스트만큼이나 '긍정적'이게 되는가 하면 웹만큼이나 자율성을 띠게 되면서 말이다.

이런 수렴으로 생긴 이점은 크게 두 가지였다. 인터넷 개척자들은 각자의 실천을 심사숙고할 수 있는 언어와 개념을 공급받았고, 프랑스 이론가들에게는 출판업계보다 훨씬 넓고 더 쉽게 이용가능한 배급 경로가 제공됐다. 학술계 바깥의 독자들을 확보하는 데 도움이 되는 경로 말이다. 그러나 TAZ를 놓고서 촉망받던 정치적 측면은 1990년대 중반 이후 인터넷의 급격한 팽창 속에서 살아남지 못했다.

인터넷 초창기에 태어난 모든 대안적 사이버문화와 정치적 하위집단 중에서 승기를 잡으며 떠오른 것은 베이의 책에 이미 배어 있었다시피 시민적 자유옹호주의 계열의 운동이었다. 이 운동은 초창기 개척자들의 진정한 후예로, '자유로운 접근' 이데올로기를 성공적으로 옹호했다. 그들은 목적 없는 동어반복 수준으로까지 내용을 막론한 표현의 자유를, 공동체들의 자기규제에 따른 사용을 지지하며 저작권법 폐지를 주장했다. 무엇보다도 이 운동은 '워싱턴의 음모'라는 개념을 휘두르면서 전반적 사유화에 대한 요구와 더불어, 소통을 단속하고 그 내부 메시지를 암호화하는 국가 권력의 해체 요구를 내걸었다. 존 페리 바로우(록밴드 그레이트풀 데드의 전 작사가)와 그가 설립한 전자프론티어재단, 여러 다른 백인 지방분권주의 로비 그룹들이 함께 기울인 노력으로, 그 운동은 인터넷상의 유일한 '내용'을 표현이라는 신성불가침의 자유로 만들어버렸다. 외생적인 정치적 프로그램, 이를테면 인터넷 **바깥**에서 이뤄지는 집단적 행동을 지향하지 않은 셈이다. 공공적 공간이라는 개념을 이 운동은 부정했기 때문이다. 자유옹호주의자들이 인터넷을 둘러싼 이데올로기적인 전투에서 승리했을진 몰라도, 그들은 인터넷에 대한 **다른** 정치적 해석의 시야를 상실했다. 그 해석이란 기술 그 자체엔 덜 매혹된 보다 전술적인 것으로, 가타리가 자유라디오에 스스로 부여한 이미지에서 희망했던 바, '네트'를 그에 앞서 펼쳐졌던 투쟁과 병행해 활용하자는 것이었다. 이런 해석/전술은 웹진 『시시오리』의 발행인 크로커 부부가 1997년에 그저 거대한 놀이공원이 되어버린 인터넷의 무한한 반동적 향락주의를 안타까워하면서 비릴리오와 들뢰즈를 인용해 부질없게도 옹호했던 것이기도 했다.[15]

사이보그, 디제이, 발견된 오브제

과학소설이라는 좀 더 꿈 같은 무대 역시 프랑스 이론을 적용할 수 있는 공간으로 열려 있었다. 인터넷의 뚜렷한 정치적 전망이 충족되지 못했기 때문에 과학소설이 문학적 상상과 문화적 실천 속에서 **포스트인간적인 것**의 변종을 탐험할 가능성을 제공했던 셈이다. 이렇게 본다면 프랑스 이론과 과학소설이 서로 연계되는 것은 전혀 이상한 일이 아니었다. 대부분 이런 연계는 중대한 변형을 겪고 있는 문학 장르에 이론적 틀을 제공했고 그 두 담론을 융합시키기도 했다. 그에 따라 시뮬라시옹, 추상기계, 권력의 미시물리학이 환상적이고 미래주의적인 세계와 뒤섞여 살아 있는 대상, 괴물, 개념으로 충만하지만 인간은 없는 소설이 만들어졌다. 이런 발전은 프랑스 텍스트들의 (이용자들은 상당 부분 놓친) 엄격함에서, 그리고 이론적 대상에 대해 지닌 친숙함에서 (미래주의적인 모든 것을 갈망하는 사회의 상상된 세계 속으로 그것이 녹아 없어진 통에) 상당히 벗어나 있었다. 그렇다면 『뉴욕타임스』의 어느 과학 저널리스트가 정체성에 대한 푸코의 생각이 유연하다는 이유로 이 철학자를 만화『판타스틱 4』의 등장인물 중 하나인 '일러스틱맨'과 비교하고, 비평가 이스트반 시서리-로나이가 이론을 "과학소설의 한 형식"이자 특정 명부라고까지 말한 것은 그리 놀라운 일이 아니다.[16] 이와 마찬가지로 로트랭제는 보드리야르를 일컬어 "우리 세계가 빠르게 닮아 가고 있는 외계 공간의 특수요원"[17]으로 묘사한 바 있고, 『빌리지 보이스』의 비평가 에릭 데이비스 역시 '과학소설'이고자 애쓰는 들뢰즈의 철학이 "기이한 수사와 괴물 같은 은어로 …… 우리를 '때 이른' 미래로 도약하게 해준다"는 점에서 들뢰즈를 'SF 돌연변이,' '가상의 철학자'라고 불렀다.[18]

좀 덜 수사적 의미에서, 프랑스 이론을 위한 큰 길이 열렸던 것은 과학소설이라는 바로 이 장르에서였다. 즉, 이 장르가 [미국의 유명한 과학소설가] 레이 브래드버리와 『스타트렉』의 황금기에 (시공간적으로) 머나먼 세계로의 탐험 같은 주제에서 벗어나 진화해가면서부터였다. 이 장르는 평행하거나 지하에 있는, 아니면 보이지 않는 세계들의 여러 가설을 우리에게 소개했다. 과학소설은 단순한 오락거리로 출발했지만 보다 비판적 시각을 생산했다. 우리가 현재를 해석하고 미국의 인터넷 사용자들은 '실제 삶'real life의 준말인 RL로 부르는 현실 세계를 지금 바로 살펴볼 수 있도록 하면서 말이다. 이런 진화의 최첨단에 '사이버펑크' 과학소설이 있다. 초기 해커들의 이야기와 (소설에서는 경각심을 부르는) 인간의 기계화 전망으로부터 영감을 받은 이 소설은, 종종 프랑스 이론의 유산으로부터 영감을 받았다고 주장됐다. 존 셜리와 자기성찰적인 사무엘 들레이니(그는 과학소설을 '방향을 상실한 언어게임'으로 여긴다), 1982년 '사이버스페이스'라는 용어를 창안한 과학소설 장르의 개척자 윌리엄 깁슨 등은 프랑스 이론의 저자들과 깊이 연계된 유명 소설가이다. 이 소설가들은 인터뷰에서 들뢰즈와 보드리야르를 곧잘 인용했고, 비평가들과 팬들은 '시뮬라시옹'이나 인터넷에 대한 은유인 '기관 없는 신체'라는 렌즈를 통해 그들의 작품을 읽었다. 이 새로운 장르의 핵심 출판물로 사이버펑크 팬진 『몬도 2000』은 곧 조르주 바타이유뿐만 아니라 들뢰즈와 가타리까지 언급되는 과학소설 장르의 총목록 사전이 됐다.[19] 최근에 나온 들뢰즈에 관한 학술서 제목 역시 의미심장했다. 들뢰즈를 '차이의 기술자'[20]로 명명한 것이다(이 명칭은 컴퓨터 시대가 빅토리아조 영국에 갑자기 들이닥친 상황을 다룬 컬트소설로, 과학소설의 두 거장

깁슨과 스털링이 함께 쓴 『차분기관』에서 차용됐다). 사이버펑크 문화와 프랑스 이론의 미국적 전유 사이에서는 수많은 메아리가 감지될 수 있었다. 그래도 프랑스 철학자들이 미래주의적이고, '포스트인간주의적'이면서, 과도하게 기술지향적인 세계에 대한 본질적 참조대상으로 확고히 자리잡게 된 것은 사이보그라는 형상을 통해서였다. 이제 우리는 **이론적 과학소설**이라는 영역으로 진입한 셈이다.

    사이보그 이론은 페미니스트 비평가이자 과학철학자로, 수 년 간 캘리포니아대학교 산타크루즈 캠퍼스의 의식사학과 학과장을 지낸 다나 해러웨이가 개척했다. 해러웨이는 결정학crystallography 연구로 첫 발을 내디딘 뒤 19세기 과학자들이 실험용으로 쓴 유인원이 어떻게 '영장류'로 '구성'됐는지 연구하기 시작했다(『영장류의 비전들』을 보라). 이 연구는 자연/본성의 역사적 **발명**을 드러내기로 마음먹었던 데 따른 것으로, 해러웨이에 따르면 이런 발명 작업에는 성, 인종, 심지어 계급 같은 범주의 점진적 자연화가 포함되어 있다. 대부분의 페미니스트와 달리, 해러웨이는 페미니즘의 유명한 반본질주의적인 시각에 생물학과 과학사회학이 문학보다 훨씬 더 유용하다고 여긴다. 사이보그라는 주제에 해러웨이가 초점을 맞추는 것은 이로부터 설명될 수 있을 것이다. 1985년 발표된 해러웨이의 가장 유명한 글 「사이보그 선언」에서는 사이보그를 "인공두뇌적 유기체, 기계와 유기체의 잡종, 허구의 산물인 만큼이나 사회적인 현실의 피조물"로 정의한다. 그렇다면 당면 과제는 새로운 기술과 기계적인 시뮬라시옹과 연계된 우리의 사이보그적 차원을 끌어안는 일이다. (인간과 동물, 기계와 유기체, '과학소설과 사회적 현실' 같은) 잘못된 '분리'가 통용된 지난 두 세기를 뛰어넘어 움직이기 위해서뿐만 아니라 통일된 자연의 매트릭스와 연루된 페미니즘 신화 너머를 내다보기 위해서이다. 이런 분리/신화에 대해, 해러웨이는 자신을 유명하게 만든 다음의 모토로 반대했다. "나는 여신이기보다는 차라리 사이보그가 되겠다." 훗날 중요한 표어가 된 이 문장은 미국 학술계에서 **1인칭**이 쓰인 몇 안 되는 표현 중 하나였다.[21] 해러웨이는 자신의 저술 작업을 통해 진정한 '사이보그 정치'에 대해 논한다. 거기서 해러웨이는 명령투로 들뢰즈의 '기계적 배치'에 대해, 심지어 푸코의 '생명정치'에 대해서까지 재평가를 이끌어내는데, 생명정치가 (푸코에게 그렇듯이) 오늘날의 권력형태라기보다는 하나의 바람직한 '전조'라고 여긴다. 컴퓨터 기술과 극소전자공학으로 표상되는 인공두뇌의 연장물을 참조하면서 해러웨이는 자신을 하나의 기계에 훨씬 더 유사한 것으로 변형시키는 경우를 제시한다. 새로운 개인적 능력을 발견하고 자연주의적인 존재론과 환상의 자취를 스스로 일소하기 위해서이다. 해러웨이의 글은 곧 '사이보그 연구'라고 불리는 영역의 확장을 고취했다. 학술적인 만큼이나 규범적이기도 한 이 연구와 관련해 가장 대담한 언명은 1995년에 인터넷상의 '기계적 경험'과 이론적 실천의 활성화를 목표로 내걸며 선언서 분량으로 취합됐다.[22]

이런 이론을 아주 적극적으로 실천한 이들 중 하나가 트랜스젠더 학자 앨러퀘어 로잔(혹은 샌디 스톤)이다. (젤리그 벤-나우산 코헨이란 이름으로 태어난) 전직 컴퓨터 기술자인 스톤은 성전환 수술 뒤 텍사스대학교 연극·커뮤니케이션 학부의 교수가 됐다. 스톤은 새로운 기술을 "공동체와 신체의 생산장치"로 지칭하면서 "바람직한 인식틀의 토대가 복수성과 재창조에 있는 집합적 구조"의 '분열양식'을 옹호한다. 들뢰즈의 "분열적인 경험의 브리콜라주"[23]에서 발견된 방법을 차용하기 때문이다. 그러나 복수화된 기계적 정체성에 대한 그스톤의 옹호는 단지 정치적이고 성적인 함축에만 초점을 맞추지 않는다. 발터 벤야민을 연상시키는 저작으로 1995년에 출간된 『기계 시대의 끝에서 욕망과 기술의 전쟁』의 경우가 그렇듯이 말이다.24) 스톤은 완전히 성전환된 세계의 무정형적 쾌락을 강조하는 상연행위로 몸소 연극을 시연하기도 했다. 이는 '이론-시연'이라고 불린다(이론적 실천은 더 이상 행동주의나 시각적 재현의 형태를 띠는 것이 아니라 오히려 연극적 시연에 가깝다). 이렇듯 스톤은 음악에 맞춤한 이론으로 스스로 작곡한 후렴구를 부르거나 쌍방향 안무에 맞춰 춤을 추면서 성전환을 겪고 난 뒤 개인적으로 전혀 만나본 적 없는 사람들과 이메일을 주고 받으며 생겨난 유쾌한 오해를 묘사한다. 비슷한 쟁점이 사회학자 셰리 터클의 성공작 『스크린 위의 삶』에서 다루는 주요 주제 중 하나로 나타난다. 온라인에서 가능해진 새로운 정체성의 형식을 다룬 이 책에서 터클은 여성의 이름 아래서 더 쉽게 '긍정적'인 사람이 되는 남성 인터넷 사용자들과 남자처럼 '공격적'인 것이 곧잘 덜 위험한 여성들에 대해 논의한다.25) 터클의 책은 시뮬레이션 문화를 칭찬하고 서문에서는 데리다의 글쓰기 이론과 하이퍼링크 장치를 비교하며 프랑스 이론을 빈번히 참조하기도 한다.26)

그러나 (반)페미니스트적인 연극의 시연과 그 도발성을 떠나서 해러웨이와 스톤, 그리고 그 계승자들의 관점은 여전히 학문적 영역에 뿌리를 두고 있었다. 거기서 그들은 프랑스 이론을 일종의 담론적 모터, 특정 기계의 **담론**을 생산하는 기계로 수용했다. 이론의 '기계적' 응용과 관련한 좀 더 피부에 와 닿는 예를 보려면, 독학 뮤지션들의 특정한 문화로 주의를 돌려야 한다. 1990년대 초부터 이들은 대

프랑스의 전자음악가 팽아(Richard Pinhas, 1951~) 역시 프랑스 이론, 특히 들뢰즈를 참조해 음악활동을 하는 대표적 인물이다. 들뢰즈의 제자이기도 했던 팽아는 개인 활동뿐만 아니라 엘동(Heldon), 스키조트로프(Schizotrope) 같은 프로젝트 팀을 만들어 '사건'으로서의 음악을 실험하고 있다.

서양의 동서를 막론하고 대안적 전자 음악을 발전시켜왔다. 초기에 이들과 함께한 실험적 디제이들과 상업적 정글테크노 음악의 관계는 거칠게 말해 (공교롭게도 들뢰즈가 좋아하는 음악인) 12음계 작곡 기법과 발라드 전통의 관계와 같다. 사실, 전자 음악 영역에서 자기만의 방식을 발전시킬 때 들뢰즈는 중요한 참조점이었다. 유럽에서는 옛 펑크 아나키스트였던 아킴 스제판스키가 1991년 독일에 전자음악 레이블 '천 개의 고원'을 설립했고, 브뤼셀의 레이블 서브로사는 1996년 『질 들뢰즈에게 바치는 주름과 리좀』이란 제목의 헌정 앨범을 출시했다. 커크, 디제이 섀도우, '마우스 온 마스,' 철학도 폴 밀러(자신의 초기 앨범 커버에 『앙티-오이디푸스』의 인용문을 넣어 들뢰즈와 가타리의 사상을 음반점 진열장에 퍼뜨린 일명 디제이 스푸키)를 비롯한 미국과 영국의 수많은 디제이들은 명백히 이 두 저자의 작업에서 자기 음악의 접근법에 대한 완벽한 설명을 목격했다. 디제이, 턴테이블, 군중으로 구성된 시스템은 '욕망하는 기계'를 형성하고, 이로부터 생산되는 음악적 무아지경은 팬들을 '기관 없는 신체'로 바꾼다. 믹스 속에서 파헤쳐진 음악의 단편('바이널 조각들')은 '반향하는 정동情動의 덩어리'로 묘사될 수 있으니, 이런 정동의 '분자적 흐름'은 무대 위 디제이들의 생생한 커팅, 스크래칭, 샘플링 작업을 따라 '소리의 우발적인 배치'를 형성하기 위해 합류하는 셈이다.27)

실험적 디제이들은 테크노문화의 첨단에 서 있다. 인터넷 구역에서 그들보다 훨씬 더 보이지 않는 상대는 웹디자이너들과 프로그래머들이다. 둘 모두 포스트모던 사회의 중요한 형상이었다. 마치 포스트모던 사회가 프랑스 이론에 의해 미국 독자들에게 예시됐던 것처럼 말이다. 예명 아래서 음악을 믹스하는 디제이의 어슴프레한 모습은 스타급 우상들의 황혼, 다시 말해 저자의 죽음과 발생하는 영향들의 아이러니한 재순환이라는 여명을 알린다. 이는 청중과 작곡가(혹은 뮤지션) 사이의 명료한 경계선을 지움으로써만이 가능한 일이지만 말이다. 디제이는 점차 창작의 신화를 '시퀀싱'의 예술로 대체하고 파편화되고 분자화된 미로를 경유해 팬들을 탈중심화된 대중문화로 이끈다. 단순히 모더니즘에서 말한 '발견된 오브제'를 재배열하는 것(팝송을 다른 문맥으로 끌어들이면서 뒤집거나 록 앨범을 새롭게 리믹스하는 것)으로는 충분하지 않다. 이 디제이들은 더 나아가 포스트산업 시대 소리들의 탈인격화된 세계를 탐험한다. 우리를 둘러싸고서 진동하는 파동으로부터 태어난 광기, 소리의 물결, 진동, 정보를 경험하고자 말이다. 그러나 디제이들 역시 사실상 TAZ의 산물이기도

프랑스 이론가들과 친분이 깊었던 윌리엄 버로스의 소설 『노바 익스프레스』(1964)에 등장하는 인물('서브리미널 키드')의 이름을 닉네임으로 차용한 데서도 알 수 있듯이 디제이 스푸키(Paul D. Miller, 1970~)는 미국의 전복적 하위문화(가령 비트)와 프랑스 이론의 접속을 보여주는 상징적 인물이다.

했고 이내 상업적 '믹싱'의 인기에 파묻히면서 결과적으로 순전히 오락지향 채널들 속으로 재통합됐다. 여기서 들뢰즈와 아르토를 언급했다가는 당황스러움과 하품만을 마주하게 될 뿐이다.

이렇게 끊임없이 전환하는 대항문화의 더 없이 뚜렷한 화신이 바로 절충적인 디제이 스푸키일 것이다. 이 젊은 흑인 뉴요커는 사운드 랩 그룹에서 '일비언트'^{illbient}라는 음악 장르로 첫 발을 뗐고 1995년 이후로는 '서브리미널 키드'라는 닉네임으로 활동을 계속해오고 있다. 또한 스푸키는 자신이 개념과 참조의 생략적 '보기'로 간주하는 비판적 사유의 병행 프로젝트의 일환으로 동료들의 웹사이트뿐만 아니라 자신이 영향을 준 여러 테크노이론 팬진(『아트바이트』, 최근에는 『21C』)에도 글을 기고한다. 스푸키는 마르셀 뒤샹과 프란츠 파농, 프리드리히 니체와 필립 글래스, 하이쿠와 재즈, '과학소설의 연장'인 음악과 '폐허 속' 인용문의 '우아한 시체'인 문화를 한데 엮는다. 다른 한편 스푸키가 보기에 앤디 워홀과 지미 헨드릭스는 "이접과 유동적 이행이라는 파타피지크한 세계"[28]의 전조와도 같다. 이처럼 프랑스 이론이 미국에서 전복의 문화와 연결된 것은 갑작스런 사용 범위의 전환, 무작위 인용, 강렬도와 파편화라는 더 폭넓은 연쇄 속에서 마주치는 상호이질적 요소, 재즈와 '익살꾼들,' 과잉의 이론과 창조적 오독, 예술적 재전유와 디제이 스푸키의 '데이터 클라우드' 같은 마주침을 통해서였다. 우리가 주목해야 하는 것은 이런 마주침이 어떤 재배열을 이끈 실제적 실천이나 현실적 사건을 생산하는 특정 조합으로부터 탄생했고, 정당화된 역사와 기성 담론에 뿌리박고 있는 대학의 안락한 환경 속에서는 더 이상 창출되지 못했다는 점이다.

팝: 우발적 유통

그러나 프랑스 이론의 몇몇 가설이 미국의 청중에게 가장 많이 알려진 곳은 영화계였다. 거대한 스크린에 맞춰 각색된 채로 말이다. 교과서적인 경우는 워쇼스키 형제의 1998년 작품 『매트릭스』이다. 이 영화는 컴퓨터들이 통치하는 세계에서 구원자 네오(키아누 리브스 분)의 도움으로 기계들의 절대적 통제에 맞서 싸우는 소규모 반란집단을 다룬다. 하지만 이 세계는 컴퓨터 에너지의 원천으로 사람이 필요한 까닭에 인간을 이용하고자 특별히 만들어진 프로그램, 즉 사라진 20세기 말 세계의 정교한 감각적 모사물인 '매트릭스'(사이버펑크 소설가 깁슨에게서 차용한 용어)로 사람들을 노예화해온 곳이다. 이것은 보드리야르에 따르면 근대성의 산물인 '시뮬라크르' 또는 '원본

없는 사본'의 완전한 허구적 등가물이다. 이론 애호가들이 끊임없이 분석한 이 영화의 오프닝 장면에서, 주인공 네오는 슬쩍 『시뮬라크르와 시뮬라시옹』한 부를 슬쩍 꺼내들어 마지막 장인 「니힐리즘에 대하여」를 펼친다. 불과 수 초만 나오는 이런 이론적 흔적이 이 영화에 대한 대중의 컬트적 추종에 공헌했을지는 모르겠지만, 이것은 일종의 기만이다. ('일자'[즉, 하나님]^{One}의 철자바꾸기인) 네오라는 기독교풍 우화에서부터 기계에 맞서는 반란집단의 영웅적 저항에 이르기까지 광대한 액션 장면과 특수 효과로 묘사된 영화상의 이 모든 요소는 보드리야르의 작업과는 거의 아무런 관계가 없다. 『뉴욕타임스』가 결론내렸듯이, 워쇼스키 형제는 "약간의 포스트모던 이론으로 원형적인 메시아 이야기를 솜씨 있게 다시 쓴 셈이다."[29]

대대적 홍보와 함께 2003년 개봉한 『매트릭스』의 두 속편이 만들어지는 동안 '이론적' 자문에 참여해달라는 제작자들의 제안을 보드리야르는 거절했다. 훗날 보드리야르는 워쇼스키 형제에게 이론이란 기껏해야 모호한 '접근선적 지평선'이라고 말했다. 이와 유사하게 보드리야르는 올리버 스톤이 1993년에 제작한 텔레비전 시리즈물 『와일드 팜스』('홀로그램'을 이용해 권력을 잡는 가상현실의 거물 이야기)의 제작에 참여해달라는 제안도 거절했다. 대중문화에서 프랑스 이론이 '카메오'처럼 나오는 다른 예들은 대개 『매트릭스』의 오프닝 장면보다 설득력은 훨씬 떨어지지만, 문화산업의 혁신적 생산물을 통해 순환하는 개념과 이론적 지시대상의 광범하고 느슨한 네트워크로 상호연결되어 있어 그것들로부터 영감을 끌어낼 수 있다. 그것들은 프랑스 텍스트에 대한 파편화된 독해로부터 (대학생이었다가 결국엔 거대 영화제작사에서 일하게 된 친구들이 곧잘) 추려낸 것으로, 사이버펑크의 유행을 타고 비디오 게임을 통해서까지 순환했다. 이에 따른 반향은 (아일랜드의 록밴드 U2가 전자 음악을 실험해본 앨범 『주로파』처럼) 주류 록밴드의 노래에서 접할 수 있고 심지어 복제된 세계나 기계적 시뮬라시옹 같은 주제를 다루는 성공적인 할리우드 영화들 속에도 (창작자의 의도가 다소 담겨) 스며들게 됐다. 캐나다 영화감독 데이비드 크로넨버그의 영화들이 좋은 예이다. 텔레비전 수상기가 한 남자를 먹어치우는 1983년 작품 『비디오드롬』으로 시작해, 특히 『엑시스텐즈』는 삶을 하나의 비디오게임 시나리오로 묘사한다. 다른 예로는 피터 위어의 1998년 작품 『트루먼 쇼』가 있는데, 이 영화에서 짐 캐리는 심원한 차원으로까지 나가버린 리얼리티 방송의 희생자이다. 또 다른 예는 스티븐 스필버그의 2002년 작품 『마이너리티 리포트』로, 모든 인간 범죄의 정신적(따라서 자기충족적) 차원에까지 확장된 원형감시 체제를 보여준다.

    이 영화감독들은 자신이 프랑스 이론을 참조했다고 뚜렷하게 밝히지는 않았다. 오히려 열렬히 떠들어댔던 것은 팬과 이론가들이다. 좌우간 이런 영화들에서의 프랑스 이론에 대한 참조는 (특히 보드리야르를 참조한 경우) 심각한 오독까지는 아니더라도 일종의 미스 캐스팅이었다. 예컨대 시뮬라시옹, 하이퍼리얼리티, 현실감 상실 같은 개념을 말하는 이론은 컴퓨터의 통제와 기계적 종말에 맞서 싸우는 사람들의 이야기인 『매트릭스』나 국가의 통제를 비판한 『마이너리티 리포트』, 환영과도 같은 텔레비전 세계를 다룬 『트루먼쇼』에서 보이는 휴머니즘 신화, 기독교적 도덕, 정치적 자유주의의 혼합물과는 아무런 관계가 없다. 사실 대학이란 데서 그토록 존경받는 이 프랑스 저자들을 그들이 대결하고 있던 바로 그 이데올로기적 메시지를 지지하는 데 전유할 수 있다면, 그것은 필시 프랑스 이론이 그저 **흔적**으로 흩날리고 파편화되어 피상적이고 임의로 순환하고 있다는 말일 것이다. 이런 흔적은 이론의 용법과 관련 용어를 늘 규제하는 학문적 제도와는 무관하게 수출되어왔고, 미국 문화산업이라는 높은 삼투성과 무한한 유연성을 지닌 기계가 작동하는 가운데 그 모습을 드러냈다. 이에 따라 대학을 통제하는 담론 생산 논리와는 분리된 채 그 어떤 용법도 허용이 가능해진 것이다. 심지어 그 속성상 문화산업을 규정하고 정당화하는 주류 언론조차, 한창 유행 중인 용어와 기사작성자의 출신 배경에 따라 관련 기사 속에 프랑스 이론이 솜씨껏 버무려진 양념을 쳤다. 로스앤젤레스의 주차 공간을 다룬 『뉴욕타임스』의 어느 기사가 그곳이 "롤랑 바르트가 발작을 일으킬 뻔했던 도시"[30]임을 환기시키고, 『빌리지 보이스』의 록 음악 비평가가 가수이자 활동가인 캐슬린 한나와 청중의 관계를 (자크 라캉을 인용해) "끝없이 확산되는 늘 거기 있던 …… 주이상스"[31]라고 묘사했듯이 말이다.

다른 분야의 사례를 더 들어보면, 널리 읽힌 몇몇 소설도 프랑스 이론을 플롯에 끌어들였다. 이런 소설들은 미디어의 일차원적 논리에 덜 휘둘릴 뿐만 아니라 생략도 덜하고, 앞선 것들보다 훨씬 더 기발하고 가볍게 주제를 가지고 논다. 해당 텍스트에서 한 줄을 인용하든 전체 내용을 환기하는 방식을 통해서든, 프랑스 이론을 **비학술적으로** 활용하는 식이다. 퍼시벌 에베렛은 『글리프』라는 소설에서 랠프 엘리슨이라는 아이가 연루된 납치와 정치적 협상에 대해 자세히 다루는데, 이 아이는 어느 유명한 데리다 연구자의 18개월 된 아이지만 마법을 통해 아버지보다 포스트구조주의의 언어를 더 잘 이해하고 구사할 수 있었다. 소설의 이론적 방법과 각 장별 제목이 배경지식이 없는 독자들에게는 어렵게 다가오긴 했어도 말이다.32) 소장 교수인 패트리샤 덩커는 자신의 소설『푸코의 환각』에서 푸코를 등장인물로 내세우려 했다. 여기서 푸코는 프랑스 소설가 폴 미셸, 그리고 그의 산문을 사랑한 나머지 그를 유배시설에서 탈출시키기로 맹세한 학생(소설의 화자)과 함께 삼각관계로 얽이게 되는 동명의 철학자로 나온다.33) 로버트 그루딘의『책』은 데이비드 로지와 맬컴 브래드버리가 재발견했던 학술적 풍자에 가까운 소설로, 급진주의자의 범람으로 대학에서 살해당한 고전적 인문주의자 애덤 스넬의 죽음을 다룬다.34) 최근에 선보인 좀 더 고전적인 방식으로는, 고인이 된 친구이자 보수적 비평가인 앨런 블룸을 새로운 형식으로 다룬 솔 벨로우의『라벨슈타인』, '정치적 올바름'의 세계라는 지옥에서 유대계 흑인 교수 콜맨 실크가 당한 불의의 사고를 다룬 필립 로스의『인간의 얼룩』이 있다. 이 두 작품 모두 이론적 논쟁이 닮아갔던 전통적 서사의 핵심을 보여준다.35) 우리는 이렇듯 상당 정도 희석되고, 때로는 좀체 알아볼 수 없으며, 간접적으로 기입된 이론의 흔적을 여러 사례에서 쉽게 찾아볼 수 있다. 음악 잡지에 실리는 기사에서부터 시트콤에 나오는 대화, 광고문구, 교양 있는 극중인물을 묘사하는 로맨틱코미디물에 이를 정도로 방대하니 말이다. 이에 대해서는 전체적이고 꼼꼼한 연구가 이뤄질 만한데, 여기서 한 발 더 나아가 오늘날 정전화된 지적 작업들이 순환되는 방식을 탐색할 수도 있을 것이다.

이렇듯 프랑스 이론의 흔적이 (학술적 담론 속으로 더 단호하고 두터우며, 조리 있게 기입됐던 것만큼이나) 미국 대중문화계 전반에 걸쳐 마구잡이로 산포됐다는 사실은 지금이라고 다를 것이 없다. 특정한 문화적 기제 내지 '계책,' 즉 음모론적 의미에서가 아니라 문화적 분배의 다양한 기술, 그러니까 문화산업과 미디어시스템, 글쓰기 자체와 관련한 계책을 통해서 말이다. 똑같은 흔적이라고 해도 차이는 있다. 산업적인 **산포**와 학술적 **기입**이 대칭적으로 상호반전된 양상을 띠며 이뤄졌다는 점에서 그렇다. 후자의 과정은 종적이고, 텍스트적이며, 선별적인 양상을 띠는 가운데 폐쇄된 암기 시스템에 은연중 깔린 제도적 폭력에 의해 이뤄진다(예컨대 책, 강좌, 정설 등). [프랑스] 이론의 출현 이래로 미국 학자들이 도저히 어찌해볼 수 없는 이 시스템을 어떻게든 뒤흔들려고 분투 중이지만 말이다. 이와 달리 문화산업에서는 횡적이고, 일회적이며, 쉽사리 잊히는 양상으로 프랑스 이론이 사용된다. 게다가 끊임없이 쌓여가는 각종 출판물과 일련의 하찮은 사건 속에서 사람들은 즐거운 듯이 프랑스 이론을 비난한다. 마치 그런 것은 잊는 것이 더 낫다는 양 말이다. 바로 이런 의미에서 프랑스 이론은 그 효과의 생산과 관련해 미국에서 줄곧 '사라져갔다'고 말해야 맞는 것일지도 모르겠다.

3부

다시 프랑스로

Allers-retours

12 규범으로서의 이론: 지속되는 영향
La théorie-norme: Une influence prolongée

아메리카에서 다수는 사상의 자유 둘레에 엄청난 장벽을 세운다.
이런 장벽의 한계 안에서 작가는 자기 좋을 대로 쓸 수 있지만
그 한계를 넘을 경우 그에게는 재앙이 올 것이다.
알렉시스 드 토크빌, 『**미국의 민주주의**』(1835)

결국 프랑스 이론은 미국에 어떤 파장을 끼쳤을까? 그 답은 전적으로 저마다의 관점에 달려 있다. 어떤 담론, 어떤 철학적 명제, 심지어는 어떤 구절이 인간주의 내지 대문자 역사에 손에 잡힐 만한 영향을 끼쳤는지 묻는 편이 나을지도 모르겠다. 이 오래된 질문은 이제껏 철학자들에게 늘 불면의 밤을 불러왔던 것이기도 하다. 그러나 이 질문 자체는 이론적이라기보다는 탄도학적인 것이다. 프랑스 이론은 얼마나 멀리까지, 그리고 얼마나 깊이 날아갔으며, 그 이론의 구경은 뭐였고 여파는 어땠는지 묻는다는 점에서 그렇다. 이렇게 한데 묶인 프랑스 텍스트들이 미국에 **영향**을 끼쳤다는 점은 몇 가지 사실들만 짚어도 명백하게 드러난다. 이를테면 미국 학자들이 예전에 쓰이곤 했던 어투로는 더 이상 생각하지 않는다거나, 할리우드의 별종들부터 포스트모던 평론가들까지 현 상황을 정당화하든지 거기에 주술을 걸고자 이들 이론 텍스트를 활용하기도 한다거나, 아니면 거꾸로, 많은 미술관과 활동가 집단의 경우 새로운 미국적 질서에 대한 전면

부정은 아닐지라도 전복과 관련한 주장을 프랑스 이론에서 찾아내왔다든가 하는 사실 말이다. 이렇듯 프랑스 이론이 부른 파장의 깊이에 대한 질문은 미국인들이 소중히 여기는 스타일로 끝없이 세공된 관련 은유 속에서 그 쓸모를 발휘한다. 프랑스 이론, 역병 아니면 쉬파리? 얼음송곳 아니면 이쑤시개? 판독불가능한 바이러스 아니면 단순한 오용? 뭔가 와닿을 만한 결과나 탄탄한 증거에 목말라하는 경우, 상당수 사람들은 후자 쪽을 택했다. 프랑스 이론이 그에 대한 미국식 앓이에 내재하는 담론적·제도적 한계를 보여온 한편으로, 무해하고 유쾌한 파장을 불렀을 뿐이라고 주장하면서 말이다.

앞서 살펴봤다시피, 사실 프랑스 이론의 핵심 텍스트들을 틀어쥔 소수집단 사이에서 점차 확산된 급진적 전망은 다른 무엇보다도 수사적 테크닉의 일환이었다. 글쓰기와 텍스트성이라는 쟁점에 대한 탐색 작업은 프랑스에서 문학 이론이 전성기를 누렸던 시절보다 더 철저하게 다각도로 이뤄졌지만 문학 영역 바깥에서는 실망스러운 결과를 낳았다. 하물며 대학 바깥은 더 말할 것도 없었다. 미디어나 영화 같은 문화산업에서 생산된 것들에 전복적 색채를 입히거나 지적으로 뒷받침하기 위해 이론의 단편들을 흩뿌리는 유행은 일반적으로, 그 이론의 철학적 함축은 물론이거니와 그 내용의 이론적 준거들을 철저하게 비워버리는 결과를 낳았다. 이에 따라 우리는 텍스트의 위상을 살피거나 소수자 개념을 숙고하기보다는 차라리 일자리를 알아보고, 다가올 글로벌 십자군 전쟁에 나서며, 늘 그랬듯이 "죽도록 즐기는"[1] 데 더 관심이 많은 미국 국민에게 프랑스 이론이 아무런 영향도 미치지 못했다고 결론내려야 할까? 이론에 대해 우호적이건 적대적이든 "그렇다"고 답하고 싶은 유혹에 빠지는 사람들이 앞세우는 주장은 이렇다. 프랑스 이론의 성공은 일종의 지나가는 유행이자 지속 효과 없는 열광에 불과한 것으로, 어디까지나 꼼짝없이 늘 최초인 프로젝트를 선보여야 하는 학자들이 지적 생산물을 중단없이 차례로 이어받는 가운데 각별히 활성화됐던 단계일 뿐이라는 것이다. 프랑스 이론을 덧없는 유행으로 자리매김하는 이런 주장은 실제로 벌어지고 있는 인식론적 이행에 반하는 것이다. 갈수록 매서워지는 공격들로 말미암아 1990년대 초부터 외견상 줄곧 진행 중인 프랑스 이론의 쇠퇴가 그 증거라고 할 수는 있다. 그러나 한 세기의 전환을 바라보는 지금, 지난 25년의 세월을 되돌이켜 보건대 앞서 이야기한 가설적 주장은 실제로는 여러 사실과 맞아떨어지지 않는다. 그런 주장은 기껏해야 각 논점이 하나 이상의 방식을 거쳐 달리 보일 수도 있는 불확정적인 결론과 마주하게 될 뿐이다.

우선 다양한 사상학파와 하위분야, 메타담론의 확산 탓에 상황의 명료함은 급진적 다문화주의자들과 해체론자들이 관련 분야를 독차지했던 1980년대 시절보다 상당히 덜하다. [그래서] 비평가 허만 라파포르는 현 상황을 빠져나올 수 없는 진창, 혹은 '이론적 혼란' 상황으로 본다.[2] 하지만 이와 달리 우리는 결코 불모화됐다고 할 수 없는 복합적 이론 분야의 풍요로움에 주목해볼 수도 있겠다. 미국 지식인들과 이야기를 나누다 보면 받게 되는 인상이 또 하나 있다. 프랑스 이론은 막스 베버가 카리스마의 '범속화'라고 했던 현상의 제물이 되면서 상당 정도 상투어가 되어버렸거나 독특한 아우라를 잃었다는 것이다. 아니면 그것은 어디까지나 유럽에서 미국으로 수출된 모든 생산물들이 겪게 마련인 노화과정의 제물이었을 뿐이다. 그것은 결국 한동안 없어선 안 될 무언가로 간주되다가, 그렇게 유행이 지나가고 나서는 미국인들의 눈에 유럽에서 온 '나쁜 기호품'이란 낌새를 풍기며 가치절하된 일회용 유럽산 쓰레기가 되는 셈이다. 사실 혁신을 다루면서 이렇게 오락가락하는 것은 프랑스 이론이 미국에서 얄팍한 영향을 끼쳤던 탓이라기보다는 역사적 제도에 깃든 일반 법칙에서 기인한 탓이 크다. 교육에 내재한 보수적 속성을 옹호하며 한나 아렌트가 관찰했듯이,3) 학문세계에서 특정 세대가 채택한 모든 지적 혁신은 오래지 않아 "그것의 행위가 얼마나 혁명적인가와 관계없이 차세대의 관점에서 볼 때는 언제나 낡아빠지고 파괴 일보 직전에 놓여 있는 낡은 세계"로 흡수된다. 학계에서 **변화**라는 단어는 그 자체가 기만적이고 독특한 형태로 실행된다. 이를테면 가볍게 눈길만 주는 데도 오래도록 지속된 무언가가 따라붙어야 하는 식이다. 그랬던 시절의 한 징후가, 2003년 UC버클리에서 "1970년대를 다시 생각한다"라는 이름으로 미셸 푸코 연구자인 디디에 에리봉이 주관한 이론 세미나였다. 이 세미나는 어떤 시기가 종언을 고했음을, 프랑스 이론이 프랑스에서 그랬듯이 음악과 의복 스타일까지 포함된 '복고' 패션의 일부로 지나가버린 10년 세월 속에서 발굴한 이국적 골동품이 됐음을 뜻하는 걸까? 차라리 그것은 **오늘의 현실을 염두에 두고 그 10년에 대해 어떤 결론을 이끌어낼 것이냐** 하는 문제다. 이런 한 가지 사례를 넘어서, 우리는 프랑스 이론이 지속적인 영향력을 끼쳐왔다는 결론에 이를 수밖에 없다. 프랑스 이론은 끈질긴 공격에 시달려왔고 그 아우라를 잃었으며, 사실 거의 상투화되어서는 회고담의 대상이 되어버렸다. 이 모든 사실은 [프랑스] 이론이 미국의 지적 실천 속에 깊이 스며들고 강의안의 고정 참고도서 목록이 된 가운데 **규범화**되고 수용되고, 제도화됐음을 함축하고 있는 셈이다.

쇠락을 말하는 상투어구

따라서 프랑스 이론에 대한 반대가 곧 그 이론의 아우라 상실을 말하는 것은 아니다. 반대 움직임은 이런 상실에 앞서 이미 있었고, 심지어 프랑스 이론이 상륙했던 순간으로까지 거슬러 올라갈 수 있다. 무엇보다도, 이론주의의 진전을 저지하는 데 전력했던 몇몇 저항이 있었다. 일부는 가령 보스턴대학교 문학부처럼 오랫동안 지속되어왔다. 그곳에서는 로저 섀턱과 크리스토퍼 힉스를 주축으로 또 하나의 '반_反현대언어학회'인 비평문학연구자협회가 결성됐다. 한편 또 다른 일부는 1980년대의 이데올로기 투쟁 와중에 시작됐다. 이 무렵 상당수 온건파들은 프린스턴대학교 출판부나 유명한 『뉴욕리뷰오브북』을 본따 이론의 인기에 등을 돌렸다. 1990년대의 통렬한 반이론적 비판이 유달리 폭력적이었다는 점이야말로 이론이 쇠퇴 중이라는 견해를 뒷받침하는 데 한몫했을지 모르겠다. 그만큼 이 시기에 거칠게 가해진 비난의 정도는 그 비난이 겨냥했던 목표물의 명성에 비례하는 것으로 말하자면 그 목표물이 거둔 성공의 대가 같은 것이었다. 우리는 여기서 비평가 카밀 팔리어의 논평을 재차 곱씹어봐야 한다. 그녀가 보여준 애국적 열정 덕에 팔리어의 신랄한 주장은 학계 너머까지 널리 알려진 바 있다. 1991년 『뉴욕타임스북리뷰』 1면을 장식한 것으로, 앞서 [7장] 인용하기도 했던 팔리어의 기고글은 『샌프란시스코이그재미너』와 『코스모폴리탄』에 다시 실렸다. 훗날 이 글의 증보판을 그녀가 쓴 다른 에세이들과 함께 묶어 출간된 단행본[1992년]은 인기도서로 떠올랐다.4) 노동계급 출신이라는 개인사적 배경과 우주·항공기제조기업 시코르스키의 공장노동자들에 문학을 가르쳤던 공적 덕분에, 대중에 영합하는 듯한 팔리어의 주장에는 도덕적 신뢰

감까지 덤으로 따라붙었다. 팔리어는 미국 대중문화의 즐겁고 진정성 어린 활기와 "프랑스 양아치들한테 무릎 꿇고 뽀뽀하는 응석받이 학자들"의 투정이라는 노골적 대립구도를 설정한다. 팔리어는 새무얼 베케트 대신 록 음악을, 폴 드 만 대신 막스 브라더스[20세기 중반까지 널리 인기를 끈 미국의 형제 코미디언들]를 여보란듯이 "골라잡고," 파리의 샹젤리제 거리에서 아레사 프랭클린이 자크 라캉과 그 친구들한테 채찍질하는 장면을 꿈꾸기까지 한다. 팔리어는 "데리다는 필요치 않았다, 우리에겐 지미 헨드릭스가 있으니"[5]라고 주장하는데, 이는 아주 생뚱맞은 대비라서 기껏해야 프랑스 이론의 문화적 파장이 어느 정도인지만을 보여줄 뿐이다.

특히 푸코를 겨냥한 팔리어의 분노는 맹렬했다. 팔리어는 푸코가 '무능'하며, "능청스런 입담을 일종의 예술로" 만들긴 했지만 "이제껏 본 성 이론가 중 가장 아둔하고, 정나미 떨어지며 변비 증상이 있는 인물"이라고 주장하며 푸코를 "안락의자에서나 안성맞춤인 프랑스 좌파"로, 심지어는 '오만한 개자식'이라고까지 불렀다.[6] 팔리어의 텍스트는 광기어린 프랑스혐오증에 휘둘리는 데까지 나아간다. 팔리어의 주장에 의하면 '탈중심화된 주체'는 미국인들이 집어삼킨 것 중에서 "제일 비계가 많은 썩은 프랑스산 치즈 조각"으로, 탈중심화 개념은 원래 "프랑스가 …… 나치의 군홧발 밑에 납작 엎드렸던" 사실에서 영감을 얻은 것이다. "차갑고 고상하며 반어적이고, 직선적"인 프랑스인들은 완전한 '지적 공허'를 은폐하는 '기질[과] 잘난 체'가 심하다는 상투화된 이미지는 급기야 분발을 요구하는 혁명적 결론으로 치닫는다. 즉, 대영제국의 식민지배 아래 1776년에 일어났던 것처럼, 프랑스 '이데올로기'로부터의 해방을 요청한 것이다. "보스턴 항구 바닷물 속으로 프랑스치들을 내던지고 그것들이 본토까지 알아서 헤엄쳐 가게 하자"7)면서 말이다. 어떤 의미에서 이런 폭발적 감정은 미국을 문화적 예외로서 방어하는 것이었다. 이런 낯뜨거운 주장을 펼쳐서 주목을 받은 덕택에, 그리고 그녀를 지지한 이들의 견해로는 "한심한 놈들의 악의적 돌출행위였을 뿐인 이야기를 멍청하게도 말 그대로 진리인 줄 알고"8) 있던 동포들을 눈뜨게 했다는 이유로 팔리어는 스타가 됐다. 타블로이드신문 『뉴스데이』로부터는 "1990년대 지적 화보의 핀업걸"9)로도 불렸다. 팔리어는 『뉴욕매거진』, 『하퍼스』, 『빌리지 보이스』에 이름을 올렸고, 『롤링스톤스』가 선정한 올해의 인물이 됐으며, 모스크바와 바르셀로나의 출판물에까지 나오며 국제적 매체 『슈피겔』과 『코리에르델라세라』의 지면에까지 진출했다. 하지만 드 만의 스캔들로 촉발된 소란을 포함해 1980년대 신보수주의자들이 했던 공격처럼, 팔리어의 도발적 주장은 프랑스 이론이 미국의 젊은이들에게 실제로 끼친 영향을 대중의 마음속에서 부풀리는 데 한몫했다. 이 경우, 팔리어 류의 비평 탓에 프랑스 이론은 동시대 문화에서 프리재즈나 모험영화 장르처럼 고유한 하나의 장르가 되거나, [미국의 문화라는] 과일을 잔뜩 파먹어 당장이라도 과즙이 막 몸 밖으로 터져나올 듯한 지적 해충으로 비치게 됐다. 팔리어의 공격을 뒤따랐던 갖가지 논쟁은 상대적으로 덜 대중적이거나 인기가 덜했더라도 이와 유사한 효과를 빚었다.

팔리어의 책이 출간된 이듬해에 나온 비평가 제임스 밀러의 푸코 전기는 푸코의 권력 이론을 그가 1970년대 후반 샌프란시스코의 밀실에서 자주 벌였던 사도마조히즘적 실천에 대해 보였다던 '열정'과 등치시켰다. 터무니없는 전기적 해석 안에서 혼란스러운 정신분석 개념에 근거해 밀러는 푸코의 삶과 작업을 저자의 죽음과 그의 실제 죽음 모두에서 나타난 바로 그 '죽음충동'으로 간주한다. 이런 견해는 다수의 신문들에서 푸코의 생애 전체를 이 책과 똑같이 단순화된 관점으로 환원하도록 부추겼다.10) 정치분석가 토니 주트의 책은 더 건전한 역사적 토대에 바탕하고 있지만 프랑스 아방가르드 지식인들의 '전체주의적' 방황과 무책임을 비난하며 민주적 개혁주의의 옹호자들, 혹은 알베르 카뮈나 피에르 망데스-프랑스 같이 프랑스의 지적 '중심'에 위치한 인물들을 복고시킬 만큼 이데올로기적으로 수상쩍은 모습을 보였다.11) 다른 분야에서의 분노는 훨씬 더 극단적이었다. 미술평론가 로버트 휴즈는 쓰나미와 썩은 늪이라는 액체에 빗대 "(미국 수출용으로 병에 담기는) 물이 낭트와 소르본 사이에서 솟아나오고 꿱꿱대는 포스트구조주의자 떼들이 밤마다 인근 길가에 한 잔 하러 가는 전문용어의 호수에 뭔가 덧붙이지"12) 않으면 학계에서 성공할 수 없음을 슬퍼했다. 단도직입적으로 말하면, 이들 역사가 삼인방은 저마다 '순수 혐오물'로 지칭한 프랑스적인 '상대주의'로부터 전공학과를 구해내기로 결심했던 것이다.13) 프랑스 저자들에 대한 우러나온 존경에 상응해 이런 문화적 독립 요구에 대한 열정이 일었다는 점을 기억해두는 것 말고는, 발터 벤야민이 "주인의 이름에 대한 물신숭배"라고 불렀던 것 속에서 이렇게 풍부한 색조를 띤 진부한 모욕과 조롱을 어떻게 이해해야 할지 알아내기 어렵다.

사실 이런 혹평의 폭발은 그런 공격 덕에 [프랑스] 이론 운동의 행복감을 지탱해줄 회고적 과정을 촉발했다. 프랑스 이론을 하나의 범주로 삼아 이뤄지는 비난으로 인해 이 범주에 속한 저자와 개념을 눈여겨보게 되기도 했다. 이를테면 어떤 전제가 그런 비난을 통해 타당성을 획득하고, 프랑스 이론의 열혈 지지자들이 동질적인 실체로 내세우는 특정한 운동은 부정을 통해 유효성을 갖게 됐다. 게다가, 하나의 전체로 간주되는 이론이란 범주를 대가로 특정 저작들을 도드라지게 하고자, 비평가들은 격렬한 논쟁을 기폭제 삼아 한 저자와 다른 저자를 대결구도 아래 위치시켰다. 예컨대 장 보드리야르의 이론적 유희를 비난하며 더 중요하다고 상찬하고픈 질 들뢰즈/펠릭스 가타리의 저작과 대비시킨다거나, 해체가 정치적으로 모호하다고 낙인찍고 '비판 사상'의 '정치적 적합성'을 검토할 능력이 있다며 장-프랑수아 리오타르를 높이 평가하는 식이다.[14] 이렇듯 프랑스 이론 전반을 재활성화하는 양적 효과와 더불어, 우리는 **선택적인** 재활성화 효과를 말할 수도 있다. 즉, 토론 참여자가 저마다 자기 입장을 분명히 하고 다양한 프랑스 이론가들을 서로 준별하지 않을 수 없게 만드는 효과이자 서로 공유한 토론의 장에서 비평 대상에게 자리를 허락하고, 제껴진 다른 것과 연관된 모든 매혹적 특성을 그 대상에 부여한다는 비평의 궁극적 원리에 따라 기능하는 효과로서 말이다. 더 중요하게는 이데올로기적인 것이든 전문화된 것이든 이런 논쟁이 이론적 전통에 초점을 맞췄다는 단순한 사실에서 미국 지식장의 지침원리로서 이론적 전통이 가진 역할을 확인할 수 있다는 점이다. 이와 관련해 피에르 부르디외가 '취향의 체계'에 대한 (기하학적 의미의) 해석이라고 했던 논리는 이렇다. 즉, "어느 주어진 순간에 새로운 생산자, 새로운 생산물, 그리고 새로운 체계를 시장에 강요하는 것은 합법성의 단계에서 서열지어진 생산자들, 생산물들, 취향의 체계 전체를 과거로 미끄러져 들어가게 하는 것이다."[15] 이렇게 이뤄진 해석은 의미심장하고 지속적인 것으로, 일시적 유행으로 환원될 수 없다. 이에 따라 우리는 미국 공론장에 이론이 당도하기 **이전**과 당도한 **이후**가 뚜렷이 구별되는 상황을 볼 수 있다. 요컨대 이론은 예술·학술 현장에서 고작 몇 년 가고 말 마법을 걸기만 한 것이 아니라 미국인들이 지식과 맺는 관계에 대해 장기적인 변동도 불렀던 것이다.

프랑스 이론이 쇠퇴 중이라는 믿음에 일조한 또 다른 요소는 프랑스 문화 전반의 영향력이 지난 50년 동안 미국에서 지속적으로, 그리고 돌이킬 수 없는 방식으로 약해졌다는 사실이다. 이 때문에 상당수 사그라든 이론이 특히 '자생적'이면서 미국적인 무엇인가를 가졌다는 것을 인정하면서도 이론이 쇠퇴 중이라고 결론내렸다. 공격적인 미국 언론의 변덕스런 감정의 기복을 감안하더라도, 쇠퇴가 예전보다 광범하게 이뤄졌음을 부인할 수는 없다. 학교에서 프랑스어를 배우는 학생들은 점점 줄어드는 반면, 스페인어와 중국어의 인기는 높아지는 중이다. (이미 언급했듯이, 부분적으로는 대학 출판부의 매출 위기 탓이지만) 프랑스어권에서 영어로 번역되는 책들은 줄어들고 있다. 그리고 프랑스의 국제적인 역할이 줄어들면서, 미국의 주류 언론에서 프랑스 문화에 할애했던 지면이 따라 줄고 있음을 확인할 수 있다. 공신력 높은 『리더스다이제스트 정기간행물 문헌지표』에 따르면, 1994~98년 사이 프랑스 관련 기사의 숫자는 1920~24년 사이에 비해 일곱 배 적다.[16] 이런 전반적 쇠퇴라는 맥락에서 우리는 특정 텍스트들, 즉 미국 대학에서 지난 30년 동안 재전유되어온 텍스트들 역시 쇠퇴를 겪고 있으며 미국에서 프랑스의 정치적·문화적 영향력이 커질 일은 좀처럼 없을 것이라 성급하게 가정할 수도 있겠다. 한 걸음 더 나아가 우리는 (자크 데리다가 말했듯이) 인간주의와 의미론에 대한 프랑스식 비판은 그것이 미국에 출현한 이래 늘 누군가에게는 쇠퇴 중인 지적 운동으로 파악됐다(게다가 몇몇 사람은 자유낙하로 보고 싶어 했다)고 할 수도 있다. 데리다는 "1970년대 초부터 …… 그들은 이미 …… [해체의] 몰락, 타락, 쇠퇴 … 에 대한 예측을 이미 시작중이었다. 그들은 이미 그것이 손상됐고, 무너지는 중이라고 말하고 있었다"면서 모순된 어조로 덧붙이길, "죽은 것은 죽은 것이다. 일단 몰락이 시작되면 모든 것이 끝난다. 그러나 프랑스 이론의 …… 종말에 관한 한, 몰락은 지속되며 스스로 되풀이하고 …… 이런 유예된 절박함, 몰락에 대한 욕망을 계속 고집하고, 계속 증식시킨다"17)고 말한다. 이런 의미에서 쇠퇴는 프랑스 이론의 운명이라기보다는 그 뒤틀린 야망을 반영하는 바로 그 자체의 주제였다.

맹렬한 혹평을 논외로 한다면 1990년대는 프랑스 이론이 제도화된 시기이다. 표준 텍스트로 채택되고 특정 소수자운동 활동가들까지 비판에 가세하면서 프랑스 이론은 이전 10년보다 정체성에 근거한 급진주의와 덜 밀접한 연관을 맺었다. 그런데도 프랑스 이론은 언론에게 욕을 먹었고, 대학에서 논쟁을 부를 만한 차원을 상당 부분 잃었다. 푸코, 데리다, 들뢰즈의 텍스트들은 그곳에서 예전보다 덜 선동적인 모습으로, 인문학 강의 독서목록 속에서 학생 독자들을 참을성 있게 기다리게 됐다. 논쟁은 잠잠해졌고, 많은 비평가들이 이 운동을 엄밀히 학술적으로 정리하기 시작했다. 연극조의 호전성도 예전보다 줄었다. 2001년에는 데리다에 관한 평론집이 나왔다. 인문학 전 영역을 아우르는 이 철학자의 영향력에 주목한 이 책은 그 논평의 어조가 뚜렷이 변했다. 목차는 교과서처럼 일련의 대응구로 이뤄져 있다("데리다와……" 식으로 문학, 미학, 윤리학, 법학 등이 차례로 병렬된다). 야심찬 프로젝트라는 변장을 하고서(즉, 인문학의 미래를 고려한

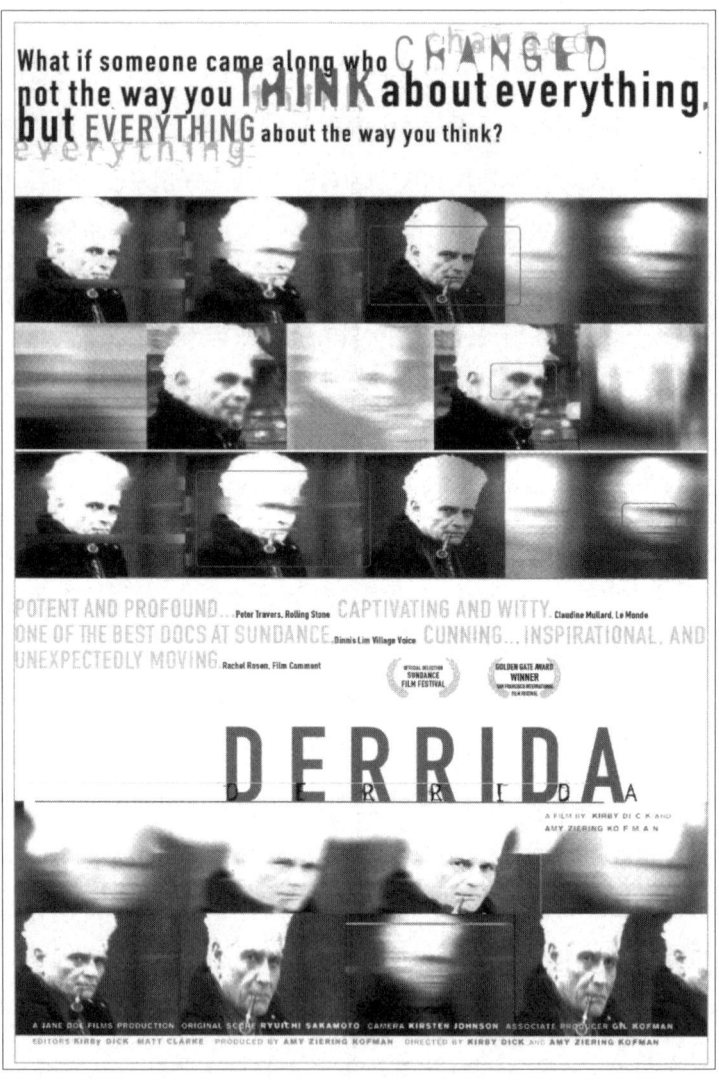

"모든 것에 대해 당신이 생각하는 방식이 아니라 당신이 생각하는 방식에 대한 모든 것을 바꾼 사람과 함께한다면 어떻겠는가?"(2002년 선댄스 영화제에서 공개된 다큐멘터리 영화『데리다』의 포스터).

다는 목적 아래), 편집자는 서문에서 전문용어를 남발하며 앞선 작업들보다 더 학술적으로 데리다에 대한 자신의 관점을 제시한다. 해체는 허무주의라는 비난에 맞서 당당히 스스로를 옹호하는 것으로 보이지만, 더 이상 그 자신의 '제국주의적' 적수들에 대해 끼친 것과 같은 폭력적 영향을 낳지는 않는다는 것이다.[18] 이와 유사하게 에이미 지어링 코프만과 커비 딕 감독의 다큐멘터리 영화 『데리다』는 평단의 갈채를 받았다. 여기서 프랑스 이론에 자극받아 예전 태도를 압도하던 과도함은 전혀 보이지 않았다. 데리다의 명성에 대한 몇몇 전형적인 재담이 (가령 "데리다는 사상계의 마돈나"라고 하듯이) 전혀 없지는 않았지만, 영화에서는 '유희'나 '데리다의 자기풍자'를 포착하는 데 실패했다는 사실을 애통해 하며 거의 데리다적인 본질을 여러 모로 해석하는 데 영감을 줬다. 데리다의 예와는 별개로, 우리는 다음과 같은 점을 주목해야 한다. 훗날 "이론 이후"나 "포스트이론"이라는 제목으로 이론 강의들이 개설됐다고는 하지만, 거기서는 여전히 밀접히 관련된 주제를 다루며 문학 텍스트에 약간 더 방점이 찍힌 동일한 저자 목록을 활용했다는 점 말이다. 이에 따라 그런 강좌에서는 본질적으로 프랑스적인 이론가들을 중심축으로 해서 발터 벤야민이나 루트비히 비트겐슈타인, 혹은 페터 슬로터다이크 같은 특정 인물을 따로 번갈아 준비하는 가운데 이제는 고전이라 불리는 동일한 이름과 운동에 대한 배역 선정이 이뤄졌다.[20]

문화주의자들의 끈질김

이 책에서 펼쳐보이려 했던, 프랑스 이론이 거둔 성공에 대한 설명 속에서 우리는 문화적 재현의 역할을 정교할 정도로 신중하게 다뤘고,

이 현상에 참여했던 많은 미국인들과 더불어 프랑스 이론이 미국에 그럭저럭 뿌리를 내렸다면 그것은 프랑스 자체보다는 근본적으로 이론에 관심이 있었기 때문이라고 결론내렸다. 이제 우리는 이 문제를 좀 더 자세히 들여다봐야 한다. 불연속이라는 개념은 대서양 양쪽에서 한 축을 이루는 전문가들이 아주 소중히 여기는 것이자 사소한 문화적 차이를 가치를 둘러싼 역사적 분할과 투쟁으로 증폭하려든다. 이는 궁극적으로 저널리스트들이 만든 신화 아니면 적어도 민족지학자들이 벌이는 왜곡에 불과하다. 아주 당연하게도 전자와 후자는 모두 대서양을 가로질러 명확하게 퍼져 있는 것으로서 죄책감을 유발하는 동질적 '1세계' 이미지에서 연원한 훨씬 흥미가 덜한 유사점보다는 자신의 활동을 정당화하는 데 한몫하는 차이점에 더 흥미가 있다. 참이든 거짓이든 이 불연속 개념은 그것이 일으키는 깊은 공명으로 인해 우리의 사유 속에서 중요한 역할을 한다. 무엇보다도 그것은 개념과 현실 사이의 불연속이라는 관념을 우리에게 유발한다. 프랑스 이론은 이렇듯, 헨리 포드처럼 "역사란 건 헛소리"라고 하는 나라에서 추종자들을 확보하지 않을 수 없었던 것이다. 이렇게 사회적으로 유동성이 엄청난 속박 없는 자본의 천국에서, 들뢰즈와 가타리의 분열 이론이 안식처를 못 찾았을 수가 없었으리라고 혹자는 상상할지 모르겠다. 들뢰즈·가타리의 이론 역시 담론과 실천 둘 다에서, 생기론과 계보학, 유럽식 말과 미국식 사물 사이에서 변증법이고 상보적이라는 프랑스와 미국의 관계란 주제에 관한 끝없는 변종 중 하나라고 말이다. 이런 도식이 저널리즘의 담론에서 나온 발명품이 아닌 것은 분명하다. 진작부터 그것은 프랑스 이론이 도래하기에 앞서, 2백 년에 걸쳐 문화적 서사들이 교환됐던 데 따른 결과이다. 구세계와 신세계의 변증법적 맞물림이라는 발상법을 고안하고, 유럽 사상을 **항상-이미-실현된 것**으로 간주하면서 프랑스 개념들에 대한 일종의 참조항으로서 미국의 이미지를 창안해 널리 수용케 했다는 초장기 복음주의자들의 이야기들을 염두에 둔다면 말이다.[21]

미국인들이 "자연스럽게" 데카르트적인 관점을 갖게 된다는 점을 누차 강조하면서 알렉시스 드 토크빌 자신이 이런 담론에 공헌했다. "아메리카는 데카르트의 개념들을 가장 적게 연구하고서 가장 잘 활용하는 나라들 중의 하나"인데, "아메리카인들은 책에서 철학적 방법을 끌어낼 필요를 느껴본 일이 별로 없다. 그들은 그것을 자기 자신 속에서 찾아내왔다"[22]는 것이다. 이와 비슷하게 한 세기가 지나 앙드레 브르통은 주요 대도시들의 초현실주의에 대해 자기가 한 이야기들이 "파리보다 뉴욕에서 더 잘 통한다"[23]고 주장했다. 장-폴 사르트르에게도 미국은 변증법의 현장이었다. 뉴욕 거리가 "피와 살로 이뤄진 이성, 가시적 이성이 이렇게 구체적이고, 일상적으로 현전"함을 보여준다며, 사르트르는 미국을 헤겔적 지성이 물질과 해후하는 곳으로 봤다.[24] 필립 솔레르스가 적절하게 관찰했듯이, 폴 모랭을 위시로 미국의 어마어마함과 맞닥뜨린 모든 프랑스 저자들에게는 미국에 대해 글을 쓴다는 것이 "일종의 초거대 생산양식" 안에 들어가 자기 스스로 "자신을 에워싼 시청각 영역의 규모에 따라" **쓰게끔** 하는 일이다.[25] 이런 저자들의 명단은 길다. 심지어 이론적 분야의 저자 상당수까지 포함한다. 보드리야르의 『아메리카』나 리오타르의 소설 『태평양의 벽』처럼, 적지 않은 이들이 미국이라는 나라의 아찔한 규모를 파악하려 한 글쓰기 전통의 횃불을 넘겨받았다. 적지 않은 경우, 이들이 쓴 글은 미국의 지형지세를 재는 지진계나 미국 관련 각

정거리에 대한 진정제로 읽힐 수 있다. 이 모든 것에서 우리는 늘 보던 사람을 알아차리지 못한 동시대 미국의 미스터리가 '시뮬라크르'나 '산종'을 다룬 글쓰기에서 상당 부분 밝혀지는 중이라고 믿게 된다. 마치 프랑스 이론과 미국이 **서로 빼닮기라도 한 양** 말이다. 이런 경우는 푸코에게서도 볼 수 있다. 푸코가 자신의 고유한 작업 속에서 고전적인 선행작업을 실마리로 탐색해온 '새로운 삶의 양식'과 '자기 구성' 같은 것을 발견했던 것은 미국에서였다.26) 줄리아 크리스테바도 미국의 학생들과 젊은 예술가들에게 이론을 가르치다가 "이론과 맞아떨어지는 생생한 그 무엇, 다시 말해 그림, 몸짓, 또는 성적 경험이 있[는] …… 사람들한테 이야기하는 듯한" 인상을 받았다고 했다.27) 보드리야르의 경우 자신의 글에서 다뤘듯이 디즈니랜드, 네바다 주의 고속도로, 영화 『지옥의 묵시록』에서 **이미** 물질화되어 있는 역설을 찾아냈는데, 미래주의적인 아메리카는 이로써 한물간 유럽을 한낱 모사본으로 만드는 원본이 된 셈이었다. 그것은 가령 관념론에 맞서 싸우는 생기론, 철저함에 맞서 싸우는 담론처럼 미국적 정신분열과 유럽적 편집증 간의 한판승부가 됐다. 이들 짝패가 미국은 오락을 주고 유럽은 철학을 준다는 닳아빠지고 자주 되풀이되는 관점을 연장하는 데 한몫하긴 하지만, 그런데도 불구하고 그것들은 프랑스 이론의 목표들과 관련을 맺는 것으로 인정되어야 한다. 미국 독자들은 프랑스 이론이 근본적으로 미국적 사고방식과 안 맞는다고 끊임없이 말하면서도, 그와 동시에 이 이론의 근본적 접근법으로만이 미국에 특유한 광기가 포착될 수 있다는 것을 인정한다.

    이처럼 이론은 그 타자성을 통해 보완적 역할을 하고, 근본적으로 다른 접근법을 취한 덕에 계몽적이었으며, 해당 지역에서는 좇을 것이 없었던 탓에 좇았던 것뿐이기도 했다. 최근 미국에서 교두보를 확보하는 데 실패했던 일군의 프랑스 철학자들은 이렇게 프랑스와 미국 사이에 가로놓인 오랜 불연속을 가장 잘 보여준 사례이다. 계통상 미국 쪽 상대들과 더 닮아 있던 이 집단은 차고 넘치는 탓에 눈에 안 띄고, 너무나 친숙한 탓에 쓸모없어 보였다. 1994년 문학 교수 토머스 파벨과 그의 동료인 정치학자 마크 릴라는 생시몽재단을 비롯해 프랑스의 레이몽 아롱 추종자들과 '새로운 프랑스 사상'(이하 NFT)이라고 불리는 프로젝트를 출범시켰다. 이 프로젝트의 이데올로기적 목표는 명확했다. 피에르 마넹과 쥘 리포베츠키, 알랭 르노, 블랑딘 크리겔뿐만 아니라 자크 부브레스와 마르셀 고셰까지 가세해, 프리드리히 니체와 마르틴 하이데거의 프랑스 추종자들의 독점에 맞서 토크빌과 임마누엘 칸트의 유산을 이어받은 유명한 민주주의 철학자들의 작업에 기초를 놓는 일이었다. "새로운 프랑스 사상" 학술대회가 열린 뒤 동명의 시리즈가 프린스턴대학교출판부에서 나왔고, 1980년대에 나온 주요 프랑스 자유주의 저작들의 영어판이 (푸코와 데리다를 계승한 새로운 연구자들 역시 발굴하기로 했던) 프랑스문화원의 지원으로 출간되기도 했다. 기획자들의 바람대로라면 사상계를 지배하는 새로운 표어가 되고, '68사상'의 핵심 인물들을 권좌에서 몰아낼 줄 알았던 NFT는 이내 실패한 것으로 드러났다. 판매는 부진했고, 언론 서평은 적었으며, 학계의 반응은 냉담했다. 에드워드 사이드는 "어조, 야심, 주장이 그야말로 제각각"[28]이라고 지적했다. 프랑스 이론 운동에 호의적이기로는 가뭄에 콩날 만한 인물인 좌파 저널리스트 리처드 월린은 "정치적으로는 존중할 만하나 지적으로 특별한 것이 없는 …… 새로운 신자유주의 사상가 세대"가 예전 프랑스

'아방가르드'의 조류에 맞서 "동시대 민주주의 담론으로 재진입"[29] 하려 한다고도 했다. 여기서 이데올로기적 논쟁으로 들어가기도 전에 문화주의적 주장이 작동하고 있음이 뚜렷이 드러난다. 미국의 지식장에 필요했던 것은 윌리엄 제임스나 마이클 라이언 같은 사상가들이 이미 지난 세기 동안 어느 누구보다도 능숙하게 정교화해온 법치주의적 사상체계보다는 (독일에서 수입된) 외래성이 여전한 **비판적** 사상체계나 (프랑스에서 수입된) 강렬한 사상체계였다. 라이언과 가야트리 스피박이 새로운 프랑스 철학자들의 출현을 다룬 글에서 "미국 보수주의 일반의 …… 최소정부 원리"와 "현재진행형인 비혁명적 반란"에서 보이는 "보수적 자유지상주의의 입장"과 비교하며 그들의 기여가 장황한 잉여 같다고 평한 것도 놀랄 일은 아니다.[30] 이처럼 이론화 작업 속에서 발생하는 **차이**는 단지 정치적인 주제이기만 했던 게 아니라 미국 입국 비자를 발급해주는 것이기도 했다.

요약하면, 프랑스 이론이 결정적 **차이**를 획득했던 것은 미학적이고 정치적인 급진주의를 통해서뿐만이 아니었다. 그것은 불가피하게 프랑스적인 것, 얼마나 진부하든 간에 미국식 정신구조에선 유혹과 풍자라는 가치로서 규정된 것을 통해 획득되기도 했다. 이론 역시 풍자를 통해 생기는 특정한 매혹과 연루되어 있기 때문이다. 프랑스를 좋아하는 미국인들이 아주 즐겨 되풀이하는 "너무나 프랑스적이야"라는 표현은 문화주의적 0도의 표현이다. 그러나 ("너무 독일적이야," "너무 이탈리아적이야"라고 하는 경우는 드물다는 점에서) 프랑스와 관련해서만 쓰이는 이 구절 속에서 수량 부사 '너무'는 결함, 즉 감춰진 무절제라고들 하는 과잉을 가리킨다. 마치 그 프랑스적인 것이 어떤 정중한 오만, 혹은 (라틴어 매혹의 원뜻을 환기시키며) 상대방을 의심스러운 길목 내지 결론으로 이끄는 정중한 어투나 멋부린 글쓰기 스타일을 지칭하는 것인 양 말이다. 미국인들의 눈에는 기적 같아 보이는 불안정한 균형이 (푸코의 작업에서처럼) 형식적 고전주의와 극한의 주장들 간에, 아니면 특정 철학자에 대한 개별적 접근성 및 개방성(데리다가 곧잘 칭송받은 것은 이래서다)과 저자 및 저작의 난해함 간에 우연찮게 이뤄졌다는 점을 염두에 둬야 할지도 모르겠다. 바로 이런 의미의 균형이 **프랑스적 매혹**이라는, 미국에서 이들 저자가 인기를 얻는 데 크게 덕본 관념을 불러일으켰던 셈이다. 페미니스트 제인 갤럽은 온당하게도 모든 형태의 매혹을 불신했지만 "이런 매혹과 이론의 독특한 교차"에 주목했다. "우리 중 많은 사람들이 요 몇 년 새, 마땅한 이름이 없는 관계로 나로선 프랑스 이론이라 부를 매력적이면서도 위험한 무언가에 휩쓸려왔다"면서 말이다.31) 이 매혹에는 청중에게 영어로 말할 때 데리다와 보드리야르한테서 보이는 강한 프랑스식 억양조차 한몫을 한다. 어빙 고프만의 말대로 일반에 개방된 회의에서 "텍스트의 관점에선 소음인 것"이 "상호작용의 관점에서는 음악"이 될 수 있기 때문이다.32) 이렇게 전형적인 프랑스적 **매혹** 내지 **잡담**에 바탕해 있는 특정한 문화적 원형은 이론이란 개념에 앞서 작동하고 그 속으로 스며들었으며, 심지어 이론 개념을 구성하는데 많은 부분 일조하기까지 했다. 지난 30년 동안 미국의 대학들에서 끽해야 12명 남짓한 이 소규모 이론가 집단을 폭넓게 활용한 뒤, 프랑스 이론과 그것이 지닌 풍자적 매력과 관련해 찾아낼 수 있는 모든 것에 관심을 가져온 까닭도 이 때문이다. 누벨바그나 누보로망을 이론의 악세서리로 간주하고, 알랭 로브-그리예는 종종 데리다 사상의 소묘로, 조르주 페렉은 들뢰즈가 했던 작업의 확장으로 다루면서 말이다. 이 모든 것은 아방가르드한 프랑스 문화가 이런 문화 속 '이론'의 견지에서 재평가됐음을 보여주고 있다. 후자, 즉 이론은 전과 다름 없이 다성적^{多聲的}이고, 에누리없이 비판적이며, 모호하고, 매혹적이고, 교활한 것으로 받아들여진다. 이렇게 규정되는 가운데 프랑스 이론은 문화적 표준으로 명백하게 자리잡은 셈이다.

푸코에서 바르트까지: 역설의 스펙트럼

이제 우리는 이론체를 떠받치던 느슨한 통일성을 한 번 더 허물어뜨려야 한다. 주요 저자들 각각에 대해, 이들이 저마다 미국에서 불러 일으킨 **효과**의 구도 전반을 스케치하기 위해서 말이다. 이로써 우리는 각 저자들이 표상한 종별성을 드러내려고 할 것이다. 당연한 얘기지만 이 짧은 절에서 미국의 푸코, 미국의 데리다, 또는 미국의 리오타르를 완벽히 소묘하기란 충분치 않다. 미국 내 프랑스 이론 운동과 관련된 모든 사람, 이를테면 미국에서 40년을 산 르네 지라르와 스탠포드대학교에서 그와 함께했던 미셸 세르, 자크 랑시에르, 알랭 바디우, 폴 비릴리오, 역시 캘리포니아에서 가르치고 있는 장-피에르 뒤퓌 등에 대해 살펴보는 일 역시 마찬가지이다. 여기서 가능한 목표는 프랑스 이론의 중추를 이루며 그 이론적 **스타일**은 물론이고 거기에 주된 개념적 방향을 부여한 일곱 저자한테 초점을 맞추는 일이다. 구체적으로 말하면 개별 저자에 대해서 철저한 종합을 추구하기보다는 차라리 개별 저자의 작업을 둘러싸고 발생한 **모순**과 그들의 작업이 미국에 수입·재탄생된 방식을 개괄하는 쪽이 될 것이다. 다른 한편으로 (원 텍스트를 포함하는) 그 작업의 전반적 논리와 이 논리가 미국에서 가졌던 용법이나 필요 사이에서 일어났던 긴장을 고려하고, 관련 이론들이 미국식 '별칭'으로 저마다 영속화·제도화될 수 있었던 것은 왜곡이라 불리든 탈영토화라 불리든 이 긴장에 대한 위태로운 해법 덕분이라는 데 주목하면서 말이다.

내 가설은 이렇다. 이 저자들의 작업이 미국적 맥락으로 이전되면서 일종의 이중구속이 형성됐다는 것이다. 그레고리 베이트슨과 그 동료들이 1956년 펴낸 『정신분열 이론을 향하여』라는 이름의 보고서에서 처음 쓰인 이중구속이란 ("자유의지에 따라 살라!" 같은 명령문처럼) 특정 진술의 두 측면, 즉 표기된 것과 의미화된 내용 사이에 생기는 모순을 말한다. 이로써 예로 든 진술의 의미는 거의 '결정불가능'해지고 "[해당 메시지의] 수용자는 [그 특정 진술에 의해] 설정된 틀을 벗어"날 수 없게 된다.[33] 어떤 메시지가 "무엇인가를 확인"하는 동시에 "그 고유한 확인과정과 관련된 무엇인가를 확인"하게 되면 이처럼 두 요소가 서로를 기각하는 식으로 실제적 역설이, 그 해법 역시 실제적일 수밖에 없는 역설이 나타난다. 이를테면 특정 진술의 다른 한 요소를 무시해버린다든가, (이브 윈캥의 제안처럼 "논평이 텍스트가 되고 그 반대도 가능"할 수 있게끔[34]) 메시지의 두 층위를 뒤집는다든가, 이마저도 아니면 장애 탓에 차단됐던 '메타커뮤니케이션'의 연결망을 새로 구축한다든가 하는 해법 같은 것 말이다. 미국에서 프랑스 이론을 둘러싼 논평과 메타담론이 폭발적으로 쏟아져나왔던 것은 아마도 이런 해법에서 연유한 것일지 모르겠다. 물론 이 경우 모순은 암묵적이다. 이 모순은 프랑스 이론 텍스트들의 논리 자체로부터 이들 텍스트에 해당될 수 없는 특정 용법이 생기는데, 그러나 **그 텍스트들이 실제 쓸모를 발휘하려면** 미국 독자들에게 이들 용법은 곧잘 필수불가결하다는 사실에서 비롯한다. 이는 배반과 재전유

사이에서 벌어지는 인정된 상호작용의 한 사례이다. 더 거칠게 말하면 푸코가 '자기 배려'라는 것에 대해, 보드리야르가 '시뮬라시옹'에 대해 글을 쓰지만, 텍스트 자체의 전체 논리뿐만 아니라 그것이 다루는 논의의 범위로 인해 독자들은 해당 텍스트로부터 새로운 실존양식이나 시뮬라시옹 유파 같은 것을 끌어낼 수 없게 된다. 해당 텍스트의 자구와 각을 세우는 경우가 아니라면 말이다. 따라서 이 프랑스 텍스트들의 미국적 '발명'은 **그 텍스트들에 대해 알게 된 것을**, 아니면 적어도 그로부터 이끌어내야 할 것을 **텍스트들이 말하게 만드는** 기술을 지칭한다. 달리 말해 이 기술은 텍스트와 세계를 중재하고 특정 작업의 자율적 논리와 이 작업의 유용성에 대한 요구 사이에서 불가피하게 생기는 간극을 줄이는 데 기여했는데, 많은 시도와 억측을 거치며 프랑스에선 전혀 **모르는** 데리다나 들뢰즈, 또는 리오타르의 여러 판본 속에서 숙성됐던 것은 바로 이런 과정이었다.

　푸코의 작업은 확연히 다르다. 심지어 평생을 하나의 아이콘이자 그 자체 제도였던 데리다와 비교하더라도, 푸코가 미국에서 장기간에 걸쳐 일으킨 파장은 독자층의 다양성은 물론이거니와 영어판의 판매부수(『성의 역사』 1권이 3백만 부 이상, 『광기와 처벌』이 2백만 부 이상, 『사물의 질서』의 경우 15만 부 이상)와 그가 변형·탄생시킨 연구 분야의 영역면에서도 비교가 되지 않는다. 예를 들어 독본과 선집으로 이뤄진 방대한 서지목록 중에는 사회복지사들을 대상으로 푸코를 다룬 책,[35] 만화로 된 입문용 도서,[36] 심지어 넬슨 만델라 집권하 남아프리카공화국이 인종분리 정책에서 자유롭지 못하다는 것을 일깨우는 것까지 있다.[37] 푸코를 근대적 **회의론자**라 명명하며 그가 말한 '자유의 윤리학'을 높게 평가한 존 라이크먼의 책,[38] 고전이 된 허버트 드레피스와 폴 라비노우의 연구[39]는 프랑스에서 이뤄진 유사 연구 중에는 거의 필적할 만한 것이 없는 양질의 푸코 해석을 제시한다. 그런데도 불구하고, 미국식 푸코와 프랑스의 푸코 사이에는 상당한 간극이 있다. 자신의 영향력 있는 논문에서 뱅상 데콩브는 초현실주의 이론을 읽는 아나키스트 선동가인 프랑스적 푸코와 실천 및 정치적 도덕에 초점을 맞춘 가운데 "순전히 휴머니티의 측면에서 자율성을 재정의"하고자 한 미국적 푸코를 대비하면서 이 둘이 '양립불가능'하다고 봤다.[40] 그 차이는 근본적으로 위상의 차이이다. 미국에서 푸코는 **지적 예언자**를 표상한다. 그의 산문은 생명권력의 가면을 벗겨내고, 당대의 투쟁에 필요한 무기를 공급하며, 퀴어 운동의 도래를 알린다. 또한 그는 활력에 찬 '철학적 웃음'을 통해 자신의 담론과 비판적 거리를 확보해내는 인물이기도 하다. 푸코에 대한 미국식 독해에서는 '지식과 권력'이라는 폭발력 있는 짝패가 푸코 자신의 관점에서보다 훨씬 더 중심적인 위치를 차지하고 있고, 전반적인 지적 개관의 기초로서뿐만 아니라 그에게서 이뤄진 작업 전반의 열쇠처럼 간주된다는 점을 발견할 수 있다. 미국에서 지식-권력이라는 이 항식으로부터 전개된 슬로건은 여러 가지 목적에 복무했다. 학문의 상아탑이 제 할 일을 하게끔 요구·압박하는 추동력이자, 보편주의와 합리주의가 정복의 담론으로 쓰일 수 있다는 이론적 증거로서, 그리고 (이성·정의 같은) 표준을 생산하는 것이 다름 아닌 (광인·범죄자의) 배제라는 발상의 지지대로서 말이다. 이런 푸코 해석은 앞서 이미 언급했던 세 가지 주된 방향을 취하면서 미국 독자들에게 진정한 **음모이론**을 제공했다. 독자들은 이 음모론의 이름으로 침략자들과 희생자들을 밝혀내기 위해 사회를 샅샅이 훑었다. 푸코에게서 영감을 받은 미국의 문화연구 텍스트나 소수자 연구 텍스트들은 일관된 태도로 억압된 소수집단을 짓누르거나 주변화하는 특정한 권력형태에 대한 '가면벗기기'나 '탈정당화' 개념에 초점을 맞췄다. 이런 접근법은 푸코의 계보학적 방법과는 정반대 쪽을 향해 서 있었다.

결국 푸코의 목표는 권력의 **분석론**을 창출하는 것이지, 권력의 가치론을 창출하는 게 아니었다. 푸코를 목소리 없는 자들의 가장 열렬한 옹호자로 만드는 것과 관련해, 이런 역할은 푸코의 '정치'가 안고 있는 다음과 같은 두 가지 한계를 흘려넘기길 때라야 가능하다. 첫 번째 한계는 **주체**나 역사, 혹은 정치적 투쟁에 대한 일관된 개념 수립이 어렵다는 점이다. 왜냐하면 권력 자체가 "무수한 요소들[지점들]로부터 행사"되고 "저항은 결코 권력에 외재하는 것이 아니기" 때문이다.[41] 두 번째 한계는 푸코를 곧잘 겨냥하는 정반대의 비판과 관련이 있다. 이에 따르면 그는 목소리 없는 사람들의 목소리를 훔쳐간 이로, 그저 그 목소리가 책장 위에서 발하는 섬광을 위해 수용소와 감옥에서 침묵당한 재소자들 대신 이야기하는 사람일 뿐이다. [두 번째 한계와 그에 대한 비판과 관련해] 푸코가 요청하길, 철학자들에게 "거기에 그렇게 머물러 있으라" 요구하는 "호적등본의 도덕"에 갇히지 말라고 했음을 우리는 기억해야 할지도 모르겠다.[42] 이런 간극은 그의 작업 속 '자아의 윤리학'과 '진리이야기' 요소를 중심으로, 중점적인 주제들과 함께 해가 갈수록 계속해서 커졌다. 1977년부터 울려퍼지기 시작한 푸코의 명성은 그의 계승자들이 자아 구성의 '방법'을 그의 작업에서 이끌어내고 싶어할 만큼 절정에 달했다. 이 과제를 놓고 뉴욕대학교 초청으로 열린 연속 강좌에서는 푸코의 지원사격 간청이 이뤄지기도 했다(이에 대해 푸코는 "내가 제일 하기 싫은 얘기가 어떻게 살아야 하느냐 하는 겁니다!"[43]라고 답했다고 한다). 그 계승자들의 목적은 게이·금욕·철학에 관한 게 됐든 다양한 행동주의에 관한 게 됐든, 처세술의 본질적 원리원칙을 주워담는 것이었다. 심지어『살마간디』와 한 인터뷰에서 푸코는 "제 자신의 견해를 강요하게 될까 조심스럽군요"라고 한 다음엔 "제 자신의 계획을 강요하는 것은 피하고 싶습니다"라고, 마지막에는 "[어떤] 방향을 설정하는 것에 관해서라면 …… 그런 사안은 법제화하지 않는 쪽이 더 낫겠죠"라고까지 거듭 말해야 했다.[44] 어떤 비평가들은 동떨어진 계통의 애국주의적 해석조차 푸코에게서 이끌어냈다. 푸코가 사용한 어휘목록은 "미국적 자유의 미학"과 공명하는 것이 되어버렸다. 푸코와 미국이 "자기양식화를 자유의 실천으로 제시하는 윤리학의 전통"을 공유한다는 이 발상 속에서, 자기 내지 자아는 "하나의 예술적 작업으로 상정"되고 "정상화 자체의 바람직함"은 끊임없는 의문의 대상이 된다.[45] 결국 이는 개척자적이고 억압적인 미국과 검토된 적 없는 관련 신화에 바치는 사이비 푸코적 찬가나 진배없는 아주 문예적인 기만으로, 활동가 푸코라면 의심의 여지 없이 역겨워했을 견해이다.

해체라는 주제에 대해, 우리는 이미 데리다의 실용적 역설을 언급한 바 있다. 소통가능한 읽기의 방법이자 지침의 본체로서, 그 어떤 텍스트에 대해서든 해체적인 접근을 **구축하는 것**이라는 점에서이다. 여기서 모순은 방법과 매개 없는 일렁임 사이에서보다는 차라리 텍스트의 **자율성**과 독자의 **의지** 사이에서 생긴다. 데리다가 "아르케의 해체에서 선택 같은 건 없다"[46]며 자신만의 방식으로 강조했듯이, 본질이나 기원의 해체는 결코 우리가 선택할 수 있는 것이 아니다. 이 이중의 금지로부터, 우리는 텍스트에 쓸모를 불어넣고 그런 쓸모가 발휘되게끔 노력하는 모든 방법에 대한 비판이라는 문제와 다시 맞닥뜨리게 되는 셈이다. 해체의 목표 역시 그 해체가 가능한 조건으로서 요청된다. 드 만이 시사하는 것처럼 '지시대상이라는 환상'의 해체, 즉 어떤 텍스트가 우리를 비텍스트적 실재와 연계시킬 가능성은, 비록 지워진다 해도 특정한 지시양식 속에서 구현될 수 있을 따름이다. 형이상학으로 비판적 사유가 가능해지려면, 형이상학 비판은 불가결하게 그 공모자라야 할 것이라고 데리다가 우리에게 환기했듯이 말이다. 이렇듯 해체 프로젝트는 위압적 노스텔지어에서 탈피하길 열망하는 미국 독자들의 지평 위에서 반짝이는 불빛처럼, 형이상학으로부터 빠져나오기라는 희망을 확장하면서 끊임없이 미끄러지고 있다. 안쪽과 바깥쪽이라는 범주 자체가 사실 형이상학적인 개념인데 말이다. 해체에 대한 거의 체계적인 이론화에서 출발해 실험적 언어양식과 함축적인 논쟁들을 취하는 가운데 텍스트적·상호텍스트적 적용으로 펼쳐졌던 데리다 작업의 진화는 데리다의 후기 작업을 미국에서 **말 그대로** 훨씬 덜 쓸모 있게 만들어버리며 이런 간극을 외려 더 키웠을 뿐이다. 이는 특히, 데리다 자신이 곧잘 불에다 기름을 부었기 때문이기도 했다. 이 이론이 실제로 "'나는 ……을(를) 해체한다' 같이 최종 심급에서, 그 이론에 도전하려 이뤄진 모든 주체적 전유 운동을 거스르는 …… 몰수의 과정이나 법칙과 떼놓을 수 없"던 무렵, 데리다는 "쉽고 편리하며 심지어 상품처럼 판매가능하다는 의미에서 실용적인" 것으로 재포장된 특정한 유형의 해체가 취하는 '설교조'의 접근을 조롱했던 것이다.[47] 이런 모순이 형이상학적 철학의 작동을 밝혀주기 때문에, 사실 형이상학적 관점에서 발생하는 가장 미세한 전환을 탐색하는 것이야말로 데리다 작업의 중심 요소이다. 그러나 이런 모순에 바탕한 교육체계를 만들어내는 것은 데리다 자신의 접근법과는 한참 동떨어진 전략이었다. 이는 종종 조잡한 변증법적 형식을 취한 대항독해를 앞세워 (이런 독해 속에서 해체된 텍스트는 텍스트의 숨겨진 측면으로, 일종의 베일 벗기기처럼 보이는데) 해체라는 방법이 지닌 유연성, 신축성, 섬세함을 위축시켰다. 데리다의 저작에서 그것은 가벼운 전환 내지는 좀처럼 지각되지 않는 미끄러짐일 뿐이었지만 말이다. 핵심은 이런 종류의 강한 대비가 기능적으로 훨씬 더 유용했다는 것이다.

들뢰즈의 파급력은 20년 동안의 오해를 겪고 나서야, 특히 가타리와 같이 쓴 네 권의 책을 통해 뒤늦게 발생했다. 『프루스트와 기호들』과 『자허-마조흐 입문』이 번역되면서 극소수의 독자들 사이에서 읽히긴 했어도 들뢰즈는 파격적인 문예비평가 겸 대안적 성 연구자로 알려졌다. 그 뒤 앞서 논의한 바 있는 (프레드릭 제임슨을 포함한) 몇몇 미국 맑스주의 비평가들이 튼 개념적 지름길 속에서 들뢰즈는 포스트모던 미학자라는 대중적 이미지를 부여받았다. 하지만 좌파 잡지 『텔로스』에서는 『앙티-오이디푸스』와 분열분석을 "라이히, 그리고 그 정도는 덜해도 마르쿠제의 연장"[48]으로 봤다. 『앙티-오이디푸스』를 여는 유명한 구절은 욕망하는 기계와 노마드적 주체라는 주제와 더불어 식민주의 혹은 이성애적 주체에 대한 비판을 지지하기 위해 1980년대 내내 인용됐다. 『세미오텍스트』에서 이뤄졌던 짧은 실험과 (케이시 애커와 디제이 스푸키를 포함한) 일부 분석가들이 개별적으로 활용한 경우를 논외로 하면, 이 강렬한 사유체계와 긍정적 접근의 철학적 함축은 미국에서 훨씬 이후까지도 지각되지 못했다. 이랬던 이들 체계와 접근법이, 결국 비학술적 용법까지 손상시켜가며 들뢰즈와 가타리의 저작을 충분히 포용한 듯한 학술제도의 담론 안으로 즉각 재통합됐던 것은 1990년대 중반 무렵부터였다. 예를 들어 『천 개의 고원』이 진정한 전쟁 선언문으로서의 위상을 지니고 미시정치가 새로운 공동체 형식으로서 부각되고 있는 것처럼, 실제로 이들 작업이 가진 정치적 차원을 제대로 파악한 이들은 비록 아무도 없었지만 말이다. 이 경우 실용적 역설은 **논평**, 즉 담론적 내용물의 포장을 마땅히 뜯는 행위나 그 대신 개념의 발명을 겨냥했던 이론적 표현과 같은 소박한 실천 속에서 발생했다. 찰스 스티베일과 브라이언 마수미 등 미국의 주요 들뢰즈 해석가들은 일반적으로 들뢰즈의 작업과 어느 정도 빼닮으려는 논평을 만들어낸다. 그들은 '사건'의 돌발성을 텍스트 속에서 극적으로 환기하려 하거나 들뢰즈의 개념을 주문 같은 마법적 양식 속에서 다루지 않으면, 심지어 독자에게 "들뢰즈가 되라"거나 "[들뢰즈의] 작업과 하나가 되어" 그 작업에서 쓰인 일군의 개념을 "그 개념들의 탈주선을 따라" 적절히 수행하라는 수사학적 도전에 나서기까지 한다.[49] 문자 그대로 이뤄지는 상당수의 접근은 이런 '의태擬態의 과정'을 '테크노나르시시즘'으로 봤던 들뢰즈·가타리가 제창한 기획과 윤리 전반을 크게 거스르는 것이다.[50] 철학자 엘리 뒤링의 결론처럼, 들뢰즈의 미국 논평가들은 "들뢰즈주의라는 다소 지나치다 싶은 교조적 발상법"을 취함으로써 "매우 비들뢰즈적인 철학 개념"을 획득했던 셈이다. 예컨대 들뢰즈의 정전화된 비전과 몸 바쳐 빼닮으려 하기보다는 그에게 고유한 모순을 작동시킴으로써, "들뢰즈에게 그 자신이 추구했던 방법을 적용함으로써 …… 그를 배신하지 않고서 그와 같은 스승에게 진정으로 충실하기"란 불가능한 것일 터이건만 말이다.[51]

캘리포니아 주의 인적 없는 해변가에서 망중한을 즐기고 있는 들뢰즈(1975년).

리오타르의 경우, 그의 미국 독자들은 그의 작업을 포스트모더니티의 문제로 너무 자주 환원해버린다. 그 바람에 리오타르는 특정 음역대 안으로 미끄러져 들어간 이론에 관한 도드라진 사례가 되거나, 이 경우 평소의 논쟁적 글쓰기 방법으로 자신이 누린 자유가 빚은 어조상의 오해 대상이 되고 만다. 리오타르의 주된 철학적 공헌으로는 (배리背理라는 대안[적 개념] 및 자본의 혹독한 강렬성[개념]과 더불어) 거대 서사의 종말 개념을 들 수 있을 텐데, 이 개념은 미국에서 곧잘 처방의 음역에서만 읽힌다. 리비도적인 금지라거나 마지막 남은 총체성 개념을 파괴하라는 명령은 아니더라도, 그것은 작은 이야기들을 칭송하는 포스트모던한 강림의 징표가 됐다. 리오타르의 작업이 지닌 풍요로움은 굴절된 현재와 판단의 방침 사이, 단언적 주장과 처방 사이에 유지되는 상당한 거리로부터 파생된 것이다. 리오타르는 비교적 짧은 글에서는 이 거리를 스스로 상정하기도 한다. 가령 『이교도의 가르침』에서 '진리의 타락' 같은 개념을 즐겨 사용할 때처럼 말이다. 하지만 대부분의 경우 리오타르의 작업 속에서는 이 거리가 보이지 않는다. 처방전처럼 읽히는 이런 미국식 독해는 또한 곧잘 오역에 빠진다. 상당수 사람들에게 리오타르는 역사적 전환기, 즉 포스트모더니티의 도래를 그려낸 위대한 지도제작자로 읽힌다. 리오타르에게 포스트모더니티란 언제나 모더니티의 내적 구성요소이거나 거듭해 일어나는 특정 단계를 표상할 뿐, 이 둘이 서로 분리된 국면으로 파악될 것이 아닌데도 말이다. 이와 유사하게 재현[표상]에 대한 리오타르의 정치적 비판은 곧잘 그의 텍스트들이 페미니즘과 종족적 소수자들의 투쟁에 대한 디딤대로 쓰이는 것을 정당화하는 데 쓰여왔다. 배제된 자들과 하위주체를 위한 일종의 포스트모던 메시아주의라는 이름 아래 보여온 이런 용법은 리오타르가 했던 작업의 논리와 아귀가 잘 맞지 않는다. 그리고 대서양 건너편에서는 좀처럼 알려지지 않은 『담론, 형상』의 저자이자 '숭고함의 분석가'인 미학이론가로서 리오타르가 지닌 중요성을 훼손하는 것이다.

보드리야르의 경우, 역설은 미국에서 그가 대변하는 것으로 알려진(그러나 그 어느 것도 사실과 다른) 일련의 '-주의'로부터 발생한다. 첫 번째는 맑스주의이다. 『사물의 체계』, 『상징적 교환과 죽음』, 특히 『생산의 거울』을 포함하는 초기 작업을 통해 보드리야르는 테오도르 아도르노와 앙리 르페브르의 전통 속에 위치하게 됐다. 이런 독법에 따라 보드리야르의 정치적 기호학은 상업적 기호 비판, 맑스의 기호학적 지속이거나 그 상징적 해체로 읽혔다. 그와 동시에 보드리야르의 이론적 외삽물은 현실주의의 관점에서 읽히고 있었다. 이를테면 특정한 패러다임의 공동화를 다룬 구절은 실재와 어떤 준거에 대해 말하는 것으로 읽혔으며, 맑스주의적 결정론에 대한 비판은 기호학과 연루된 신기루에 대한 비판과 더불어 상당수 사람들에게 "본질로 여겨져온 사회적인 것과 실재의 [종언]"[52]을 알리는 것으로 읽혔다. 그 연장선상에서, 우리가 앞서 살펴봤듯이 다른 해석이 계속됐다. 시뮬라시옹에 대한 보드리야르의 이론은 회화에서 '시뮬라시옹주의자들'에게 영감을 줬고, '하이퍼리얼리티'에 대한 언급 때문에 언론인들과 영화제작자들은 보드리야르를 '하이퍼리얼리스트'로 보게 됐다. 사막과 카지노에 대한 보드리야르의 논의가 '기회주의'라 불리는 학파의 출현을 낳지 않은 것이 우리로서는 그저 고마울 따름이다. 보드리야르 자신에게 이론뿐만 아니라 글쓰기 일반의 기초가 됐던 역설적 사유는 추종자들을 자주 혼란에 빠뜨렸고, 그의 작업을 다루는 영미권 전문가들에게는 해석적 집착의 대상이 됐다. 마크 포스터와 더글러스 켈너 같은 비평가들은 세부 주제를 중심으로 세심하게 쓰인 총 20편의 논문을 묶어냈다. 보드리야르가 언론에서 제대로 다뤄진 적이 없는 프랑스에서 참여한 연구자는 비록 한 명도 없었지만 말이다. 미국인들은 여전히 『완전범죄』나 『악의 투명성』에 나오는 구절을 포스트모던의 주문이라도 되는 양 인용하면서 아이러니보다는 열광으로 보드리야르를 읽고 있다. 『아메리카』에 대한 비방이 들끓고, 어느 대학에서는 이 책이 공개적으로 불태워지는가 하면, 9·11 테러 이후에는 쌍둥이빌딩이 대담하게 "자살을 저질렀다"고 주장하는 『테러리즘의 정신』의 저자에 대한 입국 거부 요구가 정부를 상대를 이뤄지고 있는 와중에도 말이다. 이들은 "시뮬라시옹에 대해 말하면 시뮬라시옹이 되고 …… 매혹에 대해 말하면 매혹적이 되고야 마는 그 자체로 대상이 되는 이론"53)이라는 종잡을 수 없는 경로로는 보드리야르를 따라갈 수가 없었다. 그의 이름이 등장할 때마다 훨씬 더 동어반복적으로 '보드리야르적인' 이론을 말하는 것 말고는 말이다.

마지막으로, 정신분석 분야에서는 극도로 적대적이었던 반면 인문학계에서는 환영받았던 점에서 수용 자체가 역설적이었던 라캉과 크리스테바의 경우를 제쳐 둔다면, 이제 남은 것은 롤랑 바르트의 독특한 미국식 아바타들이다. 수전 손택은 바르트에 헌정하고자 썼던 어느 글을 열면서 "제2차 세계대전 이후 프랑스에 등장한 저명한 지식인들 중에서도 롤랑 바르트가 가장 오래 읽히게 될 것이라고 확신한다"54)고 말했다. 바르트와 친구로 지내게 된 손택은 바르트의 작업을 미국에 소개하는 데 도움을 줬다. 바르트의 초기 저작, 예컨대 『0도의 글쓰기』 같은 구조주의적 작업은 영미권 세계에서 그 작업의 정치적 차원이 과장된 가운데 수용됐다. "반부르주아적인 찌푸림"과 "3할은 맑스주의, 2할은 정신분석, 4할은 재활용한 언어학"으로 구성된 바르트의 작업 전체를 비난하든, 아니면 "이데올로기를 그것이 만들어진 순간에 알아낸" 수 있는 바르트의 "해방적 비평"을 기리기 위해서든 간에 말이다.55) 기호학자 바르트를 정치화한 이런 해석 이후, 다른 이들은 이 자유사상가를 계속 성별화하려 들었다. 가령 『작은 사건들』와 『카메라 루시다』를 포함한 바르트의 수많은 후기 작업은 1980년대를 기점으로 미국에서 학술적 재탄생을 경험했다. 특히 전기, 고백으로서의 비평, 동성애적 문학 스타일이라는 쟁점과 연계되면서 말이다. 이런 주제는 모두 바르트적 의미의 신중함, 억견에 대한 그의 혐오, 성적 쟁점을 다루는 간접적이면서도 완곡한 그의 습관화된 접근법과 상반된다. 1970년대 학술서로서 베스트셀러가 됐던 『텍스트의 즐거움』은 문제의 '즐거움'과는 뚜렷한 대비를 이루는 가운데, 포스트모던의 예언서이자 세계의 '텍스트화'에 관한 우화로 읽혔다. 심지어 바르트가 당대의 '완벽한 작가' 모델을 대표한다는 질긴 관념 탓에56) 지적 이력상의 많은 국면을 분할하는 바르트의 긴장, 전환점, 균열은 고려될 수 없었다. 문제는 이미 굉장히 다양화된 이름의 목록 속에서 하나의 이름을 고집한다는 게 다원화되어 있는 저자의 작업을 단일한 특성으로 환원하는 **딱지붙이기**라는 데 있다. 실용적 역설의 0도는 바로 이렇게 만들어지는 셈이다.

이 모든 경우에서 문제는 대부분, 쓸모를 발휘하게 된 이론의 논리와 불안정하고 배열불가능하며, 처방전 같은 적용을 거스르는 텍스트들의 논리 사이에서 빚어진 모순이었다. 미국 독자들이 처음에 이 저자들과 마주치기를 주저한 이후, 정치적이었든 윤리적이었든,

아니면 텍스트주의적인 유희였든 간에 통상적으로 채택된 전략은 이들의 작업을 억지로라도 처방적 성격을 띤 등록명부에 올려놓는 것이었다. 이들의 텍스트가 기능하는 이 등록명부야말로 실은 해당 텍스트를 종잡을 수 없는 무언가로 머물게 만들었지만 말이다. 모순은 이론적 접근에 내재하는 긴장을 통해서도 빚어졌다. 텍스트를 실천하고 순환시켜 텍스트가 저마다 쓸모를 발휘하게 하려는 사람들의 열정으로 형성된 이 긴장은, 미국 독자들도 모든 가능한 차원을 펼치는 계기가 됐다. 우리가 이제껏 다룬 모든 작업에 중심적인, 그리고 이들의 작업 자체가 명확하게 문제화하는 이 긴장은, 모든 이론 텍스트 특유의 무능력에서 발생한다. 즉, 이성 자체가 아니면 다른 무엇으로도 이성에 맞서 싸울 수 없으며, 형이상학적 도구를 쓰지 않고서는 형이상학을 비판할 수 없고, 그 폐허 위에서 새로운 형태의 역사적 연속성을 다시 구축하지 않고서는 역사적 연속성을 해체할 수 없다는 데서 말이다. 미국인들이 무언가 불가능한 상황을 아마도 기꺼이 받아들이지는 않을 듯싶다. 행동으로의 전환, 적어도 (학계에서 중대한) 행동에 대한 명령으로의 전환이 이뤄져야 했다. 동시대 문화의 모든 '텍스트' 속에 있는 긴장의 흔적이 드러나도록 이 이론적 긴장을 미학화하거나, 역사적 순간과 임박한 미래의 감흥이 만들어지도록 그 긴장을 장엄하게 극화하는 식으로 말이다. 이런 것이 이론에서는 **불가능한** 것을 다루는 미국적 방법이었던 것 같다.

13 세계로서의 이론: 세계적 유산
La théorie-monde: Une héritage planétaire

나는 지식인을 망명자, 경계선에 서 있는 사람, 비전문가,
그리고 권력에게 진실을 말하려고 하는
언어의 작가로 정의한다.
에드워드 사이드, 『지식인의 표상들』(1994)

프랑스 이론에 대한 미국식 해석은 세계적으로 형성된 다수의 해석 중 하나일 뿐이다. 프랑스 이론 관련 글쓰기는 베이징과 보고타 같은 다양한 도시에서, 러시아의 신자유옹호주의자들과 브라질의 행동주의자들에 의해 음미됐고, 한국어에서 스와힐리어에 이르기까지 다양한 언어로 번역되어왔다. 아방가르드적 텍스트주의와 소수자적 급진주의는 미국 대학에서 프랑스 이론에 고무됐던 주요 파생물이지만, 이 둘은 어디까지나 국지적 용례로, 일어날 수 있는 두 가지 문화적 변형태일 뿐이다. 미셸 푸코, 질 들뢰즈, 자크 데리다에 대해서는 그들이 통합되거나 상실됐던 그들의 작업이나 정치적 맥락, 문화적 전통에 관해 생산된 연구와 활동 분야만큼이나 서로 다른 수많은 독해와 용법이 있다. 이런 교차배열법이 심화된 데는 1970~80년대 말에 걸쳐 해당 국가의 형편에 따라 시작된 프랑스 이론의 압도적인 전지구화 역시 한몫했다. 상당수 소장 연구자들이 제창한 좀 더 그럴싸한 민주주의적 휴머니즘으로의 퇴행이 일어나는 가운데 프랑스에

서 **강렬한 사유**의 전령들은 (곧잘 그들이 살아 있는 동안) 점차 매장됐다. 심지어 푸코, 들뢰즈, 데리다의 작업조차 기각됐다. 그 무렵에 미국과 나머지 세계는 자기네 나라에선 불신임된 이 프랑스 사상가들한테서 발견적이고 정치적이며 간문화적인 발상의 효소를 찾아냈다. 해당 지역의 저자들, 그곳에서 구성된 담론과 회합하는 지반을 구축하면서 말이다. 그들은 맑스주의가 됐든 민족주의가 됐든 각 지역마다 현존하는 해방운동의 지배적 지식 담론에서 스스로를 해방시키는 데 필수적 도구는 물론이거니와 새롭게 도래한 세계적 무질서 상태에 긴밀히 조율된 사유방식을 이들의 저작에서 취했다. 장 보드리야르가 『아메리카』에서 유럽의 이론적인 사유가 "실제로는 대양을 건너지 못했"기에 실상 "최고급 포도주와 요리 같다"는 점에서 이 사유를 "[미국에] 이식하려던 감동적인 시도"를 "불행한 전이"라며 기각했던 판단은 전 세계적으로 봤을 때 틀린 것으로 밝혀졌다.[1]

경이로운 다양성에 대한, 이 장에 한정할 경우 무지개 빛깔의 독서 꾸러미와 다채로운 텍스트의 이용에 대한 베네통식 유비를 피하기 위해서는, 세계적 규모로 이뤄진 사상의 산포에 관한 깊이 있는 연구가 필요하다. 적어도 여기서 하려는 간략한 개괄 이상이 이뤄지든가 말이다. 무엇보다 프랑스 사상의 확산은 미국이 지배하는 문화산업, 학술·출판 제도와 불가분 연계되어 있음이 확실하다. 확실히 프랑스 사상의 이론적 경향 역시 미국이 수출해왔다. 이 점은 프랑스 사상을 접한 '독자들'의 지구적 확장, 문화연구가 부른 충격의 상이한 국지적 형태를 확인하는 것만으로도 충분하다. 사실 프랑스 이론은 곧잘 미국의 스탠포드대학교와 컬럼비아대학교를 경유해서야 서발턴 국가들에 위치한 덜 풍족한 대학들에 다다르곤 했다. 이런 조건에서 이 대학들은 프랑스 텍스트의 독해와 관련해 이중의 도전, 미국을 **경유**했지만 그 미국**에 등돌릴** 수 있도록 했던 도전과 마주쳤다. 여기서 본질적인 것은 비판적 재전유와 활발한 혼성화가 펼쳐졌다는 점이고, 이론이 지구적 권력관계들을, 이들 관계로부터 경제적 불평등이 가장 첨예하게 생산되는 세계의 바로 그 지역들에서 **재생산**의 과정 없이 **검토**할 수 있다는 점이다. 모든 것을 고려할 때 이 과정은 있지도 않을 법한 그 어떤 '근원'을 사이에 두고 생긴다는 거리를 표상하지 않는다. 설사 독일 철학에 대한 전위적인 프랑스식 해석이, 영미식 논평의 우회로를 거친 뒤 인도나 아르헨티나 쪽의 독자들에게 다다르는 것이라고 해도 그렇다. 왜냐하면 어떤 작업 내지 작품의 가치는 우리가 그것을 다루는 용법 내지 쓸모를 통해서만 결정될 수 있으며, 들뢰즈가 언급하듯이 모든 사유는 거리를 판독해내는 데서 시작하기 때문이다. "로고스는 없고 상형문자만이 있다. 사유한다는 것, 그것은 그러므로 해석하는 것이고 번역하는 것이다."[2]

미국과 그 타자들

여러 차례 여기서 문제가 된 것은 구별되지 않는 **영미권** 학술 집단과 관련해서라지만, 그렇다고 그런 평가가 대체로 독립적인 영국의 지식장에서도 정당한 것은 아니다. 프랑스 이론과 결부시켜 볼 때 영국의 지식장이 미국 쪽과 대별되는 중요한 특징이 몇 가지 있다. 공공적 지식인의 역사가 더 폭넓고, 혁신을 위해 혁신하려는 경향이 덜하며, 강단 맑스주의자들의 영향력이 상대적으로 엄청나고, 광의의 사회적 계급 패러다임이 프랑스에서와 다를 바 없이 사회정치적으로 존재한다는 점이 바로 그것이다. 그런데도 불구하고 지식(인)의 정치와 결부시켜 볼 때, 다시 말해 공고화된 접근법, 유명 대학, 학술 출판의 측면에서 볼 때 영어권 국가는 모두 미국의 권위와 그 핵심 저자, 교육기법, 미국의 관대한 재정지원 아래 치러지는 국제 학술회의에 철저히 순종적이다. 내적 분기가 일어났다곤 해도 대영제국이 그렇고, 캐나다가 물론 그러하며, (대영제국 군주와의 관계나 호주 선주민과 마오리족이 겪어온 차별 같은) 소수자 문제만 다루는 경향이 있는 호주와 뉴질랜드,3) 인종분리 정책 폐지 이후의 남아프리카공화국, 심지어는 이스라엘과 미국화된 그곳의 대학들이 그렇다. 싱가포르와 사우디아라비아처럼 미국의 경제적·군사적 파생물로서, 미국 재단들이 연구프로그램 재정을 지원하고 학술 교류가 이뤄지는 몇몇 국가도 있다. 1980년 (온통 남자들뿐인) 리야드대학교의 초청으로 그곳에서 다른 학자들과 함께 해체와 구조주의를 가르친 가야트리 스피박은 자신한테 주어진 너그러운 환대와 광범한 자원에 충격을 받았다. 그러나 스피박은 말하길, "사실 사우디아라비아는 미국의 도움으로 천천히 자체의 '휴머니스트적'인 지식 엘리트를 만들어내고 있다. 자국의 생산물, 석유, 돈, 무기의 흐름 사이에 어떤 관계가 있는지 읽어낼 수 없게 될 엘리트를 말이다." 여기서 말하는 '휴머니스트'란 와하비 독재권력이 국가간 무대에서 자기존재를 증명하는 데 필수불가결했던 전문기술관료 엘리트를 지칭한다.4)

이런 국가들의 대학체계를 상대로 펼쳐진 미국학술 기계의 직접적 지배는 프랑스 이론이 애초부터 미국적이고 대중화된 형태로 소개됐음을 의미한다. 폴 드 만의 저작은 시드니에서 텔아비브까지 어디에서나 읽혔다. 몬트리올이나 요하네스버그의 독자들에게 푸코는 다른 그 무엇보다도, 주디스 버틀러의 동성애 이론 내지 호미 바바의 탈식민주의 연구로 확장된 책들의 저자로 비쳤다. 그리고 런던에서 오클랜드에 이르기까지 사람들은 어디에서나 모더니즘과 포스트모더니즘, 본질주의와 구성주의 같은 이분법에 대해 성찰한다. 그러나 퀘벡이나 아일랜드의 좌파 학자들은 물론이거니와 듀크대학교의 '급진주의자들'에게 경멸의 대상인 미국은 자국의 지적 생산물을 수출하거나 심지어 헤게모니를 행사하려는 그 어떤 적극적 **의도**를 행동에 옮긴 것이 아니었다. 영화 스튜디오들이나 무기산업에서 바로 그렇게 움직였던 것과는 달리 말이다. 모든 영어권 대학의 인문학 분야에서 교육방법론과 이론적 담론 속에 그처럼 단일한 기준이 적용될 수 있었던 것은 새로운 초국적 학술계급이 출현하면서부터였다. 일찍이 1979년에 사회학자 앨빈 굴드너는 이 현상을 맑스주의적 관점에서 검토한 바 있다. 굴드너가 보기에 이 계급은 인문계열은 물론 이공계열 분야 출신의 다언어 학자들로 구성된 '국제적 문화 부르주아지'의 분파이다. 이 계급이 그 유형상 새로운 것은 (광의인 정치사회뿐만이 아닌 대학의) '관료적 권력구조'와 동맹을 맺지만 '자기들만의 이해관계'를 방어하도록 되어 있으며, 지식 일반과 비판 담론에 대한 진정으로 '지구적인 독점'을 강화하는 '결함난 보편 계급'을 크게 형성했다는 데 있다.[5] 굴드너의 가설은 때로 꽤 단순화되어 있는데, 특히 이 새로운 초국적 지식인들이 관료적 권력에 유기적으로 종속됐다고 시사할 때가 그렇다. 그렇기는 해도 굴드너의 작업은 세계가 20세기 중반의 공공적 지식인(정치적 참여에 적극적이던 작가들과 탈식민화를 노래한 음유시인들)에서 푸코가 환기한 '특수한 지식인들'로 옮겨감에 따라 국제적인 규모의 전환이 이뤄지고 있음을 잘 잡아내고 있다. 아닌 게 아니라, 20~30년 이내에 세계의 초점은 변했다. 국제적인 작가 집단, 즉 여론과 당국에 막바로 호소했던 과두적인 인텔리 계급에서 (지금도 현존하는 국제작가협회는 그 시절을 환기해주는데) 대학들 간의 국제적 네트워크, 그러니까 보통 구성원들 서로 간에 말이 오가고 학술적 세계화 방침을 직접 모델로 삼은 조직적·전문적 대안 집단, 아니면 피에르 부르디외가 말했듯이 "지배적인 여러 학술적 거점을 보유한 이들 사이의 복잡한 국제적 교류 네트워크"로 말이다.[6] 그런데도 불구하고 굴드너와 상당수 부르디외 연구자들이 자주 내비친 것과는 반대로, 국제적인 학술 논의의 재영토화와 효과적으로 맞물리며 대학 세계에서 꾀한 진화[그리고 그런 진화에 대한 비판적 회고]가 경계를 아랑곳 않게 된 새로운 대학 이단자들이 취했던 개념적이고 정치적인 대담함을 가려서는 안 된다.

오늘날 이런 새로운 학문적 '계급'의 지도자**이자** 이 계급에 대한 무자비한 비평가로 활동하는 회원들로 구성된, 진정 국제적인 전위가 모습을 갖췄다. 이들은 일반적으로 인문학(종종 철학) 분야의 혁신적 지식인들로, (프랑스적이지는 않다고 하더라도) 미국적이라기보다는 곧잘 더 유럽적이다. 이 집단은 미국 대학이 휘두르는 권력, 최근 두드러진 학술 엘리트의 이동성, 프랑스 이론이 남긴 생생한 (아울러 끊임없이 논란을 부르는) 유산이라는 서로 다른 세 가지 성분이 누적되어 형성됐다. 지나치게 간략한 개괄이 될 수밖에 없다 해도, 몇몇 중요한 구성원을 언급해야겠다. 가령 자율주의적 투쟁에 관여했다 파리로 망명한 이탈리아 철학자 안토니오 네그리의 국제적 영향력을 들 수 있다. 이 영향력에 실린 무게감은 미국 대학의 지원 덕에 그리 된 것이다. 루카 카사리니가 이끌었던 이탈리아의 활동가 집단 투테비안케,* 독일의 젊은 아나키스트들, 대안적 라틴아메리카 연합,

계간지 『다중』 뒤에 있는 프랑스 동인집단을 포함해 반세계화 운동의 몇몇 급진적 분파는 네그리적 사유와 제휴를 선언했다. 네그리처럼 이 혼성적 운동은 베네딕투스 데 스피노자를 비롯해 들뢰즈에게서 영감을 받은 해방의 존재론을 표상하며 분열된 정치적 주체라는 비정형의 맑스주의적 개념('다중'), 제국[주의]적 권력에 대한 확장된 포스트구조주의적 재규정(미시물리적이며 다극적인 '제국')과 연계되어 있다. 거듭 말하지만, 이는 미국 대학에서 이뤄지는 생산의 부산물이다. 『제국』이 전 세계적으로 거둔 성공이 시작된 데가 거기였고(이 책은 2000년 하버드대학교출판부에서 출간됐다),7) 거기에서만 푸코, 맑스, 데리다 사이의 예기치 않은 공통 영역이 (이따금 신비주의적 색채를 띤 채) 만들어질 수 있었다. 좀 더 구체적으로는, 네그리를 따르는 이들 중 가장 신중하지만 가장 눈에 띄는 마이클 하트 같은 이가 관련 연구를 진행한 곳도 바로 거기였다. 파리 시절 네그리의 학생이었던 하트는 『제국』의 공저자이자 듀크대학교 문학 교수로, 동료 프레드릭 제임슨에게 헌정한 독본과 아울러 들뢰즈의 작업에 대한 간략한 정치적 소개를 우리가 접할 수 있는 건 그 덕분이다.8)

또 다른 이탈리아 철학자 조르조 아감벤은 전 세계에 걸쳐 포진해 있는 반체제 극좌파 운동의 주요 준거로 쓰이면서, 미국 이론산업

---

* Tute Bianche. 1994년부터 2001년까지 이탈리아에서 활동한 활동가 집단. '투테비안케'란 '하얀색 작업복'이란 뜻인데, 이들은 옛날의 공장노동자들이 입었던 푸른색 작업복이 아니라 하얀색 작업복을 착용함으로써 자신들이 새로운 프롤레타리아트(가령 반도체나 정밀기계 같은 정보산업의 노동자)임을 드러냈다. 다른 한편, 이들의 하얀색 작업복은 경찰이 휘두르는 곤봉의 충격을 막기 위한 (충격흡수용) 하얀색 '패딩자켓'을 뜻하기도 한다.

의 점증하는 중요성을 보여주고 있기도 하다. 아감벤은 미국 유명 대학들의 연구 대상이자, 종종 그곳으로 초청되어 파리나 베니스에서의 세미나와는 비교가 안 될 만큼 많은 청중을 모은다. 1980년대 초부터 다양한 그의 저작에서는 서구의 정치적·문화적 대항역사가 가차없이 드러났다. 가령 아감벤은 물신성과 환상 개념에서 창출된 시적인, 그리고/혹은 금전적인 함축을 탐색했고, '온갖' 특이성의 배치인 불가능한 공동체 이론을 정식화했으며, 최근에는 로마법에서부터 9·11 이후에 이르는 '예외상태'를 검토해왔다.[9] 아감벤의 기획은 저마다 삶에 군림하는 권력과 배제의 기제인 정치적인 것의 역사적 계보를 다룬 『호모 사케르』 3부작과 조화를 이뤄왔다. '주권'과 '벌거벗은 삶'을 다루는 아감벤의 작업은 푸코의 생명정치, 마르틴 하이데거에 대한 프랑스 좌파적 해석, 메시아주의와 역사에 관한 발터 벤야민의 가설이 개념적으로 마주치는 맥락 속에 자리할 수 있다. 이 세 가지는 종교의 역사와 법철학에 관한 아감벤의 작업과 서로 엮이고 증폭되며 영감을 부르는 주된 원천으로, 새천년의 벽두에 진행 중인 역사적 이행과 고도로 맞춤한 시각·전망을 구성한다.

    슬로베니아 출신의 철학자 슬라보예 지젝의 달변가적 작업은 칼 맑스, 미국 대중문화, 프랑스 이론에 사로잡혀 있다. 자크 라캉의 저작을 처음 읽은 몇 안 되는 동유럽인 중 하나로, 맑스와 라캉의 작업을 자유자재로 뒤섞고 리비도적인 자본주의의 본성에 관해 들뢰즈와 장-프랑수아 리오타르가 정교화한 이론을 부분적으로 끌어오면서, 지젝은 상품사회와 그것의 새로운, 이른바 **포스트**정치적인 '이데올로기' 속에서 끈질기게 나타나는 환상 개념을 탐색한다. 목적이 영화감독 데이비드 린치의 '언어적 무의식'을 드러내는 데 있든, 아니면 하이데거의 존재론을 SF코미디영화 『맨 인 블랙』과 불편하게 조우케 하려는 데 있든 간에, 이론적 도발과 아찔한 방명록 전환에 대한 능숙한 솜씨로 그는 이 일을 해낸다.[10] 다른 많은 이들과 달리 지젝은 **주체 없는** 정치적 존재론을 요구하지 않지만 라캉의 사유를 따르고 포스트모던한 관행과 척을 세운다. 개인주의적·휴머니즘적 주체와 적절한 거리를 둔다는 조건 아래 '까다로운' 주체의 형상을 유지하자고 제의할 때 바로 그렇다.[11] 지젝의 개인사는 프랑스 이론의 세계화에 관한 상징적인 예이다. 지젝은 1949년 류블랴나에서 태어나 티토 집권기의 유고슬라비아에서 자랐고, 이후 런던과 파리의 라틴 지구에서 지냈다. 지젝의 저작은 12개 이상의 언어로 번역되어왔다. 그러나 지젝은 책을 30권 이상 쓰고 이미 여섯 권에 이르는 비판적 소개서의 대상이 된 미국 대학에서만 주디스 버틀러의 페미니즘과 포스트구조주의 용법을 끌어들이고, 게오르그 루카치와 알랭 바디우를 재독해하며, 9·11 이후 자리잡은 '자본주의적 근본주의'를 추호의 망설임 없이 맹비난하는 한편,[12] 심지어는 지나치게 텍스트적인 문화연구 영역을 재정치화하는 데도 한몫하며 변화무쌍한 자신의 이론적 기획을 충분히 정교화해올 수 있었다.[13] 이탈리아 철학자들과 지젝, (스피박과 톰 키넌 같은) 미국의 좌파 해체론자들, 견실한 영국 맑스주의자들, 독특한 독일 연구자 페터 슬로터다이크, 그리고 일본과 라틴아메리카의 새로운 사회학자들의 영향력과 더불어 프랑스 이론사상으로 풍부해지고 미국 대학의 한가운데로 자리하게 된 진정 국제적인 정치-이론적 장이 차츰 형태를 갖춰온 것도 [지젝의 경우와] 마찬가지였다. 그러나 최근 프랑스 학자들은 여기에 거의 아무런 기여도 하지 않고 있는 것이 사실이다. 이를테면 그들은 유럽의 다른 학자들보다 더 외국어[특히 영어] 때문에 악전고투하고, 교류 프로그램과 안식년제가 드물 뿐만 아니라 공적 지식인들에게 외면당하는 탓에 제도적으로 단절된 상태에 있다. 맑스주의가 대체로 수용되던 학문적 동의 역시 갑작스럽게 무너지면서 오늘날처럼 열렬한 반맑스주의적인 입지 쪽으로 태도를 바꿔왔다.

이 국제적 대학 네트워크의 생동감은 상당 부분, 정치적 추방/망명을 겪었던 이들과 여러 소수집단을 대표하는 이들의 살아 있는 역할, 그리고 더욱이 지난 30년 동안 진정한 국제적 이주의 교차로를 표상했던 미국 대학 덕분이었다. 바로 이런 의미에서, 이제 막 도착한 이들과 오래 된 이중국적자들은, 둘 다 (꽤 온건한 경로를 통해) 모두 추방된 이들로서 저마다의 경험과 전망을 서로 참조하는 가운데 '이론 세계'를 건설하는 데 함께할 수 있게 됐다. 앞서 언급한 저자 및 운동들과 함께 움직이는 몇몇 인물들을 거론해볼 수 있겠다. 탈식민주의 분야에서 정전으로 삼을 만한 작업을 남긴 중요한 두 저자들로는 인도 출신인 스피박과 영국-인도계 바바가 있다. 라틴아메리카 출신인 리처드 델가도와 일본 출신 사상가 마츠다 마리는 비판적 법 연구의 선구자이다. 문학 비평의 경우 포스트모더니즘의 개척자인 이합 핫산은 이집트에서 태어났고, 에드워드 사이드는 친팔레스타인 입장을 적극적으로 유지해왔다. 종족 연구 분야에서는 위대한 아프리카계 미국인 코넬 웨스트와 헨리 루이스 게이츠 2세, 자이레 출신인 V. Y. 무딤베가 두드러졌다. 하위주체 연구를 정식화한 것은 인도 출신인 라나지트 구하였다. 한편 벨기에에서 나고 자랐던 폴 드 만, 독일의 제프리 하트만, 스위스의 블라트 고지치, 뉴질랜드 출신으로 크리스 크라우스를 이웃 겸 동료로 둔 프랑스 출신 실베르 로트랭제 같은 유럽 망명자도 잊어서는 안 될 것이다. 바로 이들이 참여한 운동 속에서, 굵직한 학술 논쟁을 탈국민-민족주의화하고 망명과 이종간 혼교의 문제를 이론화하는 작업이 동시대를 사는 주체 일반의 정치적 조건이라는 게 밝혀졌다. 처음에 이런 주제는 캘리포니아와 뉴잉글랜드 지역 대학들의 고딕풍 시계탑 아래서 마주치기 전까지, 개별적인 여러 여정 속에서 마주치는 때때로 험난한 길 위에 뿌리를 내렸다. 카리브해 연안의 이민을 둘러싼 여러 문제는 미국 대학에서 잘 자리잡게 된 다원적 문화의 상징으로서 권력과 담론에 관한, 그리고 북미권 대학에서 파생 중인 가운데 '세계적으로 확산된 이론'에 관한 복잡미묘한 성찰의 중심에 있다.

저마다 살던 섬에서 겪은 독재나 경제적 침체의 압박 탓에 미국으로 이주할 수밖에 없었던 카리브해 출신 작가와 정치적 인물은 국제적인 권력 균형을 둘러싼 질문을 노골적으로 던져왔다. 그런 쟁점을 제기할 수 있었던 것은 그들이 이웃해 있는 북미권 거인의 정치적·경제적 이해관계로 황폐화된 지역 출신이고, 프랑스어권과 영어권의 언어적 경계선상에 위치하며, 이 지배언어들이 그들에게 1백년 넘도록 지속된 뿌리 깊은 갈등을 불러일으켜왔고, 미국에서 보이는 두 주요 하위주체 문화(이를테면 라틴아메리카적이고 아프리카적인 문화)에 지리적인 **동시에** 역사적으로 연계되어 있기 때문이다. 저변의 아프로-카라비안 정치 축에 대한 여러 언급이 갈수록 잦아지는 이유가 여기에 있다. 문화와 크레올어가 지닌 특정한 함축을 넘어서 가장 큰 파장을 불러일으킨 것은 **크레올화**라는 핵심 개념, 이 개념이 근본적인 혼종성과 문화적 혼합을 통한 저항과 관련해 만들어낸 이론이다. 미국 대학은 안전한 피난처를 갖추고는 중간계급과 쿠바의 반反카스트로 작가들, 자메이카의 좌파 활동가들, 트리니다드와 산토도밍고의 지식인들, 특히 몬트리올과 뉴욕에 아이티·서인도제도 출신의 문학 공동체를 재탄생시킨 프랑스어권 작가 다수를 불러들였다. 예를 들면 과들루프 섬 출신으로 컬럼비아대학교에 자리잡은 마리즈 콩데, 뉴욕시립대학교에 자리를 잡은 에두아르 글리상, 아이티 출신으로 퀘벡대학교를 피난처로 삼은 조엘 데 로지에르와 에밀 올리비에 같은 이들이 바로 이런 경우였다. 이 서인도제도 출신 인사들의 존재는 관성을 따르던 다수의 불문과에 더욱 글로벌하고 정치적인 관점을 도입하는 데 그치지 않고 프랑스 이론과의 흥미로운 상호작용을 다수 창출해내기도 했다. 실제로 상대적으로 낭만적인 작품 말고도, 널리 읽히는 글리상의 이론적 글쓰기는 시쓰기와 비평의 경계를 흐리는 독특한 스타일로 프랑스 이론의 몇몇 상이한 논점을 끌어들인다.[14] 무엇보다 글리상은 데리다와 해체를 연상시키는 용어를 쓰면서 글쓰기의 권위에 복속되지 않는 '구술성'을 옹호한다. 글리상에게 이 구술행위란 일련의 '지진'이자 '선형적' 서사, 그 '포괄성'과의 단절이다(글리상은 "포괄하는 행위에는 낚아채고, 장악하고, 포박하고, 예속화하려는 의도"가 있음을 강조한다). 유럽식 존재론과 이것이 드러내는 무거운 '존재의 허장성세'와는 대조적으로 글리상이 유려하게 펼쳐놓는 '카오스-세계'와 '존재자[의] 불투명함'에 대한 간결한 이론화 작업은 들뢰즈가 펠릭스 가타리와 만나서 구체화한 노마디즘, 혹은 탈주선 같은 개념과 밀접하게 공명하는 발상이다. 게다가 '정통성과 혈통'이라는 선형적 시간[성]과 대비되는 크레올 문학 속 '시간의 소용돌이' 개념을 높이 사는 대목에서는 푸코가 보여준 역사[주의] 비판의 흔적이 새겨져 있는 듯하다.

마르티니크 출신의 소설가 파트릭 샤무아조는 1996년 『텍사코』가 미국에서 번역된 뒤 커다란 비평적 성공을 누렸다. 『뉴욕타임스』는 샤무아조를 "서인도 제도의 가르시아 마르케스"라고 했고, 『뉴요커』에서 존 업다이크는 그를 클로드 레비-스트로스와 데리다에 대한 암시로 가득한 "열대의 셀린"으로 평가했다.15) 강단 문학비평가들도 가세했다. 당시 노스웨스턴대학교에 있던(지금은 UCLA에 있는) 프랑수아즈 리오네는 "역사적 담론의 연속성"과 "한때 식민화됐던 주체"가 불가피하게 경험하는 공간적·시간적·언어적 '흐트러짐'을 나누는 푸코적 이분법의 렌즈를 통해 카리브해 연안 출신 여성 작가들을 연구했고, 이런 탈식민적 맥락에서 푸코를 인용해 이전까지 주목받지 못한 성적 차이를 조명했다.16) 아이티의 역사를 연구하는 자메이카 출신 미카엘 대쉬는 미국에 의해 짓밟히고 버림받은 '아이티의 다른 질서/우주'Heterocosm를 권력자들로부터 무시된 '맹점'으로 파악한다. 이를 바탕으로 대쉬는 미국의 중심에 자리잡은 계몽[사상]의 가치와 세계 질서에 대한 강력한 비평을 펼칠 수 있었다.17)

[미국·프랑스와 맞물려온] 권역 바깥이긴 하지만, 프랑스 이론이 미국에서 수출된 덕에 문화적·정치적 상호작용이 이뤄진 또 다른 예는 인도이다. 여기서 핵심 변수가 됐던 것은 스피박, 예일대학교의 문화인류학자 아르준 아파두라이 같은 인도 출신 학자들이 미국 대학에서 늘어났다는 사실이다. 린든 존슨 대통령이 아시아 이민 유입의 규제를 완화한 1965년부터 뿌리뽑힌 1세대, 그리고 이후에 유입된 2세대 인도인들은 점차 미국 대학에서 문화연구와 새로운 이론적 도구에 관심을 가진 소수자 신분집단과 합류하게 됐다. 여러 학술대회와 공동 출판을 통해 그들이 인도 대학과 그토록 강한 유대를 맺

어온 이유가 여기에 있다. 이에 따라 인도는 서구적인 정치 패러다임의 한계가 드러나는 곳으로, 이론적으로 특권화된 지역이 됐다. 사이드는 영국령 식민지 인도에 대해 맑스가 쓴 글에서 서구와 비서구 세계 사이에 존재한다고 암묵적으로 상정됐던 위계를 비판할 수 있었다.[18] 앞서 봤듯이, 하위주체 연구는 탈식민화를 다루는 서구적 역사서술의 한 대안으로 델리에서 출범했다. 부유한 국가에서 살고 있는 지식인의 전형성을 기민하게 비판했던 스피박은 인도 교육자들의 날카로운 비판과 마주하게 됐는데, 이들은 미국에서 그녀가 보여준 성공과 "제1세계 엘리트 이론"[19]의 남용을 문제삼았다.

상당수 미국 학자들처럼 프랑스 이론에서 반합리주의적·반서구적 언명들을 취해 **정치적** 수단으로 활용하는 일의 중요성을 아주 능숙하게 알아본 곳은 아마도 미국이 아니라 인도였을지 모르겠다. 아닌 게 아니라 이런 언명은 1990년대 들어 우익 힌두민족주의 정당인 바라티야자나타당(인도인민당)의 이데올로그들에게서 옹호됐다. 주목할 만하게도 이들은 베다식 셈법을 학교에 재도입하고 힌두 민족을 뜻하는 라슈트라^{Rashtra}를 궁극의 도덕적 표준으로 삼아 과학과 사회적 가치의 '힌두화'를 정당화하는 데 이런 언명을 활용하길 원했다. 이 이데올로그들은 합리적 과학을 서구 제국주의와 똑같은 것으로 만들고서, (특히 1988년의 페낭 선언 같은) 세력화를 통해 민족 과학 개념을 널리 고취했다. 이런 행동은 대중적인 지식을 확산하려 하기보다는 오히려 '조상 대대의 적'(북부의 무슬림과 동부의 기독교인)과 벌일 영원한 전쟁에 쓸 무기를 장착하려는 욕망에서 비롯됐다. 어떤 경우든 이는 아주 독특한 상호작용의 맥락을 보여줬다. 비평가 미라 난다에 따르면, 이런 인도판 '과학 전쟁'은 인도 민족주의자들와 미국 탈식민주의자들의 예기치 않은 동맹을 형성시켰다. 그저 몇 번의 회합 직후 이뤄진 이 동맹의 핵심 인물 중에는 '다문화적 과학'이란 전망에 우호적인 페미니스트 인식론자 산드라 하딩, 과학적 합리주의와 내부식민화라는 개념을 한데 엮어 다뤘던 아시스 난디가 포함되어 있었다.[20] 이렇듯 불편한 사례는 (특히 유럽의 옛 식민지를 향해 이뤄지는) 미국산 급진 이론의 확산을 무효화하기는커녕, 오히려 이 국제적 대학 네트워크의 심장부에 의미심장한 불평등이 지속되고 있음을 시사한다. 앞서 이미 언급했던 여러 대화와 공동 프로젝트들 덕에 미국에서는 현지인과 이민자 모두가 행동주의와 대안적 정치사상의 진정한 거점으로 합류하는 가운데 대학들을 변형시켰던 반면, 남반구에 위치한 대부분의 대학들에서 이와 닮은 연계는 훨씬 더 취약했다. 그 당시 남반구에서 지적인 사유를 통제하게 되어 있던 사람들은 대개 각 지역의 엘리트 구성원들로, 이들이 자신의 지위를 활용한 것은 하위주체(들)의 '혁명'을 창출하기 위해서가 아니라, 학술·정치 영역에 대한 독점을 유지하기 위해서였다.

광범위한 영향, 즉각적인 효과
프랑스 이론이 국제적으로 남긴 자취가 지구의 남/북반구를 똑같이 아우른다고 할 수는 없다. 미 제국은 부지불식간에 자신과 아주 가까운, 독자적이면서 심지어는 대놓고 적대적인 이종문화 지대의 생성을 고취해왔던 것 같다. 좀 더 명료하게 말해 푸코와 데리다의 글쓰기들은 멜버른이나 켈커타, 심지어 런던에서보다 멕시코와 상파울로에서 더 막바로 읽혔고, 마찬가지로 미국식 학문 사유를 통해 굴절된 적도 없다. 확실히 이주와 관련 언어의 본질상, 카리브해 연안 국가들 대다수는 물론이고 부유한 영어권 국가들, 심지어 인도처럼 멀리 떨어진 국가조차 미국의 이론적 생산물에 단단히 붙들려 있는 시장임이 드러났다. 1824년의 먼로 선언 이후 미국의 금융·군사세력에 강하게 종속된 나머지 미국의 비공식 정책이 펼쳐지는 한낱 뒷마당이 되고 말았던 라틴아메리카의 경우 상황은 훨씬 더 양가적인데, 이곳에서는 심지어 국제적으로 이뤄지는 지적인 지배와 관련해 일반화된 규칙마저 효력을 잃는다. 자연스럽게도 새로운 세대는 문화연구를 수용하는 데 대해 호의적이다. 제2차 세계대전 직후 교육받은 칠레와 멕시코인들은 프랑스 텍스트들을 읽고 정치사상적으로 유럽을 지향했던 반면, 미국 경제의 힘을 재빨리 알아차리게 된 더 젊은 세대는 영어를 배우는 한편으로 비록 일정한 거리를 뒀다고는 해도 리오그란데 강 반대편에서 유행하는 문화 운동을 따르고 싶어했다. 하위주체 연구와 데리다의 해체론 역시 라틴아메리카에 영향을 끼쳤지만, 그 정도는 이런 운동의 미국 대학의 근거지에서 관련 텍스트가 남반구로 얼마나 전파될 수 있었느냐에 달려 있었다. 라틴아메리카 대륙의 20개 국가들에서 새로운 미국적 이론주의에 대한 저항이 왜 그토록 강한지 이해하는 데 필요한 문화적 전통상의 세 가지 주요 성분들이 있다. 먼저 미국 [노동]시장에서 자신의 노동력을 파는 이주 노동자들을 향해 라틴아메리카 사람들이 품는 경멸감은 학문적인 맥락에서 치카노 연구와 여러 형태의 '변경 연구' 분야 학자들을 향해서도 마찬가지로 작동한다. 라틴아메리카 학자들에게 이런 분야는 연구할 만한 가치가 없는 것으로, 차라리 티후아나에 있는 사회학자들과 캘리포니아로 스스로 망명해 있던 문학 연구자들에게 내버려둬도 될 만한 분야인 셈이다.* 둘째, 비단 정치적 압박뿐 아니라 지적 혁신 때문에라도 사회과학은 늘 학문적으로 가장 활발한 분야가 되어왔는데, 이 분야에서는 같은 핵심 프랑스 텍스트들이더라도 북미 텍스트주의자들의 수중에서처럼 문학적 각도에서 읽히는 경향이 비교적 덜하다. 힐리스 밀러와 제프리 하트만은 자신들이 어떻게 1985년 겨울 몬테비데오대학교의 초청으로 우루과이 학자들에게 해체를 '설명'하게 됐는지 말하지만, 그렇다 해도 데리다의 해체 개념에 영감을 받은 다양한 [텍스트주의] 이론이 중남미 권역에서 발휘한 영향력은 북미권보다 늘 더 제한적이었다.

하나의 참조 패러다임으로 사회과학이 해온 역할도 라틴아메리카 문화연구가 어째서 대중문화에 대한 문학적 분석이 아니라 융합, 이종혼교, 종족문화적 잡종 같은 개념을 검토하는 민속지학과 더 밀접히 관련된(그리고 세르주 그뤼젱스키 같은 인류학자가 프랑스에서 고취한) 사유 운동을 촉발했는지 이해하는 데 도움이 된다. 문화적 지배와 대중매체를 다루고, 번역서를 통해 미국 문화연구 분야에서 고전적 참고문헌이 된 콜롬비아 연구자 헤수스 마르틴-바르베로의 에세이들이 예속된 국민/민족간의 관계를 분석하고 전지구적 헤게모니를 유럽 맑스주의의 관점에서 검토하는 이유도 여기에 있다.[21] 역시 미국 대학에서 읽히며, 데리다나 드 만보다는 푸코와 (파리 체류 당시의

---

* '티후아나'(Tijuana)는 멕시코 바하칼리포르니아 주의 최대 도시이자 라틴아메리카의 최북단 도시로 '멕시코의 골목'(또는 '라틴아메리카의 골목')으로도 불리며, 북쪽으로 미국 캘리포니아 주의 샌디에이고와 맞닿아 있기 때문에 마약 밀매와 불법 이주가 빈번히 발생하기도 한다. 따라서 본문의 표현("차라리 ~인 셈이다")은 '변경 연구'(Boder Studies)가 말하는 '변경'에는 '국경'이라는 의미도 있으니 그곳에 있는 학자들이나 열심히 변경 연구를 하라는 비아냥이다.

스승이던) 폴 리쾨르의 영향을 더 많이 받은 아르헨티나 학자 네스토르 가르시아 칸클리니의 저작들에서는 민중문화가 관광주의적 세계화와 맞닥뜨린 가운데 보이는 반응을 다룬다. 칸클리니는 세계화의 상징적 체제보다는 그 세계화가 정치적 저항과 관련해 지닌 잠재력에 더 관심이 있다. 가령 멕시코에서의 흥미로운 사례를 통해 보여주듯이 칸클리니는 지역 토산품과 '진품'을 둘러싼 민간전승이 개인의 우선성과 [비서구/서구나 전통/근대의] 조화로운 발전이라는 서구의 도그마를 되려 강화하고 마는 데 대해 비판적이다.[22] 셋째, 라틴아메리카에서 보이는 미국식 텍스트주의에 대한 불신은 상당수 사회운동 분파들의 전투적 구성원들이 혁명적 맑스-레닌주의 경향을 특히 (오랫동안 이런 경향에 대한 공감대가 형성되는 태반으로 자리잡아온) 대학에서 줄곧 보여왔다는 점으로도 설명될 수 있다. 이 구성원들이 취하는 [실천 내지 담화] 형식은 미국 '급진주의자들'이 접하는 글로 작성된 극단주의 형식보다 추상성이 훨씬 덜하고, 훨씬 더 위험한 상황에서 직접 겪어온 것이다. 이런 정통 맑스주의[의 역사적 입지]는 어째서 1960년대부터 벌써 루이 알튀세르의 저작이 잘 받아들여지게 됐는가를 설명해준다. 안데스 지역 대학들에서 푸코와 데리다의 작업이 새롭게 번역됨으로써 맑스주의 진영에서는 그 결과 어떤 중대한 변화들을 겪었는지도 살펴봐야 하겠지만 말이다.

멕시코는 독특한 사례라고 할 수 있다. 미국과의 문화적·지리적 인접성이 프랑스 이론에 대해 고유한 규정력을 반드시 부여하진 않더라는 점을 놓고 보면 더욱 흥미롭다. 사실 멕시코는 (프랑코가 집권하던 시절의) 스페인보다 훨씬 앞서, 그리고 미국보다도 10년 먼저 프랑스 구조주의가 확산되기 시작했던 최초의 스페인어권 국가이다.

이곳에서 최대의 수입 창구가 된 인물은 경제문화기금의 총책임자이자 출판인인 아르날도 오르필라였다(그는 프랑스 인류학자와 결혼했다). 오르필라는 푸코, 알튀세르, 레비-스트로스의 저서들을 프랑스에서 나온 지 불과 한두 해 뒤에 스페인어판으로 펴냈다. 오르필라는 '시글로21'이라는 이름의 출판사를 손수 세우고, (데리다보다는) 특히 푸코와 알튀세르의 번역서를 계속 펴내며 미국의 포스트구조주의보다는 프랑스 구조주의에 계속 관심을 보였다. 이 저자들이 이처럼 지역적으로 독자적인 경로를 남긴 것은 이런 관심에서 비롯됐고 결국에는 본산지에서와 거의 비슷하게 다뤄졌는데, 의심할 바 없이 이는 오랫동안 그곳에서 지속되어온 프랑스 문화에 대한 관심과 스페인과 프랑스를 본딴 멕시코의 대학체계 덕분이었다. 하버드대학교보다 80년 이상 앞선 1551년에 개교했고, 아메리카 대륙에서 가장 오래된 멕시코국립자치대학교는 라파엘 기옌이 공부한 곳이었다. '부사령관 마르코스'라는 이름으로 사파티스타민족해방군을 앞장서 이끌기 20년 전에, 푸코와 알튀세르를 다룬 철학 학위논문을 쓴 인물이 바로 그였다. 멕시코의 지식엘리트 집단이 프랑스 이론 세계(이번에도 역시 보드리야르나 데리다보다는 푸코와 알튀세르의 작업)에 얼마나 푹 빠져 있느냐면, 호르헤 볼피 같은 작가는 프랑스 주재 멕시코대사관 문화공보관으로 있던 2003년에 프랑스에서 출간된 자신의 첫 대하소설을 프랑스 이론에 헌정할 정도였다.[23]

아르헨티나 역시 두드러진다. 유럽과 가져온 밀접한 관계, 라캉과 가타리의 작업이 그토록 잘 수용된 배경이기도 한 정신분석 분야의 활기와 이단성, 이곳에서 활동한 자유사상가들의 역사 때문이다. 특히 토마스 아브라함 같은 독창적 철학자는 기성 학자들의 글쓰기에

아브라함(Tomás Abraham, 1943~)는 푸코와 들뢰즈를 독창적으로 해석해 명성을 얻은 아르헨티나의 철학자이다(왼쪽). 들뢰즈 밑에서 공부한 호펜하인(Martín Hopenhayn, 1946~)은 현재 유엔 산하 라틴아메리카경제위원회 사회발전 분과의 책임자로서 신자유주의를 비판적으로 분석하고 있다.

구속되기보다는 프랑스 저자들이 취한 유희적이고 아이러니한 글쓰기 스타일에 최적화한 잡종적 학자들 중 가장 주목할 만하다. 루마니아에서 태어난 아브라함은 프랑스에서 교육을 받았고 20년 이상을 부에노스아이레스에서 보냈다. 바로 이곳에서 그는 학생들을 가르치고 출판물 『라카하』를 창간하며, 여러 작업들 속에서 스스로 '비천한 사상가들' pensadores bajos이라고 칭한 푸코와 데리다의 글쓰기가 지닌 아름다움을, 그리고 ('사업이 된 삶'을 검토하면서) 다양한 형태의 삶을 예속화하는 경제적 담론의 강력한 규정력을 탐구했다. 그는 '화려한 인생들'이란 해학적 발상을 통해 사르트르와 존 휴스턴, 또는 철학자 시몬느 베이유와 자본가 조지 소로스가 나누는 가상 대화를 꾸며내기도 한다.24) 그리고 가장 최근에는 푸코와 데리다의 개념을 활용해, 아르헨티나의 사회적 동요와 2000~01년 사이에 펼쳐진 풀뿌리 정치를 새롭게 조명했다.25) 들뢰즈의 지도로 철학 학위논문을 쓴 아르헨티나 사회학자 마르틴 호펜하인은 상대적으로 고전적인 접근법을 취하며 들뢰즈의 통찰을 활용해 노동 개념과 서구적 발전형태를 비판한다. 호펜하인의 비판 작업은 그 작업이 선보인 맥락, 즉 2001~02년 오랜 경제 위기와 더불어 다시금 사회적 저항의 목소리가 두드러졌던 맥락을 놓고 볼 때 매우 시사적이었다.26)

브라질도 한층 더 분명한 이유 때문에 언급할 만한 가치가 있다. 브라질에 사는 이들은 스페인어가 아닌 다른 언어를 쓰는데, 이는 텍스트의 순환과 번역이 다른 곳과는 다르게 이뤄짐을 뜻한다. 브라질은 포르투갈의 영향권이었던 탓에 문화적·역사적으로 이웃한 국가들과 동떨어져 있고, 스페인어권 국가들과 달리 연방 형태를 취하고 공식적으로 다문화주의를 표방하는 데서 보이듯이 미국에 더 가까운 체계를 갖추고 있다. 보드리야르는 이곳을 들를 때마다 방송 카메라의 환대를 받았고, 포르투갈어판 『아메리카』가 성공한 뒤로는 미국의 역사를 다루는 이곳 텔레비전 시리즈물의 출연을 제안받았다. 푸코의 저작, 그리고 이보다 덜해도 데리다의 저작이 학문적·정치적 좌파 사이에서 열렬히 읽히는데, 뛰어난 브라질 사회학자 호세-기예르메오 메르키오르는 푸코에게 아주 신랄한 비평가 중 하나이다.27) 1996년 소칼 사건이 브라질의 해안에 당도했을 때, 칼럼니스트 올라보 데 카르발료는 프랑스 이론을 옹호하면서 "데리다, 푸코, 리오타르는 …… 지역 팬클럽의 컬트적 대상이 아니라 국제적 지식인들의 우상"28)이라고 썼다. 그러나 브라질에서 가장 큰 영향력을 발휘한 것은 들뢰즈·가타리의 작업으로, 이곳에서는 다른 그 누구보다 이 두 사람의 명제를 실천으로 옮기는 데 진력했다. 리오데자이네루에서 헤시페에 이르기까지, 남쪽으로는 (펠릭스가타리연구소가 있는) 벨루오리존치에 이르기까지 브라질 전역에 걸쳐 들뢰즈·가타리가 거둔 인기 덕분에, 그리고 (수에리 롤니크와 페테르 팔 펠바르트 같은) 관련 번역자·논평가가 역동적으로 움직인 덕분에 현지 대학들과 도시 활동가들은 분열분석, 리좀적 사유, 제도요법에 중점을 둔 진정 다학제적인 사회운동 관련 연구소들을 만들고 여기에 함께할 수 있었다. 여기서 가타리가 훗날 브라질 대통령에 당선될 노동운동가 루이스 룰라 다 실바와 돈독하게 다졌던 우정을 놓쳐선 안 된다.

세계 순회여행은 이런 식으로 계속될 수 있을 것이다. 프랑스 이론의 확산 경로를 추적하고, 관련 텍스트들이 직접적 파장을 불러일으켰던 곳들을 확인하면서 말이다. 거기에서는 관련 텍스트들의 프랑스적 맥락이 충분히 인지된 가운데 읽히기도 있지만, 불가피하게 미국식 해석이 영향도 볼 수 있다. 예컨대 러시아에서 데리다 연구자들은 **페레스트로이카**의 가장 좋은 번역어는 **해체**라고 주장한다. 프랑스 인접국들의 경우, 프랑스 이론은 자연스럽게도 수년 동안 학술 영역이라기보다는 정치적 저항의 방침이었다(푸코가 거둔 성공의 일단을 베를린 크로이츠베르크의 전투적 보헤미안들,* 들뢰즈·가타리의 영

---

* 1969년 베를린의 빈민거주 지역이자 반문화/하위문화의 근거지인 크로이츠베르크에서 정부의 마약류 단속 정책에 반대해 결성된 유랑하는해시시반란자들의중앙위원회(Zentralrat der umherschweifenden Haschrebellen)를 말한다. 프랑스의 상황주의 운동에 영향을 받은 스퍼그룹(Gruppe SPUR)의 일원이었던 쿤젤만(Dieter Kunzelmann, 1939~   )이 핵심 인물로, 애초 문화적 저항을 추구하던 이들은 점차 도시게릴라 단체의 성격을 띠게 됐다.

향을 받은 볼로냐의 반체제방송 '라디오 알리체'**에서 보듯이 말이다).
심지어 중국에서도 출판인이자 문화대혁명의 생존자 예다이윤***의 주도 아래 국립대학출판부에서 제임슨과 리오타르의 책이 번역 중에 있고,29) 해체론과 포스트구조주의가 "서구 문화의 고갈"에 대한 이론화 작업의 일환으로 소개되어 큰 성공을 거두는 중이다.30) 그러나 이 짧은 여정이 끝나야 하는 곳은 일본이다. 프랑스 이론이 대척점에 선 문화와 마주할 때 어떻게 불굴의 활력을 발휘하는지 이해할 수 있고, 반면 그 이론이 어떻게 관련 텍스트와 미국식 논평의 불가피한 뒤섞임을 표상하게 됐는지도 충분히 이해하게 될 수 있어서이다. 여기서 일본의 경제적 힘과 문화적 선도 역량을 잊어서는 안 된다. 일본은 미국의 대학출판부들에서 생산하는 수출품목의 최대 고객이다. 이는 일본이 아시아의 관문으로서, 서구의 학술적 수입물이 한국, 대만, 동남아시아 권역으로 흘러들어가기에 앞서 그곳의 중재 내지 심사를 거친다는 뜻이다.

원리적으로는 언어적·문화적 거리가 가장 중요하다. '해체,' '본질주의,' '포스트모더니티,' 심지어는 '기하학'도 지난 20~30년 동안 일본어로 통합된 서양어의 사례이다. 이에 개념적으로 상응하는 말

** Radio Alice. 1976~77년 동안 이탈리아의 볼로냐에서 활동한 일종의 해적방송국. 자율주의 운동과 긴밀한 관계를 맺기도 했는데, 이 방송국의 창설 멤버 중 하나인 베라르디(Franco 'Bifo' Berardi, 1948~)는 가타리를 비롯해 폴 비릴리오 등 프랑스의 좌파 지식인들과 협력관계를 유지했다.

*** 樂黛雲(1931~). 국제비교문학회 부주석, 중국비교문학회 회장, 외국문학학회 이사를 지낸 인물로 중국 학계를 대표하는 지식인이다. 북경대학교에서 교편을 잡다가 1960년대 말의 문화대혁명 기간 동안 하방을 경험했고, 이후 미국, 호주, 네덜란드, 홍콩 등지에서 방문교수로 지냈다.

은 일본어에 존재하지 않았다. 서구와의 학문적 교류가 그리 최근의 일은 아니다. 메이지 시기에 태어나 1945년 사망한 철학계의 대가 니시다 기타로는 이미 선[젠禪]의 경험과 깨달음[사토리悟り]의 빛, 삶의 덧없음에 대한 감상적인 인식[모노노아와레物の哀れ]을 포함해 일본 문화상의 주요 모티프를 유럽 철학의 상당수 중요한 주제와 한데 엮어낸 바 있다. 프랑스 이론에서 비판받았던 (믿음 대 지식, 자아 대 세계, 자연 대 문화라는) 바로 그 개념적 이원론을 시종일관 맹비난하면서 말이다. 이렇듯 일본 철학의 저변에 깔린 [프랑스 이론과의] 일치점, 앙리 베르그송의 지속 개념을 붓다의 시간 개념과 연결짓고 보드리야르의 도시 개념을 에도(도쿄)의 '무정형성'과 연계시키는 형이상학적 자리바꿈 사이에 꾸준히 이뤄져온 대화야말로, 40여 년 뒤 프랑스 이론이 낯선 수입물로 수용되지 않고 **능동적인** 통합 움직임 속에서 환영받게 만든 저력이었다. 제2차 세계대전 직후 일본에서는 사르트르와 드 보부아르가 정식화한 실존주의적 명제들이 부르주아지들 사이에서 아주 성공적인 반향을 불렀다. **현실에 맞아떨어지는** 자유의 변증법과 책임의 윤리 같은 명제들이 패전과 미국 점령의 고통을 상당 정도 누그러뜨려줬기 때문이다. 좌익 및 반자본주의 운동들은 전쟁 후 점점 인기를 얻었고 독일 철학을 폭넓게 이용했는데, 이는 헤겔과 맑스에 국한되지 않았다. 오래지 않아 일본에서는 칸트와 니체, 쇼펜하우어 삼인방을 가리켜 보통 '카-니-쇼'라고 부르게 됐다. 구조주의의 색채를 한껏 띤 채 프랑스 이론이 일본에 당도한 것은 1960년대 말에 이르러서였다. 그러나 그것이 일본의 학계와 사상계에 통합되기까지는 구별되는 두 시기가 있었다. 첫 번째 시기는 대화의 개척 단계로, 재능 있는 연구자들이 푸코와 들뢰즈, 데리다를 처음으로 번

역하고 (가령 푸코 연구자 모리아키 와타나베와 들뢰즈의 제자 나카무라 유지로가 그랬던 것처럼) 그들의 작업에 대한 탁월한 개설서를 쓰기도 한 시기였다. 또한 이 시기는 중요하게도 프랑스 저자 서너 명이 여행차 일본을 들렀던 때이기도 했다. 1967~68년 동안 머문 바르트, 1970년과 1978년에 들렀던 푸코, 1973년과 1981년에 방문한 보드리야르는 그 당시 전개됐던 강렬한 정치적 활동을 고무하는 한편 일본의 사상적 좌파들과 유럽 쪽의 관련 집단들을 한데 엮으려는 시도들을 몸소 보여줬다. 두 번째 시기는 프랑스 이론의 미국화 단계로, 1980년대 중반부터 젠더 연구와 문화연구의 여파가 가시화하고 새로운 경향의 페미니즘 및 동성애자 운동이 부상한 데 힘입은 것이었다. 이 무렵 프랑스 이론과 대중문화의 미국적 판본이 망가[만화] 전통을 시뮬라크르의 한 형식으로서 재검토하는 데 쓰였고, 기이한 괴물 고질라는 '들뢰즈-가타리적 분열과학'의 측면에서 주목받고 있었다.[31] 이제 사람들은 푸코에 대해 알고 싶을 때 데이비드 핼퍼린, 허버트 드레피스와 폴 라비노우를 참고했고, 데리다 관련 논평을 원할 때는 드 만과 스피박에게 시선을 돌렸다.

오늘날 일본 예술과 건축에서 보이는 대담함은 해당 지역 특유의 정치적 행동주의, 전통적인 일본식 관습, 들뢰즈·리오타르·데리다의 예술 이론에서 동시에 연원하는 것이라고 할 수 있다(마지막 경우는 1988~90년 도쿄에서 열린 반인종주의 전시회 같은 예술 이벤트들의 대중적 성공을 북돋우려 끌어온 셈이었다). 이런 대담함의 형식은 방대하고 다양한데, 가령 활동가 큐레이터 기타가와 프람이 조직한 기묘한 도시이벤트, 건축가 반 시게루가 (고베 대지진이나 르완다 인종청소 같은) 자연재해나 정치적 파국을 염두에 두고 설치한 임시

'거주지들'이 포함될 수 있다. 확실히 밀레니엄의 전환기에 일본에서 보이는 **이론적 풍경**은 풍성하고 다양하다. 그 풍경은 선대로부터 이어져온 반反이원론적 접근법, 그리고 프랑스 이론과 미국산 수입물들의 수렴 속에서 형성된 것이었다. 이렇게 해서 아키텍쳐뉴욕에서 있었던 일련의 이벤트는 일본 건축가들과 예술 비평가들의 내통 속에서 1998년에 종결됐는데, 이와 관련해 위대한 문학평론가 가라타니 고진은 서구 철학의 토대에 '건축에의 의지'가 있다고 하면서 미국에서 발흥한 해체적 건축 프로젝트를 형식주의 부류로 다시 자리매김하는 한편 이 점을 들뢰즈의 자본 비판을 통해 파헤치기도 했다.[32] 1999년 저명한 산토리학예상을 수상한 젊은 철학자이자 사회비평가 아즈마 히로키는 오타쿠(사회적 규범과 절연한 채 망가와 비디오게임에 탐닉하는 이들)의 탈주체화를 연구하는 동시에, 라캉과 지젝의 작업까지 시야에 놓고서 그 스스로 '우편적'이라고 부른 '제2의' 데리다적 해체라는 질문에도 전력했다.[33] 피터 브룩스의 파리지앵극단 출신 배우로, 1970년대 바르트와 더불어 출판물『테아트르퓌블릭』에 기고했던 요시 오이다는 오늘날 노와 가부키 전통을 아르토의 성찰, 그리고 들뢰즈의 주제였던 '보이지 않게 되기'와 접붙이면서 자기 직업을 다룬 글을 쓸 수 있다.[34] 특히 철학자 아사다 아키라의 공헌은 중요하다. 1980년대 아키라는 들뢰즈와 푸코의 작업에 고무되어 '구조와 힘'에 관해 쓴 몇 편의 정치이론 논문으로 일본에서 격렬한 논쟁을 불러일으켰다. 아키라의 작업은 프랑스 텍스트들의 활용면에서 이론異論의 여지가 굉장히 큰 길을 텄다. 서구 철학과 일본 사상을 매개하는 전통적 경로였던 문화들 사이의 대화라는 한결 안전한 영토 속에 일본의 '유아적 자본주의'를 지키는 대신, 프랑스 텍스트들

들뢰즈·가타리의 이론에 근거해 일본 자본주의를 비판한 『구조와 힘』(1983)과 『도주론』(1984)을 잇달아 발표하며 일본 지성계의 총아가 된 아키라(浅田彰, 1957~)는 이른바 '뉴아카데미즘'을 이끌며 일본의 젊은 지식인들이 프랑스 이론과 접속할 수 있는 일종의 가교 역할을 했다.

을 활용해 일본의 유아적 자본주의와 그 환상을 공격하는 쪽을 택했던 것이다.35) 이것은 유망한 가능성이었지만, 그 미래는 프랑스나 미국산 텍스트들 자체보다는 위기에 처한 경제 권력과 곧잘 고장나는 민주주의 시스템을 사이에 두고 일본에서 벌어지는 사회적 투쟁들의 효과에 달려 있었다. 이렇듯 잠재하는 새로운 경로가 처한 딜레마는 1986년 가타리가 도쿄 거리를 걸으면서 감지했던 것이기도 하다. 그때 가타리는 이렇게 내다봤다. "만약 도쿄가 동양의 수도, 서구 자본주의의 수도이기를 단념하고, 북반구에 위치한 제3세계 해방의 수도가 된다면, 그건 일본으로서는 아찔할 만큼 다른 길일 것이다."36) 이것은 완전히 상상이라고만 치부할 순 없는 진정한 국제적 대항권력에 대한 전망을 뚜렷이 보여주고 있다. 프랑스 이론[의 활용]과 정치적 불만, 효과적인 미시정치적 실험, 그리고 '근대화'란 서구적 도그마와는 다른 대안의 탐색이 상호제휴하며 멕시코시티와 리오데자네이로, 도쿄를 잇게 될 하나의 축으로서 말이다.

독일이라는 출처

프랑스 이론의 **효과**가 안데스 산맥의 고원지대나 후지산 기슭으로까지 확장됐을는지는 모르지만, 그 문화적 계보는 본국에 훨씬 더 가까운, 라인 강 바로 건너편 영토에서 찾아야 할 게다. 그곳에서 프랑스 '신구조주의'는 비록 얼마 안 되는 출처에서 비롯됐던 것이라고는 해도 미국에서보다 비평적으로 한층 더 날카롭고 깊이 있게 수용되는 영예를 누렸다. 1970년대에 이뤄진 프랑스 이론의 전지구적 순환 속에서 우리는 마침내, 프랑스 이론이 단순한 문화적 번역자 역할을 하기도 했던 독일과 독일의 철학적 전통과 마주하게 되는 셈이다. 프랑스[이론]의 중재 덕에 맑스와 헤겔, 니체, 하이데거의 유산이 스페인이나 일본, 혹은 다양한 영어권 국가들의 대학 캠퍼스에서 다뤄질 수 있었던 것이다. 결국 푸코에서부터 데리다에 이르기까지 프랑스 이론이 기여한 바는 모두, 다른 무엇보다 먼저 독일 철학 전통의 주된 두 지류(한편으로 후설주의 내지는 현상학, 다른 한편으로는 헤겔적 맑스주의)와 이뤄진 비판적 대화에서 나왔다. 이 조류는 양차 세계대전 사이, 즉 전간기 세대를 통해 프랑스 대학에 소개된 것이었다. 1980년대 프랑스에서 '68사상'을 비판하던 이들은 단순화된 환원론적 주장들로 그 사상이 니체·하이데거·맑스·프로이트의 "독일식 반인간중심주의"의 "아류적 연장"에 불과하다며 모든 프랑스 이론의 원천으로 지목된 이들 4인방을 악마화하려 했다.37) 하지만 프랑스 이론은 구조주의 비평이나 프랑스 현상학의 연속이라기보다는 이 네 명의 독일 사상가들이 끼친 다채로운 영향을 통합하는 가운데 그들에 대해 이뤄진 창조적 재독해라고 하는 쪽이 정확할 것이다.

미국에서 프랑스 이론에 적대적인 이들이 이 이론을 두고 핵심적인 네 독일 사상가들에 대한 '선택적 독해'와 '공격적 재독해'라고 한 것은 틀린 게 아니었다.38) 그렇다면 미국에서는 독일 철학의 프랑스식 독해에 대한 미국식 해석이 이뤄진 셈이었다. 이 모든 상황은 다음과 같은 점을 시사하는 것으로 보인다. 푸코, 들뢰즈, 데리다가 니체, 프로이트, 또는 하이데거를 독해하면서 자유롭게 구사한 평가·재전유·재구성·전복의 용법이 나중에 미국의 지식장으로도 확장됐다는 점, 그리고 앞서 이미 다뤘던 **초담론성** 개념을 다시 떠올리게도 하는 무의식적 모방의 사례로서 프랑스 저자들 자체에 대해 동일한 용법을 구사했다는 점 말이다. 더군다나 이 무의식적 모방으로부터 우리는 프랑스 이론에 대한 미국식 접근법에서 왜 읽기와 해석이라는 주제가 주된 관심사가 됐는지도 이해할 수 있다. 실제로 푸코와 데리다 등이 보여준 니체에 대한 자유로운 독해와 이런 독해로 형성되는 '철학적 자본'과 관련한 루이스 핀토의 예리한 관찰은 미국에서 푸코와 들뢰즈에 대해 이뤄지는 해석에도 똑같이 적용이 가능하다. 가령 "니체는 세련된 동시에 자유분방한 담론에 대한 그 해석자들의 경배가 이뤄지는 거울이 되는데, 때문에 그들은 철학적 성취를 가져다줄 새로운[아니면 미국에서는 **이론적인**] 형식을 추구한"결과, 니체의 작업은 궁극적으로 "그로부터 영감을 받은 담론들의 지지대"에 불과해진다. 그것은 독일 텍스트에 대한 프랑스식 재구성이되 미국식 재구성이 부수적으로 뒤따른 것으로, "분석과 평가가 가능한 내용을 가진 가설들을 제시"하기보다는 "모든 해석학적 완전성을 텍스트에 부여하는 독특성과 역설, 변칙성들을 그 텍스트 안에서 포착해내는 것"[39]을 목표로 삼았다. 그 목표는 니체의 작업(혹은 미국에선 푸코나 데리다의 작업들)에 대한 종합을 이루는 게 아니라, 그들의 이름으로 완전한 분리, 즉 동시대의 세계와 철학, 이론은 물론이고 모든 역사로부터의 단절을 가져오는 것이었다.

미국의 새로운 지식장에서 벌어지는 특정 논쟁 속에서 심지어 우리는 1970~80년대에 벌어졌던 프랑스-독일 철학 관련 논쟁의 반향들마저 확인할지도 모를 일이다. 예컨대 맑스주의자와 포스트구조주의자들 사이, 또는 1980년대 미국 학계를 양분한 모더니스트와 포스트모더니스트의 충돌은 프랑스 이론 계열과 독일 비판 이론 계열 사이에서 이뤄진 종종 사나웠지만 살아 있는 대화를 반영했고, 다시 창출해내기도 했다. 리처드 로티와 (개인주의와 공산사회주의라는 개념을 이론화한 철학자인) 찰스 테일러를 포함한 미국 사상가들, 그리고 『텔로스』와 『신독일비평』 같은 간행물들은 이처럼 훨씬 더 근본적이고 훨씬 더 오래된 대화의 중재역을 하려 했다. 다른 이들은 이 논쟁에 적극적으로 참여하려고 했는데, 버틀러와 스피박, 스탠리 피시 같이 프랑스 이론에 우호적인 이들을 한편으로 프랑크푸르트학파의 미국 쪽 계승자들인 뉴욕 뉴스쿨의 낸시 프레이저와 예일대학교의 셀라 벤하비브, UC버클리의 마틴 제이 같은 이들이 다른 한편에 있었다. 그러나 뜨거운 논쟁이 됐던 쟁점들이 다 그렇듯이, 이들 논쟁도 작은 분기 지점들이 첨예한 불일치로 바뀌어버리고, 의견의 차이가 한 집단과 다른 집단이 척을 지는 대립으로 치닫지만 정작 양쪽이 공유해온 지점들은 지워지는 경향을 보였다. 그렇지 않으면 이 논쟁은 오히려, 미국에서 보수적 자연주의와 급진적 상대주의가 대립하거나 독일에서 칸트의 열혈 추종자들이 프랑스적인 '비합리주의'와 '생기론'을 총공격한 경우에서처럼 특정한 극단적 입장들을 다수의 관점을 대표하는 양 만들어버렸다. 물론 프랑스에서 두터운 서지목록을 진작에 만들어온 논쟁을 굳이 되살릴 것 없이, 우리는 프랑스 이론과 비판 이론, 혹은 철저한 이성 비판과 이성의 민주적 화용론을 놓고서 벌어지는 분기 움직임들이 곧잘 진정한 문화투쟁Kulturkampf을 표상하는 것처럼 보이곤 했음을 기억해야 한다.

'표면효과'와 '강렬한' 기호들이 형이상학적 깊이 관념과 토대와 절대성에 대한 독일(철학)적 강박을 곧잘 문제삼으면서 들뢰즈와 리오타르 같은 프랑스 이론가들에게서 높이 평가받게 된 것은 그래서였다. 1970년대부터 시작된 이런 프랑스-독일 간 교류는 나중에 몇 가지 주목할 만한 논쟁을 촉발했다. 첫 번째 논쟁은 1981년 파리 괴테연구소에서 데리다와 한스-게오르크 가다머 사이에서 벌어졌다. 이 해체론자와 해석학자는 '외재적' 언어에 대한, 즉 (우리가 말을 한다기보다 말이 우리를 통해 이야기하기에) 우리가 완전하게 언어를 지배한다는 초월적 환상을 드러내는 데는 의견일치를 볼 수 있었지만, 토론의 가능성 그 자체에 대해서는 의견이 불일치했다. 가다머의 관점에서 토론은 참여자들의 동의를 조건으로 하는 것인 반면, 데리다에게 토론은 끊임없이 부재와 이접으로 가득한 것이기 때문이다.[40] 얼마 되지 않아 리오타르와 위르겐 하버마스 사이에 비슷한 논쟁이 있었는데, 여기서 서로 갈렸던 입장은 한편으로 대담자들의 합리적 동의를 기정사실로써 상정하는 하버마스의 담화 윤리, 그리고 다른 한편으로 '작은 서사들'과 배리의 특이성을 옹호하는 가운데 이뤄진 모든 '보편적' 합의에 대한 비판이었다.[41] 마지막으로 푸코가 사망하고 난 뒤 그의 계몽사상 비판이라는 철학적 유산과 관련해 벌어진 프랑스-독일 간 논쟁이 있다. 만프레드 프랑크는 '비판적' 합리주의에 반대하면서 "윤리를 간과하고 이에 따라 생기론과 사회적 다윈주의에서 파생된 범주로 전락해버린 사회 비판의 아포리아"[42]를 호되게 꾸짖었다. 그리고 하버마스는 어느 악명 높은 글에서 '소통적' 합리주의라는 개념을 옹호하는 한편 푸코에게서 보이는 '환원주의적' 권력 이론과 '위반'의 사유라는 프랑스적 전통을 비판하면서 그의 모든 작업이 연원한 인물로 위반의 아이콘인 조르주 바타이유를 지목하기도 했다.[43] 사실 이 논쟁 전반을 주도한 사람은 바로 하버마스였다. 1980년 프랑크푸르트에서 있은 아도르노상 수락 연설에서, 하버마스는 포스트모던 '보수주의'와 이것이 후기자본주의와 맺은 '타협'에 맞서는 '근대성 프로젝트'의 지속을 요청했다.

그러나 프랑스와 독일 철학 사이에는 서로 수렴할 지점이 많이 있었다. 철학적으로 불화한다는 안이하고 매체친화적인 이미지 너머로, 실제로 도쿄에서 멕시코까지를 아우르는 국제적 학문 공동체에서는 프랑스 이론과 후기 프랑크푸르트학파의 비판이론(아니면 비평가 라이너 내겔레가 붙인 장난기 어린 별명처럼, 프랑크푸르트 소시지들과 프렌치 프라이들)을 접목하고,44) 상대방의 렌즈를 통해 각자를 검토하는 가운데 권력과 자본의 동시대적 메커니즘과 사회적 투쟁들의 함축을 조명하고자 진력했다. 그리고 '이론의 세계'에 필요한 토대를 구축했다. 사실 이 논쟁의 당사자들은 역사적 진단과 비판적 개요면에서 비슷한 관심사와 목표를 다뤘다. 예속을 통해 구성된 프랑스 이론의 탈실체화한 주체가 한 쪽에 있고, "의사소통을 거치며 액체화된" 개인의 정체성이라는 하버마스의 개념이 다른 한 쪽에 있는데, 양쪽은 모두 주체를 다룬 유명한 연구에서 중요하고 상호보완적인 역할을 했다. 알브레히트 벨머 같은 경우는 심지어 "부르주아적 주체의 견고한 통일성과 더는 상응하지 않는 주체성 형태"45)라는 표제 아래 이 두 [주체성] 개념을 위치시키고 있다. 더욱이 벤하비브는 테오도르 아도르노의 작업이 익히 보여준 '정체성 논리에 관한 의심,' 그리고 푸코와 데리다에서 영감을 받은 것으로 "필연적으로 배제로 귀결되는 …… 정체성 기반 범주"와 관련한 (버틀러와 조안 스코트에게서 볼 수 있는) 미국 페미니스트 명제들 사이의 연속성을 환기한다. 그녀가 이렇게 환기한 연속성(인 동시에 긴장)은 "오늘날 비판이론 프로젝트 전반을 다시 사유"하자는 요청과 맞닿는데, 이는 "지구적 통합과 문화적 파편화 과정이 동시에 벌어지는" 역사적인 현재에 걸맞게 비판이론적 작업을 하기 위해서이다.46) 이런 이론적 동맹에 호의적인 이들은 아도르노 계승자들의 작업에서 발견되는 직관은 물론이고 들뢰즈와 푸코의 직관을 파고들면서 그들의 입장을 지지한다. 이는 이미 40년 전에 하버마스가 그 계보를 밝힌 부르주아적 공공 영역의 낡은 자유주의 모델이 오늘날 어떤 사회적 형식들로 대체되고 있는지 구체적으로 이해하자는 데 그 목적이 있다. 이와 비슷하게, 독일 철학자 악셀 호네트의 '무시' 개념과 리오타르의 '손상' 개념 사이에서도 공동의 토대를 식별해낼 수 있을 텐데, 이로써 우리는 새로운 형태의 사회적 비가시성과 굴욕을 고려할 수 있게 된다.[47] 세계로 확산된 이론의 미래는 따라서 프랑스-독일 사상이 얼마나 상호보완적이게 될 수 있느냐에 달린 **것이기도 하다**. 그것은 각각의 접근법들 간에 맺어질, 제한적이지만 결정적으로 중요한 동맹에 바탕해 있다. 저마다 다른 에토스와 사고방식, 중심적인 기본 관심사, 특히 각각의 접근법을 추종하는 사람들 탓에 서로 다툼은 일겠으나, 그런데도 불구하고 역사적 현재에 대한 적극적 비판을 형성한다는 공통된 목표 아래 단결을 이뤄낼 그런 동맹 말이다.

14 그동안 프랑스에서는……
Et pendant ce temps-là en France……

> 마침내 모든 게 낡아 보이기 시작하면서,
> 머지않아 우리는 낡은 반反68세대에 관한 이야기를 듣게 될 것이다.
> **필립 솔레르스, 「일상의 허무주의」, 『완전한 담론』(2010)**

이 장의 제목은 "프랑스, 혹은 전도된 세계"가 될 수도 있다. 라캉-데리다적, 푸코-들뢰즈적 시각·전망은 미국에서 발전된 이후 점차 여러 나라의 지식장을 점유하기 시작했다. 그러나 프랑스에서 이 담론들은 점차 잠잠해지기 시작했을 뿐만 아니라 관련 이론을 다룰 가능성 자체도 사실상 사라졌다. (1980년 롤랑 바르트, 1981년 자크 라캉, 1984년 미셸 푸코, 1992년 펠릭스 가타리, 1995년 질 들뢰즈, 1998년 장-프랑수아 리오타르 등) 저자들이 사망하면서* 그들의 명성은 공공 영역에서 부고란을 장식하고 지적 향수만 부르며 위축되어갔고, 그들의 유산은 소수의 소외된 상속자들과 관련 저술의 공식 판권 소유자들의 독점물이 됐다. 이후 그들에 관해서는 편집이나 역사 혹은 추모와 관련된, 달리 말해 죽음을 수습하는 일만 이뤄졌다. 1981~83년 프랑스는 그 외 다른 모든 데에서 따라가던 흐름을 감히 거스르

---

* 자크 데리다 역시 이 책이 나온 지 1년 뒤인 2004년에 사망했다.

려는 경제정책을 추진했는데, 그 와중에 프랑스의 지적 공동체는 사 반세기에 걸쳐 나머지 세계에 완고하게 등을 돌린 채 자기만의 예외주의를 실천해왔다. 지적인 사회인구학의 지평에서 보면 1980년대의 전환에서 나타난 갑작스런 반전, 이 장에서 내가 역사적으로 되짚어볼 변화가 빚은 장기적 결과가 언젠가 밝혀질지도 모르겠다. 언젠가, 성장은 어떻게 이리도 잔인하게 가로막히고 만개한 꽃잎들은 그렇게 꺾였으며, 어린 싹들은 왜 그렇게 갑작스레 시들어버렸는지에 대한 탄탄한 설명이 이뤄질 수도 있다. 프랑스에선 왜 프랑스 이론이 불과 몇몇의 도제들밖에 거느리지 못했고 결국에는 어떤 계승자도 만들어내지 못했는지에 관해 식물에 빗대 말하자면 말이다. 이는 프랑스 이론의 전성기 이후 프랑스가 세계적으로 겪은 지적 영향력의 가혹한 쇠퇴를, 오늘날의 프랑스 지식인들이 언제든 곧 되돌릴 가능성이라곤 거의 없어 보이는 쇠퇴를 아울러 설명해준다고도 할 수 있다. 『앙티-오이디푸스』가 프랑스에서 영광을 누리고 나서 아르헨티나에서 폭발적 영향력을 발휘하기까지 15년이란 세월이 걸렸다시피, 문화적 교류가 이뤄지는 데 드는 시간을 염두에 두더라도 말이다. 이 불행한 단절은 전통들, 시기심, 잘못된 신념, 이데올로기가 망라된 역사와 연루되어 있으며, 당연한 얘기지만 전술적이고 정치적인 역사와 연루된 것이다. 1909년 생-앙드레 드 리뉘뢰가 미국인들에 대해 "그들은 자신들이 원하는 대로 엄청난 액수의 수표를 뿌려가면서 자신들이 하고 싶은 걸 하고 대학과 학회, 박물관을 세울 수 있겠지만, 아무 소용없다. 그들은 우리의 지적 우월성에 머리를 조아려야 할 것"[1]이라고 했듯이, 아마도 그건 지적 현안에 대해 프랑스가 품어온 정당화할 수 없는 우월감의 결과이기도 할 것이다.

인간주의의 복귀 혹은 진부한 개념의 귀환

널리 알려진 사실이 있다. 1974년 소련의 유명한 반체제 인사 알렉산드르 솔제니친이 파리에 도착했다. 그의 소설 『수용소 군도』가 출간되면서 반ᴿ맑스주의 지식인들과 프랑스 공산당 사이에 신랄한 논쟁이 벌어졌는데, 공산당은 자신의 입장을 완강히 고수하면서 반체제 인사들이 파시스트 아니면 CIA 요원이라고까지 했다. 1968년 이래로 널리 퍼졌던 혁명이라는 주된 동기는 빛을 잃었고 몇 달 안 가 그와는 다른 문제로 말미암아 무대의 중심에서 밀려났다. 베르나르-앙리 레비가 1977년 "우리 시대의 문제 …… 는 전체주의 국가일 것이다"[2)]라고 요약했던 대로, 그것은 유토피아적이기보다는 도덕적인 문제였다. 게다가 1976~78년 프랑스에서 여전히 활발했던 모든 형태의 혁명적 좌파에 대한 조직적 반대 움직임이 한데 뭉쳤다. 반체제 인사들에 대한 지지와 반소련 청원, ([국경없는의사회 창설자인] 베르나르 쿠슈네르의 "베트남을 위한 배"와 연계하는 자유언론이 포함된) 최초의 대규모 인도주의 활동을 중심으로 말이다. 전향과 탈당이 꼬리를 물면서, 옛 마오주의 투사들과 학생 지도자들은 소련(그리고 중국) 수용소에 반대해 힘을 합치거나 '보트 피플'의 대의를 앞세웠고 지식인들을 겨냥해 체계적인 도덕적 협박까지 펼쳤다. 그 메시지는 이랬다. "당장 전향하거나, 형틀에 갇혀 광장에 전시되거나." 그들이 경고하길, 이번에는 골수 급진주의자들이 이 그물을 통과하지 못하리라는 게 그 이유였다. 이제 지식장의 위대한 대가들과 그들의 칙령에 종말을 고해야 할 때가 왔다. 요컨대 [지식장으로부터의] 추방을 요구했던 셈이다. 예를 들면 1980년 피에르 노라가 스스로 명명하길 '학문의 공화국'을 창출하겠다며, 즉 공적 논쟁과 문필 활동의

영역에 공화제적인 질서를 도입하겠노라며 발행한 비평지 『르데바』 창간호에서 울려퍼진 목소리가 그랬다.3)

이로써 독재, 1968년 5월, 저항 일반, 이론에 대한 공세가 닻을 올렸다. 『레누벨리테레르』와 이 문예지의 발행인 그라세 출판사가 후원하는 일단의 젊은 지식인들은 스스로를 '신철학자'라고 칭하며 반동의 전위대를 구성했다. 이들의 지도자격인 레비를 비롯해 앙드레 글뤽스만, 모리스 클라벨을 비롯한 몇몇 인사는 혁명 사상을 맹비난하고 인권을 다시 한번 '논쟁'의 중심에 두는 시사적 에세이로 서점가에서 극적인 성공을 거뒀다. 이 문인들이 펼친 작전은 무엇보다 지식장의 정복에 초점을 맞췄다. 레비는 소련 진영을 비난하기보다 들뢰즈와 가타리의 '욕망의 이데올로기'를 공격하는 데 더 큰 관심을 보였고, 글뤽스만은 나치즘과 스탈린주의의 죄과를 위대한 독일 철학자들에게 뒤집어씌우더니 헤겔을 인용해서는 "생각한다는 것은 곧 지배하는 것"이라고 선언했다. 세속적 공화국은 부셔버려야 할 마지막 우상을 사상 그 자체에서 발견했다. 새로운 검열들이 미더워질 수 있으려면 이론적 비평은 심지어 비판적인 이론조차 아우슈비츠와 콜리마[소련의 강제수용소가 있었던 시베리아 북동부 지역]를 막바로 끌어다 붙여야 했다. 이에 따라 이 두 곳은 호환가능해졌다. 미카엘 뢰비와 로베르 세르의 말처럼 "'신철학자들'과 다른 이들이 그토록 장황하게 떠들어대던 사이, 그들은 어제까지 자신들이 우상화한 이데올로기를 신나게 짓밟으면서 모든 사회비판적 개념을 역사의 쓰레기통으로 쓸어내리고 있었다."4) 프롤레타리아트 문제를 다시 사유하고자 자크 랑시에르가 만든 잡지 『레볼트로지크』 첫 호는 대체로 냉담한 반응에 부딪혔지만 같은 시기에 등장한 『에스프리』, 레이몽 아롱

1977년 『인간의 얼굴을 한 야만』을 발표하며 대표적인 '신철학자'로 떠오른 레비는 적색(공산주의)과 갈색(파시즘)의 전체주의를 모두 비판했을 뿐만 아니라 자신은 '반-반미주의자'라며 프랑스 좌파 지식인들의 반미주의를 "바보들의 진보주의"라며 신랄하게 비꼬았다. 2005년 레비는 『미국의 민주주의』를 남긴 토크빌의 탄생 2백주년을 기념해 자기 식의 미국 여행기 『아메리칸 버티고』를 집필하기도 했다.

이 만든 잡지 『코망테르』는 사회당과 가까웠던 새 일간지 『르마르탱 드파리』처럼 상당한 충격을 불러왔다. 그 이후로는 (이전까진 언더그라운드 형태였다가) 잔치상을 차린 듯한 형식으로 새로이 단장한 잡지 『악튀엘』이 있었는데, 이 잡지의 창간호 사설은 이제 "1980년대는 활력적이고, 기술적이며, 유쾌할 것"으로 내다봤다.

무엇보다도 이 시기는 지식장(특히 19세기의 프랑스 자유주의 전통) 속에서 주검발굴, 즉 이데올로기적 차이를 얼버무리려는 무덤 파헤치기가 벌어지던 세월이었다. 이 과정은 (한 세기에 걸쳐 주창된 프랑스의 정치적 예외주의 이후) '중심의 공화국'이라는 부수적 지평 속에서 일어났다.5) 마르셀 고셰와 피에르 로장발롱은 알렉시스 드 토크빌과 벵자맹 콩스탕의 재발견을 이끌었다. 알랭 르노와 질 리포베츠키는 '개인'이라는 형상을 근대성의 성취로 탐색했다. 로제 파루, 알랭 맹크, 프랑수아 퓌레는 프랑스 엘리트들의 싱크탱크인 생시몽재단을 창립했고, 피에르 노라의 『르데바』는 소외 개념을 맑스적 중세라고까지 깎아내렸다.6) 한편 블랑딘 크리겔은 모든 형태의 정치적 낭만주의를 전체주의 논리와 연결시켰고, 존 롤즈와 프리드리히 하이에크가 마침내 프랑스어로 번역됐다. 프랑스혁명 2백주년을 몇 달 앞두고 모나 오주프와 퓌레는 맑스주의적 역사서술과는 정반대로 혁명은 끝났다고, 1978년 퓌레가 재해석한 바에 따라 혁명은 1793년의 공포정치로 진작에 유효성을 잃었다고 주장했다.7) 이와 달리 1970년대에서 1980년대로의 이런 이행 속에서 푸코와 들뢰즈는 이제 고령이 된 장-폴 사르트르와 클로드 모리악이 가세한 가운데 베트남 난민들을 위해, 구트 도르*인 파리의 아랍-아프리카계 이주민 거주지구에서 벌어진 치안 조치에 맞서 함께 싸웠다. 다른 이들과 더불어 이들은 보이치에흐 야루젤스키 장군이 억압하려던 폴란드 연대노조 운동을 뒷받침하는 데도 힘을 보탰다. 이런 행동은 문제가 된 특정 장소와 사건에 초점을 맞춘 것이었고, 이렇게 행동에 나선 이들 중 그 어느 누구도 당시 숙성 중이던 마녀사냥엔 관여하지 않았다.

'신철학자들'은 제 딴에는 다양한 주제나 개념을 신중히 포섭해 미국에서 아직 '프랑스 이론'이라고 불리진 않았던 것과 상충하는 것으로 바꾸며, 어떻게든 부적합 판정 대상으로 만들려는 바로 그 지식인들의 명성 일부를 포획할 수 있다고 봤다. 예컨대 글뤽스만은 푸코의 학생이었고, 레비는 데리다의 학생이었으며, 크리겔과 로장발롱은 모두 한동안 콜레주드프랑스에서 푸코 세미나의 대들보였다. 좀 더 나이든 세대가 구사한 전용 전술은 될 수 있는 한 가장 둔탁하고 직접적으로 펼쳐졌다. 1978년 레비는 1968년 5월의 사건들이 "서구에서 처음으로 일어난 중요한 대규모 **반공주의적** 저항"[8]이었다고 주장했다. 곧이어 그는 푸코와 들뢰즈의 '야만'과 '죽음의 의지'를 공격했다(레비에게 『앙띠-오이디푸스』는 "그 운동의 대표적인 저서"였다). 그러면서도 레비는 들뢰즈적인 '흐름'과 '오만' 개념을 활용해 자본주의를 설명함으로써 적대자들의 어휘를 전유한다.[9] 글뤽스만의 경우에는 『요리사와 식인종』에서 굴락[소련 강제수용소의 별칭]을 격렬히 비난하며 『감시와 처벌』에 나온 개념들을 끌어 썼다. 이 새로운 운동은 아직 이데올로기적으로 통일된 것은 아니었지만('기독-좌파'

---

* '구트 도르'(Goutte d'Or)는 '황금 물방울'이라는 뜻으로서, 싸구려 증류주를 일컫기도 한다. 19세기 중반 파리의 노동자들이 살던 지역에는 (노동자들을 타락시킨다는) 싸구려 증류주를 파는 선술집들이 몰려 있었는데, 그때 이래로 도시 빈민이나 하층계급이 밀집해 있는 지역은 '구트 도르'라고 불려왔다.

1979년 6월 26일 베트남 난민들에 대한 원조 계획을 정부와 논의하기 위해 사르트르, 아롱 등과 엘리제궁을 찾은 글뤽스만(왼쪽). 1975년 글뤽스만은 『요리사와 식인종』을 발표하며 레비보다 일찍 전체주의 비판에 앞장섰다. "모든 요리사는 나라를 다스리는 법을 배워야 한다"고 말한 블라디미르 레닌의 말에서 제목을 따온 이 책은 요리사가 아니라 식인종이 된 이오시프 스탈린의 소련을 예로 들며 맑스주의를 비판하고 있다(레닌 역시 스탈린을 두고 "이 요리사는 후추 범벅이 된 요리만 만들 것이다"라고 말했다).

인 크리스티앙 장베와 기 라르드로는 포스트모던하고 모호하게 아나키즘인 그들 고유의 좌파 헤겔주의를 만들어냈다[10]), 초기의 '아나키즘적 유혹'과 자유옹호적 어투에서 벗어났다. 도덕적 변화를, 그런데도 불구하고 정치적으로 말하면 '제도권 좌파'와의 관계 탓에 고통이 따랐던 전술적 중도주의를 선호하면서 말이다. 레비는 이미 『인간의 얼굴을 한 야만』을 통해 이 제도권 좌파를 겨냥한 바 있는데, 머지않아 "이 야만의 손아귀에서 우리의 운명"이 좌지우지되리라고 호언장담했다. 그런데 정말로 그렇게 됐다.

프랑수아 미테랑이 프랑스 최초의 사회주의자 대통령으로 지내던 동안(1981~88년), 집권 좌파와 1970년대의 지적 전위들 사이에 빚어진 불화는 새로운 '중도주의적' 인도주의자들에게 도움이 됐다. [레흐 바웬사가 주도한 연대노조 운동을 탄압하려 공산당 정부가 계엄령을 선포한] 폴란드 상황과 프랑스 사회주의자들의 대응 거부에 반대하는 급진 좌파 지식인들의 혹독한 비판과 관련해, 1981년 12월 자크 랑은 『르마탱』의 사설에서 "전형적인 구조주의자들의 경망함"[11]을 격렬히 비난했다. 이후 오래지 않아 언론인이자 미테랑 정부 대변인을 지낸 막스 갈로는 1988년 7월 『르몽드』에서 '좌파 지식인들의 침묵'과 '좌파 연합'으로 알려진 프랑스 정부 내 사회주의-공산주의 연정 '세력'에 대한 그들의 밋밋한 지지에 유감을 표했다. 일부는 대열을 이탈하고 일부는 '이데올로기의 종말'에 관한 진부한 표현을 늘어놨지만, 결과적으로 중요한 것은 1980년대 프랑스에 두드러졌던 지적 혼란이었다. 이런 상황의 원인과 조건은 그 자체로 역사적 분석을 필요로 하는 일일 테다. 하지만 당시에 이미 각 매체의 논설위원과 잡지들은 어떤 분명한 변수를 눈여겨 보고 있었다. 가령 사회적으로 ('주체의 귀환'이 이뤄지기보다는) 개인[이라는 특정한 주체화 방식]이 승리를 거두고 미봉적 가치인 아이러니와 근심없는 재미를 찬양하며, 상승하는 실업률과 맞물린 새로운 반유토피아적 현실주의가 부상하고 베이비붐 세대(그리고 1968년의 활동가들)는 오랫동안 경멸하던 전문적인 비즈니스 문화로 스스로 전환(혹은 전향)하던 상황 말이다. 이런 혼란은 프랑스 지식인 세계의 심원한 재편과정과도 맞닿아 있다. 그곳에서 지배적이던 입장들은 전에 없이 엄청난 규모로 대안적 대학들에서 공식 매체 쪽으로 거점을 옮겼다. 이 변환은 제휴관계가 없는 급진 좌파적 입장에서 새로운 중도좌파 진영으로의 이동을 포함하기도 했다. 자본과 부르주아 문화에 대한 비판은 새로워진 지정학적이고 인도주의적인 분노가 선호되는 가운데 방치됐다. 제3세계주의의 잔해들, 전반적인 지적 동원해제 과정에서 발생한 진공 상태, 용도폐기된 논쟁이 벌어지는 텅 빈 토론회장을 가만 살펴보면, 여기서 우리는 채워넣었어야 할 공백을 본다. 바로 그 공백 속에서 얼마 안 가 부상했던 것은 (지식장의 경우) 공화주의적 신칸트주의, 마지막으로 남은 정치적 응결점으로서 특정 쟁점에 초점을 맞춘 (가령 기아나 인종주의의 피해자들에게 우호적인) 가운데 강도 높게 포획된 '윤리적' 동원 사이의 조합물이었다. 행정부 구성원들이 앞세운 새로운 합의의 이데올로기, 즉 인도주의적 도덕주의가 어떻게 발흥했는지 설명하는 데 이 모든 게 유용하다.

여기서 쟁점은 이런 담론이 타당한가 내지는 이 담론과 별 상관없는 '수혜자들'에게 무엇이 필요한가가 아니다. 정작 문제는 이런 담론이 어떻게 자신의 윤곽을 재구축하고 프랑스 정치사상을 **의학적 치료 대상**으로 간주하면서 지적인 삶의 복판에 자리하게 됐느냐는 것이다. 이런 움직임은 비정부기구 같은 공동체 위주로 조직됐는데, 이것은 새로운 '인도주의적' 생명권력의 지평 중 일부를 이룬다고 할 수 있다. 비정부기구가 부상한 건, 의심할 바 없이 명백히 더 반동적인 대처와 레이건의 의제로 활력을 되찾은 미국의 다문화주의자들과 영국 맑스주의자들이 새롭게 유행하는 서구 박애주의의 물결 뒷편에서 서구의 '겸손'과 부르주아적인 '양심'에 낙인을 새기던 바로 그때였다. 이에 따라 프랑스의 이데올로그들에게 인도주의적 개입은 '제11계명'이 됐다.[12] 오래지 않아, 인도주의적 개입은 이전 세대에게 반역이 그랬던 것과 똑같은 역할을 했다. 새로운 '순교학,' 정치적 공백을 채워주기만 하는 게 아니라 더 전술적으로 그 공백을 조감해보려는 이데올로기적 분석과 비판적 논의에 도덕적 허무의 낙인을 새겨넣을 살생부가 작성된 셈이다. 게다가 이런 변환은 국경없는의사회에서 마음의식당*에 이르기까지, 지식장의 변환 속에서 급진 개혁가들이 옹호하는 새로운 '포스트형이상학적' 휴머니즘에 대한 강력한 대중적 지지를 불러왔다. 일찍이 1977년에 들뢰즈는 이런 휴머니즘을 '순교학'이라고 규정하면서 공격한 바 있다. 휴머니즘이 원한의 도덕과 엄한 온정주의/가부장주의 탓에, 즉 공적 영역을 옭아매고는 문제의 '희생자들'이 지닌 (살아 있거나 심지어 혁명적인) 긍정의 힘을 무효화하는 방식 탓에 '시체'를 먹이로 삼기 때문이다. "희생자들은 전혀 다르게 생각하고 살아가는 사람들이어야 했는데, 오로지 그럴 때만 자신의 이름으로 흐느끼고, 자신의 이름으로 사유하며, 자신의 이름으로 교훈을 얻는 행동들의 토대가 마련될 수 있다."13)

그러나 지식장의 새로운 '민주주의자들'과 이들한테서 주도면밀하게 이뤄진 지적 혼란(68식 사고, 자유옹호적 야만주의, 비합리주의, 독재, 무책임)의 장본인으로 맹비난당한 선배들 사이에 진정한 토론은 단 한 번도 없었다. 이런 비난의 대상자들로선 자기 나름의 작업에만도 여념이 없었고, 그들은 매우 타당하게도 이런 공격에 대응하는 것보다 더 나은 일이 있다고 여겼다. 리오타르는 편한 자세로 앉

---

* Les Restaurants du cœur. 1985년 프랑스의 코미디언 콜뤼쉬(Michel 'Coluche' Colucci, 1944~1986)가 만든 단체로, 매년 12월부터 3월까지 가난한 사람들에게 따뜻한 식사를 제공하거나 헐벗은 가정에 식재료를 나눠주는 일을 한다.

아 웃는 데 만족했다. 리오타르는 『이교도의 가르침』이라는 책에 쓰기를, 파리에서 '클라비'(클라벨)와 '글뤼키'(글뤽스만)가 '제시'(예수)의 '거대 서사'를 주거니 받거니 하는 가운데 새로운 '게임'이 진행 중이라고 했다. 이에 관해 들뢰즈는 1977년에 쓴 글에서 사실상 주목받지 못하긴 했어도 이미 다 얘기를 했다. '징그러운 이원론'과 (단일한 법이라든가 단일한 세계 같이) "부풀어오른 종기마냥, 퉁퉁 부은 개념들"의 귀환, 즉 "작가, 헛되고 텅 빈 주체로의 전면적인 회귀," 짜증을 부르는 "반동적 펼쳐짐[발전]"이자 "그 자체 자율적이고 충분한 사유인 [양 간주되는] 저널리즘"에 불과한 "문예적이거나 철학적인 마케팅"의 발명에 관해서 말이다. 그 글의 결론에서 들뢰즈는 이렇게 말했다. "한때 미풍이 살짝 불었던 데서 그들은 창문을 닫아버렸다. 이제는 숨이 차고 목이 막힌다. 이것은 정치와 실험의 총체적 부인이다."[14] 들뢰즈의 짧은 분석에서 유일하게 빠진 것은 철학적이라기보다는 사회학적인 것으로, 신철학 운동의 전략적 목표 이면에 놓인 다음과 같은 양면적 주장이다. 요컨대 새롭게 도덕화된 '출세주의'를 추구하는 한편으로, 자기들보다 앞선 연배의 사상가들을 상대로 그토록 대중에 영합하는 비난을 적절히 가미해 반순응주의와 사상의 자유를 추구한다는 주장 말이다. 이 마지막 일반 법칙, (레비에서 핑켈크로트나 글뤽스만에 이르는) 프랑스의 새로운 도덕주의자들뿐만 아니라 (반PC 전선의 선봉장인 로저 킴볼, 디네쉬 드수자 같은) 미국의 보수적 사촌들에게 놀라운 기회를 열어젖히는 가운데 지식장에서의 경쟁이 그 장 자체의 논리로 조절되는 이 내부동학을 피에르 부르디외는 이렇게 정식화했다. "이것은 지배적인 재현을 뒤집어놓은 것이고 …… 진짜 순응주의는 아방가르드 쪽에 …… 있음을 보이는 것이다. …… 진정한 대범함은 반순응주의의 순응주의에 도전할 수 있는 그런 사람들에게 속한 것이다."15) 즉, 새로운 메시지는 스스로를 진정 보편적이고 직접적인 것으로 내세웠던 셈이다. 신철학이 크게 성공했던 이유 중 하나가 여기에 있다. 그들은 되풀이해 말한다. 걱정하지 말라고, 배타적 전문용어와 '급진적인 멋'으로 치장한 귀족정치는 역사의 쓰레기통 속으로 들어가 끝이 났다고, 지식장은 이제 말끔하고 건전해졌으며 마침내 정직한 사람들이 돌아오게 됐다고.

이런 공격이 시작된 지 10년도 되지 않아, 예지가 덜한 구조주의의 사도들을 공포에 떨게 한 최후의 일격이 뤽 페리와 알랭 르노의 『68사상』을 통해 가해졌다.16) 방대한 분량의 이 책에서 페리와 르노는 니체주의를 맹공한 다음, 1987년 마르틴 하이데거의 나치당 참여 전력을 둘러싸고 여론이 들끓는 와중에는 하이데거와 프랑스 하이데거주의를 난타했다. 곧이어 이들은 인권이라는 이상과 짝지워 '칸트로의 귀환'을 요구하며 신을 인간화하는 가운데 대문자 인간을 신적 지위로까지 끌어올렸다. 이는 프랑스 철학이 1970년대 이래로 딱 어디까지 갔는지를 하나의 몸짓으로 드러내보인 이중의 기획이었다.17) 그러나 『68사상』은 더 구체적인 목표가 있었다. 푸코, 데리다, 라캉이 독일의 비합리주의자들보다 "더 심하다"고 비난하는 데 만족하지 못한 페리와 르노는 맑스에게 달려들었다. 그들의 강박적인 반맑스주의 덕분에, 무엇보다도 맑스의 대안이거나 그 보완물인 한에서 프랑스 이론의 진정한 중요성에 대해 그들이 얼마나 무지한지 밝혀져버렸지만 말이다. 그들의 공격은 세기말적 휴머니즘에 필요한 기초를 놓으려는 시도의 서막 같은 것이었다. 이 기초는 "반인간중심주의의 …… 논리적 난국"에 힘입어 그 휴머니즘이 이룬 성숙에 걸맞는 것으로, 1960년대 이전보다는 가정컨대 덜 '순진'했다.[18] 막간극은 끝났다며 이 둘은 결론내리길, 제1기 휴머니즘의 환상에 맞서 책임있는 시민들을 무장시킬 수 있었던 데까지만, '욕망의 이데올로기'라는 민간전승이 아주 헛된 모험은 아니었다고 말한다. 그러나 도덕적 헌신이라는 고결한 언명은 압도적으로 여기저기 온데서 유행을 탔다. 1977년 레비가 스스로 십자군 전쟁을 선포하며 윤리와 도덕적 의무만이 우리가 "악의 행렬 앞에서 포기하고 직무유기를 하는 것"[19]을 막아주리라고 결론지었던 것과 똑같이, 노라는 인간과학이 지난 20년 동안 '윤리의 기능'과 '일상의 도덕'을 방기해왔다고 비난했다.[20] 페리와 르노는 심지어 "현대 나르시시즘에서 말하는 자아," 그리고 그 자아가 뽐내는 '냉철한' 분열과 타율성을 특권화해온 게 푸코와 들뢰즈라고까지 하면서,[21] 1980년대에 성황을 이룬 오랜 자아중심적 향연을 눈 하나 깜박 않고 그들 탓으로 돌렸다.

이 도덕 선수들은 프랑스 지식 세계에서 지금도 권력의 고삐를 쥐고 있다. 프랑스가 겪고 있는 문제들, 따라서 나머지 세계가 겪고 있는 문제들 하나하나가 1968년 5월[혁명], 제멋대로인 1970년대의 철학들, 정체성에 기반을 둔 새로운 미국산 '상대주의'의 결과였다는 확신 속에서 말이다. 레비는 언론과 출판계를 통해, 그리고 권력의 현관 근처에서 그 존재감을 드러내고 있다.『르데바』의 편집주간인 노라는 소르본대학교와 사회과학고등연구원의 아롱주의자들·토크빌주의자들뿐만 아니라『에스프리』와『코망테르』에 있는 자신의 친구들을 통해, 로장발롱과 크리겔은 프랑스민주노동자연맹(프랑스의 대표적인 중도좌파 계열 노동조합)뿐만 아니라 여러 정부 각료와의 긴밀한 연계를 통해 영향력을 행사한다. 끝으로 이 운동의 다른 성원들 중에서 정치적 직위를 가졌거나 가진 이들로는 국가교육과 정심의회에 참여한 르노와 '시민사회' 출신으로는 처음 교육장관이 된 페리가 있다. 페리는 자신의 개혁방침을 둘러싸고 벌어진 논쟁이나 프랑스의 모든 교사를 대상으로 공식 발송한 편지에서 교육체계에 닥친 '재난'이 "1968년 5월'과 그 지적 지도자들에게서 물려받은 '공산주의적인 경향'과 '선동가적 청년주의,' '자발성 이데올로기' 탓이라며 설교를 늘어놓던 인물이다.[22]

억압된 것의 점진적인 회귀

그러나 이렇게 '현대화된' 프랑스 사회의 모든 주연 배우들이 푸코, 들뢰즈, 보드리야르, 아니면 기 드보르마저 망각 속에 빠뜨려야 한다는 데 동의한 건 아니다. 이 저자들의 독자 중에는 경영학 이론가, 조직관리 전략가, 보험업자와 리스크매니저, 광고 중역과 정보거래 비즈니스의 선구자들, 문화산업 분야의 C급 간부들, 유행에 민감한 잡지 칼럼니스트들, 그 외 "신명나는 신보수주의로 규정될 자기조직화"[23]에 열성인 나머지 모든 사람이 있었다. 이 독자층에서는 그들이 밀고 나가려는 새로운 '자기조직적' 사회질서에 엄청난 이득이 되어줄 뜻밖의 참조점을, 유죄선고를 받은 이전 세대 철학자들의 글에서 발견한다. 먼저 이 독자층은 철학자들이 사용하는 차별화된 어휘들과 함께 유동과 산포의 논리를 전유하고는, 이것을 '유선형'이거나 '네트워크화된' 비즈니스를 다룬 모호한 이론에 봉사하게끔 위치시킨다. 사회학자인 아르망 마텔라르는 "데리다, 푸코, 리오타르에 대한 수많은 인용 속에서 전개된 권위 있는 주장"과 더불어 "우리는 비물질적 실재 …… 추상적 개념 …… 흐름과 액체, 연통혈관들로 이뤄진 수증기 같은 세계로서 어떻게 '포스트모던 비즈니스'가 탄생했는지에 관한 설명을 듣게 된다"24)고 쓰고 있다. 유행의 첨단을 좇는 프랑스의 광고홍보업계와 언론계 종사자들 다수는 드보르의 『스펙터클의 사회』에서 차용한 구호들을 '통합된 스펙터클'이나 '소유에서 외양으로'의 전환에 관한 과시적 후렴구로 바꿨다. 일반적으로 말해, 가져다 쓸 전거로 삼을 수 있게 된 사상가들의 내적 논리와는 정반대 쪽에서 그들의 모든 것, 즉 자기생성과 주체없는 조직화라는 새로운 신조는 1990년대의 언론과 새로운 컨설턴트 겸 철학자들의 강연에서 유행하던 '보이지 않는 손'의 (낡은 함축에서 비롯될 부담이 훨씬 덜한) 변종으로 패러디됐다. 스피노자의 코나투스에서부터 들뢰즈의 내재성, 푸코의 미시물리학, 심지어 감미료가 첨가된 듯한 이상한 불교에서 끌어온 더 신비적인 명제에 이르기까지 갑자기 모든 게 자기조정적 시장을 새로이 예찬하는 데 쓰일 수 있었다. 아무리 자유옹호적인 서정성을 새롭게 걸치고 있었다고 해도 말이다.

이런 맥락에서 좀 더 구체적으로 푸코의 작업은 특정 주요 관리자들과 정부집단에 의해 신중하고도 지속적으로 이데올로기적 전유의 대상이 됐다. 에콜폴리테크닉에서 사회공학과 사이버네틱에 관한 이론화 작업을 하는 과학자들에서부터 자크 쥘리아르와 니콜 노타가 이끈 프랑스민주노동자연맹처럼 자주관리라는 좀 더 유토피아적인 개념에서 새롭고 "자기역량을 강화하는" 유형의 '참여적' 관리 프로그램으로의 전환을 끝까지 밀어붙인 중도주의 노조들에 이르기까지 급기야 실업과 보험개혁, 사회안전에 관한 각종 정부원탁회의에 이르기까지 말이다.25) 콜레주드프랑스에서 푸코의 조교를 지낸 바 있는 프랑수아 에발드와 ('사회적 새출발' 프로젝트의 배후인물로 머잖아 프랑스고용주연합의 부회장이 된) 프랑스보험업협회 회장 드니 케슬러의 주도 아래 푸코의 작업에 대한 우편향적이고 기업가적인 독해는 좀 더 체계적 면모를 띠기 시작하면서 **보험과 관련됐거나** 보험에 바탕한 사회 개념이 새롭게 축조됐다. 에발드와 케슬러가 발전시킨 새로운 사회관리 이론은 '위험우호적'이고 '위험회피적'인 개인들의 구별에 근거해 세워졌고 위험이라는 개념을 '도덕성과 인식론'의 기초로 만들었다. 그들의 주장에 따르면 이 개념은 "가치들의 가치를 규정하는 방법"으로는 유일한 것이었다.26) 광우병을 둘러싼 논란이 일던 시기 '예방 원칙'27)을 재해석하려고도 한 에발드는 푸코가 죽기 바로 전에 법을 공부하기 시작해 생시몽재단에 의해 만들어진 새로운 네트워크와 관계를 다졌다. 1982년 생시몽재단의 첫 번째 녹서 綠書를 쓴 에발드는 이듬해 말 헤이그에서 열린 철학·국제법 관련 학술회의에서 (어디까지나 "자신의 자리에서 자기만의 관점을 발전시킬" 수 있도록 하란 뜻에서) 자신을 '대신하라'던 옛 스승의 유산을 뒤엎었다. 이 회의에서 에발드는 푸코가 앞서 작업한 것처럼 칸트적 보편의 '위기'를 말하긴 했다. 하지만 에발드의 결론은 푸코적이라기보다는 법치주의적 어투에 더 가까웠다. 에발드는 이렇게 힘주어 말했던 것이다. "푸코의 작업 전체는 …… 국제사회와 권력관계, 상업적 실천, 문화적 관계의 변형이 어떻게 새로운 사법적 질서의 기초가 될 수 있으며 그렇게 될 것인지 검토할 것을 요구한다."28)

그러나 1986년 출간된 책으로 푸코에게 헌정한 『섭리국가』에서 에발드는 신자유주의 우파적 보험[개념]에 영향받은 푸코주의의 이론적 근거를 제시했다. 다양하게 정식화된 이데올로기적 프로젝트를 촉진할 의도로, 그는 후기 푸코의 몇몇 핵심 개념을 인용한다. 대체로

이는 보험과 위험관리 개념에 대한 재고를 바탕으로 **보험적 상상계**, 즉 "새로운 정치적 상상계의 정식화"29)에 나선 셈이었다. 푸코의 고고학에서 시작해, 에발드는 역사적 숙명론과 처방상의 편견을 자신에게 고유한 것으로서 구성해낸다. 법이 규준[규범]으로 전환했다는 푸코의 중요한 역사적 발견은 "삶을 떠맡는 것이 임무"인 새로운 권력형태를 사유하는 데 쓰인 게 아니라, 오히려 법률 완화와 '민법 개정'을 지지하면서 일어날 수 있는 모든 위험을 아우르는 데 쓰였다.30) 게다가 푸코가 1975년의 세미나에서 연구한 '비정상' 범주는 이제 좀 더 특정하게 "표준에서 너무 멀리 벗어나 …… 해당 집단에게 **위험**, 다시 말해 위협[이 되는]" 모든 사람이 됐다.31) 요컨대 에발드는 "인간과학에서 자주 보이는 과민한 비판들"에 맞서 제시한 '포스트비판적 명제'를 통해 "복지국가를 관리하는 더 나은 방법"을 시급히 성찰해야 한다며 복지국가를 다룬 자신의 작업을 정당화한다. 에발드의 프로그램은 이런 점에서 정말 계보학적이었다. 하지만 그것은 (계보학적 방법을 벗어나면서) "책임이 보험의 측면에서 지각되는 과정"을, 그리고 에발드의 관점으로는 "과실과 책임이 법적으로 동일한" 시대를 역사적으로 계승해온 특정 사회를 정치적으로 정당화는 작업이기도 했다.32) 이 프로그램의 급소는 각 개인을 (석유탱크 소유주든, 골초든, 안정된 직업이 없는 이든) 무엇보다 집단적 위험의 한 자락을 저마다 가진 것으로 이해할 때 보험이 그나마 제일 쓸 만한 사회적 접착제임을 보여주는 것이었다. "보험은 다양하고 서로 절합된 네트워크들을 통해, 가족이라는 **자유롭고 자발적인** 관계성의 외부에서 **사실상** 우리를 서로 연계하는 것이 됐다. 그것은 그 자체 사회적 접착제로, 보험의 물성인 셈"33)이라면서 말이다. 이는 푸코가 연구했던 예속의 양식들과는 정말이지 하등의 관계가 없다.34) 에발드와 케슬러가 유일하게 같이 쓴 글로, 사회를 "그 발전으로 초래된 위험에 맞서 싸우는 방대한 보험체계"로 재정의한 에세이의 저변에서는 또 다른 프로그램이 추진 중이다. 이 프로그램은 '생명권력'과 '안전사회'에 관한 푸코적 이론을 도처에서 재해석하는데 이들의 해석은 역사적 고고학과는 근본적으로 무관하며 외려 기술관료적 통치의 정당화와 관련되어 있다. 총체적인 혼돈과 보험을 통한 혼돈 관리의 사회학은 20년이 넘도록, 포스트모던적 종말론과 경영합리성 사이에서 독일 사회학자 울리히 벡이 도입한 '위험사회' 개념을 중심으로 펼쳐지던 중이었다.35) 이 위험사회는 사회적 위계를 안전과 보건에 대해 개인들이 표상하는 '비용'(그들의 불안정한 위치 탓에 사회가 떠안은 '위험'이라는 이유로 지탄받는 억압된 것)의 측면에서 재평가하고, '사건사고'와 '각종 불평등'에 대한 대응이 실시간으로 이뤄지는 동학을 상상한다. 이는 공격적이리만큼 이데올로기적인 형태를 갖춘 것으로, 푸코라면 분명하게 거부했을 실체 없는 생존의 형식이다.

    프랑스 이론으로 촉발된 철학적이고 정치적인 논쟁이 미국 학계에서 무대의 중심을 차지하고 있던 바로 그 무렵, 그 이론은 정작 프랑스에서는 이중으로 부당한 대접을 받았다. 1968년 5월로부터 모두 등지라고 요구한 신자유주의자들과 전통주의자들에 의해 공적인 지식장에서 쫓겨났던 한편으로, 부적합해진 경영·행정 이론 전통을 갱신하려 하는 새로운 전문가들에 의해 왜곡되기도 했다는 점에서 그렇다. 프랑스 이론이 처음 꽃피었지만 그 위상은 대체로 늘 주변부적이었던 프랑스의 대학에 관해 말하자면, 그 이론은 파리1대학교[소르본느]보다는 파리8대학교[뱅센느]에서 더 널리 읽혔다. 그나마도 몇 안 되는 문학이론 강좌에서 인용됐을 뿐 대학원 철학과정에서는 거의 다뤄지지 않았다. 대학은 언론과 공적 영역에서 벌어지는 논쟁과 격리되고, 국제 학계를 점유하는 완벽하게 다른 화제로부터는 동떨어진 채 묵상 중인 학계를 단적으로 보여주는 사례로 곧잘 제시됐다. 전형성에서 탈피한 만큼이나 잘도 주변화되어 있는 기관 몇 군데를 빼고는 과거의 교육 방법과 인지적 '보편주의'는 수십 년 간 바뀐 적이 없다. 이런 사태 전개는 통합분과적인 연구에서부터 정체성 연구에 이르기까지 소중한 프랑스 학계의 몰역사적 **자율성**이 침식되려 할 때마다 학계가 드러내는 어떤 완고함의 징후이다. 특히 철학과에서는 **강한 사유**^{la pensée intensive} 패러다임에 걸맞는 자리를 마련하기보다는 구조주의 이전의 교과과정을 고수하려 했다. 1969년에 푸코가 "강렬함을 생각한다는 것은 …… 부정적인 것을 거부하는 것 …… 똑같은 운동 속에서 동일성의 철학과 모순의 철학을 거부하는 것 …… 마지막으로 동일함이라는 저 위대한 형상을 거부하는 것으로, 플라톤에서 하이데거에 이르기까지 서양철학은 늘 이 순환에 갇혀 지내왔다"[36]고 경고했다시피, 이런 상황에서 철학의 역사가 그가 그때 일깨워준 대로 빠져나오긴 어려울 것이다. 그러나 강한 사유에 자극받은 영미권 사상에 대해 프랑스 학계는 격렬한 저항을 유지했다. 소수자/소수성 연구, 코뮌적인 공동체주의에 관한 논쟁, 성 정체성 관련 이론, 심지어 구성주의적 과학사회학을 연상시키는 그 어떤 것도 제도권으로 들어올 수 없게 하면서 말이다.

규범화된 방법론과 통일된 정전을 갖춘 프랑스 대학의 철학과와 어문학과에서는 젠더/문화연구처럼 지난 25년 동안 미국에서 출현해온 족보 없는 학제간 프로그램에서 두드러지는 인식론적 절충주의와 문헌학적 이종성에 대한 반감이 아주 완고했다. 프랑스 사회과학의 경우, 이들 학과에선 인류학자 클리포드 기어츠, 탈식민주의나 대중문화 연구까지 싸잡는 범주인 미국산 포스트모더니즘의 물결을 내쳤다는 사실을 곧잘 자랑으로 내세웠다. 미국적 경향에 대한 이런 저항이 어찌나 강한지, 특정 분야의 사회과학들은 1950년대의 인류학 패러다임에 붙박혀 있을 정도였다. 성적 소수자나 심지어 이주 노동자들의 문화적 실천에 관한 세미나를 구성하자는 사람은 그 누구든, 위험한 공산주의 계통이라거나 얄팍한 포스트모던 개념(들리는 소문에 따라 미국식 학문의 특징이라고들 알려진 모든 결점들)의 조달자라는 딱지를 무릅써야 했다. 이런 비평은 프랑스 관찰자들에게는 언제나 문화적 무지와 부족주의로 썩어빠진 금융화되고 기술지상주의적인 괴물로 보였던 미국 사회를 겨냥해 더 광범하게 이뤄졌다. 이런 아주 프랑스적인 전통에 관해 언급하면서, 필립 로제는 "[조르주] 뒤아멜에서 [조르주] 베르나노스까지, [엠마뉘엘] 무니에부터 [로제] 가로디까지, 명분은 분명해 보였다"는 데 주목한다. "미국식 생활방식을 폄훼하는 이들 치고 학대당한 휴머니티에 대한 옹호자 노릇을 하는 데 실패한 적은 한 번도 없다"[37)면서 말이다.

그러나 이렇게 학계가 저항했는데도, 미국과 '분열된' 미국 대학들이 그렇게 악마화됐는데도, 공적 영역은 보편주의적 휴머니즘과 공화국이라는 추상적인 이상으로 점령당하다시피 했는데도, 마침내 20여 년 간의 지연 끝에 문틈이 열렸고 이론에 대한 미국의 공헌이 허용됐다. 이런 개방은 매우 점진적이고 논쟁적으로, 아주 힘겹게 1970년대 이래 억압된 것들의 귀환을 자극했다. 이 귀환은 이제 정체성과 공동체에 대한 이론적 탐구의 형태를 띠었다. 1989년 파리 교외 크레이의 고등학교 2학년 학생 두 명이 "신을 교문 밖에 남겨두"지 않겠다면서 유발된 것으로, "머리에 두르는 이슬람식 스카프"[히잡]를 둘러싸고 지금껏 진행 중인 논쟁 속에서는 합당한 견해들이 차츰 고개를 들고서 이목을 끌게 됐다.

그 어떤 토론도 그냥 막으려는 게 아니라면, 이런 견해를 가진 사람들을 주류 세속 진영에서는 더는 '공화국의 배신자'로 비난할 수 없었다. 1997년에는 리오넬 조스팽 정부가 입안한 것으로 동성애 커플에게 시민적 지위를 부여한 연대시민협약을 놓고 국회 표결이 이뤄졌을 뿐 아니라 디디에 에리봉의 발의로 조직된 게이와 레즈비언 연구 학술대회도 보부르 거리에서 처음 열렸다. 이와 동시에 공무상의 '동등성'이나 성평등 관련 법률을 통해 한동안 양성간 문제로 국한되긴 했어도 오랫동안 불가능하다고 여겨져온 차별철폐 조치에 관한 토론의 기회도 마련됐다. 이처럼 조금씩 소수자들에 대한 차별, 매체 속 종족집단의 표상방식, 동성애자들의 양육, 심지어 특정 공동체 속 대중문화의 전복적 형식 같은 쟁점은 프랑스 전역에서 진지하고 타당성을 지닌 논쟁의 주제가 됐다. 이런 움직임을 조롱하면서 보편주의적 설교에 나서는 상당수 사람들이 '종족주의'나 문화적 '레닌주의'로 경도될 가능성에 대해 울리는 낯선 경계의 사이렌이 여전히 매체를 통해 울리고 있긴 해도 말이다.

그러나 여전히 갈 길은 멀다. 코뮌적 공동체를 지향하는 함께하기와 정체성의 정치와 관련된 쟁점에서 고립된 프랑스의 문화적 상황은 소진될 기미가 보이지 않는다. 마치 인구조사 양식에 새 범주를 추가하듯이 특정한 사람들에게 공식적이거나 민간전승된 형태의 법률적 타당성을 부여하는 것만으로는 불충분하기 때문이다. 프랑스 사회에서 복수화된 주체라는 질문, 그리고 이와 나란히 가는 복수화된 소수성이라는 질문은 서툴게나마 이제 갓 다뤄지기 시작했을 뿐이다. 이는 복수화된 가맹관계들은 '공통의 가치들'로 만들어진 중립적 공간에 들어설 때는 전부 문간에 두고 오라는 공화국의 정중한 요구에 반하는 것이다. 그 질문은 앞으로 장기사적인 패러다임 속에서는 말할 것도 없고, 사회과학들과 활동가 조직, 지식장의 주요 제도들(혹은 그 대안적 상대물) 속으로도 충실히 통합되어야 한다. 독일어, 이탈리아어, 스페인어로 널리 번역된 영미권 지식인들의 문제작들이 프랑스어판으로 출간되어야 한다는 것이야 말할 것도 없다. 2002~03년 이래 주디스 버틀러, 폴 길로이, 프레드릭 제임슨의 주요 저작이 프랑스어로 읽힐 수 있게 됐다고는 해도 가야트리 스피박, 스탠리 피시, 다나 해러웨이 같은 이들에 대해서는 아직 해야 할 일이 수두룩하다. '문화연구'나 '탈식민주의 패러다임'처럼 이국적인 학문 대상의 기본 성격을 더 잘 이해하고자(후자의 경우 프랑스의 이민 현황과 동화 위기를 이해하는 데 기여할 게 많다) 관련 세미나와 원탁회의가 대학에서 비로소 조직되고 있긴 하나, 학과간 가로지르기 프로그램은 고사하고 이에 필요한 독서목록마저 갖춰지지 못한 상태이다. 이런 지체는 지적 고립주의라는 질긴 전통의 일부로 비칠 뿐인데, 토머스 쿤의 『과학혁명의 구조』나 존 롤스의 『정의론』 같이 널리 알려진 저작조차 프랑스어판이 나오기까지 20년 이상 걸렸다는 점을 감안하면 특히 그렇다. 지난 사반세기 동안 미국에서 형성된 지적 흐름들 가운데 프랑스에서 의미심장하게 받아들여진 건 사실상 하나도 없다. 분석철학뿐만 아니라 실용주의와 대륙철학의 수렴 형태가 그랬으며 급진적 다문화주의도, 문학 텍스트에 대한 해체적 독해도, 탈식민주의 이론과 하위문화 연구, 심지어 젠더 정체성에 대한 새로운 이론도 마찬가지였다. 최근 퀴어 문제가 "더디지만 확실하게"[38] 부상하고는 있지만 말이다. 정말이지 프랑스는 오직 천천히, 아니면 강압 적으로 바뀔 뿐이다. 발터 벤야민은 1930년대 초의 '프랑스 좌파 지식인들'에 관해 "그들의 긍정적 기능은 전적으로 혁명에 대한 의무감이 아니라 전승된 문화에 대한 의무감에서 나온다"고 관찰한 바 있다. 프랑스에서는 아주 곧잘 "[저자들의] 순응주의가 자신이 살고 있는 세계에 대해 눈을 감기" 때문이라고 말이다. 이어서 벤야민은 이렇게 덧붙였다. "지난 10년(즉, 1920년대 말~1930년대 초) 사이 자유를 위해 소설이 성취"한 바는 전간기에 나온 그 어떤 '사회소설'보다 동성애를 다룬 마르셀 프루스트의 책 속에서 더 잘 나타난다고.[39] 벤야민의 이런 관찰은 '교수들의 공화국'에서부터 더 이상 새로울 것 없는 그 후속세대의 '신철학자들'에 이르기까지 지속적으로 타당성을 갖는데 오히려 30년 전보다 오늘날 훨씬 더 적절해 보인다.

이렇듯 원산지에서는 정치적으로 거부되고 미국 대학 캠퍼스에서는 대체로 텍스트[주의적 소재]가 되어버린 프랑스 이론은 주요 텍스트들이 출간된 지 30년이 지난 지금도 여전히 지적 잠재성을 오롯이 머금은 채 공백으로 남아 있는 집단적 과제를 시사한다. 그리고 그것은 여전히 그 자체로 고유한 충실하고 완벽한 이론적 실천의 지평을 가리킨다. 도덕주의자들에 의해 악마화될 수도, 수사적 추상화나 안온한 급진주의로 휘발될 수도 없는 지평을 말이다. 비평가 피터 스타는 좀체 날 듯하지 않은 제3의 길을 제안한 바 있다. '신철학'의 도덕적 협박과 "이론이라는 숭고한 신체에 너무 밀착한 나머지" 사회적 투쟁이나 상품[형식]이라는 혼돈과 맞닥뜨릴 수 없는 학문적 독설을 모두 기각하는 스타는 1995년에 이런 결론을 내렸다. "[프랑스에서 보이는] 테러리즘적인 반테러리즘과 [미국에서 보이는] 상품이라는 테러에 들린 전제주의라는 지나치게 단순한 두 선택지"에 대한 대안을 발명하는 일이야말로 긴급하고도 필수불가결하다고 말이다.40) 요컨대 도덕주의와 궤변 사이에서, 즉 프랑스 파수견들이 앞세우는 비좁은 합리성과 이성의 위기가 툭하면 '시詩의 위기'로 비틀리던 미국 내의 관련 논의 사이에서 우리가 이제껏 해왔던 선택에 대한 대안을 발명해내야 하는 것이다.

순수과학과 국가이성
앨런 소칼은 날조를 자신의 선언에 활용해 자신을 프랑스 이론의 비판자로 자리매김했다. 실로 이 책이 쓰일 계기를 마련해준 소칼은 30년 동안 미국 학계를 뒤흔들어온 진정한 이론적 주지육림, 대서양 건너 프랑스에서는 거의 몰랐던 30년 동안의 담론적·개념적 방탕을 흐리는 내숭의 베일을 들췄을 뿐이다. 소칼이 한 것이라고는 이 베일에서 헐거운 날실 하나를 뽑아낸 게 전부였다. 하지만 이것만으로도 옷감 전체를 풀어 헤치기엔 충분했다. 소칼에게는 자신만의 이유가 있었다. ('가치'에 대한 그의 모호한 외침에도 불구하고) 소칼의 야심은 이데올로기적 기획을 옹호하기보다는 자신의 전문분과 영역, 자연과학의 영역을 방어하는 데 있었다. 왜냐하면 앞서 개괄한 내용이 과학의 영토성 문제라기보다는 '문화 전쟁'이라는 문제였다면, 그런데도 불구하고 문화 전쟁은 마치 유탄에 의한 것인 양, 기술과학복합체라는 난공불락의 요새를 인문과학 쪽에서 몰아칠 때 진격의 북소리와 함께 벌어진 **과학들의 전쟁**을 미국에서 촉발시켰기 때문이다. 프랑스 이론의 개척자들의 경우, 애초부터 과학적 세계와 그 세계가 추구하는 엄격한 금욕주의에 맞서 자신의 새로운 전복적 도구를 배치하려는 유혹이 컸다. 일찍이 1973년에 비평가 마릴린 오거스트와 앤 리들이 이미 내비쳤듯이, "과학을 사용해 문학을 추궁하던 과정이 이제 역전되어 아르토와 바타이유 같은 이들의 작업이 과학을 수술하고 점검하는 도구가 된"셈이다.[41] 과학에 대한 **구성주의적** 사회학이 탄생한 것은 사회적과학연구학회의 창립과 함께 학제간 학술회의가 코넬대학교에서 열린 1976년이었다. 이것은 조르주 바타이유와 그 계승자들보다는 프랑스 이론, 영국 에든버러학파의 맑스주의 인류학, 1950년대 로버트 머튼이 물꼬를 튼 제도들에 관한 미국 기능주의 사회학이 교차하는 지점에서 나왔다. 이에 따라 과학사회학의 인식론적 국면은 영미권에서 수용된 쿤의 작업과 연계되어 좀 더 경험적인 조류로 이어졌다. 이 조류는 브뤼노 라투르와 스티브 울가가 담당했던 캘리포니아대학교 실험실들에서 연원한 것으로 조만간 문화적이고, 윤리적이며 심지어 성적인 변수를 자신들의 탐문작업 속으로 통합하게 될 참이었다. 이 조류는 1990년대 급진적 정체성의 정치(학)가 등장해 가부장적 이성이나 제국주의적 과학을 향해 무기를 겨누기 전부터 이미 부상중이었고, 대학 안에서 경성과학과 [연성과학 내지 비과학 전공으로 분류되는] 인문학/문학 연구 사이에서 빚어지는 새로운 유형의 학과간 갈등을 부추기고 있었다.

그러나 엄밀한 만큼이나 야심적이었던 '과학 연구'에 대해 라투르가 규정한 임무는 적의 정체를 밝혀내거나 그 희생자들을 적시하는 게 아니었다. 오히려 과학 연구가 중시한 것은 ('좋은' 과학과 '나쁜'과학을 구별하던) 낡은 규범적 접근법과 (지식이 '진보'하는 과정을 그저 좇는 데 만족하던) 역사주의적 접근법을 넘어서 "사회의 형성과 안정성 바로 그 자체를 설명하는 데 필수불가결한 성분 중 상당 부분을 과학과 기술이 어떻게 제공하고 있는지 이해"⁴²⁾하는 일이었다. 합리적 모델이자 사회적 질서의 궁극적 보증자로서의 과학, 이것은 프랑스 과학사회학계가 라투르나 이사벨 스텡제르 같은 인물을 고립시키고 이들의 연구네트워크를 포위하려 드는 가운데 재평가를 바라지 않았던, 인식론적이자 정치적인 가설이었다. 과학이 무엇보다도 **구성물**로 이해될 수 있고⁴³⁾ 전적으로 역사적인 한계 속에서 존재할지 모르며, (기술에 대한 광범한 공포와 손잡은) 과학에 대한 프랑스적 '열정'이 프랑스의 정치적 습속을 밝혀낼지도 모르리라는 발상을 아울러 거부하면서 말이다. 왜냐하면 과학과 연구에 대한 오랜 급진사회주의적 신뢰가 '합리적 국가'라는 전형적으로 프랑스적인 모델, 즉 과학적 합리성 모델을 따르는 국가 모델로서 프랑스 공화국이 과학을 헌정적 기초로 삼아왔던 역사를 가려주기 때문이다. 여기서 과학은 궁극의 토대로서 진정한 '국가이성'(혹은 공공정책)이 됐고, 인지적인 것이든 정체성에 기반한 것이든 모든 형태의 상대주의에 맞서는 궁극의 방벽이 됐다. 프랑스에서 물리학이든 역사학이든 실험실이나 연구 단위로 이뤄진 활동이 그 대상을 구체화하기에 앞서(혹은 그러지 않고서도) '과학적'이라고, 마치 그런 정향 속에서 어떤 작업이 특정 분야나 과정을 다루는지, 아니면 특정한 사회적·종족적 공동체에 의존하는지 여하의 문제는 전혀 무관해지기라도 하는 양 그렇게 불렸던 것처럼, 공화국이라는 프랑스적 개념은 여기에 포함되는 소수자들에게 그들을 유대인이나 북미인, 또는 동성애자가 아니라 **오로지** [대외적으로는 국민인] 시민으로만 간주한다고 천명한다. 여기서 시민권[또는 시민됨]과 과학은 이데올로기적 허구는 아닐지언정, 적어도 일반성의 준칙을 정하고 이를 무효화할지 모를 특정 조건을 무시하는 단일화된 합리성의 정치적 화신으로서 기능한다. 이런 '프랑스적 예외'의 견지에서 라투르와 이안 해킹의 작업에 의해 미국에서 대중화된 구성주의적 명제들, 더군다나 소수성이나 문화적 차이라는 문제가 프랑스 과학들의 인식론과 사회학으로 파고드는 데 결코 성공하지 못했던 것, 그 결과 라투르가 기술전문학교인 에콜드미네의 사회학 실험실로 좌천되어 제도적 고립을 겪는 것은 따라서 놀랄 일이 아니다. 이런 조건들에서는 이성에 대한 믿음도, 심지어 공화국의 단결조차 살아남을 수 없을 듯싶다.

라투르와 미셸 카용이 **구성주의적 경험주의**의 모든 도구를 채택했던 것은 바로 앙리 베르그송의 초월론적 합리주의와 가스통 바슐라르나 조르주 캉길렘의 인식론과 맞닿은 합리주의에 대한 프랑스적인 강박과 맞서 싸우는 데 있다. 게다가 그들은 거꾸로 (예컨대 '상징적인 것'에 대해 관심이 지대한 문화연구와 더불어) 미국 인간과학에 특유한 텍스트화와도 맞서 싸운다. 그들은 과학적 세계를 그 세계의 대상/목표와 구체적 도구, 그것의 비물질적 흐름, 혼성적 존재와 살아 있는 기계, 바꿔 말해 '상징적인 것'의 영역을 벗어나는 모든 것을 검토하는 실용적 양식 속에 끌어들여왔다. 더욱이 라투르와 카용은 과학을 지리적 장소란 측면에서 검토한다거나 계량화된 사회학을 활용함으로써 합리주의와 대결한다. 왜냐하면 과학의 국지화와 그 문화적 맥락, 그리고 이와 맞물린 통계·예산 관련 데이터는 프랑스 합리주의자가 여기는 것처럼 과학적 활동의 저속한 부차적 변수가 아니기 때문이다. 나중에 '합성주의'라고 스스로 명명했던 이 구성주의 프로젝트의 배후에서 라투르는 미국 도처에 여전히 퍼져 있는 데리다적 텍스트주의가 과학 연구를 물들이지 않았다고 단언하는 데는 조심스러워하면서 이렇게 결론내린다. 따라서 쟁점은 과학들의 내적인 담론 메커니즘뿐만 아니라 그것의 이데올로기적 기능을 밝혀내는 것이라고 말이다. 이것은 "이 [과학] 분야가 …… 한편으론 자연주의자에게, 다른 한편으로는 해체론자에게 배타적으로 …… 방치되기를 거부하면서" 프랑스에 여전히 널리 퍼져 있는 단순화된 이원론을 허물어뜨리는 일이다. 담론으로서의 과학과 실천으로서의 과학, '말과 세계,' 혹은 명목과 실재로 단순화된 이원론을 말이다.44) 이렇듯 라투르와 그의 동료들이 탈신비화하고 경험적으로 무효화하려 한 것은 소칼과 장 브리크몽이 포스트모던의 '위협'과 (그들 말로는 "진리와 객관성의 문제를 무시"하려 들었던) 쿤과 파울 파이어아벤트의 '오류'라고 했던 것에 반대해 그토록 고집스럽게 옹호하고 싶어 하는 것이다.45) 사실 쿤과 파이어아벤트가 주저앉히려 했던 것은 소칼과 브리크몽이 어떤 대가를 치러서라도 구해내려 하는 것이다. 한편으로 그것은 '일상의 지식'과 고급화된 과학 담론 사이의 **진보주의적** 연속성으로, 이는 과학주의에 의해 기정사실화되어 있다. 마치 이 두 가지 유형이 실재를 똑같이 객관적으로 설명하는 두 등급인 양 말이다. 다른 한편으로는 사실들과 담론 사이에, 그리고 과학의 '진리'와 이들 진리에서 외삽된 모든 논평 사이에 소칼·브리크몽이 있다고 단언하는 날카로운 불연속이다. 쿤과 파이어아벤트가 노렸던 것은 한마디로 말해, 단일화된 지식과 침범되지 않는 '진리'에 대한 이중의 허물기이다.

달리 말하면, 여전히 우세한 진보주의와 자연주의에 맞서, 과학 연구는 과학적 실천의 복판에서 빚어지는 담론구성체 각각의 권력

효과와 담론적 효과를 드러내려 한다. 그것은 다른 많은 이들이 남긴 족적을 따라, 이런 이른바 외재적이거나 지시적인 세계가 어떻게 언제나 담론에 틀지워지고 구속되며 그 담론에 꿰여 있는지 보여주려 했다. 과학들의 경우를 넘어서, 프랑스에서 개별 전공/학과를 저마다의 지적 유폐화에서 탈피시키려는 시도는 담론을 엄격히 한정된 영역으로 보거나 '실재'를 원래 주어진 순수하고 외재적인 것으로 보기를 거부하는 이런 **이론적 실천**의 틀을 활성화하는 일과 반드시 맞물려 있다. 자기 확신에 찬 모든 프랑스 합리주의자들은 이 일을 다소 성급하게, 식상해진 낡은 구조주의 가락이라며 소화불량된 '언어적 전환'이나 심지어 양키풍의 텍스트적 상대주의인 줄 알고 있다. 하지만 이 일은 지난 사반세기에 걸쳐 나머지 세계의 지구적 지식공동체가 잘 됐든 못 됐든 사유하고 실천하고 있던 것일 뿐이다.

에필로그
차이와 긍정

자신이 속한 체제, 자신의 성, 자신의 계급, 자신이 속한 다수를 배반하기 — 글을 쓰는 데 이 이외에 다른 이유가 있을까요? 그리고 글쓰기를 배반하기.
질 들뢰즈, 『대화』(2010)

이렇게 해서 다시 생각할 것도 없이, 새로운 프랑스는 앞선 세대의 주도적인 프랑스 사상가들과 연을 끊었다. 이렇게 되자 새로운 프랑스는 미국식 정체성의 정치와 사회를 서로 다른 공동체의 어우러짐으로 파악하는 이론적 길목을 차단했다. 따라서 세계화와 문화적 뿌리없음이라는 점증하는 공포에 맞서 내놓을 수 있는 것이라고는 2백년보다도 더 전에 정식화된 것과 똑같은 개념군, 즉 (**단일한** 주체와 **단일한** 논쟁, 또는 대문자 사회와 맞닿은) 보편주의적인 인간주의 개념 아니면 "또 다른 세계를 가능하게 만드는" 진보주의적 추상화였다. 추상적이거나 탈식민주의적인, 또는 신칸트주의적인 보편주의와 그 상징적 폭력은 **공화국**이나 **진보**라는 규범적 형상을 버팀목 삼아 작동한다. 그것은 때때로 특정한 문화적 편협성의 암호처럼 들린다. 이런 이유 탓에 프랑스는 마치 국제적인 규모의 지적 토론을 내다버린 것 같은 모양새이다. 프랑스는 (지적이고 역사적인 기풍 전반에 대해서는 말할 것도 없고) 국제적 공동체의 새로운 학문형식을 채택한 적도, 실제로 이 형식으로 형성된 네트워크의 일부가 된 적도 없다. 프랑스에서 주변화된 십여 명 남짓한 저자들은 이 네트워크 속으로 축출당했다. 자신들의 분석이 설사 위험하진 않더라도 프랑스의 엘리트들은 현재를 이해하거나, 프리드리히 니체가 썼다시피 "다시금 무한한 것이 된" 세계, 이제는 "무한한 해석을 자체 내에 내포"[1]하고 있는 이 세계를 탐색하려는 모든 시도가 쓸모 없으리라고 단정지었다. 30년 전에는 개념들에 대한 토론이 세느강 좌안의 어느 거리, 출판사 사무실, 공식 토론장과 그 언저리, 혹은 주류 언론에 보도되는 다양한 포럼 등지에서 고동쳤다. 뉴욕에서 멕시코시티까지, 그리고 도쿄에서 샌디에이고에 이르기까지 이들 토론은 굉장한 무게감을 (특히 학술계의 소수자 드라마라는 온실 같은 분위기 속에서) 때로는 지나치다 싶을 만큼 가졌고, 이는 지금도 그렇다. 그러나 같은 장소에서 지금 메아리치는 논쟁들은 이제 세느강의 오른쪽 둑까지도 좀체 이르지 못하거나, 심지어 논쟁 참여자들의 흥미조차 보장해주지 못한다.

이렇듯 완전한 변환과 이로써 빚어진 프랑스의 범세계적 영향력 쇠퇴를 이해할 열쇠는 아마도 칼 맑스와 프랑스 지식장이 맺고 있는 관계 속에서 찾을 수 있을 것이다. 십수 년에 걸쳐, 프랑스에서 이론 [의 무게중심]은 과거의 맑스주의적 독단주의로부터 맑스적인 비판사상의 순수하고 소박한 기각과 그에 대한 주석 혹은 향수로 이관되어 갔다. 이는 앞서 우리가 연대기적으로 살펴봤던 지적 권력의 정복, 그리고 이와 함께 벌어진 공산당 지지의 하락 이외에 다른 어떤 이행도 없이 일어났다. 사실 프랑스 이론을 깎아내리는 맑스 계통 사람들이 뭐라 하든, 그것이 거둔 국제적 성공은 어디까지나 맑스의 분파들과 역사적으로 신통치 않게 된 인접 정통에 대해 하나의 보완물

내지 대안으로서 **발을 맞췄기에** 가능했다. 바로 이 때문에 프랑스를 제외한 나머지 모든 곳에서 질 들뢰즈, 미셸 푸코, 장-프랑수아 리오타르, 자크 데리다적인 '혹평'은 맑스를 넘어선 근본적인 사회 비판의 **지속**가능성을 구체화한다. 맑스에 비해 궁극적으로 탈총체화되고 세련되고 다양화된 비판이자 욕망과 강렬도의 문제, 흐름과 기호, 복수화된 주체에 열려 있는 비판, 한마디로 말해 오늘날 필요한 사회 비판의 도구를 구체화하는 비판의 가능성을 말이다. 시카고에서 상파울로까지, 심지어 그들이 지나치게 은유적이거나 잠시 캠퍼스나 지적 카스트에 국한된 활동가들의 소유물일 때조차 동시대 사회운동들은 **차이**라는 중요한 물음과 맞닥뜨려왔다. 운동들은 그 차이가 성적·종족적·문화적으로 이해되든, 아니면 심지어 존재론적 맥락에서 이해되든, 이 물음을 자기 프로그램과 전술적 방법들의 일부로 삼아왔다. 그것은 여전히 유동적이고 변화중이며 모든 실천들에 대해, 그리고 모든 교차점에서 유용성을 지닌 개념이다. 인식론적이고 사회적인 차원을 지닌 이 결정적 질문이야말로 푸코, 들뢰즈, 데리다의 철학적 기획이 탐색했던 것이자, 프랑스 지식장의 새로운 수장들이 보편적 인간-남성과 부르주아 민주주의라는 허구의 이름으로 제 길을 벗어나버리면서까지 회피했던 것이다. 그러나 동화되지 않는 이민자들에서 수집가들의 하위문화나 비디오 아티스트들에 이르까지, 새로운 성적·종족적 정체성에서 새로이 중요해진 영토/경계 관련 쟁점까지, 인터넷 사용자의 감춰진 정체성에서 새로운 형태의 고용 불안정성까지 차이의 문제는 공화제든 연방제든 시장민주주의 내의 전통적 분할하고는 더 이상 들어맞지 않게 된 점증하는 수많은 상황 모두와 관련이 있다. 이렇게 드러나지 않는 잔여 혹은 보완물은 전통적 정치공동체의 지배적 기표들, 즉 직업, 계급, 지역, 신념, 혹은 세대에 의해 점진적으로 만들어지는 중인 것이다. 차이라는 질문은 이제 가장 비옥한 교차로에 자리해 있다. 그것은 미시정치를 사회적 투쟁과 연결짓고, 공동체의 추상적인 명령을 몸과 일상의 문제와 연결짓는 유일한 방법이다. 차이라는 분자적 질문은 오늘날 잉여가치에서 이데올로기에 이르기까지 이들을 반죽하고 세분화·갱신하면서, 광범위하게 물화된 모든 맑스주의의 총체를 횡단하게 됐다. 성적 소수자, 이와 이웃한 대항제의, 개별적 강박의 불투명성, 그리고 모든 내적 추방의 형태는 환원불가능한 차이를 띤다. 달리 말해 이런 차이는 "세계와 그 국가들의 조직 구도를 침식시키는 일관성의 구도를 추적한다." 서로 다른 타자와 마주하는 일, 그리고 동일한 몸짓 속에서 예컨대 **혁명**과 **여성**의 범주가, 사회적 투쟁과 발터 벤야민이 '정동적 계급'이라고 한 것이, 또는 이와 비슷하게 머나먼 경계를 가로지르는 삶의 형태와 활동가 연대가 마주하는 일은 오늘날 그 어느 때보다도 중요해졌다. 이런 전략들은 새로운 배치를 이루는 데 의미심장한 자극을 줄 텐데, 그 덕분에 "새로운 유형의 혁명이 가능해지고 있다."[2] 새로워진 혁명은 이제 바로 지금, 다양한 양상의 탈주, 또는 좀 더 전술적으론 사보타주를 통해 우리 몸 속에서부터 특정한 계층적 분면들을 가로질러 확장해간다. 하지만 이 혁명은 어떤 경우가 됐든 혁명 **전야** 같이 모든 게 갑자기 바뀌리라는 실체론적 신화와는 상관이 없다. 달리 말해 언제나 공산주의라기보단 근본적으로 유일신교에 더 가까웠던 다다를 수 없는 지평과 이 혁명은 무관하다.

서로 얼마나 다르건 간에, 모든 소수자는 하나의 집단을 형성하려는 시도 속에서 조직화와 자기언명의 문제와 마주하지 않을 수 없다. 이런 측면에서 차이는 일상과 그 일상의 역사적 변환, 그리고 이로부터 발생하는 정치적 아포리아 속에서 **공동체**가, 20세기 동안 그에 불가결한 '불완전의 원리'와 나란히 피의 분열을 드러냈던 이 낡은 개념이 결정적으로 마주하게 되는 도전을 표상한다. 왜냐하면 바로 이 차이, 이 차이가 전술적으로 승화된 친연성이야말로 빈번하게 의문에 부쳐지면서도 빈번하게 되돌이하는 가운데 모리스 블랑쇼가 말했던 '밝힐 수 없는' 공동체의 경험을 가능케 하기 때문이다. "그 시작에서와 마찬가지로 우연에 의해 종말에 이르는" 이 공동체에 대한 경험은 '연합'이라는 환상의 가면을 벗겨내지만 사회적 질서와 노동의 신화가 부과하는 집단화된 추상에 맞서 싸우기도 한다. 이 특정한 공동체 관념은 근본적 무위, 즉 "[어떤] 과제를 수행하는 것이 금지되어 있으며 그 어떤 생산적 가치도 목적으로 삼지 않는" 한가로움 내지 '쓸모없음'과 연계되어 있고, 바로 이 때문에 경계 안쪽에는 없는 무언가와 스스로를 연결짓는다. 왜냐하면 공동체란 "공동체에 반하는, 존재의 외재성을 포함하는 것"이기 때문이다.[3)]

바로 이런 논리를 뒤따르는 실험들이 갓 등장하기 시작했다. 느슨하게 짜인 공동체를 불러내는 팬진이나 프로그램이 아닌 구체적 사건을 중심으로 조직된 집단 행동, 아니면 (누구를 규합하고, 누구에게 호소하며, 누구를 공격하고, 어떤 이유를 내거느냐와 관련된) 끌어들이기와 그 한계라는 문제와 마주한 활동가 연합이 바로 그것이다. 그러나 이런 실험들은 프랑스의 지적 문화에서는 대체로 개념화되지 않은 상태이다. 빈번히 차이의 불가능한 환원과 마주하게 되는 이 독특하고 부서지기 쉬운 형태의 공동체는 '개인'과 '사회' 사이의 중도나 황금률 같은 신화가 아니다. 이런 공동체가 내건 프로젝트와 그 실패,

현재진행형인 실험은 (일반의지, 주권적 국민 같은) 폐기된 이상과 정체성에 기반한 공격적인 재영토화 사이, 아니면 (대문자 사회나 하나뿐인 세계 같이) 집단화된 추상과 개인주의적이거나 가족적인 퇴각 사이에서 생겨난, 가늠하기 어려운 아노미적 공간을 다시 사람들로 채워내는 유일한 길이다. 이 중 개인주의적/가족적 퇴각은 그 나름대로 유익하긴 해도 배제적인 것이다. 이런 퇴각은 격리된 공동체 생활에 대해 토크빌이 내린 유명한 정의를 환기시킨다. "개인주의는 성숙하고 평온한 감정으로서 이것은 사회의 각 구성원으로 하여금 동료 인간으로부터도 분리되게 한다. 그래서 이와 같이 그가 그 자신의 조그마한 성을 형성한 뒤에는 기꺼이 사회를 잊어버린다."4) 이렇게 서로 뭉치는 것은 양막으로 에워싸인 채 그야말로 차이를 불가능하게 만드는 분리주의의 일종으로서, 공동체의 정반대편에 서 있다.

    마지막으로, 그리고 무엇보다도, 차이는 정치적이면서 철학적인 문제이다. 이는 너무나 긴급한 나머지 시장의 다양한 절편들을 가로질러가며 이 차이를 관리하고, 조직하고, 재분배하는 이들에게 남겨둘 수 없는 문제인 것이다. 프랑스의 지식 공동체에서 용납할 수 없는 이방인으로 취급받던 동시에 미국의 학계에선 이론적 논쟁의 자양분이 되어주고 있던 동안, 차이는 고도화된 자본주의에게 천우신조나 다름없는 동맹세력이 됐기 때문이다. 즉, 비판자들의 포섭과 자기 논리에 대한 대안을 통해 차이는 실제로 '새로운 자본주의 정신'의 바로 그 성분 중 하나가 됐다.5) 1980년대에 소수자 이론가들이 쟁점화하고, 1970년대에 급진적 철학자들이 이론화했으며, 1960년대 엄청난 사회적 저항운동의 대안공동체적 아바타들에게서 출현했던 차이는 더 고운 결로 세분화된 시장에 힘을 실어주는 것으로 귀결되어버렸다. 자본은 작거나 보이지 않는 차이의 내밀한 친밀함과 친연성이라는 영역으로 확장된 셈이었다. 동질화하는 서구 자본의 힘관계를 허무는 대신, 프랑스의 운동 단체 티쿤이 주목했던 것처럼 "차이는 …… 그 사이 생명권력의 운용에 주된 도구,"[6] 즉 '수요'를 개별화하고 신체를 구획하며 사회적 유형을 재자연화하는 도구가 됐다(그 자체로 새로운 운동형태의 상징 같은 이 급진적 집단은 보편적인 것에 대한 포스트정체성주의적 비판, 우리 시대의 '재난'에 관한 이론화 작업에 나섰다. 이들은 맑스에서 새로운 모험적 주체성에까지, 혁명적 메시아주의에서 들뢰즈와 푸코의 후기 작업에까지 영향을 받았다).

바로 이런 쪽으로 대서양의 양쪽에서 우리 자신을 찾는 역사적 이행을 호소할 유일무이한 정치적 불침번으로서, 이론은 주의를 설정할 수 있고 설정해야 한다. 다름 아닌 이런 의미에서, 20세기의 마지막 사반세기에 걸쳐 미국과 세계 학술계 언저리를 차지해왔던 이론 관련 논의들은 유효성이 없진 않았거나 아니면 순수하게 수사적이었다. 이 논의를 둘러싸고 생겨난 은어와 캠퍼스 제의들과는 상관없이, 이들 논의는 같은 시기 프랑스에서 있었던 논쟁보다 세계와 더 많이, 지금도 진행 중인 다원화, 흡수(혹은 배제와 통합)의 과정과 더 폭넓게 접촉해왔기 때문이다. 공산주의에 고무됐던 수천의 유럽 젊은이들이 다시 공부를 하고 취직을 하기 위해 (강렬한 대문자 "T"와 대담한 정관사가 달린) 이론^{Theorie}, 즉 이데올로기적 탈신비화를 추구하는 낡은 맑스주의 '과학'을 버리고 있을 그때, 대서양 건너편에선 다문화주의자들의 정치적 의제와 텍스트주의자들의 학술적 눈가림 너머 탐험적이고 실천적인 **합성** 이론이 발전하고 있었다. 이 작업은 형이상학적 관념론과 결별했던 들뢰즈와 푸코의 **이론적** 탐색과 잇닿아 있었다. 이 이론은 합리적 법칙이나 도덕(성), 텍스트적인 역사, 또는 단순한 메타철학을 정초하는 일과는 전혀 무관하며, 궁극적으로 과학주의적 전통에 따른 가설들과는 완전히 다른 감각/의미의 가설들을 생산하는 데 그 의의가 있다. 말하자면 강렬한 가설, 공동체주의적 장치나 담론 체제, 아니면 자본주의적인 욕망기계에 대한 특정하면서도 일반화된 가설을 말이다.

결국 프랑스 이론이 미국에서 재발명되고 프랑스에선 버려지며, 프랑스 이론의 아바타들은 전지구적으로 확산됐던 데서 배워야 할 교훈이 하나 있다. 그토록 자주 듣곤 했던 양분된 표상과 이항대립적 담론에 맞서 어떤 연속성을 다시 확보해야 한다는 것이다. 그 어떤 대가를 치르더라도 말이다. 이를테면 프랑스의 니체주의와 대립하는 독일의 맑스주의(그러나 미시정치는 사실 혁명이란 발상의 부정이 아닌 연장이라는 점에서), 포스트구조주의적 '관점주의'와 관점의 다중화, 주체의 복수화와 대립하는 프랑스 현상학(그러나 뱅상 데콩브가 제안했듯이, 아마도 후자는 전자를 급진화 내지 정치화했을 뿐이라는 점에서7)), 아니면 서로 다른 접근법과 맥락 밑에서 깊숙이 이뤄지는 상호결합된 두 힘의 수렴을 은폐하는 미국적 공동체주의 대 프랑스적 보편주의, 또는 피에르 부르디외가 발견했듯이 "보편적인 것의 두 제국주의들," 다시 말해 서로 다투지만 상호보완적인 두 입장들 사이에 자리한 논쟁들이 그렇다.8) 그만큼 뚜렷이 갈려 있는 두 진영 간의 연계과정에 개입하고 그 둘을 접붙이기 위해 해야 할 일들은 많다. 예컨대 맑스를 차이에 관한 비변증법적 이론과, 시민권을 둘러싼 투쟁을 지나치게 학술적인 정체성의 정치와, 혁명적 낭만주의를 좀 더 전술적인 미시정치와, 성차나 종족을 사회적 계급과, 미국의 이론적 급진주의를 프랑스의 새로운 반체제적 움직임과 연계하기 위해서 말이다. 강의실에서든 아니면 소규모의 정치적 그룹들 사이에서든, 포스트모던 시대를 풍미했던 숙명론(가령 역사의 종말, 잃어버린 세대와 그들의 무력화와 관련해 부상한 숙명론)에 맞서 우리가 갖춰야 할 연속성들은 헤아릴 수 없을 정도이다. 유물론은, 하나의 지적 전통으로서, 모든 불연속의 이데올로기들과 이들이 만들어낸 허위적 구분들 앞에서 다른 무엇보다도 저렇듯 기쁨을 안겨다줄 의심[의 방법]이다. 달리 말해 그것은 연결짓기의 실천이다. 즉, 분리라는 신화, 역사적이거나 물적인 여타 맥락에서 떨어져나와 단절할 수 있다는 환상에 맞서는 실천인 것이다.

이렇듯 차이와 공동체에 대해 따져묻고 [실천적·이론적으로 끊어진] 연속성을 하나의 당위로서 다시 확보하며, 담론은 행위와 권력/힘과 어떤 관계를 맺느냐는 오래된 질문을 던지는 일, 이런 작업이 다른 어느 곳보다 미국에서 훨씬 더 강렬하게 이뤄져야 한다는 사실은 의심의 여지 없이 전혀 놀라울 게 없다. 이렇게 된 데에는 다른 어느 곳도 아닌 20세기 말의 미국에 특유했던 많은 이유가 있다. 가령 특정한 개념을 생산하고자 설치된 대학기구, 언제나 "다른 무언가로 옮겨갈" 채비가 되어 있는 신생 다원주의 국가에 특유한 실험상의 수월함, 같은 시기 제국으로서 맛본 역사적 승리감, 세기말 미국 엘리트들 사이에서 (서구 대 그 소수들이라는 형태로) 발전된 새로운 이데올로기적 양극성, 당장 시장 외부에 머물려는 그 어떤 부정적 속성들마저 오락거리나 여흥으로 바꿔 자체의 목적에 맞게 전유하고 마는 자유시장의 가공할 능력에 이르기까지 말이다. 그토록 까다롭고 그렇게나 근본적으로 혁신적인 (하지만 그렇게 된 맥락이 담긴) 철학 텍스트들의 어우러짐이 미국만큼 친숙해질 수 있는 데는 아마 없을 것이다. 덕분에 그 담론은, 무언가가 미국인의 상상력 속으로 파고드는 데 성공했음을 언제나 명확히 가리키는 과정 속에서 프랑스 이론이 급속히 획득한 서사적이고 우화적이며, 심지어 의인화된 차원을 띠게 될 정도였다. 우리가 이제껏 봐왔듯이, 파놉티콘과 시뮬라크르는 친근한 개념어가 됐고 부유하는 기표 혹은 기관 없는 신체는 문화적 후렴구가 됐으며, 푸코와 데리다라는 이름 자체가 영웅화된 아버지의 이름이 됐던 것은 바로 그래서이다. 이 모험이 그저 대서양을 가로질러 생겼던 지성사의 진부한 에피소드가 아니라 진정한 **의인법**이 되는 건 정확히 이 대목이다. 바로 여기서 개념들, 저자들, 텍스트들, 과정들의 역사는 모두 제 자리에서, 차례차례 의인화됐다.

일단 강단의 매트릭스에서 추출되거나, 캠퍼스를 벗어나거나, 아니면 적어도 전문적인 논평자들의 손아귀에서 자유로워지면, 이론은 그 사용자들에게 모든 권력의 작동과 지배적 담론에서 부과되는 규준들을 해독해낼 하나의 방법을 여전히 제시해줄 수 있다. 이런 프랑스 이론의 역사는 더군다나 학계의 오랜 염원이면서 행동가들의 야심이기도 한 **세계에 대한 이론적 파악**이라는 꿈과 맞닿아 있다. 이 역사는 근대성의 퇴각(그리고 당대를 여는) 과정, 즉 삶의 잔여를 담론 속으로 끌어들이는 포스트모던한 과정만큼이나[9] 어떤 살아 있음에 대한 호소까지 단적으로 보여준다. 영향력 있는 지식인들과 개념들을 퍼뜨리는 익명의 사람들, 모든 논평가들이 모두 늘 품어왔지만 그로 인한 위험을 감히 무릅쓰진 못했던, 저 순수한 영웅주의적 욕망을 말이다. 대학 안에서, 그리고 그 너머에서, 프랑스 이론은 담론이 삶에 생기를 불어넣고 시장 논리와 만연한 냉소주의에서 탈피한 온전한 활력에 다가가게 해줄 수도 있으리라는 희망을 구체화하기 때문이다.

모든 급진적이거나 급진화된 사상에서만큼이나, 여기서 실제로 명백해진 순수한 영웅주의적 욕망을 간과해선 안 된다. 이 욕망은 모든 담론을 무효화시킬 활동에 대한 꿈, 행동을 통한 저항 내지 거의 완벽한 희생에 대한 꿈이라는 점에서 그렇다. 다른 무엇보다도 이 꿈은, 경계 없는 캠퍼스의 담쟁이 덮인 건물에 나른하게 자리잡은 미국 교수라는 특권적 신분의 소유물이 아니다. 실제로 그 꿈은 또한 저마다 설 자리를 역사로부터 박탈당한 서구의 모든 젊은이들한테 상속된 것이기 때문이다. 예컨대 (앞선 세대와는 달리) 저항과 협력 사이에서 선택할 필요가 없었던 30년 전의 혁명적 활동가들과 '현실' 공산주의의 지평이 위축됐던 무렵 성년이 됐기에 혁명을 꿈꿀 필요가 없었던 오늘날의 소수자주의 활동가들, 탈식민화의 위험을 감수할 필요가 없었던 모든 연령대의 새로운 3세계주의자들한테 말이다. 이 꿈은 때늦은 영웅주의이다. 다시 말해 이 꿈은 자기보다 앞선 시절의 경험과 실험에 늘 붙들려 있을 이들한테 필요했던 이론적 **부득이함**의 영웅주의이다. 그러나 프랑스 이론의 저자들 각각은 저마다 독특한 **긍정**의 윤리 속에서 원한과 향수, 죄책감의 논리에 맞서 동일한 전쟁기계를 배치한다. 이 전쟁기계는, 너무나 많은 우리 시대 지식인들이 스스로 잔혹하리만치 정교화해온 정서인 자기증오, 그리고 **잘못된 장소, 잘못된 시간**에 너무 뒤늦게 부질없이 왔다는 감정을 무력화하도록 프로그램된 것이다. 프랑스 이론의 저자들이 우리에게 제공한 이 **윤리적** 기계는 하버드대학교의 캠퍼스 이상으로 파리에서, 예전 그 어느 때보다도 오늘날 더 소중하다.

우리는 영웅주의를 '지금 여기'와 화해시키고 그 동기를 의구심과 죄책감으로부터 해방시켜야 한다. 좀 더 정확히 말하면, 영웅주의와 그 아름다운 황홀경의 에너지를 지키되, 부정적 개념들(보증자, 전능한 그리스도, **타자**로서 그리고 언제나 미래에 일어날 것으로 여겨지는 행위)로의 예속에서 이 에너지를 해방시켜 대신 긍정적인 배반의 방향으로 끌어내야 하는 것이다. 장 주네나 T. E. 로렌스에 대한 글에서 들뢰즈가 '반역자'를 묘사하면서 이 용어를 주체의 망명과 창조적 위반, 치욕의 힘, 윤리의 근본적 유연성과 결부시켜 긍정적인 것으로 개념화했던 것처럼 말이다.[10] 왜냐하면 반역이란 늘 어떤 텍스트나 예술작품, 또는 개념이 머나먼 곳으로까지 여행하면서 그 원천, 기원적인 맥락 속 과거와는 완전히 다른 무언가가 **될** 때 일어나기 때문이다. 이는 절묘한 반역 행위이자 생산적인 감각/의미의 변화이다. 은닉, 오독, 오용은 문화적 교류의 세 가지 미덕이다. 20세기의 벽두에 오스발트 슈펭글러도 이 점을 깨달았다. 자신의 비관주의와 논란의 여지가 있는 구분법에 근거해 '서구의 몰락'이 돌이킬 수 없음을 최초로 진단한 오스발트 슈펭글러는 문화들간의 상호교차와 영향의 중요성, 개별 문화의 순수한 본질과 분리될 수 없는 '계획적인 오해의 기술'이 지닌 중요성 역시 지적했다. "외국 사상의 원리를 높이 찬양하면 할수록 우리는 그 의의를 점점 더 근본적으로 바꾸고 있는 것이 확실하다." "실제로 일찍이 '세 명의 아리스토텔레스'(즉 그리스, 아라비아, 고트의)의 역사가 쓰여지지 않으면 안 되었다"는 점과 요한 볼프강 폰 괴테의 사상에 새겨진 플라톤의 '흔적'을 칭송할 때 슈펭글러는 이 '계획적인 오해의 기술'을 예찬하는 듯 보인다.[11] 이처럼 절묘했던 오독, 창조적이고 심지어 수행적인 은닉의 역사에 관해서는 쓸거리가 훨씬 더 많다. 이는 역사적으로 셀 수 없이 이뤄진 뒤엉킴과 재전유는 물론이거니와 정치적인 동시에 문화적인 미덕도 발견할 수 있는 방대한 영역이다. 아라비아 셈법의 서구화, 르네상스기 시가에서 나타나는 고대 도덕철학에 대한 인본주의적 전유, 유럽식 조각기법에 대한 일본 판화의 차용, 제3공화국 시절[1871~1940년] 하인리히 하이네와 G. W. F. 헤겔에 대한 프랑스식 독해는 몇 가지 사례에 불과할 뿐이다. 이런 교차와 견줄 만한 오늘날의 사례로는 미국 소프트웨어 디자인에 영향을 끼치는 인도의 프로그래머들, 또는 이미 이종적인 서구 음악을 리믹싱하는 중국의 디제이들, 그도 아니면 이스탄불이나 홍콩 같은 변경 문화에서 두드러지는 반도덕적 세력들의 뒤섞임 같은 현상이 있다.[12] 누군가는 16세기 스페인령 식민지 멕시코에서 그곳 인디언 노동자들이 선대의 회화 전통과 새로 유입된 이탈리아 회화기법, 항해사들의 이야기, 심지어 오비디우스의 변신 관련 문헌까지 혼합해 농장주의 저택에 그린 저 놀랍기 그지없는 프레스코 벽화를 거론할 수도 있겠다.[13]

살아 있는 사유는 민감한 표면이자 살짝 건드린 피부, 그리고 어두운 주름이다. 이런 사유는 단단한 근육질로 이뤄진 사유의 **신체**라기보다는 침식된 경계들을 가로질러 이뤄지는 접속의 지대이다. 단 한 번의 인용만으로도 경계들간의 교통은 충분히 이뤄질 수 있다. 재차 끄집어낸 주장이나 지나가다 언급한 책 한 권, 심지어 통째로 다루기 적당한 이름이 점차 사라지고 있는 전집류에 대해서도 이는 마찬가지이다. 그들은 순환하고 중간에 낚아채이며, 그 발생 맥락과는 무관하게 이전되고, 그 어떤 텍스트적 설교와도 모순되는 방식으로 대담하게 활용된다. 관련 텍스트들이 그 저자들과 멀어진 다음이지만 하나의 몸통 속에서 방부처리되기에 앞서, 다 같이 엮여 있는 이 모든 일로부터 예측불가능하고 종잡기 어려운 오롯한 사유의 **연가**가 만들어진다. 이런 측면들과 접속하는 일은 지나가버린 시대에 자욱한 먼지를 일으키는 것처럼 보인다. 그러나 1970년대 동안 우리는 **이론적 리비도**라는 발상(물론 언어의 **주이상스**가 아니라 이론과 맺는 특정한 **리비도적** 관계로서)에 힘입어 깨닫게 됐다. 텍스트들이 그때껏 어떻게 매매춘에 나섰고 역사의 길가를 따라 움직이며 어떤 추파를 던지게 됐는지, 한심한 포주들이나 공식 상속자들, 현실과 유리된 해석자들의 통제를 벗어나 있다는 점에서 더 없이 유망한 유혹은 무엇인지에 대해서 말이다. 텍스트들이 이렇게 추파를 던진다는 건 한낱 은유가 아니다. 여기서 쟁점은, 지연이자 훼방 없는 운동인 (기계적 의미의) **놀이** 욕망으로 모든 일탈에 대한 금지와, 잘 짜인 칸막이들 속에서 제 딴에는 적법한 해석들을 관장하려 이뤄지는 검열에 맞선다는 데 있다. 이 금지와 검열은 마법이 걸린 의미의 지배적 원천을, 일의적 진리로 구성된 텍스트의 본질을 상정하기 때문이다. 그리고 이런 척도에 따라 낯설거나 이질적인 독해, 학생들이 귀동냥한 것들, 단편적인 재평가, 모든 형태의 도구화와 관련된 가혹한 판단이 이뤄진다. 그것들 모두 짜릿한 왜곡일 순 있겠지만 그 신성모독적 특성상 타당성이 없다고들 하면서 말이다. 이와 대조적으로, 내가 말하려는 [놀이] 욕망은 전체적이냐 단편적이냐와는 무관하게 텍스트들과 접속함으로써, 그리고 텍스트들을 **살아 움직이게** 만드는 근본 간격에 비례해 활기를 띤다. 가령 어떤 저작물이 출현한 뒤 정전으로 **규범화**되기까지, 지식장에 특정 논리가 형성된 뒤 이후 상황이 예측불가하게 펼쳐지기까지, 유행의 효과가 일어난 뒤 그 밑에서 패러다임 전환이 벌어지기까지의 간격 말이다. 이로써 의미와 가치에 대한 태초의 감정인들과 미래의 소유자들 간에는 법(칙) 자체를 무효화하는 지대가 열린다. 이 지대는 온전히 틈새들로 구성된 곳으로, 성스러운 작품을 수호하는 일과는 무관하게 텍스트들 스스로 그 쓸모를 발휘하게 될 곳이다. 그것들은 다양한 경로들을 따라 접맥되고 신체에 문신처럼 아로새겨지며, 실천들을 북돋우고 새로운 공동체들을 규합해낼 것이다. 프랑스 이론은 바로 이런 간격으로부터 발명되어 1980년대 초부터 미국에서 활약하기 시작했던 셈이다. 이 간격은 여전히 열려 있으며, 이렇게 열린 공간 속에서 그 힘을 오롯이 유지해왔다.

후기(2005년 포켓북판)
다시 문제는 실천적 활용이다

몇 해면 충분하다. 인간학적 변이의 오랜 시기와 미시정치의 공시적 순간 사이에서, 몇 해라는 중간 층위는 확실히 전망의 온갖 오류와 미디어적 시간의 단순화에 빠지기 십상이다. 하지만 그 위험을 무릅써야 한다. 실제로 지난 몇 해 동안, 더구나 이 책이 쓰이고서 얼마 지나지 않아 우리는 책에서 그렸던 현상이 갑자기 빨라졌음을 목도한다. 프랑스의 정치·지식의 장은 그 공식 주동자들이 미국식 '공동체주의'와 '상대주의'라는 만능의 이름 아래 추방할 수 있다고 여겼던 모든 것(소수자 연구, 문화연구, 다문화 이론, 문화산업 상품에 대한 진지한 학제간 분석, 그리고 국민이 아닌 다른 정체성 및 포스트정체성[퀴어에서 혼혈에 이르기까지]을 주장하는 모든 운동)에 반쯤 문을 열었다. 드디어 프랑스도 선험적인 이데올로기적 비판을 고수하지 않고 이번에는 진지하게 새로운 문화주의적 교의를 **정치적으로** 비판하는 모습을 보이며 이 뒤처짐을 만회하려는 듯하다.[1] 프랑스의 고유한 경계가 아주 드물긴 해도 여전히 있지만 이에 대해서는 덧붙이지 않겠다. 문제설정의 거스를 수 없는 세계화에서 지식 전파의 새로운 유통을 거쳐 지식인 세대의 변화에 이르기까지, 그런 진화의 요인은 여기에서 언급하기에 너무 많고 너무 얽혀 있다. 그래도 몇몇 확실한 **징표**를 나열해볼 수는 있겠다. 그 중에는 이 책에서 프랑스의 고립이라고 안타까워하며 상세히 논한 것도 있다.

먼저 인문학 분야에서 번역서들이 봇물 터지듯 나오고 있다. 이는 25년이나 된 프랑스의 지적 고립주의에 종지부를 찍었다. 새로운 범주의 출판사들, 학생이나 활동가를 독자로 겨냥하는 사회참여적인 소규모 출판사들이 (주로) 그 일을 하고 있다는 것은 우연이 아니다. 몇 가지 예를 들어보자. 지난 2년 사이에만 폴 길로이의 고전인 『검은 대서양』,2) 철학자 주디스 버틀러의 책 다섯 권(그 중에는 기다리고 기다리던 『젠더 트러블』도 있다),3) 슬로베니아 출신 비평가 슬라보예 지젝의 책 예닐곱 권,4) 흑인 지식인 코넬 웨스트 저작의 첫 번역,5) 철학자 리처드 로티의 저작을 소개하는 책 두 권6)이 프랑스어로 출간됐을 뿐만 아니라 레오 베르사니, 데이비드 핼퍼린, 게일 루빈, 드루실라 코넬 같이 중요한 북미권 학자들의 (당장은 콜로키엄 발표 논문집이나 공저 안에 수록된) 텍스트들도 처음 프랑스어로 읽을 수 있게 됐다. 에드워드 사이드가 죽고 나서 늦었지만 두드러진 (팔레스타인의 대의에 대한 사이드의 옹호를 그대로 따르지는 않더라도) 추모 행사가 열렸고 그의 중요한 몇몇 시론도 다시 찍었다. 2006년에는 과학사가이자 (자칭) '사이보그-페미니스트'인 다나 해러웨이의 논문집이 나올 예정이고, 1980년대 말에 쓰인 그녀의 중요한 저작, 『사이보그 선언』의 번역도 예고되어 있다.7) 대서양을 넘나드는 지적 토론을 가늠해볼 수 있는 열쇠로, 프랑크푸르트학파의 미국 내 교두보라 할 만한 낸시 프레이저에서 셀라 벤하비브에 이르는 학자들도 프랑스에 더 잘 소개된다.8) 하지만 이 번역 목록에는 영미권의 프랑스 이론을 맑스주의적 또는 유사 맑스주의적 관점에서 비판한 주요 작업들이 아직도 누락되어 있다. 포스트모던의 비판적 고고학자인 프레드릭 제임슨, 탈식민주의 페미니스트인 가야트리 스피박, '급진민주주의' 이론가인 샹탈 무페와 에르네스토 라클라우도 아직 프랑스어로 나온 책이 없다. 영국의 문학계 맑스주의에서 지난 30년간 프랑스 사상이 '쇠퇴'했다는 둥, 신자유주의 이데올로기라는 둥 인신공격을 해댄 것은 영미권에서 미셸 푸코, 질 들뢰즈, 자크 데리다는 물론이거니와 자크 라캉이나 장-뤽 고다르가 피해갈 수 없는 참조대상의 지위를 차지하고 있음을 우리에게 상기시킨다. 이와 결부된 논쟁은 2005년 초에 패리 앤더슨이 쓴 『미온적 사상』에 잘 정리되어 있다. 이 짧은 시론에서 앤더슨은 '프랑스의 반항 전통'을 희생하며 1980년대에 친정부 지식인들과 신철학자들이 권력을 장악한 사실을 매우 아쉬워한다. 피에르 노라는 '자유로운 사상'과 반항(또는 혁명)을 분리함으로써 앤더슨에 답했다.[9]

번역만 할 게 아니라 무엇보다 이제는 미국의 급진적 학자들의 이론적·정치적 결과물을 프랑스식 공화적 보편주의를 정치적으로 강력히 비판하는 데 쓸 수 있다. 그런 제스처는 지적인 일반 대중의 장에서 당장은 요원해도, 마리-엘렌 부르시에의 경우처럼 성적 소수자를 있는 그대로 변호하는 개요로 쓰이거나,[10] 『쉬메르』나 『뮐티튀드』처럼 푸코-들뢰즈의 사상에 가장 정통한 잡지들의 비중 있는 기획 논문들에서도 쓰이고 있다. 근래 프랑스 대학에서는 몇 년 전보다 더 과감하게 퀴어 이론, 미국의 페미니즘 논쟁, 탈식민주의 패러다임 또는 '수행성 연구'(데리다에서 버틀러에 이르는 수행적 신체 이론과 프랑스의 무용·연극 세계를 교차시키는 연구)[11]에 관한 콜로키엄이 조직되고, 관련 연구소가 세워졌다. 여기서 중요한 것은 미국의 입장이나 그곳에서 벌어지는 대립을 베끼는 것이 아니다. 그보다 중요한 것은 영미 저작은 물론이거니와 '프랑스 이론'의 경전들에서 착안해 21세기 초의 프랑스라는 특정한 맥락에 부합하는 고유한 비판적·이론적 무기로 무장하는 데 있다. 실제로 우리는 텍스트를 이식할 수는 있지만 당연히 맥락을 수입할 수는 없다. 오늘날 프랑스의 몇몇 지식인들과 활동가들은 앞서 언급한 텍스트들을 활용하고 실행하며 비판적으로 검토함으로써 이런 의미의 자리옮김이 지닌 강점을 발전시키고 있다. 이는 그들에 앞서 미국 대학에서 펼쳐지긴 했으나 오랫동안 프랑스 대학 및 그곳의 현실초월적인 주해 전통에 의해 정당하지 않다고 치부됐던 것들이다. 최근 여기저기서 푸코와 들뢰즈를 기념하거나(푸코 사망 20주기[2004], 들뢰즈 사망 10주기[2005]), 2004년 10월 데리다가 사망했을 때 아주 역설적이게도 (데리다의 작업을 오랫동안 싫어했던 나라에서) 국가 차원에서 추모를 하는 등, (그것이 야기한 추모 열기와 일회적이고 성대한 열광에도 불구하고) 모종의 실천적·정치적 어조 변화가 이를 증언한다. 잘 살펴보면, 과거의 잘못을 뉘우치거나 심지어 위선적인 찬양 일색으로 흐르는 사이에서 활동가, 시인, 음악가들이 다른 식으로 내놓은 흥미로운 고백을 식별해낼 수 있다. 그들은 각자가 푸코, 들뢰즈, 데리다의 텍스트와 개념을 어떻게 활용했는지 이야기해줬다. 역시 당시 쏟아져 나온 진부한 추모집들 중에서, 자유로우면서도 정치적으로 무게감 있는 새로운 활용의 관계를 가장 뚜렷이 보여준 예로는 잡지 『바캬르므』에서 푸코에 할애한 고무적인 특집호를 들 수 있을 것이다. 액트업의 전략에서 감옥의 신풍경까지, SOS 인종주의에서 불법 이민자 유치장의 유럽 분포도에 이르기까지, 그 잡지에서는 우리와 푸코의 도구들을 이어주는 것과 분리하는 것을 솔직하게 구별하는 한이 있더라도 그 도구들을 현재에 시험해보는 것이 중요했다.[12]

물론 이런 진화, 국한되지 않고 분산되어 있는 갖가지 징후로부터 확정적인 결론을 끌어내기는 어렵다. 이런 금의환향을 틈타 미디어와 제도에서는 잊지 않고 이 '반항적인 사상들'[13] 주위에 새로운 감시구를 설치하거나 나름의 재전유 전술을 펼치고 있다. 삼사십 년 된 이 텍스트들과 새로운 관계를 맺고, 그 텍스트들이 대서양 너머와 전세계에 자양분을 공급한 흐름에 늦게나마 문을 엶으로써 프랑스에서 새로운 예술적·사회운동적 실천을 낳을 수 있다는 것, 우리는 중장기적으로 이에 대해서는 판단할 수 있을 것이다. 실제로 그런 진화는 종국에는 사회 공간 전체, 지배 이데올로기 장치에 영향을 미칠 것이며, (대학제도뿐만 아니라 담론 생산의 장에서까지) 대규모의 문화적·상징적 전복을 야기할 것이다. 이런 징표가 이 책에서 묘사된 물음과 사상의 흐름에 대한 프랑스의 긴장완화를 보여준다 해도, 그것들이 직접적인 당사자들의 범위 너머로 뻗어나가지 못하게 가로막는 강력한 장애물이 아직 남아 있다. 하지만 유럽에 관한 논쟁이 불붙고 좌파가 위기에 빠진 지금, 프랑스에서 마침내 일찍이 없었던 텍스트들의 정치와 충분히 갱신된 사회 비판이 출현할 수 있을 만큼 주름은 접혔고, 악운은 끝났으며, 스프링은 튀어올랐다. 어쨌든 이렇게 1980년대에 관한 긴 여담을 끝맺는다.

감사의 말

이 책이 다루고 있는 프랑스와 미국의 역사에 참여했거나 그 역사를 꾸준히 주시해온 분들의 관대함, 개인적 통찰, 고마운 조언, 그리고 한두 차례(그리고 그 이상)의 친절한 인터뷰를 통해 각자만의 역사를 나와 흔쾌히 공유해준 분들이 없었다면 이 책은 씌어질 수 없었을 것이다. 그 분들께 이 지면을 빌어 깊은 감사의 마음을 전하고 싶다. 그 분들의 이름은 다음과 같다.

장 보드리야르, 리처드 번스타인, 레오 베르사니, 새러 버스텔, 톰 비숍, 조지 보처트, 피터 브룩스, 풀비아 카르네발레, 메리 앤 코스, 샌드 코헨, 앙투완 콩파뇽, 레지 드브레, 미셸 들로름, 마이클 데느니, 자크 데리다, 조엘 데 로지에, 엘리 뒤링, 에릭 파생, 미셸 페에, 스탠리 피시, 짐 플레밍, 토드 기틀린, 스티븐 그린블래트, 피터 핼리, 제닛 에르망, 드니 올리에, 딕 하워드, 로랑 장피에르, 존 켈시, 프램 키타가와, 크리스 크라우스, 로렌스 D. 크리츠먼, 샌포드 퀸터, 미셸 라몽, 나이트 랜드스먼, 브루노 라투르, 장-자크 르벨, 실베르 로트랭제, 마츠이 마스다, 제프리 멜먼, 낸시 밀러, J. 힐리스 밀러, 폴 밀러(디제이 스푸키), 클레어 파르네, 존 라이크먼, 윌리스 리기어, 칼린 로마노, 에드워드 사이드, 마크 생튀페리, 앙드레 쉬프랭, 이브 코소프스키 세지윅, 리처드 시버스, 토머스 스피어, 가야트리 차크라보티 스피박, 앨러퀘어 로잔 '샌디' 스톤, 엔조 트라베르소, 베르나르 추미, 호르헤 볼피, 와타나베 모리아키, 린제이 워터스.

   최종 원고를 만들 수 있도록 날카로운 시선과 꼼꼼한 읽기로 나를 도와준 위그 잘롱에게도 우정어린 감사의 말을 전한다.

후 주

들어가는 글: 이른바 '소칼 효과'

1) Alan Sokal et Jean Bricmont, *Impostures intellectuelles* (Paris: Éditions Odile Jacob, 1997; Le Livre de Poche, 1999)[인용은 1999년판]. 자신들이 밝혀낸 소식을 프랑스인들에게 맨 처음 들려주고 싶어 했던 저자들은 이 책을 프랑스에서 먼저 출판했다. 영어판은 『유행하는 난센스: 포스트모던 지식인들의 과학 남용』이라는 훨씬 가혹한 제목으로 이듬해에 출간됐다. *Fashionable Nonsense: Postmodern Intellectuals' Abuse of Science* (New York: St. Martin's Press, 1998). [이희재 옮김, 『지적 사기: 포스트모던 사상가들은 과학을 어떻게 남용했는가』, 민음사, 2000. 한국어판은 프랑스어판이 아니라 영어판을 번역한 것이라서 영어판의 부록('소칼 사태'를 불러온 「경계의 침범: 양자중력이 변형 해석학을 위하여」를 비롯해 「패러디에 덧붙이는 말」과 「경계의 침범: 후기」까지 포함해 모두 3편)이 그대로 수록되어 있다.]
2) Sokal et Bricmont, *ibid*., pp.38~40. [『지적 사기』, 20, 31, 22쪽.]
3) Sokal et Bricmont, *ibid*., pp.33, 36. [『지적 사기』, 15, 17쪽.]
4) Sokal et Bricmont, *ibid*., pp.48~49, 40~41. [『지적 사기』, 30~31, 22쪽.]
5) Sokal et Bricmont, *ibid*., pp.74, 65, 204, 39. [『지적 사기』, 20, 61, 195, 21쪽.]
6) Marion Van Renterghem, "L'Américain Alan Sokal face aux 'imposteurs' de la pensée française," *Le Monde*, 30 septembre 1997.
7) "Sokal contre les intellos: La pensée du k.o.," *Libération*, 30 septembre 1997. ["지구가 오렌지처럼 푸르다"(La terre est bleue comme une orange)라는 구절은 프랑스의 시인 엘뤼아르(Paul Éluard, 1895~1952)가 쓴 유명한 무제시의 첫 행이다 — 영어판.]
8) Jean-François Kahn, "Morgue scientiste contre impostures intellectuelles," *Marianne*, 13-19 octobre 1997.
9) Jean-Marie Rouart, "Fumée," *Le Figaro*, 16 octobre 1997.

10) Angelo Rinaldi, "La comédie française vue d'Amérique," *L'Express*, 16 octobre 1997.
11) Jean-François Revel, "Les faux prophètes," *Le Point*, 11 octobre 1997.
12) "Les intellectuels français sont-ils des imposteurs?" *Le Nouvel Observateur*, 25 septembre-1 octobre 1997.
13) "Les agités du Sokal," *Le Canard enchaîné*, 8 octobre 1997.
14) Philippe Petit, "Voilà où en est la philosophie au pays d'Astérix," *Marianne*, 13-19 octobre 1997.
15) Van Renterghem, "L'Américain Alan Sokal face aux 'imposteurs' de la pensée française."
16) 이 표현("French intello [comme] denrée exportable")은 다음 잡지의 특집면 제목이다. *L'Événement du Jeudi*, 27 mars-2 avril 1997.
17) Michel Pierssens, "Sciences-en-culture outre-Atlantique," *Imposteurs scientifiques: Les malentendus de l'affaire Sokal*, éd. Baudoin Jurdant (Paris: La Découverte/Alliage, 1998), pp.106~117.
18) Alan Sokal, "Transgressing the Boundaries: Toward a Transformative Her-meneutics of Quantum Gravity," *Social Text*, no.46-47, Spring-Summer 1996, pp.217~252. [이희재 옮김, 「경계의 침범: 양자중력의 변형 해석학을 위하여」, 『지적 사기: 포스트모던 사상가들은 과학을 어떻게 남용했는가』, 민음사, 2000, 271~324쪽.]
19) Alan Sokal, "A Physicist Experiments with Cultural Studies," *Lingua Franca*, May-June 1996, pp.82~84.
20) Janny Scott, "Postmodern Gravity Deconstructed, Slyly," *The New York Times*, May 18, 1996.
21) 다음의 책에 실려 있는 여러 언론기사로부터의 발췌문을 참조하라. *The Sokal Hoax: The Sham That Shook the Academy*, ed. Lingua Franca (Lincoln: University of Nebraska Press, 2000). [본문에서 인용된 구절은 (순서대로) 각각 다음의 언론기사에서 발췌한 것이다. George F. Will, "Smitten with Gibberish," *The Washington Post*, May 30, 1996; Ruth Rosen, "A Physics Prof Drops a Bomb on the Faux Left," *Los Angeles Times*, May 23, 1996; Linda Secback, "Scientist Takes Academia for a Ride with Parody," *Contra Costa Times*, May 12, 1996 — 영어판.]
22) Scott McConnell, "When Pretention Reigns Supreme," *New York Post*, May 22, 1996.

23) Stanley Fish, "Professor Sokal's Bad Joke," *The New York Times*, May 21, 1996. [이 글은 정식 기사가 아니라 여론난에 실린 투고문이다.]
24) Bruno Latour, "Y a-t-il une science après la guerre froide?" *Le Monde*, 18 janvier 1997.
25) Pierre Bourdieu, "Les conditions sociales de la circulation internationale des idées," *Actes de la recherche en sciences sociales*, no.145, décembre 2002. [원래 이 논문은 1989년 10월 30일 부르디외가 독일의 프라이부르크대학교에서 행한 연설문이다. 처음 프랑스어로 출간된 것은 1990년이지만 2002년에 재출간됐다. *Romanistische Zeitschrift für Literaturgeschlichte/ Cahiers d'histoire des littératures romanes*, 14e année, 1-2, 1990.]
26) 독일에서는 '신구조주의'(Neostrukturalismus)라고 부른다. [현재는 그냥 '포스트구조주의'(Poststrukturalismus)라고 부른다]. Manfred Frank, *Qu'est-ce que le néo-structuralisme?*[1983], trad. Christian Berner (Paris: Cerf, 1989). [김윤상 옮김, 『신구조주의란 무엇인가』(전2권), 인간사랑, 1999.]
27) 이 표현은 똑같은 제목의 유명한 기사에서 따왔다. "Les grands prêtres de l'université française," *Le Nouvel Observateur*, 7 avril 1975.
28) Luc Ferry et Alain Renaut, *La Pensée 68: Essai sur l'antihumanisme contemporain* (Paris: Gallimard, 1988[1985]). [구교찬·홍성민 외 옮김, 『68사상과 현대 프랑스 철학』, 인간사랑, 1995.]
29) Didier Éribon, *Michel Foucault* (Paris: Flammarion, 1991[1989]), pp.145~146. [박정자 옮김, 『미셸 푸코』(상), 시각과언어, 1995, 216~218쪽.]
30) Gilles Deleuze, "Discussion," *Nietzsche aujourd'hui?*, Colloque de Cerisy vol.2 (Paris: Union Générale d'Éditions/10-18, 1973), p.186.
31) Éribon, *ibid.*, p.292. [박정자 옮김, 『미셸 푸코』(하), 시각과언어, 1995, 136쪽]; Jean Baudrillard, *Oublier Foucault* (Paris: Galilée, 1977).
32) Jean Baudrillard, *Simulacres et Simulation* (Paris: Galilée, 1981), pp.34, 109. [하태환 옮김, 『시뮬라시옹』, 민음사, 2001, 52, 134쪽.]
33) Jared Sandberg, "PC Forum Attendees Hear Fighting Words on High Technology," *Wall Street Journal*, March 26, 1997.
34) Steven Moore, "Deconstructing Ralph," *The Washington Post*, November 28, 1999. [정확한 표현은 이렇다. "1970년대에 미국의 문학 교수들은 앞서 10년 전 팝음악계를 강타한 영국인들의 침공에 비견될 만한 프랑스인들의 침공으로 요동쳤다. 데이브클락파이브를 보고 기절하는 십대 소녀들 같은 열정으로 비평가들은 롤랑 바르트, 자크 데리다, 자크 라캉 등을 포옹했다."]

35) Philippe Sollers, "C'est la guerre"(entretien avec Bernard-Henri Lévy), *Tel Quel*, no.82, hiver 1979, pp.19~28.
36) Bernard-Henri Lévy, *La Barbarie à visage humain* (Paris: Grasset et Fasquelle, 1977), pp.143, 217. [박정자 옮김,『인간의 얼굴을 한 야만』, 프로네시스, 2008, 190, 276쪽.]
37) Pierre Nora, "Que peuvent les intellectuels?" *Le Débat*, no.1, mai 1980, pp.3~19.
38) Ferry et Renaut, *La Pensée 68*, pp.17, 55, 52. [『68사상과 현대 프랑스 철학』, 52, 48, 49쪽. '차이의 철학'이라는 표현은 1988년판 서문에 등장하는 표현이다. 한국어판은 1985년판을 번역한 것이라서 해당 부분이 없다. 첫 번째 인용구('테러리즘적')는 한국어판에서 '폭력적인'으로 옮겨져 있다.]

1부. 이론체의 발명

1. 전사(前史)

1) Vincent Descombes, *Le Même et l'autre: Quarante-cinq ans de philosophie française, 1933-1978* (Paris: Minuit, 1979), p.14. [박성창 옮김,『동일자와 타자』, 인간사랑, 1996, 11쪽.]
2) Edward Said, "Intellectual Exile: Expatriates and Marginals," *The Edward Said Reader*, eds. Moustafa Bayoumi and Andrew Rubin (New York: Vintage, 2000), pp.380~381.
3) Jean-Paul Sartre, "New York, ville coloniale," *Situations III* (Paris: Gallimard, 1949), p.121.
4) Michel Foucault, "An Interview with Stephen Riggins," *Ethos*, vol.1, no.2, Fall 1983, p.5.
5) Julia Kristeva, *Étrangers à nous-mêmes* (Paris: Fayard, 1988), pp.113~138.
6) Philippe Roger, *L'Ennemi américain: Généalogie de l'antiaméricanisme français* (Paris: Seuil, 2002), pp.526~527.
7) Martica Sawin, *Surrealism in Exile and the Beginning of the New York School* (Cambridge, M.A.: MIT Press, 1995). [본문에서 인용된 마더웰, 그린버그, 샤피로의 말은 다음의 책에서 따온 것이다. Lazare Bitoun, "Intellectuels et écrivains du Village à Harlem," *New York 1940-1950*, éd. André Kaspi (Paris: Autrement, 1995), p.128 — 영어판.]
8) Dickran Tashjian, *A Boatload of Madmen: Surrealism and the American*

Avant-Garde (London: Thames and Hudson, 1996). [본문의 인용은 다음의 글에서 따온 것이다. J[ames Lewis]. Hoberman, "Madman across the Water," Village Voice Literary Supplement, April 1996 — 영어판.]
9) Guy Ducornet, Le Punching-Ball et la Vache à lait: La critique universitaire nord-américaine face au surréalisme (Angers: Actual/Deleatur, 1992), p.9. [본문에서 인용된 멀러의 말은 다음의 글에서 따온 것이다. Herbert J. Muller, "Surrealism: A Dissenting Opinion," New Directions in Prose and Poetry (Norfolk, Conn.: New Directions, 1940), p.549 — 영어판.]
10) Ducornet, ibid., pp.18, 29.
11) Roger Shattuck, "Love and Laughter: Surrealism Reappraised," Maurice Nadeau, History of Surrealism, trans. Richard Howard (New York: Macmillan, 1965), pp.11~34 — 영어판.
12) Ducornet, ibid., pp.34~47.
13) 고티에에 따르면 "초현실주의자들은 아버지에 맞서는 반란을 일으키기 위해 …… 여성을 이용했다." Ducornet, ibid., p.108.
14) Ducornet, ibid., pp.68~102.
15) Janet Flanner, "Paris Journal," The New Yorker, December 15, 1945.
16) Roger, L'Ennemi américain, p.570.
17) Ann Fulton, Apostles of Sartre: Existentialism in America 1945-1963 (Evanston, Ill.: Northwestern University Press, 1999). 특히 1장「철학의 수입」(Importing a Philosophy)을 참조할 것.
18) Norman O. Brown, Love's Body (New York: Random House, 1966), pp. 130~142.
19) Ronald Laing, Self and Others (New York: Pantheon, 1969[1961]).
20) Gregory Bateson, Steps to an Ecology of the Mind (Chicago: University of Chicago Press, 2000[1972]). [박대식 옮김, 『마음의 생태학』, 책세상, 2006.] [프롬-라이히만의 논의로는 다음을 참조하라. Frieda Fromm-Reichmann, "Notes on the Development of Treatment of Schizophrenics by Psychoanalytic Psychotherapy," Psychiatry, no.11 (1948), p.273 — 영어판.]
21) François Dosse, Histoire du structuralisme, tome.1, Le champ du signe, 1945-1966 (Paris: La Découverte, 1992), p.384. [김용권 옮김, 『구조주의의 역사 2: 전성기(60년대)』, 동문선, 2002, 173쪽.]
22) Gilles Deleuze, Logique du sens (Paris: Minuit, 1969), p.88. [이정우 옮김, 『의미의 논리』, 한길사, 1999, 149~150쪽.]

23) Jacques Derrida, *L'Écriture et la différence* (Paris: Seuil, 1979[1967]), p.14. [남수인 옮김, 『글쓰기와 차이』, 동문선, 2001, 15쪽.]
24) Claude Lévi-Strauss, *The Savage Mind*, trans. unknown (Chicago: University of Chicago Press, 1966); *Yale French Studies*, ed. Jacques Ehrman, no.37-38 (1966) — 영어판. [안정남 옮김, 『야생의 사고』, 한길사, 1996.]
25) Richard Macksey and Eugenio Donato, eds., *The Structuralist Controversy: The Languages of Criticism and the Sciences of Man* (Baltimore: Johns Hopkins University Press, 1972[1970]), pp.xii~xiii.
26) Macksey and Donato, *ibid.*, p.ix.
27) Jean Hyppolite, "The Structure of Philosophic Language according to the 'Preface' to Hegel's *Phenomenology of the Mind*," in Macksey and Donato, *ibid.*, p.157.
28) Jacques Derrida, "La structure, le Sign et le jeu dans le discours des Sciences humaines," *L'Écriture et la différence*, pp.411~412. [「인문과학 담론에서의 구조, 기호, 게임」, 『글쓰기와 차이』, 440~443쪽.]
29) Derrida, *ibid.*, pp.417~423. [『글쓰기와 차이』, 448~458쪽.]
30) Derrida, *ibid.*, pp.423~425. [『글쓰기와 차이』, 455~456쪽.]
31) Derrida, *ibid.*, p.427. [『글쓰기와 차이』, 458~459쪽.]
32) Hashem Foda, "The Structuralist Dream," *SubStance*, no.20, Winter 1978, p.133.
33) Richard Moss, "Review," *Telos*, no.6, Winter 1971, p.355.
34) Fredric Jameson, *The Prison-House of Language: A Critical Account of Structuralism and Russian Formalism* (Princeton, N.J.: Princeton University Press, 1972). [윤지관 옮김, 『언어의 감옥: 구조주의와 형식주의 비판』, 도서출판 까치, 1985.]

2. 고립된 대학

1) Helen Lefkowitz Horowitz, *Campus Life: Undergraduate Culture from the End of the Nineteenth Century to the Present* (New York: Alfred A. Knopf, 1987), p.271.
2) Christopher J. Lucas, *American Higher Education: A History* (New York: St. Martin's Press, 1994), p.200.
3) Gerald Graff, *Beyond the Culture Wars: How Teaching the Conflicts Can Revitalize American Education* (New York: W. W. Norton, 1992), p.8.

4) Pierre Bourdieu, *Les Règles de l'art: Genèse et structure du champ littéraire* (Paris: Seuil, 1992), p.295. [하태환 옮김, 『예술의 규칙: 문학장의 기원과 구조』, 동문선, 1999, 278쪽. 부르디외는 '보편적 전문가'(spécialiste de l'universel)가 아니라 '총체적 지식인'(intellectuel total)이라는 표현을 쓴다. 쿠세가 착각했거나 부르디외의 개념을 자기 식대로 이해한 듯하다.]
5) Simone de Beauvoir, *L'Amérique au jour le jour* (Paris: Paul Morihien, 1948), pp.312, 348.
6) Stanley Fish, *Professional Correctness: Literary Studies and Political Change* (New York/London: Oxford University Press, 1995), pp.118, 126.
7) W. H. Cowley and Don Williams, *International and Historical Roots of American Higher Education* (New York: Garland, 1991), pp.101~103.
8) Lucas, *American Higher Education*, p.133.
9) Lucas, *ibid.*, pp.135~136.
10) Lucas, *ibid.*, pp.144~145.
11) Lucas, *ibid.*, p.188.
12) Benjamin Barber, *An Aristocracy of Everyone: The Politics of Education and the Future of America* (New York: Ballantine, 1992), p.205.
13) Clyde Barrow, *Universities and the Capitalist State* (Madison: University of Wisconsin Press, 1990), p.124.
14) Michel Devèze, *Histoire contemporaine de l'université* (Paris: SEDES, 1976), pp.439~440.
15) Lucas, *ibid.*, p.226.
16) C. B. Hulbert, *The Distinctive Idea in Education* (New York: J. B. Alden, 1890), p.34 — 영어판.
17) Lucas, *ibid.*, pp.212~214.
18) Jonathan Culler, *Framing the Sign* (Norman: University of Oklahoma Press, 1988), p.78.
19) 흔히 영어로 '이론가'(theorist)라는 용어는 미국의 문학 관련 학과들에서 이론을 활용한 수사법을 쓰는 사람들을 지칭할 때 쓰이는데, 보수주의자들에게는 말 그대로 테러리스트처럼 여겨진다.
20) Bill Readings, *The University in Ruins* (Cambridge, M.A.: Harvard University Press, 1996), pp.70~71.
21) Readings, *ibid.*, p.55.
22) Readings, *ibid.*, p.166.

23) Alain Touraine, *Université et société aux États-Unis* (Paris: Seuil, 1972), p.121.
24) Hannah Arendt, "The Crisis in Education," *Between Past and Future: Eight Exercises in Political Thought* (New York: Penguin Books, 1993), p.182. [서유경 옮김, 「교육의 위기」, 『과거와 미래 사이: 정치사상에 관한 여덟 가지 철학연습』, 푸른숲, 2005, 246쪽.]
25) Lucas, *American Higher Education*, p.268.
26) Stanley Aronowitz and Henry Giroux, *Education under Siege: The Conservative, Liberal and Radical Debate over Schooling* (Boston: Bergin & Garvey, 1985), pp.171~175.
27) 이 표현은 매클리시(Archibald MacLeish, 1892~1982)가 1926년에 발표한 시 「아르스 포에티카」("Ars Poetica")의 마지막 두 행이다 — 영어판.
28) Gerald Graff, *Professing Literature: An Institutional History* (Chicago: University of Chicago Press, 1987), pp.188~189.
29) Jonathan Arac, Wlad Godzich, and Wallace Martin, eds., *The Yale Critics: Deconstruction in America* (Minneapolis: University of Minnesota Press, 1983), p.177.
30) Graff, *ibid.*, p.247.
31) Jacques Derrida, *De la Grammatologie* (Paris: Minuit, 1997), p.227. [김성도 옮김, 『그라마톨로지』(전면개정판), 민음사, 2010, 387~388쪽. 영어판은 이 구절의 또 다른 번역으로 "텍스트-의-바깥은 없다"를 제시하고 있다.]
32) Wlad Godzich, *The Culture of Literacy* (Cambridge, M.A.: Harvard University Press, 1994), pp.16~17.
33) Lazare Bitoun, "Intellectuels et écrivains du Village à Harlem," *New York 1940-1950*, éd. André Kaspi (Paris: Autrement, 1995), pp.118~120.
34) Wlad Godzich, "The Domestication of Derrida," *The Yale Critics: Deconstruction in America*, *op. cit.*, p.24.

3. 1970년대의 소용돌이

1) Paul Goodman, *Growing Up Absurd: Problems of Youth in the Organized System* (New York: Random House, 1983[1960]).
2) Helen Lefkowitz Horowitz, *Campus Life: Undergraduate Culture from the End of the Nineteenth Century to the Present* (New York: Alfred A. Knopf, 1987), p.223.

3) Lefkowitz, *Campus Life*, p.229.
4) Lefkowitz, *ibid.*, p.231.
5) Todd Gitlin, *The Twilight of Common Dreams* (New York: Henry Holt, 1995), p.69.
6) Lefkowitz, *ibid.*, pp.238~239.
7) Lefkowitz, *ibid.*, pp.249~250.
8) Lefkowitz, *ibid.*, p.236.
9) Lefkowitz, *ibid.*, p.258.
10) Alain Touraine, *Université et société aux États-Unis* (Paris: Seuil, 1972), p.197.
11) Touraine, *ibid.*, p.247.
12) François Dosse, *Histoire du structuralisme*, tome.2, Le chant du cygne, du 1967 à nos jour (Paris: La Découverte, 1992), p.199. [김용권 옮김, 『구조주의의 역사 3: 백조의 노래(1967년에서 70년대)』, 동문선, 2003, 212쪽.]
13) Dosse, *ibid.*, pp.201~203. [『구조주의의 역사 3』, 214쪽.]
14) Mark Poster, "Review," *Telos*, no.18, Winter 1974, pp.171~178; Jean-François Lyotard, "Adorno as the Devil"; John K. Simon, "Michel Foucault on Attica: An Interview," *Telos*, no.19, Spring 1974, pp.128~137, 154~161.
15) Dominick LaCapra, *Rethinking Intellectual History* (Ithaca, N.Y; Cornell University Press, 1983), pp.20~21.
16) George Steiner, "The Mandarin of the Hour," *The New York Times Book Review*, February 28, 1971; Michel Foucault, "Monstrosities in Criticism," *Diacritics* vol.1, no.1, Fall 1971; George Steiner, "Steiner Responds to Foucault," *Diacritics* vol.1, no.2, Winter 1971.
17) Gayatri Chakravorty Spivak, "*Glas*-Piece: A *Compte Rendu*," *Diacritics*, vol.7, no.3, Fall 1977, p.22 — 영어판.
18) Vera Lee, *Diacritics*, vol.3, no.2, Summer 1973.
19) The Editors, "About October," *October*, no.1, Spring 1976, p.3 — 영어판.
20) Gilles Deleuze, *Logique du sens* (Paris: Minuit, 1969), p.179. [이정우 옮김, 『의미의 논리』, 한길사, 1999, 266쪽(각주 4번).]
21) 1984년 4월 푸코가 자신의 집에서 열었던 마지막 파티 역시 버로스를 위한 것이었다. [푸코는 그 뒤 6월 2일 자기 아파트에서 갑자기 쓰러져 살페트리에르 병원에 입원하게 되는데 병세가 악화되어 25일 사망한다.]

22) Richard Goldstein, "Nietzsche in Alphaville," *Village Voice*, December 11, 1978.
23) Harry Blake, "Le post-modernisme américain," *Tel Quel*, no.71-73, auto-mne 1977, p.171ff.
24) Sylvère Lotringer, "Doing Theory," *French Theory in America*, eds. Sande Cohen and Sylvère Lotringer (New York: Routledge, 2001), p.140.
25) "Avant-garde Unites over Burroughs," *The New York Times*, December 1, 1978.
26) Julia Kristeva, Marcelin Pleynet, et Philippe Sollers, "Pourquoi les États-Unis?" *Tel Quel*, no.71-73, automne 1977, p.4.
27) François Dosse, *Michel de Certeau: Le marcheur blessé* (Paris: La Découverte, 2002), p.412.
28) Gilles Deleuze et Claire Parnet, *Dialogues* (Paris: Flammarion, 1996[1977]), pp.167~168. [허희정·전승화 옮김, 『디알로그』, 동문선, 2005, 240쪽.]
29) Andreas Huyssen, "Mapping the Postrnodern," *New German Critique*, no.33, Fall 1984, p.16.
30) Greil Marcus, *Lipstick Traces: A Secret History of the Twentieth Century* (Cambridge, M.A.: Harvard University Press, 1989).
31) Special "Nietzsche's Return" issue, *Semiotext(e)*, vol.3, no.1, 1978.
32) Sande Cohen and Sylvère Lotringer, "Introduction," *French Theory in America*, *op. cit.*, p.1.
33) Kathy Acker, "Introduction," *Young Lust* (London: Pandora, 1989). 애커는 패티 스미스의 1978년 곡 「로큰롤 깜둥이」("Rock 'n' Roll Nigger")를 언급하고 있는데, 이 곡 자체가 아르튀르 랭보의 「나쁜 혈통」(『지옥에서 보낸 한 철』, 1873)을 모방한 곡이다 — 영어판.
34) Sylvère Lotringer, "Doing Theory," *French Theory in America*, *op. cit.*, p.126. 로트랭제가 말하는 "케이지의 책"은 프랑스의 음악가이자 철학자인 샤를(Daniel Charles, 1935~2008)과의 대담집『새들을 위하여』(*Pour les oiseaux/For the Birds*)를 말하는데, 아이러니하게도 이 책은 1981년 영어로 출간되기 훨씬 이전인 1976년에 프랑스어로 먼저 출간됐다.
35) Jean Starobinski, "Introduction," *Semiotext(e)*, vol.1, no.2, 1974; "The Two Saussures," *op. cit.*, p.10.
36) Sylvère Lotringer, "Le complexe de Saussure," *Recherches*, no.16: Les deux Saussures, septembre 1974, pp.90~112.

37) Jacques Derrida, "De l'économie restreinte à l'économie générale: Un hégelianisme sans réserve," *L'Écriture et la différence*, p.371. [남수인 옮김, 『글쓰기와 차이』, 동문선, 2001, 399쪽.]
38) Sylvie Merzeau, "La voix du livre," *Littérales*, automne 1986, p.55.
39) Sylvère Lotringer and Christian Marazzi, "The Return of Politics," *Semiotext(e)*, vol.3, no.3, 1980, p.8.
40) M. Corrigan, "Vive Las Vegas," *Village Voice*, November 12, 1995.
41) "Schizo-Culture," *Soho Weekly News*, December 7, 1978.
42) Sylvère Lotringer, "La découverte de l'Amérique"(entretien), *Artpress*, avril 1999.
43) "Agent de l'etranger"(entretien), *Imported: A Reading Seminar*, ed. Rainer Ganahl (New York: Semiotext(e), 1998), p.216.

4. 문학과 이론

1) Antoine Compagnon, *Le Démon de la théorie: Littérature et sens commun* (Paris: Seuil, 1998), pp.11~12.
2) Michèle Lamont, "How to Become a Dominant French Philosopher?: The Case of Jacques Derrida," *American Journal of Sociology*, vol.93, no.3, November 1987, pp.602~604.
3) Michèle Lamont and Marsha Witten, "Surveying the Continental Drift: The Diffusion of French Social and Literary Theory in the United States," *French Politics and Society*, vol.6, no.3, July 1988, p.20.
4) Edward Said, "The Franco-American Dialogue: A Late Twentieth-Century Reassessment," *Traveling Theory: France and the United States*, eds. Ieme van der Poel, Sophie Bertho, and Ton Hoenselaars (Teaneck, N.J.: Fairleigh Dickinson University Press, 1999), p.143.
5) Randall Collins, *The Sociology of Philosophies* (Cambridge, M.A.: Harvard University Press, 1998), pp.783~784.
6) Roger Pol Droit, "Foucault, passe-frontières de la philosophie," *Le Monde*, 6 septembre 1986.
7) Michel Foucault, "Le pensée du dehors," *Critique*, no.229, juin 1966 [심재상 옮김, 「바깥의 사유」, 김현 엮음, 『미셸 푸코의 문학 비평』, 문학과지성사, 1989]; "Le Mallarmé de J.-P. Richard," *Annales ESC*, no.5, septembre-octobre 1964. [심재중 옮김, 「J.-P. 리샤르의 말라르메론」, 같은 책.]

8) André Brink, *The Novel: Language and Narrative from Cervantes to Calvino* (New York: New York University Press, 1998), pp.10~28.
9) Peggy Kamuf, "Penelope at Work: Interruptions in *A Room of One's Own,*" *Novel: A Forum on Fiction*, vol.16, no.1, Fall 1982.
10) D. A. Miller, *The Novel and the Police* (Berkeley: University of California Press, 1988), pp.16~17.
11) Simon During, *Foucault and Literature: Towards a Genealogy of Writing* (New York: Routledge, 1992). [오경심·홍경미 옮김,『푸코와 문학: 글쓰기의 계보학을 향하여』, 동문선, 2003.]
12) Bill Readings, *Introducing Lyotard: Art and Politics* (New York: Routledge, 1991), p.71.
13) Gilles Deleuze et Félix Guattari, *Kafka: Pour une littérature mineure* (Paris: Minuit, 1986). [이진경 옮김,『카프카: 소수문학을 위하여』, 동문선, 2001.]
14) Ross Chambers, *Room for Maneuver: Reading (the) Oppositional (in) Narrative* (Chicago: University of Chicago Press, 1991); Louis Renza, *A White Heron and the Question of Minor Literature* (Madison: University of Wisconsin Press, 1988), p.41.
15) Allan Megill, *Prophets of Extremity: Nietzsche, Heidegger, Foucault, Derrida* (Berkeley: University of California Press, 1985). [정일준·조형준 옮김,『극단의 예언자들: 니체, 하이데거, 푸코, 데리다』, 새물결, 1996.]
16) Antoine Compagnon, "The Diminishing Canon of French Literature in America," *Stanford French Review*, vol.15, no.1-2, 1991, pp.106~108.
17) Gerald Graff, *Professing Literature: An Institutional History* (Chicago: University of Chicago Press, 1987), p.248.
18) Graff, *ibid.*, p.254.
19) Stanley Aronowitz, *Science as Power: Discourse and Ideology in Modern Society* (Minneapolis: University of Minnesota Press, 1988).
20) Dudley Andrew, "The 'Three Ages' of Cinema Studies and the Age to Come," *PMLA*, vol.115, no.3, May 2000, pp.343~344.
21) Andrew, *ibid.*, p.344.
22) David Bordwell and Noël Carroll, eds., *Post-Theory: Reconstructing Film Studies* (Madison: University of Wisconsin Press, 1996). 편집자들은 과거의 프랑스 이론을 SLAB(소쉬르-라캉-알튀세르-바르트)라는 비호의적인 약어로 싸잡아 부르며 그 영향력을 비난하고 있다.

23) Peter Brooks, *Troubling Confessions: Speaking Guilt in Law and Literature* (Chicago: University of Chicago Press, 2000).

24) Gayatri Chakravorty Spivak, *In Other Worlds: Essays in Cultural Politics* (New York: Routledge, 1998), p.213. [태혜숙 옮김, 『다른 세상에서: 문화정치학 에세이』, 도서출판 여이연, 2003, 428~429쪽.]

25) Jacques Derrida, *Force de loi: Le fondement mystique de l'autorité* (Paris: Galilée, 1994). [진태원 옮김, 『법의 힘』, 문학과지성사, 2004.] — 옮긴이.

26) Richard Delgado and Jean Stefancic, eds., *Critical Race Theory: An Introduction* (New York: New York University Press, 2001).

27) Jean-François Lyotard, *Économie Libidinale* (Paris: Minuit, 1974), p.82. 또한 2장의 4절("나를 사용하라") 전체를 참조하라 — 옮긴이.

28) Mark Taylor, *Deconstructing Theology* (New York/Chicago: Crossroad/Scholars Press, 1982); *Erring: A Postmodern A/theology* (Chicago: University of Chicago Press, 1984).

29) J. Richard Middleton and Brian Walsh, *Truth Is Stranger Than It Used to Be: Biblical Faith in a Postmodern Age* (Westmont, Ill.: Intervarsity Press, 1995). [김기현·신광은 옮김, 『포스트모던 시대의 기독교 세계관』, 살림, 2007.]

30) Charlotte Allen, "The Postmodern Mission," *Lingua Franca*, December 1999, pp.55~59.

31) Michel de Certeau, *La Fable mystique: XVIe et XVIIe* (Paris: Gallimard, 1982), p.178.

32) Julia Kristeva, *Revolution in Poetic Language*, trans. Margaret Waller (New York: Columbia University Press, 1994). [김인환 옮김, 『시적 언어의 혁명』, 동문선, 2000.] — 영어판.

33) Michel Foucault and Maurice Blanchot, *Foucault/Blanchot*, trans. Jeffrey Mehlman and Brian Massumi (New York: Zone Books, 1987).

34) Jean Baudrillard, *Forget Foucault/Forget Baudrillard* (New York: Semiotext(e), 1987); *Forget Foucault*, Introduction and Interview by Sylvère Lotringer, trans. Nicole Dufresne (New York: Semiotext(e), 2007).

35) Michel Foucault and Gilles Deleuze, "Les intellectuels et le pouvoir," *L'Arc*, no.49, 2e trimestre, 1972, pp.3~10. [이승철 옮김, 「지식인과 권력: 푸코와 들뢰즈의 대화」, 『푸코의 맑스』, 갈무리, 2004, 187~207쪽.]

36) Gayatri Chakravorty Spivak, "Can the Subaltern Speak?" *Marxism and the Interpretation of Culture*, eds. Cary Nelson and Lawrence Grossberg

(Chicago: University of Chicago Press of Illinois, 1988), pp.274~275. [태혜숙 옮김, 「하위주체가 말할 수 있는가?: 다원주의의 문제들」, 『세계사상』(통권4호/봄), 동문선, 1998, 85~87쪽.]
37) Stuart Sim, *Derrida and the End of History*, New York: Totem Books, 1999. [조현진 옮김, 『데리다와 역사의 종말』, 이제이북스, 2002]; Chris Horrocks, *Baudrillard and the Millennium*, op. cit., 1995. — 옮긴이.
38) Collins, *The Sociology of Philosophies*, p.74.
39) Michel Foucault, "Preface," in Gilles Deleuze and Félix Guattari, *Anti-Oedipus: Capitalism and Schizophrenia*, trans. Robert Hurley, Mark Seem, and Helen R. Lane (Minneapolis: University of Minnesota Press, 1983), p.xiii. [조형근 옮김, 「《안티오이디푸스》 영역판 서문」, 『탈주의 공간을 위하여: 들뢰즈·가타리의 정치적 사유』, 푸른숲, 1997, 358쪽.]
40) Michel Foucault, "Theatrum Philosophicum," *Critique*, no.282, novembre 1970, p.885. [권영숙·조형근 옮김, 「철학 극장」, 『들뢰즈의 푸코』, 새길, 1995, 205쪽.]
41) Certeau, *La Fable mystique*, p.223.
42) Lingua Franca, ed., *The Sokal Hoax: The Sham That Shook the Academy* (Lincoln: University of Nebraska Press, 2000), p.224. 재인용.
43) Ian R. Douglas, "The Calm before the Storm: Virilio's Debt to Foucault," http://www.sciy.org/2011/08/24/the-calm-before-the-storm-virilio%e2%80%99s-debt-to-foucault-and-some-notes-on-global-capitalism-by-ian-robert-douglas/ (Online article)
44) Gayatri Chakravorty Spivak, "Translator's Preface," in Jacques Derrida, *Of Grammatology* (Baltimore: Johns Hopkins University Press, 1976), pp.xxxvii~xxxviiii, xxxvi.
45) Jean-René Ladmiral, *Traduire: Theoremes pour la traduction* (Paris: Payot, 1979), pp.168~169, 19, 246, 145.
46) Jean Baudrillard, *Simulacres et Simulation* (Paris: Galilée, 1981), p.9. [하태환 옮김, 『시뮬라시옹』, 민음사, 2001, 5쪽]; Jean-François Lyotard, *La Condition postmoderne: Rapport sur le savoir* (Paris: Minuit, 1979), p.7. [이삼출 외 옮김, 『포스트모던의 조건』, 민음사, 1992, 34쪽]; Jacques Derrida, *De la Grammatologie* (Paris: Minuit, 1997), p.227. [김성도 옮김, 『그라마톨로지』(전면개정판), 민음사, 2010, 387~388쪽]; Gilles Deleuze, "Lettre à un critique sévère"(1973), *Pourparlers 1972~1990* (Paris: Minuit, 1990), p.15.

[김종호 옮김, 「어느 가혹한 비평가에게 보내는 편지」, 『대담: 1972~1990』, 솔, 1993, 29쪽]; Michel Foucault, *Les Mots et les Choses: Une archéologie des sciences humaines* (Paris: Gallimard, 1966), p.398. [이광래 옮김, 『말과 사물: 인문과학의 고고학』, 민음사, 1980, 440쪽.] — 옮긴이.
47) Antoine Compagnon, *La Seconde main, ou le travail de la citation* (Paris: Seuil, 1979), pp.351, 356.
48) 대학이 레비-스트로스를 '구성'하는 방식에 대한 분석으로는 다음을 참조하라. Pierre Bourdieu, *Homo Academicus* (Paris: Minuit, 1984), pp.34~37. [김정곤·임기대 옮김, 『호모 아카데미쿠스』, 동문선, 2005, 41~44쪽.]
49) 역설의 어조가 없는 것은 아니지만, 우리에게 그렇게 하라고 부추기는 듯한 다음의 책은 문학적 처세술과 문화적 겉치레에 대한 안내서 같은 내용을 담고 있다. Judy Jones and William Wilson, "What Was Structuralism?" *An Incomplete Education* (New York: Ballantine, 1987).
50) Paul de Man, *Resistance to Theory* (Minneapolis: University of Minnesota Press, 1986), pp.12, 19~20. [황성필 옮김, 『이론에 대한 저항』, 동문선, 2008, 34, 48쪽. 이론은 그 자체로 자신이 다루는 지식과 언어에 '저항'하는 행위이므로 '이론에 저항'한다는 것은 역설적으로 가장 '이론적'인 행위가 된다는 것이다. "문학 이론은 더 저항을 받을수록 더 번창할 텐데, 왜냐하면 문학 이론은 자기 저항의 언어를 말하기 때문이다. 결정할 수 없이 남아 있게 되는 것은 이 번창이 승리이냐 몰락이냐 하는 점뿐이다"(48쪽).]
51) Dominick LaCapra, *Rethinking Intellectual History* (Ithaca, N.Y.: Cornell University Press, 1983), p.18.
52) Dominick LaCapra and Steven L. Kaplan, eds. *Modern European Intellectual History: Reappraisals and New Perspectives* (Ithaca, N.Y.: Cornell University Press, 1982) — 옮긴이.
53) Peter Novick, *The Noble Dream: The 'Objectivity Question' and the Ameri-can Historical Profession* (Cambridge: Cambridge University Press, 1988).
54) Lynn Hunt, "History as Gesture, or, the Scandal of History," *Consequences of Theory*, eds. Jonathan Arac and Barbara Johnson (Baltimore: Johns Hopkins University Press, 1991), pp.91~107.
55) Didier Éribon, *Michel Foucault* (Paris: Flammarion, 1991[1989]), pp.333~334. [박정자 옮김, 『미셸 푸코』(하), 시각과언어, 1995, 204쪽.]
56) John Rajchman, ed., *The Identity in Question* (New York: Routledge, 1995), p.255.

57) Nicolas Fox, *Postmodernism, Sociology and Health* (Toronto: University of Toronto Press, 1993).
58) Lamont and Witten, "Surveying the Continental Drift," p.21.
59) Gilles Deleuze et Claire Parnet, *Dialogues* (Paris: Flammarion, 1996[1977]), p.89. [허희정·전승화 옮김, 『디알로그』, 동문선, 2005, 139쪽.]
60) Pascal Engel, "French and American Philosophical Dispositions," *Stanford French Review*, vol.15, no.1-2, 1991, pp.165~181.
61) Engel, *ibid.*, p.168 — 옮긴이].
62) John Rajchman, "Philosophy in America," *Post-Analytic Philosophy*, eds. John Rajchman and Cornel West (New York: Columbia University Press, 1985), p.xi.
63) Judith Butler, *Subjects of Desire: Hegelian Reflections in Twentieth-Century France* (New York: Columbia University Press, 1987), pp.7, 180, 209.
64) Rajchman, "Philosophy in America," p.xiv.
65) Graff, *Professing Literature*, p.252.
66) Hiram Corson, "The Aims of Literary Study," *The Origins of Literary Studies in America*, eds. Gerald Graff and Michael Warner (New York: Routledge, 1989), p.90.
67) Theo d'Haen, "America and Deleuze," *Traveling Theory, op. cit.*, p.45.
68) Paradeep Dhillon and Paul Standish, eds., *Lyotard: Just Education* (New York: Routledge, 2000), pp.110, 54, 97, 215, 194.
69) Dhillon and Standish, *ibid.*, p.10.
70) Dhillon and Standish, *ibid.*, pp.20~22.
71) Jacques Derrida, "The Future of the Profession or the University without Condition(Thanks to the 'Humanities,' What Could Take Place Tomorrow)," *Jacques Derrida and the Humanities: A Critical Reader*, ed. Tom Cohen (Cambridge: Cambridge University Press, 2001), pp.24~57; *L'université sans condition* (Paris: Galilée, 2001).
72) Jacques Derrida, *Mémoires pour Paul de Man* (Paris: Galilée, 1988), p.16.
73) David Kaufmann, "The Profession of Theory," *PMLA*, vol.105, no.3, May 1990, pp.520, 528.
74) Steven Knapp and Wlater Benn Michaels, "Against Theory," *Against Theory: Literary Studies and the New Pragmatism*, ed. W. J. T. Mitchell (Chicago: University of Chicago Press, 1984), p.11.

75) Stanley Fish, "Consequences," pp.107~111. [피시는 일종의 극단적 상대주의자로, 선/악이나 진/위의 구별 자체가 불가능하다고 얘기하며, 텍스트는 내적인 의미를 가지고 있는 것이 아니라 독자가 텍스트와 만나서 발생하는 특정한 부산물이라는 독자수용비평(reader-response criticism)의 주창자이기도 하다. 피시는 관념이란 어떤 목표를 달성하는 데 도움을 주느냐에 따라서만 잠정적인 의미를 가진다고 믿는 실용주의자이기도 하다. 그러므로 이 책의 맥락에서 보면 피시는 '국지적 해석학'에 가깝다고 할 수 있다.]
76) W. J. T. Mitchell, "Introduction," *Against Theory, op. cit.*, p.2.
77) Mitchell, *ibid.*, p.7.
78) Wlad Godzich, *The Culture of Literacy* (Cambridge, M.A.: Harvard University Press, 1994), p.31.
79) Peter Brooks, "Aesthetics and Ideology: What Happened to Poetics?" *Critical Inquiry*, vol.20, no.3, Spring 1994, p.521.
80) Martin Heidegger, "Science et méditation"(1953), *Essais et conférences*, trad. André Préau (Paris: Gallimard, 1958), pp.48~79.
81) Roland Barthes, "Sur la théorie," *Œuvres complètes*, tome.2 (Paris: Seuil, 1994), pp.1031~1036.
82) Camille Paglia, "Junk Bonds and Corporate Raiders: Academe in the Hour of the Wolf," *Sex, Art and American Culture: Essays* (New York: Vintage, 1992), p.221.

5. 해체의 작업장

1) 『해리를 해체하기』(*Deconstructing Harry*)의 프랑스 배급판 제목은 『어찌할 바 모르는 해리』(*Harry dans tous ses états*)였다. 왜냐하면 프랑스 관객들은 '해체하다'(déconstruire)라는 동사를 거의 이해하지 못했을 것이기 때문이었다. [이 영화의 한국어 제목은 『해리 파괴하기』였다.]
2) "번역의 지정학"은 미국 해체론의 '무정체성'을 다룬 논문의 제목이기도 하다. Rebecca Comay, "Geopolitics of Translation: Deconstruction in America," *Stanford French Review*, vol.15, no.1-2, 1991, pp.47~79.
3) Jacques Derrida, *Mémoires pour Paul de Man* (Paris: Galilée, 1988), p.18.
4) Gayatri Chakravorty Spivak, "Translator's Preface," in Jacques Derrida, *Of Grammatology* (Baltimore: Johns Hopkins University Press, 1976), p.xvi.
5) Spivak, *ibid.*, pp.xxii, xvii, xxi xxix, liv, l.
6) Spivak, *ibid.*, p.xxxv.

7) Spivak, "Translator's Preface," pp.lvii~lix.
8) William Fleisch, "Deconstruction," *A Companion to American Thought*, eds. Richard Wightman Fox and James Kloppenberg (Cambridge: Blackwell, 1995), pp.170~171.
9) Julian Wolfreys, "Why Literature? A Profession: An Interview with J.Hillis Miller," *The J. Hillis Miller Reader*, ed. Julian Wolfreys (Stanford: Stanford University Press, 2005), p.416 — 옮긴이.
10) Arthur Danto, "Philosophy as/and/of Literature," *Post-Analytic Philosophy*, eds. John Rajchman and Cornel West (New York: Columbia University Press, 1985), pp.71~73. [본문에 인용된 워즈워스의 시 구절은 「브러더스 호수 기슭에서 쉬며, 3월에 쓴 시」("Written in March, while Resting on the Bridge at the Foot of Brothers Water," 1801)의 마지막 3행이다.]
11) Bill Readings, *The University in Ruins* (Cambridge, M.A.: Harvard University Press, 1996), pp.123~124.
12) William Pritchard, "The Hermeneutical Mafia, or, After Strange Gods at Yale," *Hudson Review*, no.28, Winter 1975~76.
13) Harold Bloom, Paul de Man, Jacques Derrida, Geoffrey Hartman, and J. Hillis Miller, *Deconstruction and Criticism* (New York: Seabury Press, 1979; New York: Continuum, 2004).
14) Wlad Godzich, "Foreword"(1983), in Paul de Man, *Blindness and Insight: Essays in the Rhetoric of Contemporary Criticism* (Minneapolis: University of Minnesota Press, 1971; 2nd ed., 1983), p.xvi.
15) Paul de Man, *Resistance to Theory* (Minneapolis: University of Minnesota Press, 1986), pp.8~9. [황성필 옮김, 『이론에 대한 저항』, 동문선, 2008, 25쪽.]
16) de Man, *Resistance to Theory*, pp.103~104. [『이론에 대한 저항』, 193~194쪽.] — 영어판.
17) Wlad Godzich, "The Domestication of Derrida," *The Yale Critics: Deconstruction in America*, eds. Jonathan Arac, Wlad Godzich, and Wallace Martin (Minneapolis: University of Minnesota Press, 1983), p.39.
18) Harold Bloom, *The Anxiety of Influence: A Theory of Poetry* (New York: Oxford University Press, 1973). [윤호병 옮김, 『시적 영향에 대한 불안』, 고려원, 1991. 한국어판에는 블룸의 또 다른 저서『오독의 지도』(*A Map of Misreading*, 1975)의 내용 일부(1부에 수록된 네 편의 글, 2부의 첫 번째 논문을 합쳐 총 다섯 편의 글)가 발췌 번역되어 있기도 하다.]

19) Harold Bloom, *The Western Canon: The Books and School of the Ages* (New York: Harcourt Brace, 1994), pp.517~518.
20) Harold Bloom, *Shakespeare: The Invention of the Human* (New York: Riverhead Books, 1999)
21) Denis Donoghue, "Deconstructing Deconstruction," *New York Review of Books*, June 12, 1980, pp.38~41.
22) Robert V. Young, *At War with the Word: Literary Theory and Liberal Edu-cation* (Wilmington: Intercollegiate Studies Institute, 1999), p.58.
23) Jacques Derrida, "De l'économie restreinte à l'économie générale:Un hégel-ianisme sans réserve," *L'Écriture et la différence*, p.371. [남수인 옮김,「제한경제학에서 일반경제학으로」,『글쓰기와 차이』, 동문선, 2001, 400쪽.]
24) Jacques Derrida, "La structure, le Sign et le jeu dans le discours des Sciences humaines," *L'Écriture et la différence*, p.413. [「인문과학 담론에서의 구조, 기호, 게임」,『글쓰기와 차이』, 443쪽.]
25) Jacques Derrida, *Spectres de Marx: L'état de la dette, le travail du deuil et la nouvelle Internationale* (Paris: Galilée, 1993)[진태원 옮김,『마르크스의 유령들』, 이제이북스, 2007]; *Force de loi: Le fondement mystique de l'autorité* (Paris: Galilée, 1994)[진태원 옮김,『법의 힘』, 문학과지성사, 2004]; *Mal d'archive* (Paris: Galilée, 1995). [미국에서『문서고의 고통』은『문서고의 열병』이라는 제목으로 번역되어 소개됐다. *Archive Fever*, trans. Eric Prenowitz (Chicago: University of Chicago Press, 1996).]
26) Hannah Arendt, "The Crisis in Education"(1954), *Between Past and Future : Eight Exercises in Political Thought* (New York: Penguin Books, 1993), p.182. [서유경 옮김,「교육의 위기」,『과거와 미래 사이: 정치사상에 관한 여덟 가지 철학연습』, 푸른숲, 2005, 247쪽.]
27) Mary Cicora, *Modern Myths and Wagnerian Deconstructions: Hermen-eutic Approaches to Wagner's Music Dramas* (Wesport, Conn.: Greenwood Press, 2000), pp.1~3.
28) Robert Mugerauer, *Interpreting Environments: Traditions, Deconstruction, Hermeneutics* (Austin: University of Texas Press, 1995), p.30.
29) David Wood, *The Deconstruction of Time* (Amherst, Mass.: Prometheus Books, 1990).
30) Meyer Abrams, "The Deconstructive Angel," *Critical Inquiry*, vol.3, no.3, Spring 1977, pp.425~438.

31) Andrew Boyd, *Life's Little Deconstruction Book: Self-Help for the Post-Hip* (New York: W. W. Norton, 1998).
32) Michel de Certeau, *La Fable mystique: XVIe et XVIIe* (Paris: Gallimard, 1982), p.178.
33) Jacques Derrida, "Violence et métaphysique:Essai sur la Pensée d'Emmanuel Levinas," *L'Écriture et la différence*, p.228. [「폭력과 형이상학:엠마누엘 레비나스의 사유에 관한 에세이」, 『글쓰기와 차이』, 각주 80번(495쪽). 한국어판에는 해당 구절이 "형이상학적 언어의 본질적인 남성성"으로 옮겨져 있다. 프랑스어 '비릴리테'가 남성의 성기능(특히 정자 생산능력)과 관련된 단어이긴 하지만, 데리다가 이어지는 문장에서 "그러나 아마도 [레비나스에게] 형이상학적 욕망은 본질적으로 남성적일 것이다. 여자라고 불리는 이에게서조차 말이다"라고 말하며, 여성성에 대한 레비나스의 태도가 '절대적으로 타자인' 여성의 성을 경시한 프로이트의 태도와 비슷하다고 지적한 것을 보면 '생식력'이라고 옮기는 것이 맞는 듯하다. 무엇보다도 데리다는 남성의 타자인 여성의 성(기능/능력) 없이, 혹은 여성성과의 관계 없이 어떻게 생식 자체가 온전히 가능하냐고 반문하고 있기 때문이다.]
34) Jacques Derrida, "The Law of Genre," *Glyph*, vol.7, trans. Avital Ronell, 1980, pp.202~232 — 영어판.
35) Drucilla Cornell, "Gender, Sex and Equivalent Rights," *Feminists Theorize the Political*, eds. Judith Butler and Joan Scott (New York: Routledge, 1992), pp.286~287.
36) Judith Butler, *Bodies That Matter: On the Discursive Limits of "Sex"* (New York: Routledge, 1993), p.29. [김윤상 옮김, 『의미를 체현하는 육체: '성'의 담론적 한계들에 대하여』, 인간사랑, 2003, 67쪽.]
37) Judith Butler, "Preface(1999)," *Gender Trouble: Feminism and the Subversion of Identity* (New York: Routledge, 1999[1990]), p.xiv. [조현준 옮김, 『젠더 트러블: 페미니즘과 정체성의 전복』, 문학동네, 2008, 54쪽.]
38) Homi K. Bhabha, "DissemiNation: Time, Narrative, and the Margins of the Modern Nation" *The Location of Culture* (New York: Routledge, 1994), 139ff. [나병철 옮김, 「국민의 산포: 시간과 서사, 그리고 근대 국가의 한계영역」, 『문화의 위치: 탈식민주의 문화이론』, 소명출판, 2002, 277~331쪽]; *Nation and Narration*, ed. Homi K. Bhabha (New York: Routledge, 1990), pp.291ff. [류승구 옮김, 「디세미-네이션: 시간, 내러티브, 그리고 근대 국가의 가장가리」, 『국민과 서사』, 후마니타스, 2011, 453~ 509쪽].

39) Gayatri Chakravorty Spivak, "Can the Subaltern Speak?" *Marxism and the Interpretation of Culture*, eds. Cary Nelson and Lawrence Grossberg (Chicago: University of Chicago Press, 1988), pp.292~294. [태혜숙 옮김, 「하위주체가 말할 수 있는가?: 다원주의의 문제들」, 『세계사상』(통권4호/봄), 동문선, 1998, 105~107쪽.]
40) Nancy Fraser, "The French Derrideans: Politicizing Deconstruction or Deconstructing the Political?" *New German Critique*, no.33, Autumn, 1984, pp.129~130.
41) Vincent Descombes, *Le Même et l'autre: Quarante-cinq ans de philosophie française, 1933-1978* (Paris: Minuit, 1979), p.177. [박성창 옮김, 『동일자와 타자』, 인간사랑, 1996, 188쪽.]
42) Derrida, *Spectres de Marx*, p.10. [『마르크스의 유령들』, 4쪽. "맑스주의는 어디로?"라는 주제로 열린 국제학술대회의 결과물도 따로 단행본에 묶여 나왔다. Bernd Magnus and Stephen Cullenberg, eds., *Whither Marxism?: Global Crises in International Perspective* (New York/London: Routledge, 1994).]
43) Jacques Derrida, *Marx & Sons* (Paris: Puf/Galilée, 2002), p.77. [진태원 옮김, 「마르크스와 아들들」, 『마르크스주의와 해체: 불가능한 만남?』, 도서출판 길, 2009.] 본문에서 인용된 데리다의 말은 마슈레에 관한 각주(72번)의 두 번째 구절에 나온다. 한국어판에는 이 두 번째 구절이 누락되어 있지만(각주 85번), 영어판에서는 누락되지 않았다(각주 73번). "Marx and Sons," *Ghostly Demarcations: A Symposium on Jacques Derrida*, ed. Michael Sprinker (London: Verso, 1999), p.267 — 옮긴이.
44) Derrida, *ibid.*, p.145. [『마르크스의 유령들』, 178쪽.]
45) 저자는 『유령 같은 경계』가 데리다 비판자들의 '학술대회'를 통해 나온 결과물인 것처럼 말하고 있지만, 사실 이 책은 다양한 맑스주의자들의 논평을 모아놓은 책이다. 책의 부제에 '심포지엄'이 들어가 있어서 착각한 것 같다. 티리 브리오, 진태원 옮김, 「서론」, 『마르크스주의와 해체: 불가능한 만남?』, 도서출판 길, 2009, 119~122쪽 — 옮긴이.
46) 특히 아이자즈 아마드의 기고문을 참조하라. 한형식 옮김, 「데리다를 화해시키기: '마르크스의 유령들'과 해체적인 정치」, 『마르크스주의와 해체: 불가능한 만남?』, 도서출판 길, 2009, 71~115쪽 — 옮긴이.
47) Pierre Macherey, "Marx dématérialisé ou l'esprit de Derrida," *Europe*, no.780, April, 1994. [한형식 옮김, 「탈물질화된 마르크스 또는 데리다의 정신」, 『마르크스주의와 해체: 불가능한 만남?』, 도서출판 길, 2009.]

48) Terry Eagleton, "Marxism without Marxism," *Ghostly Demarcations*, *op. cit.*, pp.83~87 — 옮긴이].
49) Derrida, *Marx & Sons*, p.44. [「마르크스와 아들들」, 176쪽.]

2부. 이론의 활용

6. 정체성의 정치

1) Todd Gitlin, *The Twilight of Common Dreams: Why America Is Wracked with Culture Wars* (New York: Henry Holt, 1995), p.162.
2) Bill Readings, *The University in Ruins* (Cambridge, M.A.: Harvard University Press, 1996), pp.89, 103.
3) Raymond Williams, *The Long Revolution* (London: Chatto and Windus, 1961)[성은애 옮김, 『기나긴 혁명』, 문학동네, 2007]; Richard Hoggart, *The Uses of Literacy* (London: Chatto and Windus, 1957).
4) 일례로 1986년 피츠버그대학교에서는 새로 만든 학제간 연구프로그램의 명칭을 '문화연구소'(Institute of *Cultural Studies*)로 짓느냐 마느냐를 둘러싸고 논쟁이 벌어져 학내 구성원이 둘로 갈라지기까지 했다.
5) Andrew Ross, *No Respect: Intellectuals and Popular Culture* (New York: Routledge, 1989), p.11.
6) Marjorie Ferguson and Peter Golding, eds., *Cultural Studies in Question* (London: Sage, 1997), pp.xiv~xv.
7) Lawrence Grossberg, Cary Nelson, and Paula A. Treichler, eds., *Cultural Studies* (New York: Routledge, 1992).
8) Dick Hebdige, *Subculture: The Meaning of Style* (New York: Methuen, 1979). [이동연 옮김, 『하위문화: 스타일의 의미』, 현실문화연구, 1998.]
9) Cathy Schwichtenberg, ed., *The Madonna Connection: Representational Politics, Subcultural Identities, and Cultural Theory* (Boulder, Colo.: Westview Press, 1993). [독일에서의 연구와 비교해보라. 프리가 하우크 외, 박영욱 옮김, 『마돈나의 이중적 의미』, 인간사랑, 1997 — 옮긴이.]
10) E. Ann Kaplan, *Rocking around the Clock: Music Television, Postmodernism and Consumer Culture* (New York: Methuen, 1987), p.117.
11) Timothy Murray, ed., "Introduction," *Mimesis, Masochism and Mime: The Politics of Theatricality in Contemporary French Thought* (Ann Arbor: University of Michigan Press, 1997),

12) Abigail Bray and Claire Colebrook, "The Haunted Flesh: Corporeal Femin-ism and the Politics of Embodiment," *Signs*, vol.24, no.1, Fall 1998.
13) Ian Buchanan, "Deleuze and Cultural Studies," *South Atlantic Quarterly*, vol.96, no.3, Summer 1997, pp.487, 491.
14) Michel de Certeau, *L'Invention du quotidien* (Paris: Gallimard, 1980); *The Practice of Everyday Life*, trans. Steven Rendall (Berkeley: University of California Press, 1984). [원래 이 책은 2부작으로 출간됐다. 1984년 영역된 것은 1부 "제조술"(arts de faire)이다. 2부 "살기, 요리하기"는 한참 뒤 1998년에 영역됐다. Michel de Certeau, Luce Giard et Pierre Mayol, *L'Invention du quotidien*, tome II. Habiter, cuisiner (Paris: Gallimard, 1980); *The Practice of Everyday Life*, vol.2. Living and Cooking, trans. Timothy J. Tomasik (Minneapolis: University of Minnesota Press, 1998) — 옮긴이.]
15) François Dosse, *Michel de Certeau: Le marcheur blessé* (Paris: La Découverte, 2002), p.419.
16) James Livingston, "Corporations and Cultural Studies," *Social Text*, no. 44, Fall 1995, p.67.
17) Henry Louise Gates Jr., "Whose Canon Is It, Anyway?" *The New York Times Book Review*, February 26, 1989.
18) Patricia Williams, *The Alchemy of Race and Rights* (Cambridge, M.A.: Harvard University Press, 1991), p.256.
19) Martin Bernal, *Black Athena: The Afroasiatic Roots of Classical Civilization*, 2 vols. (Piscataway, N.J.: Rutgers University Press, 1987/1991). [오흥식 옮김, 『블랙 아테나: 날조된 고대 그리스 1785~1985, 서양 고전 문명의 아프리카·아시아적 뿌리』, 소나무, 2006.]
20) Henry Louis Gates Jr., "Black Demagogues and Pseudo-Scholars," *The New York Times*, Op-Ed, July 20, 1992 — 영어판.
21) Mary Lefkowitz, *Not Out of Africa: How Afrocentrism Became an Excuse to Teach Myth as History* (New York: Basic Books, 1996).
22) Ramón Saldívar, *Chicano Narrative: The Dialectics of Difference* (Madison: University of Wisconsin Press, 1990).
23) 특히 다음의 글을 참조하라. Norma Alarcón, "Conjugating Subjects: The Heteroglossia of Essence and Resistance," *An Other Tongue: Nation and Ethnicity in the Linguistic Borderlands*, ed. Alfred Arteaga (Durham, N.C.: Duke University Press, 1994), pp.125~138; Cordelia Chávez Candelaria,

"Différance and the Discourse of 'Community' in Writings by and about the Ethnic Other(s)," *ibid., op. cit.*, pp.185~202.
24) Gilles Deleuze et Claire Parnet, *Dialogues* (Paris: Flammarion, 1996[1977]), p.72. [허희정·전승화 옮김, 『디알로그』, 동문선, 2005, 112~113쪽.]
25) Edward Said, "Yeats and Decolonization," *The Edward Said Reader*, eds. Moustafa Bayoumi and Andrew Rubin (New York: Vintage, 2000), p.291ff.
26) '오리엔탈리즘'은 사이드의 가장 유명한 비평서의 주제이다. Edward Said, *Orientalism* (New York: Pantheon, 1978). [박홍규 옮김, 『오리엔탈리즘』, 교보문고, 2007.]
27) Jacques Derrida, *L'Écriture et la différence* (Paris: Seuil, 1979[1967]), p.11. [남수인 옮김, 『글쓰기와 차이』, 동문선, 2001, 12쪽.]
28) Dosse, *Michel de Certeau*, p.427. 재인용.
29) Michel de Certeau, *Heterologies: Discourse on the Other*, trans. Brain Massumi (Minnesota: University of Minnesota Press, 1986) — 옮긴이.
30) Homi K. Bhabha, *The Location of Culture* (New York: Routledge, 1994), pp.20, 32, 37. [나병철 옮김, 『문화의 위치: 탈식민주의 문화이론』, 소명출판, 2002, 63, 83, 91쪽.]
31) Gayatri Chakravorty Spivak, *In Other Worlds: Essays in Cultural Politics* (New York: Routledge, 1998), p.202. [태혜숙 옮김, 『다른 세상에서: 문화정치학 에세이』, 도서출판 여이연, 2003, 408쪽.]
32) Gayatri Chakravorty Spivak, "Can the Subaltern Speak?" *Marxism and the Interpretation of Culture*, eds. Cary Nelson and Lawrence Grossberg (Chicago: University Press of Illinois, 1988), pp.280~281, 290~291. [태혜숙 옮김, 「하위주체가 말할 수 있는가?: 다원주의의 문제들」, 『세계사상』(통권4호/봄), 동문선, 1998, 92~94, 102~104쪽.]
33) Gayatri Chakravorty Spivak, "French Feminism Revisited: Ethics and Poli-tics," *Feminists Theorize the Political*, eds. Judith Butler and Joan Scott (New York: Routledge, 1992), p.57.
34) Partha Chatterjee, "Gandhi and the Critique of Civil Society," *Subaltern Studies*, no.3 (Delhi: Oxford University Press, 1984). [이 글은 채터지의 논문 모음집에 여러번 재수록됐다. *Nationalist Thought and the Colonial World: A Derivative Discourse?* (London: Zed Books, 1986); *The Partha Chatterjee Omnibus* (Oxford: Oxford University Press, 2007).]
35) Spivak, "Can the Subaltern Speak?" *op. cit.*

36) Ranajit Guha and Gayatri Chakravorty Spivak, eds., *Selected Subaltern Studies* (New York: Columbia University Press, 1988).
37) Adrienne Rich, *Of Woman Born: Motherhood as Experience and Institution* (New York: Bantam, 1977).
38) Kate Millett, *Sexual Politics* (New York: Doubleday, 1970).
39) Meryl Altman, "Everything They Always Wanted You to Know: The Ideo-logy of Popular Sex Literature," *Pleasure and Danger: Exploring Female Sexuality*, ed. Carol Vance (Boston: Routledge, 1984).
40) Gayle Rubin, "Thinking Sex: Notes for a Radical Theory of a Politics of Sexuality," *Pleasure and Danger, op. cit.*, pp.267~319
41) Butler and Scott, *Feminists Theorize the Political*, p.xiii.
42) Sandra Harding, *The Science Question in Feminism* (Ithaca, N.Y.: Cornell University Press, 1986). [이재경·박혜경 옮김, 『페미니즘과 과학』, 이화여자대학교출판부, 2002.]
43) Naomi Schor, "Mother's Day: Zola's Woman," *Diacritics*, no.4, Winter 1975, p.15; Ieme van der Poel, "France and the United States in Contemporary Intellectual History," *Traveling Theory: France and the United States*, eds. Ieme van der Poel, Sophie Bertho, and Ton Hoenselaars (Teaneck, N.J.: Fairleigh Dickinson University Press, 1999), p.19. 재인용.
44) Butler and Scott, *Feminists Theorize the Political*, p.xvi.
45) Spivak, "French Feminism Revisited," pp.58~59.
46) Elaine Marks and Isabelle de Courtivron, eds., *New French Feminisms: An Anthology* (Amherst: University of Massachusetts Press, 1980).
47) Hélène Cixous, "Le rire de Méduse," *L'Arc*, no.61, 1975, pp.39~54. [박혜영 옮김, 『메두사의 웃음/출구』, 동문선, 2004.]
48) Jean Baudrillard, *De la séduction* (Paris: Galilée, 1980). [배영달 옮김, 『유혹에 대하여』, 백의, 2002.] — 옮긴이.
49) John Mullarkey, "Deleuze and Materialism: One or Several Matters?" *South Atlantic Quarterly*, vol.96, no.3, Summer 1997, p.455. 재인용.
50) Elizabeth Grosz, "A Thousand Tiny Sexes: Feminism and Rhizomatics," *Gilles Deleuze and the Theater of Philosophy*, eds. Constantin V. Boundas and Dorothea Olkowski (New York: Routledge, 1994), pp.187~210; Rosi Braidotti, "Toward a New Nomadism: Feminist Deleuzian Tracks, or Meta-physics and Metabolism," *ibid., op. cit.*, pp.159~186.

51) Deleuze et Parnet, *Dialogues*, p.43. [『디알로그』, 86쪽.]
52) Christian Descamps, "Entretien avec Félix Guattari," *La Quinzaine littéraire*, no.330, 28 août 1975.
53) Irene Diamond and Lee Quinby, eds., *Feminism and Foucault: Reflections on Resistance* (Boston: Northeastern University Press, 1988), pp.ix, xiii~xv.
54) Michel Foucault, *Histoire de la sexualité*, vol.1: La volonté de savoir (Paris: Gallimard, 1994[1976]), p.173; *The History of Sexuality*, vol.1, An Introduction, trans. Robert Hurley (New York: Vintage, 1980), p.131. [이규현 옮김, 『성의 역사 1: 앎의 의지』, 나남, 1990, 144쪽.]
55) Foucault, *ibid.*, p.150; *The History of Sexuality*, p.114. [『앎의 의지』, 127쪽.]
56) Kaja Silverman, *Male Subjectivity at the Margins* (New York: Routledge, 1992). [또한 문제의식이 집약된 서문을 참조하라. pp.1~12 — 옮긴이.]
57) Teresa de Lauretis, "Queer Theory: Lesbian and Gay Sexualities. An Intro-duction," *Differences: Journal of Feminist and Cultural Studies*, vol.3, no.2, Summer 1991.
58) Eve Kosofsky Sedgwick, *Epistemology of the Closet* (Berkeley: University of California Press, 1990).
59) Sedgwick, *ibid.*, p.1.
60) Foucault, *ibid.*, p.59; *The History of Sexuality*, p.43. [『앎의 의지』, 61쪽.]
61) David M. Halperin, *One Hundred Years of Homosexuality, and Other Essays on Greek Love* (New York: Routledge, 1989), pp.8~12.
62) Alex Callinicos, *Against Postmodernism: A Marxist Critique* (New York: St. Martin's Press, 1989). [임상훈·이동연 옮김, 『포스트모더니즘 비판』, 도서출판 성림, 1994.]
63) Terry Eagleton, *Literary Theory: An Introduction* (Minneapolis: University of Minnesota Press, 1983). [김현수 옮김, 『문학이론 입문』, 인간사랑, 2001.]
64) Todd Gitlin, "The Anti-Political Populism of Cultural Studies," *Cultural Studies in Question*, *op. cit.*, p.30.
65) Stanley Aronowitz and Henry Giroux, *Education under Siege: The Conservative, Liberal and Radical Debate over Schooling* (Boston: Bergin & Garvey, 1985), p.177.
66) Butler and Scott, *Feminists Theorize the Political*, p.xiv.
67) Stanley Fish, *Professional Correctness: Literary Studies and Political Change* (New York/London: Oxford University Press, 1995), pp.123~124.

68) Sedgwick, *ibid.*, p.23.
69) Jean-François Lyotard, *Économie Libidinale* (Paris: Minuit, 1974), p.141.
70) Amiel Van Teslaar, "Un Structuralisme, mais à l'américaine," *La Quinzaine littéraire*, no.330, 28 août 1975.
71) Catherine Gallagher and Stephen Greenblatt, *Practicing New Historicism* (Chicago: University of Chicago Press, 2000), pp.17, 19.
72) Gallagher and Greenblatt, *ibid.*, pp.10~11.
73) Stephen Greenblatt, *Hamlet in Purgatory* (Princeton, N.J.: Princeton University Press, 2001).
74) Stephen Greenblatt, *Shakespearean Negotiations: The Circulation of Social Energy in Renaissance England* (Berkeley: University of California Press, 1988), p.142.
75) Gerald Graff and James Phelan, eds., *The Tempest: A Case Study in Critical Controversy* (New York: Bedford/St. Martin's Press, 2000), p.113. 이 구절["우리의 문학 유산을 …… 장식으로 둔갑시키는 것"]은 그린블라트의 기고문 제목이기도 하다.
76) Stephen Greenblatt, *Marvelous Possessions: The Wonder of the New World* (Chicago: University of Chicago Press, 1992); *Ces Merveilleuses possessions: Découvertes et appropriation du Nouveau Monde au XVIe siècle*, trad. Franz Regnot (Paris: Les Belles Lettres, 1996) — 옮긴이.
77) Roger Chartier, "Greenblatt entre l'autre et le même," *Le monde des livres*, 29 novembre 1996.

7. 이데올로기적 반격

1) Pierre Bourdieu, *Les Règles de l'art: Genèse et structure du champ littéraire* (Paris: Seuil, 1992), pp.209~211. [하태환 옮김, 『예술의 규칙: 문학장의 기원과 구조』, 동문선, 1999, 199쪽.]
2) James Atlas, *The Book Wars: What It Takes to Be Educated in America* (New York: Whittle Books, 1990).
3) William Henry III, *In Defense of Elitism* (New York: Double Day, 1994).
4) Henry Louis Gates Jr. "Whose Canon Is It, Anyway?" *The New York Times Book Review*, February 26, 1989.
5) Christopher J. Lucas, *American Higher Education: A History* (New York: St. Martins's Press, 1994), p.274. 재인용

6) J. Hillis Miller, "The Fuction of Rhetorical Study at the Present Time," *ADE Bulletin*, no.62, 1979, p.12.
7) 심지어 1997년 10월 30일 PBS는 "우리에게 서구 정전이 필요한가?"라는 제목으로 이 논쟁을 다루기까지 했다.
8) Edward Said, "Secular Criticism," *The Edward Said Reader*, eds. Moustafa Bayoumi and Andrew Rubin (New York: Vintage, 2000), p.236.
9) Richard Goldstein, "The Politics of Political Correctness," *Village Voice*, June 18, 1991.
10) Michael Bérubé and Cary Nelson, eds. *Higher Education under Fire* (New York: Routledge, 1995), pp.82~83.
11) Éric Fassin, "La chaire et le canon: Les Intellectuels, la politique et l'université aux États-Unis," *Annales ESC*, vol.48, no.2, March-April 1993, p.300.
12) John Taylor, "Are You Politically Correct?" *New York*, January 21, 1991.
13) Colin Campbell, "The Tyranny of the Yale Critics," *The New York Times*, February 9, 1988 — 옮긴이.
14) Camille Paglia, "Ninnies, Pedants, Tyrants and Other Academics," *The New York Times Book Review*, May 5, 1991.
15) Pierre Nora, "Les Nouveaux maîtres censeurs," *Le Nouvel Observateur*, 29 août-4 septembre 1991.
16) Danièle Sallenave, "Le crépuscule de l'Europe sur les campus américanis," *Le Messager européen*, no.5, 1991.
17) Tzvetan Todorov, "Crimes against Humanities," *New Republic*, July 3, 1989, pp.28~30.
18) Werner Hamacher, Neil Hertz, and Tom Keenan, eds., *Paul De Man: Wartime Journalism 1939-1943* (Lincoln: University of Nebraska Press, 1989), p.45.
19) David Lehman, "Deconstructing de Man's Life," *Newsweek*, February 15, 1988. 재인용. 레먼은 직접 이 사건을 다룬 신랄한 저작을 출판하기도 했다. *Sign of the Times: Deconstruction and The Fall of Paul de Man* (New York: Poseidon Press, 1991).
20) Michael Bérubé, "Public Image Limited," *Village Voice*, June 18, 1991.
21) Alan Bloom, *The Closing of the American Mind* (New York: Simon and Schuster, 1987).

22) Dinesh D'Souza, *Illiberal Education: The Politics of Race and Sex on Campus* (New York: Vintage, 1991).
23) Roger Kimball, *Tenured Radicals:How Politics has Corrupted Our Higher Education* (Chicago: Ivan R. Dee, 1998[1990]), pp.xi~xiv.
24) Kimball, *Tenured Radicals*, p.7.
25) Kimball, *ibid.*, pp.xvi~xvii.
26) Kimball, *ibid.*, pp.46~47.
27) Kimball, *ibid.*, p.236.
28) 1988년 "인문교육의 정치학"이라는 주제 아래 열린 학술대회를 참조하라. 이 결과물은 다음의 잡지에 수록됐다. *South Atlantic Quarterly*, no.89, Special Issue: The Politics of Liberal Education, Winter 1990. [당시 학술대회의 정식 명칭은 "20세기 말의 인문교양 교육: 최근의 상황, 대응적 실천" (Liberal Arts Education in the Late Twentieth Century: Emerging Conditions, Responsive Practices)으로서, 듀크대학교와 노스캐롤라이나대학교의 공동 주최로 열렸다. "인문교육의 정치학"이라는 명칭은 『사우스애틀란틱쿼터리』가 당시 학술대회에서 발표된 몇몇 논문을 추린 특집호를 내면서 새로 붙인 것이다. 이 특집호는 잡지에서와 똑같은 제목으로 2년 뒤 단행본으로도 재출간됐는데, 아마도 이 때문에 퀴세가 학술대회의 정확한 명칭을 헷갈린 듯하다. *The Politics of Liberal Education*, eds. Darryl Gless and Barbara Herrnstein Smith (Durham, N.C.: Duke University Press Books, 1991) — 옮긴이.]
29) Goldstein, "The Politics of Political Correctness," *op. cit.* 재인용.
30) Lucas, *American Higher Education*, p.296. 재인용
31) Fassin, "La chaire et le canon," p.290. 재인용
32) Russel Jacoby, *The Last Intellectuals: American Culture in the Age of Academe* (New York: Basic Books, 1987).
33) Arthur Schlesinger, *The Disuniting of America: Reflections on a Multicultural Society* (New York: W. W. Norton, 1991).
34) William Bennet, *To Reclaim a Legacy: A Report on the Humanities in Higher Education* (Washington, D.C.: National Endowment for the Humani-ties, 1984); Kimball, *ibid.*, p.17.
35) Bourdieu, *Les Règles de l'art*, p.388. [『예술의 규칙』, 368쪽.]
36) Bourdieu, *ibid.*, p.388. [『예술의 규칙』, 368쪽.]
37) Adam Begley, "Souped-up Scholar," *The New York Times Magazine*, May 2, 1992.

38) Robert Westbrook, "The Counter-Intelligentsia: How Neoconservatism Lived and Died," *Lingua Franca*, November 1996, p.69.
39) Wlad Godzich, *The Culture of Literacy* (Cambridge, M.A.: Harvard University Press, 1994), p.2.
40) Francis Fukuyama, *The End of History and the Last Man* (New York: Free Press, 1992). [이상훈 옮김, 『역사의 종말』, 한마음사, 1999.]
41) Fassin, "Le chaire et le canon," pp.289~290. 재인용. 원문을 보려면 제노비즈가 드수자의 『반자유주의적 교육』에 대해 (긍정적으로) 쓴 서평을 참조하라. Eugene Genovese, "Heresy, Yes: Sensitivity, No," *New Republic*, April 15, 1991, p.32. 또한 다음 글도 참조할 것. Eugene Genovese, "The American Eighties: Disaster or Triumph? A Symposium," *Commentary*, vol.90, no.3, September 1990, p.49.
42) Mark Gerson, *The Neoconservative Vision: From the Cold War to the Culture Wars* (New York: Madison Books, 1997), p.31.
43) Shadia Drury, *Leo Strauss and American Right* (New York: Palgrave Macmillan, 1997). 특히 3장을 참조하라.
44) James Wilson and George Kelling, "Broken Windows: The Police and Neighborhood Safety," *The Essential Neoconservative Reader*, eds., Mark Gerson and James Wilson (Washington, D.C.: Perseus Press, 1996).
45) Alain Frachon and Daniel Vernet, "Le stratège et le philosophie," *Le Monde*, 16 avril 2003.
46) Todd Gitlin, *The Twilight of Common Dreams* (New York: Henry Holt, 1995), pp.126~165. "우파가 백악관을 장악하는 동안 영문과로 진군했다"라는 표현은 이 책 5장의 제목이기도 하다.
47) Gitlin, *ibid.*, p.165.
48) Michael Walzer, "The Lonely Politics of Michel Foucault," *The Company of Critics: Social Criticism and Political Commitment in the Twentieth Century* (New York: Basic Books, 1988), pp.195, 200~204.
49) Lindsay Waters, "The Age of Incommensurability," *Boundary 2*, vol.28, no.2, Summer 2001, p.147.
50) Gitlin, *ibid.*, p.147.
51) Paul de Man, *Resistance to Theory* (Minneapolis: University of Minnesota Press, 1986), p.5. [황성필 옮김, 『이론에 대한 저항』, 동문선, 2008, 18쪽.]
52) André Schiffrin, *L'Edition sans editeurs* (Paris: La Fabrique, 1999), p.77.

53) Gerald Graff, *Beyond the Culture Wars: How Teaching the Conflicts Can Revitalize American Education* (New York: W. W. Norton, 1992).

8. 캠퍼스의 스타들

1) Christopher J. Lucas, *American Higher Education: A History* (New York: St. Martin's Press, 1994), p.180. 재인용.
2) Pierre Bourdieu, *Homo Academicus* (Paris: Minuit, 1984), p.140. [김정곤·임기대 옮김, 『호모 아카데미쿠스』, 동문선, 2005, 160쪽. 그랑제콜(Grandes écoles)은 프랑스 특유의 엘리트 고등교육기관으로 높은 경쟁률, 엄격한 선발, 소수 정예 등을 특징으로 해 흔히 '대학 위의 대학'이라고 불린다.]
3) Pierre Bourdieu et Roger Chartier "La Lecture, une pratique culturelle," *Pratiques de la lecture*, éd. Roger Chartier (Paris: Payot, 1993), p.275.
4) Michel Foucault, "Qu'est-ce qu'un auteur?" *Dits et Écrits*, vol.1: 1954-1969 (Paris: Gallimard, 1994), pp.798~808. [장진영 옮김, 「저자란 무엇인가?」, 『미셸 푸코의 문학비평』, 문학과지성사, 1989, 257, 264, 261, 249쪽.]
5) 1998년 버틀러는 『철학과 문학』이라는 학술지가 주최하는 연례 시상식에서 '최악의 글쓰기' 부문을 수상했다.
6) Judith Butler, *Bodies That Matter: On the Discursive Limits of "Sex"* (New York: Routledge, 1993), p.230. [김윤상 옮김, 『의미를 체현하는 육체: '성'의 담론적 한계들에 대하여』, 인간사랑, 2003, 428쪽.]
7) Judith Butler, *Subjects of Desire: Hegelian Reflections in Twentieth-Century France* (New York: Columbia University Press, 1987), pp.178~216.
8) Judith Butler, *Gender Trouble: Feminism and the Subversion of Identity* (New York: Routledge, 1999[1990]). 특히 3장을 참조. [조현준 옮김, 『젠더 트러블: 페미니즘과 정체성의 전복』, 문학동네, 2008, 235~350쪽.]
9) Judith Butler, *The Psychic Life of Power: Theories in Subjection* (Stanford: Stanford University Press, 1997); *La Vie psychique du pouvoir: L'assujettisse-ment en théories*, trad. Brice Matthieussent (Paris: Leo Scheer, 2002).
10) Butler, *Bodies That Matter*, p.19. [『의미를 체현하는 육체』, 54쪽.]
11) Louis Althusser, "Idéologie et appareils idéologiques d'État," *Positions, 1964-1975* (Paris: Éditions sociales, 1976). [김웅권 옮김, 「이데올로기와 이데올로기적 국가장치」, 『재생산에 대하여』, 동문선, 2007.]
12) Butler, "Conscience Doth Make Subjects of Us All: Althusser's Subjection," *The Psychic Life of Power*, op. cit., pp.107, 130.

13) Judith Butler, "Preface(1999)," *Gender Trouble, op. cit.*, p.xxi. [『젠더 트러블』, 71쪽.]
14) Gayatri Chakravorty Spivak, *In Other Worlds: Essays in Cultural Politics* (New York: Routledge, 1998), pp.209~211. [태혜숙 옮김, 『다른 세상에서: 문화정치학 에세이』, 도서출판 여이연, 2003, 421~427쪽.]
15) Gayatri Chakravorty Spivak, "French Feminisms Revited: Ethics and Polit-ics," *Feminists Theorize the Political*, eds. Judith Butler and Joan Scott (New York: Routledge, 1992), p.58.
16) Julia Kristeva, *Des Chinoises* (Paris: Editions des Femmes, 1974).
17) Gayatri Chakravorty Spivak, "French Feminism in an International Frame," *Yale French Studies*, no.62, 1981, pp.158~160. [태혜숙 옮김, 「국제적 틀에서 본 프랑스 페미니즘」, 『다른 세상에서: 문화정치학 에세이』, 도서출판 여이연, 2003, 282~287쪽.]
18) Barbara Johnson, "Introduction: Truth or Consequences," *Consequences of Theory*, eds. Jonathan Arac and Barbara Johnson (Baltimore: Johns Hopkins University Press, 1991), p.xii.
19) Gayatri Chakravorty Spivak, "Can the Subaltern Speak?" *Marxism and the Interpretation of Culture*, eds. Cary Nelson and Lawrence Grossberg (Chicago: University of Chicago Press, 1988), pp.280~282. [태혜숙 옮김, 「하위주체가 말할 수 있는가?: 다원주의의 문제들」, 『세계사상』(통권4호/봄), 동문선, 1998, 92~95쪽.]
20) Spivak, *ibid.*, p.271. [「하위주체가 말할 수 있는가?」, 80~81쪽.]
21) Colin MacCabe, "Foreword," in Spivak, *In Other Worlds, op. cit.*, p.xii. [『다른 세상에서』, 14쪽.]
22) David Lodge, *Small World: An Academic Romance* (Harmondsworth: Penguin, 1985). [공진호 옮김, 『교수들』, 마음산책, 2009.]
23) Stanley Fish, *Surprised by Sin: The Reader in Paradise Lost* (Berkeley: University of California Press, 1972).
24) Stanley Fish, "Is There a Text in This Class?" *The Stanley Fish Reader*, ed. Aram Veeser (Oxford: Blackwell, 1999), pp.41~48.
25) Fish, *ibid.*, p.54.
26) Stanley Fish, *There's No Such Thing as Free Speech: And It's a Good Thing, Too* (New York: Oxford University Press, 1994).
27) Stanley Fish, "Consequences," *Against Theory: Literary Studies and the*

New Pragmatism, ed. W. J. T. Mitchell (Chicago: University of Chicago Press, 1984), p.113.

28) Adam Begley, "Souped-up Scholar," *The New York Times Magazine*, May 2, 1992.

29) Stanley Fish, *Professional Correctness: Literary Studies and Political Change* (New York/London: Oxford University Press, 1995), p.140.

30) Edward Said, *Israël-Palestine, l'égalité ou rien*, trad. Dominique Edde and Eric Hazan (Paris: La Fabrique, 2001).

31) Edward Said, *Orientalism* (New York: Vintage, 1978); *L'Orientalisme: L'Ori-ent créé par l'Occident*, trad. Catherine Malamoud, préface de Tzvetan Todorov (Paris: Seuil, 1980). [박홍규 옮김, 『오리엔탈리즘』(개정증보판), 교보문고, 2007.]

32) Said, *ibid.*, p.172. [『오리엔탈리즘』(개정증보판), 303쪽] — 영어판.

33) Edward Said, *Representations of the Intellectual* (New York: Vintage, 1996). [최유준 옮김, 『권력과 지성인』, 마티, 2012.]

34) '제국의 시대'란 영국의 역사가 홉스봄이 19세기 말을 개괄하면서 쓴 표현이다. Eric Hobsbawm, *The Age of Empire 1875-1914* (New York: Vintage, 1989). [김동택 옮김, 『제국의 시대』, 한길사, 1998.]

35) Edward Said, *Culture and Imperialism* (New York: Alfred A. Knopf, 1993). [박홍규 옮김, 『문화와 제국주의』, 문예출판사, 2005.]

36) Said, *ibid.*, p.210. [『문화와 제국주의』, 408쪽.]

37) Gilles Deleuze et Félix Guattari, *Mille Plateaux: Capitalisme et schizophré-nie 2* (Paris: Minuit, 1980), pp.434~527. [김재인 옮김, 『천 개의 고원: 자본주의와 분열증 2』, 새물결, 2001, 669~812쪽.]

38) Said, *ibid.*, pp.331~332. [『문화와 제국주의』, 621~622쪽.]

39) Edward Said, *The World, the Text and the Critic* (Cambridge, M.A.: Harvard University Press, 1983), p.244.

40) Edward Said, "Traveling Theory," *Imported: A Reading Seminar*, ed. Rainer Ganahl (New York: Semiotext(e), 1998), pp.178~179.

41) Edward Said, "Introduction to Orientalism," *The Edward Said Reader*, eds. Moustafa Bayoumi and Andrew Rubin (New York: Vintage, 2000), p.89.

42) Edward Said, "Opponents, Audiences, Constituencies and Community," *The Anti-Aesthetic: Essays on Postmodern Culture*, ed. Hal Poster (Port Townsend, Wash.: Bay Press, 1983), pp.135~158.

43) Edward Said, "Secular Criticism," *The Edward Said Reader*, op. cit., p.241.
44) Said, "Secular Criticism," p.242; Raymond Williams, *Politics and Letters: Interviews with New Left Review* (London: New Left Books, 1979), p.252.
45) Richard Rorty, *Philosophy and the Mirror of Nature* (Cambridge: Cambridge University Press, 1979), p.4. [박지수 옮김, 『철학, 그리고 자연의 거울』, 도서출판 까치, 1998, 11쪽.]
46) Richard Rorty, *Contingency, Irony and Solidarity* (Cambridge: Cambridge University Press, 1989). [김동식·이유선 옮김, 『우연성, 아이러니, 연대성』, 민음사, 1996.]
47) Richard Bernstein, *The New Constellation: The Ethical and Polittical Hori-zons of Modernity/Postmodernity* (Cambridge, M.A.: MIT Press, 1992).
48) Herman Saatkamp, ed., *Rorty and Pragmatism: The Philosopher Responds to His Critics* (Nashville: Vanderbilt University Press, 1995).
49) Deleuze et Guattari, *Mille Plateaux*, p.184. [『천 개의 고원』, 283쪽.]
50) Michel Foucault, "La Philosophie analytique de la politique"(conférence à Tokyo), *Dits et Écrits*, vol.3: 1976-1979 (Paris: Gallimard, 1994), p.540.
51) Richard Shusterman, *Pragmatic Aesthetics* (Langham, Md.: Rowman & Little Field, 1998).
52) Cornel West, *The American Evasion of Philosophy: A Genealogy of Prag-matism* (Madison: University of Wisconsin Press, 1989).
53) François Dosse, *Michel de Certeau: Le marcheur blessé* (Paris: La Decouverte, 2002), p.414.
54) Fredric Jameson, *Fables of Aggression: Wyndham Lewis, The Modernist as Fascist* (Berkeley: University of California Press, 1979).
55) Fredric Jameson, *The Prison-House of Language: A Critical Account of Structuralism and Russian Formalism* (Princeton, N.J.: Princeton University Press, 1972). [윤지관 옮김, 『언어의 감옥: 구조주의와 형식주의 비판』, 도서출판 까치, 1985.]
56) Fredric Jameson, *Marxism and Form* (Princeton, N.J.: Princeton University Press, 1974). [여홍상 옮김, 『변증법적 문학이론의 전개』, 창작과비평사, 1984.]
57) Fredric Jameson, *The Political Unconscious: Narrative as a Socially Symbolic Act* (Ithaca, N.Y.: Cornell University Press, 1981).
58) Fredric Jameson, *The Ideologies of Theory: Essays 1971-1986*, 2 vols. (Minneapolis: University of Minnesota Press, 1988).

59) Fredric Jameson, *Postmodernism, or, The Cultural Logic of Late Capitalism* (Durham, N.C.: Duke University Press, 1991).
60) Jameson, *ibid.*, pp.39~44. 그리고 4장도 참조하라.
61) Jameson, *ibid.*, pp.224~227.
62) Fredric Jameson, "Reification and Utopia in Mass Culture," *Social Text*, no.1, Winter 1979. [남인영 옮김, 「대중문화에서의 물화와 유토피아」, 『보이는 것의 날인』, 한나래, 2003.]
63) Jameson, *The Ideologies of Theory*, vol.2: Syntax of History, *op. cit.*, p.195.
64) Jameson, *Fables of Aggression*, p.7n6.
65) Fredric Jameson, "On Cultural Studies," *The Identity in Question*, ed. John Rajchman (New York: Routledge, 1995), pp.284. 291.
66) Jameson, *Postmodernism*……, pp.337~338.
67) Fredric Jameson, "Periodizing the Sixties," *Social Text*, no.9-10, Spring-Summer 1984, pp.178~209; *The Sixties without Apology*, eds. Sohnya Sayres, Anders Stephenson, Stanley Aronowitz, and Fredric Jameson (Minneapolis: University of Minnesota Press, 1984) — 영어판.
68) William Dowling, *Jameson, Althusser, Marx: An Introduction to* The Political Unconscious (Ithaca, N.Y.: Cornell University Press, 1984). [곽원석 옮김, 『《정치적 무의식》을 위한 서설』, 월인, 2000.]
69) Peter Sellars, "The Avant-Garde Is Big Box Office"(Interviewed by Stephen Holden), *The New York Times*, December 16, 1984.
70) Richard Wightman Fox and James Kloppenberg, eds., *A Companion to American Thought* (Cambridge: Blackwell, 1995), 534.
71) 비평가 레슬리 피들러[1917~2003]가 언급한 접두사 '포스트'(post-)의 몇몇 용례로는 다음의 논문을 참조하라. Leslie Fiedler, "The New Mutants" (1965), *A Fiedler Reader* (New York: Stein & Day, 1977), pp.182~210.
72) Jean-François Lyotard, *The Postmodern Condition: A Report on Knowledge*, trans. Geoff Bennington and Brian Massumi (Minneapolis: University of Minnesota Press, 1984). [이 책의 영어판에 장문의 서문을 붙인 장본인이 바로 제임슨이다. 한국어판은 영어판의 중역인지라 제임슨의 이 서문 역시 번역되어 있다. 유정완·이삼출·민승기 옮김, 「《포스트모던의 조건》에 관하여」, 『포스트모던의 조건』, 민음사, 1992, 11~31쪽.]
73) Ihab Hassan, *The Dismemberment of Orpheus: Toward a Postmodern Literature* (New York: Oxford University Press, 1971).

9. 학생과 사용자

1) Gerald Graff, *Professing Literature: An Institutional History* (Chicago: Uni-versity of Chicago Press, 1987), p.248.
2) David Kaufmann, "The Profession of Theory," *PMLA*, vol.105, no.3, May 1990, p.529.
3) Anne Matthews, "Deciphering Victorian Underwear, and Other Seminars," *The New York Times Magazine*, February 10, 1991, p.43 — 영어판.
4) Peter Brooks, "Aesthetic and Ideology: What Happened to Politics?" *Critical Inquiry*, vol.20, no.3, Spring 1994, p.512.
5) Edward Said, "The Franco-American Dialogue: A Late Twentieth-Century Reassessment," *Traveling Theory: France and the United States*, eds. Ieme van der Poel, Sophie Bertho, and Ton Hoenselaars (Teaneck, N.J.: Fairleigh Dickinson University Press, 1999), p.146.
6) Said, *ibid.*, p.152.
7) Gustave Lanson, *Trois mois d'enseignement aux États-Unis: Notes et impressions d'un professeur français* (Paris: Hachette, 1912), pp.157~158.
8) 『리좀 다이제스트』의 홈페이지(http://rhizome.org)를 참조하라.
9) 『헤르미너트』의 블로그(http://hermenaut.org)를 참조하라.
10) Scott McLemee, "Meet the Hermenauts," *Lingua Franca*, July/August 1999, p.18.
11) 『보드리야르 온 더 웹』의 홈페이지(http://www.intermargins.net/intermargins/TCulturalWorkshop/academia/scholar%20and%20specialist/Baudrillard/Baudrillard%20on%20the%20Web.htm)를 참조하라.
12) http://hydra.humanities.uci.edu/derrida/glas1.html
13) Daniel White, "Dreams in Rellion: The Battle of Seattle. The City of Disney, Book IV: Augustine of Epcot," *Ctheory*, August 3, 2000. [http://www.ctheory.net/articles.aspx?id=123]
14) Michel de Certeau, *L'Invention du quotidien* (Paris: Gallimard, 1990[1980]), pp.110~111.
15) Lanson, *Trois mois d'enseignement aux États-Unis*, p.144.
16) Maxwell Combs and Donald Shaw, "Agenda-Setting Function of Mass Media," *Public Opinion Quarterly*, no.36, Summer 1972, pp.176~187.
17) Pierre Bourdieu et Roger Chartier "La Lecture, une pratique culturelle," *Pratiques de la lecture*, éd. Roger Chartier (Paris: Payot, 1993), p.279.

18) http://www.tranquileye.com/mirrors/panop/home.htm
19) R. A. Brinkley and Robert Dyer, "Returns home (Mythologies, Dialectics, Structure): Disruption," *Semiotext(e)*, vol.2, no.3, 1977, pp.159~170.
20) Jean Baudrillard, *La Guerre du Golfe n'a pas eu lieu* (Paris: Galilée, 1991).
21) Paul Ricoeur, *Temps et récit*, tome.1, L'intrigue et le récit historique (Paris: Seuil, 1983), pp.150~151. [김한식·이경래 옮김, 『시간과 이야기 1: 줄거리와 역사 이야기』, 문학과지성사, 1999, 160, 175~176쪽.]
22) Ricoeur, *ibid.*, p.151. [『시간과 이야기 1』, 176쪽.]
23) Ricoeur, *ibid.*, p.152. [『시간과 이야기 1』, 177쪽.]
24) Michel Foucault, *Histoire de la sexualité*, vol.2: L'usage des plaisirs (Paris: Gallimard, 1984), p.14. [신은영·문경자 옮김, 『성의 역사 2: 쾌락의 활용』, 나남, 2004, 22~23쪽.]

10. 예술의 실천
1) Howard Becker, *Art Worlds* (Berkeley: University of California Press, 1982), pp.34~38.
2) Jacques Rancière, "Le ressentiment anti-esthétique," *Magazine littéraire*, no.414, novembre 2002, p.19.
3) Robert Storr, "Le grondement de courants nouveaux," *Artpress*, no.284, novembre 2002, p.39.
4) 본문의 인용은 2002년 11월 27일~2003년 3월 10일 퐁피두센터(파리)와 현대출판기록연구소가 롤랑 바르트를 주제로 공동 개최한 전시회에 톰블리가 출품한 회화의 소개문에서 따온 것이다 — 영어판.
5) Clement Greenberg, "'American-Type' Painting," *Art and Culture* (New York: Beacon Press, 1961), p.226 — 영어판.
6) Jean Baudrillard, "Le snobisme machinal," *Cahiers du Musée national d'art moderne*, no.34, hiver 1990, pp.35~43.
7) Bernard Blistène, *Une Histoire de l'art du XXe siècle* (Paris: Beaux-Arts Magazine/Centre Pompidou, 2002[1997]), p.108.
8) Pierre Bourdieu, *Les Règles de l'art: Genèse et structure du champ littéraire* (Paris: Seuil, 1992), pp.223~224. [하태환 옮김, 『예술의 규칙: 문학장의 기원과 구조』, 동문선, 1999, 213, 464~465쪽(각주 23번).]
9) Gary Indiana, "Crime and Misdemeanor," in "The East Village 1979-1989: The Rise and Fall of an Art Scene," *Art Forum*, October 1999.

10) Kathy Acker, "Devoured by Myths," *Hannibal Lecter, My Father* (New York: Semiotext(e), 1991), p.10.
11) Jean Baudrillard, *Simulacres et Simulation* (Paris: Galilée, 1981), p.218. [하태환 옮김, 『시뮬라시옹』, 민음사, 2001, 238쪽.]
12) Sylvère Lotringer, "La théorie, mode d'emploi," *TLE*, no.20, printemps 2002, p.96.
13) Wolfgang Max Faust, "With It and Against It: Tendencies in Recent German Art," *Art Forum*, September 1981.
14) Achille Bonito Oliva, *The Italian Trans-Avant-garde* (Milan: Giancarlo Politi Editore, 1981).
15) Thomas Lawson, "Last Exit: Painting," *Art Forum*, October 1981.
16) Benjamin Buchloh, "Figures of Authority, Ciphers of Regression," *October*, no.16, Fall 1981; Sylvère Lotringer, "Doing Theory," *French Theory in America*, eds. Sande Cohen and Sylvère Lotringer (New York: Routledge, 2001), p.142. 재인용.
17) Sylvère Lotringer, "Third Wave: Art and the Commodification of Theory," *Flash Art*, May-June 1991, pp.94~95.
18) Lotringer, *op. cit.*, pp.97 — 영어판.
19) Peter Halley, *Collected Essays* 1981-1987 (Zurich: Bruno Bischofberger Gallery, 1989), p.95.
20) Françoise Gaillard, "D'un malentendu," *Sans oublier Baudrillard*, éd. Jean-Olivier Majastre (Brussels: Éditions de la Lettre volée, 1996), pp.48~50.
21) Gaillard, *op. cit.*, p.45.
22) Gaillard, *op. cit.*, p.49.
23) Halley, *Collected Essays*, pp.164~165, 132~137.
24) Theodor Adorno, *Théorie esthétique* [1970], trad. Marc Jimenez (Paris: Klincksieck, 1989), p.434. [방대원 옮김, 「서론」, 『미적 이론』(1권), 이론과실천, 1991, 20쪽.]
25) David Pagel, "From Mysteries of Wonderland to thre Realities of Modern Life," *Los Angeles Times*, December 18, 1998.
26) Gilles Deleuze, *Francis Bacon: Logique de la sensation* (Paris: La Différence, 1981), p.48. [하태환 옮김, 『감각의 논리』, 민음사, 2008, 88~89쪽.]
27) Jacques Derrida and Peter Eisenman, *Chora L Works*, ed. Peter Eisenman (New York: The Monacelli Press, 1997).

28) James Wines, *De-architecture* (New York: Rizzoli, 1988), p.14.
29) Peter Eisenman, "Preface," *Houses of Cards*, ed. Peter Eisenman (New York: Oxford University Press, 1987), p.v.
30) Mark Wigley, *The Architecture of Deconstruction: Derrida's Haunt* (Cambridge: MIT Press, 1993).
31) Bernard Tschumi, *Architecture and Disjunction* (Cambridge, M.A.: MIT Press, 1995), pp.174~178, 65~80, 267n6. [류호창·서정연 옮김, 『건축과 해체』, 시+공, 2003, 167~173, 67~81, 181n6쪽.]

11. 이론적 계책

1) Philippe Roger, *L'Ennemi américain: Généalogie de l'antiaméricanisme français* (Paris: Seuil, 2002), p.492.
2) Bernard Stiegler, *La Technique et le temps*, vol.1. La faute d'épiméthée (Paris: Galilée/Cité des sciences et de l'industrie, 1994), p.148.
3) Bruce Sterling, "The Digital Underground," *The Hacker Crackdown: Law and Disorder on the Electric Frontier* (New York: Bantam, 1992).
4) Hakim Bey, *The Temporary Autonomous Zone: Ontological Anarchy, Poetic Terrorism* (New York: Autonomedia, 1991), pp.108, 115~116.
5) Bey, *op. cit.*, pp.108, 36~38.
6) Gilles Deleuze et Félix Guattari, *Q'est-ce que la philosophie?* (Paris: Minuit, 1992), p.70. [이정임·윤정임 『철학이란 무엇인가?』, 현대미학사, 1995, 106쪽.]
7) Félix Guattari, *Chaosmose* (Paris: Galilée, 1992), pp.130~131. [윤수종 옮김, 『카오스모제』, 동문선, 2003, 125쪽.]
8) Guattari, *ibid.*, p.17. [『카오스모제』, 15쪽.]
9) Jean Baudrillard, "Baudrillard on the New Technologies: An Interview with Claude Thibaut," trans. Suzanne Falcone, March 6, 1996. [http://www.egs.edu/faculty/jean-baudrillard/articles/baudrillard-on-the-new-technologies-an-interview-with-claude-thibaut/]
10) http://www.bleb.net/rhizomat/rhizomat.html
11) www.hydra.umn.edu/fobo/index.html [현재 이 웹사이트는 더 이상 운영되지 않고 있다. 이곳에 있던 상당수의 자료는 다음의 새로운 웹사이트로 모두 옮겨져 있다. http://hydra.humanities.uci.edu/derrida/ — 옮긴이.]
12) Charles Stivale, *The Two-Fold Thought of Deleuze and Guattari: Intersections and Animations* (New York: Guildford Press, 1998), pp.74~78.

13) Gilles Deleuze et Félix Guattari, *Mille Plateaux: Capitalisme et schizophré-nie 2* (Paris: Minuit, 1980), p.9. [김재인 옮김,『천 개의 고원: 자본주의와 분열증 2』, 새물결, 2001, 11쪽.]
14) Jaron Lanier, "Programmes Informatiques, programmes politiques (entretien)," *Cahiers de médiologie*, no.3, 1er semestre 1997, pp.233~234.
15) Arthur Kroker and Marilouise Kroker, eds., *Digital Delirium* (New York: St. Martin's Press, 1997).
16) Istvan Csicsery-Ronay, "The SF of Theory: Baudrillard and Harraway," *Science-Fiction Studies*, vol.18, no.55, November 1991.
17) Sylvère Lotringer, "Doing Theory," *French Theory in America*, eds. Sande Cohen and Sylvère Lotringer (New York: Routledge, 2001), p.153.
18) Erik Davis, "After the Deleuze," *Voice Literary Supplement*, September 1994, p.29.
19) Rudy Rucker, Queen Mu, and R. U. Sirius, eds., *Mondo 2000: A User's Guide to the New Edge* (New York: HarperCollins, 1992).
20) Keith Ansell-Pearson, ed., *Deleuze and Philosophy: The Difference Engin-eer* (New York: Routledge, 1997).
21) Donna Haraway, "A Cyborg Manifesto: Science, Technology and Social-ist Feminism in the Late Twentieth Century," *Simians, Cyborgs, and Women: The Reinvention of Nature* (New York: Routledge, 1991), pp.149~182. [민경숙 옮김,「사이보그 선언문: 20세기 말의 과학, 기술, 그리고 사회주의적-페미니즘」,『유인원, 사이보그, 그리고 여자: 자연의 재발명』, 동문선, 2002, 265~325쪽.]
22) Charles Hables Gray (with Heidi Figueroa-Sarriera and Steven Mentor) ed., *The Cyborg Handbook* (New York: Routledge, 1995).
23) Allucquere Rosanne 'Sandy' Stone, "Virtual Systems," *Zone 6: Incorpora-tions*, eds. Jonathan Cracy and Sanford Kwinter (New York: Zone Books, 1992), pp.618, 621.
24) Allucquere Rosanne 'Sandy' Stone, *The War of Desire and Technology at the Close of the Mechanical Age* (Cambridge, M.A.: MIT Press, 1995).
25) Sherry Turkle, *Life on the Screen: Identity in the Age of the Internet* (New York: Simon and Scuster, 1995). 특히 8장을 참조하라. [최유식 옮김,『스크린 위의 삶: 인터넷과 컴퓨터 시대의 인간』, 민음사, 2003, 320~356쪽.]
26) Turkle, *ibid*., pp.17~18. [『스크린 위의 삶』, 21~22쪽.]

27) 이런 유형의 언어를 체계적으로 사용하려는 몇 안 되는 텍스트 중의 하나는 놀랍지 않게도 학술 기사이다. 그러나 그것은 단지 황홀경[마약]의 영향 아래서만 그토록 쉽게 쓰여질 수 있다. Robin Mackay, "Capitalism and Schizophrenia: Wildstyle in Full Effect," *Deleuze and Philosophy, op. cit.*, pp.248~256.
28) Paul D. Miller, "Essay on and Interview with Manuel de Landa: Discussing *One Thousand Years of Non-Linear History*," *DJ Spooky that Subliminal Kid* [www.djspooky.com/articles/essayonmanuel.php]
29) Michael Agger, "And the Oscar for Best Scholar……," *The New York Times*, May 18, 2003.
30) Peter McQuaid, "Midnight at the Oasis," *The New York Times*, April 14, 2000.
31) Hillary Chute, "More, More, More," *Village Voice*, December 22-28, 1999. 원문에서 해당 부분이 생략되어 있다.
32) Percival Everett, *Glyph* (Minneapolis: Greywolf Press, 1999).
33) Patricia Duncker, *Hallucinating Foucault* (New York: Ecco Press, 1997).
34) Robert Grudin, *Book: A Novel* (New York: Random House, 1992).
35) Saul Bellow, *Ravelstein* (New York: Viking, 2000); Philip Roth, *The Human Stain* (New York: Vintage, 2001). [박범수 옮김,『휴먼 스테인』, 문학동네, 2009.]

3부. 다시 프랑스로

12. 규범으로서의 이론: 지속되는 영향

1) 나는 닐 포츠먼이 쓴 책의 논쟁적인 제목을 언급하고 있다. Neil Postman, *Amusing Ourselves to Death: Public Discourse in the Age of Show Business* (New York: Viking, 1985).
2) Herman Rapaport, *The Theory Mess: Deconstruction in Eclipse* (New York: Columbia University Press, 2001).
3) Hannah Arendt, "The Crisis in Education," *Between Past and Future: Eight Exercises in Political Thought* (New York: Penguin Books, 1993), p.193. [서유경 옮김,「교육의 위기」,『과거와 미래 사이: 정치사상에 관한 여덟 가지 철학연습』, 푸른숲, 2005, 259쪽.]
4) Camille Paglia, "Junk Bonds and Corporate Raiders: Academe in the Hour of the Wolf," *Sex, Art, and American Culture* (New York: Vintage, 1992).

5) Paglia, *ibid.*, pp.216~219.
6) Paglia, *ibid.*, pp.175, 187, 197, 216, 224.
7) Paglia, *ibid.*, pp.180, 211, 215, 213.
8) Paglia, *ibid.*, p.215.
9) M. G. Lord, "This Pinup Drives Eggheads Wild," *New York Newsday*, October 6, 1991.
10) James Miller, *The Passion of Michel Foucault* (New York: Simon and Schus-ter, 1993). [김부용 옮김, 『미셸 푸코의 수난』(전2권), 인간사랑, 1995. 특히 2장을 참조하라. 61~104쪽.]
11) Tony Judt, *Past Imperfect: French Intellectuals, 1944-1956* (Berkeley: University of California Press, 1992); *The Burden of Responsibility: Blum, Camus, Aron and the French Twentieth Century* (Chicago: University of Chicago Press, 1998).
12) Robert Hughes, "The Patron Saint of Neo-Pop," *The New York Review of Books*, June 1, 1989.
13) 실베르 로트랭제와의 대화.
14) Bill Readings, *Introducing Lyotard: Art and Politics* (New York: Routledge, 1991), pp.xi~xii.
15) Pierre Bourdieu, *Les Règles de l'art: Genèse et structure du champ littéraire* (Paris: Seuil, 1992), pp.226~227. [하태환 옮김, 『예술의 규칙: 문학장의 기원과 구조』, 동문선, 1999, 216쪽.]
16) Bertram Gordon, "The Decline of a Cultural Icon: France in American Perspective," *French Historical Studies*, vol.22, no.4, Fall 1999, p.627.
17) Jacques Derrida, "Deconstructions: The Im-possible," *French Theory in America*, eds. Sande Cohen and Sylvère Lotringer (New York: Routledge, 2001), pp.16~17.
18) Tom Cohen, ed., *Jacques Derrida and the Humanities: A Critical Reader* (Cambridge: Cambridge University Press, 2001).
19) Rhonda Lieberman, "Jacques le Narcissiste," *Art Forum*, October 2002.
20) 뉴욕시립대학교 대학원의 2002~03년 세미나인 "이론 이후"(After Theory)의 프로그램을 참조하라.
21) 저 진부한 '미국에 대한 수사'를 다채롭게 검토한 책으로는 다음을 참조하라. Jean-Philippe Mathy, *Extrême-Occident: French Intellectuals and America* (Chicago: University of Chicago Press, 1993).

22) Alexis de Tocqueville, "*De la démocratie en Amérique*, II"(1840), *Œuvres*, tome.2 (Paris: Gallimard, 1992), pp.513~515. [임효선·박지동 옮김, 『미국의 민주주의 II』, 한길사, 1997, 563, 565쪽.]
23) André Breton, *Entretiens (1913-1952)* (Paris: Gallimard, 1969), p.244.
24) Jean-Paul Sartre, "Individualisme et conformisme aux États-Unis," *Situations III* (Paris: Gallimard, 1949), p.82.
25) Philippe Sollers, "Un Français à New York," préface à Paul Morand, *New York* (Paris: Garnier-Flammarion, 1988), p.10.
26) Michel Foucault, "Le Triomphe social du plaisir sexuel: Une conversation avec Michel Foucault," *Dits et Écrits*, vol.4: 1980-1988 (Paris: Gallimard, 1994), pp.308~314. [원래 이 인터뷰는 영어로 먼저 이뤄진 것이었다. "The Social Triumph of the Sexual Will: A Conversation with Michel Foucault," *Christopher Street*, vol.6, no.4, May 1982, pp.36~41 — 영어판.]
27) Julia Kristeva, Marcelin Pleynet, et Philippe Sollers, "Pourquoi les États-Unis?" *Tel Quel*, no.71-73, automne 1977, p.5.
28) Edward Said, "The Franco-American Dialogue: A Late Twentieth-Century Reassessment," *Traveling Theory: France and the United States*, eds. Ieme van der Poel, Sophie Bertho, and Ton Hoenselaars (Teaneck, N.J.: Fairleigh Dickinson University Press, 1999), p.156.
29) Richard Wolin, "Where Have All the French Intellectuals Gone?" *Dissent*, Summer 1998, p.123.
30) Gayatri Chakravorty Spivak and Michael Ryan, "Anarchism Revisited: A New Philosophy," *Diacritics*, vol.8, no.2, Summer 1978, pp.69~70.
31) Jane Gallop, "French Theory and the Seduction of Feminism," *Men in Feminism*, eds. Alice Jardine and Paul Smith (New York: Methuen, 1987), p.111.
32) Erving Goffman, *Forms of Talk* (Philadelphia: University of Pennsylvania Press, 1981), p.186.
33) Paul Watzlawick, et al., *Une Logique de la communication* (Paris: Seuil, 1979), pp.211~213.
34) Yves Winkin, éd., *La Nouvelle Communication* (Paris: Seuil, 1981), p.42.
35) Laura Epstein, ed., *Reading Foucault for Social Work* (New York: Columbia University Press, 1999).
36) Lydia Filligham, ed., *Foucault for Beginners* (New York: Writers and Readers, 1999). [박정자 옮김, 『미셸 푸코: 만화로 읽는 삶과 철학』, 국제, 1995.]

37) Doug McEachern, "Foucault, Governmentality, Apartheid and the 'New' South Africa," *Post-Colonialism: Culture and Identity in Africa*, eds. P. D. Ahluwalia and Paul Nursey-Bray (Commack, N.Y.: Nova Science, 1997).
38) John Rajchman, *Michel Foucault: The Freedom of Philosophy* (New York: Columbia University Press, 1986). [심세광 옮김, 『미셸 푸코: 철학의 자유』, 인간사랑, 1990.]
39) Hubert Dreyfus and Paul Rabinow, *Michel Foucault: Beyond Structuralism and Hermeneutics* (Chicago: University of Chicago Press, 1983). [서우석 옮김, 『미셸 푸코: 구조주의와 해석학을 넘어서』, 나남, 1989.]
40) Vincent Descombes, "Je m'en Foucault," *London Review of Books*, March 5, 1987.
41) Michel Foucault, *Histoire de la sexualité*, vol.1: La volonté de savoir (Paris: Gallimard, 1994[1976]), pp.123, 125~126. [이규현 옮김, 『성의 역사 1: 앎의 의지』, 나남, 1990, 108~109쪽.]
42) Michel Foucault, *L'Archéologie du savoir* (Paris: Gallimard, 1969), p.28. [이정우 옮김, 『지식의 고고학』, 민음사, 2000, 41쪽.]
43) 에드먼드 화이트와의 대화.
44) Michel Foucault, "Choix sexuel, acte sexuel," *Dits et Écrits*, vol.4: 1980-1988 (Paris: Gallimard, 1994), pp.334~335.
45) Lee Quinby, *Freedom, Foucault, and the Subject of America* (Boston: North-eastern University Press, 1991), pp.3~6.
46) Jacques Derrida, *De la Grammatologie* (Paris: Minuit, 1997), p.91. [김성도 옮김, 『그라마톨로지』(전면개정판), 민음사, 2010, 167쪽.]
47) Derrida, "Deconstructions: The Im-possible," p.20.
48) Robert D'Amico, "Introduction to the Foucault-Deleuze Discussion," *Te-los*, no.16, Winter 1973, p.102.
49) Brian Massumi, "Becoming Deleuzian," *The Deleuze Reader*, ed. Constan-tin V. Boundas (New York: Columbia University Press, 1993), p.401.
50) Deleuze et Guattari, *Mille Plateaux*, p.33. [『천 개의 고원』, 49쪽.]
51) Élie During, "Deleuze, et après?" *Critique*, vol.55, no.623, avril 1999, pp.292, 301.
52) Chris McAuliffe, "Jean Baudrillard," *The Judgment of Paris: Recent French Theory in a Local Context*, ed. Kevin Murray (North Sydney: Allen & Unwin, 1992), pp.98~101.

53) Jean Baudrillard, *L'Autre par lui-même: Habilitation* (Paris: Galilée, 1987), pp.84~85.
54) Susan Sontag, "Writing Itself: On Roland Barthes," *A Barthes Reader*, ed. Susan Sontag (New York: Hill and Wang, 1982), p.iii. [김유경 옮김, 「글쓰기 자체: 롤랑 바르트에 관하여」, 『강조해야 할 것』, 시울, 2006, 274쪽.]
55) Steven Ungar, *Roland Barthes: The Professor of Desire* (Lincoln: University of Nebraska Press, 1983), pp.xiii~xv.
56) Ungar, *ibid.*, pp.xi~xii.

13. 세계로서의 이론: 세계적 유산

1) Jean Baudrillard, *Amérique* (Paris: Grasset/Le Livre de poche, 1986), p.79. [주은우 옮김, 『아메리카』, 산책자, 2009, 150쪽.]
2) Gilles Deleuze, *Proust et les signes* (Paris: PUF, 1970), p.195. [서동욱·이충민 옮김, 『프루스트와 기호들』(개정판), 민음사, 2004, 152쪽.]
3) Kevin Murray, ed., *The Judgment of Paris: Recent French Theory in a Local Context* (North Sydney: Allen & Unwin, 1992).
4) Gayatri Chakravorty Spivak, *In Other Worlds: Essays in Cultural Politics* (New York: Routledge, 1998), p.100. [태혜숙 옮김, 『다른 세상에서: 문화정치학 에세이』, 도서출판 여이연, 2003, 207쪽.]
5) Alvin Gouldner, *The Future of Intellectuals and the Rise of the New Class* (New York: Seabury Press, 1979). [박영신 옮김, 『지성인의 미래와 새 계급의 성장』, 이화여자대학교출판부, 1983.]
6) Pierre Bourdieu, "Les conditions sociales de la circulation internationale des idées," *Actes de la recherche en sciences sociales*, no.145, décembre 2002, p.5.
7) Michael Hardt and Antonio Negri, *Empire* (Cambridge, M.A.: Harvard University Press, 2000). [윤수종 옮김, 『제국』, 이학사, 2001.]
8) Michael Hardt, Gilles Deleuze: An Apprenticeship in Philosophy (Minneapolis: University of Minnesota Press, 1992). [김상운·양창렬 옮김, 『들뢰즈 사상의 진화』, 갈무리, 2004.]
9) Giorgio Agamben, *Stanze: La parola e il fantasma nella cultura occidentale* (Torino: Giulio Einaudi, 1979); *La comunità che viene* (Torino: Giulio Einaudi, 1990); *Stato di eccezione* (Torino: Bollati Boringhieri, 2003). [김항 옮김, 『예외상태』, 새물결, 2009.]

10) Slavoj Žižek, *Everything You Always Wanted to Know about Lacan (But Were Afraid to Ask Hitchcock)* (New York/London: Verso, 1992). [김소연 옮김, 『항상 라캉에 대해 알고 싶었지만 감히 히치콕에게 물어보지 못한 모든 것』, 새물결, 2001.]
11) '까다로운 주체'라는 표현은 지젝이 쓴 책의 제목이다. Slavoj Žižek, *The Ticklish Subject: The Absent Centre of Political Ontology* (New York/London: Verso, 1999). [이성민 옮김, 『까다로운 주체: 정치적 존재론의 부재하는 중심』, 도서출판b, 2005.]
12) Slavoj Žižek, *Welcome to the Desert of the Real: Five Essays on September 11 and Related Dates* (London: Verso, 2002). [이현우·김희진 옮김, 『실재의 사막에 오신 걸 환영합니다: 9·11 테러 이후의 세계』, 이룸, 2011.]
13) 프랑스어로 지젝을 소개한 글로는 다음을 참조하라. Laurent Jeanpierre, "Postface: D'un communisme qui viendrait……," in Slavoj Žižek, *Le spectre rôde toujours: Actualité du manifeste du parti communiste*, trad. Laurent Jeanpierre (Paris: Nautilus, 2002).
14) 이어지는 인용은 모두 다음 책에서 따왔다. Édouard Glissant, "Le chaos-monde, l'oral et l'écrit," *Ecrire la 《parole de la nuit》: La nouvelle littérature antillaise*, éd. Ralph Ludwig (Paris: Gallimard, 1994), pp.111~129.
15) François Cusset, "Écritures métissées," *Magazine littéraire*, no.392, novem-bre 2000, p.41.
16) François Lionnet, *Postcolonial Representations: Women, Literature, Identity* (Ithaca, N.Y.: Cornell University Press, 1995), pp.170~171.
17) Michael Dash, *Haiti and the United States: National Stereotypes and the Literary Imagination* (New York: Macmillan, 1988).
18) Edward Said, "Secular Criticism," *The Edward Said Reader*, eds. Moustafa Bayoumi and Andrew Rubin (New York: Vintage, 2000), p.228.
19) Jean-Philippe Mathy, "The Resistance to French Theory in the United States: A Cross-Cultural Inquiry," *French Historical Studies*, vol.19, Fall 1995, p.347.
20) Meera Nanda, "The Science Wars in India," *Dissent*, Winter 1997.
21) Jesús Martín-Barbero, *Communication, Culture and Hegemony: From the Media to Mediations* (London: Sage, 1993).
22) Néstor García Canclini, *Transforming Modernity: Popular Culture in Mexico* (Austin: University of Texas Press, 1993).

23) Jorge Volpi, *El fin de la locura* (Barcelona/Mexico City: Seix Barra, 2003) [*La Fin de la folie*, trad. Gabriel Iaculli (Paris: Pion, 2003) — 영어판.]
24) Tomás Abraham, *Vidas Filosóficas* (Buenos Aires: Prometeo Libros, 1999).
25) Tomás Abraham, *El presente absoluto* (Buenos Aires: Editorial Sudamericana, 2007) — 영어판.
26) 호펜하인(Martín Hopenhayn, 1955~)이 다음의 저작에 기여한 바를 참조하라. Manfred Max-Neef, ed., *Desarrollo a escala humana: Conceptos, aplicaciones y algunas reflexiones* (Montevideo: Nordan-Communidad, 2001). [*Human Scale Development: Conception, Application and Further Reflections* (New York/London: The Apex Press, 1991) — 옮긴이.]
27) José Guilherme Merquior, *Michel Foucault, ou o niilismo de cádtedra* (Rio de Janeiro: Editora Nova Frontera, 1985); *Foucault ou le nihilisme de la chaire*, trad. Martine Azuelos (Paris: PUF, 1986).
28) Olavo de Carvalho, "Sokal, parodista de si mismo," *Folha de São Paulo*, Outubro 21, 1996.
29) Yue Daiyun, *To the Storm: The Odyssey of a Revolutionary Chinese Woman* (Berkeley: University of California Press, 1985).
30) 이것은 베이징에서 열린 어느 콜로키엄에 다녀온 하버드대학교출판부의 편집자 린제이 워터스가 제시한 관찰이다.
31) Shinichi Nakazawa, "Gojira no Raigou," *Chua Kóron*, 1983; Yoshihiko Ichida et Yann Moulier-Boutang, "La fin de l'histoire: Un jeu à trois," *Multitudes*, no.13, été 2003, p.18. 재인용.
32) Karatani Kôjin, *Architecture as Metaphor: Language, Number, Money* (Cambridge, M.A.: MIT Press, 1995). [영어판은 1979년 고진이 일본에서 발표한 동명의 책에 그가 쓴 다른 텍스트들을 포함해 만든 일종의 선집이다. 한국어판은 이 영어판의 번역이다. 김재희 옮김, 『은유로서의 건축: 언어, 수, 화폐』, 한나래, 1998. 훗날 고진은 이 영어판을 개정해 '정본'을 발표했다. 『隱喩としての建築』, 定本柄谷行人集, 2 (東京: 岩波書店, 2003) — 옮긴이.]
33) Hiroki Azuma, "Two Letters, Two Deconstructions," *Hiyho Kukan*, vol.2, no.8, 1993, pp.77~106.
34) Yoshi Oida, *L'acteur invisible* (Arles: Actes Sud, 1998).
35) Akira Asada, "Infantile Capitalism and Japan's Postmodernism: A Fairy Tale," *Postmodernism and Japan*, eds. Miyoshi Masao and Harry D. Harootunian (Durham, N.C.: Duke University Press, 1989), pp.273~278.

[강수영 옮김, 「유아적 자본주의와 일본의 포스트모더니즘: 어떤 동화」, 『포스트모더니즘과 일본』, 시각과언어, 1996, 305~310쪽.]
36) Félix Guattari, "Tokyo l'orgueilleuse," *Multitudes*, no.13, été 2003, p.58.
37) Luc Ferry et Alain Renaut, *La Pensée 68: Essai sur l'antihumanisme contemporain* (Paris: Gallimard, 1988), p.343. [구교찬·홍성민 외 옮김, 『68사상과 현대 프랑스 철학』, 인간사랑, 1995, 351쪽.]
38) Denis Donoghue, "Deconstructing Deconstruction," *The New York Review of Books*, June 12, 1980, p.37.
39) Louis Pinto, *Les Neveux de Zarathoustra: La réception de Nietzsche en France* (Paris: Seuil, 1995), pp.154~156.
40) Diane Michelfelder and Richard E. Palmer, eds., *Dialogue and Deconstruction: The Gadamer-Derrida Encounter* (Albany: State University of New York Press, 1989).
41) 리오타르는 하버마스와의 대화를 로티와의 대화로 이어갔다. "대서양을 건너서"(La traversée de l'Atlantique)라는 주제 아래 『크리티크』의 특집호 지면을 통해서 이들이 나눈 토론과 각자의 기고문을 참조하라. *Critique*, no.456, mai 1985, pp.559~584.
42) Manfred Frank, *Qu'est-ce que le néo-structuralisme?*, trad. Christian Berner (Paris: Cerf, 1989), pp.136~141. [이 부분은 원래 20강(앞 장에서 다룬 라캉과 더불어 들뢰즈·가타리의 『안티-오이디푸스』를 논의하는 장)에 나온다. 그런데 『신구조주의란 무엇인가』의 한국어판에는 19강까지만 수록되어 있다. 참고로 독일어 원본은 총 27강으로 이뤄져 있다.]
43) Jürgen Habermas, *Le Discours philosophique de la modernité* [1985], trad. Christian Bouchindhomme et Rainer Rochlitz (Paris: Gallimard, 1988). [이진우 옮김, 『현대성의 철학적 담론』, 문예출판사, 1998.]
44) 내겔레의 말("프랑크푸르트 소시지들과 프렌치 프라이들"[Frankfurters and French Fries])은 다음에서 인용했다. Andreas Huyssen, "Mapping the Postmodern," *New German Critique*, no.33, Fall 1984, p.32.
45) Albrecht Wellmer, *Zur Dialektik von Moderne une Postmoderne* (Frankfurt: Suhrkamp, 1985), p.163.
46) Seyla Benhabib, "Reversing the Dialectic of Enlightenment: The Reenchantment of the World," *Confronting Mass Democracy and Industrial Technology: Political and Social Theory from Nietzsche to Habermas*, ed. John P. McCormick (Durham, N.C.: Duke University Press, 2002), p.347.

47) Yves Cusset, "Lutter pour la reconnaissance et/ou témoigner du differend: Le mepris, entre tort et reconnaisance," *Où en est la théorie critique?*, éds. Emmanuel Renault, et al. (Paris: La Découverte, 2003), pp.201~216.

14. 그동안 프랑스에서는······

1) Philippe Roger, *L'Ennemi américain: Généalogie de l'antiaméricanisme français* (Paris: Seuil, 2002), p.548.
2) Bernard-Henri Lévy, *La Barbarie à visage humain* (Paris: Grasset et Fasquelle, 1977), p.155. [박정자 옮김, 『인간의 얼굴을 한 야만』, 프로네시스, 2008, 190, 203쪽.]
3) Pierre Nora, "Que peuvent les intellectuels?" *Le Débat*, no.1, mai 1980, p. 11.
4) Michael Löwy et Robert Sayre, *Révolte et mélancolie: Le romantisme à contre-courant de la modernité* (Paris: Payot, 1992), p.224.
5) François Furet, Jacques Julliard, et Pierre Rosanvallon, *La République du Centre* (Paris: Calmann-Levy, 1988).
6) Anne Godignon et Jean-Louis Thiriet, "Pour en finir avec le concept d'alienation," *Le Débat*, no.56, septembre-octobre 1989.
7) François Furet, *Penser la Révolution française* (Paris: Gallimard, 1979).
8) Bernard-Henri Lévy, "La preuve du pudding"(entretien), *Tel Quel*, no.77, automne 1978, pp.25~35.
9) Lévy, *La Barbarie à visage humain*, pp.134~140. [『인간의 얼굴을 한 야만』, 182~186쪽.]
10) Christian Jambet et Guy Lardreau, *L'Ange: Pour une Cynegetique du semblant* (Paris: Grasset, 1976).
11) Didier Éribon, *Michel Foucault* (Paris: Flammarion, 1991[1989]), p.318. [박정자 옮김,『미셸 푸코』(하), 시각과언어, 1995, 181쪽.]
12) André Glucksmann, *Le XIe commandement* (Paris: Flammarion, 1991).
13) Gilles Deleuze, "À propos des nouveaux philosophes et d'un problème plus général," *Minuit*, supplément au no.24, mai 1977.
14) Deleuze, *ibid., op. cit.*
15) Pierre Bourdieu, *Les Règles de l'art: Genèse et structure du champ littéraire* (Paris: Seuil, 1992), p.232. [하태환 옮김, 『예술의 규칙: 문학장의 기원과 구조』, 동문선, 1999, 221쪽.]

16) Luc Ferry et Alain Renaut, *La Pensée 68: Essai sur l'antihumanisme contemporain* (Paris: Gallimard, 1988). [구교찬·홍성민 외 옮김, 『68사상과 현대 프랑스 철학』, 인간사랑, 1995.]
17) Luc Ferry, *L'Homme-Dieu, ou Le sens de la vie* (Paris: Grasset, 1996). [우종길 옮김, 『신-인간, 혹은 삶의 의미』, 영림카디널, 1998.]
18) Ferry et Renaut, *La Pensée 68*, p.36. [『68사상과 현대 프랑스 철학』, 30쪽.]
19) Lévy, *La Barbarie à visage humain*, pp.218~219. [『인간의 얼굴을 한 야만』, 277~280쪽.]
20) Nora, "Que peuvent les intellectuels?" p.7.
21) Ferry et Renaut, *La Pensée 68*, pp.121~123. [『68사상과 현대 프랑스 철학』, 114~116쪽.]
22) Luc Ferry, "Placer l'élève au centre du système est démagogique"(entretien), *Le Monde*, 17 avril 2003.
23) 이 표현("신명나는 …… 자기조직화")은 샤틀레가 쓴 예리한 기사의 제목에서 따왔다. Gilles Châtelet, "Du chaos et de l'autoorganisation comme néo-conservatisme festif," *Les Temps Modernes*, no.581, mars-avril 1995.
24) Armand Mattelart, *La Communication-monde: Histoire des idées et des stratégies* (Paris: La Découverte, 1992), p.255.
25) 어느 전국지와의 인터뷰에서 노타는 푸코를 원래의 맥락과 상관없이 인용하며 "현실에 무관심한 …… 정치체제"를 비난하기까지 했다. 마치 그렇게 하는 것이 노조협상가의 현실주의를 보여주는 일이라도 되는 양 말이다. Nicole Notat, "La société qui veut savoir pourquoi bouger……"(entretien), *Le Point*, 22 mars 2002.
26) François Ewald et Denis Kessler, "Les noces du risque et de la politique," *Le Débat*, no.109, mars-avril 2000.
27) François Ewald, Nicolas de Sadelee, et Christian Gollier, *Le Principe de précaution* (Paris: PUF, 2001).
28) François Ewald, "Droit: Systèmes et stratégies," *Le Débat*, no.41, septembre-octobre 1986, pp.63~69.
29) François Ewald, *L'État providence* (Paris: Grasser, 1986), p.530.
30) Michel Foucault, *Histoire de la sexualité*, vol.1: La volonté de savoir (Paris: Gallimard, 1994[1976]), p.189. [이규현 옮김, 『성의 역사 1: 앎의 의지』, 나남, 1990, 154쪽.]
31) Ewald, *L'État providence*, pp.482~483, 405~406.

32) Ewald, *L'État providence*, pp.10~11, 603, 524~526.
33) Ewald, *ibid.*, p.527. 강조는 인용자.
34) Ewald, *ibid.*, p.10.
35) Ulrich Beck, *La Société du risque: Sur la voie d'une autre modernité* [1986], trad. Laure Bernardi (Paris: Aubier, 2001). [홍성태 옮김, 『위험사회: 새로운 근대(성)을 향하여』, 새물결, 2006.]
36) Michel Foucault, "Ariane s'est pendue," *Le Nouvel Observateur*, no.229, 31 mars-6 avril, 1969.
37) Roger, *L'Ennemi américain*, pp.482~483.
38) Robert Harvey et Pascal LeBrun-Cordier, "Horizons," *Rue Descartes: Revue du Collège international de philosophie*, no.40: Queer. Repenser les identités, été 2003, p.4. [프랑스의 퀴어 이론가·활동가인 부르시에(Marie-Hélène Bourcier, 1963~)의 논쟁적인 책들도 참조하라 — 영어판.]
39) Walter Benjamin, "Le surréalisme"(1929), "La position sociale actuelle de l'écrivain français"(1934), *Œuvres*, II, trad. Maurice de Gandillac, Rainer Rochlitz et Pierre Rusch (Paris: Gallimard, 2000), pp.126, 389, 393~394. [최성만 옮김, 「초현실주의」, 『역사의 개념에 대하여 외』(발터 벤야민 선집 5), 도서출판 길, 2008, 158쪽.]
40) Peter Starr, *Logics of a Failed Revolution: French Theory after May' 68* (Stanford: Stanford University Press, 1995), p.202.
41) Marilyn August and Ann Liddle, "Beyond Structuralism," *SubStance*, no. 5-6, Spring 1973, p.237.
42) Bruno Latour, "The Promises of Constructivism," *Chasing Technoscience: Matrix for Materiality*, eds. Don Ihde and Evan Selinger (Bloomington: Indiana University Press, 2003).
43) 여기서 라투르가 말하는 '구성물'이란 **경험적** 구성물이다. 왜냐하면 라투르가 지적하듯이 ("사실을 구성한다"[construire les faits]는 식으로 말하는) 프랑스의 인식론에서는 과학을 오로지 그 자체로부터만 산출되는 이론으로 보기보다는 [늘 진행 중인] **이론**의 구성으로 보기 때문이다. ['경험적'(empirique)이라는 말에는 '(감각적) 직관'이라는 뜻도 있다 — 옮긴이.]
44) Latour, "The Promises of Constructivism," *op. cit.*
45) Alan Sokal et Jean Bricmont, *Impostures intellectuelles* (Paris: Le Livre de Poche, 1999), p.132. [이희재 옮김, 『지적 사기: 포스트모던 사상가들은 과학을 어떻게 남용했는가』, 민음사, 2000, 119쪽.]

에필로그: 차이와 긍정

1) Friedrich Nietzsche, *Le Gai Savoir*[1882] (Paris: Gallimard, 1982), p.284. [안성찬·홍사현 옮김, 『즐거운 학문 외』(니체전집 12), 책세상, 2005, 381쪽.]
2) Gilles Deleuze et Claire Parnet, *Dialogues* (Paris: Flammarion, 1996[1977]), p.176. [허희정·전승화 옮김, 『디알로그』, 동문선, 2005, 252쪽.]
3) Maurice Blanchot, *La Communauté inavouable* (Paris: Minuit, 1997[1984]), pp.91, 24~25. [박준상 옮김, 『밝힐 수 없는 공동체/마주한 공동체』, 문학과지성사, 2005, 89, 26~27쪽. 한국어판에는 블랑쇼의 공동체론에 대한 장-뤽 낭시의 응답도 같이 수록되어 있다 — 옮긴이.]
4) Alexis de Tocqueville, "*De la démocratie en Amérique*, II"(1840), *Œuvres*, tome.2 (Paris: Gallimard, 1992), p.612. [임효선·박지동 옮김, 『미국의 민주주의 II』, 한길사, 1997, 667~668쪽.]
5) Luc Boltanski et Ève Chiapello, *Le Nouvel Esprit du capitalisme* (Paris: Gallimard, 1999).
6) Tiqqun, "Echographie d'une puissance," *Tiqqun*, no.2: Zone d'Opacité Offensive, 2001, p.217.
7) Vincent Descombes, *Le Même et l'autre: Quarante-cinq ans de philosophie française, 1933-1978* (Paris: Minuit, 1979), pp.218~220. [박성창 옮김, 『동일자와 타자』, 인간사랑, 1996, 233~236쪽.]
8) Pierre Bourdieu, "Deux impérialismes de l'universel," *L'Amenque des Français*, éds. Christine Faure, et al. (Paris: François Bourin, 1992).
9) "삶은 삶이 없다는 것을 숨기는 이데올로기가 됐다"고 말했을 때 아도르노는 이미 이 과정에 대해서 언급한 셈이었다. Theodor Adorno, *Minima Moralia: Réflexions sur la vie mutilée*[1950], trad. Eliane Kaufholz et Jean-René Ladmiral (Paris: Payot, 1980), p.177. [김유동 옮김, 『미니마 모랄리아: 상처받은 삶에서 나온 성찰』, 도서출판 길, 2005, 251쪽.]
10) Gilles Deleuze, "La honte et la glorie: T. E. Lawrence," *Critique et clinique* (Paris: Minuit, 1993), pp.144~157. [김현수 옮김, 「수치와 영광: T. E. 로렌스」, 『비평과 진단』, 인간사랑, 2000, 203~220쪽.]
11) Oswald Spengler, *Der Untergang des Abendlandes: Umrisse einer Morphologie der Weltgeschichte*[1922], Bd.2 (München: C. H. Beck, 1963), p.622. [박광순 옮김, 『서구의 몰락』(2권), 범우사, 1995, 298쪽.]
12) Ackbar Abbas, *Hong Kong: Culture, and the Politics of Disappearance* (Minneapolis: University of Minnesota Press, 1997).

13) 그뤼쟁스키는 혼합주의 예술 전통에 대해 훌륭한 연구를 한 바 있다. 다음을 참조하라. Serge Gruzinski, *La Pensée métisse* (Paris: Fayard, 1999).

후기(2005년 포켓북판): 다시 문제는 실천적 활용이다

1) 여러 사례 중에서도 2004년 5월에 근현대사학회가 "문화연구를 두려워 해야 하는가?"(Faut-il avoir peur des *Cultural Studies*?)라는 주제로 개최한 학술제의 토론이 이런 변화를 잘 보여준다.

2) Paul Gilroy, *L'Atlantique noir: Modernité et double conscience*, trad. Char-lotte Nordmann (Paris: L'Éclat, 2003).

3) Judith Butler, *Trouble dans le genre: Pour un féminisme de la subversion*, trad. Cynthia Kraus (Paris: La Découverte, 2005); *Humain, Inhumain: Le Travail critique des normes*, trad. Jérôme Vidal et Christine Vivier (Paris: Éditions Amsterdam, 2005); *Le pouvoir des mots: Politique du performatif*, trad. Charlotte Nordmann et Jérôme Vidal (Paris: Éditions Amsterdam, 2004); *Vie précaire: Les pouvoirs du deuil et de la violence après le 11 septembre 2001*, trad. Jérôme Rosavallon et Jérôme Vidal (Paris: Éditions Amsterdam, 2004); *Antigone, la parenté entre vie et mort*, trad. Guy Le Gaufey (Paris: EPEL, 2003).

4) 가령 다음과 같은 책이 있다. Slavoj Žižek, *Que veut l'Europe? Réflexions sur une nécessaire réappropriation*, trad. Frédéric Joly (Paris: Climats, 2004); *La Subjectivité à venir: Essais critiques sur la voix obscène*, trad. François Théron (Paris: Climats, 2004); *Vous avez dit totalitarisme? Cinq essais sur les (més)usages d'une notion*, trad. Delphine Moreau et Jérôme Vidal (Paris: Éditions Amsterdam, 2004).

5) Cornel West, *Tragicomique Amérique*, préface de Marc Abélès, trad. Fran-çoise Bouillot (Paris: Payot, 2005).

6) Jean-Pierre Cometti, éd., *Lire Rorty: Le pragmatisme et ses conséquences*, (Paris: L'Éclat, 2004[1992]); Marc Van Dien Bossche, *Ironie et solidarité: Une introduction au pragmatisme de Rorty* (Paris: L'Harmattan, 2004).

7) Donna Haraway, *Des singes, des cyborgs et des femmes: Réinvention de la nature*, préface de Marie-Hélène Bourcier, trad. Oristelle Bonis (Nîmes et Rodez: Jacqueline Chambon/Éditions du Rouergue, 2006).

8) Nancy Fraser, *Qu'est-ce que la justice sociale? Reconnaissance et redistribution*, trad. Estelle Ferrarese (Paris: La Découverte, 2005).

9) Perry Anderson, *La Pensée tiède: Un regard critique sur la culture française*, trad. William-Olivier Desmond, suivi de Pierre Nora, "La pensée ré-chauffée" (Paris: Seuil, 2005).
10) Marie-Hélène Bourcier, *Sexpolitiques: Queer Zones 2* (Paris: La Fabrique, 2005).
11) 2005년 6월 파리10대학교에서 열린 원탁회의 "퍼포먼스를 생각한다?" (Penser la performance?)를 그 증거라고 할 수 있을 것이다.
12) "Michel Foucault: 1984-2004," *Vacarmes*, no.29, automne 2004.
13) 잡지 『시앙스 위멘』(*Sciences humaines*)에서 2005년 5월에 나온 푸코, 데리다, 들뢰즈 관련 특별호의 제목을 가져왔다.

옮긴이 후기
여행하는 이론을 어떻게 맞이할 것인가?

우디 알렌의 영화 『파리의 자정』(2011)은 결혼을 앞둔 약혼녀와 파리를 여행하는 한 미국인 작가 길 펜더를 그리고 있다. 할리우드의 시나리오 작가인 펜더는 진지한 소설을 쓰는 전업작가가 되어 말리부 대신 낭만적인 파리에 살고 싶어 하지만, 현실적인 약혼녀의 반대로 허탈감을 느낀다. 어느 날 우연히 홀로 앉아 있던 파리의 으슥한 골목에서 자정을 알리는 종소리가 울리자, 그 앞에는 갑자기 1920년대 풍의 옷을 입은 이들이 지나간다. 얼떨결에 탄 차에는 F. 스콧 피츠제럴드 부부가 술에 취해 앉아 있고, 그들과 함께 찾아간 카페에서는 어니스트 헤밍웨이가 그를 반긴다. 다음날도, 그 다음날도 펜더는 자정 무렵 같은 골목에서 이들을 기다리고, 그 때마다 T. S. 엘리어트, 거트루드 스타인, 살바도르 달리, 루이 브뉘엘, 파블로 피카소, 툴루즈 로트렉 등 20세기 초 위대한 모더니즘을 이끌었던 파리의 예술가와 지식인들을 만나게 된다. 이 판타지를 경험함으로써 펜더는 자신의 문학적 불안을 치유하고, 음악을 사랑하는 파리의 여인을 만나며, 미국으로 돌아가는 대신 파리에 남기로 한다. 아마 그는 자신이 원하던 소설을 계속 쓰게 될 것이다. 이 영화는 불안과 열등감에 시달리는 지식인과 우연에 의해 바뀌어가는 인생의 경로를 다루는 전형적인 우디 알렌의 코미디이면서, 동시에 미국 지식인에게 '파리'로 대표되는 프랑스가 얼마나 큰 예술적 영감의 원천인지를 보여주는 사례이기도 하다. 21세기에 펜더가 다시 만난 피츠제럴드, 헤밍웨이, 스타인, 엘리어트 등은 모두 또 다른 펜더로, 프랑스와 넓게는 유럽의 문화를 경유함으로써 자신의 예술을 다듬어가며 위대한 작가의 반열에 오른 미국인들이다. 이 영화에서 프랑스는 자신의 문제를 스스로 해결할 수 없는 한 미국인에게 자신감을 심어주는 곳이자, 노스탤지어의 기원이고, 제대로 된 비평을 가능케 해주는 공간이며, 틀에 얽매이지 않는 예술적 실천과 영감의 보고寶庫로 표상된다.

펜더의 파리 '여행'처럼, 프랑수아 퀴세가 이 책에서 펼쳐놓는 '프랑스 이론'의 미국 '여행' 역시 미국 지성 전체를 변화시키는 역할을 한다. 이 이론의 여행은 어떤 경로로 진행됐을까? 프랑스에서 미국으로 '여행하는 이론'의 궤적을 추적하기 위해 퀴세는 과도하다 싶을 만큼 철저히 미국 지성계를 파고든다. 그 시점은 1930~40년대, 나치의 발흥과 맞물려 다수의 유태계 유럽 지식인들과 예술가들이 미국으로의 망명을 선택하는 때부터이다. 이후 비판이론, 초현실주의, 실존주의, 아날학파 등이 미국의 지성계와 예술계로 유입되고 변형되고 재전유된다. 제2차 세계대전 이후 전 지구적 헤게모니가 미국으로 옮겨가고 지금껏 변두리로 취급받았던 미국의 대학들이 급속히 성장하기 시작하면서 유럽, 특히 프랑스 철학에 대한 미국 지성계의 갈증은 심해진다. 이 갈증은 철저히 미국 대학과 사회의 여러 문제를 사유하고, 성찰하고, 해결하기 위한 목적에서 생겨난 것이다. 사회와 고립된 대학 캠퍼스, 보편적 지식인의 결여, 학문의 세분화와 실용화,

대규모 문화산업, 인종 갈등, 소수자들의 정체성 문제, 반지성주의적 경향 등을 특징으로 가진 미국 사회는 1960년대 이후 꽃피기 시작한 프랑스의 여러 급진적 철학 담론과 조우하면서 자신들의 상황을 바라보고, 해석하고, 비판하기 시작한다. 1960년대 말부터 현재까지 활발하게 이어지고 있는 미국에서의 프랑스 담론 수용과 재해석의 긴 역사는 궁극적으로 '프랑스 이론'이라는 미국적 범주를 탄생시켰고, 이 프랑스 이론은 미국 지성계의 영향력과 맞물려 전 세계로 퍼져나가면서 다양한 변형체를 만들어내고 있다.

그래서 이 책은 미국 지성의 사회사라고 부를 수 있다. 놀랄 만큼 치밀한 조사를 통해 퀴세는 20세기 중반 이후의 미국 지성계를 철저히 해부한다. 1940~50년대의 신비평, 1960년대의 학생운동과 민권운동, 1970년대의 급진적 반문화운동, 대학의 보수화, 학술저널의 탄생, 1980년대에 등장한 정체성의 정치와 소수자 연구, 문화전쟁, 정전 논쟁, 정치적 올바름 운동, 1990년대에 등장한 문화연구, 스타 교수들, 반지성주의, 2000년대의 전지구화되는 이론들, 새로운 급진적 반자본주의운동의 발흥에 이르기까지, 퀴세는 미국 지성계의 변천과 관련한 주요 화두를 빼놓지 않고 다룬다. 퀴세가 정성들여 펼쳐 놓는 미국 지성계의 크고 작은 지형도가 없다면, 프랑스 이론의 활용이라는 이 책의 주제는 갈 길을 잃고 방황했을 공산이 크다. 프랑스 이론은 애초에 미국 지성계의 '발명품'이라는 퀴세의 주장은 미국 지성의 사회사 속에서만 의미를 가질 수 있기 때문이다.

퀴세는 이 촘촘한 미국 지성의 지형도 속에서 그때그때 상황의 요구에 따라 호출되는 프랑스 이론의 면모를 추적한다. 이를 통해 우리는 정치적이기보다는 문화적으로 급진화된 대학생들이 어떻게 최초로 프랑스 저널에 실린 원고를 재빨리 번역해 소개하기 시작했는지, 인문학 내의 권력을 장악하기 위해 영문과가 어떻게 이론을 수입해 가르치기 시작했는지, 경쟁력을 강화하기 위해 미국 대학은 어떻게 프랑스 학자들을 초청하기 시작했는지, 대학출판부와 소규모 출판사들이 어떻게 프랑스 담론을 분류하기 시작했는지, 프랑스의 복잡한 철학 담론이 어떻게 미국 학부생들을 위해 요약되고 발췌되기 시작했는지, 철저히 정치적이었던 이론들이 어떻게 서사의 일종으로 변모하기 시작했는지, 보수와 진보의 논쟁 속에서 프랑스 이론이 어떻게 예찬되는 동시에 조롱당하기 시작했는지, 정체성의 정치와 미국식 문화연구가 어떻게 프랑스 철학을 '창조적'으로 오독하고 재단하기 시작했는지, 영화·인터넷·텔레비전·언론 등이 어떻게 프랑스 철학의 용어들을 '활용'하기 시작했는지, 이 모든 과정 속에서 프랑스 이론이 어떻게 미국을 통해 세계로 '역수출'되기 시작했는지를 알게 된다. 당연히 퀴세는 푸코, 데리다, 들뢰즈, 보드리야르, 리오타르, 바르트 등 주요 프랑스 철학자들의 이론적 면모를 드러내지만, 언제나 이들이 미국에서 새롭게 탈영토화·재영토화되면서 변해가는 역동적 과정을 함께 밝힌다. 요컨대 이 책은 이론들이 '여행'을 통해 다른 시공간 속에서 처음과는 다른 모양새로 바뀌어가는, 곧 이론과 사회 사이의 '교섭'과 '번역'에 대한 사례 연구이다.

어쩌면 여행과 교섭과 번역은 이론이 가진 운명일지도 모른다. 독일 관념론 철학에 대한 급진적 재독해가 20세기 프랑스 철학을 낳았듯이, 프랑스 철학에 대한 다양한 전유가 미국적 프랑스 이론을 낳았으며, 이 미국적 프랑스 이론은 다시 전 세계에서 새로운 해석과 수용을 낳고 있다. 역설적인 것은 프랑스 이론을 탄생시킨 본국 프랑스에서는 이미 1970년대 말~1980년대를 거치면서 중도주의적 휴머니즘을 신봉하는 '신철학자들'에 의해 이 철학의 거장들이 비판받기 시작했으며, 이제는 어느덧 주변화되어 잊히고 있다는 사실이다. 퀴세가 미국 지성사를 분석하며 보여주듯이 '이론'은 언제나 그것을 필요로 하는 사회적 요구 속에서 번성하며, 그 요구가 없을 때는 지성사의 한 페이지 속으로 사라져갈 수밖에 없는 운명을 가진다. 아나키스트적인 참여지식인 푸코가 미국에서는 게이/레즈비언 연구의 길을 튼 선구자가 되고, 미국에서 하나의 종교가 되다시피 했던 데리다가 프랑스에서는 젊은 철학자들의 뭇매를 맞았으며, 1990년대 미국 대학과 사회를 뒤흔들었던 탈식민주의·신역사주의·다문화주의가 2000년대를 거치며 영문과 대학원 세미나에서도 쉽사리 찾아보기 힘들어지는 사례들은 그 작은 예에 불과할 것이다.

프랑스와 미국 사이에서 이뤄진 이론의 여행·교섭·번역을 다루는 이 책을 읽는 독자들은 결국 한국의 지성사를 떠올릴 수밖에 없을 것이다. 1970년대의 대학생들이 읽던 '데칸쇼'(데카르트, 칸트, 쇼펜하우어)와 니체, 1980년대의 대학생들이 몰래 입수해서 읽던 맑스의 일본어판 번역본들, 1990년대에 물밀듯 쏟아지기 시작한 페미니즘, 포스트맑스주의, 문화연구 이론서들, 푸코·데리다·들뢰즈 열풍은 각각 군부 독재정권의 억압과 재벌 위주 경제성장, 노동권 탄압, 형식적 민주화의 달성과 경제성장으로 인한 자유의 염원 같은 정치적·사회적 환경과 뗄 수 없는 관련을 가진다. 미국 대학에서 발생한 1960년대의 급진적 정치화, 1970년대의 반문화운동, 1990년대의 보수화와 문화전쟁 등이 각각 1980년대, 1990년대, 2000년대의 한국 대학에서 약간의 시차를 둔 채 유사하게 반복되고 있다는 점 역시 눈

여겨 볼 대목이다. 엄청난 속도의 변화가 쉴 새 없이 일어나는 한국 사회에 프랑스나 독일의 이론들은 본국에서의 영향력과는 상관없이 사회적·지성적 요구에 따라 그때그때 당도했다. 그에 따라 이론은 때로 현실보다 먼저 상륙하거나 가장 나중에 물러나곤 했다. 1990년 대에 맑스를 읽던 한총련 선배들이 아직 졸업하기도 전에 '신세대'라 불리던 신입생들은 페미니즘 이론서와 문화연구 입문서를 읽으며 선배들의 '권위적 행태'를 비판했고, 군화발이 사라지자마자 들뢰즈의 '탈주'를 암송하던 대학생들은 더욱 놀랍게 '탈주'하며 일상을 장악하던 자본의 세련된 전략을 알아차리지 못하기도 했다. 그런가 하면 1990년대에 발맞춰 수입된 포스트모더니즘 '논쟁'이 학계를 달궜으면서도 현실에서는 도무지 '포스트모던한' 것을 찾기 힘든 때도 있었고, 2000년대의 영문과 대학원에서는 여전히 1950년대식 '신비평'과 '리비스주의'적 풍토가 최신 이론 공부를 경원시하면서 때 아닌 '정전 논쟁'이 세미나실을 달구기도 했다. 퀴세가 펼쳐 놓은 프랑스 이론의 미국적 '발명'이 한국에서는 독특한 '한국적' 방식으로 전개됐다는 점은 분명한 사실이다. 그리고 한국적 이론 수용의 역사가 이제 한 번 '정리'될 때가 됐다는 점 역시 그러하다.

이런 측면에서 이 책은 "과연 우리에게 이론이란 무엇인가?"라는 묵직한 질문을 던진다. 도대체 한국인에게, 한국의 지식인과 독서 대중에게 외국의 이론이란 무엇을 의미하고 어떤 쓰임새를 갖는가, 하는 의미론적이고 화용론적인 질문 말이다. 프랑스에서, 독일에서, 이탈리아에서, 미국에서 만들어지고 정리되고 가공된 저 수많은 이론은 이 시대를 사는 한국인에게 어떤 질문거리를 던지고, 어떤 성찰의 계기를 제공하며, 어떻게 우리의 삶을 설명하는가?

퀴세의 이 기나긴 이론의 여행기를 한마디로 정리한다면, 그것은 미국의 지식인·대학생·대중이 자신의 땅에서 나오지 않은 프랑스의 담론들을 자신의 삶과 사회를 설명하고 성찰하기 위한 '도구'로 재가공했다는 것이다. 퀴세가 '발명'이라고 불렀듯이, 이 재가공은 프랑스에서와는 전혀 다른 미국적 용도를 가진다. 그리고 이 '이론의 발명'은 외국의 이론을 자기화하려고 치열하게 노력함으로써 결국 자기 삶을 해방시키고 사회에 개입하는 수단으로 삼는다는 점에서 긍정적인 측면을 갖는다. 그렇다면 오늘날 한국인에게 푸코, 데리다, 들뢰즈, 라캉, 보드리야르, 지젝, 바디우는 무엇이고 어떤 의미와 쓰임을 가질까? 이들은 소수의 대학 교수들과 인문학 대학원생들의 좁은 세계 속에만 존재하는가 아니면 더 넓은 곳으로 나아가야 하는가? 이들은 전지구화된 신자유주의라는 조건 속에서 살아가는 대중에게 어떤 성찰을 주는가? 이들은 천박한 교양의 과시를 위해 사용되는가, 아니면 세계의 본질을 일깨워주는가? 아니, 그보다 먼저 한국은 이 다양한 이론들이 '논의'될 수 있는 어떤 지적 바탕을 공유하고 있는가? 만약 이 책을 통해 독자들이 한 줌의 지식을 얻는 것을 넘어 우리의 삶, 사회, 이론, 지식의 복잡다단한 관계를 되돌아보고 자신의 학문 영역과 일상의 삶과 정치사회적 환경 속에서 저마다의 질문을 던질 수 있다면, 바로 그때 프랑스와 미국 사이에서 이뤄진 이론의 여행과 교섭과 번역에 관한 퀴세의 이 풍부한 작업은 한국의 독자들에게 꼭 필요한 '활용성'을 가지게 될 것이다. 그리고 그것이야말로 언제나 여행하는 이론이 우리의 삶에 남기는 놀라운 흔적이다.

이 책의 번역을 위해 삼은 저본底本은 프랑수아 퀴세의 2003년 프랑스어판이 아닌, 제프 포트가 번역해 미네소타대학교출판부에서

2008년에 발간된 영어판이다. 중역으로 인한 번역의 오류라는 부담감에도 불구하고 과감히 중역을 '선택'한 이유는 이 책이 '미국' 지성계의 이론 수용사를 다룬 책이라는 점 때문이었다. 즉, 이 책은 프랑스어에 대한 지식보다 미국 대학과 지성사 및 프랑스 이론 전반에 대한 지식을 더 많이 요하는 책이고, 프랑스어로 된 철학의 미묘한 뉘앙스를 구분하는 것보다는 미국 학계에서 번역된 영어를 통해 나타나는 '미국적' 용법을 감식할 수 있는 능력이 필요한 책이라고 판단했다. 물론 번역의 오류를 방지하기 위해 영어판에서 옮긴 초고를 도서출판 난장의 편집부가 프랑스어판과 일일이 대조해 교정했고, 최종 원고는 다시 현재 프랑스 파리1대학 대학원 박사과정에서 철학을 공부하고 있는 도서출판 난장의 기획위원 양창렬 씨의 감수를 거쳤다. 문강형준은 서문부터 6장까지, 유충현은 7장부터 11장까지, 박소영은 12장부터 결론까지 번역했고, 번역한 원고는 공역자들이 나누어 읽어 용어상의 통일과 오역을 바로 잡았다. 그런데도 불구하고 이 책에 남아 있을 수 있는 실수는 모두 역자들의 몫이다.

마지막으로, 한국어판의 제목인 "루이비통이 된 푸코?"에 대해 설명해야겠다. "프랑스 이론"이라는 원제는 프랑스 사상의 미국화된 명칭을 명시하고는 있지만, 프랑스 사상이 미국을 통해 극단적으로 탈영토화되는 과정(이 과정을 보여주는 것이 이 책의 핵심이다)까지 효과적으로 드러내고 있지는 못하다. 이에 반해 "루이비통이 된 푸코?"라는 새로운 제목은 자못 '선정적'으로 보일지도 모르지만, 한 급진적인 철학자가 대서양을 경유하면서 어떻게 규격화된 지식의 사치품으로 변했는지 잘 보여준다. 물론 이 제목은 프랑스 이론이라는 명칭의 중립성과는 달리, 프랑스 이론의 미국 수용과정을 비판적으로만 바라보면서 이론의 재전유(창조적 오독)가 만들어낸 또 다른 활용의 측면을 제대로 표현하지 못하는 것처럼 보일지도 모른다. 하지만 오늘날 한국에서 보통명사처럼 쓰이는 '루이비통'이라는 브랜드(명)가 반드시 부정적인 의미만을 담고 있지는 않다는 점에 비춰볼 때 한국어판 제목이 그다지 일면적이라고만 할 수도 없을 것이다. 오히려 한국에서 '루이비통'의 의미는 프랑스산 사치품이라고 낙인찍을 때보다는 '루이비통'을 소유하고 싶은 욕망이 만들어낸 수많은 '짝퉁들'의 '활용과 교섭'이라는 측면에서 바라볼 때 더욱 풍부해진다. '루이비통'——이것은 다시, 여행하는 이론, 이론의 활용, 교섭하고 번역되는 이론이라는 이 책의 주제를 대단히 '한국적인' 방식으로 변주하는 이름인 것이다. 물론 이 제목은 '푸코'를 읽으면서 동시에 '루이비통'을 메(고 싶어 하)는 구체적인 이들을 가리키기도 한다.

옮긴이들을 대표하여
2012년 1월, 밀워키에서
문강형준

찾아보기

ㄱ

가날(Ganahl, Rainer) 385
가다머(Gadamer, Hans-Georg) 488
가로디(Garaudy, Roger) 511
가이야르(Gaillard, Françoise) 383
가타리(Guattari, Félix) 17, 20, 56, 107, 109, 115, 116, 118, 123~128, 139, 140, 151, 172, 248, 249, 257, 264, 265, 305, 324, 335, 342, 346, 351~365, 371, 379, 397, 398, 401~407, 411, 431, 436, 449, 450, 468, 475, 477~484, 491, 494
간디(Gandhi, Mahatma) 239
갈로(Gallo, Max) 499
갈릴레이(Galilei, Galileo) 246
개스(Gass, William) 115
갤러거(Gallagher, Catherine) 266
갤럽(Gallop, Jane) 135
갤로웨이(Galloway, Alex) 357
거슨(Gerson, Mark) 299
게이츠(Gates, Henry Louis, Jr.) 71, 231, 276
게이(Gay, Peter) 163
게리(Gehry, Frank) 391
고지치(Godzich, Wlad) 298, 466
고르바초프(Gorbachev, Mikhail) 296
고르키(Gorky, Arshile) 47
고셰(Gauchet, Marcel) 439, 496
고진(Kōjin, Karatani[柄谷行人]) 482

고티에(Gauthier, Xaviere) 51
고프만(Goffman, Erving) 441
골드버거(Goldberger, Paul) 391
골딘(Goldin, Nan) 383
골드만(Goldmann, Lucien) 60, 64
골드스타인(Goldstein, Richard) 279
괴테(Goethe, Johann Wolfgang von) 110, 192, 532
구르스키(Gursky, Andreas) 378
구하(Guha, Ranajit) 239
굿맨(Goodman, Nelson) 168
굿맨(Goodman, Paul) 97
굴드너(Gouldner, Alvin) 461
귀르비치(Gurvitch, Georges) 46
그라프(Graff, Gerald) 70, 88, 169, 309, 310, 352
그람시(Gramsci, Antonio) 73, 223, 239, 332, 337
그뢰튀쟁(Groethuysen, Bernard) 34
그로스버그(Grossberg, Lawrence) 224
그로스보겔(Grossvogel, David) 108
그로츠(Grosz, Elizabeth) 249
그로피우스(Gropius, Walter) 44
그루딘(Grudin, Robert) 418
그뤼젱스키(Gruzinski, Serge) 473
그리핀(Griffin, Tim) 365
그린버그(Greenberg, Clement) 43, 47, 48, 372, 374, 548

그린블래트(Greenblatt, Stephen) 266~270
그레이브스(Graves, Michael) 390
글래스(Glass, Philip) 119, 348, 414
글뤽스만(Glucksmann, André) 494, 497, 498, 502
글리상(Glissant, Edouard) 235
글렌(Glenn, Joshua) 357
기어츠(Geertz, Clifford) 162, 511
기엔(Guillén, Rafael) 475
기타로(Kitaro, Nishida[西田幾多郞]) 480
기틀린(Gitlin, Todd) 220, 256, 303~308, 543
긴즈버그(Ginsberg, Allen) 102, 112, 114~116, 118, 142
길로이(Gilroy, Paul) 513, 538
길보(Guilbaut, Serge) 43
깁슨(Gibson, William) 407, 408, 414
깅리치(Gingrich, Newt) 300

ㄴ

나도(Nadeau, Maurice) 51
나보코프(Nabokov, Vladimir) 341
난다(Nanda, Meera) 470
난디(Nandy, Ashis) 471
낭시(Nancy, Jean-Luc) 212, 233
내겔레(Nägele, Rainer) 489, 592
네그리(Negri, Antonio) 128, 214, 462, 463
네루다(Neruda, Pablo) 235
네이더(Nader, Ralph) 297
네이폴(Naipaul, V. S.) 236
노라(Nora, Pierre) 36, 493, 496, 504, 538, 539
노빅(Novick, Peter) 161
노타(Notat, Nicole) 506
누벨(Nouvel, Jean) 388
뉴먼(Newman, Barnett) 384
뉴먼(Newman, John Henry) 86
뉴턴(Newton, Isaac) 246
니어링(Nearing, Scott) 76
니체(Nietzsche, Friedrich) 30, 31, 60~62, 65, 108, 121, 122, 124, 126, 140, 152, 166, 184~188, 197, 207, 253, 256, 341, 349, 379, 414, 439, 480, 485, 486, 522
닉슨(Nixon, Richard) 57, 98, 102

ㄷ

다고네(Dagognet, François) 367
다르위시(Darwish, Mahmoud) 235
다미쉬(Damisch, Hubert) 111
다이어(Dyer, Robert) 363
다이윤(Daiyun, Yue[樂黛雲]) 479
단토(Danto, Arthur) 187
달리(Dali, Salvador) 48
대쉬(Dash, Michael) 469
대처(Thatcher, Margaret) 200, 303, 500
데이터(Thater, Diana) 387
더글러스(Douglas, Ian) 155
덩커(Duncker, Patricia) 418
데리다(Derrida, Jacques) 12, 13, 17, 20, 21, 24, 25, 28, 30, 31, 35, 58~63, 89, 91, 93, 104, 105, 107~109, 119, 133, 147, 155, 167, 170~177, 179, 181~215, 272, 315, 320, 327, 341, 345, 351, 360, 371, 384~389, 393, 397, 410, 417, 428, 433, 435, 441, 444, 457, 469, 477, 481, 486, 491, 530
데이비슨(Davidson, Donald) 339
데이비스(Davis, Erik) 406
데카르트(Descartes, René) 31, 176, 177
데콩브(Descombes, Vincent) 42, 211, 445, 528
덱터(Decter, Midge) 295

델가도(Delgado, Richard) 147, 466
도나토(Donato, Eugenio) 59
도노휴(Donaghue, Denis) 200
도스(Dosse, François) 226
두브로브스키(Doubrovsky, Serge) 61, 178
뒤링(During, Élie) 450, 543
뒤샹(Duchamp, Marcel) 121
뒤아멜(Duhamel, Georges) 511
뒤코르네(Ducornet, Guy) 50
뒤퓌(Dupuy, Jean-Pierre) 442
듀링(During, Simon) 139
듀이(Dewey, John) 79, 148, 165, 339~342
듀크(Duke, James) 76
드라이든(Dryden, John) 86
드루아(Droit, Roger-Pol) 20
드루리(Drury, Shadia) 300
드레퓌스(Dreyfus, Hubert) 445, 481
드 만(de Man, Paul) 60, 92, 93, 108~110, 160, 189, 191~200, 266, 267, 288, 290, 291, 308, 319, 327, 345, 385, 386, 428, 429, 448, 460, 466, 473, 481
드보르(Debord, Guy) 30, 36, 391, 401, 505, 506
드수자(D'Souza, Dinesh) 282, 292, 296, 297, 502, 574
드워킨(Dworkin, Andrea) 243
들뢰즈(Deleuze, Gilles) 9, 12, 14, 17, 20, 30~32, 56, 60, 83, 102~104, 107~109, 152, 158, 163, 171, 175, 213, 226, 238, 249, 257, 265, 315, 324, 335, 346, 357, 365, 371, 385, 387, 397, 401, 403, 407, 411, 433, 449, 451, 459, 464, 478, 481, 485, 491, 521, 527
들레이니(Delany, Samuel) 407
디아와라(Diawara, Manta) 231

디오프(Diop, Cheikh Anta) 232
디킨슨(Dickinson, Emily) 142
디포(Defoe, Daniel) 276
딕(Dick, Kirby) 435
딜런(Dylan, Bob) 96, 116
딜롱(Dhillon, Pradeep) 172

ㄹ

라드미랄(Ladmiral, Jean-René) 157
라르드로(Lardreau, Guy) 498
라몽(Lamont, Michele) 135
라버그(Raaberg, Gwen) 51
라비노우(Rabinow, Paul) 134, 445, 481
라블레(Rabelais, François) 93
라스웰(Lasswell, Harold) 43
라우레티스(Lauretis, Teresa de) 253
라우센버그(Rauschenberg, Robert) 372
라이언(Ryan, Michael) 257, 440
라이크먼(Rajchman, John) 103, 125, 167, 444, 543
라이트(Wright, Richard) 113, 231
라이트(Wright Mills, C.) 97, 164
라이드(Wright, Frank Lloyd) 390
라이히(Reich, Steve) 114
라이히(Reich, Wilhelm) 245, 449
라자스펠드(Lazarsfeld, Paul) 43
라카프라(LaCapra, Dominick) 106, 161
라캉(Lacan, Jacques) 14, 17, 20, 25, 58, 60, 108, 109, 123, 134, 137, 145, 146, 155~157, 179, 208~210, 248, 252, 315, 318, 319, 356, 359, 394, 397, 417, 428, 454, 464, 465, 475, 482, 491, 503, 539, 547, 556, 592
라쿠-라바르트(Lacoue-Labarthe, Philippe) 212
라투르(Latour, Bruno) 16, 22, 28, 119, 162, 516~520
라파포르(Rapaport, Herman) 425

랍킨(Rapkine, Louis) 45
랑시에르(Rancière, Jacques) 370, 442, 494
랑(Lang, Jack) 499
랑송(Lanson, Gustave) 85, 355, 359
래쉬(Lasch, Christopher) 293
랜섬(Ransom, John Crowe) 87
랭(Laing, Ronald) 56, 116, 117
랭보(Rimbaud, Arthur) 106, 122, 554
런던(London, Jack) 71
러셀(Russell, Bertrand) 166
레비(Lévy, Bernard-Henri) 35, 493~498, 502, 504
레비(Levy, Julian) 50
레비나스(Levinas, Emmanuel) 34, 148, 201
레비-스트로스(Lévi-Strauss, Claude) 44, 46, 59, 62, 109, 162, 469, 475, 559
레빈(Levine, Sherrie) 380
레이(Ray, Man) 48
레이건(Reagan, Ronald) 52, 96, 200, 219, 231, 255, 262, 263, 271, 275
레이니어(Lanier, Jaron) 404
레제(Léger, Fernand) 44
렌자(Renza, Louis) 139
렌트리키아(Lentricchia, Frank) 331
로긴(Rogin, Michael) 266
로렌스(Lawrence, T. E.) 532
로맹(Romains, Jules) 44
로버트슨(Robertson, Pat) 297
로브-그리예(Robbe-Grillet, Alain) 123, 441
로스(Ross, Andrew) 25, 224
로스(Roth, Philip) 418
로슨(Lawson, Thomas) 379
로에(Vander Rohe, Mies) 44, 390
로이드(Lloyd, David) 139
로트랭제(Lotringer, Sylvère) 115, 116,

118, 122~132, 151, 365, 377, 378, 400, 406, 543, 554, 586
로스코(Rothko, Mark) 372
로시(Rossi, Aldo) 390
로이(Roy, Arundati) 236
로장발롱(Rosanvallon, Pierre) 496
로제(Roger, Philippe) 52, 511
로젠버그(Rosenberg, Harold) 43
로지(Lodge, David) 326, 418
로지에르(Rosiers, Joël Des) 468
로티(Rorty, Richard) 168, 337~342, 486, 538, 592
뢰비(Löwy, Michael) 494
롤니크(Rolnik, Suely) 478
롤린스(Rollins, Tim) 381
롤스(Rawls, John) 513
롱고(Longo, Robert) 380
루빈(Rubin, Gayle) 71, 243, 250, 538
루샤(Ruscha, Edward) 384
루셀(Roussel, Raymond) 278
루소(Rousseau, Jean-Jacques) 60, 183, 193, 195, 278, 292, 345
루스벨트(Roosevelt, Franklin D.) 77, 283
루시디(Rushdie, Salman) 236
루아르(Rouart, Jean-Marie) 21
루이스(Lewis, Wyndham) 343
루즈망(De Rougement, Denis) 44, 46
루카스(Lucas, Christopher) 69, 75
루카치(Lukács, Georg) 111, 193, 344, 465
르노(Renaut, Alain) 30, 496, 503, 504
르루아-구랑(Leroi-Gourhan, Andre) 399
르벨(Lebel, Jean-Jacques) 21, 116, 118, 374, 543
르위트(Lewitt, Sol) 375
르클뤼(Reclus, Onesime) 235

르페브르(Lefebvre, Henri) 30, 391, 453
리날디(Rinaldi, Angelo) 21
리뉘뢰(Lignereux, Saint-André de) 492
리드(Reed, Lou) 372
리들(Liddle, Ann) 516
리딩스(Readings, Bill) 80, 82, 139, 221
리베스킨트(Liebeskind, Daniel) 389
리브스(Reeves, Keanu) 414
리비스(Leavis, F. R.) 86
리샤르(Richard, Jean-Pierre) 138
리스먼(Riesman, David) 171
리어리(Leary, Timothy) 119
리오네(Lionnet, Jean-Françoise) 469
리오타르(Lyotard, Jean-François) 18, 20, 32, 35, 104, 107, 111, 116~119, 125, 126, 133, 139, 148, 158, 167~172, 213, 226, 236, 252, 314, 346, 359, 371, 379, 387, 431, 444~453, 477, 481, 490, 501, 502, 505, 523
리처드(Richards, Keith) 118
리치(Rich, Adrienne) 241
리쾨르(Ricoeur, Paul) 30, 59, 365~367, 474
리파테르(Riffaterre, Michel) 123, 197
리포베츠키(Lipovetsky, Gilles) 439, 496
리히텐슈타인(Lichtenstein, Roy) 372
린드너(Lindner, Richard) 371
린치(Lynch, David) 119
릴라(Lilla, Mark) 439
릴케(Rilke, Rainer Maria) 195

ㅁ

마그리트(Magritte, René) 48, 393
마넹(Manent, Pierre) 302, 371
마더웰(Motherwell, Robert) 47, 48
마돈나(Madonna) 226, 256, 264
마랭(Marin, Louis) 119
마르쿠제(Marcuse, Herbert) 30, 59, 119, 229, 449
마리탱(Maritain, Jacques) 44
마르틴-바르베로(Martín-Barbero, Jesús) 473
마송(Masson, Andre) 44
마이클스(Michaels, Walter Benn) 174
마인호프(Meinhof, Ulrike) 126
마수미(Massumi, Brian) 450
마슈레(Macherey, Pierre) 215
마조리(Maggiori, Robert) 21
마츠다(Matsuda, Mari) 466
마커스(Marcus, Greil) 121
마타(Matta, Roberto) 47
마테를링크(Maeterlinck, Maurice) 44
마텔라르(Mattelart, Armand) 505
마티스(Matisse, Henri) 44
막스(Marx, Harpo) 50
만(Mann, Heinrich and Thomas) 44
만델라(Mandela, Nelson) 444
말라르메(Mallarme, Stephane) 126, 151, 183, 206, 278
말로(Malraux, André) 41
말론(Mallon, Florencia) 240
맑스(Marx, Karl) 30, 71, 109, 191, 211, 213~215, 255, 314, 337, 345, 453, 463, 470, 480, 485, 522, 527
망데스-프랑스(Mendes-France, Pierre) 430
매그너스(Magnus, Bernd) 213
매슈스(Matthews, J. H.) 51
매슈스(Matthews, Robert) 108
매카시(McCarthy, Mary) 49
매카시(McCarthy, Joseph) 78, 91, 286
매티슨(Matthiessen, Francis Otto) 86
맥도널드(McDonald, Dwight) 49
맥시(Macksey, Richard) 59
맥케이브(MacCabe, Colin) 324

맥키넌(MacKinnon, Catharine) 71
맬컴 X(Malcolm X) 99
맹크(Minc, Alain) 496
머튼(Merton, Robert) 516
멀러(Muller, Herbert) 50
메길(Megill, Allan) 140
메레디스(Meredith, James) 231
메르키오르(Merquior, José-Guilherme) 477
메를로-퐁티(Merleau-Ponty, Maurice) 59
메이플소프(Mapplethorpe, Robert) 294
메일러(Mailer, Norman) 49, 112, 242
메츠(Metz, Christian) 145
멜먼(Mehlman, Jeffrey) 137, 290
멜빌(Melville, Hermann) 186, 278
모(Mau, Bruce) 112
모라제(Morazé, Charles) 60
모랭(Morand, Paul) 437
모리스(Morris, Robert) 385
모하메드(Mohamed, Abdul Jan) 139
몬드리안(Mondrian, Piet) 44
몰리(Morley, David) 227
무딤베(Mudimbe, V. Y.) 231
뮤저로(Mugerauer, Robert) 202
미덴도르프(Middendorf, Helmut) 378
미셸(Michel, Paul) 418
미켈란젤로(Michelangelo, Buonarroti) 254
미켈슨(Michelson, Annette) 111
미테랑(Mitterrand, François) 499
미트리(Mitry, Jean) 145
밀러(Miller, D. A.) 138
밀러(Miller, J. Hillis) 61, 191, 192, 196, 197
밀러(Miller, James) 429
밀러(Miller, Henry) 242
밀렛(Millett, Kate) 242

밀턴(Milton, John) 197, 274, 282, 327

ㅂ

바그너(Wagner, Richard) 202
바디우(Badiou, Alain) 442, 465
바렐라(Varela, Francisco) 402
바로우(Barlowe, John Perry) 405
바르트(Barthes, Roland) 58, 59, 61, 108, 123, 134, 140, 178, 179, 222, 226, 237, 327, 370, 372, 373, 375, 380, 404, 417, 454, 455, 478, 481, 482, 491, 547, 556, 581, 602
바바(Bhabha, Homi) 209, 210, 237, 460, 466
바버(Barber, Benjamin) 77
바슈텔(Wachtel, Julie) 381
바슐라르(Bachelard, Gaston) 518
바에즈(Baez, Joan) 116
바젤리츠(Baselitz, Georg) 378
바캉(Wacquant, Loïc) 283, 284
바키(Bakke, Alan) 283
바타이유(Bataille, Georges) 107, 124, 125, 349, 365, 394, 407, 488, 516
반(Ban, Shigeru) 481
반 고흐(Van Gogh, Vincent) 345
반 렌테르겜(Van Rentergehm, Marion) 20
발(Wahl, Jean) 35
발라드(Ballard, J. G.) 115
발라키나(Balakina, Anna) 51
발자크(Balzac, Honoré de) 276
배로우(Barrow, Clyde) 77
배스(Bass, Allan) 103
버낼(Bernal, Martin) 232
버로스(Burroughs, William) 102, 112, 115, 118, 121, 380, 413, 553
버크(Burke, Kenneth) 86
버크(Burke, Peter) 54

버튼(Burton, Richard) 332
버틀러(Butler, Judith) 167, 209, 250, 252~254, 258, 315~319, 321, 460, 465, 487, 489, 513
번스타인(Bernstein, Richard) 341
번햄(Burnham, James) 299
벌린(Berlin, Ira) 54
베넷(Bennett, William) 295, 297
베루베(Bérubé, Michael) 259, 290
베르그송(Bergson, Henri) 480, 518
베르길리우스(Vergilius Maro, Publius) 197
베르나노스(Bernanos, Georges) 511
베르낭(Vernant, Jean-Pierre) 60
베르디(Verdi, Giuseppe) 334
베르사니(Bersani, Leo) 137, 538
베버(Weber, Max) 273, 360, 425
베블렌(Veblen, Thorstein) 76
베이(Bey, Hakim) 400
베이유(Weil, Simone) 476
베이커(Baker, Houston) 143, 231
베이컨(Bacon, Francis) 371, 387
베이트슨(Bateson, Gregory) 56, 163
베커(Becker, Howard) 369
베케트(Beckett, Samuel) 138
베허(Becher, Bernd and Hilla) 378
벡(Beck, Ulrich) 509
벤-나우산(Ben-Nausaan Cohen, Zelig) 409
벤들러(Vendler, Helen) 141
벤야민(Benjamin, Walter) 111, 193, 410, 430, 435, 464, 514, 524
벤추리(Venturi, Robert) 390
벤하비브(Benhabib, Seyla) 487, 538
벨(Bell, Daniel) 78
벨로우(Bellow, Saul) 418
벨머(Wellmer, Albrecht) 489
보드리야르(Baudrillard, Jean) 17, 20, 22, 31, 104, 115, 119, 127~129, 131, 151, 158, 248, 264, 345, 346, 351, 357, 358, 360, 364, 366, 370, 371, 374, 375, 377, 378, 380, 381~384, 387, 388, 391, 399, 401, 402, 406, 407, 414~416, 431, 437, 438, 441, 444, 453, 454, 458, 475, 477, 480, 481, 505, 543
보르페르(Beaurepaire, Quesnay de) 74
보르헤스(Borges, Jorge Luis) 336
보부아르(Beauvoir, Simone de) 53, 70, 246, 247
보필(Bofil, Ricardo) 390
볼드윈(Baldwin, James) 231, 232
볼피(Volpi, Jorge) 475
부르디외(Bourdieu, Pierre) 29, 34, 159, 222, 273, 284, 295, 311~313, 356, 361, 375, 431, 462, 502, 528, 547, 551
부브레스(Bouveresse, Jacques) 439
부시(Bush, Douglas) 141
부시(Bush, George H. W.) 293, 298
부시(Bush, George W.) 102
부흘로(Buchloh, Benjamin) 379
뷔렝(Buren, Daniel) 111, 371
뷔르즐랭(Burgelin, Olivier) 123
브라우티건(Brautigan, Richard) 115
브라운(Brown, Norman, O.) 54, 59
브라운(Brown, Trisha) 111
브론테(Brontë, Charlotte) 236
브룩스(Brooks, Cleanth) 87
브룩스(Brooks, Peter) 146, 175
브뤼크네르(Bruckner, Pascal) 22
브르통(Breton, Andre) 44, 45, 47, 50, 51, 437
브리크몽(Bricmont, Jean) 19~21, 23
브링클리(Brinckley, R. A.) 362
브래드버리(Bradbury, Ray) 407
브래드버리(Bradbury, Malcolm) 418
브레이어(Bréhier, Emile) 59

브레히트(Brecht, Bettolt) 44
블랑쇼(Blanchot, Maurice) 138, 151, 192, 201, 525
블렉크너(Bleckner, Ross) 381
블로흐(Bloch, Marc) 54
블로흐(Bloch, Ernst) 44
블룸(Bloom, Allan) 277, 291, 300, 418
블룸(Bloom, Harold) 108, 189, 191~193, 196~200, 290, 291
블리스텐(Blistène, Bernard) 374
비들러(Vidler, Anthony) 392
비릴리오(Virilio, Paul) 20, 33, 128, 155, 366, 371, 384, 388, 391, 399, 401, 405, 442, 479
비어슬리(Beardsley, Monroe) 87
빅투와르(Victoire, Madame) 119

ㅅ

사르트르(Sartre, Jean-Paul) 42, 46, 49, 52, 53, 166, 195
사비오(Savio, Mario) 97
사이드(Said, Edward) 34, 46, 71, 110, 135, 235, 278, 331~337, 354, 355, 439, 457, 466, 470, 538
산체스(Sanchez, George) 233
살로몽(Salomon, Jean-Jacques) 22
샌델(Sandell, Margaret) 365
생트-뵈브(Sainte-Beuve, Charles) 85
생텍쥐페리(Saint-Exupéry, Antoine de) 44
샤갈(Chagall, Marc) 44
샤르댕(Teilhard de Chardin, Pierre) 59
샤르티에(Chartier, Roger) 265
샤무아조(Chamoiseau, Patrick) 236
샤츠(Shatz, Adam) 114
샤토브리앙(Chateaubriand, François-Rene de) 332
샤피로(Schapiro, Meyer) 48

섀턱(Shattuck, Roger) 427
서스먼(Sussman, Henry) 110
선퀴스트(Sundquist, Eric) 266
세라(Serra, Richard) 111, 377
세르(Serres, Michel) 442
세르(Sayre, Robert) 494
세르토(Certeau, Michel de) 110, 119, 120, 148, 150, 154, 161, 206, 227, 237, 258, 358
세이건(Sagan, Carl) 71
세이터(Thater, Diana) 387
세잔(Cézanne, Paul) 369
세제르(Césaire, Aimé) 235
세지윅(Sedgwick, Eve) 253, 254, 260
셀라스(Sellars, Terrence) 119
셔먼(Sherman, Cindy) 348
셜리(Shirley, John) 407
셰익스피어(Shakespeare, William) 86, 93, 192, 199, 236, 262, 268, 269
셸리(Shelley, Percy Bysshe) 192, 200
소나벤드(Sonnabend, Ileana) 374
솔레르스(Sollers, Philippe) 491
소로스(Soros, George) 476
소칼(Sokal, Alan) 17, 19~28, 36, 110, 515
소쉬르(Saussure, Ferdinand de) 109, 125, 195
소잉카(Soyinka, Wole) 236
손택(Sontag, Susan) 71, 89
솔제니친(Solzhenitsyn, Aleksandr) 493
쇤베르크(Schönberg, Arnold) 44
쇼(Shaw, George Bernard) 235
쇼어(Schor, Naomi) 236
쇼펜하우어(Schopenhauer, Arthur) 480
쉬프랭(Schiffrin, Andre) 308
쉴러(Sheeler, Charles) 47
슈미트(Schmitt, Carl) 300
슈발리에(Chevalier, Jean-Claude) 103

슈베르트(Schubert, Franz) 254
슈스터만(Shusterman, Richard) 342
슈어만(Schurman, Jacob) 311
슈펭글러(Spengler, Oswald) 532
술레이먼(Suleiman, Susan) 51
슐레진저(Schlesinger, Arthur) 71
스미스(Smith, Patti) 116, 118, 122
스제판스키(Szepanski, Achim) 411
스컬리(Scully, Vincent) 391
스코트(Scott, Joan) 250, 296
스타(Starr, Peter) 514
스타로뱅스키(Starobinski, Jean) 125, 196
스타이너(Steiner, George) 108
스타이런(Styron, William) 49
스타인바흐(Steinbach, Hyrne) 381
스탠디시(Standish, Paul) 172
스탠포드(Stanford, Leland) 76
스탱제르(Stengers, Isabelle) 517
스털링(Sterling, Bruce) 400, 408
스텔라(Stella, Frank) 384
스토(Storr, Robert) 370
스톤(Stone, Allucquere 'Sandy' Rosanne) 409
스톤(Stone, Oliver) 415
스트라우스(Strauss, Leo) 300
스티글러(Stiegler, Bernard) 399
스티베일(Stivale, Charles) 450
스팀슨(Stimpson, Catharine) 143, 277
스푸키(Miller, Paul, aka DJ Spooky) 411, 413, 449
스피박(Spivak, Gayatri) 147, 152, 184, 186, 210, 211, 215, 235, 238, 239, 246, 247, 266, 319~326, 336, 440, 460, 465, 466, 469, 470, 481, 487, 513, 539, 544
슬로터다이크(Sloterdijk, Peter) 435, 465
시드(Seed, Patricia) 240
시서리-로나이(Csicsery-Ronay, Istvan) 406
시스네로(Cisneros, Sandra) 233
시코라(Cicora, Mary) 202
식수(Cixous, Hélène) 18, 110
실바(Silva, Luiz Inacio Lula da) 478
실버먼(Silverman, Kaja) 252
심(Seem, Mark) 103, 153

ㅇ

아감벤(Agamben, Giorgio) 463
아놀드(Arnold, Matthew) 80, 86, 144, 273
아도르노(Adorno, Theodor) 44, 104
아라공(Aragon, Louis) 47
아라파트(Arafat, Yasir) 331
아렌트(Arendt, Hannah) 44, 49, 84, 202
아로노위츠(Aronowitz, Stanley) 110
아롱(Aron, Raymond) 439, 495, 496
아르토(Artaud, Antonin) 413, 482
아르티아가(Arteaga, Alfred) 233
아리스토텔레스(Aristoteles) 145, 232
아부-자말(Abu-Jamal, Mumia) 128
아브라함(Abraham, Tomás) 475
아브람스(Abrahams, Jean-Jacques) 126
아우어바흐(Auerbach, Erich) 86
아이젠만(Eisenman, Peter) 393
아인슈타인(Einstein, Albert) 25
아키라(Akira, Asada[浅田彰]) 482, 483
아파두라이(Appadurai, Arjun) 469
안더스(Anders, Günther) 49
알렌(Allen, Woody) 182, 599, 600
알뛰세르(Althusser, Louis) 16, 134, 169, 222
알트먼(Altman, Meryl) 245
알퍼스(Alpers, Svetlana)
애쉬버리(Ashbery, John) 197

애커(Acker, Kathy) 102, 115, 122
앤더슨(Anderson, Laurie) 111
앤더슨(Anderson, Perry) 214
앤드류(Andrew, Dudley) 145
앨퍼스(Alpers, Svetlana) 266
앳킨슨(Atkinson, Ti-Grace) 116
야루젤스키(Jaruzelski, Wojciech) 497
야마사키(Yamasaki, Minoru[山崎實]) 389
야우스(Jauss, Hans Robert) 329
야콥슨(Jakobson, Roman) 59
업다이크(Updike, John) 469
에른스트(Ernst, Max) 47
에리봉(Eribon, Didier) 22, 512
에머슨(Emerson, Ralph Waldo) 199
에발드(Ewald, François) 506
에버렛(Everett, Percival) 417
에이브럼스(Abrams, Meyer) 203
에흐리만(Ehrman, Jacques)
엘리어트(Eliot, Charles) 78
엘리어트(Eliot, T. S.) 86, 91, 142
엥겔(Engel, Pascal) 166
엥겔스(Engels, Friedrich) 255
영(Young, Robert) 188
영(Young, R. V.) 200
예이츠(Yeats, William Butler) 235
오거스트(August, Marilyn) 516
오글리스(Oglesby, Carl)
오르필라(Orfila, Arnaldo) 475
오스틴(Austen, Jane) 334
오스틴(Austin, J. L.) 320
오웰(Orwell, George) 340
오이다(Oida, Yoshi[笈田ヨシ]) 482
오주프(Ozouf, Mona) 496
오캉갬(Hocqenghem, Guy) 35
올덴버그(Oldenburg, Claes) 372
올리바(Oliva, Achille Bonito) 379
올리비에(Ollivier, Emile) 468

올리에(Hollier, Denis) 111, 125
와이너(Weiner, Eileen) 380
와인즈(Wines, James) 392
와타나베(Watanabe, Moriaki) 481
왈저(Walzer, Michael) 305
우드(Wood, David) 202
울가(Woolgar, Steve) 516
울프(Woolf, Virginia) 89, 138
울프(Wolff, Janet) 164
울프슨(Wolfson, Louis) 126
웅거(Ungar, Roberto) 148
워렌(Warren, Robert Penn) 87, 90
워렌(Warren, Austin) 87
워쇼스키(Wachowski, Andy and Larry) 414
워즈워스(Wordsworth, William) 187
워홀(Warhol, Andy) 121, 344, 372, 383, 414
워터스(Waters, John) 114
워터스(Waters, Lindsay) 306
월코트(Walcott, Derek) 236
월포위츠(Wolfowitz, Paul) 302
월린(Wolin, Richard) 439
웨버(Weber, Samuel) 110
웰렉(Wellek, René) 87, 90, 92
위글리(Wigley, Mark) 392, 394
위어(Weir, Peter) 416
위튼(Witten, Marsha) 164
윈캥(Winkin, Yves) 443
윌리엄스(Williams, Raymond) 222
윌리엄스(Williams, Patricia) 232
윌슨(Wilson, Robert) 119
윌슨(Wilson, William Julius) 283
윌슨(Wilson, Edmund) 49, 71
윌슨(Wilson, James) 302
윔셋(Wimsatt, W. K.) 87
유지로(Yujiro, Nakamura[中村雄二郎]) 481

이거스(Iggers, Georg) 54
이글턴(Eagleton, Terry) 214, 256, 257
이리가레(Irigaray, Luce) 20, 110, 142, 247
이아논(Iannone, Carol) 297
이킨(Eakin, Emily) 351
이폴리트(Hyppolite, Jean) 315
인디애나(Indiana, Robert) 374

ㅈ

자코비(Jacoby, Russell) 294
자파(Zappa, Frank) 118
자허-마조흐(Sacher-Masoch, Leopold von) 119
장베(Jambet, Christian) 498
잭슨(Jackson, Jessie) 275
잽(Zapp, Morris) 326
저드(Judd, Donald) 375
제노비즈(Genovese, Eugene) 299
제바르(Djebar, Assia) 235
제임스(James, William) 53, 165
제임슨(Jameson, Fredric) 64, 110, 137, 214, 215, 292, 296, 331, 342~350, 449, 463, 479, 513, 539
제이(Jay, Martin) 487
제프리스(Jeffries, Leonard) 71
젱크스(Jencks, Charles) 389
조스팽(Jospin, Lionel) 512
조이스(Joyce, James) 115, 235
존스(Johns, Jasper) 372
존슨(Johnson, Barbara) 193
존슨(Johnson, Alvin) 45
존슨(Johnson, Philip) 393
주네(Genet, Jean) 236, 532
주네트(Genette, Gérard) 356
주트(Judt, Tony) 430
줄리아니(Giuliani, Rudolph) 301
쥘리아르(Julliard, Jacques) 506

지그프리드(Siegfried, André) 398
지신(Gysin, Brion) 115
지오노(Giorno, John) 118
지라르(Girard, René) 60
지젝(Žižek, Slavoj) 215, 538
짐멜(Simmel, Georg) 163

ㅊ

차베스(Chavez, Cesar) 304
찰스워스(Charlesworth, Sarah) 380
챔버스(Chambers, Ross) 139
채터지(Chatterjee, Partha) 239
채플린(Chaplin, Charlie) 393
체니(Cheney, Dick) 297
체니(Cheney, Lynne) 297
체이스(Chase, Cynthia) 193
촘스키(Chomsky, Noam) 71, 169, 307
추미(Tschumi, Bernard) 392

ㅋ

카네기(Carnegie, Andrew) 75, 76, 84
카르납(Carnap, Rudolph) 166
카르발료(Carvalho, Olavo de) 477
캐리(Carey, James) 223
캐이(Carey, Jim) 416
카무프(Kamuf, Peggy) 135
카뮈(Camus, Albert) 110
카사리니(Casarini, Luca) 462
카시러(Cassirer, Ernst) 44
카스텔리(Castelli, Leo) 374
카용(Calion, Michel) 518
카우프만(Kaufmann, David) 352
카진(Kazin, Alfred) 86
카츠(Katz, Elihu) 227
카프카(Kafka, Franz) 139, 209, 278
캐플란(Kaplan, Ann) 226
캐플란(Kaplan, Steven) 54
카펜티어(Carpentier, Alejo)

칸(Kahn, Jean-François) 21
칸클리니(Canclini, Néstor García) 474
칸트(Kant, Immanuel) 31, 136, 165
캠(Kam, Ashok) 214
캉길렘(Canguilhem, Georges)
캘리니코스(Callinicos, Alex) 256
커(Kerr, Clark) 70
커닝햄(Cunningham, Merce) 121, 122
커스핏(Kuspit, Donald) 379
컬러(Culler, Jonathan) 80
컬런버그(Cullenberg, Stephen) 213
케네디(Kennedy, Randall) 71
케네디(Kennedy, Robert) 99
케루악(Kerouac, Jack) 112
케슬러(Kessler, Denis) 507, 509
케이지(Cage, John) 114, 115, 121~123
켈너(Kellner, Douglas) 454
켈링(Kelling, George) 302
켈시(Kelsey, John) 365
코난트(Conant, James) 70
코넬(Cornell, Drucilla) 209, 538
코넬(Cornell, Joseph) 47
코수스(Kosuth, Joseph) 377
코스(Caws, Mary-Ann) 143
코스(Caws, Peter) 125
코엔-솔랄(Cohen-Solal, Annie) 182
코이레(Koiré, Alexandre) 45
코에트제(Coetzee, J. M.)
코제브(Kojève, Alexandre) 35
코프만(Kofman, Amy Ziering) 435
코프만(Kofman, Sarah) 247
콘래드(Conrad, Joseph) 334
콘리(Conley, Tom) 103
콜린스(Collins, Randal) 136, 153
콤파뇽(Compagnon, Antoine) 159
콩데(Condé, Maryse) 468
쾨슬러(Koestler, Arthur) 299
쿠닝(Kooning, Willem de) 47

쿠넨(Kunen, James Simon) 98, 101
쿠슈네르(Kouchner, Bernard) 493
쿠치(Cucchi, Enzo) 378
쿠퍼(Cooper, David) 55, 56
쿤(Kuhn, Thomas) 162, 513, 516, 519
쿤스(Koons, Jeff) 380, 384
쿨렌버그(Cullenberg, Stephen)
쿨하스(Koolhas, Rem) 391, 396
퀸터(Kwinter, Sanford)
크냅(Knapp, Steven) 174
크라우스(Kraus, Chris) 128
크라우스(Krauss, Rosalind) 111
크라이튼(Crichton, Michael) 33
크레인(Crane, Ronald) 86
크로넨버그(Cronenberg, David) 416
크로커(Kroker, Arthur and Marilouise) 405
크루거(Kruger, Barbara) 375
크리겔(Kriegel, Blandine) 439, 504
크리스톨(Kristol, Irving) 299
크리스톨(Kristol, William) 299
크리스테바(Kristeva, Julia) 18, 20, 24, 46, 109, 119, 140, 151, 247, 323, 355, 370, 438, 454
크리치(Creech, James) 103
크릴리(Creeley, Robert) 106
클라벨(Clavel, Maurice) 494, 502
클라스트르(Clastres, Pierre) 128
클레멘테(Clemente, Francesco) 378
키리코(Chirico, Giorgio de) 48
키퍼(Kiefer, Anselm) 378
킴볼(Kimball, Roger) 282, 292
킵니스(Kipnis, Jeffrey) 392
킹(King, Clement) 231

E

타르드(Tarde, Gabriel) 163
타쉬잔(Tashjian, Dickran) 50

탠시(Tansey, Mark) 385, 386
터클(Turkle, Sherry) 397, 410
테슬라(Teslaar, Amniel van) 265
테일러(Taylor, Mark) 148
테일러(Taylor, Alan) 357
테일러(Taylor, Charles) 487
토도로프(Todorov, Tzvetan) 60, 62, 233, 288
토머스(Thomas, Calvin) 154
토머스(Thomas, Clarence) 300
토크빌(Tocqueville, Alexis de) 359, 423, 437, 496
톰블리(Twombly, Cy) 372, 373, 581
톰슨(Thompson, E. P.) 54, 223
통카(Tonka, Hubert) 391
투렌(Touraine, Alain) 83, 100, 102
트릴링(Trilling, Lionel) 49, 86

ㅍ
파농(Fanon, Frantz) 231, 293
파루(Faroux, Roger) 496
파벨(Pavel, Thomas) 439
파생(Fassin, Eric) 285
파슨스(Parsons, Talcott) 163
파우스트(Faust, Wolfgang Max) 378
파운드(Pound, Ezra) 91, 92
파이어아벤트(Feyerabend, Paul) 519
팔리어(Paglia, Camille) 179, 287, 427~429
퍼스(Peirce, Charles Sanders) 75, 166
퍼트남(Putnam, Hilary) 166
페랄디(Peraldi, François) 126
페렉(Perec, Georges) 441
페레(Péret, Benjamin) 44, 51
페르스(Perse, Saint-John) 44
페리(Ferry, Luc) 30, 36, 503, 504
페브르(Febvre, Lucien) 54
페허(Feher, Michel)

펠린게티(Ferlinghetti, Lawrence) 116
펠만(Felman, Shoshana) 193
펠바르트(Pelbart, Peter Pal) 478
포(Poe, Edgar) 140
포다(Foda, Hashem) 63
포더레츠(Podhoretz, Norman) 297, 299
포드(Ford, Hemy) 436
포먼(Foreman, Richard) 115
포스터(Poster, Mark) 454
포스터(Foster, Hal) 387
폴락(Pollock, Jackson) 47
폴웰(Falwell, Jerry) 297
푸코(Foucault, Michel) 12, 17, 20, 46, 95, 102, 133, 151, 209, 219, 315, 341, 371, 385, 394, 397, 406, 409, 418, 426~430, 438, 441~447, 457, 461, 468, 471, 475~477, 480, 485
풀레(Poulet, Georges) 60, 61, 196
퓌레(Furet, François) 496
프라이(Frye, Northrop) 86
프람(Fram, Kitagawa[北川フラム]) 481
프랑코(Franco, Francisco) 474
프랑크(Frank, Manfred) 488
프로이트(Freud, Sigmund) 30, 31, 61, 71, 109, 145, 184, 197, 221, 247
프롬-라이히만(Fromm-Reichmann, Frieda) 56
프루스트(Proust, Marcel) 89, 186, 253
프린스(Prince, Richard) 380
프랭클린(Franklin, Aretha) 428
프레이저(Fraser, Nancy) 211, 487, 538
프레이저(Fraser, Andrea) 387
프리단(Friedan, Betty) 240
플라톤(Platon) 183, 206, 211, 278
플레밍(Fleming, Jim) 128, 130
플로베르(Flaubert, Gustave) 332
피스크(Fiske, John) 228

찾아보기 621

피시(Fish, Stanley) 28, 72, 110, 146, 174, 259, 296, 313, 326~331, 487, 513
피어센스(Pierssens, Michel) 137
피커튼(Pickerton, Archie) 380
핀천(Pynchon, Thomas) 119
핀토(Pinto, Louis) 486
핑켈크로트(Finkielkraut, Alain) 290, 502

ㅎ

하디드(Hadid, Zaha) 391
하딩(Harding, Sandra) 246
하버마스(Habermas, Jürgen) 488~490
하우(Howe, Irving) 89
하이데거(Heidegger, Martin) 30, 31, 61, 140, 176~178, 182, 184, 185, 193, 197, 278, 340, 399, 439, 464, 485, 510
하이에크(Hayek, Friedrich) 496
하트(Hardt, Michael) 463
하트만(Hartman, Geoffrey) 191, 193, 196, 197
한나(Hanna, Kathleen) 417
핫산(Hassan, Ihab) 466
해러웨이(Haraway, Donna) 313, 408~410
해킹(Hacking, Ian) 518
핼리(Halley, Peter) 381
핼퍼린(Halperin, David) 255, 538
허쉬(Hirsch, E. D.) 174, 293
허츠(Hertz, Neil) 193

허친스(Hutchins, Robert) 70, 273
헉스터블(Huxtable, Ada Louise) 391
헌트(Hunt, Lynn) 162
헌팅턴(Huntington, Samuel) 306
헐버트(Hulbert, C. B.) 79
헤겔(Hegel, Georg W. F.) 34, 35, 60, 61, 109, 157, 165~167, 184, 201, 315, 335, 369, 437, 480, 485
헤이든(Hayden, Casey) 242
헤이든(Hayden, Tom) 97, 242
헨드릭스(Hendrix, Jimi) 121
헵디지(Hebdige, Dick) 225
호가트(Hoggart, Richard) 222, 223
호네트(Honneth, Axel) 490
호로위츠(Horowitz, Helen) 68
호르크하이머(Horkheimer, Max) 44
호퍼(Hopper, Edward) 47
호펜하인(Hopenhayn, Martín) 477
혼(Horn, Janet) 103
홉킨스(Hopkins, Johns) 76
화이트(White, Hayden) 161
화이트(White, Morton) 165
후설(Husserl, Edmund) 34, 35, 169, 182, 184, 187, 188, 394, 485
후쿠야마(Fukuyama, Francis) 298
후크(Hook, Sydney) 170
휴스턴(Huston, John) 476
휴즈(Hughes, Robert) 430
히로키(Hiroki, Azuma[東浩紀]) 482
힉스(Hicks, Christopher) 427

루이비통이 된 푸코?
위기의 미국 대학, 프랑스 이론을 발명하다

초판 1쇄 인쇄 | 2012년 1월 17일
초판 1쇄 발행 | 2012년 1월 25일

지은이 | 프랑수아 퀴세
옮긴이 | 문강형준, 박소영, 유충현
편　집 | 이재원, 박동범
마케팅 | 인현주
펴낸곳 | 도서출판 난장·등록번호 제307-2007-34호
펴낸이 | 이재원
기　획 | 김남시, 김상운, 양창렬, 이현우
주　소 | (121-841) 서울시 마포구 서교동 458-15 하이뷰오피스텔 501호
연락처 | (전화) 02-334-7485　(팩스) 02-334-7486

책값은 뒤표지에 있습니다.
잘못 만들어진 책은 구입한 서점에서 바꿔드립니다.
ISBN 978-89-94769-04-2　03300

이 도서의 국립중앙도서관 출판시도서목록(CIP)은
e-CIP 홈페이지(http://www.nl.go.kr/ecip)와
국가자료공동목록시스템(http://www.nl.go.kr/kolisnet)에서 이용하실 수 있습니다.
(CIP제어번호: CIP2011005569)